제3판

수학영재교육 길잡이

제3판

수학영재교육 길잡이

박 종 률 저

전남대학교출판부

▌제3판 머리말

지난 2012년 수학영재교육길잡이 2판이 출판된 이후, 4년이 지나 대학출판부로부터 3판 출판의 요청으로 새롭게 단장된 제3판이 나오게 되었다.

그동안 제1부 수학영재교사를 위한 자료 중 시의에 맞지 않는 많은 부분을 삭제하고, 새롭게 연구되었던 정칠각형 타일링 연구와 수도쿠와 수학에 대한 자료들을 새롭게 제공하였다.

특히, 필자가 수년간 많은 수도쿠 문제들을 직접 풀어보고 그 풀이방법과 수도쿠와 수학의 관련성에 관한 논의들을 수록했다.

또한, 제2부 수학영재학생을 위한 자료는 2판의 내용을 알기 쉽게 교정만 하여 편집하였다, 다만 그림으로 증명하기 단원은 MAA(미국수학교육자회)가 발간한 Math Magazine에 수록된 것 중에서 적합한내용을 보충 추가했다.

세월이 지나 몇 년 전에 필자는 대학을 정년퇴임하였고, 초등학생인 손자들의 수학교육을 돌보며 그들이 성장하여 읽을 수 있는 수학영재교육자료를 마련해 보겠다는 생각으로 제2판을 수정 보완해서 수학영재교육길잡이 제3판을 발간하게 되었다.

이 책을 활용하여 초·중등학생들을 지도함에 있어서 담당하는 교사는 이 책의 각 소주제들에 대한 예비 지식들과 기초개념을 학생들에게 안내하고 지도한 후에 제공하는 것이 좋다고 생각한다. 학생들의 수학적 소양의 깊이에 따라 활용하기를 바란다.

대학에서 수학영재교육자료과목으로 강의되거나 또는 각급 영재학교에서 수학영재교육자료로 많이 활용되기를 기대하며 수학교사들과 수학영재학생들의 많은 관심을 바란다.

끝으로, 忠恕軒에서 원고정리를 하며 모든 분들께 감사의 뜻을 전한다.

2016년 11월

박종률 교수

▌제2판 머리말

지난 2008년 수학영재교육길잡이가 출판된 이후 4년의 세월이 지났다. 한국의 과학영재교육은 거점별 과학영재고의 설치와 각 시도 교육청 단위의 과학영재교육원과 영재교실까지 설치되어 전국적인 확산이 이루어졌다. 또한, 학생선발에서 교사 추천과 심층면접에 의한 학생선발 제도는 영재학생의 판별에 많은 어려움이 있다.

사실 영재교육에 있어서 교육현장에서 가장 시급히 해결해야 할 당면과제는 영재 판별 도구와 교수학습프로그램 및 그 운영에 관한 정보들 이다. 영재를 판별하고 교육하는 일련의 활동은 의사의 의료 행위에 비유할 수 있다. 전문의가 병을 진찰하는 것이 판별에 해당한다고 보고, 진찰 결과에 따라 환자를 치료하는 것은 프로그램에 따른 교육활동에 해당된다고 할 수 있다. 정확한 진찰을 통해서 올바른 치료를 할 수 있는 것처럼, 영재를 정확하게 판별하고 그들의 재능을 발현시킬 수 있는 적절한 교육을 실시하는 것은 영재교육의 본질이라고 할 수 있다.

일반적으로 우리나라 중등학교 학생들의 수학에 대한 학업성취도는 매우 높지만 수학공부를 왜 해야 하는지에 대한 학습동기와 흥미도가 낮다는 평가를 받고 있다. 교과부는 이러한 수학교육에 대한 인식을 개선하고 자기 주도적 학습동기를 부여하기 위하여 STEAM교육 · 융합인재교육으로 표방되는 수학교육선진화 사업을 추진하고 있다. 수학과 타 교과간의 통합교수학습자료를 개발하고 체험 탐구활동이 가능한 수학교실 구축에 힘쓰고 있다. 이러한 일련의 시도는 수학영재교육에도 그대로 적용되고 있으며, 아직은 양질의 수학영재교육자료의 개발이 미흡한 상태라 생각된다.

이 책은 제1판의 내용 중 특정교육기관과 관련된 내용들과 중복된 부분들을 삭제하고 수정 보완했으며, 저자가 지난 4년간 개발한 수학영재교육자료들을 보완해서 제2판을 출간하게 되었는데, 제1부: 수학영재교사를 위한자료와 제2부: 수학영재학생들을 위한 자료로 구별하여 재구성하였다.

제1부에서는 수학영재학생 사사교육산출물분석, 유클리드 자료론을 활용한 영재학생 지도, 프랙탈과 카오스게임을 활용한 수학영재교육 프로그램, 다알리아 디자인을 통한 중학교 동아리활동지도에 자료, 정수관련 수학영재교육프로그램 개발과 수심(Orthocenter Materials)에 대한 논의 등을 제공하여 수학영재교육자료를 확충하였다.

제2부에서는 기초대수문제 탐구, 수학심화과정 특강자료, 그림으로 증명하는 문제들과 일본의 산학문제들에 대한 기초도형탐구자료를 선별하여 제공하여 영재학생들의 기하탐구 능력을 기를 수 있는 교육자료를 새롭게 마련하였다.

이 책은 수학영재교육에서 영재교사와 영재학생 두 주체들에게 수학영재교육의 이론과 실제현장교육 측면에서 다양한 교육자료를 제공하여 모든 이들이 교육과 그 연구에 유용하게 활용하기를 바란다.

끝으로, Polynomiography 사진들을 사용하도록 해준 미국 Rutgers대학 K. Bahman교수에게 감사하고, 이 책이 나오기 까지 음과 양으로 도움을 아끼지 않은 부인 김영희와 고향에 忠恕軒을 지어 그 곳에서 마지막 원고를 정리할 수 있도록 한 장남 홍수에게 감사의 말을 전한다.

2012년 11월

忠恕軒에서 박종률 교수

머리말

날로 발전하며 더욱 고도화되는 지식정보사회에서 세계 각국은 경쟁적으로 고급인재 육성을 위하여 영재교육에 힘쓰고 있다. 우리나라의 과학영재교육은 2002년 영재교육진흥법이 재정되어 시행됨에 따라 전국에 대학부설 과학영재교육원이 설치되고 한국과학영재학교가 개교하면서 본격적인 출발을 하게 되었다. 최근 과학영재교육에 대한 긍정적인 평가에 따라 영재교육은 더욱 확대 실시될 것으로 예상되지만, 수학영재교육의 발전을 위해서는 수학영재학생들의 판별방법과 창의적인 교육자료의 개발에 대한 정보교환과 공동연구가 활발하게 이루어져야 할 시기이다.

저자는 전남대학교 사범대학 수학교육과에 재직하며 10여 년간 과학영재교육원 운영에 참여하였고, 동료 교수들과 함께 초등·중등수학영재반의 영재학생을 선발하고 영재교육을 실시하였다. 그동안 많은 영재학생들을 한국과학영재학교와 과학고에 진학시켰으며 초창기 학생들은 카이스트, 포항공대 등에서 과학자로 성장하고 있으며 그들이 훌륭한 과학자가 되어 혜성같이 나타나기를 고대하고 있다.

이 책은 저자가 수학영재교육과 관련하여 한국수학교육학회를 비롯한 여러 학회에서 발표했던 수학영재교육 연구 논문, 전남대학교 과학교육연구지에 중등교사들과 공동으로 발표한 수학교육 관련 논문, 과학고 사사교육 프로그램으로 실시된 R&E보고서, 그리고 교육개발원등 여러 연수기관에서 실시했던 수학영재교육 교사연수 자료 등으로 구성하였다.

수학영재교육의 이론과 실제 경험을 한 권의 책으로 엮어서 수학영재교육을 한눈에 조망해 볼 수 있는 계기를 마련하였으며, 수학영재교육의 올바른 방향 설정을 위한 자료를 제공하고자 한다.

이 책은 수학영재교육의 여러 가지 측면에서 현장감 있는 많은 자료들을 수록하고 있어서 수학영재교육을 담당하는 초, 중, 고 영재교육 지도교사에게는 참고도서로, 학부모에게는 자녀에 대한 이해를 위하여, 영재학생들에게는 학습자료로서 효과적으로 유용하게 활용되기를 기대한다. 앞으로 수학영재교육자료들에 대한 폭 넓은 논의가 더욱 활발하게 이루어지기를 기대하며 이 책은 그 한 모퉁이에 조그마한 초석이 되기를 바란다.

2008년 11월

박종률 교수

▌추천사

우리가 맞는 미래는 변화의 속도조차 예측할 수 없이 불확실하다합니다. 이러한 시대를 대비하여 좀 더 넓은 시야로 미래를 볼 수 있도록 영재학생들을 가르치고 준비시키는 것이 시급한 것 같습니다.

영재학생들로 하여금 자신들의 잠재적 재능을 최대한 발현하도록 교육하려면, 무엇보다 먼저 그들이 어떤 특성을 지니고 있는지 구체적이고 면밀하게 분석할 필요가 있습니다. 특히 우리나라 실정에 맞는 수학영재교육의 행정적, 제도적 시행을 위해서는 영재학생들의 특성에 대한 장기간에 걸친 실증적 연구가 뒷받침되어야 하고, 이를 토대로 수학영재성 개념의 명확한 정립과 그에 기반한 판별도구, 교육 프로그램, 정책 등에 대한 논의가 이루어져야 할 것입니다.

이러한 때에 그동안의 영재교육에 대하여 오랜 경험을 통하여 얻은 값진 결과를 집대성하여 한 권의 책으로 내신 박종률 교수님의 노고에 고마움을 표합니다. 교수님의 그동안의 열정어린 교육관은 이미 많은 사람에게 감동과 영향을 주었고, 이 책 또한 교수님의 그런 열정이 담긴 책으로 실제 현장 교육에 의미 깊은 지침을 주리라 생각합니다.

한편으로 '벌거벗은 임금님'의 동화처럼 모두 임금님의 옷이 아름답다고 칭송했지만 그 옷이 없는 것처럼, 영재교육도 자칫 잘못하면 실체 없는 옷이 될 수도 있습니다. 그 만큼 영재 또는 창의교육에 내실을 기하기가 힘든 것 같습니다.

이 책을 바탕으로 지속적인 연구가 이어져서, 아직 시작 단계이고 그래서 미로를 헤매고 있는 우리 영재교육의 아름다운 옷이 만들어지기를 고대합니다.

2008년 10월

서울대학교 과학영재교육원 원장 최영기

제1부 수학영재 교사를 위한 자료

제2부 수학영재 학생을 위한 자료

수학영재 교사를 위한 자료

PART 1

Polynomiography: Time Square

Bahman Kalantari

Professor of Computer Science Rutgers University

제1장 **수학영재교육 논의**

제2장 **수학교육 연구논문 모음**

제3장 **중등학교 수학영재 교사연수 자료**

CHAPTER

01

1

수학영재교육 논의

제1장 수학영재교육 논의

한국과학재단에서 1998년 과학 영재에게 적절한 교육을 제공하고 가능성을 최대한 계발하여 과학기술 선진국 진입을 위한 토대를 마련하려는 목적으로 권역별 과학영재교육센터 사업을 시행하였다. 2000년 1월에 영재교육진흥법이 공포되고, 2002년 4월 영재교육진흥법시행령이 공포 시행됨으로써 영재교육의 활성화에 새로운 전기를 맞게 되었다. 국가발전에 필요한 소수의 창의적 인력을 국가차원에서 개발, 육성하기 위한 새로운 교육시스템으로서 2002년 5개년 영재교육진흥종합계획에 따라 전국적으로 각 지방자치단체에 과학영재교육원을 200여개 설치하게 되었으며, 2007년까지 영재교육 대상학생을 4만명(0.5%)으로 확대하고 전국적으로 영재교육 담당교사를 8,000명 양성하는 계획을 추진하고 있다.

첫 번째는 대한수학회 주관으로 수학영재의 선발과 교육현황에 대한 세미나의 주제발표로 중등수학 영재선발과 영재교육을 발표하였다. 이것은 전국 각 대학교에서 운영하는 과학영재교육원의 현황분석과 교육방법이 소개되었으며, 대학에서 운영하는 수학영재교육의 현황을 소개한 최초의 자료가 되었다.

두 번째로 수학영재교육과 학부모의 역할은 광주시내 일곡초등학교 학부모 대상으로 강의한 내용이다. 영재아동의 타고난 재능을 뛰어난 수준의 성취로 이끌기 위해서는 부모의 역할이 매우 중요하며 과학영재교육의 올바른 방향을 바르게 이해하는 것이 중요할 것이다.

세 번째는 수학 영재아동의 반응특성을 고찰하고 다답형 문항에 대한 학생들의 반응을 평가하여 영재성을 측정할 때의 유의할 점을 제안했다.

네 번째는 수학 영재학생의 사사독립연구 산출물 분석한 사례연구로서 사사독립연구를 통하여 영재학생에게 창의적 문제해결 능력과 의사소통능력이 향상되고 자신에 대한 자기 신뢰감이 상승된다는 연구 결과를 얻었다.

다섯 번째는 대한수학회 회보에 게재한 것으로 한국 수학교육 전반에 걸친 초·중·고등 및 대학교 수학교육에 있어서 지향할 정책의 방향과 개선점에 대하여 논의한 것이다.

1. 중등수학 영재선발과 영재교육*

1 시작하는 글

21세기는 새로운 지식을 창조할 수 있는 인재가 국가 발전을 이끄는 시대이므로, 세계 여러 나라가 영재교육에 관심을 쏟고 있다. 미국, 영국, 러시아, 독일, 호주, 이스라엘, 싱가포르 등이 영재교육에 관한 관련법을 제정하여 영재교육을 실시하고 있으며, 우리나라도 최근 영재교육진흥법을 제정하였다.

영재교육진흥법이 발효되고 교육인적자원부의 영재교육 종합안이 발표됨에 따라, 각 시도교육청마다 영재교육원을 신설하고 영재교육 담당 교사 연수를 실시하는 등 영재교육이 양적으로 확대되고 있다. 이러한 시점에서 현재 우리나라 중등 수학영재교육의 현황을 조망하고 앞으로 나아갈 방향을 모색하고자 한다.

수학영재교육을 성공적으로 수행하려고 하면 다음 세 가지 문제에 대하여 긍정적으로 답할 수 있어야 할 것이다.

(1) 적절한 영재 판별 방법을 사용하여 영재를 선발하고 있는가?

(2) 영재의 능력과 적성에 맞는 교육 과정(내용)을 마련하고 있는가?

(3) 적절한 방법으로 교육 프로그램을 운영하고 있는가?

이에 본 고에서는 전국의 대학 부설 과학영재교육원과 외국의 영재교육기관에서 운영되고 있는 수학영재교육을 중심으로, 학생 선발 방법과 기준, 영재 교육 내용, 교육 운영 방법을 비교 분석하여 현재 중등 수학영재교육을 개관하며, 이를 기초로 좀더 바람직한 수학영재교육의 방향을 논의해 보고자 한다.

2 학생 선발

영재를 제대로 발굴, 선발하는 것은 영재교육의 성공을 향한 바른 출발점이다. 영재가 아닌 학생을 영재로 잘못 판별하여 교육하는 것도 일종의 낭비라 할 수 있을 것이며, 적절한 판별 도구를 사용하지 못해 숨어 있는 영재를 발굴하지 못하는 우를 범해

* 대한수학회 수학교육논총 제21집(2003) pp.33-60에 수록된 자료이다.

서도 안될 것이다.

영재교육진흥법에는 영재를 '재능이 뛰어난 사람으로서 타고난 잠재력을 계발하기 위하여 특별한 교육을 필요로 하는 자'로 규정하고 있다(제2조). 또 고등학교 과정 이하의 각급 학교에 취학한 자 중에서 일반 지능, 특수 학문 적성, 창의적 사고 능력, 예술적 재능, 신체적 재능, 기타 특별한 재능에 대하여 뛰어나거나 잠재력이 우수한 사람 중 영재판별 기준에 의거 판별된 사람을 영재교육대상자로 선정한다고 하고 있다(제5조). 한편, 영재교육진흥법시행령은 제12조에서 영재교육대상자의 판별·심사·선정의 기준은 다음에 해당하는 경우로 한다고 규정하고 있다.

표준화된 지능검사·사고력검사·창의적 문제해결력검사 또는 그 밖의 소정검사·면접·관찰의 방법에 의하여 특정교과 또는 특정분야에서 일정수준 이상의 뛰어난 재능 또는 잠재력이 있다고 인정될 것.

그러므로 영재교육진흥법 시행령 상, 수학 영재의 선발에 사용할 수 있는 명시적인 방법으로 다음 네 가지가 제시되어 있다고 하겠다.

① 지능 검사　　② 사고력 검사
③ 창의적 문제 해결력 검사　　④ 면접·관찰·기타 소정의 검사

다음 <표 1>에는 전국 대학 부설 과학영재교육원의 학생 선발 과정이 간단히 정리되어 있다.

다음 표를 보면, 각 영재교육원마다 약간의 차이가 있기는 하나 대개 학교장 추천 또는 경시대회 입상자들을 대상으로 창의적 문제(과제) 해결력이나 사고력 평가를 위한 지필고사를 실시하고 있으며, 지필고사 이외에 구술고사, 적성검사, 면접이 활용되고 있음을 알 수 있다. 영재교육진흥법시행령에 나온 네 가지 중 ① 지능 검사를 제외한 나머지 세 가지 방법이 사용되고 있는 것이다.

지능 검사가 수학 영재 선발에 중요 자료로 사용되지 않는 것은 일반 지능 검사가 특정 분야의 영재성을 제대로 판별해 낼 수 있는 도구인가에 대한 논란의 문제, 또 현실적으로 선발 과정에서 사용할 수 있는 지능 검사들이 대부분 기 개발된 지능 검사지라서 시중에서 어렵지 않게 접힐 수 있다는 문제 등의 영향이 있는 것으로 보인다. 자칫 지능 검사를 선발 과정에 잘못 사용하면 공정성의 문제가 야기될 수 있다. 실제로 일부 시도교육청에서 신설 영재교육원의 학생 선발 과정에서 지능 검사를 선발에 사용하다가 공정성의 문제가 야기된 일도 있다. 적성 검사도, 영재 입시의 당락에 예민한 관심을 가지고 있는 학부모들을 생각할 때, 선발에 어떤 형식으로 사용할 수 있을지 고민을 요하는 문제로 보인다.

표 1. 전국 대학 부설 과학영재교육원 학생 선발 방법

교육원	정원 (전체)	중등수학분야			선발 방법
		기초 과정	심화 과정	사사 과정	
A대	200	17	13	0	1단계 : 학교장·교육감 추천
					2단계 : 지필고사, 수상실적 가산점 부여(1.5배수)
					3단계 : 구술 및 면접
B대	109	16	0	3	1단계 : 학교장·교사 추천(3배수)
					2단계 : 지필고사(주·객관식), 논리적 사고력검사
					3단계 : 심층면접(실기 및 기능)
C대	226	15	8	4	1단계 : 서류심사, 지원 자격 심사
					2단계 : 필기고사, 문제 해결형 고사(2배수)
					3단계 : 구술 및 실험평가
D대	212	16	20	6	1단계 : 학교장 추천
					2단계 : 수학 적성 검사, 창의성 검사
					3단계 : 각 과목별 적성 검사
E대	192	15	9	0	1단계 : 1차 지필고사(2배수)
					2단계 : 2차 필기고사, 구술평가
F대	250	15	13	1	1단계 : 학교장 추천, 각종 경시대회 입상자
					2단계 : 지필고사, 면접고사
					3단계 : 사고력 검사
G대	216	24	6	0	1단계 : 학교장 추천. 각 학교 2명(10배수)
					2단계 : 필답고사
					3단계 : 구술 및 면접
H대	213	44	21	0	1단계 : 객관식 필기 고사(5배수)
					2단계 : 학교장 추천, 주관식 필기고사, 창의력 검사(1.5배수)
					3단계 : 구술 및 면접
I대	236	56	12	4	1단계 : 초등학교 6학년, 중학교 2학년, 각 과목 2명 학교장 추천
					2단계 : 필기 시험(주·객관식) (2배수)
					3단계 : 구술 시험
J대	305	33	12	4	1단계 : 창의적 문제 해결력 검사(3배수)
					2단계 : 창의적 문제 해결력 검사(1.5배수)
					3단계 : 구술 평가
K대	214	30	15	4	1단계 : 학교장 추천, 경시대회 수상자
					2단계 : 창의적 문제 해결력 검사(2배수)
					3단계 : 사고력 평가
L대	246	20	11	4	1단계 : 담임교사·학교장 추천(3배수)
					2단계 : 지필고사(2배수)
					3단계 : 구술고사(1.5배수) 4단계 : 면접
M대	226	15	14	4	1단계 : 학교장 추천(상위 5%)
					2단계 : 필답고사
					3단계 : 구술 및 면접
N대	217	18	6	0	1단계 : 학교장 추천, 경시대회 입상자
					2단계 : 객관식 및 단답형 지필고사(2배수)
					3단계 : 고급과제 해결 능력 평가

수학적 사고력 및 창의적 문제 해결력을 검사하는 시험을 모든 영재교육원에서 대개 지필고사의 형태로 실시하고 있다. 그런데 이러한 시험에서 사용되는 문제들이 정말로 사고력과 창의성을 측정할 수 있는 문항인가를 반성해 볼 필요가 있다. 일례로, 창의성 측정과 관련하여 주어진 문제에 대해 여러 가지 적절한 반응을 제시하는가를 보는 다답형 문항과 같은 확산적 산출물 검사가 주목을 받아 왔다. 아래 <예>와 같은 다답형 문항을 창의적 문제 해결력 검사 문항으로 사용하였다. 문제 1번에서 8번은 '$5n+3$은 $3n-7$로 나누어 떨어지도록 하는 양의 정수 n의 값 중 가장 큰 수를 구하여라.'와 같은 일반적인 다소 깊은 수학적 사고를 요하는 문제들이다.

예

11. 바둑알이 그림과 같이 놓여 있다.

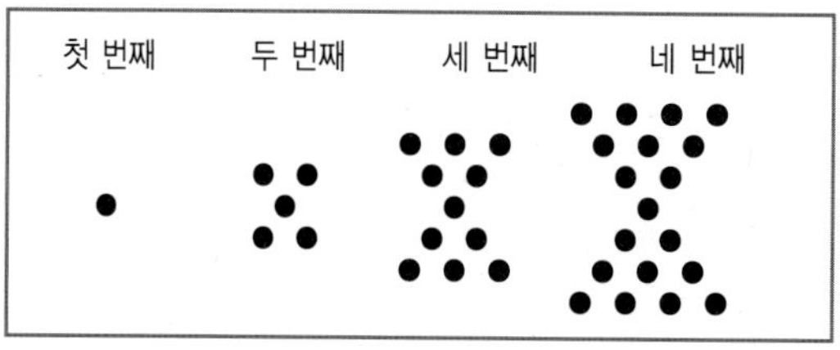

똑같은 방법으로 바둑알을 계속 놓았다고 할 때 다섯 번째 그림에 놓여 있는 바둑알을 세어보려고 한다. 바둑알을 세는 여러 가지 방법들을 제시하여라.

보기

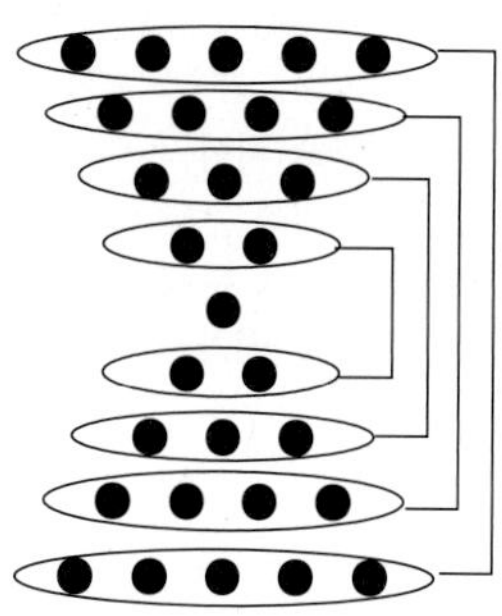

1998년 1년간의 교육 활동이 끝난 후에 성취도 평가를 실시하고 성취도 검사 성적과 선발 고사의 성적과의 관련을 분석하였다. 선발 고사의 문제 1-8과 성취도 검사 사이에는 양의 상관 관계가 있으며 상관 계수는 0.58로 나타났다. 그런데 다답형 문항인 선발 고사 문제 9-12에 대한 학생들의 성적과 성취도 검사 성적은 거의 무관한

것으로 나타났다. 그리고 선발 고사 문제 9-12와 문제 1-8의 성적간의 상관 관계는 오히려 약한 음의 상관 관계가 있는 것으로 나타났다.

Pearson Correlation Coefficients/ Prob > ∣R∣ under Ho: Rho=0 / N=22			
	성취도 검사	선발고사 문제 1-8	선발고사 문제 9-12
성취도 검사	1.00000 0.0	0.58065 0.0046	0.08887 0.6941
선발고사 문제 1-8	0.58065 0.0046	1.00000 0.0	-0.19416 0.3866
선발고사 문제 9-12	0.08887 0.6947	-0.19416 0.3866	1.00000 0.0

이 결과는 답이 여러 개인 문제를 통해 측정하려는 능력이 기존의 문제로 측정되지 않는 독립적인 능력임을 시사하는 동시에, 다답형 문제에 답하는 능력, 특히 소박한 의미의 유창성을 수학적 영재성의 주요 특징으로 보는 것이 타당한가에 대해 문제를 제기한다. 최근 유창성보다는 독창성이나 정교성에 중점을 두어 평가할 필요가 있다는 주장이 나오고 있다(조석희, 2002). 영재 선발과 같이 몇 문항 출제되지 않는 시험에서, 깊은 사고를 해야 풀 수 있는 수학 문제의 점수는 낮으면서 다답형 문항에서 좋은 점수를 받은 학생이 그 반대 경우의 학생을 제치고 선발되는 경우도 생길 수 있으므로 다답형 문제의 채점규준이 적절하게 적용되도록 세심한 주의를 기울여야 한다.

실제 영재 선발 고사 출제를 할 때, 제한된 인력으로 창의적 문제 해결력을 평가하는 문항을 만드는 데 많은 어려움이 있다. 이는 다른 대학 부설 영재교육원이나 시도 교육청 부설 영재교육원의 경우에도 마찬가지일 것으로 생각된다. 전국적으로 수학적 창의성 평가 문항을 개발하는 영재교육원 연합 기구의 구성을 고려할 필요가 있을 것으로 보인다.

창의적 문제 해결력을 평가하는 문항을 만들기 어려운 데는 인력과 시간의 제한이라는 현실적인 요인도 있지만, 막상 그러한 문항을 만들려고 할 때 사용할 수 있는 틀이 빈약하기 때문이 아닌가 싶다. 창의성과 관련하여 유창성, 독창성, 정교성, 융통성과 같은 요인들이 많이 거론되는데, 실제 문항을 개발하기 위해서는 이보다 더 정교한 틀이 개발되어야 할 것이다. 그리고 이런 연구에 의해 개발된 틀을 가지고 각 영재교육원에서 개발한 수학적 사고력 및 창의성 검사 문항들이 적절한 것인지 여부 등을 심층적으로 분석하는 작업도 이루어져야 할 것 같다.

구술고사가 몇 개 대학 영재교육원 선발 시험으로 실시되고 있다. 구술고사는 지필고사로 알아보기 어려운 측면을 파악할 수 있으므로 학생 선발에 상당한 도움이 될 것으로 보인다. 다만 제한된 시간의 구술고사라는 점을 십분 고려해서 조심스럽게 사용해야 할 것 같다.

또 대부분의 영재교육원이 학교장 추천 퍼센트를 제한하거나 학교당 추천 가능 인원을 제한하는 등의 방식으로 초기 시험 응시자의 수를 제한하고 있다. 이것은 현실적으로 응시자가 너무 많은 경우 시험 관리의 어려움이 있기 때문에 어쩔 수 없는 면이 있기는 하다. 그렇지만 초, 중학교의 현실을 고려할 때, 수학에 특수한 재능이 있는 학생들이, 기말 고사에서 한 문제 실수하여 내신이 좋지 않아 학교장 추천을 받지 못하는 경우가 생길 가능성도 없지 않다. 또 학교 현장에서도 추천 대상자 수가 적어 추천할 학생을 정하는 데에 적지 않은 애로가 있는 것으로 알고 있다. 그러므로 초기 응시자의 수를 가급적 확대하는 것이 바람직할 것 같다. 관리상의 어려움이 있겠으나, 채점의 문제라면 1차 시험을 선택형 또는 단답형 문항으로 출제하면 상당 부분 해소될 수 있을 것으로 보인다.

3 교육 내용

영재를 적절히 선발하였다고 하면, 그 다음 문제는 영재들의 적성과 능력에 맞는 교육내용을 선정하는 것, 곧 영재의 재능을 최대한 계발해 줄 수 있는 교육내용을 선정하는 것이다.

지난 몇 년간 각 과학영재교육원에서는 나름의 고유한 교육 내용을 개발하여 왔다. 다음 <표 2>에는 전국 대학 부설 과학영재교육원의 수학영재교육에서 다루는 주요 내용 및 주제들이 정리되어 있다. 이하에서는 이 내용을 기초로 교육 내용과 관련한 몇 가지 논의를 해 보고자 한다.

표 2. 전국 대학 부설 과학영재교육원 교육 내용

교육원	중등기초과정(주제명)	중등심화과정(주제명)
A대	수의 체계, 집합과 연산, 기본도형의 성질, 수의 배열과 규칙성, 도형의 관찰, 평면 및 각의 분할, 퍼즐로 이해하는 수학, 피타고라스 정리, 파스칼의 삼각형, 피보나치 수 경우의 수와 확률, 퍼즐 수학, 도형 작도, GSP와 평면기하, 데이터와 통계처리	수학의 논증법, 공리와 유크리드 기하, 행렬과 변환, Pattern과 Order, 위상적 동형관계, 그래프 이론과 응용, 도형의 운동, 극한 셈의 지도, 암호이론의 기초, 기초 퍼지 개념과 퍼지관계, 프랙탈 기하, 컴퓨터 그래픽의 기본개념과 작성, 암호제작과 해독
B대	도형, 논증-명제, 집합의 연산-경우의 수, 펜토미노의 활용, 평면기하, 벡터·내적·외적을 이용한 코사인 제2법칙, 점화관계, 순열과 조합, 수학문제 만들기, 입체 펜토미노를 활용한 수학, 논리, 자연수의 성질, 비둘기집의 원리, 수학적 문제해결, 부등식과 방정식, 직교 좌표계, 고대 오리엔트의 수학	수론, 수의 분할·집합의 분할, 함수, 부등식, 기하, 정수의 성질, 원, 이산적인 집합에서의 귀납 함수, 그래프·오일러 회로와 해밀턴회로, 수형도, 컴퓨터를 이용한 평면 채우기, 벡터·부등식, 프렉탈, 피보나찌 수열, 함수 방정식, 평면기하, 부등식, 입체펜토미노를 활용한 수학활동, 암호, 그래프 이론, 부등식과 방정식
C대	합동식, 부정방정식, 페르마의 정리, 오일러의 정리, 잉여류, 소수의 성질, 집합과 함수, 순열과 조합, 알고리즘, 수학적 귀납, 변환과 변환의 응용, 복소수의 표현, 좌표도입, 복소수의 사칙, 2차 방정식에의 응용, 평면도형, 입체도형, 해석기하학, 문제해결, 함수의 도입, 연립방정식의 해의 구성, 함수 부등식, GSP에니메이션 작도, Mathematica, 함수관계, 수학적 귀납법, 함수의 곱	제타 함수, Dirichlet의 L함수, 합동식, 잉여류, 이항연산, 군·환의 기본성질, 방정식의 해의 구성, 수학적 귀납법, 복소수의 표현, 복소수의 계산 방정식과의 관계, 고차방정식의 대수적 해법, 집합의 연산, 1차함수의 여러 가지 성질, 함수의 응용, 평면도형, 입체도형, 도형의 변환, Symbolic Graphing Calculator를 활용한 문제 해결, GSP 활용을 이용한 기하학의 이해, 공간도형의 여러 가지 활용, Young Tableaux, 수치연산, 변환을 이용한 응용
D대	자연수의 분해, 수학적 귀납법, 피타고라스의 정리, 퍼즐의 수학, 함수, 기초적 대수구조, 카발리에리의 원리, 나머지 정리와 인수분해, 지수와 로그, 캠프-수학탐구대회, 원과 접선, 타일링, 수열과 조합, 초등 클라인기하, 반전기하학	순열과 조합, 기초수론, 도형의 연결상태와 오일러 수, 삼각함수, 논리학, 해석기하, 벡터기하, 논리학, 캠프-수학탐구대회, 도형의 변환, 원추곡선론, 운동 기하학, 복소수의 평면도형에의 활용, 수열의 극한, 지수와 로그
E대	유리수와 식의 계산, 이진법과 나이 낮추기 게임, 방정식과 부등식, 함수, 황금비, 경우의 수, 확률과 통계, 자료분석, 도형의 성질과 닮음, 논리추론, 통계, 이차방정식, 이차함수, 수와 연산, 논리추론, 삼각함수, 피타고라스의 정리, 집합론, 지수와 로그, 마방진 만들기, 이차방정식과 이차함수, 원의 성질과 삼각비, GSP를 이용하여 함수그래프 그리기, 원의 성질과 삼각비, 지수와 로그	수열과 급수, 피보나치 수열, 수 퍼즐 활동, 정수론, 마방진, 수의 신비, 도형의 방정식, 지수와 로그, 도형의 방정식, 행렬, 집합론, 논증기하, 미분과 적분, 게임이론, 오일러 정리의 확장, 선형대수, 도함수와 미분, 미분과 적분, 집합론

교육원	중등기초과정(주제명)	중등심화과정(주제명)
F대	테크놀러지를 이용한 수학, 수학적 귀납법, 비유크리드 기하, 정수론의 이모저모, 그래프 이론, 물리·생물·화학·지구과학 공통, 수학에 관하여, 창의적 문제해결	정수론의 이모저모, ICT활용교육, 그래프 이론, 수학적 문제해결, 테크놀러지를 이용한 수학, 수학에 관하여, 그래프 이론, 부등식의 원리, 물리·생물·화학·지구과학 공통
G대	기하작도, 기하에서의 논리, 유크리드 기하, 아르키메데스 탐구, 유크리드 기하와 오일러 수, 수학적 모델링, 수학적 문제 해결	
H대	배수판정법과 유크리드호제법, 정수론, 기하, 함수, 대수, 문제해결전략, 조합론, 피보나치 수열, 비둘기집의 원리, 수학적 패턴과 문제해결, 중요한 부등식, 조합수학	삼각형의 기본성질, 조합 수학, 수학적 귀납법과 그 활용, 삼각형의 성질, 정수론, 기하, 함수, 대수, 조합론, 부등식,함수, 지수와 로그, 삼각함수
I대	논리, 집합, 수, 정수론, 조합 이론, 함수, 논증기하	수열과 급수, 수열의 극한, 도함수, 미분과 응용, 행렬 및 벡터, 적분 및 응용, 수치 적분 및 응용, 확률 및 통계
J대	컴퓨터를 이용한 수학의 이해, 좌표변환과 일치함수, 일차부정 방정식, 파스칼의 삼각형, 시어핀스키 삼각형, 집합과 함수, 그래프의 활용, 삼각형의 내심과 외심, 퍼즐을 이용한 수업, 집합론과 무한집합, 현대 대수학의 이해, 정오각형 작도방법	함수의 정의와 기본개념, 수학사를 활용한 방정식의 이해, 삼각함수의 정의와 기본개념, 부등식과 방정식의 응용, 여러 가지 변환과 일차함수, 복소수와 삼각함수, 이차함수와 유리·무리함수의 그래프와 성질, 평면의 좌표계, 판별식의 이용 및 이차함수의 최대·최소, 벡터공간과 기저에 관하여, 원의 성질, 파스칼의 삼각형, 확률, 연산과 군
K대	기본도형의 작도, 지도 색칠하기, 오일러 수, 신기한 무한의 세계, 황금비, 정다면체의 제작, 기초적인 기하문제의 탐구, 형상수, 아르키메데스 원리, 황금분할 문제, 삼각형과 원의 문제, 수의 성질, Proofs without words (PWWS), 방정식 사고 패턴, 삼각형의 면적 구하기	정수의 성질, 자연수의 분할, 차원이야기, 등주문제, 역리를 해결해 보자, 4차 마방진에 대한 탐구활동, 암호와 수학, 문제 해결 전략, 피타고라스 정리의 응용, 아폴로니우스의 원 문제, Proofs without words(PWWS), 논리게임, 삼각함수의 가법정리
L대	각과 평행선, 삼각형의 중요한 성질, Euclid의 알고리즘, 피보나치수열, 황금분할 및 Cantor의 전개식, 삼각형의 외심과 내심, 파스칼 삼각형, 새로운 색칠하기의 규칙, 원의 성질, 삼각형의 성질, 함수의 성질, Fermat 정리, 소수와 합성수, 역함수와 함수등식, 함수의 응용	수와 연산, 이차방정식, 이차방정식과 이차함수, 통계, 피타고라스의 정리, 원의 성질, 삼각비, 일차부정 방정식, 중국인의 나머지 정리

교육원	중등기초과정(주제명)	중등심화과정(주제명)
M대	집합의 원소의 개수 구하기, 이항전개와 파스칼 삼각형, 행렬의 기본개념, 수학적 귀납법과 나눗셈 정리, 함수의 정의, 일·이차·유리·무리 함수, 비둘기집의 원리와 최단경로 구하기, 이차함수의 최대 최소 문제, 마방진, 팽이 만들기, 기하학과 수, 평면 채우기, 여러 가지 부등식, 암호 알고리즘에 사용되는 계산법, 피보나치 수열	확률의 개념과 법칙, 경우의 수와 순열, 확률의 성질, 단순대입 암호문 풀이, 도형의 닮음, 피타고라스의 정리, 등차수열과 등비수열, 여러 가지 수열, 다면체, 돔, 혼합전략이 있는 게임
N대	정사각형 수열, 14면체 주사위 목제주령구 탐구, 수리적 사고, 공간 및 도형, 컴퓨터 프로그래밍, 게임의 이기기 전략 세우기, 확률에 대한 공부를 해보자, 점과 선으로 이루어진 그림을 이용한 수학, 수 속에서 논리적 사고력 기르기, 동전과 고무줄의 길이, 다면체 탐구, 암호학의 이해, n배 정사각형 만들기, 정육면체의 분할	다항식과 그래프, 방정식을 풀기 위한 수학자들의 노력, 수리적 사고, 공간 및 도형, 이산수학, 조합속에서 논리적 사고력 기르기, 피타고라스 정리의 발견과 증명, 최단거리 구하기, 기하학의 이해, 다면체 탐구, 수학적 모델링, 인수분해와 유크리드 호제법, 산술/기하/조화평균의 다양한 증명, 중선의 성질, 부등식의 활용

위의 표를 보면 교육 내용 구성에 있어 영재 교육원마다 특색이 있음을 볼 수 있다. 영재교육원에 따라, 중학교 교육과정 관련 주제 순으로 심화형 교육 과정을 구성한 경우도 있고, 중학교 교육과정과 무관한 참신한 주제로 심화형 교육 과정을 구성한 경우도 있으며, 지수로그, 미적분 등의 내용을 포함한 속진형으로 구성한 경우도 있다.

우선 이러한 다양성은 긍정적인 것으로 보아야 할 것 같다. 획일적인 하나의 철학에 따라 모든 영재교육원이 동일한 교재를 개발하고 사용하는 것보다는 이렇게 각자의 고유한 철학과 여건에 따라 다양한 교재를 개발하고 발전시켜 가는 것이 의미가 있을 것이다.

다른 한편, 위의 표를 살펴보면 적지 않은 내용이 거의 모든 영재교육원에서 다루어지고 있음을 볼 수 있다. 이것은 지난 몇 년간의 교육 활동을 통해 일종의 코어 커리큘럼이라고 할 만한 공통성이 형성되고 있음을 말하는 것 같다.

영재 교육 프로그램이 속진형과 심화형 중 어느 쪽이 더 바람직한지에 대한 합의는 이루어져 있지 않고, 심화형도 많은 경우 그 내용에서 일부 속진을 다루는 형태가 되기 쉬우므로 그 경계가 불분명한 점도 없지는 않다. 그렇지만 크게 볼 때 어떤 교육 내용이 전체적으로 속진을 지향하는가 심화를 지향하는가는 판단할 수 있다.

심화형은 영재 학생이 속해 있는 학교 학년급의 정규 교육과정의 범위를 크게 벗어나지 않으면서 정규 교육과정의 내용과 관련이 깊은 내용으로 교재를 구성하는 것이다. 학습자의 학습 능력은 속도와 깊이의 두 면에서 생각해 볼 수 있는데, 심화형은 속도보다는 깊이에 대응하여 정규 교육과정에 제시되어 있는 학습 내용을 깊이의 측면에서 확장한다. 정규 교육과정에 제시된 내용의 깊이를 심화시키는데 필요하다면 정규 교육과정에 제시되어 있지 않는 주제나 수학적 활동도 사용될 수 있다. 예를 들어 학교에서 삼각형의 오심을 학습한 중학생 영재아들에게 GSP를 사용하여 삼각형의 오심과 관련된 성질을 더 깊이 탐구할 수 있도록 하는 프로그램은 심화에 해당한다고 하겠다.

속진형은 정규 교육과정에 제시된 내용을 능력에 따라 빠른 속도로 이수할 수 있도록 하는 교육적 제도나 장치를 마련해 주는 것이다. 곧 초등학생에게 중학교 수학 내용을, 중학생에게 고등학교 수학을, 고등학생에게 대학 수학을 배울 수 있는 길을 열어 주는 것이다. 속진형 프로그램은 다음과 같은 체제를 통해 이루어질 수 있다: (1) 상급학교 조기입학(early entrance to school) (2) 월반(grade skipping) (3) 수업년한 단축(telescoped programs) (4) 대학과정 조기이수(college courses in high school) (5) 학점인정(credit by examination).

우리나라에서도 지난 몇 년간 속진과 관련된 제도적 정비가 이루어져 왔다. 1995년 대통령령으로 제정된 “조기 진급 및 조기 졸업제에 관한 제도” 시행령은 월반을 할 수 있는 법적인 근거를 마련한 것이며, 한국과학기술원에서 과학고등학교 학생이나 일반 고등학교 2학년 학생들을 선발 대상으로 하는 것도 월반을 하는 속진학습 방법이다. 작년에는 영재들을 위한 특수학교인 과학영재학교가 신설되었다. 외국의 영재교육에서 많이 도입되고 있는 능력별 속진학습 방법은 상급 학교와 협조적인 체제가 이루어질 때 가능한 방법이다. 고등학교 학생 중에서 수학에 뛰어난 학생들이 대학의 수학 강의를 수강할 수 있게 하고 대학에 입학하게 되면 그 과목을 이수한 것으로 인정하는 것이다. 과학영재학교의 경우, 졸업후 KAIST에 입학하면 고등학교에서 배웠던 과목들을 속진 과정으로 인정받는 AP제도를 적용할 것으로 보인다. 미국의 존스 홉킨스 대학이나 스탠포드 대학의 수학영재교육 프로그램과 같이 대학에서 체계화된 특별 프로그램을 제공할 때 속진학습 프로그램은 그 효과를 발휘할 수 있다.

지난 몇 년간 전국 대학 부설 과학영재교육원에서 개발한 기초 과정과 심화 과정의 교육 내용을 살펴보면, 일부 과학영재교육원의 경우에는 명확한 속진형을 취하고 있으나, 보다 다수의 과학영재교육원들은 대체로 심화형을 취하고 있는 것으로 보인다. 소수의 학생들을 대상으로 하는 사사교육에서는 올림피아드 준비와 관련된 내용, 창의적 문제해결력, 미적분, 선형대수학과 같은 내용이 다루어지면서 어느 정도 속진이 이루어지고 있다고 볼 수 있다. 보다 많은 학생들을 대상으로 하는 기초 과정과 심화 과정에서 대체로 심화형을 취하고 있는 것은 과학영재학교 신설이나 학점 인정, 대학 조기 진학과 같은 새로운 교육 시스템의 구축이 미비된 상태에서 중학생을 대상으로 속진형 교육을 할 경우에 생길 수 있는 문제점을 고려한 때문인 것 같다.

그러나 이제 과학영재학교가 신설되어, 각 과학영재교육원의 졸업생 중 우수한 학생들이 과학영재학교로 진학하기 시작하였다. 그러므로 이제는 교육 내용선정에 있어, 과학영재학교의 커리큘럼과의 연계성도 고려해야 할 것 같다. 과학영재학교의 수학 커리큘럼은 그 선택 과목이 대학 2, 3학년 수준의 수학으로 이루어져 있다. 정규 중학교의 교육은 기본적으로 과학영재학교 커리큘럼과의 연계성을 추구할 수 없다. 그러므로 중학교 2학년까지 정규 학교 교육을 받고 영재학교로 진학하는 학생들을 위해, 과학영재교육원에서 일정 부분 정규 교육과정과 영재학교 교육과정 사이의 빈 공간을 채워 주는 역할을 담당해야 할 것이다. 특히 심화 과정의 교육 내용을 구성할 때에 이 점을 고려해야 할 것이다.

기초 과정과 심화 과정의 교육 내용의 차이가 무엇인가 하는 문제도 생각해 보아야 할 것 같다. 현재로서는, 많은 경우, 기초 과정은 좀 쉬운 내용을 다루고 심화 과정은 그보다 조금 어려운 내용을 다룬다는 정도의 차이 이상 뚜렷한 차이가 잘 보이지 않는 것 같다. 특히 속진이 아닌 심화형 교재의 경우, 기초 과정 교재 내용과 심화 과정 교재 내용을 구분하는 차이가 무엇인지 더욱 불분명한 것 같다.

기초 과정 교육 내용과 심화 과정 교육 내용을 그 차이가 잘 드러나도록 체계적으로 정리하는 작업이 필요할 것 같다. 현재 대다수의 영재교육원에서 하고 있는 것처럼 1년간의 교육 내용을 단순히 기초반 교육내용이라는 이름으로 묶는 것은 별로 바람직하지 않아 보인다. 각 과정에 포함되는 몇 개의 분야를 구체적으로 정하고 기초 과정에서 심화 과정으로 올라가면서 각 분야의 수준이 상승되도록 구성하는 것이 나아 보인다. 예를 들어, 기초 과정과 심화 과정을 세로축으로 하고, 대수, 기하와 같은 수학 내용적인 하위 분야를 가로축으로 하는 이차원적인 틀로, 기초 과정과 심화 과정 안에 각각 하위 영역 또는 코스를 두고 기초 과정에서 심화 과정으로 올라가면서 각 하위 코스의 수준이 상승되어 가도록 하는 것도 한 가지 방법일 것이다. 참고로, 한국교육개발원의 수학과 영재 교육과정 시안 개발 보고서(1999)에서는 중학교 과정을 1단계와 2단계로 나누어 각 단계별로 다룰 주제를 개략적으로 제시하였으며, 고등학교 수준의 영재 교육과정 시안(한국교육개발원, 2000)에서도 수학 교과 영역을 교양 수학, 대수학 등 여러 영역으로 나누고 각 영역의 내용을 다음과 같이 단계별로 제시하였다.

대수학

1단계: 이산 수학과 응용, 선형 대수학

2단계: 정수론의 응용, 연산 구조의 탐구

3단계: 조합수학, 암호와 정보 보호, 대수 방정식, 대수학 특강, 수체계의 탐구

외국의 영재 프로그램들을 보면, 다음 <예>의 스탠포드 대학의 EPGY 프로그램과 같이, 속진 프로그램을 기초 과정, 심화 과정 등으로 과정을 나누고 각각의 과정을 이루는 세부 과목들에 그 교육 내용을 알 수 있도록 구체적인 명칭을 붙여 체계적으로 운영하고 있다.

예. 스탠포드 대학의 EPGY 수학 프로그램

Elementary - level	Secondary - level	AP - level
M00A K-2 Mathematics M00B 3-4 Mathematics M00C 5-6 Mathematics M00D Pre-Algebra (7) Mathematics	M011 Beginning Algebra M012 Intermediate Algebra M015 Honors Geometry* M013 Precalculus	M040 Calculus A M041 Calculus B M042 Calculus C

*M015 Honors Geometry

Honors Geometry combines the contemporary discovery approach with the logical rigor of traditional geometry courses. The course incorporates software for performing geometric constructions and also a computer-based Proof Environment for writing formal proofs.

Assignment 1: What is Geometry? Why Study Geometry?
Assignment 2: History of Geometry. Introduction to Dynamic Geometry.
Assignment 3: Points of Concurrency on a Triangle.
Assignment 4: The Deductive Approach. Introduction to Propositional Logic.
Assignment 5: Propositional Logic in the EPGY Proof Environment.
Assignment 6: First-order Logic in the EPGY Proof Environment.
Assignment 7: Formal Geometry-Points and Lines.
Assignment 8: Parallel Lines.
Assignment 9: Betweenness.
Assignment 10: Line Segments and Rays.
Assignment 11: Betweenness of Rays.
Assignment 12: Angles and Triangles.
Assignment 13: Congruence of Segments and Angles.
Assignment 14: Triangle Congruence.
Assignment 15: Transversals of Parallel Lines.
Assignment 16: Ordering and Adding Segments and Angles.
Assignment 17: Bisectors, Perpendiculars, and Special Triangles.
Assignment 18: Parallelograms and Other Quadrilaterals.
Assignment 19: Introduction to Measurement.
Assignment 20: Similar Triangles.
Assignment 21: Right Triangles.
Assignment 22: Area.
Assignment 23: Circles, Arcs, and Chords.
Assignment 24: Inscribed Angles and Other Angles.

다음 <표 3>으로 Rita Barger (1998)가 소개한 수학심화과정의 중요한 주제들을 보면 다음과 같다. 이와 같은 주제들은 많은 부분이 이미 위에서 본 각 대학들의 과학 영재교육원 프로그램과 공통된 것으로 일치함을 알 수 있다.

표 3. 수학심화과정의 중요한 주제들

Abacus	Alphamerics
Alphamorphic Art	Art and Math
Binary	Calculating Prodigies
Card Tricks	Codes
"Crossing the River" Problems	Escher Puzzles
Four-Color Problem	Fractals
Game Theory	Geometric Vanishes
Golden Ratio	Graph Theory
Hamiltonian Paths	Humor in math
Infinity	Instant Insanity
Josephus Problems	Knot Theory
Liar/Truth-Teller Problems	Logic Problems
Magic Squares and Circles	Manipulative Puzzles
Matchstick Problems	Math in Literatures
Math in Nature	Mabius Strips
Modular Math	Networks
Nim	Optical Illusions
Origami	Paradoxes
Prime Numbers	Topology
Tracings	Weird Numbers

박성익(2002)은 영재교육과정의 특성을 살리려면 다음과 같은 점을 고려해야 한다고 하였다. 첫째, 사고 과정을 중시하지만 반드시 어떤 주제를 중심으로 교육과정을 구성하여 특정 사고과정을 직접 적용할 수 있는 기회를 제공해 주어야 한다. 둘째, 정보의 습득보다는 사고기술 및 과정의 발달을 강조하는 학습 활동을 전개해야 한다. 셋째, 학습자가 적극적으로 참여할 수 있게 하는 과제를 초점으로 삼아 학습 활동을 전개하고, 학습자들이 형식에 얽매이지 않고, 다양하며 개인적인 반응을 할 수 있도록 허용해야 한다. 넷째, 학습 내용의 수준이나 내용을 제한하지 않음으로써 충분한 도전감을 제공하고 창의적으로 문제를 해결하는 경험을 갖도록 한다. 다섯째, 학습자는 그들의 요구, 기호, 능력 등에서 개인차가 크므로 다양한 대안들을 제공해 주어야 한다.

창의적 사고력을 함양하는 영재교육은 이와 같은 원리에 따라 개발된 교육 내용을 소재로 자유로운 탐구 분위기 속에서 이루어져야 할 것이다.

4 교육 운영

아래 <표 4>에 정리된 교육 운영 방법을 보면 대부분의 교육원에서 주말교육, 방학 중 집중 교육, 사이버 원격 교육의 방법으로 영재 교육이 이루어짐을 알 수 있다. 시도 교육청 부설 영재교육원들은 주로 평일 저녁 시간을 교육에 활용하는 데 비해, 대학 부설 영재교육원들은 학기 중 평일에 원격 교육을 부분적으로 실시하기도 하나, 기본적으로 주말과 방학 기간을 교육에 활용하고 있다.

주말 교육이 차지하는 비중과 방학 중 집중 교육이 차지하는 비중은 각 교육원에 따라 다양하다.

방학 중 학생들을 기숙사에 입소시켜 오전부터 저녁까지 집중적인 교육 프로그램을 진행하는 교육원도 있고, 방학 중 집중 교육을 기숙사 입소를 시키지 않고 통학 형태로 운영하는 교육원도 있다.

방학 중 집중교육보다 주말 교육에 비중을 두어, 주말 교육 중심의 프로그램을 운영하는 교육원도 있다. 방학 중에 대학 이외의 장소에서 캠프 형태로 교육을 진행하는 교육원도 있다. 이러한 운영상의 다양성은 각 교육원의 형편과 지역 여건을 고려한 것으로 판단된다.

방학 중 집중 교육으로만 프로그램을 운영할 경우, 학생들이 과학영재교육원의 교육은 여름 겨울 방학 때 일주일 정도의 기간만 할애하면 되는 것으로 가볍게 생각할 수 있어, 소속감이나 교육 참여에의 열의가 저하될 소지가 있다. 일정 시수를 어떤 형태로든 주말 교육으로 운영하는 것은 이러한 학생 관리 측면에서 바람직한 것으로 보인다. 주말 교육도 수학 탐구 학습뿐 아니라 명사 초청 특강, 현장 학습 등 다양한 프로그램을 운영할 수 있을 것이다.

표 4. 전국 대학 부설 과학영재교육원 교육 운영

<table>
<tr><th>교육원</th><th>교육 시수</th><th colspan="2">교수 · 학습 운영</th><th>특이 사항</th></tr>
<tr><td>A대</td><td>100</td><td colspan="2">원격교육 : 10주×2시간=20시간
주말교육 : 10주×2시간=20시간
여름캠프 : 5일×6시간=30시간
겨울캠프 : 5일×6시간=30시간</td><td></td></tr>
<tr><td>B대</td><td>136</td><td colspan="2">봄 학 기 : 16시간×2=32시간
가을학기 : 16시간×2=32시간
여름집중교육 :
주간 5일×8시간=40시간, 야간 12시간
겨울집중교육 :
주간 5일×8시간=40시간, 야간 12시간</td><td>온라인 교재 배부</td></tr>
<tr><td rowspan="2">C대</td><td rowspan="2">기초 102
심화 64</td><td>기초과정</td><td>주 말 교 육 : 8주×3시간=24시간
여름집중교육 : 4일×8시간=32시간
겨울집중교육 : 4일×8시간=32시간</td><td rowspan="2">여름 cyber교육 실시</td></tr>
<tr><td>심화과정</td><td>주 말 교 육 : 6주×3시간=18시간
여름집중교육 : 2일×6시간=16시간
겨울집중교육 : 2일×6시간=16시간</td></tr>
<tr><td>D대</td><td>110</td><td colspan="2">봄학기 주말교육 : 39시간
가을학기 주말교육 : 39시간
여름 집중교육 : 32시간</td><td>겨울집중교육 없음</td></tr>
<tr><td>E대</td><td>104</td><td colspan="2">원 격 교 육 : 24시간
여름집중교육 : 37시간
겨울집중교육 : 43시간</td><td></td></tr>
<tr><td>F대</td><td>124</td><td colspan="2">학기중 주말교육 및 사이버 교육 : 20시간
하 · 동계 방학중 집중 합숙교육 : 104시간</td><td>과학과목 28시간</td></tr>
<tr><td>G대</td><td>102</td><td colspan="2">전체교육 : 12시간
봄 · 가을학기 순환교육 : 36시간
여름 · 겨울 집중교육 : 50시간
프로젝트 발표 : 2시간 등</td><td>순환교육
(물리, 화학,
생물, 지구과학)</td></tr>
<tr><td>H대</td><td>100</td><td colspan="2">봄학기 주말교육 : 16시간
가을학기 주말교육 : 16시간
여름집중교육 : 30시간
겨울집중교육 : 30시간</td><td>사이버 원격교육 실시</td></tr>
<tr><td>I대</td><td>100</td><td colspan="2">주 말 교 육 : 20주 40시간
방학 집중교육 : 2주 60시간</td><td>이론 50시간
실험실습 50시간</td></tr>
</table>

교육원	교육 시수	교수 · 학습 운영		특이 사항
J대		봄학기 주말교육 : 12주×2시간=24시간 여름 집중교육 : 4주×4시간=16시간 가을학기 주말교육 : 12주×2시간=24시간 겨울 집중교육 : 8주×4시간=32시간		여름 · 겨울 방학 중 (13:00~17:00)
K대	기초 117 심화 112	기초과정	원 격 교 육 : 30시간 주 말 교 육 : 15시간 여름 · 겨울 집중교육 : 60시간 공동 탐구활동 : 12시간	
		심화과정	원 격 교 육 : 30시간 주 말 교 육 : 15시간 여름 · 겨울 집중교육 : 48시간 공동 탐구활동 : 9시간	
L대	기초 108 심화 100	기초과정	여름집중교육 : 50시간 겨울집중교육 : 50시간 주 말 교 육 : 8시간	주말교육 (9월~12월)
		심화과정	사이버 교육 : 90시간 집 중 교 육 : 10시간	
M대	100	봄학기 주말교육 : 23시간 여름집중교육 : 29시간 가을학기 주말교육 : 21시간 겨울집중교육 : 27시간		
N대	117	주말 교육 : 24시간 여름 캠프 : 8일 겨울집중교육 : 6일		

원격 교육도 교육원마다 다양하게 운영되고 있다. 봄, 가을 학기 중에 2주에 한번씩 총 15회, 30시간 분의 학습 과제를 홈페이지에 올려 학생들이 다운받아 과제를 해결하여 그 보고서를 제출하게 하고, 주말에 총 15시간의 출석 수업을 하는 방식으로 원격 교육을 해 왔다. 그런데 보조 인력 지원이 충분하지 않은 상태에서 각 강의 담당 교수가 학생 개개인에게 적절한 피드백을 일일이 제공하기는 어려운 실정이고, 이는 원격교육의 내실화를 어렵게 하는 요인이 된다.

사이버 교육 확대 및 내실화에 사용할 별도의 외부 지원 예산을 확보하지 못한 교육원에서는 원격 교육을 현재보다 획기적으로 개선하여 운영하는 것은 현실적으로 매우 어려워 보인다. 또 원격 교육 강의의 효과를 올리려면 단순히 과제를 파일로 올리는 것에서 나아가 동영상 강의 등을 제작하는 것이 필요해 보이지만, 이 또한 별도의 예산과 상당한 노력을 요하는 작업이다.

원격 교육을 집중 교육(또는 주말 교육)과 연계하여, 집중 교육(또는 주말 교육)에서 학습할 내용을 미리 인터넷에 올려 학생들이 미리 생각하고 토론할 수 있는 기회를 갖게 하여 집중 교육(주말 교육)의 효과를 극대화하는 보조 수단으로 사용하는 방안도 생각해 볼 수 있을 것이다.

일부 대학에서는 수학반 학생들에게도 일정 시간의 과학 교육을 시키고 있다. 초, 중학생 시기에 특정 분야에 적성이 나타난다고 하여도, 많은 경우 인문과학적 소양이 있다거나 자연과학 관련 교과를 잘 한다는 정도의 대강의 적성이 나타나는 것이지, 수학, 물리, 지구과학, 생물학과 같이 아주 세분화된 전문적인 적성과 능력이 아직 나타나는 것이 아니라면, 수학반 학생들에게도 일정 시수의 과학 교육을 받게 하고, 또 과학반 학생들에게 일정 시수의 수학 교육을 받게 하는 것은 일리가 있는 것으로 생각된다. 또, 세분화된 전문적인 특성을 보이는 학생들이라고 하더라도, 기초 과정에서 일정 시간의 다른 분야 교육에 참여하는 것은 인접 학문에 대한 이해를 높인다는 면에서도 의미가 있는 것으로 판단된다. 특히 정보과학 반 학생들에게는 관련 있는 수학 내용에 대한 학습이 반드시 이루어지도록 해야 할 것으로 생각된다.

수학영재교육의 문제는 아니지만, 과학 영재 교육에서도 위 사항을 더 진지하게 고민할 필요가 있는 것 같다. 중학교 1, 2 학년 학생들을 물리, 화학, 생물, 지구과학 분야별로 선발하여 특정 전공 영역의 교육만 실시하는 것이 과연 바람직한 것인지에 대한 깊은 반성과 논의가 필요하다.

본 고에서는 사사교육에 대해서는 깊이 살펴보지 않았다. 사사교육도 그 규모나 방법 등에서 영재교육원마다 다소 차이가 있다. 사사교육은 기초, 심화 과정을 거쳐 과학영재교육원 교육의 최종 결실을 맺는 교육 과정이다. 특히 대학에서 영재교육에 관여하는 이유가 영재들이 해당 분야의 전문가와 함께 특정 주제에 대하여 같이 탐구하는 과정을 통해서 사물을 보는 관점, 새로운 문제를 제기하고 접근 방법을 세우는 방법, 자유롭고 창조적인 사고 양식 등을 전수 받는 데에 있다는 점을 생각하면, 그 중요성이 매우 크다 아니할 수 없다. 이러한 안목과 관점의 전수는 매우 중요한 만큼, 사사교육을 현재보다 조금 더 확대하여 가급적 많은 학생들이 참여할 수 있도록 하는 것이 좋을 것이다.

올해부터는 각 지역마다 시도 교육청에서 운영하는 과학영재교육원과 어떻게 서로 협조하며 그 지역의 과학영재교육을 잘 수행해 가느냐 하는 문제가 새롭게 대두되고 있다. 박인호 교수(2002)는 그 한 가지 방법으로 기초과정은 지역 교육청에서 맡아서 교육하고 심화과정과 사사과정은 대학에서 맡아 그 역할을 구별하여 영재교육을 실시하는 안을 제안하였다.

그러나 지난 5년 간 대학 부설 과학영재교육원에서 실시해온 경험을 바탕으로 시·도교육청의 영재교육프로그램과는 차별화된 프로그램으로 독자적인 운영을 하는 것이 더 바람직할 것으로 생각한다. 여기서 과학영재교육을 대학에서 맡아서 해야 하는 이유를 다음 세 가지로 나누어 생각해 보고자 한다.

① 영재교육을 담당할 강사는 해당 분야의 수준 높은 해박한 지식을 가지고 있어야 한다.

영재교육에서 다루는 지식의 범위는 현행 초, 중, 고등학교 학교 교육과정의 범위를 벗어나는 경우가 적지 않다. 비록 중학교 교육과정에 나오는 내용을 탐구의 출발점으로 삼는다고 하더라도 그 주제에 대하여 깊이 탐구하여 들어가다 보면, 중학교 교육과정의 범위를 벗어나 심도 깊은 지식 탐구의 영역으로 들어가게 된다. 또 영재 학생들은 그 주제와 관련된 탐구를 하는 과정에서 강사가 의도하지 않았던 높은 수준의 창의적인 질문을 하는 경우도 있다. 이런 상황에 대처하기 위해서 영재 교육을 담당할 강사는 가르치고자 하는 주제에 관한 매우 전문적이고 해박한 지식을 가지고 있어야 한다.

② 영재교육의 목적은 특정 지식의 전수가 아니라 학문하는 방법의 전수이다.

우리나라 교육의 문제점으로 주입식 교육의 폐해를 지적하는 목소리가 높다. 주입식 교육은 일반 교육에서만이 아니라 영재교육에서도 피해야 할 일이다. 영재교육은 영재들에게 특정한 지식을 더 알게 하거나 문제해결 기법을 가르치기 위한 것이 아니다. 영재교육은 해당 분야의 전문가와 함께 특정 주제에 대하여 같이 탐구하는 과정을 통해서, 사물을 보는 관점, 일상의 현상 속에서 새로운 문제를 찾는 방법, 실험 계획을 세우고 수정하는 방법, 자유롭고 창조적인 사고 양식과 같은 '학자의 사고 방식'을 전수하는 데에 그 의의와 목적이 있다고 할 수 있다.

③ 영재교육은 최첨단의 실험 기자재를 필요로 한다.

학교에서 과학 교육은 실험 위주로 이루어지지 못하고 있는 것이 현실이다. 과학영재교육은 실험, 실습에 의한 탐구 중심의 살아 있는 경험의 장이 되어야 한다. 또 과학영재들이 해볼 필요가 있는 실험 중에는 고가의 실험 장비를 필요로 하는 경우가 적지 않다. 그러므로 과학영재교육은 이러한 전문적인 실험 설비와 연구인력이 갖추어져 있는 대학과 같은 기관에서 수행할 때 그 목적이 효과적으로 달성될 수 있다.

대학에서 운영하는 과학영재교육원들은 지난 수 년동안 전국적으로 약 1만명에 이르는 수학, 과학영재들을 교육해 왔으며 앞으로 과학영재교육원의 역할을 재정립하여 과학영재 학생 판별에 대한 연구와 다양한 영재교육 프로그램을 개발하고 전문적이고 창의적인 교육을 실시하여 각 영재교육원마다 특성화된 영재교육기관으로 더욱 성장하기를 기대한다.

5 맺는 글

최근 영재교육진흥법이 제정되고 영재학교가 설립되고 다수의 영재교육원이 설립되면서, 바야흐로 우리나라 교육계에 영재교육의 붐이 일어나고 있다. 많은 학부형과 학생들이 영재교육원의 학생 선발에 관심을 가지고 준비하고 있으며, 영재교육원 입학 시험 준비를 전문으로 하는 학원까지 생기고 있다. 대학 부설 과학영재교육원은 과학기술부에서 지원하는 기금과 자체대학의 지원에 힘입어 운영되고 있다. 교육원마다 프로그램을 새롭게 개발하고 전문연구인력을 채용하여 영재교육의 내실을 기하고 싶지만 영재교육에 대한 행, 재정적인 지원이 부족한 탓으로 현실에 안주하여 매년 거의 유사한 프로그램을 운영하고 있다.

각 지역 교육청들은 자체 운영하는 교육원에 매달려 대학 부설 영재교육원까지는 관심이 미치지 못하고 있다. 지방자치단체들도 지역 인재 육성의 필요성은 절감하면서도 과학영재교육원을 지원하는 것은 교육청에서 해야 할 일로 미루고 있다. 과학영재교육원들이 맡고 있는 초등, 중등학교 과정의 영재교육은 과학영재학교와 각 지역에 있는 과학고와의 연계체제를 확립하여 영재아들이 안정적으로 영재교육을 계속 받을 수 있도록 하는 제도적 보완이 요청된다.

영재교육에 대한 학생, 학부모, 교육청, 국가의 관심과 열의를 바람직한 방향으로 모아 영재 개인들의 자아 실현과 국가 발전에 기여할 수 있는 훌륭한 과학영재교육원들이 전국 여러 곳에 정착되도록 한층 노력해야 할 때이다.

영재 교육의 성공을 위해서는 영재아를 올바르게 판별하여 선발하고 양질의 교육 프로그램을 개발하고 전문적이고 체계적이며 효율성 높은 영재교육을 실시하도록 해야 하겠다. 본 고에서는 전국의 대학 부설 과학영재교육원의 영재 선발 방법과 교육 프로그램 및 그 운영 방안을 개관하였다. 그리고 현재 당면한 몇 가지 문제점을 논하고 향후 나아가야 할 방향에 대하여 몇 가지 제언을 하였다. 모쪼록 본 고의 논의가 향후 우리나라 수학영재교육의 발전에 조금이나마 도움이 되기를 바라마지 않는다.

참고문헌

강릉대학교 과학영재교육원 (2002), 2002년도 과학영재교육원 연차보고서.

강원대학교 과학영재교육원 (2002), 2002년도 과학영재교육원 연차보고서.

경남대학교 과학영재교육원 (2002), 2002년도 과학영재교육원 연차보고서.

경북대학교 과학영재교육원 (2002), 2002년도 과학영재교육원 연차보고서.

공주대학교 과학영재교육원 (2002), 2002년도 과학영재교육원 연차보고서.

부산대학교 과학영재교육원 (2002), 2002년도 과학영재교육원 연차보고서.

서울대학교 과학영재교육원 (2002), 2002년도 과학영재교육원 연차보고서.

아주대학교 과학영재교육원 (2002), 2002년도 과학영재교육원 연차보고서.

연세대학교 과학영재교육원 (2002), 2002년도 과학영재교육원 연차보고서.

인천대학교 과학영재교육원 (2002), 2002년도 과학영재교육원 연차보고서.

전남대학교 과학영재교육원 (2002), 2002년도 과학영재교육원 연차보고서.

전북대학교 과학영재교육원 (2002), 2002년도 과학영재교육원 연차보고서.

제주대학교 과학영재교육원 (2002), 2002년도 과학영재교육원 연차보고서.

청주교육대학교 과학영재교육원 (2002), 2002년도 과학영재교육원 연차보고서.

박성익 (2002), 영재 교수 학습 방법 개발의 방향과 쟁점. 과학영재교육국제학술대회 자료집. 211-235.

김언주 (2002), 과학영재교육원 교육생들의 특성과 진로계획 조사연구, 한국영재학회추계학술세미나, 19-43.

박인호 (2002), 과학영재교육원 발전 방안, 한국영재학회 추계학술세미나, 143-149.

박종률 (2002), 전남대학교 과학영재교육원 프로그램의 특성, 전남대학교 문호, 예술, 교육연구원 개원 1주년기념 학술심포지엄, 19-41.

조석희 (2002), 창의적 문제해결력 평가를 통한 과학 영재의 판별. 과학영재교육국제학술대회 자료집. 115-144.

한국교육개발원 (1999), 수학과 영재 교육과정 시안 - 초·중학교 수학과 영재 교육과정시안 개발을 위한 기초 연구. 서울: 유진문화사.

한국교육개발원 (2000), 수학과 영재교육 시안 -고등학교 수학과 영재 교육과정 시안개발을 위한 기초 연구. 서울: 선우인쇄사.

Rita Banger (1998), *Math for the gifted child.* A publication of the gifted Association of Missouri.

http://www-epgy.stanford.edu/epgy/

http://www.du.edu/education/ces/rmts.html

http://www.jhu.edu/~gifted/

http://www.ctd.northwestern.edu/

http://www.nagcbritain.org.uk/giftness/definition.html

2. 수학영재교육과 학부모의 역할*

21세기는 세계화 시대이고 무한경쟁시대이다. 우리 학생들의 경쟁상대는 전 세계 각국의 같은 또래들이다. 우리나라는 영재교육진흥법과 그 시행령이 제정됨에 따라, 전국 각 시도 교육청에 설치된 영재교육원과 각종 영재학급이 운영되고, 과학기술부 지원으로 전국 25개 대학에서 과학영재교육원을 운영하게 되었다.

수학영재교육을 받는 학생수가 증가함에 따라 영재교육에 관한 여러 가지 중요한 문제들을 심도 있게 논의하는 것은 그 의의가 크다고 생각한다. 여기서는, 수학영재교육과 학부모의 역할에 대하여 그동안 과학영재교원의 사례들과, 각국 영재교육기관을 방문해서 보고 들은 경험들을 바탕으로 자유로운 논의를 하고자 한다. 논의의 순서는 다음과 같다.

1 수학영재교육 사례들

1) 과학영재교육원 초등반 A군

A군이 초등 3학년 때 A군 어머니의 면담 요청으로 만난 적이 있다. 만나서 이야기하는 동안 줄곧 A군은 갖고 온 책만 드려다 보며, 내가 묻는 말에는 건성으로 대답하는 것 같았다. A군 어머니는 A군이 수학문제를 잘 푼다고 하셨다. 너무 어려서 초등학교 교과서를 중심으로 단계적으로 공부하도록 일러주고, 중학교과정 등 지나친 속진은 자제하도록 말씀드렸다. 그리고 4학년이 되면 교육원 초등반에 지원하도록 권장했다.

1년이 지나서, 교육원 학생선발이 끝난 뒤 A군이 작성한 선발자료를 검토해보고 초등반에서 5학년 선배들보다 월등하게 좋은 성적으로 입학한 것을 알게 되었다. 원격교육문제 중에서 삼각형에서 각도를 계산하는 문제를 자기가 풀겠다고 칠판 앞에서 끙끙대다가 해결하지 못했다. 며칠 후에 풀었다고 메일을 보내와서 A군을 만나서 풀이과정을 확인했는데 아주 쉽게 설명을 잘했다. 아무도 쉽게 풀 수 없는 문제라 생각했는데 A군은 남다른 집착력을 갖고 문제를 해결하였다. 자기가 그 문제를 해결한

* 이 글은 한국과학문화재단 앰배서더 활동으로 광주시 일곡초등하교 학부모 대상으로 강의함 (2005).

것에 큰 자부심을 갖는 것 같았다.

지금은, 중등사사반 학생들과 같이 PWW문제풀이 시간에 참여하도록 했다. 아주 우수한 수학 영재로 성장하리라 생각하고 있다.

신군이 고민했던 문제

문제 이등변삼각형 $\triangle ABC$ 에서 $\angle C = 20^\circ$ 이고 $\overline{CA} = \overline{CB}$ 이다. $\angle ABD = 60^\circ$, $\angle BAE = 50^\circ$ 가 되도록 D, E를 $\overline{AC}$, $\overline{BC}$ 위에 잡으면 $\angle EDB$의 크기는 얼마인가?

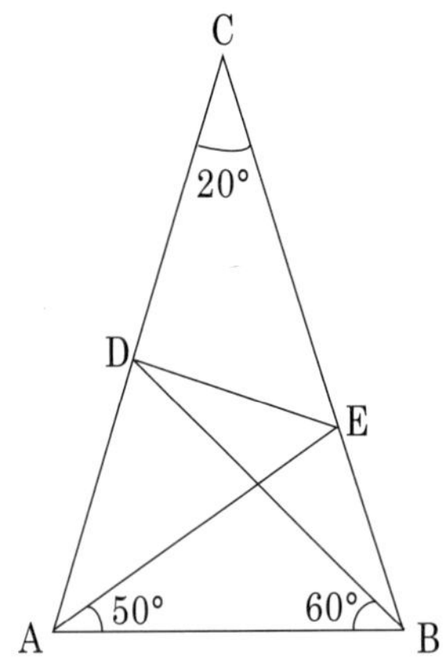

2) 한국과학영재고에 진학한 김**, 김** 형제

2003년에 부산과학고가 한국과학영재학교로 새롭게 출발했다. 전남대학교 과학영재교육원에서 김** 학생을 포함한 중등수학 사사반 학생 7명이 합격하였다. 그때 수학 사사반 학생들은 한국수학올림피아드를 목적으로 공부하고 있었다. 주로 삼각형, 원을 포함한 도형의 성질, 정수의 성질과 난해한 경시대회 문제풀이를 했다. 그때 사사반 학생은 5명이었는데, 김군은 성격이 원만했고, 수학문제를 자기 나름대로 풀고 이해가 안되는 것은 꼭 질문을 했다. 영재학교에서 김군은 주위의 칭찬을 받으며 우수한 학생으로 인정을 받았다. 광주에 우수한 영재가 많다는 것을 전국에 확인시켜주는 계기가 되었다.

2005년에 생명과학분야로 대학진학했으며 훌륭한 과학자로 성장하기를 기대하고 있다. 그 동생인 김**군도 침착하고 다른 동료학생들에 비하여 월등하게 수학을 잘했다. 형과 같이 영재학교 1학년에 재학중이다. 두 형제다 학원에 많이 매달리지 않고 스스로 공부하는 습성을 갖고 있었으며, 수학 내용에 대한 설명을 듣고 이해가 안되는 것은 꼭 질문해서 해결하려 노력하는 좋은 습성을 갖고 있었다.

2 수학영재교육의 올바른 이해

1) 영재성의 정의와 영재의 특성

영재교육진흥법 2조1항에 영재라 함은 재능이 뛰어난 사람으로서 타고난 잠재력을 계발하기 위하여 특별한 교육을 필요로 하는 자를 말한다. 수학영재성이란 선천적으로 타고난 소질과 적성 및 후천적으로 학습한 수학에 대한 기초지식을 배경으로 수학적과제를 창의적으로 수행해 낼 수 있는 잠재적 가능성을 말한다. 수학영재란 이러한 수학 영재성을 가지고 수학분야에서 이미 탁월한 성취를 보이고 있거나 보일 가능이 있는 자이다.

영재의 일반적인 행동 특성은 평균 이상의 지능과 높은 창의성, 신속하고 성취도 높은 학습력을 갖고 있으며, 다양한 지적 흥미와 특수 분야나 특정한 적성영역에 비범한 재능을 갖고 있으며, 강한 자아개념과 과제집착력, 성취가능성과 같은 특성을 말한다.

Krutetskii에 의하면 수학영재들은 수학적 성향이라는 신경학적 조직을 가지고 있는데 이 특성은 흔히 7~8세 경에 초보적인 형태로 나타나서 그 이후에 폭넓게 드러난다. 즉, 자기 주위의 환경을 수학적으로 끼워 맞추려 하며, 항상 공간적, 양적인 관계와 결합, 함수적 관련성을 알아내려고 한다. 수학에 재능을 보이는 학생들에게는 종종 수학적인 눈으로 세상을 보려는 속성이 있다는 것이다.

2) 영재판별과 교육프로그램에 대한 논의

수학영재성의 발현 시기는 개인적인 차이가 있다. 무조건 어릴 때 수학적 조숙함을 보인다는 것이 영재성을 가름하는 완전한 조건은 아니다. 오히려 "빨리 익은 감이 빨리 떨어진다"는 속담처럼 너무 일찍 나타난 재능이 적절한 교육을 받지 못할 때 오히려 쉽게 소멸되어 버리는 사례는 주변에서 흔히 접할 수 있다. 영재성을 조기에 진단하고 판별해 내는 일은 매우 중요하다. 빨리 가는 것보다 바르게 가는 것이 더 중요함을 명심해야 한다. 영재교육프로그램도 영재판별과 관련하여 그 출발점을 고려해야 한다.

영재교육 프로그램은 영재교육 기관에 따라 그 대상 학생들의 수준과 교육기간 등이 각기 다르기 때문에 간단히 말할 수는 없을 것이다. 여기서는 전남대학교 과학영재교육원의 프로그램에 대하여 소개하고자 한다.

수학반에서는 원격교육(2주마다 1회)으로 15주제를 실시하며 이에 따른 주말 출석교육과 방학 중 실시하는 집중교육으로 20주제를 각 3시간씩 교육한다. 총 100시간 이내이며, 초·중등교육과정을 크게 벗어나지 않는 범위에서 담당교수가 선정한 주제를 중심으로 교육하고 있다. 이는 각 주제에 대한 심화교육을 실시하고 있다. 그러므로 사설학원에서 다루는 속진교육으로 대학 영재교육 프로그램을 잘 해낼 수 있을 것이라고 속단할 수 없다. 수학 초등반에 입학하기 위해서는 초등학교 5, 6학년 교과서를 단계별로 풀어보는 정도의 속진은 필요하리라 생각한다.

외국의 경우를 보면, 미국의 수학영재교육은 스탠포드대학, 존홉스킨대학 등에서 수학영재교육프로그램을 수학 기초과정에서부터 대학기초과정까지 과목별, 단계별로 개발하여 원격교육과 방학 중 집중교육으로 실시하고 있다. 전국적으로 우수한 강사를 공모하여 과목별로 하루 3시간씩 집중교육 한다. 이런 과정을 이수한 학생은 정규학교과정을 면제받기도 한다. 미국의 영재교육은 각 주마다 다르고, 영재교육은 수요자 부담으로 이루어지며, 과목당 $3000 정도로 수강료가 매우 비싸다.

3 한국 영재교육의 문제점과 전망

1) 과학영재교육의 연결성 미흡

영재교육, 무엇이 문제인가? 에 대한 조벽 교수는 우수한 과학기술 인재를 대어에다 비유했다. 영재교육의 가장 큰 문제는 한국에는 대어의 가능성을 지닌 어린 물고기들을 양어장에서 대어로 잘 키워 내는 양성 단계에 초점을 맞추고 있으나 성장된 대어의 모습과 용도에 대해서는 대책이 없다는 것이다.

우선적으로 해야 할 일은 양어장의 어린 물고기에서 대어로, 그리고 대어가 큰 물의 용으로 발전해 나가게 해주는 전반적인 유통체제를 구축해야 한다. 또한, 어린물고기, 대어, 양어장, 그리고 큰물이 서로 돕는 자생력을 갖춘 생존전략이 수립되어야한다.

우리나라의 전체적인 영재교육 구조를 보면 다음과 같다.

초, 중등학교는 시·도 교육청의 영재교육원, 각급 영재교실과 대학부설 과학영재교육원에서 담당하고 있으며 비정규 프로그램에 의존하고 있다. 고등학교는 1983년에 시작된 과학고들과 2003년에 개교한 한국과학영재학교, 민족사관학교, 상산고 등이 있다.

대학영재교육은 KAIST, 포항공대와 각 대학의 이공계 학과에서 담당하고 있다.

KAIST, 포항공대에서는 한국과학영재고, 과학고 출신 학생들에게 특별전형을 실시하지만, 서울대학교를 비롯한 각 대학들은 모든 지원들에게 수학능력성적을 요구하기 때문에 수학, 과학에 치중된 교육과정을 이수한 과학고학생들에게는 불리할 수도 있다. 그러나 대학을 지원하는 모든 학생들에게 그 분야에 따라 적정한 최저 수능성적을 요구하는 것은 자연스러운 제도라 생각한다.

현재 과학재단에서 지원하는 R&E 프로그램과 대통령 장학생선발제도 등은 과학영재학생들에게 좋은 기회를 마련하고 있으며, 올해 처음으로 시범 실시되는 AP제도는 조기에 이공계학과에 진학할 학생들에게 대학기초과정을 고등학교에서 교육하는 것이다. 이 제도는 AP과목을 이수하면 대학에서 그 과목의 학점을 인정받는 제도이다.

2) 과학영재교육원 등 영재교육 참여를 위한 사교육

우리 학생들은 각종 전자제품과 컴퓨터의 상용화와 소비성향을 보면 이미 2만불 시대를 살고 있는 것 같다. 또한, 모든 가정이 자녀가 한 둘 밖에 없어 학부모 입장에서는 시행착오의 여지가 없기 때문에, 가정형편의 어려움에도 불구하고 학생들의 교육에 최선을 다하고 있다. 새로 입학한 학생들과 면담을 해보면 대부분 어린학생들이 사설학원에서 지나친 속진을 함으로써 수학에 대한 올바른 태도가 훼손 되지 않을까 크게 우려된다.

교육부의 영재교육종합계획에 따라 전국 각 시 · 도 교육청에 설치된 영재교육원과 각종 영재교실과 대학부설 과학영재교육원에 입학하기 위해서 많은 초등학생들이 사설학원에서 준비학습을 하고 있다.

또한, 대학시험에서 통합형논술의 실시에 대한 교육부와 서울대학의 논란이 학부모들의 교육열을 자극하여 사교육에 의존하는 시기를 중학교에서 초등학교로 앞당기는 효과를 가져왔으며, 이런 이유 등으로 국민들의 사교육 부담을 가중시키고 있다. 이제, 각 영재교육원들은 영재학생들의 선발에 기존의 사교육에서 교육받은 만들어진 영재를 구별해 낼 수 있는 창의적 문제를 계발하는데 힘써야 할 것이다. 또한, 공교육을 살리기 위해서 초 · 중등학교 교사들의 영재교육교사 연수 등을 통한 정보교환과 올바른 영재교육의 방향에 대한 깊은 논의가 있어야 할 것이다.

3) 대학 부설 과학영재교육의 한계

앞에서 논의한 바와 같이 대학영재교육원에서는 1년에 주말교육과 방학 중 1주씩 실시하는 집중교육으로 총 100여 시간 밖에 실시하지 않는 비정규 교육프로그램이다. 따라서 초 · 중학교의 모든 교육과정을 포함한 프로그램은 아니며, 중등학교 수학 내용 중에서 학생들에게 수학적 사고력을 길러줄 수 있는 주제들을 선택하여 교육프로그램으로 개발한 것들을 공부하고 있다. 이를 근본적으로 해결하기 위해서는 초 · 중등학교에 영재초등학교, 영재중학교를 신설하여 운영하는 것을 생각할 수 있겠다. 이는 많은 예산과 그 운영에 실효성을 검증해야 할 문제이다.

또한, 과학영재교육원 중등과정에서 운영되는 과학분야를 물리반, 화학반, 생물반, 지구과학반으로 학문 분야에 따라 세분하여 학생들을 선발하고, 반별로 교육하고 있어 중학교에서 배우고 있는 과학과목과 다르며, 교육이 한 분야에 치중되므로 중학생들에게는 부담스러운 면이 있다. 이런 이유로, 일부 과학 분야에 학생들이 지원을 회피하는 경향이 보인다.

4 영재교육에서 학부모의 자세

자녀가 영재성을 지니고 있다는 것은 부모에게는 기쁘고 자랑스러운 일이지만, 한편으로 자녀가 갖고 있는 영재성을 마음껏 발휘하며 행복한 삶을 살도록 돕는 일은 그리 쉬운 일이 아니다.

영재아 가정과 그들의 부모에게서 흔히 발견되는 특성을 열거하면 다음과 같다.

- 자녀의 수가 적다.
- 영재아는 맏이거나 독자일 경우가 많다.
- 어렸을 때 자녀에게 책을 읽어주거나 언어발달을 격려하고 박물관, 전시회, 음악 감상 등의 다양한 경험을 제공한다.
- 일반적으로 부모의 나이가 보통 부모들보다 많고 교육수준이 높다.
- 부모들은 학습에 대한 높은 에너지를 갖고 있다.
- 부모와 같이 성취감을 강조한다.
- 전제적이거나 방임적이기보다는 권위 있는 양육방식을 사용한다.
- 자녀의 독립성을 중요하게 생각하고 이를 격려한다.
- 부모는 명백한 기준을 정하고 이를 융통성 있고 공정하게 적용한다.
- 부모는 자녀의 권리와 존엄성을 존중해 준다.
- 모든 가족들은 개인으로서 그들의 능력이 최고수준으로 발달하도록 격려된다.
- 가족관계와 부모자녀 상호작용이 건전하다.
- 부모와 자녀가 함께 일, 학습, 놀이를 한다.
- 부모는 학교에 관련된 활동에 참여한다.

위에 열거한 사항 중에서 몇 가지나 자기에게 해당되는지를 생각해 보면 흥미로울 것이다. 영재아의 타고난 재능을 뛰어난 수준의 성취로 이끌기 위해서는 부모의 역할이 매우 중요하다.

Bloom 교수는 영재아의 성장과정과 학습과정에서 공통적으로 나타나는 특성을 발견하였다. 이들 가정은 공통적으로 성취를 매우 중시하는 분위기였다. 이들 가정에서는 어떤 일을 하건 최선을 다해야 함이 항상 강조되었으며, 부모들은 시간을 낭비하거나 빈둥거리는 것을 아주 싫어하였고 해야 할 일은 놀기 전에 반드시 끝마쳐야 함을 강조하였다. 이들 부모들은 자기의 여가나 취미생활도 적극적으로 즐김으로써 자녀들에게 생산적인 시간 사용과 최선을 다하는 모습을 자녀에게 직접 보여주었다.

각 분야에서 크게 성공한 영재들의 성취 과정을 살펴보면 그들의 부모가 각 단계에서 수행하는 역할이 다름을 알 수 있다. 자녀가 어릴 때는 부모가 자녀와 함께 하는 것이 아주 큰 영향을 미치는데, 부모의 여가나 취미활동을 지켜보고 함께 활동하면서 결국 자녀는 부모로부터 받은 자신의 재능분야를 발전시키게 되는 것이다. 부모는 자녀와 함께 특정 분야의 활동을 하면서 그 활동을 자녀가 좋아할 때까지 기다려주고 인내해야 한다. 그러다가 자녀가 성장하면서 부모는 자녀에게 적절한 교육프로그램이나 유능한 교사를 찾아주는 것으로 그 역할이 변화한다. 자녀에게 매일 새롭고 도전을 제공하는 동시에 엄청난 훈련에 싫증난 자녀들을 새롭게 지도할 수 있는 유능한 교사를 찾아주며, 또 어렸을 때에 수준 높은 사람들과의 경쟁에서 오는 좌절과 절망을 잘 극복할 수 있도록 격려하고 믿어주어야 한다.

우리는 수학공부를 왜 그렇게 많이 해야 하는가?하는 것에 대하여 회의적이다.

좋은 대학에 입학하기 위한 이유만인가, 수학으로 필드상을 수상한 히로나까 교수는 그의 자서전 "학문의 즐거움"에서 그는 학생들이 열심히 공부해도 결국 다 잊어버리게 되는 것을 왜 하지 않으면 안되는가 하는 문제에 대하여, 그것은 지혜를 얻기 위해서가 아닐까? 라고 대답했다.

도대체 지혜란 것은 무엇인가? 그것은 쉽게 설명하기는 어렵지만, 인간의 두뇌에서 지혜가 만들어진다는 것은 확실하다. 이 뇌에는 수많은 정보를 축적하고 있다. 따라서 사람은 잊어버리는 것이 아니라 정보를 뇌에 축적한 후에 끄집어 내지 못할 뿐이라는 것이 보다 정확한 표현일 것이다. 인생에서 사고력을 키우는 것은 공부하는 목적 중에 하나이며, 지혜의 깊이는 공부를 통해서만이 비로소 얻을 수 있다. 지혜에는 넓이가 있고, 깊이가 있고, 힘이 있다. 지혜의 힘이란 결단력을 말한다.

그는 수학을 하는데 있어서 끈기를 신조로 삼고 있다. 문제를 해결하기까지는 남보다 더 시간이 걸리지만 끝까지 관철하는 끈기가 필요하다고 강조했다.

인간이 지혜를 갖추면 행복한 삶을 살아갈 수 있을까? 이세상은 자기혼자만 행복하게 살수는 없다. 옛 성현의 말씀에 사람의 마음가짐을 충(忠)과 서(恕)에 두어야 인간의 도리를 다할 수 있다 하였다.

忠은 마음이 가운데 균형 잡인 꼴이고, 恕는 자기의 마음과 같이 남의 처지를 알아주는 것이다.

5 수학교육과 그 전망

미국을 비롯하여 세계적으로 금세기 후반의 수학교육은 10년 주기로 큰 변화를 맞고 있다. 1960년대에는 수학교육에서 수학적 구조를 강조했다. 그러나 이로 말미암아 학력평가에서 점수가 낮아지고 부모와 교사들의 불만이 커지자 1970년대에는 기초 계산 능력이나 문제 풀이 위주로 되돌아갔다. 그러나 이 방향도 사람들의 호응을 받지 못하자 1980년대에는 문제 해결력과 실생활에의 응용을 강조하는 쪽으로 수정되었다. 최근 10년 동안에는 과학 기술이 수학교육과정에 통합되어야 한다는 주장이 나오고 있다.

미국의 수학교육은 일반인과 전문인 모두가 수학교육의 방향이 새롭게 정립되어야 할 필요를 느낀 매 10년마다 번복되어 왔다. 지난 40년간 미국 정부의 막대한 투자와 교사들이 투자한 시간과 노력에도 불구하고 수학교육에 대한 명확한 방향은 아직 세우지 못한 실정이다. 성경의 유대인들은 같은 기간인 40년간의 방황 끝에 가나안에 도달했지만 미국의 교사들은 아직도 약속의 땅을 찾아내야만 한다. 지난 40년간의 시행착오 중에서 가장 큰 실패는 대다수의 학생들에게 수학을 즐기는 감각을 가르치지 못했다는 사실이다.

오늘날의 경제는 과학기술의 발달에 달려있는 추세이므로, 학교 수학교육의 본질에 대한 변화를 요구할 뿐만 아니라, 높은 수준의 교육을 받은 졸업생들에 대한 요구도 커질 것이다. 결과적으로 수학적 재능이 있는 학생들에 대한 특별프로그램이 많아지고, 또 중요하게 될 것이다. 21세기의 미국의 수학교육은 지난 세기의 수학교육과 판이하게 다른 것이 될 것이다. 국가적인 필요에 의하여 수학교육과정의 주제들과 교수방법에서 혁명적인 변화가 올 것이다. 우리나라의 사정도 이와 다르지 않다. 우리나라의 수학교육도 약속의 가나안땅을 찾고자 광야를 고되게 여행하고 있는 중이라고 할 수 있다.

곧 21세기가 시작된다. 21세기의 수학교육은 어떻게 될까? 21세기가 어떤 시대가 될 지를 예측하는 것은 매우 어렵다. 다만 한 가지 어느 정도 분명한 것은 교육 수요자인 학생들에게 의미 있게 받아들여지기 어려운 '닫힌 수학의 교육과 기성 수학 지식의 전달자로서 교사'라는 전통적인 수학교육은 살아남기 어렵다는 것이다.

이런 수학교육을 받으려고 하는 수요자가 없어질 것이기 때문이다. 학생들에게 의미 있게 학교 수학 내용을 '열린 수학'으로 재조직하고 교사가 실제로 수학하는 모습을 보여 주는 수학교육만이 21세기 무한경쟁시대에 살아남을 수 있을 것이다.

John Edwing은 "1세기 경과 후의 수학에 대한 전망"(A century ago and a century from now)에서, 미래에는 수학분야에 많은 발전을 하겠지만 문제점들도 같이 있을 것이다. 예언하건대 2095년에 어떤 수학이 유행할 것인가 하는 문제는 확실하게 말할 수는 없으나 20세기부터 중요하게 다루어지고 있는 여러 가지 수학영역들은 그때에 가면 잘 알려질 것이다.

또한 2095년에 수학이 어떻게 의사소통이 이루어질 것인가는 모르겠지만 우리가 알고 있는 잡지류는 존재하지 않을 것이며, 도서관도 더 이상 없을 것이다. 아마도 도서관은 여러 가지 변화를 통해서 수학자를 위한 실험실이 될 것으로 예견한다.

학생들이 교실에서 강의를 받고 학습을 할 것인가에 관해서는 아마도 그렇지 않을 것이다라고 예상된다. 그러나 학생들은 교사들과 동료 학생들과 더불어 상호작용을 통하여 학습이 이루어질 것으로 확신한다. 2095년에도 학생들이 수학의 기초가 잘 준비되어 있지 않다고 이야기하고 교육방법도 개선이 필요하다고 이야기할 것이다. 여러 가지 위원회의 연구 활동은 테크놀러지에 기반을 둘 것이고 특별히 깜짝 놀랄만한 방안은 더 이상 기대되지 않을 것이다.

참 고 문 헌

1. 김학주 역주 (1995), 중용, 서울대학교출판부.
2. 박성익외 6인 (2003), 영재교육학원론, 교학과학사.
3. 박종률 (2002), 전남대학교 과학영재교육원 프로그램의 특성, 전남대학교 문화, 예술, 교육연구소.
4. 우정호 편 (2002), 수학교육학의 지평, 경문사.
5. 조벽 (2004), 나는 대한민국의 교사다, 해냄.
6. 홍경자 (2004), 청소년의 인성교육(나는 누구인가?), 학지사.
7. 히로나카 헤이스케 (1992), 학문의 즐거움, 김영사.
8. Arthur J. Cropley (1995), 교육과 창의성, 집문당.
9. John Edwing (1996), *A century ago and a century from now*, AMS Notices.

3. 수학영재아동의 특성에 대한 연구*

1 서 론

최근 수학 영재성의 주요 요소인 창의성과 관련하여 답이 여러 개인 다답형 문항이 수학 영재 선발 시험 등에 사용되고 있다.

본 연구에서는 다답형 문항에 대한 수학 영재 아동의 반응 특성을 고찰하고, 다답형 문항에 대한 학생들의 반응을 평가하여 영재성을 측정할 때의 유의점을 제안하고자 한다.

2 수학 영재성과 창의성

영재 판별에서 전통적으로 중요한 자료로 사용되어 온 것은 지능지수와 학업 성취도 성적이다. 그런데 지능지수와 학업 성취도 성적을 기준으로 영재를 판별하는 것은 별로 적절하지 않다는 지적들이 나오고 있다. 예를 들어 Deridder(1986)는 초등학교 6학년 학생들을 대상으로 한 연구에서 지능과 수학 성적만으로는 영재 학생들을 올바로 판별할 수 없다고 하면서 문제해결력 검사, 수학적 창의성 검사, 과제 집착력 검사가 반드시 포함되어야 한다고 주장하였다. 지능지수와 학업 성취도 성적만으로 영재를 올바로 판별할 수 없다는 주장은 머리가 좋고 공부를 잘하는 우수아가 곧 영재아는 아니라는 것을 시사하는 것으로 보인다. 영재아와 우수아는 다음과 같은 차이가 있는 것으로 알려져 있다(George, 1995).

* 이 논문은 2002학년도 전남대학교 과학영재교육센터 학술연구비에 의해 수행되었음.

우수아 (bright child)	영재아 (gifted child)
흥미를 느낀다.	호기심이 매우 많다.
질문에 답을 잘 한다.	세밀하게 토론한다.
답을 알고 있다.	질문을 한다.
가장 우수한 집단이다.	특정한 집단의 범위를 벗어난다.
의미를 잘 잡아낸다.	추리하고 추정한다.
기민하고 빈틈이 없다.	관찰력이 예민하다.
과제를 완수한다.	과제를 주도한다.
좋은 아이디어를 가지고 있다.	엉뚱하고 우스꽝스러운 아이디어를 가지고 있다.
학교 생활을 즐긴다.	학교 생활에 대해 매우 비판적인 경우도 있다.
배운 것에 대한 기억력이 뛰어나다.	추리력이 뛰어나다.
누군가 가르쳐 주는 것을 즐거워한다.	스스로 배우는 것을 즐긴다.
정보를 잘 받아들인다.	정보를 조작하며 알고자 하는 일에 열정적이다.
쉽게 배운다.	이미 알고 있다.
곧바로 쭉 올라가는 것을 즐긴다.	복잡하고 꼬인 것에 도전한다.
동료들을 좋아한다.	어른이나 자기보다 나이 많은 아이들을 좋아한다.

한편 영재아들은 일반적으로 다음과 같은 심리적 특징과 욕구를 지니고 있다고 한다.

심리적 특징	욕 구
추상적 개념을 다루는 능력	단순 반복적인 활동보다 고급 사고를 즐길 수 있는 게임을 더 좋아한다.
문제 해결 능력	구조화된 문제, 비구조화된 문제를 모두 해결해 보고자 하며, 실제적인 문제와 가설적인 문제를 모두 해결하고 싶어한다.
창의성	자기 자신을 다양한 형태와 독창적인 방법을 통해서 표현하고 싶어한다.
비판력	건설적인 목적을 위하여 비판과 평가를 자주 하고 즐긴다.
독서 능력	독서, 토론, 언어 학습을 하고 싶어한다.
주의 집중 능력	시간이 오래 걸려야 하는 프로젝트와 의미있는 활동에 참여하는 것을 싫어하지 않는다.
호기심	우연히 접하게 된 많은 현상들을 더 깊고 자세히 탐색하고 싶어한다.
독립심	혼자서 자발적으로 노력하고 싶어한다.

근래에는 영재성과 관련하여 창의성이 주목을 받고 있다. Tannenbaum(1983)은 영재, 천재, 고도의 창의성을 가진 사람 등은 유사한 의미로 사용된다고 하면서 창의성을 영재성과 거의 동의어로 사용하기도 하였다. 창의성에는 사고의 유창성, 융통성, 독창성, 경험에 대한 개방성, 호기심, 모험심, 아이디어와 사물에 대한 민감성과 미적 감각 등이 포함된다. 위의 세 가지 요인 중 최근 가장 주목을 받고 있는 것이 창의성일 것이다.

창의성은 지능과는 다른 지적 특성이다. 독창적인 아이디어를 생각해 내고 기존의 관습에 얽매이지 않고 기발하고 유용한 아이디어를 생산해 내는 지적인 능력과 정의적인 태도와 성향이 창의성이다. 성향이라는 말에서 알 수 있듯이 창의성에는 비지적인 요인도 많이 들어 있다. 아이디어를 개발하고 정교화하여 만들어낼 수 있는 능력을 창의성의 지적 측면이라고 한다면, 자유분방하고 융통성 있고 위험부담을 감수하면서 실패를 두려워하지 않고 도전적으로 사고하며 행동하는 성향을 창의성의 정의적 측면이라고 할 수 있다(Feldhusen, 1977). Urban (1995)은 창의성을 주어진 문제나 감지된 문제로부터 통찰력을 동원하여 새롭고, 신기하고, 독창적인 산출물을 내는 능력으로 정의하고, 창의성의 요소를 인지적인 요소와 정의적인 요소로 나누어 제시하였다. 인지적인 요소에는 확산적인 사고와 행동, 일반적 지식과 사고 기반, 구체적 지식 기반과 특정 영역의 기능이 포함되고 정의적인 요소에는 초점 맞추기와 과제 집착력, 동기화 및 충동, 개방적이며 애매모호한 상태를 견디는 능력이 포함된다. 허경철 등(1991)도 창의적 사고를 민감성, 유창성, 융통성, 독창성, 정교성을 요인으로 하는 기능적인 측면과 자발성, 독자성, 집착성, 호기심으로 요인으로 하는 성향적인 측면으로 구분하여 제시한 바 있다. 이 외에도 창의성을 설명하기 위한 여러 모델이 제시되고 있다. 예를 들어 Noller는 창의성=f (지식, 상상력, 평가)'로, 임선하(1993, 1996)는 창의성 =f (성향, 경험, 기능, 지식)라는 일종의 함수 관계로 창의성을 설명하기도 하였다. 최근에 세계 영재아 협회(NAGC)에서는 창의성의 다차원적 상호작용 과정 모델을 내놓기도 하였다(Alexander, Parsons & Nash, 1996).

3 수학적 창의성과 확산적 산출물 검사

창의성 측정은 전통적으로 Guilford와 Torrance에 의한 확산적 산출물 검사에 의해 이루어졌다. 확산적 산출물 검사의 특징은 주어진 문제에 대해 여러 가지 적절한 반응을 제시하는가를 보는 것이다. 종래의 학업 성취도 평가 문제는 대체로 하나의 답을 요구하는 수렴적 사고력을 측정하는 것이었다. 창의성을 확산적 산출물 검사로 측정한다는 것은 수렴적 사고력 평가에 중점을 두는 학교 시험 성적을 가지고 학생의 창의성 정도를 평가하는 것이 적절하지 않음을 시사한다.

수학적 창의성 검사도 일반 창의성 검사처럼 다양한 답을 낼 수 있는 확산적 산출물을 만들게 하고 그 속에 아이디어의 유창성과 사고과정의 융통성, 수학적 아이디어나 풀이 방법의 독창성, 고안해낸 독특한 아이디어를 세련시키고 의사소통을 위해 다듬는 정교성이 있는가를 측정하는 방식을 따라가고 있다. Evans (1964)는 5-8학년 학생들(주로 8학년)을 대상으로 하여 유창성(반응한 수), 융통성(반응들이 서로 다른 범주로서 분류되는 수), 독창성(반응의 상대적인 희소성)을 측정하는 확산적 산출물 검사지를 이용하여 수학적 창의성을 측정하고 이 검사를 지능, 수학 성취도, 수학 평점, 수학에 대한 태도, 일반 창의성 검사 점수와 비교하였다. 그 결과는 지능과 창의성이 그렇게 밀접한 관련이 있지 않다는 것이었다. 평균 이상의 지능은 창의성 검사의 높은 성취도를 위한 필요조건은 되지만 충분조건은 되지 못하는 것으로 나왔다. 이 외에도 확산적 산출물을 이용한 창의성 측정을 연구한 외국의 연구가 여럿 있다(Balka, 1974; Deridder, 1986; Haylock, 1984 등). 일례로, Haylock은 중학생을 대상으로 하여 고정된 사고를 깨뜨리는 능력과 확산적 산출물을 측정하는 두 가지 방법으로 수학적 창의성을 측정하였다.

여러 연구에서 창의성의 하위 요소로 유창성, 융통성, 독창성, 정교성이 고려되고 있다. 국내의 연구 중 한국교육개발원의 수학 영재 판별 도구 개발 연구 보고서(김홍원, 김명숙, 송상헌, 1996)에서도 다음과 같은 평가 준거를 제시한 바 있다.

구 분	정 의	평가 준거
유창성	문제 상황에 유의미한 답으로서 여러 가지 반응, 아이디어를 낼 수 있는 능력	의미있는 반응의 개수
융통성	서로 다른 범주의 반응, 아이디어를 낼 수 있는 능력	반응의 유형별 가지 수
독창성	다른 사람들과는 다른 참신하며, 질적으로도 수준 높은 반응, 아이디어를 낼 수 있는 능력	반응의 상대적 희귀 빈도와 질적인 참신성, 가치
정교성	산출한 반응, 이이디이를 보다 구체화하고, 세밀하게 다듬어 일반화할 수 있는 능력	반응의 구체성, 세밀성, 일반화

이 평가 준거가 널리 사용되어 가고 있으며, 유창성, 융통성, 독창성, 정교성을 평가할 수 있는 문항의 개발과 그 적용이 활발히 이루어져 왔다. 다음 문항들은 송상헌(1998)에 의해 개발된 창의적 문제 해결력 검사 문항이다. 이 문항들의 공통점은 확산

적 산출물, 곧 여러 개의 답을 만들 것을 요구한다는 것이다.

문제 1 다음의 세 규칙을 이용하여 계산의 결과가 30이 되는 문제 또는 식을 많이 만들어 보라.

규칙 1 : 아래에 주어진 수들의 전체 또는 일부분만을 사용해야 한다.

규칙 2 : 여러분이 알고 있는 모든 수학 기호를 이용해도 좋다.

규칙 3 : 하나의 식에서는 아래에 주어진 수를 꼭 한 번씩만 쓸 수 있다.

$10,\ \frac{1}{2},\ 2.5,\ \frac{1}{3},\ 60,\ 1.5,\ 3.5,\ 20,\ 150,\ \frac{1}{5}$

문제 2 다음과 같이 가로-세로의 방향으로 한 칸이 1cm인 9개의 점이 찍혀 있다. 이 9개의 점 안에 넓이가 $2cm^2$인 도형을 될 수 있는 한 많이 그려보라.(단, 서로 포개어질 수 있는 것은 하나로 보며, 한 점에서만 만나든지 둘로 쪼개어진 도형은 안된다. 또 그리거나 설명해 놓은 도형의 넓이가 $2cm^2$인 것을 다른 친구들도 알 수 있도록 정확해야 한다.)

문제 3 바둑돌이 다음과 같이 놓여져 있다.

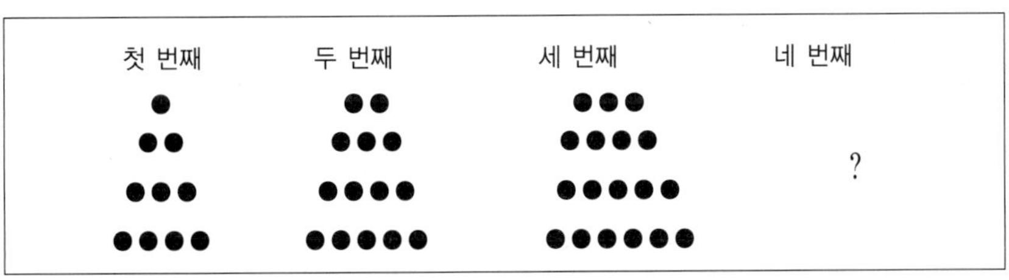

똑같은 방법으로 바둑돌을 계속 놓았다고 할 때 네 번째 그림에는 몇 개의 바둑돌이 있는 지를 세려고 한다. 셀 수 있는 여러 가지 좋은 방법들을 가능한 한 많이 소개하라.

문제 4 아래의 □ 칸에 여러 가지 수들이 크기 순서대로 모여 있다. 이 수들을 반드시 3개 이상씩 가지는 묶음(또는 '집합'이라고 함)을 만들고 그 묶음들의 이름을 각각 붙여보라. 이러한 묶음과 이름을 많이 만들수록 좋다.(단, 그 묶음의 이름에 해당하는 수들이 하나라도 빠져서는 안된다.)

$-3.14,\ -1.5,\ -1,\ 0,\ \frac{1}{7},\ 0.25,\ \frac{1}{3},\ \frac{1}{2},$ $1,\ 1.5,\ 2,\ 3,\ 3.14,\ 4,\ 7,\ 8,\ 16$

〈보기〉 $\{1, 2, 3, 4, 7, 8, 16\}$: 자연수

문제 5 다음은 수들이 일정한 규칙을 가지면서 삼각형의 모양을 이루고 있다.

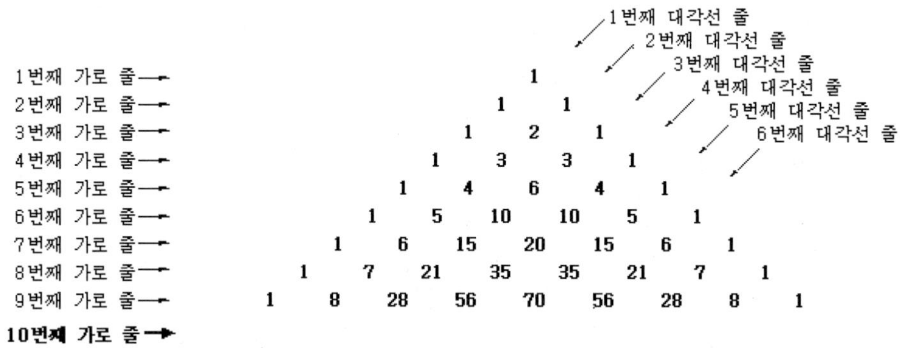

(1) 위에 주어진 수들에서 발견해낸 사실들을 많이 찾아 써라.

(2) 이 사실들을 이용하여 자신이 직접 문제(또는 질문)을 몇 가지 만들고 가능하다면 그것의 예상되는 답도 써 보라.

문제 6 아래 그림은 한 변의 길이가 일정한 정다각형 위에다 다각형의 변의 수를 하나씩 늘려 가면서 그릴 수 있는 대각선을 모두 점선으로 나타낸 것이다.

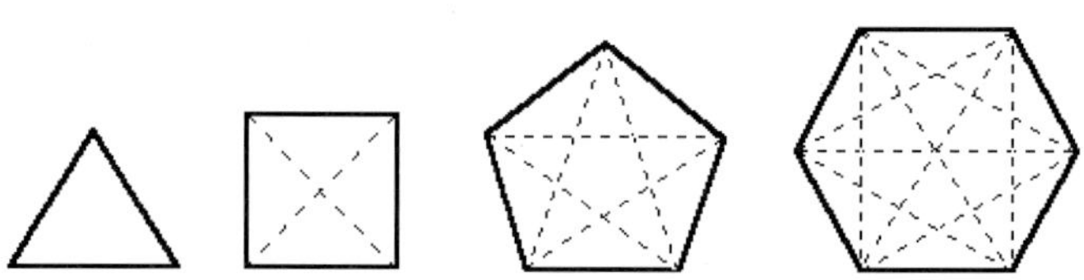

(1) 위에 주어진 그림에서 발견해 낸 사실들을 많이 찾아 써라.

(2) 또 이 그림과 위에서 발견한 사실들을 이용하여 자신이 직접 문제(또는 간단한 질문)을 몇 개 만들고 가능하다면 그것의 예상되는 답도 적어보라.

4 수학 영재성과 다답형 문항 반응

이와 같은 다답형 문항이 창의성과 영재성을 잘 판별하게 해 주는가에 대한 연구가 이루어지고 있다. 예를 들어 권오남 등(1999)은 배열되어 있는 구슬의 개수를 세는 문제를 소재로 하여 다답형 문항에 대한 영재아들의 반응과 일반 아동의 반응을 비교하였다.

그 결과, 불규칙적으로 일일이 세기, 규칙이 있는 선을 따라 세기, 비효율적인 그룹화, 일정한 묶음과 나머지, 구슬의 배열을 이용한 그룹화, 대칭을 이용한 비효율적인 그룹화, 대칭을 이용한 효율적 그룹화라는 7개 유형에서 영재집단의 평균이 비교집단의 평균보다 오히려 낮은 것으로 나타났다. 다만 구슬의 재배치나 첨삭과 같은 유형에서만 영재집단의 평균이 비교집단에 비해 높은 것으로 나타났다.

구슬의 재배치에 의한 영재 집단의 풀이의 예

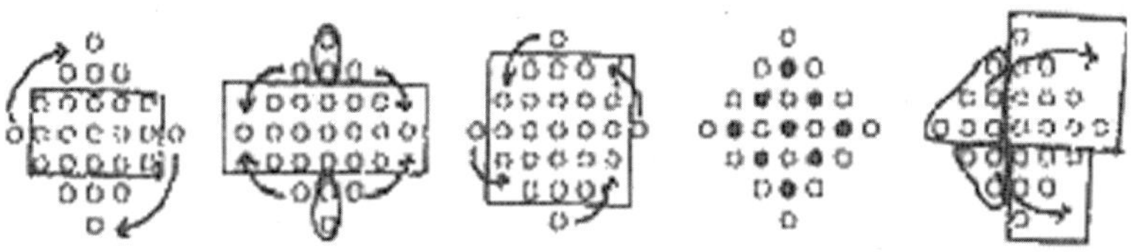

첨삭에 의한 영재집단의 풀이의 예

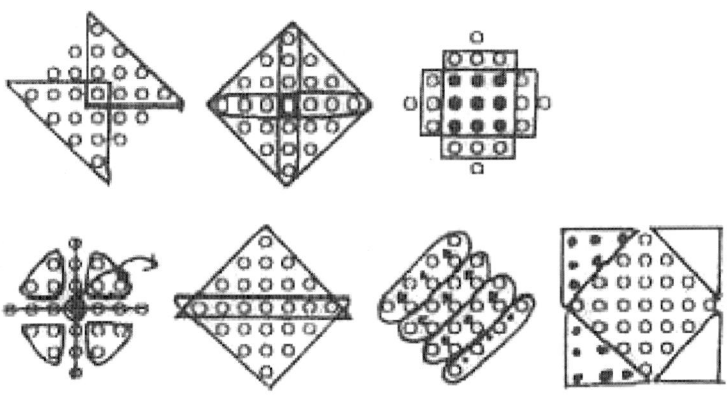

이 연구 결과는 반응의 개수나 가지수를 평가 준거로 사용하는 유창성이나 융통성을 영재 판별의 자료로 사용하는 데 주의가 필요함을 시사하는 것으로 해석될 수 있다. 독창성과 정교성에 오히려 높은 점수를 부여할 필요가 있음을 시사한다.

영재아들이 일반 아동에 비해 높은 점수를 받은 구슬의 재배치나 첨삭을 사용한 문제 해결 방식의 특징은 그런 방법을 사용한 학생들이 상대적으로 적다는 희소성에도 있지만, 그런 해결 방식 자체가 수학적으로 의미 있고 질적으로 수준 높은 사고 방식이라는 데도 있다. 이를 더 우아하고 간단한 수학적 풀이를 얻으려는 성향이라고 표현할 수도 있을 것이다. 사고 활동의 신속한 재구성 능력, 방금 구성된 풀이를 버리고 그것을 새로운 것으로 대치하는 능력은 가능한 한 많은 수의 풀이 방법을 찾아보게 하는 실험을 통해 어느 정도 알아볼 수 있겠지만, 얕게 여러 가지를 생각해 내는 것보다는 수학적으로 의미 있는 한 가지를 깊이 생각해 낼 수 있어야 진정한 수학 영재라는 것도 일리가 있다. 이런 맥락에서 확산적 산출물 검사에서 학생들이 제시한 여러 가지 답을 질적으로 어떻게 가중치를 두어 차별화해 평가할 것인가가 중요한 문제로 제기된다.

창의성을 측정하기 위해 개발된 위와 같은 문제는 영재 교육 대상자 선발 시험에 사용되고 있다. 예를 들어, 전남대학교 과학영재교육센터 수학반에서는 1998년과 1999년 교육 대상자 선발 과정에서 위에서 제시한 문항과 유사한 다답형 문항을 출제하였다. 1998학년도 선발 시험 문제 12개 중 문제 9－12의 4 문제가 구슬세기나 집합 만들기와 같은 창의적 문제 해결력 검사 문항이었다. 문제 1－8에는 '$5n+3$은 $3n-7$로 나누어 떨어지도록 하는 양의 정수 n의 값 중 가장 큰 수를 구하여라.' 또는 '한 변의 길이가 1인 정육면체가 구에 내접하고 있다. 또 구는 모선의 길이와 밑면의 지름이 같은 원뿔에 내접하고 있으며, 원뿔은 원기둥에 내접하고 있다. 이 때 원기둥의 부피를 구하여라.'와 같이 높은 수준의 수학적 사고력을 요구하는 문제를 제시하였다. 문제 9번에서 12번의 다답형 문항은 다음과 같다.

문제 9. 아래 □ 안에 여러 가지 수들이 있다. 이 수들 가운데 3개 이상씩을 원소로 가지는 집합을 만들고, 그 집합에 이름을 붙여 보아라. 단, 그 집합에 속하는 수를 하나라도 빠뜨려서는 안된다. [10점]

$$-3, -1.42, -1, 0, \frac{1}{5}, 0.25, \frac{1}{3}, \frac{1}{2},$$
$$1, 1.42, 2, 3, 4, 5, 6, 8, 9, 12$$

보기 1,2,3,4,5,6,8,9,12 : 자연수의 집합

문제 10. 다음에 주어진 규칙에 따라 답이 70이 되는 문제나 식을 만들어라. [10점]

규칙 1 : 아래에 주어진 수만을 사용해야 한다.
규칙 2 : 아래에 주어진 수를 일부 또는 전부 사용하되 한 번씩만 사용할 수 있다.
규칙 3 : 알고 있는 수학의 기호는 모두 사용할 수 있다.

$\frac{1}{2}$ $\frac{1}{3}$ 2 2.5 5 10 20 30 80 150

〈주의〉 $\frac{1}{2}\times 80+30$ 과 $30+80\times\frac{1}{2}$ 은 같은 답이다.

문제 11. 바둑알이 그림과 같이 놓여 있다. [10점]

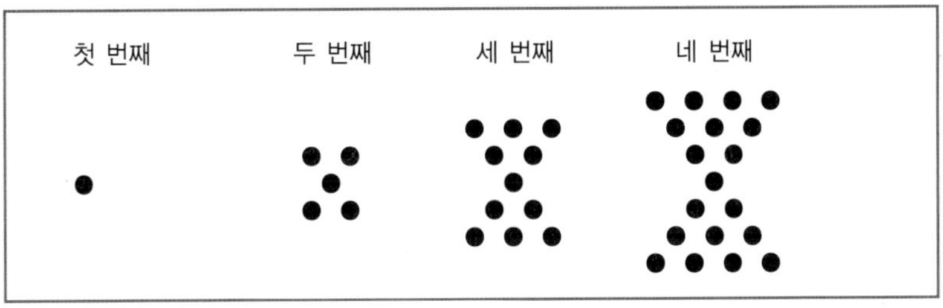

똑 같은 방법으로 바둑알을 계속 놓았다고 할 때 다섯 번째 그림에 놓여 있는 바둑알을 세어보려고 한다. 바둑알을 세는 여러 가지 방법들을 제시하여라.

보기

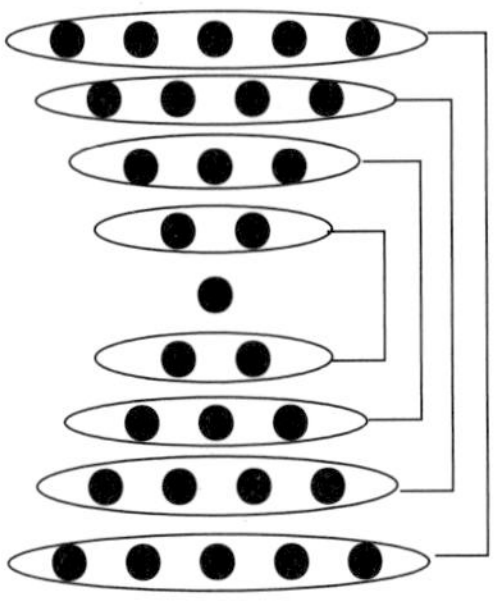

문제 12. 아래 원판을 넓이가 같은 4개의 조각으로 나누고, 그 방법을 알아 볼 수 있도록 보조선 등을 그려 놓아라. 단, 대칭이나 회전에 의하여 포개지는 것은 같은 방법으로 본다. [10점]

보기

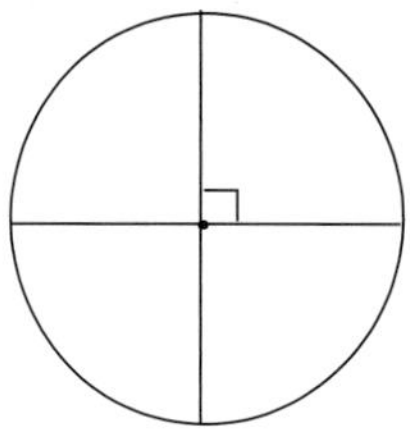

전남대학교 과학영재교육센터 수학반은 1998년 1년간의 교육 활동이 끝난 후에 성취도 평가를 실시하고 성취도 검사 성적과 선발 고사의 성적과의 관련을 분석하였다.

선발 고사의 문제 1－8과 성취도 검사 사이에는 양의 상관 관계가 있으며 상관 계수는 0.58로 나타났다. 그런데 다답형 문항인 선발 고사 문제 9－12에 대한 학생들의 성적과 성취도 검사 성적은 거의 무관한 것으로 나타났다. 그리고 선발 고사 문제 9－12와 문제 1－8의 성적간의 상관 관계는 오히려 약한 음의 상관 관계가 있는 것으로 나타났다.

Pearson Correlation Coefficients/ Prob 〉∣R∣ under Ho: Rho=0 / N=22			
	성취도 검사	선발고사 문제 1－8	선발고사 문제 9－12
성취도 검사	1.00000 0.0	0.58065 0.0046	0.08887 0.6941
선발고사 문제 1－8	0.58065 0.0046	1.00000 0.0	－0.19416 0.3866
선발고사 문제 9－12	0.08887 0.6947	－0.19416 0.3866	1.00000 0.0

또한 1999학년도에는 선발 고사 문제 중 9번, 10번 두 문제가 다답형 문항이었다. 그런데 1999학년도 선발 고사의 문제 9－10과 다른 문제들의 상관 관계를 알아 본 결과도 다음과 같이 거의 상관이 없는 것으로 나타났다.

Pearson Correlation Coefficients/ Prob 〉∣R∣ under Ho: Rho=0 / N=156		
	문제 1－8	문제 9－10
문제 1－8	1.00000 0.0	0.02190 0.7861
문제 9－10	0.02190 0.7861	1.00000 0.0

이상의 결과는 답이 여러 개인 문제를 통해 측정하려는 능력이 기존의 문제로 측정되지 않는 독립적인 능력임을 시사하는 동시에, 다답형 문제에 답하는 능력, 특히 소박한 의미의 유창성을 수학적 영재성의 주요 특징으로 보는 것이 타당한가에 대해 문제를 제기한다. 정해진 인원을 선발하는 시험에서 깊은 사고를 해야 풀 수 있는 수학 문제의 점수는 낮으면서 다답형 문항에서 좋은 점수를 받은 학생이 그 반대 경우의 학생을 제치고 선발되는 경우도 생길 수 있다.

5 결 어

수학적 창의성을 측정하는 수단으로 다답형 문항에 대한 학생 반응을 통해 유창성, 융통성, 정교성, 독창성을 평가하려는 시도가 이루어져 왔다. 다답형 문항에 대한 학생 반응을 분석한 결과에 따르면, 수학 영재들은 단순히 여러 가지 답을 찾으려고 하기보다는 수학적으로 의미있고 질적으로 수준 높은 독창적인 답을 찾으려는 경향을 보이고 있다. 한편, 다답형 문항에 대한 학생 반응을 유창성에 중점을 두어 평가한 결과와 고도의 수학적 사고력을 요하는 문항에 대한 학생 반응을 평가한 결과는 거의 상관관계가 없거나 또는 약한 음의 상관 관계가 있는 것으로 나타났다. 이러한 결과는 종합적으로 다답형 문항 검사에서 학생들이 제시한 여러 가지 답을 질적으로 어떻게 가중치를 두어 차별화해 평가할 것인가가 중요한 문제가 되며, 유창성보다는 독창성이나 정교성에 중점을 두어 평가할 필요가 있음을 시사한다.

참 고 문 헌

권오남 · 방승진 · 송상헌 (1999), 중학교 수학 영재아들의 다답형 문항 반응 특성에 관한 연구, 수학교육 38(1), 한국수학교육학회.

김홍원 · 김명숙 · 방승진 · 황동주 (1997), 수학 영재 판별 도구 개발 연구(Ⅱ) - 검사 제작 편 - 한국교육개발원 연구보고 CR97-50, 한국교육개발원.

김홍원 · 김명숙 · 송상헌 (1996), 수학 영재 판별 도구 개발 연구(Ⅰ) - 기초 연구 편 - 한국교육개발원 연구보고 CR96-26, 한국교육개발원.

송상헌 (1998), 수학 영재성 측정과 판별에 관한 연구, 서울대학교 대학원 박사학위논문.

임선하 (1993), 창의성에의 초대, 서울 : 교보문고.

허경철 외 (1991), 사고력 신장을 위한 프로그램 개발 연구(V), 한국교육개발원 연구보고 RR91-18, 한국교육개발원.

Alexander, P. A., Parsons, J. L. & Nash, W. R. (1996), *Theory of Creativity*, NAGC (National Association for Gifted Children).

Balka, D. S. (1974), *The Development of an Instrument to Measure Creativity Ability in Mathematics*. UMI.

Deridder, C. M. (1986), *A study of Selected Factors to Identify sixth grade Students Gifted in Mathematics*, Ph. D, The University of Tennessee. (UMI).

Evans, E. W. (1964), *Measuring the Ability of Students to Respond to Creative Mathematical Situations at the Late Elementary and Early Junior High School* Level. Doctorial Dissertation, University of Michigan.

Feldhusen, J. F. & Treffinger, D. J. (1983), *Creative Thinking and Problem Solving in Gifted Education*, 전경원, 박정옥 공역 (1993), 창의적인 문제해결력, 서원출판사.

George, D. (1995), *Gifted Education – Identiication and Provision*, Resource Material for

Teachers. London: David Fulton Publishers.

Haylock, D. W. (1984), *Aspect of Mathematical Creativity in Children Aged 11–12*. Ph. D. Thesis in London University.

Tannenbaum, A. J. (1983), *Gifted children : Psychological and Educational Perspective.* New York: MacMillan.

Urban, K. K. (1995), *Creativity–Componential Approach.* 조석희 역 (1996), "창의성–요소적 접근 모델", 인간발달연구 제24집, 이화여자대학교 사범대학 인간발달연구소, pp.5–27.

박종률 (전 남 대 학 교)
임재훈 (경인교육대학교)

4 수학영재학생의 사사독립연구에 대한 산출물 분석*

- 중등 영재학생을 중심으로 한 사례연구 -

본 연구는 전남대학교 과학영재교육원 중등수학 사사과정에 있는 수학영재 학생을 대상으로 사사독립연구를 실시하여 수학영재의 사사 독립연구에서 얻어진 산출물에서 나타난 특징을 분석하고, 산출물 발표과정에서의 영재학생의 심리적 변화에 대하여 연구하였다. 연구 결과 다음과 같은 결론을 얻었다. 첫째, 영재학생의 사사독립연구는 수학영재성 중 수학적 능력의 구성요소인 귀납적·연역적 추론 능력을 발현하게 한다. 둘째, 영재학생의 사사독립연구에 대한 산출물 발표는 영재학생에게 수학영재성 관련된 창의적인 문제해결 능력 중 수학적 능력인 의사소통능력이 영재학생에게서 발현하게 한다. 셋째, 영재학생의 사사독립연구에 대한 산출물 발표는 영재학생에게 수학 영재성의 구성요소 중 자신의 능력에 대한 믿음, 자기 신뢰감 등과 관련된 요소를 상승하게 한다.

1 서 론

1) 연구의 필요성 및 목적

산업사회의 눈부신 발전이 정보사회를 이끌었고, 정보기술의 놀라운 발달이 지식기반사회를 현실로 만들었다. 국가의 경쟁력을 결정하는 것도 정보화시대에서는 지식의 힘이라 해도 과언이 아니다. 지식·정보화 사회에서는 정보를 이해하는 능력, 습득한 정보를 판단하는 능력, 정보를 교환하는 능력과 다양한 문제 해결 능력을 요구하고 있다. 이러한 지식·정보화 시대의 지식관리자이자 지식창출자로서의 창의력 있는 영재들을 발굴하고 이끌어 주는 것은 국가 경쟁력 차원에서 중요한 일이다. 이러한 이유로 각 나라마다 영재교육의 중요성을 강조하면서 영재교육에 대한 국가적 관심이 고조되고 있고, 우수한 인재를 육성하여 국가경쟁력을 강화하기 위하여 다양한 정책 방안을 마련하려고 노력하고 있다.

우리나라의 영재교육은 학생들의 다양한 능력과 적성을 계발하고 특별히 현대 지식기반사회가 필요로 하는 창의적 생산성을 갖춘 인재를 양성하기 위한 목적으로 영재교육을 실시하고 있고, 수학영재교육의 필요성도 여기에 있다. 이러한 목적을 달성

* 이 글은 한국수학교육학회 수학교육논문집 25권(2011) pp.185-205에 수록되어 있다.

하기 위하여 영재교육과정에서 다양한 교수 · 학습 방법이 요구되고 있다. 김홍원(박성익 · 조석희 · 김홍원 · 이지현 · 윤여홍 · 진석언 · 한기순, 2003)은 영재교육과정에서 개방적 사고와 발견의 중요성을 강조하고, 발견의 경험을 갖게 하기 위하여 연역적 사고보다 귀납적 사고를 강조하고 토론, 실험, 실습 등을 통해 발견 및 탐구 과정을 유도하여야 하고, 학생이 자기주도적인 학습 능력과 태도를 최대로 함양하기 위하여 영재교육은 가급적 학생의 참여도를 높일 수 있는 교수 · 학습 방법을 자주 활용해야 한다고 하였다. 또한, 박성익(박성익 외, 2003)은 영재들은 창의적 사고와 논리적 사고의 학습, 자기주도적 학습, 발견식 · 탐구식 학습 등의 학습활동을 선호한다고 하였다. 교수 · 학습방법에서 수업 방식에 따른 학생의 참여 정도는 강의, 토론, 시연, 소집단 토의, 동료교수, 협동 학습, 현장 답사, 학습 센터, 게임 학습, 전자 매체 학습, 시뮬레이션/역할 연기, 프로젝트, 멘토쉽, 독립 연구 등의 순으로 학생의 참여도가 높다(Renzulii & Reis, 1997). 그러나, 현재 우리나라에서 사용하고 있는 영재교육 프로그램은 창의성 계발을 목표로 하는 영재교육 프로그램이 갖추어야 하는 특성인 학생 중심, 과정 중심, 탐구 중심, 문제해결학습, 산출물 생산과 같은 접근을 적용하기보다는 교사중심이고 지식 중심이며, 개방적인 학습보다는 경직되어 있고, 강의중심이며 문제해결 중심이다(장현선, 2005). 뛰어난 영재성과 창의성을 지닌 영재라 할지라도 교사중심의 획일적 강의 아래에서는 그들이 갖고 있는 재능이 침묵하거나 사라질 수 있기 때문에 수학영재교육은 영재 스스로 정보를 탐색하고 조직하여 새로운 정보를 만들어 낼 수 있는 능력 개발과 그들의 특성에 맞는 교육과정과 프로그램으로 시작되어야 하지만, 우리나라의 영재교육을 위한 교수 · 학습 방법은 전통적인 강의와 반복학습 및 훈련에 머물고 있는 실정이다(김미숙 · 서혜애 · 이혜연, 2005).

수학영재는 광범위한 수학적 기능을 가지고 수학의 여러 분야에서 강한 지적 욕구를 분출하기 때문에 영재아들의 재능을 살리고 지적 호기심을 충족시켜 줄 수 있는 새로운 형태의 교수·학습 과정이 요구되고 있다. 최근 이러한 요구에 맞는 효과적인 교수 · 학습 방법으로서 사사과정에 대한 관심과 기대가 크게 나타나고 있다. 사사 과정은 수준 높은 맞춤식 개별 지도가 가능하고 탐구 심화학습과 자기주도적 학습활동을 상화할 수 있을 뿐만 아니라 고등 수준의 문제해결력 함양과 복잡한 논리적 사고력 증진과 수학영재의 정의적 측면을 고려할 수 있다는 장점을 갖고 있다(전영주, 2006).

수학영재의 창의성을 신장시키기 위한 또 하나의 교수·학습 방법으로서 독립연구를 들 수 있다. 독립연구란 새로운 주제를 혼자 또는 타인과 함께 연구하는 과정이고 (Johnsen & Johnson, 1986), 학생들에 의해 선택한 주제를 중심으로 학생 스스로 자기흥미와 학습양식에 맞추어 목표를 설정하고 연구를 실행해서 결과를 발표하는 등의 맞춤식 학습의 한 형태이다(Tomlinson, 2001). 독립연구는 수업의 차별화와 개별화 수단으로 계획된 연구 과정으로써, 특정 학문 분야의 전문가가 사용하는 연구과정과 유사하며 교사에 의해 촉진되고 정규 수업을 능가하는 실생활 문제에 집중된 것으로 책을 읽고 보고서를 작성하는 그 이상의 것을 의미한다(Clark, 1997; Gallagher & Gallagher, 1994; Kaplan & Gould, 2002). 독립연구는 학습주제 설정부터 학생이 직접 교사와 함께 참여하므로 그들의 관심과 흥미가 적극 반영되어진다. 따라서 학생들은 자신이 선택한 연구 과제 해결을 위해 역동적으로 활동하며 고도의 경험과 지식을 쌓을 수 있는 기회를 제공받을 수 있는 학습의 형태라고 할 수 있다.

21세기 지식・정보화 시대는 과거와 달리 노동이나 자본보다 인간의 창의성에 기초를 둔 지식의 이해, 가공활용 등을 중시하며 지식에 대한 단순한 이해를 넘어 생활에 적용하고 자기주도적으로 창의적인 산출물을 생산해 내는 능력을 필요로 한다(김선희, 2005). 창의적 생산능력을 갖춘 고급 인력을 양성하는 것은 국가경쟁력 강화를 위해 중요하다. 영재교육이 일반 학교수학교육과 차별화되어야 한다는 점은 수학적 지식의 습득이 아니라 지식의 창출에 있다. 수학적 산출물이란 수학 또는 수학과 관련이 있는 창작물로, 수학 영재 프로그램에서 영재아 스스로 산출물을 만들어 낼 수 있는 방법과 역량을 제공해 줄 수 있을 때 수학영재의 창의성을 계발할 수 있는 프로그램이라고 할 수 있다(유윤재, 2005).

본 연구는 전남대학교 과학영재교육원 중등수학 사사과정에 있는 한 명의 수학영재 학생을 대상으로 사사독립연구를 실시하여 수학영재의 사사독립연구에서 얻어진 산출물에 나타난 특징을 분석하고, 산출물 발표를 준비하고 발표하는 과정에서 나타난 영재학생의 심리적 변화에 대하여 논의하고자 한다.

2) 연구 문제

본 연구는 사사과정에 있는 수학영재학생의 사사독립연구의 산출물에 나타난 특징을 분석하고 산출물 발표를 준비하고 산출물 발표 과정에서 나타난 영재학생의 특징에 대하여 탐구하려고 한다.

3) 연구의 제한점

본 연구는 전남대학교 과학영재교육원 중등수학 사사과정에 있는 한 명의 수학 영재 학생을 대상으로 한 사례연구이므로 영재아들의 이질성으로 인하여 다수의 영재아들에게 일반화하기에는 한계가 존재할 수 있다.

2 이론적 배경

1) 사사독립연구

사사(mentorship)라는 말은 스승으로 섬기거나 스승으로 삼고 가르침을 받는다는 의미로 현재는 영재학생을 가르치는 교육방법의 하나로 급속히 확산되어가고 있다(Clasen & Hansen, 1987; Prillaman & Richardson, 1989). 영재교육에서 전문가 사사란 정규 교육기관에서 제공하기 어려운 영재 학생의 특정 관심 분야 또는 전문적 재능 분야의 교육을 위해 특별한 재능을 지닌 학생을 그 분야의 전문가에게 배정하는 것을 의미하고 있고, 영재 학생이 나타내는 특별한 재능분야의 학습을 가속화하기 위하여 학생을 안내하는 전문가 사사는 교과에 기초한 속진의 특징을 지니고 있다. 이러한 사사 제도는 진로 계획 수립, 지식, 기술, 재능의 향상, 영향력 있는 전문가와의 만남, 자아 존중감과 자신감 획득 개인적 윤리관과 기준 수립, 창의력 향상, 심도있는 만남 등 여러 장점들을 지니고 있고(Davis & Rimm, 1989), 수준 높은 맞춤식 학습 기회와 자기 주도적 탐구 활동을 영재들에게 제공함으로 영재의 창의성을 보다 효율적으로 신장시킬 수 있다(전영주, 2006).

독립연구란 새로운 주제를 혼자 또는 타인과 함께 연구하는 과정(Johnsen & Johnson, 1986) 또는 학생들에 의해 선택한 주제를 중심으로 학생 스스로 자기흥미와 학습양식에 맞추어 목표를 설정하고 연구를 실행해서 결과를 발표하는 등의 맞춤식 학습의 한 형태(Tomlinson, 2001)를 의미한다. 독립연구는 독립과 연구의 합성으로 학습상황에서의 독립이란 반드시 상황과 목표를 필요로 하며 학생의 인지, 동기, 행동 측면에서 적극적으로 스스로의 학습에 참여하는 정도를 나타낸다고 할 수 있고, 연구란 새로운 지식이나 이해를 주는 발견 또는 생산이라는 것이다(임근광 · 강순자, 2008). 즉, 독립연구란 학생 스스로가 적극적으로 학습에 참여하여 새로운 지식을 발견하거나 생산해 내는 학습활동이라고 할 수 있다. 독립연구는 학생들에게 심화학습을 제공하기 위하여 가장 빈번히 사용되는 방법으로 실제적 문제를 탐구할 수 있는 자기 주도적 학습자를 양성하는데 그 목적이 있다.

Doherty와 Evans(1981)는 독립연구를 시행하는 3단계 과정을 제시하였는데, 1단계는 교사의 지도가 있는 단계로 학습 센터와 실험 및 시뮬레이션을 모두 활용하면서 학생들이 학문 분야를 깊고 광범위하게 탐색하는 단계이고, 2단계는 학습자의 독자적인 연구단계로 자료를 찾고 활용하면서 새로운 아이디어를 산출하고, 산출물을 개발하고 전문가가 검증하는 단계이고, 3단계는 세미나를 개최함으로써 독립연구의 절정을 이루는 단계로 학생들이 그들의 지적 호기심을 만족시키고 자신의 학문적 생활을 진정 풍요롭게 하는 탐구를 수행하는 데 필요한 기능을 확립하도록 하는 단계이다. 독립연구는 독립적인 학습스타일을 나타내는 영재 학생들에게 적절한 학습방법이라고 할 수 있다(Stewart, 1981).

독립연구에 대한 교육적 가치는 학습자의 적극적인 참여와 교사의 열의와 능력, 교육 여건 등 여러 변인에 의해 달리 나타날 수 있지만, 일반적으로 학습자의 내적 동기를 유발시킴으로서 학습효과를 높일 수 있고, 학습에 대한 학습 의욕을 고취시키고, 학습자의 창의적인 문제해결력과 다양한 탐구활동, 표현능력과 사고의 유연성을 개발시킬 수 있는 효과적인 학습방법이라고 할 수 있다.

본 연구에서 사사독립연구란 학습자가 멘토와 밀착되어 지원을 받으면서도 탐구 및 표현 활동에 주도성을 갖는 학습의 한 형태로서 자기주도적 학습능력과 창의력 신장을 목표로 하는 독립연구를 의미한다.

2) 영재 교육과정 모형과 수학적 산출물

영재들의 효율적 학습을 위해 개발된 영재교육 과정모형 중 가장 대표적인 모형은 Renzull와 Reis(1997)의 심화학습 3단계 모형(Enrichment Triad Model)이다. Renzulli의 심화학습 3단계 모형은 3단계의 학습과정으로 구성되어 있는데, 심화학습 1단계는 일반적인 탐구활동의 단계로서 심화학습 3단계에서 독자적인 탐구과제를 수행할 수 있도록 학생들에게 광범위하고 다양한 주제를 경험하게 하며 아이디어를 내면화시켜주는 단계이다. 심화학습 2단계는 소집단 활동을 통하여 심화학습의 경험을 제공하고, 분석적 사고력, 비판적 사고력, 평가적 사고력을 길러주며 연구 기능을 숙달시키는데 주안점을 두고 있다. 심화학습 3단계는 영재학생들에게 개인이나 소집단을 중심으로 실제적 문제해결 및 연구 활동으로 구성되어 있다. 심화학습 3단계가 영재학생들에게 가장 적합하다고 여겨지는 학습 활동으로 이 단계에서 학생들은 단순한 정보의 소비자가 아닌 지식의 생산자로소 활동하게 된다. 이 단계에서는 전문가들이 사용하는 연구 방법을 활용하여 주제에 대한 탐구 활동으로 진행되며, 이 단계에서 학생들이 산출물을 만들어 낼 수 있는 기회 제공과 격려가 뒤따라야 한다. 또한, 학생들의 산출물은 동료 학생, 부모와 교사들에게 발표하는 것을 원칙으로 하고 있다.

한국교육개발원(1999)에서는 정규교육과정에서 제시되는 내용을 기반으로 하여 내용을 수정하고 영재들에게 맞는 과정을 첨가시키거나 다루도록 한 변별적 교육과정 모형에 기초로 한 Renzulli의 심화학습 3단계 모형을 통합하여 운영하는 것을 제시하고 있다. 따라서, 각 영재교육기관의 영재교육 프로그램에서 가장 많이 참조되고 널리 사용되는 영재 학습 모형은 Renzulli의 심화학습 3단계 모형이다. 각 대학 과학영재교육원의 사사과정이 Renzulli의 심화학습모형의 3단계에 해당한다. 사사과정에 있는 학생들은 멘토와 밀착되어 지원을 받으면서도 새롭고 독창적인 산출물을 생산해 내기 위하여 학생들 스스로 실제 문제에 대한 연구를 독립적으로 수행한다. 중학생 수준에서 생산할 수 있는 산출물은 크게 생활이나 과학 등의 현상을 수학적으로 묘사하고 문제를 해결하는 것, 교과서 수학에서 다루어지지 않았거나 발표되지 않은 새로운 정리를 이끌어 내고 그에 대한 증명을 산출하는 것, 수학학습을 통해 얻게 된 발산적, 수렴적 사고를 이용하여 작품을 생산해 내는 것 등의 세 가지로 나눌 수 있다(김선희, 2005).

본 논문에서 영재학생의 사사독립연구는 Renzulli의 심화학습 3단계 모형 중 3단계에 해당하며, 영재학생의 사사독립연구에 대한 산출물은 학생이 수학자가 되어 수학 내적인 것에 가치를 두고 만든 수학적 지식으로, 수학에 대한 기본적인 개념과 수학을 학습하면서 생긴 의문을 수학적 지식에 근거하여 문제를 설정하여 이를 학생 수준의 수학적 지식을 바탕으로 증명하는 것을 의미한다.

3) 수학 영재성과 수학 창의성

영재교육과 관련된 이론에 근거한 수학 영재성은 미국 교육청의 영재 정의에서의 특수학문 적성 중 수학 적성 영역, Renzulli(1978)의 11가지 일반적 성취 영역 중 수학 영역, Gardner(1983)의 7가지 지능 중 논리 · 수학적 영역에 해당한다.

전통적으로 수학을 잘하는 사람이란 뛰어난 계산 실력을 가진 자로 여겨졌지만 뛰어난 계산 능력을 가지고 있다 할지라도 문제 해결 상황에 이를 적용 못하는 학생들도 있고, 계산 능력은 떨어지더라도 게임이나 비정형 문제에서 뛰어난 문제 해결 능력을 가진 학생들이 적지 않다는 것이 여러 연구에서 밝혀진바 있다(박성익 외, 2003). 따라서, 최근 영재교육에서 말하는 수학 영재성은 한마디로 창의적인 수학 문제 해결 능력이라고 말 할 수 있다. 창의적인 수학 문제 해결 능력은 수학적 능력과 수학적 창이성으로 구분할 수 있다.

Weaver와 Brawley(1959)는 수학적 능력의 구성요소를 수량과 주변 사물의 수량적인 면에 대한 민감성, 호기심, 신속한 지각, 이해, 처리 능력과 수량과 수량적 자료를 추상적, 상징적으로 처리하는 능력, 수학적 형태, 구조, 관계, 상호관계를 지각하는 능력, 수량적인 상황을 고정된 방식이 아니라, 통찰, 상상, 창의성, 독창성, 자기주도성, 독립성, 열망, 집중성, 끈기를 가지고 융통성 있게 생각하고 수행하는 능력, 분석적이고 연역적으로 생각하고 추론하는 능력, 귀납적으로 생각하고 추론하는 능력, 수학적 학습한 내용을 사회적 상황이나 다른 교과 내용 등에 적용하는 능력 등으로 제시하였다. Krutetskii(1976)는 수학적 능력을 학교에서의 수학 교과를 학습하여 해당 지식과 기능을 익히는 능력인 학교 수학 능력과 사회적 가치를 지니는 독창적인 산출물을 창조해 내는 능력이자 학문으로서의 수학을 하는 능력인 창의적 수학 능력을 구분하였다. 또 그는 수학적 마인드를 '분석적 사고'와 '기하적 사고'의 두 가지 유형의 수학적 사고가 존재한다고 보았고, 수학적 사고의 과정을 정보 수집, 정보 처리, 정보 파지의 3가지 과정으로 파악하였다. Krutetskii에 의하면 평범한 아동들은 문제를 분석하고 종합하는 과정에 들어가서야 비로소 연관성을 찾으려고 하는 분석·종합적인 절차(analytic-synthetic process)를 찾으려는 반면, 수학적 능력이 뛰어난 영재아들은 문제의 구조를 파악하여 신속하고도 단축된 사고를 하는 분석·종합적인 통찰(analytic-synthetic vision)을 사용하여 곧바로 문제를 복합된 전체(composite whole)로 파악한다고 하였다. 그러나, Pendarvis, Howley와 Howley(1990)는 Krutetskii가 말하고 있는 수학적 능력에서 다루어지지 않았던 사고의 속도, 계산 능력, 상징, 수, 공식에 대한 기억력, 공간개념에 관한 능력, 추상적인 수학적 관계를 시각화하는 능력 등도 첨가되어야 한다고 주장하였다.

NCTM(1987)에서는 수학적 능력을 조사, 추측, 논리적으로 추론하는 능력, 실생활 문제를 해결하는 능력, 수학에 대해 수학을 통한 의사소통하는 능력과 수학에 관한 다양한 아이디어와 수학 이외의 지적 활동에 관련된 아이디어를 관련짓는 능력과 같은 인지적 능력과 문제해결과 의사결정과정에서의 자신감, 수량적 정보와 공간적 정보를 찾고 평가하며 이용하려는 성향과 유연성, 인내력, 흥미, 호기심, 독창성 등과 같은 정의적 능력을 포함한다고 하였다. 또한, NCTM(1987)은 수학영재들이 가지고 있을 수 있는 행동 특성을 크게 일반적 행동 특성, 학습 행동 특성, 창의적 행동 특성, 수학적 행동 특성의 4 가지로 구분하였는데, 그 중 수학적 행동 특성으로 수에 대한 조기의 호기심과 이해, 수와 공간적 관계에 대한 논리적이고 상징적인 사고 능력, 수학적 패턴, 구조, 관계와 연산에 대한 지각과 일반화 능력, 분석적, 귀납적·연역적으로 추론하는 능력, 수학적 기호, 관계, 증명, 풀이 방법 등을 기억하는 능력, 수학적 문제를 풀이하는 데 있어서의 활동력과 지속성 등의 특성을 지닌다고 하였다.

한편, 수학 영재성과 수학적 능력을 구성하는 요인으로 수학 창의성이 강조되고 있다. 수학 창의성은 수학 영재성을 구성하는 중요한 요인으로 창의적으로 수학 문제를 발견하고, 이해하고, 해결하는 능력은 수학적 능력을 구성하는 중요한 능력이라고 할 수 있다. 김홍원, 김명숙과 송상헌(1996)은 수학 영재성의 구성요소로 수학적 사고능력, 수학적 과제 집착력, 수학적 창의성, 배경 지식으로 구분하였다. 수학적 사고능력은 수학적 문제를 이해하고 해결하는데 기본적으로 요구되는 사고 능력을 의미하며 직관적 통찰 능력, 정보의 조직화 능력, 공간화/시각화 능력, 수학적 추상화 능력, 귀납적 · 연역적 사고 능력과 같은 수학적 추론 능력, 일반화 및 적용 능력, 반성적 사고능력 등의 하위 능력들이 포함된다. 수학적 과제 집착력은 일정 시간동안 끈기 있게 수학 문제에 몰두하는 능력으로, 수학에 대한 흥미와 태도, 인내심, 지속성, 집중성, 자신의 능력에 대한 믿음, 자기 신뢰감 등과 관련된 요소이다. 수학적 창의성은 수학적 문제를 창의적으로 해결하는 능력으로 유창성, 융통성, 독창성, 정교성의 능력들이 포함된다. 그리고 배경 지식은 수학 문제를 해결하는데 필요한 수학적 지식과 다른 영역의 지식을 의미한다. 지식에는 사실적 지식과 절차적 지식이 포함된다. 일반적으로 배경 지식은 수학적 지식을 의미한다.

3 연구 방법 및 절차

1) 연구대상

사사과정에 있는 수학영재학생의 사사독립연구에 대한 산출물과 산출물 발표과정에서 나타난 특징을 분석하기 위하여 전남대학교 과학영재교육원 중등수학 사사과정에 있는 학생을 연구 대상자로 선정하였다. 연구 대상자로 선정된 학생은 중등기초과정 선발에서 소속 초등학교 6학년 학생수의 5%, 혹은 소속 중학교 1학년 학생 수의 5% 범위 안에서 소속 학교장의 추천을 받은 학생 또는 전남대학교 과학영재교육원 초등교육과정을 이수(예정)한 학생을 대상으로 한 1단계 창의적 문제해결력 평가와 2단계 수학적 사고력 및 창의과제 수행평가를 통해 선발된 학생으로 중등기초 과정과 중등심화과정에서 각각 168시간씩의 다양한 교육과정을 이수하였고, 2009년 4월 4일부터 2010년 1월 16일까지 10개월간 매월 첫째, 셋째 토요일 오후에 3시간씩 총 60시간의 사사과정을 이수한 학생이다. 특히, 중등수학 사사과정 20명의 학생들을 대상으로 한 산출물 발표회에서 참여교수들의 심사를 거쳐 수료식 발표자로 선정된 학생이다.

2) 연구방법

본 연구는 사사과정에 있는 수학영재학생의 독립연구 결과인 산출물에 나타난 특징을 분석하고, 산출물 발표를 준비하고 발표하는 과정에서 나타난 영재학생의 심리적인 변화 등을 분석하기 위하여 정성적 사례 연구를 수행하였다. 정성적 사례연구는 특정적이고 서술적이며 발견술적이라는 특성을 가지고 있기 때문에(Merriam, 1998) 사사과정 학생의 독립연구 결과라는 특정적 상황에서 영재학생의 산출물과 산출물을 발표하는 과정에서의 나타난 현상을 명백히 하기 위하여 사사과정에 있는 수학영재 학생 한 명을 선택하여 정성적 사례연구를 수행하였다. 또한, 정성적 사례연구는 한 명이상의 개인의 행동이나 과정 등을 심층적으로 연구할 수 있고 변인이 어떻게 작용하는지 그 과정을 생생하게 나타낼 수 있는 장점을 가지고 있기 때문에 본 연구는 정성적 사례연구 방법을 사용하였다.

영재학생의 사사독립연구의 결과물인 수학적 산출물과 산출물 발표를 준비하고 발표하는 과정에서 나타난 영재학생의 특징을 분석하기 위하여 정성적 사례연구에서 많이 사용하는 관찰과 임상면담 방법을 활용하였다. 영재학생의 수학적 산출물에 나타난 특징을 분석하고 발표 자료를 정리하고 발표 연습 및 발표하는 전 과정을 관찰하였고, 발표 자료를 정리하고 발표 연습을 하는 중간에 연구자가 산출물과 관련된 면담을 실시하였고, 발표에 따른 심리적 압박감 등을 해소하기 위하여 상담을 실시하였다.

(1) 참여 관찰

전남대학교 과학영재교육원은 수료식 때 전체 수료자를 대표하여 사사과정에 있는 학생들 중 수학과 과학 분야에서 각각 1명씩을 선발하여 산출물을 발표하게 하였다. 수학분야에서 선발된 학생은 2010년 1월 22일 산출물 발표회에서 참여교수들의 심사를 거쳐 수료식 발표자로 선정된 학생으로 본 연구자는 1월 26일부터 2월 27일 수료식까지 전남대학교 사범대학 수학교육과 세미나실 및 강의실에서 매주 화요일과 목요일에 2시간씩 약 20시간동안 학생의 산출물 발표 자료의 준비와 발표 연습의 전 과정에 참여하면서 학생의 산출물에 나타난 특징과 학생의 발표준비 과정에서 나타난 심리적인 변화를 관찰하였다.

(2) 인터뷰

본 연구에 참여한 영재학생은 1월 26일부터 2월 12일 까지 약 3주간에 걸쳐 자신의 독립연구 산출물을 발표할 내용을 중심으로 수정・보완하여 PPT 자료와 GSP 파일로 재구성하였다. 그리고 영재학생은 이 자료들을 바탕으로 하여 2월 16일부터 26일까지 약 10시간에 걸쳐 발표 연습을 실시하였다. 본 연구자는 영재학생이 독립연구에 대한 산출물 발표를 연습하는 기간 동안에 산출물 내용에 대하여 인터뷰를 집중적으로 실시하였고, 또한 학생의 심리적인 변화를 파악하고 심리적으로 안정감을 주기 위하여 수시로 상담을 실시하였다. 영재학생과 상담시 짧은 기간 동안 문제 자체만을 구체적으로 명료하게 단순화시켜서 상담하는 단기상담, 영재학생의 교육적 성장을 위한 학교 환경의 조성 및 영재의 정서적, 인지적 욕구 이해를 기반으로 한 인간성장 발달에 목표를 둔 발달상담, 상담전문가나 교사에 의해 이루어지는 발달적 상담과 심리적 지지와 격려, 충고와 조언 등을 통하여 학생이 안정을 찾도록 하는 지지상담의 상담기법을 이용하여 학생과 상담하였다. 학생과의 상담 내용은 디지털 녹음기를 이용하여 녹음하였다.

(3) 영재학생의 산출물

수학 영재학생의 사사독립연구에 대한 산출물은 영재학생이 이차함수의 성질에 대한 자신의 추론이 올바른지 귀납적으로 확인하기 위하여 GSP를 활용하여 만든 자료와 이를 이용하여 이차함수의 성질들은 연역적으로 증명한 결과물(PPT)로 나눌 수 있다. GSP를 활용하여 만든 자료에서 나타난 특징과 이차함수의 성질을 연역적으로 증명한 산출물의 증명과정에서 나타난 특징 등을 분석하였다.

3) 연구절차

(1) 사사과정 학생의 사사교육

전남대학교 과학영재교육원은 영재학생의 자율성과 창의성을 신장시키고, 실질적인 연구수행 능력 습득함으로써 과학적이고 창의적인 문제 발견 및 문제해결력을 기르고 독립적인 탐구 능력을 신장시킬 목표로 사사교육을 실시하고 있다. 사사과정 학생들은 각 지도교수의 지도하에 2009년 4월 4일부터 2010년 1월 16일까지 10개월간 매월 첫째, 셋째 토요일 오후에 3시간씩 총 60시간 동안 다양한 교재(Honsberger, 2004; Nelsen, 1993; Nelsen, 2000)를 활용하여 중등학교 교육과정의 심화과정으로 도형의 성질, 정수의 기초적 이론, 이산수학의 여러 가지 문제들을 중심으로 문제풀이를 통한 탐구학습을 진행하였다. 수업은 지도교수가 교재의 내용 중 수학적 배경이 되는 기초 수학을 간략하게 강의하고 난 후 학생들이 관련된 교재의 내용을 나누어 발표하고 지도교수가 보충 지도하는 방식으로 이루어졌다.

(2) 사사과정 학생의 독립연구

사사과정 학생은 약 10개월 동안 각 지도교수의 지도아래 다양한 주제에 대하여 탐구학습을 하고 난 후 2009년 12월부터 약 2개월 동안 학습한 내용을 중심으로 학생 스스로 창의적인 주제를 선정하여 탐구하도록 하고, 2010년 1월 16일 수학분야 사사 발표회에서 각 사사과정의 지도교수와 사사과정 학생들을 대상으로 탐구한 내용을 정리하여 발표하게 하였다.

(3) 사사과정 학생의 산출물 발표

수학분야 사사발표회에서 각 지도교수의 평가에 의해 연구 결과가 우수한 학생 1명을 선정하였고, 2010년 2월 27일 영재교육원 수료식 때 전 과정의 수료생 전체를 대표하여 사사과정에 있는 학생 중 수학과 과학 분야에서 각각 1명씩을 선발하여 자신이 연구한 산출물을 발표를 하게 하였다.

(4) 자료 수집 및 분석

본 연구의 자료는 크게 수학 영재학생의 사사독립연구에 대한 결과물을 정리한 PPT, GSP 파일과 같은 산출물과 산출물 발표를 준비하는 과정에서 본 연구자와 학생과의 인터뷰를 디지털 녹음기로 녹음한 녹음 자료로 나눌 수 있다. 산출물 자료의 수집은 영재학생이 자신의 독립연구 산출물을 발표할 내용을 중심으로 수정・보완하여 PPT와 GSP 파일로 변형하여 제출한 2월 12일에 수집하였고, 인터뷰 자료 중 산출물과 관련된 자료는 2010년 2월 16일 영재학생이 처음 발표 연습을 하는 과정에서 산출물의 내용을 중심으로 연구자와 학생간의 대화 내용을 녹음하였다. 상담 자료는 2월 16일부터 수료식날인 2월 27일까지 학생의 발표에 대한 심리적 부담감을 완화시키기 위하여 수시로 짧게 상담한 내용을 녹음하였다. 디지털 녹음기로 녹음한 자료를 반복 청취하여 워드프로세서를 이용하여 전사하였으며 약 10여 페이지 분량의 자료를 수집하였다.

영재학생의 사사독립연구의 산출물에 나타난 특징을 분석하기 위하여 수집된 PPT 자료와 GSP를 이용하여 탐구한 자료의 내용 및 인터뷰 내용을 분석하기 위하여 정성적 자료 분석 방법 중 현상학적 분석 방법을 사용하였다. 현상학적 분석 방법은 현상에 대한 직관적인 이해를 하고 난 후 이 현상의 일반적 본질의 의미를 얻기 위하여 현상에 관한 몇 개의 실례나 보기를 조사함으로써 여러 본질 중에서 관계성을 이해하고 나서 특정한 것이든 일반적인 본질이든 간에 무엇이 나타나느냐 하는 의미뿐만 아니라 나타나는 방법에서도 현상을 체계적으로 탐구하는 분석 방법이다(Merriam, 1998). 본 연구에서는 영재학생의 사사독립연구에 대한 산출물, 산출물에 대한 인터뷰와 상담한 내용을 녹음한 자료를 바탕으로 의미를 찾아내는 현상학적 분석 방법으로 자료를 분석하였다.

4 결과 및 분석

1) 산출물에 나타난 특징 분석

(1) 영재학생은 자신의 생각을 기호로 표현하는 것보다 글로 표현하는 데 익숙하고, 글로 표현하는 것보다 말로 표현하는 것에 익숙하다는 사실을 발견할 수 있었다.

수학에서의 증명 학습은 학생들이 논리적이고 체계적으로 사고하도록 하는데 중요한 역할을 하며, 증명에서의 기호화는 논증에서 중요한 역할을 한다. 그러나, 증명과정에서 잘못된 기호화로 인하여 여러 가지 오류가 발생하고 잘못된 결론이 이끌어지기도 한다. 여러 연구결과에서 확인할 수 있는 것처럼 많은 중학생들이 기호화나 기호를 이용하여 증명 쓰기를 하는 데 많은 어려움을 느끼고 있다(신유경 · 강윤수 · 정인철, 2008). 다음 그림들은 영재학생이 사사독립연구 산출물을 수료식 때 발표할 목적으로 파워포인트를 이용하여 작성한 결과물로 2010년 2월 12일 수집한 자료 중 일부이다. [그림 1]은 삼각형 ABC와 평행사변형 $ABPQ$의 공통 영역인 사각형 $ABRS$를 제외한 부분의 넓이가 같다는 것, 즉 평행사변형 $ABPQ$에서 사각형 $ABRS$를 제외한 부분인 두 삼각형 ASQ와 BPR의 넓이의 합이 삼각형 ABC에서 사각형 $ABRS$를 제외한 부분인 삼각형 SRC의 넓이와 같다는 것을 증명한 산출물이다. <그림 1>의 산출물에서 삼각형 ABC의 넓이와 평행사변형 $ABPQ$의 넓이가 같음을 증명하는 과정에서 기호로 표현하기 보다는 문장으로 표현하여 증명하고 있음을 것을 볼 수 있다. 영재학생들도 일반 학생들과 마찬가지로 기호를 사용하여 증명하는 것에 대하여 익숙하지 않음을 알 수 있다.

(6) 선분 AB와 A와 B에서의 접선으로 둘러싸인 삼각형의 넓이는 AB를 한 변으로하고 $g(x)-h(x)$의 값 $\left(\frac{a-b}{2}\right)^2$을 다른 한 변으로 하는 평행사변형의 넓이와 같다.

(6)의 증명

$x=\frac{a+b}{2}$ 에서의 함수값은 AB의 중점 M의 y좌표와 A와 B에서의 접선의 교점 C의 y 좌표를 이은 선분을 이등분한다.
그러면 $g(x)$에 평행하게 $h(x)$를 그은것이므로 $g(x)-h(x)$는 일정.
그리고 이것은 $x=\frac{a+b}{2}$의 y 좌표와 C의 y 좌표와의 거리와 같기 때문에 평행한 두 직선 위에 같은 길이 만큼 잡은 두 삼각형은 합동이다.
마찬가지로 다른 쪽도 그렇게 보면, 삼각형과 평행사변형의 넓이 차이는 접선의 아래쪽 삼각형과 겹친 부분을 제외한 평행사변형의 부분인데 이는 합동인 두 쌍의 삼각형이므로 넓이가 같다.
그러므로 선분AB와 A와 B에서의 접선으로 둘러싸인 삼각형의 넓이와 평행사변형의 넓이가 같음을 알 수 있다.

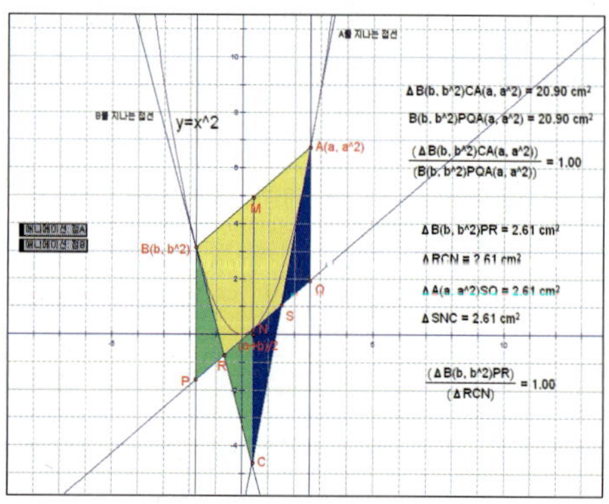

그림 1. 영재학생의 사사 독립연구에 나타난 산출물

산출물의 증명 과정에서 사사과정에 있는 영재학생은 기호를 사용보다는 것보다 오히려 문장으로 표현하려는 경향이 나타났고, 이를 말로 설명해 보라는 요구에는 논리적으로 설명할 수 있는 것을 발견할 수 있었다. 다음 인터뷰 내용은 2010년 2월 16일 영재학생이 산출물 발표를 준비하며 연습하는 과정에서 산출물 내용을 중심으로 본 연구자와의 대화 내용을 정리한 일부분이다.

> 연구자 : 삼각형 ABC의 넓이와 평행사변형 $ABPQ$의 넓이가 왜 같지?
> 학　생 : (손으로 도형을 가리키며) 이 삼각형(삼각형 ABC를 지칭)과 이 평행사변형($ABPQ$를 지칭)의 공통 부분인 가운데 있는 노란색 사각형 부분(사각형 $ABRS$를 지칭)을 뺀 나머지 부분의 넓이를 비교해 보면, 이 초록색 삼각형들과 파란색 삼각형 부분의 넓이가 서로 같기 때문에 삼각형과 평행사변형 $ABPQ$의 넓이가 같아요.
> 연구자 : 왜 두 삼각형 BPR과 NRC의 넓이와 ASQ와 SNC의 넓이가 같지?
> 학　생 : 이 두 선분($\overline{AB}$와 $\overline{BC}$)이 서로 평행이고, N은 선분 $\overline{MC}$를 이등분한 점이기 때문에 이 두 선분($\overline{MN}$과 $\overline{BP}$)의 길이가 같고, 또 이 선분($\overline{MN}$)하고 이 선분($\overline{NC}$)의 길이가 같기 때문에 삼각형들이 합동이 돼요. 그리고, 이 두 삼각형들도 똑같이 하면 합동이기 때문에 넓이가 같아요.

위의 인터뷰 내용을 살펴보면, 영재학생은 수학적 산출물을 글로 표현하는 것보다 말로 설명하는 것이 자신의 생각을 더 논리적으로 표현할 수 있음을 것을 알 수 있다. 위의 결과로 부터 사사과정에 있는 영재학생은 자신의 생각을 기호로 표현하는 것보다 글로 표현하는 데 익숙하고, 글로 표현하는 것 보다 말로 표현하는 것에 익숙하다는 사실을 발견할 수 있었다. 또한, 위의 인터뷰 내용에서 보는 바와 같이 영재학생은 자신의 산출물에 대한 내용에 대하여 논리적으로 답변하는 것을 볼 수 있다. NCTM(1987)은 수학영재성과 관련된 창의적인 문제해결 능력 중 수학적 능력에 수학에 대해 수학을 통한 의사소통하는 능력이 포함된다고 하였다. 산출물 발표를 준비하는 과정에서 창의적인 문제해결 능력 중 수학적 능력인 의사소통능력이 영재학생에게서 발현됨을 알 수 있었다.

(2) 영재학생은 자신의 추론을 GSP를 활용하여 귀납적으로 타당화한 후 연역적으로 증명하였다.

연구에 참여한 영재학생은 이차함수 $y = x^2$ 위의 임의의 두 점에서의 접선의 교점과 두 점의 중점의 x 좌표가 같을 것이라고 추측하고, 자신의 추측이 옳은지 확인하기 위하여 GSP를 이용하였다. GSP를 이용하여 이차함수 $y = x^2$ 위의 두 고정점

A, B 에서 접선을 작도하고 측정 기능을 이용하여 접선의 교점 C 의 x 좌표와 $\overline{AB}$ 의 중점 M 의 x 좌표가 같다는 자신의 추론이 옳은지 검증하였고, 위의 성질이 임의의 점에서 일반적으로 성립하는지 검증하기 위하여 두 점 A와 B 에 GSP의 드래그 기능과 애니메이션 기능을 이용하여 임의의 두 점에서 항상 성립함을 확인하였다. 이러한 사실이 일반적으로 성립한다는 확신을 가지고 이를 바탕으로 연역적으로 증명하였다. <그림 2>는 영재학생이 자신의 추론을 GSP를 이용하여 귀납적으로 확인하고, 확인한 결과를 연역적으로 증명하여 얻은 산출물이다.

또한, 영재학생은 이차함수 $y = x^2$ 상의 임의의 한 점에서의 접선을 작도하는데 GSP의 기능 중 작도 메뉴를 이용하여 작도하는 것이 용이하지 않음을 인식하고, 두 점을 지나는 직선으로 접선을 작도하였다. 이차함수 $y = x^2$ 상의 점 $A(a,\ a^2)$에서의 접선의 기울기가 $2a$ 라는 것을 이용하여 A' 를 작도하여 두 점 A 와 A' 를 지나는 직선을 작도함으로써 $y = x^2$ 상의 점 $A(a,\ a^2)$에 접하는 접선을 작도하였다(<그림 3>). 이 사실을 통하여, 영재학생은 GSP 기능에 대해 숙달되어 있음을 알 수 있었고, 이차함수에서의 접선에 대한 개념을 확실히 이해하고 있는 것을 확인할 수 있었다.

김홍원 외(1996), NCTM(1987), Weaver와 Brawley(1959)는 수학영재성 중 수학적 능력의 구성요소로 분석적이고 연역적으로 생각하고 추론하는 능력과 귀납적으로 생각하고 추론하는 능력이 포함된다고 하였고, 김홍원 외(1996)와 Pendarvis 등(1990)은 수학적 관계를 시각화하는 능력이 수학적 능력의 구성요소에 포함된다고 하였다. 영재학생의 산출물에서 위와 같은 수학영재성 중 수학적 능력이 나타남을 확인할 수 있었다.

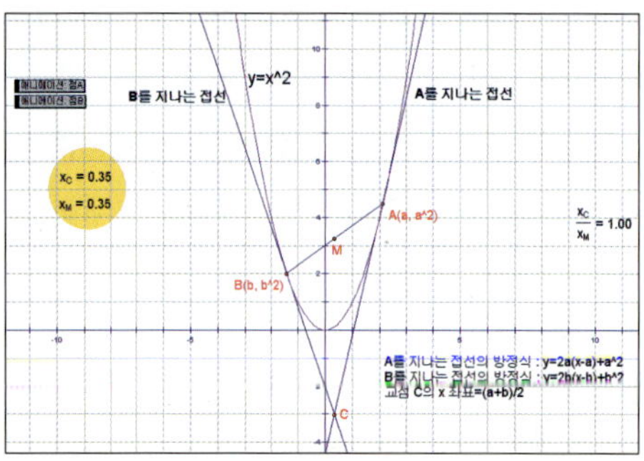

[정리] 이차함수 $y=x^2$ 위 두 점 A, B에서의 접선의 교점을 C라고 하고 A와 B의 중점을 M이라고 할 때 다음이 성립한다.

(1) C의 x 좌표는 M의 x 좌표와 같다.

(1)의 증명

$A=(a,a^2)$, $B=(b,b^2)$ 라 하면 A와 B에서의 접선의 방정식은

$y=2a(x-a)+a^2$, $y=2b(x-b)+b^2$ 이므로

$2a(x-a)+a^2=2b(x-b)+b^2$

따라서, 교점 C의 x 좌표는 $x=\frac{a+b}{2}$

∴ C의 x 좌표 = M의 x 좌표 = $\frac{a+b}{2}$

그림 2. GSP를 활용한 귀납적 사고와 연역적 증명

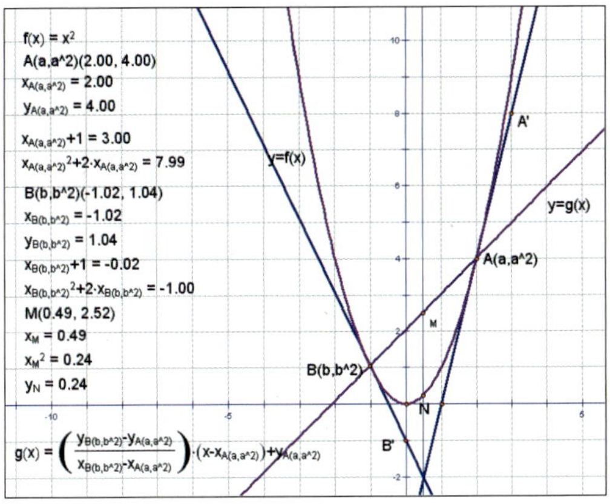

그림 3. GSP를 활용한 접선의 작도

(3) 미분과 적분을 이용하여 접선과 도형의 넓이를 계산하여 증명하였다.

영재학생은 사사과정에서 함수와 도형 등의 개념과 성질 등을 학습하면서 변화율, 미분과 적분의 기본개념과 기본 성질 등을 이미 학습하였다. 영재학생의 산출물에 나타난 증명과정에서 사사과정에서 학습한 미적분의 기본 개념과 성질 등을 활용하여 증명하였다. 실례로, 영재학생은 이차함수 $y=x^2$ 위의 임의의 두 점에서의 접선의 교점과 두 점을 잇는 선분의 교점의 x 좌표가 같다는 것을 증명하기 위하여 $f(x)=x^2$ 상의 임의의 한 점 $A(a,\ a^2)$을 지나는 접선을 구하는데 $f(x)=x^2$를 미분하여 접선의 기울기가 $f'(a)=2a$ 라는 것을 이용하여 접선 $y=2a(x-a)+a^2$을 구하였다(<그림 3>). 또한, $x=b$ 에서부터 $x=a$ 까지 $f(x)$ 와 $g(x)$ 로 둘러싸인 부분의 넓이를 구하기 위하여 정적분 $\int_b^a (g(x)-f(x))dx$ 을 이용하여 넓이를 구였다(<그림 4>).

(5) 내부에 있는 임의의 점 P를 지나는 직선과 $y=x^2$ 으로 둘러싸인 부분의 면적이 최소가 되는 직선의 기울기는 P점에서 x축으로 내린 수선과 $y=x^2$ 이 만나는 점 P'에서의 접선의 기울기와 같다.

(5)의 증명

b에서 a까지 $g(x)$와 $f(x)$ 로 둘러싸인 부분의 면적은 $\frac{(a-b)^3}{6}$

(4)에 의하여, $g(x)-h(x)=\left(\frac{a-b}{2}\right)^2$ 이다.

그러므로, b에서 a 까지 $g(x)$ 와 $f(x)$ 로 둘러싸인 부분의 넓이의 최솟값은 $g(x)-h(x)$ 가 가장 작을 때이다.

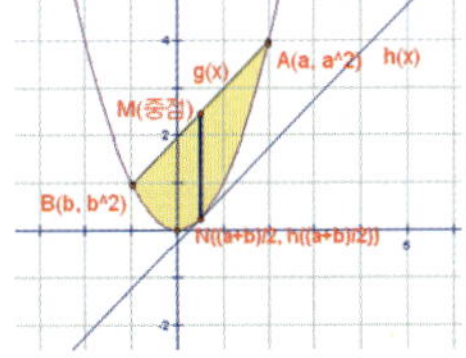

그림 4. 적분을 이용하여 증명한 산출물

학습 위계상 중학교 3학년에게 속진학습으로 미적분을 가르치는 것이 옳은가 하는 문제를 제기할 수 있으나, 영재 학생들이 나타내는 학습 특성이 속진과 심화를 동시에 필요로 하기 때문에 속진학습과 심화학습은 따라 구분하기보다는 오히려 통합적으로 적용되는 경우가 많다. Van Tassel- Baska(1981)는 심화학습은 바람직한 수준의 속진학습과 함께 실행되지 않는 한 아무런 의미가 없다고 주장하였다. 또한, 김홍원 외(1996)는 수학 영재성의 구성요소 중 수학적 문제를 이해하고 해결하는데 기본적으로 요구되는 사고 능력으로 수학적 사고능력과 수학적 문제를 창의적으로 해결하는 능력으로 유창성, 융통성, 독창성, 정교성과 같은 수학적 창의성이 포함된다고 하였다. 영재학생이 문제 상황에서 서로 다른 다양한 아이디어를 가지고 참신하고 질적으로 수준 높은 창의적인 해결 능력을 개발하는데 있어서 어느 정도 더 폭 넓고 깊이 있는 수학을 접하는 것도 필요하다. 따라서, 속진학습과 심화학습은 교육과정의 상호 보완적인 구성요소로 작용하여야 하고, 심화학습과 속진학습이 상호보완적으로 이루어질 때 영재교육에서의 학습효과가 높다고 할 수 있다.

2) 산출물 발표과정에서 나타난 영재학생의 특징 분석

(1) 산출물 발표과정에서 완벽하게 발표해야 한다는 심리적인 압박감으로 인하여 긴장하고 불안해하였다.

영재학생은 2010년 2월 16일부터 영재교육원 수료식인 2월 27일까지 발표할 산출물에 대하여 매주 이틀간 하루 2시간씩 집중적으로 산출물을 수정하고 보완하면서 산출물 발표 준비를 하였다. 산출물 발표 준비를 하는 과정에서 산출물 발표일이 임박해 올수록 영재교육원생과 학부모 등 수많은 청중 앞에서 완벽하게 잘 발표해야 한다는 심리적인 압박감으로 인하여 긴장하고 불안해하면서 산출물 발표를 안했으면 하는 생각까지 하였다. 이 경우 연구자는 영재학생의 산출물 발표에 대한 동기 부여와 심리적인 압박감으로 덜어주기 위하여 짧은 기간 동안 문제 자체만을 구체적으로 명료하게 단순화시켜서 상담하는 단기상담, 영재학생의 교육적 성장을 위한 학교 환경의 조성 및 영재의 정서적, 인지적 욕구 이해를 기반으로 한 인간성장 발달에 목표를 둔 발달 상담과 상담전문가나 교사에 의해 이루어지는 발달적 상담과 심리적 지지와 격려, 충고와 조언 등을 통해 영재가 힘을 얻도록 하는 지지상담 등을 하였다. 다음 인터뷰 내용은 2010년 2월 18일 발표 연습을 하는 과정에서 발표에 부담감을 느끼는 학생에게 심리적 안정감을 주기 위하여 본 연구자와의 상담한 내용을 정리한 일부분이다.

학　생: 선생님 수료식 때 산출물 발표 안하면 안돼요?
연구자: 왜? 무슨 일 있냐?
학　생: 아니요. 그냥요.
연구자: 왜 발표하기 싫은데?
학　생: 수료식 때 부모님이랑 가족들이 오는데 발표를 잘 못하면 부모님과 교수님들께 죄송해서요.
연구자: 네가 인생을 살아가면서 수 많은 사람들 앞에서 발표할 수 기회는 흔치 않는 기회야.
학　생: 그렇긴 하데요. 그래도.
연구자: 수료식 때 참석한 사람들 중에 수학에 대해서 교수님들 빼고, 네가 연구한 주제에 대해 너 보다 잘하는 사람이 없으니까 자신감을 가져. 그리고 열심히 준비하고 연습하자.
학　생: 네.

영재학생은 산출물을 발표할 시간이 임박해서 심리적 긴장감이 최고조에 달해 긴장하고 초조해 하였으나 발표가 시작되면서 점차 안정감을 되찾아갔다. 학생이 심리적으로 안정되어 가는 데에는 발표하기 전까지 연구자의 끊임없이 용기를 주려는 대화와 격려가 도움이 되었고, 앞서 발표한 과학 분야 영재학생의 연구 결과가 만족할 만한 성과를 내지 못했다는 결론이 나면서 심리적으로 안정되었다.

영재교사는 영재학생을 상담함에 있어서 영재에 대해 긍정적으로 이해하려고 노력하고, 융통적이고 개방적인 사고방식을 갖으면서, 스스로 역할 모델이 되려고 노력하고, 영재학생을 이해하고 격려하며 수용의 자세가 필요하다고 할 수 있다.

(2) 산출물 발표 후 수학에 대한 인식의 변화와 수학적 자기효능감이 상승하였다.

수학영재의 정의적 특성은 수학적 성향뿐만 아니라 일반적인 성향인 자기효능감에 의해서도 파악될 수 있다. Bandura(1997)는 자기효능감(self-efficacy)을 개인이 어떤 결과를 산출하기 위해 요구되는 행동을 성공적으로 수행할 수 있다는 기대와 신념이라고 정의하였다. 다시 말하면, 자기효능감은 과제의 수행을 위해 행동을 조직하고 실행할 수 있는 자신의 능력에 대한 판단을 의미하는 것이며, 해결해야 할 과제에 직면했을 때 스스로가 자신의 능력에 대해 판단하고 신념을 가지는 것이라고 할 수 있다. Rueda와 Dembo(1995)는 수학문제의 해결과 관련하여 수학능력이 뛰어난 동료학습자의 학습행동을 모방하도록 했을 때 학습자의 자기효능감 수준은 향상되며 이때 향상된 자기효능감이 학업성취에서의 향상을 가져올 뿐만 아니라 이후의 학습상황에서도 긍정적인 영향을 미친다고 하였다. 또한, 비슷한 또래 모델들이 과제를 성공적으로 성취하는 것을 관찰하는 것은 관찰자들의 자기효능감을 증가시키고, 이것은 그들이 과제를 성공적으로 수행할 때 효과적이라고 하였다. 그러나, 영재학생의 수료식 때 산출물 발표를 관찰한 결과 앞의 과학 분야의 발표자로 선정된 또래 학생의 탐구 과제가 만족할 만한 결과를 얻지 못하고, 연구에 참여한 영재학생이 과학 분야에서 발표한 학생보다 훨씬 더 좋은 결과를 산출했다고 자신이 인식하면서 더 높은 자기효능감을 나타남을 관찰할 수 있었다. 그리고, 산출물 발표 전보다 산출물 발표 후 영재학생은 수학에 대한 자신에 대한 믿음과 자기 신뢰감이 상승한 것으로 나타났다. 다음 인터뷰 내용은 수료식 당일인 2010년 2월 27일 산출물 발표 후 본 연구자와 영재학생과의 인터뷰 내용을 정리한 일부분이다.

연구자: 수학이 어떤 과목이라는 생각하니?
학 생: 수학은 단지 공식을 외우고, 외운 공식을 문제에 대입하여 푸는 과목이라고 생각했는데요.
연구자: 그런데?
학 생: 사사과정에서 주제를 정해서 탐구하고 발표하고 난 뒤에는 수학 과목이 논리적으로 증명하고 사고력을 필요로 하는 과목이라는 생각이 들었어요.
연구자: 또 다른 느낀 점은?
학 생: 어떤 수학 문제도 풀 수 있다는 생각이 들었어요.

산출물 발표 후 영재학생은 수학 과목이 단지 공식을 외우고, 외운 공식을 문제에 대입하여 문제를 푸는 과목이 아니라 논리적으로 증명하고 사고력을 필요로 하는 과목이라는 수학과목에 대한 인식이 변화했음을 알 수 있었고, 어떤 수학적 문제도 해결할 수 있다는 수학적 자기효능감이 증가했음을 알 수 있었다. 김홍원 외(1996)는 수학 영재성의 구성요소 중 수학적 과제 집착력에 수학에 대한 흥미와 태도, 인내심, 지속성, 집중성, 자신의 능력에 대한 믿음, 자기 신뢰감 등과 관련된 요소가 포함된다고 하였다. 산출물 발표 후 영재학생에게 수학 영재성의 구성요소 중 자신의 능력에 대한 믿음, 자기 신뢰감 등과 관련된 요소가 상승함을 확인할 수 있었다.

5 결 론

본 연구는 사사과정에 있는 수학 영재학생의 독립연구에서 얻어진 산출물에 대하여 인식론적 관점에서의 산출물에 나타난 특징을 분석하고, 산출물 발표를 준비하고 발표하는 과정에서 나타난 영재학생의 심리적 변화를 정의적인 관점에서 탐구하고자 하였다. 이를 위하여, 전남대학교 과학영재교육원 수학분야 사사과정에 있는 영재학생 1명을 대상으로 하여 영재학생의 독립연구의 나타난 산출물과 산출물 발표과정에서 나타난 영재학생의 심리적 변화를 관찰하였다. 이 과정에서 수집한 산출물과 디지털 오디오 녹취물을 분석하였다.

영재학생의 사사독립연구 결과로 얻어진 산출물과 산출물 발표과정에서 다음과 같은 결론을 얻었다.

첫째, 영재학생의 사사독립연구는 수학영재성 중 수학적 능력의 구성요소인 귀납적 · 연역적 추론 능력을 발현하게 한다. 영재학생은 사사독립연구에 대한 산출물에서 자신의 추론을 GSP를 이용하여 일반적으로 성립하는지 검증하였다. 그리고 자신이 추론이 일반적 성립한다는 확신을 바탕으로 연역적으로 증명하였다. 증명과정에서의 GSP는 다양한 사례를 검증하여 일반화를 시도하는데 도움을 주고(신유경 외, 2008; 이헌수 · 박종률 · 정인철, 2009), 학생들의 수학적 아이디어에 대한 추측과 확인의 기회를 제공하여 학생들의 증명학습을 돕는데 기여한다(이헌수 외, 2009). 김홍원 외(1996), NCTM(1987), Weaver와 Brawley(1959)는 수학영재성 중 수학적 능력의 구성요소로 분석적이고 연역적으로 생각하고 추론하는 능력과 귀납적으로 생각하고 추론하는 능력이 포함된다고 하였고, 김홍원 외(1996)와 Pendarvis 등(1990)은 수학적 관계를 시각화하는 능력이 수학적 능력의 구성요소에 포함된다고 하였다. 영재학생의 산출물에서 위와 같은 수학영재성 중 수학적 능력이 나타남을 확인할 수 있었다. 따라서, 영재학생의 사사독립연구는 수학영재성 중 수학적 능력의 구성요소인 귀납적 · 연역적 추론 능력을 발현하게 한다.

둘째, 영재학생의 사사독립연구에 대한 산출물 발표는 영재학생에게 수학영재성 관련된 창의적인 문제해결 능력 중 수학적 능력인 의사소통능력이 영재학생에게서 발현하게 한다. 영재학생과의 인터뷰에서 영재학생은 수학적 산출물을 글로 표현하는 것보다 말로 설명하는 것이 자신의 생각을 더 논리적으로 표현할 수 있음을 발견할 수 있었다. NCTM(1987)은 수학영재성과 관련된 창의적인 문제해결 능력 중 수학적 능력에 수학에 대해 수학을 통한 의사소통하는 능력이 포함된다고 하였는데 산출물 발표를 준비하는 과정에서 영재학생에게서 이와 같은 수학적 의사소통능력이 발현됨을 알 수 있었다.

셋째, 영재학생의 사사독립연구에 대한 산출물 발표는 영재학생에게 수학 영재성의 구성요소 중 자신의 능력에 대한 믿음, 자기 신뢰감 등과 관련된 요소를 상승하게 한다. 영재학생은 산출물 발표 후 수학과목에 대한 인식이 수학 과목은 단지 공식을 외우고, 외운 공식을 문제에 대입하여 문제를 푸는 과목이 아니라 논리적으로 증명하고 사고력을 필요로 하는 과목이라고 인식이 변화했음을 알 수 있었다. 또한, 산출물 발표전 보다 발표 후 어떠한 수학 문제도 해결할 수 있다는 수학적 자기효능감이 증가했음을 알 수 있었다. 김홍원 외(1996)는 수학 영재성의 구성요소 중 수학적 과제

집착력에 수학에 대한 흥미와 태도, 인내심, 지속성, 집중성, 자신의 능력에 대한 믿음, 자기 신뢰감 등과 관련된 요소가 포함된다고 하였는데 산출물 발표 후 영재학생에게 수학 영재성의 구성요소 중 자신의 능력에 대한 믿음, 자기 신뢰감 등과 관련된 요소가 상승함을 확인할 수 있었다.

연구 결과로부터 다음과 같은 제언을 하고자 한다.

첫째, 영재학생들의 사사독립연구가 영재학생들에게 수학적 능력의 구성요소인 귀납적·연역적 추론 능력을 발현하게 하는지에 대한 다양한 사례연구들이 필요하다. 본 연구의 영재학생의 사사독립연구에서 이차함수의 성질에 대한 추론이 올바른지 확인하기 위하여 GSP를 활용한 후 이차함수의 그래프를 작도한 후 귀납적으로 추론이 성립함을 확인한 후 연역적으로 증명하였다. 함수와 그래프외의 다른 영역에서 그리고, GSP 외의 다른 도구를 사용하여도 이와 같은 결론에 도달할 수 있는지에 대한 후속 연구가 필요하다.

둘째, 영재학생들의 산출물 발표가 영재학생들의 자신의 능력에 대한 믿음이나 자기 신뢰감 등과 관련된 요소를 상승하게 하는지에 대한 다양한 사례연구들이 필요하다. 본 연구에서 산출물을 발표한 영재학생은 중등수학 사사과정 20명의 학생들을 대상으로 한 산출물 발표회에서 참여교수들의 심사를 거쳐 수료식 발표자로 선정된 학생이었다. 선정되지 못한 학생에게도 이와 같은 결과가 나오는지에 대한 후속 연구와 선정되지 못한 배려와 처방도 필요하다.

셋째, 영재학생들의 독립연구에 대한 산출물을 발표할 수 있고, 산출물을 실을 수 있는 영재학생들의 학생 전문 저널이 필요하다. 영재학생들은 자신의 노력으로 만든 창의적인 수학적 산출물을 발표하고 공유하고, 학생들의 창의적 연구의 동기부여와 의욕을 고취시킬 수 있는 장이 마련되어야 한다.

참고문헌

김미숙·서혜애·이혜연 (2005). 영재교육 강화 사업성과 지표 평가 연구. 한국교육개발원 연구보고.

김선희 (2005). 수학사에 근거한 수학영재의 창의적 산출물 평가 준거 개발. 한국수학사학회지, 18(2), 75-94.

박성익·조석희·김홍원·이지현·윤여홍·진석언·한기순 (2003). 영재교육학원론. 서울: 교육과학사.

김홍원·김명숙·송상헌 (1996). 수학 영재 판별 도구 개발 연구(Ⅰ)-기초연구편-. 연구보고

CR 96-26. 한국교육개발원.
신유경 · 강윤수 · 정인철 (2008), GSP가 증명학습에 미치는 영향 : 사례연구. 한국학교수학회논문집, 11(1), 55-68.
유윤재 (2005). 산출물 중심의 수학 영재 프로그램의 연구. 한국수학교육학회 시리즈 E <수학교육 논문집>, 19(3), 557-569.
이현수 · 박종률 · 정인철 (2009). 테크놀로지를 활용한 사인함수의 덧셈정리 증명·수학영재아를 중심으로 한 사례연구·. 한국수학교육학회지 시리즈 A <학교수학>, 48(4), 387-398.
임근광 · 강순자 (2008). 수학영재학생들의 독립연구 절차와 교사의 역할. 한국수학교육학회지 시리즈 A <학교수학>, 47(3), 311-335.
장현선 (2005). 수학영재 교육프로그램에 관한 연구. 서강대학교 교육대학원 석사학위 논문.
전영주 (2006). 사사프로젝트학습을 통한 수학영재 지도. 한국학교수학회논문집, 9(2), 163-177.
한국교육개발원 (1999). 수학과 영재 교육과정 시안 - 초·중학교 수학과 영재 교육과정 시안 개발을 위한 기초 연구. 서울: 유진문화사.
Bandura, A. (1997). *Self-efficacy: The exercise of control.* NY: W. H. Freeman and Company.
Clack, B. (1997). *Growing up gifted: Developing the potential of children at home and at school*(5th ed.). Columbus, OH: Merrill.
Clasen, D., & Hansen, M. (1987). Double mentoring: A process for facilitating mentorships for gifted students. *Roeper review,* 10, 107-110.
Davis, G. A. & Rimm, S. B. (1989). *Education of the gifted and Talented*(2nd ed.). Englewood Cliff. NJ: Pretice-Hall.
Doherty, E., & Evans, L. (1981). Independent study process: They can think, can't they? *Journal for the Education of the Gifted,* 4(2), 106-111.
Gallagher, J, J., & Gallagher, S. A. (1994). *Teaching gifted children*(4th ed.). Boston: Allyn and Bacon.
Gardner, H. (1983). Frames of mind - The theory of multiple intelligence. New York: Basic Books.
Honsberger, R. (2004). *Mathematical Delights,* Washington, DC: The Mathematical Association of America.
Johnsen, S. K., & Johnson, K. (1986). *Independent Study Program.* WACO, TX: Profrock Press.
Kaplan, S. N., & Could, B. (2002). *Independent Study.* California: E2E.
Krutetskii, V. A. (1976). *The psychology of mathematical abilities in school childeren.* Chicago: The university of Chicago Press.
Merriam, S. B. (1998). *Qualitative Research and Case Study Applications in Education*(2nd ed.). San Francisco: Jossey-Bass Publishers. 고상숙, 권오남, 류희찬, 박만구, 방정숙,

이중권, 정인철, 황우형 역(2005). 정성연구방법론과 사례연구. 서울: 교우사.

NCTM (1987). *Providing Opportunities for the Mathematically Gifted, K-12.* Edited by House, Reston, Virginia: NCTM

Nelson, R. B. (1993). *Proofs without Words I: More exercises in visual thinking,* Washington, DC: The Mathematical Association of America.

Nelson, R. B. (2000). *Proofs without Words II: More exercises in visual thinking,* Washington, DC: The Mathematical Association of America.

Pendarvis E. D., Howley. A. A., & Howley, C. B. (1990). *The abilities of gifted children.* Englewood Cliffs, NJ: Prentice Hall.

Prillaman, D., & Richardson, R. (1989). The William and Mary Mentorships model: College students as a resource for the gifted. *Roeper review,* 12, 114—118.

Renzulli, J. S. (1978). *The enrichment triad. Mansfield Center,* CT: Creative Learning Press.

Renzulii, J. S., & Reis, S. M. (1997). *The schoolwide enrichment model: A how-to guide for educational excellence*(2nd ed). Creative Learning Press.

Rueda, R., & Dembo, H. D. (1995). Motivational processes in learning: A comparative and sociocultural frameworks. In M. L. Maehr & P. R. Pintrich(EDs.), A*dvances in Motivation and Achievement*, Vol. 9, Greenwich, Connecticut: JAI Press INC.

Stewart, E. D. (1981). Learning styles among gifted/talented students: Instructional techniques references. *Educational children,* 48, 137-148.

Tomlinson, C. A. (2001). *How to Differentiate Instruction in Mixed-Ability Classrooms. Alexandria,* VA: Association for Supervision and Curriculum Development.

van Tassel-Baska, J. (1981). The great debates: For acceleration. *Speech presented at the CEC/TAG National Topical Conference on the Gifted and Talented Child, Orlando, FL.*

Weaver, J. F., & Brawley, C. F. (1959). Enriching the elementary school mathematics program for capable children. *Journal of Education*, 142(1), 1-40.

이헌수 (목포대학교)

박종률 (전남대학교)

5. 초·중·고등 및 대학교의 수학교육에 있어서 지향할 정책의 방향과 개선점*

1 초, 중, 고등학교 수학교육

1) 수학과 교육 과정 정책

우리나라의 수학과 교육 과정은 해방 이후 현재에 이르기까지 7번 개정되었다. 1차에서 6차 교육 과정은 운영의 면에 있어 별 차이가 없다. 그러나 내년부터 연차적으로 학교 현장에 적용될 7차 수학과 교육 과정은 운영상 큰 변화를 가져 올 것이다. 7차 교육 과정은 이른바 수준별 교육 과정으로, 수학과에는 단계형 수준별 교육 과정, 심화 보충형 수준별 교육 과정, 과목 선택형 수준별 교육 과정이 적용된다.

수학과는 1학년(초등학교 1학년)부터 10학년(고등학교 1학년)까지를 국민공통기본교육과정기간으로 설정하고 이 기간을 10단계로 나누고 각 단계별로 학기를 단위로 하는 2개의 하위 단계를 두어 총 20개의 단계(1－가, 1－나, 2－가, ... 10－나)로 교육과정을 운영하게 된다. 단계형 수준별 교육 과정이 실시되면 학년이 올라가면 자동으로 위 학년의 수학을 배우는 것이 아니다. 각 단계말에 이수자격 시험을 치르고 자격 미달인 경우 재이수(교과 유급)를 하게 된다. 재이수 과정을 이수하고 싶지 않은 학생은 특별 보충 과정을 이수할 수 있다. 매 단계에서 재이수한 학생은 10학년에서 5－나 단계까지 이수하게 되므로 이론상으로는 초등학교 5학년 수학까지만 배우고 고등학교를 마치는 경우도 있을 수 있다.

단계형에서 속진을 허용할 경우 사교육이 더욱 심해질 것이라는 염려로 과목 속진은 허용하지 않고 있다. 그러나 단계 속진을 불허하는 것은 학습 속도가 빠른 학생에게는 교육내용을 빨리 제공하고 학습 속도가 느린 학생에게는 교육 내용을 천천히 제공한다는 단계형 수준별 교육 과정의 본래 취지에 비추어 볼 때 바람직하지 않다. 또한 아래로 재이수만 열어놓는 단계형 수준별 교육 과정은 자칫하면 전반적인 수학 학력 저하 현상을 가속시킬 수 있다. 이미 입학시험 없이 중학교와 고등학교에 거의 진학할 수 있게 되고 대학수능 수학 문제도 쉽게 출제되고 있는 결과로, 학생들이 수학

* 이 글은 대한수학회 (1999) 대한수학회소식 제67호 pp.2－6에 수록되어 있다.

공부를 별로 하지 않아 수학 학력이 저하되고 있다는 우려의 소리가 학교 현장으로부터 들리고 있다. 교육 과정 개정에 있어 학생들의 능력 차이를 고려하기로 한 것은 이전에 비해 진일보한 것이라고 할 수 있으나, 그것이 수학 학력 저하 현상으로 연결되지 않도록 하는 정책적인 보완이 있어야 한다.

한편 7차 교육 과정에는 매 단계마다 심화 과정의 내용이 명시되어 있다. 심화 과정의 내용으로 제시되어 있는 것들 중 많은 것이 기본 내용으로 제시된 수학 개념을 실생활에 적용하는 것이다. 예를 들어 "실생활에서 경우의 수와 관련된 문제를 찾아 해결할 수 있다"와 같은 것이다. 그러나 이러한 실생활에의 적용은 단순히 학습한 수학 내용의 활용으로밖에 보이지 않는다. 이 외에 심화 내용으로 수학 내용 자체의 심화를 시도해 본 것이 있는데 8-가 단계의 "순환소수의 대소 관계를 알 수 있다"와 같은 것이 있다. 그러나 이러한 내용이 중학교 2학년 수준에서 심화 내용으로 적절한 것인지 의심스럽다. 심화 내용의 의미 규정에서부터 시작하여 심화 내용에 대한 전반적인 재구성이 추후 논의되어야 할 것이다.

고등학교 2, 3학년에서는 선택 과목을 중심으로 교육 과정을 편성·운영한다. 고등학교 2, 3학년 학생들은 자신의 진로와 적성에 따라 자신이 원하는 과목을 선택하여 학습하게 된다. 7차 교육 과정에서 일반계 고등학교 2, 3 학년에서 선택하여 들을 수 있는 수학 과목은 실용수학, 수학 Ⅰ, 수학 Ⅱ, 미분과 적분, 이산수학, 확률과 통계의 6개 과목이다.

현재 교육 과정 개정의 정책 방향은 학습자 중심 교육 과정을 지향하는 데 있다. 예전에는 정해진 교육 내용이 있어 학생들이 거기에 도달하려고 애썼다면 이제는 거꾸로 교육 과정이 학습자의 능력과 적성에 맞추려고 애쓴다고 할 수 있다. 이런 과정에서 조심해야 할 것은 학생들이 알아야 하는 수학 내용이 학습자 고려라는 미명하에 교육 과정에서 빠져버리지 않게 해야 한다는 것이다. 7차 교육 과정 개정의 기본 방향 중의 하나는 학습자의 학습 부담을 줄이는 것이었고 그래서 전체적으로 내용을 30% 정도 줄이려고 하였다. 학습자의 학습 부담을 줄여 주는 것이 나쁘다고는 할 수 없으나, 내용을 대폭 줄이고 시수를 줄이는 것은 좀 더 신중해야 한다.

현재 교육 과정은 5년 정도의 간격을 두고 개정되고 있지만 실제 개정 작업은 1년 남짓한 기간 동안에 몇몇 연구자에게 위탁하여 개발되고 있다. 교육과정평가원과 같은 연구 기관을 중심으로 교과 교육 과정 연구팀을 상설 운영하고, 여기에 수학자, 수학교육학자, 수학 교사들을 광범위하게 참여시켜 지속적인 현장 검증을 통해 현재 교육 과정의 문제점을 발견하고 연구의 축적된 결과로 이를 개선하는 지속적인 교육 과정 개정 작업으로 바뀌어야 할 것이다.

2) 수학 교과서 정책

학교 교육에는 의도된 목적이 있다. 이 목적은 교육 과정을 통해 제시되며, 교육 과정에 규정된 내용은 교과서를 통해 구체화된다. 앞에서 언급했듯이 7차 수학과 교육 과정은 획일화를 지양하고 학생들의 능력과 적성을 고려하는 다양성을 추구한다. 학생들의 성장 잠재력을 극대화할 수 있는 교육을 제공하기 위해서는 학생들의 다양성을 고려하여 차별화된 수업을 제공해야 한다. 그런데 학생들의 수준을 고려한 차별화된 수업이 활성화되려면 수학 교과서가 다양해져야 한다. 교육 과정이 학생들의 수준을 고려한 차별화된 교육을 지향한다고 해도 교과서가 획일화되어 있으면 획일적인 교육이 이루어질 수밖에 없다.

현재 초등학교 수학 교과서는 1종 도서로서 교육부에서 연구소나 대학에 위탁하여 개발하고 있다. 중고등학교 수학 교과서는 2종 도서로서 민간에서 개발한 교과서 중 검정에 합격한 교과서들이 사용된다. 초등학교 수학 교과서는 한 종류밖에 없으므로 원칙상 다양성을 추구하기 어렵게 되어 있다. 중고등학교 수학 교과서는 종류가 많으므로 다양할 것으로 보이나, 실상은 검정 기준에 맞추고 심사에 합격하기 위해서는 소위 '튀지' 않는 것이 안전하므로 결과적으로 종류는 많으나 별 특색 없는 대동소이한 교과서들이다. 이와같은 대동소이한 여러 종의 교과서를 만들어 내기 위해 수백명의 교수와 교사들이 교과서 집필에 매달리고 수많은 돈을 쏟아 붓는 국가적인 낭비를 할 필요는 없다.

원칙상 교과서는 교육 과정을 구체적으로 해석하여 표현해 놓은 교수 학습 자료이고, 교과서 저자마다 자신의 철학에 따라 교육 과정을 해석하는 방식이 다를 것이므로 각기 다른 다양한 교과서가 개발되는 것이 당연하다. 중고등학교 수학 교과서를 2종 도서로 정한 데에는 이와 같이 교과서 저자의 철학이 반영된 특색 있는 교과서가 만들어지게 하려는 의도가 있었을 것이다. 이 의도가 실현될 수 있도록 검정 기준을 재설정하고 꼭 필요한 제한 조건 외에는 자율에 맡기는 것이 좋을 것이다. 그리하여 다양한 지도 관점과 지도 방법, 문제 해결 방법, 탐구력과 창의력을 기르는 다양한 학습 소재가 교과서에 제시되도록 유도해야 할 것이다.

초등학교의 경우 수학 익힘책을 다양한 학습 소재를 제시하는 방편으로 이용할 수 있을 것이다. 아직 초등학교 수학 익힘책은 다양한 학습 소재를 제시하는 수단으로 활용되기보다 수업 시간에 배운 내용을 복습하는 연습문제집의 성격이 강한 것으로 보인다. 초등학교에서는 열린교육도 활발하게 전개되고 있으므로 익힘책을 연습문제집보다는 다양한 교수학습활동자료집으로 개발하는 것이 좋을 것이다.

끝으로, 교육 과정 개정 작업이 지속적으로 이루어져야 하는 것과 마찬가지로 교과서도 매년 부분적으로 개선하고 보완하여 개정판을 낼 수 있도록 해야 한다. 이러한 지속적인 교과서 수정, 보완을 허용하고 유도하는 정책적 고려가 있어야 한다. 이와 더불어 교육 과정이 개정될 때마다 교과서를 전부 새로운 문장으로 고쳐 쓰고 연습문제를 바꾸는 것과 같은 불필요한 수고를 하지 않고 교육 과정의 개정된 부분에 해당하는 내용만 새로 고쳐 쓰면 되도록 하는 제도적 개선이 있어야 한다.

3) 수행평가 정책

6차 수학과 교육 과정은 전통적인 지필 검사 이외에 여러 가지 평가 방법을 적용하고 그 평가 결과를 다양하게 활용할 것을 권장하고 있다. 그리고 7차 수학과 교육 과정에는 객관식 선다형 위주의 평가를 지양하고 주관식 지필검사, 관찰, 면담 등 다양한 평가 방법을 활용하여 종합적인 수학 학습 평가가 이루어질 수 있게 하라고 명시되어 있다. 이러한 흐름은 평가를 고정된 시점에서 이루어지는 정적인 과정으로 보기보다 학생들의 수학적 사고의 과정을 다양한 방법으로 진단하여 교수-학습에 반영하는 지속적이고 역동적인 과정으로 파악하는 현대의 교육 평가 이론과 관련이 있다.

이와 관련하여 교육 당국에서 요즘 강하게 추진하고 있는 것이 수행평가이다. 수행평가는 학생 스스로가 자신의 지식이나 기능을 나타낼 수 있도록 산출물을 만들거나 행동으로 나타내거나 답을 구성하도록 요구하는 평가방식을 말하며, 그 방법으로는 서술형(주관식) 검사, 논술형 검사, 구술시험, 찬반토론법, 실기시험, 실험실습법, 면접법, 관찰법, 자기평가보고서, 연구보고서(프로젝트법), 포트폴리오 등이 있다. 이 중 수학과에 적용할 수 있는 평가방법으로 자주 거론되는 것은 서술형 검사법, 프로젝트법, 토론법, 관찰법 등이다.

교육 당국은 수행평가의 확대 실시 쪽으로 정책 방향을 잡고 있는데 비해 학교 현장의 교사들 사이에서는 수행평가에 대한 강한 거부감이 확산되고 있다. 수행평가의 취지나 필요성에는 공감하지만, 학급당 학생 수나 교사의 업무 부담 등 수행평가를 실시할 수 있는 제반 여건이 갖추어지지 않아 현실적으로 수행평가를 실시하는 데 어려움이 많은 데도 당국에서 밀어붙이기 식으로 수행평가를 실시하라고 한다는 것이다.

중등학교에서 수행평가의 실시는 점진적으로 천천히 실시하는 것이 바람직할 것이다. 한번에 전 교과에 수행평가를 도입하는 것보다는 연차적으로 한 두 교과씩 도입해

보면서 어떤 문제점이 발생하는 지를 확인하고 그 보완책을 모색해 가며 점진적으로 실시하는 것이 좋을 것이다. 또 각 교과별로도 여러 수행평가 방법을 한번에 도입하려고 하지 말고 예를 들어 학생들에게 조별로 프로젝트 과제를 한 학기에 하나 정도 내주고 조사 결과를 발표하는 토론식 수업을 하며 평가하는 것과 같이 한 두 가지 수행평가 방법을 도입하는 것으로 시작해도 좋을 것이다. 갑작스런 수행평가의 확대 실시는 많은 시행착오를 낳을 수 있으며, 자칫하면 교육 과정 개정 방향과는 반대로 오히려 학습자의 학습 부담을 가중시키는 결과를 낳을 수도 있다.

특히 내신 성적이 상급학교 진학에 중요 자료로 사용되는 고등학교에서는 더욱 점진적으로 실시될 필요가 있다. 현재 상황에서는 고등학교에서 평가의 객관성을 확보하는 것이 매우 민감한 현실적 문제이므로 교사의 주관적인 요소가 개입될 소지가 있는 다양한 수행평가 방법을 수학과에 전면적으로 실시하는 데는 상당한 어려움이 있다.

다만 수학 시험 문제는 교사의 여건이 허락하는 한 선택형보다는 서술형 문항으로 내는 것이 바람직할 것이다. 서술형 문항은 다른 수행평가 방법에 비해 비교적 채점의 객관성을 확보하기 쉽다는 장점이 있다.

4) 수학영재 교육 정책

현대는 두뇌와 정보의 시대이므로 새로운 가치 있는 정보를 생산해 내는 것은 국가의 발전에 매우 중요하다. 그러나 모든 사람이 가치 있는 최신의 정보를 만들어 내는 것은 아니며 결국 소수의 영재가 이러한 정보를 생산하는 역할을 수행한다. 이런 점에서 수학영재 교육은 국가적인 관심을 갖고 투자해야 할 분야라고 할 수 있다.

우리나라에서 영재 교육에 관심을 가진 것은 얼마 되지 않았다. 여러 선진국들이 1970년대부터 영재 교육에 열을 올려온 데 반하여 우리나라는 1970년대부터 모든 아동들을 똑같이 취급하여 획일적인 교육을 제공하는 평준화 교육을 실시하였다. 평준화 교육의 가장 큰 피해자는 영재 아동들이라고 할 수 있다. 그들은 적성과 능력에 맞는 수준 높은 교육을 받지 못하고 평균 학생을 대상으로 하는 교육을 받았고, 그 결과 영재성이 사장되는 경우가 적지 않았다.

우리나라에서 영재교육이 실시된 것은 1983년도 경기 과학고등학교를 설립하면서부터라고 할 수 있다. 이후 수학영재교육은 과학고등학교를 중심으로 이루어졌다. 1994년 조기 입학 및 졸업을 허용하는 법 개정이 이루어졌고 1996년부터 학년 속진제가 시작되었으나 실상 그 실시는 부진하였다. 1990년대 들어 각 교육청이 주관하는 수학영재교육 프로그램이 운영되었고, 일반 학교에서도 방과 후 특별반의 형태로 또는 영재반을 편성하여 수학 영재 프로그램이 운영되었다.

그러던 가운데 1998년도에 한국과학재단에서 수학 과학 영재에게 적절한 교육을 제공하고 가능성을 최대한 개발하여 창조적 고급과학기술인력을 조기에 확보함으로써 21세기 과학기술 선진국 진입을 위한 국가 발전의 토대를 마련하고, 국가 과학영재 육성사업의 효과를 극대화하려는 목적으로 과학영재교육센터 사업을 시행하기로 하였다. 이에 따라 전남대, 아주대, 경남대, 경북대, 전북대, 과기대, 청주교대, 인천대, 서울대에 과학영재교육센터가 설립되어 수학과 과학 분야의 영재를 선발하여 교육 프로그램을 제공하게 되었다.

이로써 수학영재 교육을 위한 외적 체제는 어느 정도 갖추어졌다고 할 수 있다. 금후의 과제 중 하나는 각 지역의 수학영재교육을 지역 소재 각급 학교에서부터 과학영재교육센터까지 유기적으로 연결하는 것이다. 각급 학교의 수학영재교육, 각 지역교육청 주관의 수학영재교육, 각 지역 과학영재교육센터의 수학영재교육이 각각 나누어 맡아야 할 역할을 분명히 하고 그에 따른 영재 교육 프로그램을 개발하여 각 지역의 수학영재교육이 수준별로 체계적으로 이루어지게 해야 한다. 다른 한편 각 지역 영재교육센터간의 교류를 활성화하여 각 센터가 지니고 있는 수학영재교육의 노하우를 서로 공유할 수 있어야 할 것이다. 이러한 활동을 뒷받침하는 정책적 재정적 지원이 뒤따라야 할 것이다.

2 대학 수학교육

각종 국제 수학 학력 비교 검사 결과를 보면 우리 나라 초, 중, 고등학교의 평균적인 수학 학력은 세계적으로 상위권에 속한다. 그러나 대학생 및 대학원생들의 수학 학력도 그러할 지는 의심스럽다. 가까운 일본만 해도 수학의 노벨상이라고 하는 필드 메달을 받은 사람이 몇 명 있는데 우리나라에는 아직 한 명도 없다.

이는 우리나라 대학의 전공 수학교육에 적지 않은 개선이 필요함을 시사해 주는 것은 아닐까? 앞에서 수학영재교육의 필요성에 대해 언급한 바 있지만, 결국 새로운 가치 있는 수학적인 이론을 만들어 낼 사람들은 대학과 대학원에서 수학을 전공하는 사람들 가운데에서 나올 것이다. 초, 중, 고등학교에서의 수학교육이 봄에 씨를 뿌리고 여름에 김을 매주는 것에 해당한다면 대학 및 대학원의 전공 수학교육은 가을의 수고를 통해 결실을 수확하는 단계라고 할 수 있다. 이런 점에서 볼 때 대학의 전공 수학교육은 대단히 중요하다. 그러나 지금까지 대학 수학교육은 수학교육연구의 대상으로서도 그다지 인식되지 못해 왔다. 대학 이상의 수학교육은 학생들이 실제로 수학을 창조적으로 연구하여 새로운 이론을 개발할 수 있는 능력을 갖추도록 해주어야 한다. 어떻게 하면 이 일을 더 성공적으로 수행할 수 있는 지에 대한 연구가 필요하다.

한편 대학 수학교육에는 이상과 같은 전공교육의 성격만 있는 것은 아니다. 대학 수학교육은 인문 사회계 학생들과 같이 수학을 전공하지 않는 학생들을 대상으로 한 교양교육의 성격도 가지고 있다. 이와 관련하여 주목할 것은 근래에 수학을 전공하지 않는 학생들 중 교양 수학 강좌를 수강하는 학생들의 수가 줄고 있다는 것이다. 이러한 상황이 지속되고 심화되면 사회 전반적으로 수학의 유용성과 가치에 대해 알지 못하고, 수학을 무시하는 분위기가 강해질 것이다. 수학은 예로부터 과학의 언어요 도구였을 뿐 아니라, 서양의 전통에서 교육받은 모든 사람의 세계관과 인간관 형성에 중요한 역할을 해왔다. 비전공자들에게 어느 정도 전문적인 수학 내용에 대한 지식과 더불어 수학에 대한 교양적 이해를 갖게 해주는 강좌를 개발할 필요가 있다. 이러한 강좌를 통해 수학을 양적 추론이나 과학의 언어로 가르치는 것에서 나아가 학생들이 서양문화에서 수학의 중심적인 역할을 이해하지 않고는 인문학, 과학, 연구의 세계, 인간의 세계를 완전히 이해할 수 없다는 것을 알도록 해야 한다. 이러한 교양 강좌를 통해 수학에 대한 기초적인 이해를 갖춘 다수의 학생들 - 수학의 팬(fan) - 을 길러내는 것은 수학의 가치를 인정하고 수학 연구를 지원하는 사회적인 분위기를 형성하는 기초가 될 것이다. 최근 21세기 지식기반사회에 대비해 정부에서 주창하는 "두뇌한국21" (Brain Korea 21) 사업에 수학이 명시되지 않은 듯한 인상을 받고 있어 수학을 사랑하는 한 사람으로써 크게 우려하고 있다. 앞으로, 대한수학회를 중심으로 또는 각 대학에서 전공교육과 교양교육 양면에서 대학 수학교육에 대한 연구가 본격적으로 이루어져야 할 것이며, 이에 대한 정책적인 지원도 있어야 할 것이다.

CHAPTER

02

수학교육 연구논문 모음

1. 유사정다면체에 대한 연구
2. Penrose tilings의 성질과 그 구성에 대한 연구
3. 정칠각형의 비주기적 타일링의 구성
4. 수도쿠(Sudoku)와 수학
5. 중학교 동아리활동에서 다알리아 디자인을 통한 수학적 흥미와 태도의 변화에 대한 연구

제2장 수학교육 연구논문 모음

이 장에서 소개한 논문들은 중등학교 교사들과 본 저자가 공동의 연구 발표한 수학영재교육 연구논문들을 수합한 것으로 좋은 수학영재교육 자료로 활용되기를 바란다.

첫 번째는 정다면체와 유사정다면체에 대한 연구 논문에서는 유사정다면체를 대수적으로 분류하고 그 제작과정을 소개하였다. 또한, 유사정다면체의 겉넓이와 부피를 계산하여 기하학적인 탐구력을 기를 수 있는 자료이다.

두 번째는 Penrose tilings의 성질과 그 구성에 대한 연구는 황금삼각형의 cart와 dart를 이용한 비주기적 평면타일링으로써 예술적으로도 값어치 있고 수학영재교육의 좋은 자료로 활용할 수 있을 것이다.

세 번째는 정오각형을 이용한 Penrose tilings과 유사한 방법으로 정칠각형으로 비주기적 타일링을 구성하였다. 정칠각형을 분할하고 재조합하여 만든 도형의 성질을 탐구하고, 그것으로 평면디자인을 제작하였다.

네 번째는 수도쿠의 수학적 의미를 알아보기 위해서 좀더 간단한 시도쿠의 수학적 의미를 다항식 표현을 통하여 알아보고, 시도쿠와 수도쿠의 가지수계산에 대하여 설명하였다. 지금까지 알려진 수도쿠 개념전략을 소개하고, 수도쿠를 채색하는 디자인을 만들기 위해서 여러 가지 사례를 논의하였다.

다섯 번째는 Syber flower 중에서 다알리아 디자인을 통한 기하학습지도 방안의 연구는 각종의 마름모 도형들을 평면 타일링한 것으로 체험활동을 통한 기하학습에 도움이 될 것이다.

1. 유사정다면체에 대한 연구*

기하학은 도형의 성질과 공간의 구조에 관한 학문이다. 과학의 발전과 더불어 새로운 응용을 강조하고, 다시 구체적인 이미지를 추구하면서 그 실험적 역할이 증대되고 있다.

B.C. 3세기 유클리드(Euclid)에 의하여 집대성된 "원론"은 13권의 책으로 남겨져 있는데 여기에는 평면기하, 입체기하, 수론 등이 다루어져 있다. 제11권에서 제13권까지는 입체기하에 관한 내용을 다루고 있다. 제11권은 선과 면 · 면과 면 · 평행육면체 · 정육면체 · 각기둥, 제12권은 원의 면적 · 각뿔 · 각기둥 · 원뿔 · 원기둥 · 구의 체적, 제13권은 정다면체가 다섯 종류밖에 없음을 증명하고 있다. 이 책들에서 구에 관한 것을 제외하면, 현재 고등학교 교과서에서 일반적으로 발견할 수 있는 많은 내용을 다루고 있다.

유클리드 이후의 그리스 수학은 동방사상의 영향을 받아서 자연과학적인 측면을 지니고 있었다. 특히, 유사정다면체는 이 시대의 수학자 아르키메데스(Archimedes)에 의해 처음으로 기술된 입체로 아르키메디안 입체(Archimedean Solids)라고도 한다. 그러나 그의 저서가 소실됨으로 인해 그 구체적인 모양은 알 수 없었는데 르네상스를 거치면서 차츰 복원화되어 1619년 케플러에 의해 완전히 재발견되고 분류되었다. 이것은 이미 잘 알려진 다섯 개의 정다면체와 정n각기둥, 엇n각기둥을 제외한 유사정다면체 13개에 관한 것이다.

7차교육과정의 수학 7－나 단계의 정다면체를 다루면서 유사정다면체를 소개하고 영재교육에서는 입체의 제작 및 면, 모서리, 꼭지점에 대한 학습자료가 개발되어 가르쳐지고 있다. 그러나 유사정다면체의 겉넓이와 체적 그리고 응용되고 활용될 수 있는 부분에 대한 학습자료는 개발되지 않고 있다.

이에 본 논문에서는 첫째, 데카르트 정리를 이용하여 유사정다면체가 13개 존재함을 증명하고 입체의 모서리, 꼭지점, 면의 수와 전개도를 소개하고자 한다.

둘째, 입체의 제작과정을 보이고, 유사정다면체가 응용되어지고 활용되어지는 부분에 대해 알아보려 한다.

셋째, 겉넓이와 부피를 구하는 방법에 대해 논의하고, 부피를 구할 수 없는 두 입체

* 이 글은 전남대학교 과학교육연구지 제28권(2004) pp.169－184에 수록되어 있다.

에 대해서 논의함으로써 유사정다면체에 대한 폭넓은 학습자료를 만드는데 도움이 되기를 바란다.

1 유사정다면체

다섯 개의 정다면체는 면이 합동인 정다각형이다. 정n각기둥은 면이 두 개의 정n각형과 n개의 정사각형이며, 엇n각기둥의 면은 두 개의 정n각형과 2n개의 정삼각형이다. 이를 일반화하여 면이 정다각형인 다면체 중에서 다음과 같이 유사정다면체를 정의한다.

정의 정다각형들로 이루어진 볼록 다면체로 각 꼭지점에서 만나는 정다각형의 개수가 같고 연결순서가 동일한 입체를 유사 정다면체라 한다.

한 꼭지점에 면의 모양이 주어짐에 따라 유사정다면체를 설명할 수 있다. $(a_1, a_2, \cdot\cdot\cdot, a_k)$는 한 꼭지점이 정$a_1$다각형, 정$a_2$다각형,...그리고 정$a_k$다각형의 배열을 갖는다는 것을 설명한다. 그래서 $(3,3,3)$은 각각의 꼭지점이 3개의 정삼각형으로 이루어졌다는 것을 의미한다. 이것은 곧 정사면체이다. $(3,4,3,4)$는 각각의 꼭지점이 두 개의 정삼각형과 두 개의 정사각형으로 이루어진 다면체인데, 한 꼭지점을 중심으로 정삼각형과 정사각형이 교대로 이루어진 다면체이다. 이것은 깍은 정육면체(cuboctahedron)이다. 즉, 괄호안의 숫자는 꼭지점을 둘러싸는 정다각형들의 배열을 나타낸 것이다.

볼록다면체의 각 꼭지점 V에서 각의 결손 δ_V란 $2\pi -$ (꼭지점 V에 모이는 면의 각들의 합)으로 정의한다. 각의 결손의 합에 대하여 다음의 데카르트 정리가 성립한다.

정리 1 데카르트 정리

볼록다면체에서의 각의 결손의 합은 4π이다.

증명

$$\sum_V \delta_V = \sum_V (2\pi - \sum (V\text{에서 면의 각}))$$
$$= 2\pi v - \sum(\text{모든 면의 각})$$

여기서 꼭지점의 개수를 v , 각 n에 대해 n각형의 개수를 f_n 이라 하자. n각형의 내각의 합은 $(n-2)\pi$ 이고, 이 때 면의 총합 $f = \sum f_n$, 모서리의 개수 $e = \frac{1}{2}\sum n f_n$.

$$
\begin{aligned}
\sum_V \delta_V &= 2\pi v - \sum_n (n-2)\pi f_n \\
&= 2\pi v - \pi \sum_n n f_n + 2\pi \sum_n f_n \\
&= 2\pi v - 2\pi e + 2\pi f \\
&= 2\pi(v - e + f) \\
&= 4\pi
\end{aligned}
$$

정리 2 5개의 정다면체와 정n각기둥, 엇n각 기둥을 제외한 유사정다면체는 13개 뿐이다.

증명 유사정다면체는 데카르트 정리를 만족한다. $\sum_V \delta_V = 4\pi$

정다각형 중 가장 작은 내각을 갖는 정삼각형 6개에 의해서 평면이 만들어지기 때문에 6개 이상의 정다각형에 의하여 한 점이 둘러싸인 볼록다면체는 존재하지 않는다. 따라서 아르키메디안 다면체가 되기 위해서는 한 점을 둘러싼 정다각형의 개수가 5개 이하여야 한다. 이제 한 점을 둘러싸고 있는 정다각형의 수 k에 의해서 모든 경우의 유사정다면체를 보이려고 한다. 한 점은 최소한 3개의 정다각형에 의하여 둘러싸이므로 $3 \leqq k \leqq 5$ 이다. 이 후에 정다각형의 꼭지점의 개수를 영소문자 $a, b, c, \cdot\cdot\cdot$ 로 표기한다.

(1) $k = 3$

(a, b, c)가 유사정다면체라고 하자. 이 때,

$$v\left(2 - \frac{a-2}{a} - \frac{b-2}{b} - \frac{c-2}{c}\right)\pi = 4\pi$$

$$v\left(2 - 1 + \frac{2}{a} - 1 + \frac{2}{b} - 1 + \frac{2}{c}\right) = 4$$

$$v\left(-1 + \frac{2}{a} + \frac{2}{b} + \frac{2}{c}\right) = 4$$

또는

$$\frac{1}{a} + \frac{1}{b} + \frac{1}{c} - \frac{2}{v} = \frac{1}{2} \qquad \cdots\cdots \text{①}$$

이 때, $3 \leqq a \leqq b \leqq c$ 라고 가정해도 논리적으로 문제가 되지 않는다. 또한, 유사정다면체가 가능한 조합은 a, b, c 셋 중의 하나가 홀수이면 나머지 두 수는 반드시 같게 된다. 그것은 a가 홀수라고 가정하면 a다각형을 둘러싸는 다각형들의 조합이 $(b, c, b, c, \cdot\cdot\cdot b, c, b)$가 되어$(a, b, b)$인 조합이 생기게 되고 유사정다면체의 정

의에 의하여 $b=c$ 가 성립한다.

따라서 $a=3$ 인 경우 식 ①은

$$\frac{1}{3}+\frac{1}{b}+\frac{1}{b}-\frac{2}{v}=\frac{1}{2}$$

또는 $$\frac{2}{b}-\frac{2}{v}=\frac{1}{6}$$

이 되고 이것을 만족하는 조합은 $(3,3,3)$, $(3,4,4)$,$(3,6,6)$,$(3,8,8)$,$(3,10,10)$, $(3,12,12)$뿐이다. 이 때, $(3,3,3)$은 정사면체, $(3,4,4)$는 정삼각기둥, $(3,12,12)$는 테셀레이션이므로 이것을 제외한 $(3,6,6)$, $(3,8,8)$, $(3,10,10)$이 유사정다면체이다.

$a=4$ 인 경우 식 ①은

$$\frac{1}{4}+\frac{1}{b}+\frac{1}{c}-\frac{2}{v}=\frac{1}{2}$$

또는 $$\frac{1}{b}+\frac{1}{c}-\frac{2}{v}=\frac{1}{4}$$

이 되고 이것을 만족하는 조합은 $(4,4,4)$, $(4,4,c)$,$(4,6,6)$,$(4,6,8)$,$(4,6,10)$, $(4,6,12)$,$(4,8,8)$뿐이다. 이 중$(4,4,4)$는 정육면체, $(4,4,c)$는 정각c기둥, $(4,6,12)$와 $(4,8,8)$은 테셀레이션이고 $(4,6,6)$, $(4,6,8)$, $(4,6,10)$이 유사정다면체가 된다.

$a=5$ 인 경우 식 ①은

$$\frac{1}{5}+\frac{1}{b}+\frac{1}{b}-\frac{2}{v}=\frac{1}{2}$$

또는 $$\frac{2}{b}-\frac{2}{v}=\frac{3}{10}$$

이 되고 이것을 만족하는 조합은 $(5,5,5)$, $(5,6,6)$뿐이다. 이 때, $(5,5,5)$는 정십이면체이므로 이것을 제외한 $(5,6,6)$이 유사정다면체이다.

$a=6$ 인 경우 $(6,6,6)$은 평면테셀레이션으로서 조건 $3\leq a\leq b\leq c$ 에 따라 이외의 유사정다면체는 존재하지 않는다.

(2) $k=4$

(a,b,c,d)가 유사정다면체라고 하자. 이 때,

$$v(2-\frac{a-2}{a}-\frac{b-2}{b}-\frac{c-2}{c}-\frac{d-2}{d})\pi=4\pi$$

$$v(-2+\frac{2}{a}+\frac{2}{b}+\frac{2}{c}+\frac{2}{d})=4$$

또는

$$\frac{1}{a}+\frac{1}{b}+\frac{1}{c}+\frac{1}{d}-\frac{2}{v}=1 \qquad \cdots\cdots ②$$

이 때, 유사정다면체가 가능한 조합은 a가 홀수이면 $b=d$가 성립한다. 그것은 a가 홀수이면 a다각형의 꼭지점 중 (a,b,c,b)인 조합이 생기게 되고 유사정다면체의 정의에 의하여 $b=d$가 성립한다. 이제 $3 \leqq a \leqq b \leqq c$ 라고 가정하자.

$a=3$ 인 경우에 식 ②는

$$\frac{1}{3}+\frac{1}{b}+\frac{1}{c}+\frac{1}{b}-\frac{2}{v}=1$$

이 된다. 이제 $b=3$ 이라고 하면 $\frac{1}{c}=\frac{2}{v}$ 가 되고 결국 $v=2c$ 가 성립한다. 이 조합 $(3,3,c,3)$은 엇c각기둥으로서 유사정다면체는 아니다. 이 때 $c=3$ 인 경우는 특히 정팔면체가 된다.

이제 $b=4$ 라고 가정하면 식 ②는

$$\frac{1}{c}-\frac{2}{v}=\frac{1}{6}$$

이 식을 만족하는 조합은 $(3,4,3,4)$, $(3,4,4,4)$, $(3,4,5,4)$, $(3,4,6,4)$ 네 가지 뿐이며 이들 중 $(3,4,6,4)$는 테셀레이션이 되어 이를 제외한 나머지 세 경우만이 유사정다면체가 된다.

계속해서 $b=5$ 인 경우 식 ②는

$$\frac{1}{c}-\frac{2}{v}=\frac{4}{15}$$

이 식을 만족하는 조합은 $(3,5,3,5)$한 가지뿐이며 이것은 유사정다면체가 된다.

또한 $b=6$ 인 경우 식 ②는

$$\frac{1}{c}-\frac{2}{v}=\frac{1}{3}$$

이 식을 만족하는 조합 $(3,6,3,6)$은 테셀레이션으로서 유사정다면체가 되지 않는다.

$a=4$ 인 경우 식 ②를 만족하는 것은 $(4,4,4,4)$인 조합만이 존재하고 이것은 평면테셀레이션이므로 유사정다면체가 될 수 없다.

(3) $k=5$

(a,b,c,d,e)가 유사정다면체라고 가정하자.

이때, $v\left(-3+\frac{2}{a}+\frac{2}{b}+\frac{2}{c}+\frac{2}{d}+\frac{2}{e}\right)=4 \quad \frac{1}{a}+\frac{1}{b}+\frac{1}{c}+\frac{1}{d}+\frac{1}{e}-\frac{2}{v}=\frac{3}{2}$

…… ③

앞에서와 마찬가지로 유사정다면체가 가능한 조합은 a가 홀수이면 $b=e$ 가 성립한다. 그것은 a가 홀수이면 a다각형의 꼭지점 중 (a,b,c,d,b)인 조합이 생기게 되고 유사정다면체의 정의에 의하여 $b=e$ 가 성립한다.

이제 $3\leqq a\leqq b\leqq c\leqq d\leqq e$ 라고 가정하자.

$a=3$ 인 경우에 식 ③은

$$\frac{1}{3}+\frac{1}{b}+\frac{1}{c}+\frac{1}{d}+\frac{1}{b}-\frac{2}{v}=\frac{3}{2}$$

이제 $b=3$ 이라고 하면

$$\frac{1}{c}+\frac{1}{d}-\frac{2}{v}=\frac{1}{2}$$

이 식을 만족하는 조합은 $(3,3,3,3,3)$, $(3,3,3,4,3)$, $(3,3,3,5,3)$, $(3,3,3,6,3)$, $(3,3,4,4,3)$이 성립한다. 이 때 $(3,3,3,3,3)$은 정이십면체, $(3,3,3,6,3)$과 $(3,3,4,4,3)$은 테셀레이션이므로 그것을 제외한 $(3,3,3,4,3)$, $(3,3,3,5,3)$이 유사정다면체이다. 이렇게 유사정다면체는 13개가 존재한다.

유사정다면체 13개중 11개는 플라톤 입체의 꼭지점을 1번 또는 2번 절단함으로써 얻어질 수 있고 나머지 2개 역시 플라톤 입체를 변형함으로써 얻어진다. 예를 들면, 정육면체 각 모서리의 중점을 표시한다. 각 변의 중점 표시된 것을 하나로 이으면 작은 정사각형이 만들어진다. 선을 따라 정육면체의 모서리 부분을 잘라내면 6개의 정사각형과 8개의 정삼각형으로 각 꼭지점에서 $(3,4,3,4)$의 배열을 갖는 다면체가 된다. 또다른 방법으로 정다면체를 다루면 깍은 정사면체를 설명할 수 있다. 정사면체에서 모서리의 양끝에서 $\frac{1}{3}$ 되는 부분을 표시한다. 표시된 부분을 다 이으면 정육각형이 만들어진다. 선을 따라 정사면체의 각 꼭지점을 자르면 4개의 정육각형과 4개의 정삼각형으로 각 꼭지점에서 (3, 6, 6)의 배열을 갖는 다면체가 된다. 이러한 방법에 의해 더 많은 유사정다면체를 만들 수 있다. 이 입체의 유도과정과 각 입체의 꼭지점, 모서리, 면 수를 간단히 나타내면 다음과 같다.

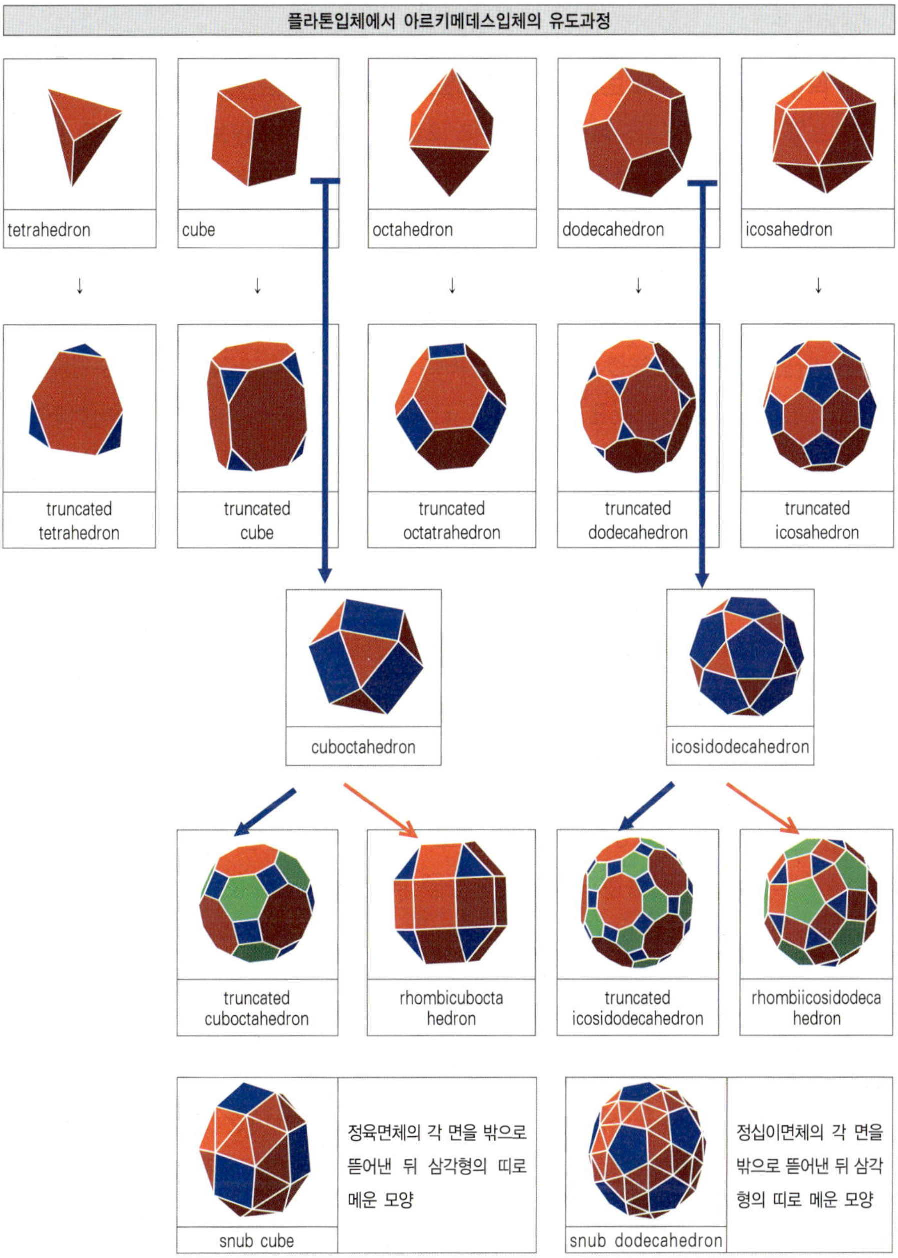

그림 1. 유사정다면체의 유도과정[7)]

표 1. 유사정다면체[14)]

입 체	v	e	f	f_3	f_4	f_5	f_6	f_8	f_{10}
truncated tetrahedron (3,6,6)	12	18	8	4			4		
truncated cube (3,8,8,)	24	36	14	8				6	
truncated octatrahedron (4,6,6)	24	36	14		6		8		
truncated dodecahedron (3,10,10)	60	90	32	20					12
truncated icosahedron (5,6,6)	60	90	32			12	20		
cuboctahedron (3,4,3,4)	12	24	14	8	6				
icosidodecahedron (3,5,3,5)	30	60	32	20		12			
truncated cuboctahedron (4,6,8)	48	72	26		12		8	6	
rhombicuboctahedron (3,4,4,4)	24	48	26	8	18				
truncated icosidodecahedron (4,6,10)	120	180	62		30		20		12
rhombiicosidodecahedron (3,4,5,4)	60	120	62	20	30	12			
snub cube (3,3,3,3,4)	24	60	38	32	6				
snub dodecahedron (3,3,3,3,5)	60	150	92	80		12			

입체의 전개도를 poly 프로그램을 통해 확인할 수 있는데 위의 표 차례대로 나타내면 다음과 같다[15)]

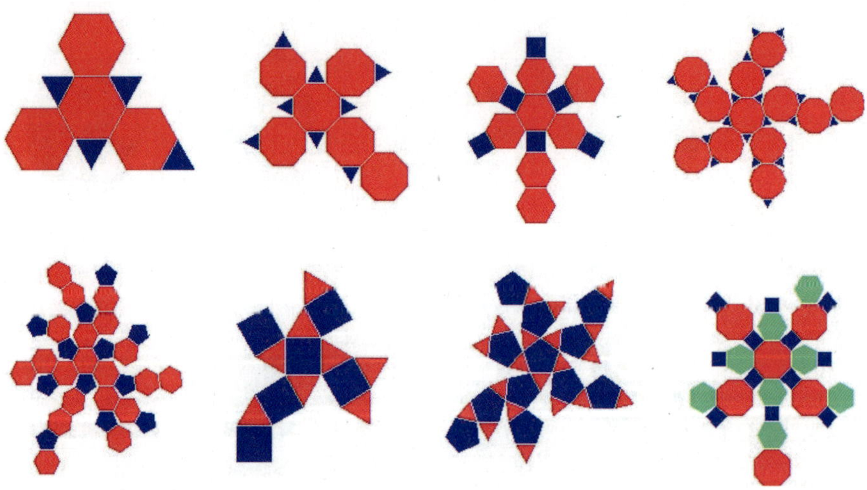

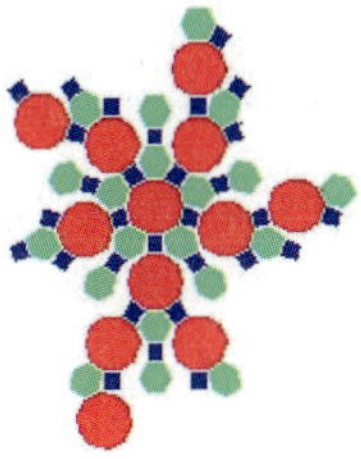
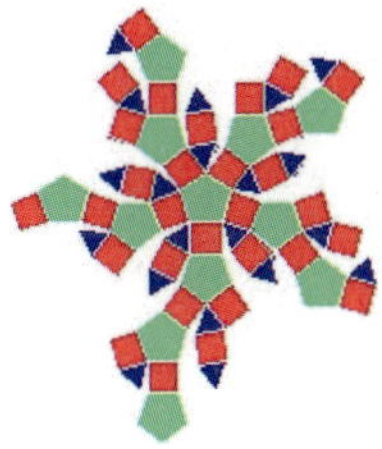

2 유사정다면체의 제작과 응용

1) 유사정다면체의 제작

유사정다면체는 면의 수가 많아 전개도를 이용하여 입체를 제작하기는 어려움이 있었다. 그래서 유사정다면체는 한 꼭지점에서 배열이 일정함을 이용하여 다음과 같은 과정을 거쳐 입체를 제작하였다.

(1) 정다각형 그리기

(2) 날개 달아서 자르고, 배열에 맞춰 붙이기

(3) 완성

이와 같은 방법으로 제작한 입체는 뒤에 첨부한다.(부록)

2) 유사정다면체의 응용

유사정다면체는 옛부터 우리의 실생활에 밀접한 관계를 갖는 입체이다. 어떤 것으로 활용되고 응용되었는지 알아보자.

(1) 축구공 2)

"아디다스"라는 회사에서 1960년도에 만들어 세계적으로 널리 쓰이게 된 축구공은 truncated icosahedron(깍은 정이십면체)모양이다. 피버노바의 원형은 1970년 멕시코 대회 때 사용된 텔스타(Telstar)라는 이름의 축구공이다. 텔스타는 열 두개의 오각형과 스무 개의 육각형 가죽을 기워서 만든 것이다.

그림 2. 레오나르도다빈치

그림 3. 텔스타 1970

그림 4. fevenova

(2) 목제주령구 16)

그림 5. 목제주령구

목제주령구는 1975년 경주 안압지를 발굴하던 중 연못 바닥의 갯벌 속에서 발견된 나무로 만든 높이 4.8cm의 작은 14개의 면에 여러 가지 벌칙을 적어놓은 주사위이다. 통일신라 시대에 귀족들이 술좌석 등 여러 사람이 모인 흥겨운 자리에서 놀이에 쓰던 것으로 추측할 수 있다. 이 주사위는 6개의 사각면과 8개의 사각면으로 구성되었다. 모양은 cuboctahedron

과 비슷하게 생겼다.

(3) IQ 라이트 8)

마름모 형태의 조각을 서로 연결하여 사면체를 (Interlocking Quadrilaterals)형성한다는 데서 이름 붙여진 이 조명은 덴마크 디자이너 홀거 스트롬이 정다면체와 유사정다면체를 응용하여 만든 조명이다. 70년대에 디자인된 IQ라이트는 현대적인 공간에도 잘 어울리며, 조립과 분해가 가능하여 실용성을 추구하는 이들에게 인기를 받고 있는 제품이다.

그림 6. IQ 라이트 1

그림 7. IQ 라이트 2

3 유사정다면체의 성질

1) 겉넓이

유사정다면체는 두 개 이상의 정다각형들로 둘러싸인 입체로 정다각형의 넓이를 이용하여 유사정다면체의 겉넓이를 구할 수 있다. 유사정다면체를 이루는 정다면체의 한변의 길이가 a라 할 때, 각 다각형의 넓이는 다음과 같다.

(1) 정삼각형

$$S_3 = \frac{\sqrt{3}}{4}a^2$$

(2) 정사각형

$$S_4 = a^2$$

(3) 정오각형

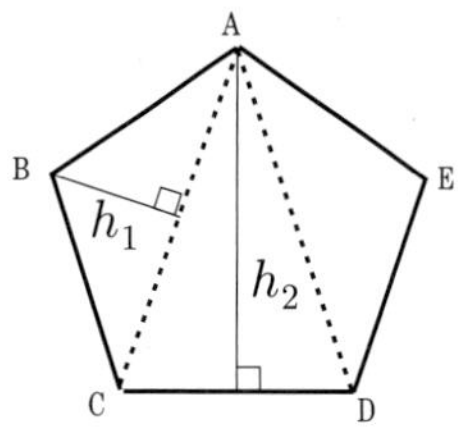

정오각형을 왼쪽 그림과 같이 3개의 삼각형으로 나누면 황금비에 의해 한변의 길이가 a일 때,

$\overline{AC}= \dfrac{1+\sqrt{5}}{2}a$ 이다. 즉, $h_1= \dfrac{\sqrt{10-2\sqrt{5}}}{4}a$,

$h_2= \dfrac{\sqrt{5+2\sqrt{5}}}{2}a$ 이다.

△ABC의 넓이는

$\dfrac{(1+\sqrt{5})\sqrt{10-2\sqrt{5}}}{16}a^2$, △ACD의 넓이는 $\dfrac{\sqrt{5+2\sqrt{5}}}{4}a^2$이다.

그러므로 정오각형의 넓이는 다음과 같다:

$$S_5= \frac{a^2}{8}\left\{(1+\sqrt{5})\sqrt{10-2\sqrt{5}}+2\sqrt{5+2\sqrt{5}}\right\}$$

(4) 정육각형

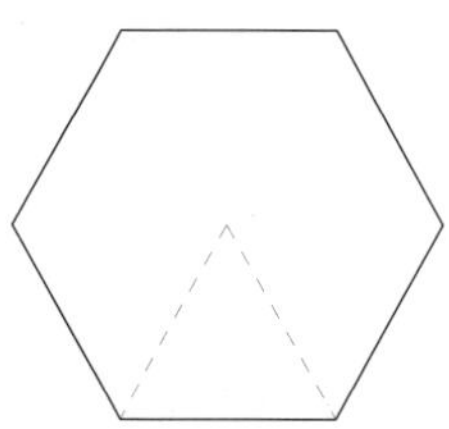

정육각형을 합동인 6개의 삼각형으로 나누면 정삼각형 6개이다.

$$S_6= 6 \cdot \frac{\sqrt{3}}{4}a^2= \frac{3\sqrt{3}}{2}a^2$$

(5) 정팔각형

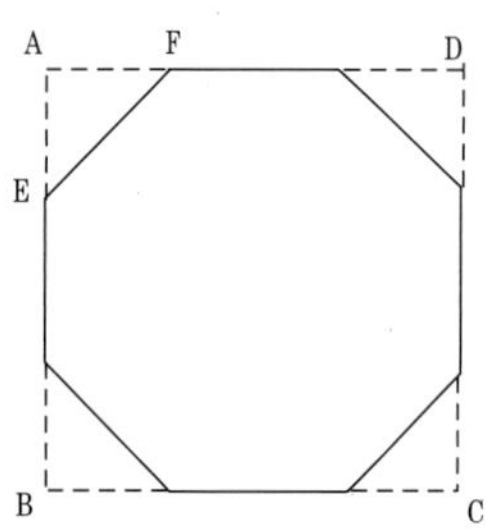

정사각형ABCD의 넓이에서 네 귀퉁이삼각형의 넓이를 빼면 정팔각형의 넓이가 된다. $\overline{AF}= x$ 라 하면, 정팔각형의 한변의 길이가 a이므로 $x= \dfrac{\sqrt{2}a}{2}$ 이고, 정사각형의 한변의 길이 $\overline{AD}= (1+\sqrt{2})a$ 이다. 즉, 정사각형 ABCD의 넓이는 $(3+2\sqrt{2})a^2$이고, 삼각형 AEF의 넓이는 $\dfrac{a^2}{4}$이다. 그러므로 정팔각형의 넓이는 다음과 같다:

$$S_8 = (3+2\sqrt{2})a^2 - \frac{a^2}{4} \times 4$$
$$= 2a^2(1+\sqrt{2})$$

(6) 정십각형

정십각형을 10개의 합동인 삼각형으로 나눈 하나의 넓이를 S_{10_1}이라 하자. 이 때, 정십각형의 한변의 길이가 a이므로 황금비에 의해

$\overline{OA} = \frac{1+\sqrt{5}}{2}a$ 이다. 즉, △OAB의 넓이는 $\frac{\sqrt{5+2\sqrt{5}}}{4}a^2$이다. 그러므로 정십각형의 넓이는 다음과 같다:

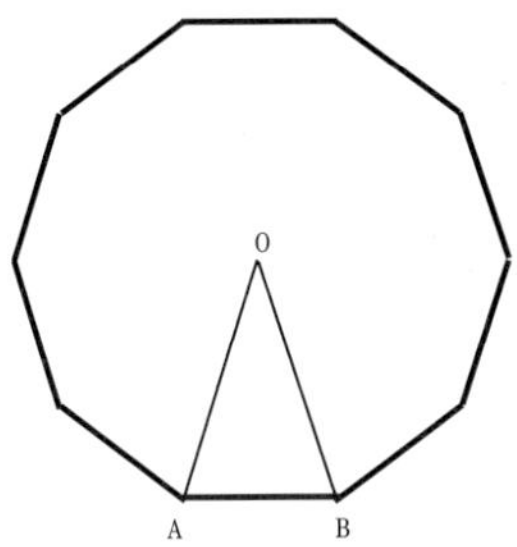

$$S_{10} = 10 \times S_{10_1}$$
$$= \frac{5\sqrt{5+2\sqrt{5}}}{2}a^2$$

예를 들어, truncated icosahedron(깍은 정이십면체; 축구공)의 겉넓이를 구해보자. 이 입체는 $f_5 = 12$, $f_6 = 20$ 으로 이뤄진 입체로 한 모서리의 길이가 1이라 할 때 넓이는 다음과 같음을 알 수 있다:

$$S = 12 \times S_5 + 20 \times S_6$$
$$= \frac{12}{8}\left\{(1+\sqrt{5})\sqrt{10-2\sqrt{5}} + 2\sqrt{5+2\sqrt{5}}\right\} + 20 \times \frac{3\sqrt{3}}{2}$$
$$= \frac{3}{2}\left\{(1+\sqrt{5})\sqrt{10-2\sqrt{5}} + 2\sqrt{5+2\sqrt{5}}\right\} + 30\sqrt{3}$$
$$\approx 20.65.$$

2) 부피

입체의 각 꼭지점은 외접구 위에 있다. 그래서 외접구의 중심에서 각 꼭지점을 연결하면 입체는 면의 개수만큼의 뿔로 이뤄졌음을 알 수 있다. 각 입체의 외접구의 반지름과 뿔의 부피를 이용하여 입체의 부피를 구할 수 있다.

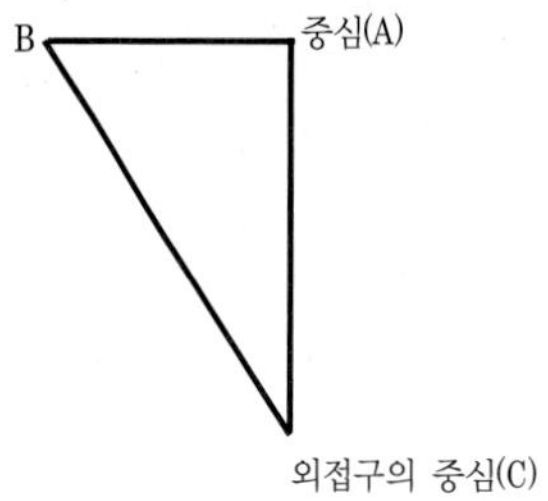

$\overline{AB}=$ 꼭지점에서 중심까지 거리 r

$\overline{BC}=$ 외접구의 반지름 R

$\overline{CA}=$ 뿔의 높이 d

$d=\sqrt{R^2-r^2}$

입체의 한변의 길이를 1이라고 할 때 외접구의 반지름은 다음과 같다.

표 2. 유사정다면체의 외접구의 반지름[14)]

입　　체	R
truncated tetrahedron	$\frac{1}{4}\sqrt{22}$
truncated cube	$\frac{1}{2}\sqrt{7+4\sqrt{2}}$
truncated octahedron	$\frac{1}{2}\sqrt{10}$
truncated dodecahedron	$\frac{1}{4}\sqrt{74+30\sqrt{5}}$
truncated icosahedron	$\frac{1}{4}\sqrt{58+18\sqrt{5}}$
cubotahedron	1
icosidodecahedorn	$\frac{1}{2}(1+\sqrt{5})$
rhombi cubotahedron	$\frac{1}{2}\sqrt{5+2\sqrt{2}}$
truncated cubotahedron	$\frac{1}{2}\sqrt{13+6\sqrt{2}}$
rhombi icosidodecahedron	$\frac{1}{2}\sqrt{11+4\sqrt{5}}$
truncated icosidodecahedron	$\frac{1}{2}\sqrt{31+12\sqrt{5}}$

예를 들어, truncated icosahedron(깍은 정이십면체; 축구공)의 부피를 구해보자. 입체의 한변의 길이를 1이라 하면 부피는 다음과 같음을 알 수 있다:

$$
\begin{aligned}
d_5 &= \sqrt{R^2 - r^2} \\
&= \sqrt{\frac{1}{16}(58+18\sqrt{5}) - \frac{1}{4}} \\
&= \frac{3}{4}(\sqrt{5}+1),
\end{aligned}
$$

$$
\begin{aligned}
d_6 &= \sqrt{R^2 - r^2} \\
&= \sqrt{\frac{1}{16}(58+18\sqrt{5}) - 1} \\
&= \frac{1}{4}(3\sqrt{3}+\sqrt{15}),
\end{aligned}
$$

$$
\begin{aligned}
V_5 &= \frac{1}{3} \cdot S_5 \cdot d_5 \\
&= \frac{1}{3} \cdot 30 \cdot \left(\frac{1}{125} + \sqrt{3}\right) \cdot \frac{3}{4}(\sqrt{5}+1) \\
&= \frac{3}{50}(\sqrt{5}+1) + \frac{15}{2}(\sqrt{3}+\sqrt{15}),
\end{aligned}
$$

$$
\begin{aligned}
V_6 &= \frac{1}{3} \cdot S_6 \cdot d_6 \\
&= \frac{1}{3} \cdot \frac{3\sqrt{3}}{2} \cdot \frac{1}{4}(3\sqrt{3}+\sqrt{15}) \\
&= \frac{3}{8}(3+\sqrt{5}),
\end{aligned}
$$

$$
\begin{aligned}
V &= 12\times V_5 + 20\times V_6 \\
&= 12\times\left\{\frac{3}{50}(\sqrt{5}+1) + \frac{15}{2}(\sqrt{3}+\sqrt{15})\right\} \\
&\qquad + 20\times\frac{3}{8}(3+\sqrt{5}) \\
&= \frac{18}{25}(\sqrt{5}+1) + 90(\sqrt{3}+\sqrt{15}) \\
&\qquad + \frac{15}{2}(3+\sqrt{5}) \approx 398.73.
\end{aligned}
$$

수학의 각 분야에 그리고 이를 이용하는 자연과학과 공학에 또 일상생활 전반에 기하학적 모형과 방법 그리고 기하학적 사고가 충만하다는 것은 부인할 수 없는 사실이라 생각한다. 특히, 기하학적 직관과 상상력, 탐구력, 기하학적 방법은 수학적인 상황을 보는 힘을 길러주는 것이다. 이런 의미에서 도형, 입체에 대한 연구는 훌륭한 학습주제가 될 것으로 생각한다.

본 논문에서는 첫째, 유사정다면체를 정의하고, 데카르트 정리를 이용하여 유사정다면체가 13개 존재함을 증명하고, 또, 이 13개 입체의 모서리, 꼭지점, 면의 수를 알아보고, poly 프로그램을 이용하여 전개도를 보임으로써 유사정다면체를 소개하였다. 이는 정다면체를 학습한 학생들이 어렵지 않게 받아들일 수 있을 것으로 생각한다.

둘째, 유사정다면체의 제작과정을 소개하였다. 이는 제작과정이 어렵지 않게 받아들여질 수 있을 것으로 생각하는 바 학생들이 제작과정을 통하여 수학에 대한 흥미가 유발되고 탐구능력이 향상 될 것으로 기대된다. 또, 응용되고 활용된 것이 무엇인지 알아봄으로 유사정다면체가 실생활과 관련된 주제로 수학에 대한 관심과 흥미를 자연스럽게 유발할 수 있는 교재 개발에 많은 도움이 될 것으로 기대된다.

셋째, 유사정다면체의 겉넓이와 부피에 대해 알아보았다. 겉넓이는 정다각형의 넓이를 학습한 학생들에게 어렵지 않게 전달될 수 있는 학습주제라 생각한다. 입체의 부피는 다소 어려운 내용이 되겠으나 외접구의 반지름을 제시함으로써 뿔의 부피를 학습한 학생들은 쉽게 접근이 가능하리라 생각한다. 이는 기하학적 탐구가 이루어질 수 있는 좋은 학습주제가 될 것으로 기대된다.

본 논문에서 다루지 못한 입체의 외접구의 반지름을 구하는 것 등의 다른 기하학적 성질 등에 대한 연구가 지속적으로 이뤄져야 할 것으로 생각된다. 이는 중 고등학교 학생들이 입체를 학습하는데 있어 또 다른 흥미로운 학습주제가 될 것으로 생각하기 때문이다.

참 고 문 헌

1. 김응태 · 박승안 (1998), 현대대수학, 경문사, pp.255 - 256, 420 - 427.
2. 김홍종 (1998), 축구공의 기하학, 중 · 고수학교사를 위한 강연회.
3. 박종률 (1989), 공핵정다면체의 제작에 대한 연구, 과학교육학연구지, pp.21 - 28.
4. 박혜숙 (2002), 기하학의 흐름, http://dragon.seown.ac.kr/~hyespark.
5. 우정호 (1998), 학교수학의 교육적 기초, 서울대학교출판부, pp.275 - 311.

6. 이연형 (1993), 기하도형 제작에 관한 연구, 전남대학교 교육대학원 석사학위논문, pp.1-5.
7. 최명운 (2000), Poly와 WEP 자료를 활용한 다면체 수업, 수학사랑 Mathfestival 제2회, pp.167-182.
8. 최지영 (2004), 월간 MARU 2월호.
9. 최지영 (1978), 안압지 발굴 조사 보고서, pp.407-409.
10. Bermulf Weissbach, Horst Martini (2002), *On the chiral Archimedean solids.*
11. Cromwell, Peter, R. (1999), *Polyhedra*, Cambridge University Press.
12. Cundy, H. Rollett, A. (1987), *Mathematical models*, pp.121-133.
13. Howard Eves (1995), 수학사, 경문사, pp.121-131.
14. http://mathworld.wolfram.com/ArchimedeanSolid.html
15. http://www.peda.com/poly/
16. http://user.chollian.net/~lws54/life/cuboct a/cubocta.html
17. Wenninger, M. J. (1989), *Polyhedron models*, Cambridge University Press.

오수련 · 박종률

(부록)

truncated dodecahedron, truncated icosahedron

차례대로 truncated tetrahedron, truncated cube, truncated octatrahedron

cuboctahedron, icosidodecahedron

snub cube, snub dodecahedron

truncated icosidodecahedron, rhombiicosidodecahedron

truncated cuboctahedron, rhombicuboctahedron

2. Penrose tiling의 성질과 그 구성에 대한 연구*

1 서 론

'타일링'은 다양한 실생활의 소재 중 수학교육의 대상으로 삼기에 참으로 좋은 소재이다. 각종 예술 작품으로 또는 건물의 벽지, 창문, 바닥, 가구 등의 문양들을 통해 쉽게 접할 수 있기 때문이다. 그래서 그 아름다움은 누구나 감상할 수 있으며 그 속에 담겨 있는 수학적 원리도 탐구할 수 있다. 또한, NCTM에서도 수학적 추론을 할 수 있는 좋은 소재인 타일링의 중요성을 강조하고 있다. 이렇듯 타일링을 이용한 수학학습은 흥미로운 실생활 소재일 뿐만 아니라 수학적 추론 능력을 키우기 위해 응용될 수 있으며 여러 가지 수학적 능력 향상에 도움이 되는 소재이다.

이에 본 논문에서 타일링에 대해 살펴보고자 하나 타일링에 관련된 여러 가지 개념, 정다각형을 이용한 타일링, 대칭성과 변환, 주기적 타일링에 대해서는 지금까지 많이 소개되었는바 이는 간단히 살펴보고 비주기적 타일링인 대표적 한 예로써 언급되기만 했던 Penrose tiling에 대해서 중점적으로 소개하고자 한다. Penrose tiling은 오각형에 기초하고 있어 외국 특히 이슬람 문화권에서는 흔하게 발견할 수 있는 문양이나 우리나라의 전통문양에서는 찾기 힘든 낯선 타일링이다. 그래서 Penrose tiling의 종류들을 하나하나 살펴보고 비주기성이라는 성질을 갖는 이유와 오각형, 황금비와 관련하여 나타나는 성질들을 소개하고자 한다.

2 본 론

1) 타일링

(1) 정다각형의 타일링

① 정규타일링(Regular tiling)

정규타일링(regular tiling)은 한 종류의 합동인 정다각형으로 타일링한 것으로 <그림

* 이 글은 전남대학교 과학교육연구지 제31권(2007) pp.83 - 92에 수록되어 있다.

1>과 같이 정삼각형, 정사각형, 정육각형 세 종류의 정다각형으로만 가능하다.

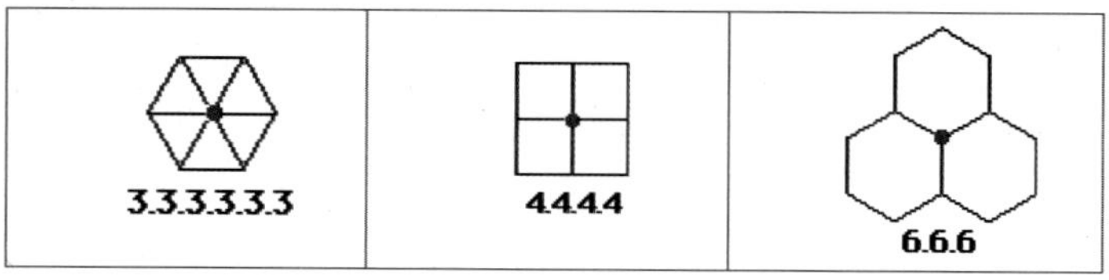

그림 1.

② 세미레귤러 타일링(Semi-regular tiling)

세미레귤러 타일링(semi-regular tiling)은 두 개 이상의 합동인 정다각형을 가지고 타일링한 것으로 각 꼭지점에서 정다각형의 배열 순서가 일정한 것을 말한다. 그 가능한 조합은 <그림 2>와 같이 모두 8가지이다.

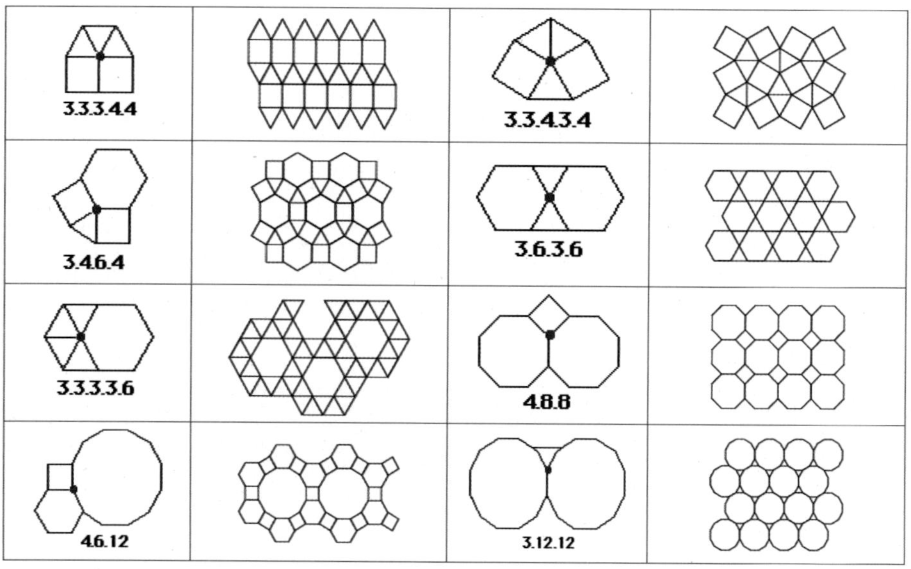

그림 2.

③ 데미레귤러 타일링(Demi-regular tiling)

데미레귤러 타일링(demi-regular tiling)은 두 종류 이상의 합동인 정다각형으로 타일링한 것으로 각 꼭지점에서 정다각형의 배열 순서가 꼭지점마다 두 가지 또는 세 가지로 되어 있는 타일링을 말한다. <그림 3>의 위 두 개의 타일링은 꼭지점에서 정다각형의 배열 순서가 두 가지로 나타나는 예이고 아래 두 개의 타일링은 세 가지로 나타나는 예이다.

그림 3.

(2) 대칭성과 변환

① 평행이동(Translation)

평행이동은 도형을 이루고 있는 각 점을 주어진 벡터의 방향과 거리만큼 즉, 일정한 방향으로 일정한 거리만큼 이동시키는 것을 말한다. 평행이동 한 후의 도형은 원래의 도형과 상하 좌우의 방향이 변하지 않고 그 크기가 같음을 알 수 있는데 이를 평행이동 대칭(translational symmetry)을 갖는다고 말한다.

② 회전이동(Rotation)

회전이동은 도형을 이루고 있는 각 점을 평면에 주어진 고정된 한 점에 대하여 일정한 각만큼 이동시키는 것을 말한다. 이 때, 주어진 고정된 점을 '회전의 중심'이라고 한다. 회전의 중심은 이동 후에도 변하지 않는다.

어떤 도형이 한바퀴 돌 때까지 어느 각도만큼 회전한 후 원래의 도형과 모양이 일치하면 그 도형은 회전 대칭(rotational symmetry)을 갖는다고 말한다. 이는 도형 위에 투명종이를 놓고 옮겨 그린 다음 회전의 중심을 고정한 뒤 투사지를 회전시켰을 때 투사지 위의 도형이 한 바퀴를 도는 동안 원래의 도형과 몇 번 일치하게 되는지 살펴보면 된다. 정n각형은 n중 겹침(n-fold) 회전 대칭을 가지며 회전의 중심은 그 다각형의 중심이다.

③ 반사(Reflection)

반사는 도형을 이루고 있는 각 점을 주어진 선을 축으로 하여 뒤집어 이동시키는 것을 말한다. 주어진 선을 '대칭축'이라고 하고, 대칭축을 따라 평면과 수직이 되게 거울을 놓았을 때 한쪽에 대한 거울의 상이 다른 한쪽과 일치하면 반사적 대칭(reflectional symmetry)을 갖는다고 말한다. 정n각형은 정확하게 n개의 반사축을 갖는다.

④ 미끄러짐 반사(Slide reflection)

미끄러짐 반사는 반사와 평행이동을 조합한 변환으로 먼저 도형을 대칭축을 따라 반사시킨 후에 대칭축에 평행한 직선을 따라 평행이동시킨 것을 말한다. 이 때, 먼저 평행이동 한 후에 반사시켜도 그 결과는 같다.

도형을 대칭축에 반사시킨 후 대칭축에 평행한 직선을 따라 평행이동시켜 원래의 도형과 일치하면 미끄러짐 반사대칭을 갖는다고 말한다.

(3) 주기적(Peoriodic) 타일링과 비주기적(Non-peoriodic) 타일링

① 주기적(Peoriodic) 타일링

주기적 타일링이란 어떤 영역을 또는 모양을 평행이동만으로, 즉 회전이동이나 반사 변환 없이 옮겨서 겹침이나 틈이 없이 평면을 덮는 타일링이라고 간단히 말할 수 있다. 그리고 타일링이 주기적임을 판단하는 기준은 평행이동 대칭성에 있다.

이를 좀 더 엄밀하게 정의해 보면 다음과 같다.

한 유한 영역(finite region)과 두 개의 일차독립(linearly independent)인 평행이동(translation)이 존재하여 이 평행이동들에 의해 생성되는(generated) 군 즉, '평행이동군(translation group)'을 영역에 작용했을 때 생기는 모든 상(image)들의 집합이 원래의 모양과 똑같은 타일링을 말한다.

주기적 타일링의 평행이동군은 타일링을 자기 자신으로 사상하는 모든 평행이동들의 집합이다. 이 평행이동군에서 그것의 상(image)들의 집합이 전체 평면을 덮는 성질을 갖는 평면의 가장 작은 영역을 타일링의 '단위(unit)'라고 한다.

② 비주기적(non-peoriodic) 타일링

비주기적 타일링이란 주기적이지 않는 타일링을 말한다. 예를 들어 살펴보자. <그림 4>의 타일링이 주기적 타일링이라면 앞에서 살펴본 바와 같이 그 위에 적당한 격자를 놓을 수 있을 것이다. 그러면 가운데 별모양의 타일 조각이 격자에 들어갈 것이고 그 조각은 무한히 많은 곳에 주기적으로 반복하여 나타나야 할 것이다. 그러나 그림에서 볼 수 있듯이 오직 중앙에서만 나타나고 있다. 이와 같이 평행이동 대칭성을 갖지 않는 타일링을 비주기적(non-periodic) 타일링이라고 한다.

그림 4.

그런데 타일 중에는 <그림 5>과 같이 주기적 타일링도 비주기적 타일링도 될 수 있는 것들이 있다.

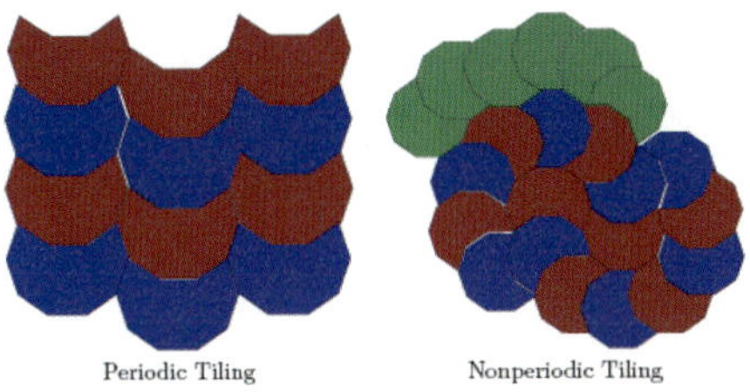

그림 5.

반면 평면을 오로지 비주기적으로만 타일링하는 것이 있는데 이러한 타일링을 "aperiodic tiling"이라고 부른다.

Penrose tiling은 "aperiodic tiling"의 대표적 예이고 그 밖에도 Robinson tiling, Keppler tilng <그림 6> 등이 있다.

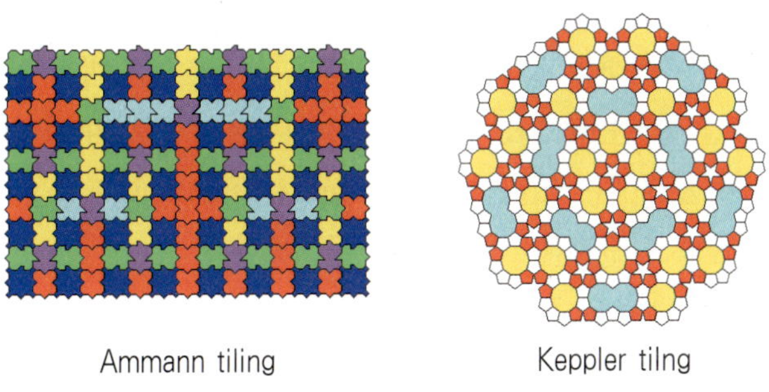

그림 6.

2) Penrose Tiling의 종류

Penrose tiling은 1973년경 옥스퍼드 대학의 수리물리학자 Rogers Penrose에 의해 발견되었다. 그는 정오각형을 세분하는 문제를 연구하였다. 정해진 크기의 정오각형의 각각의 각에 좀 더 작은 정오각형 다섯 개를 배치하여 놓으면 다섯 개의 정오각형의 꼭지점이 서로 맞닿아 가운데에 여섯 번째의 정오각형이 생기게 된다. 이 때, 작은 여섯 개 정오각형의 변의 길이에 대한 원래의 정오각형의 변의 길이의 비가 $\left(\frac{1+\sqrt{5}}{2}\right)^2$가 된다. 같은 방법으로 생겨난 작은 정오각형들을 좀 더 작은 정오각형으로 분할하는 과정을 반복할 수 있다. 그 과정을 세 번 반복한 것이 <그림 7>이다.

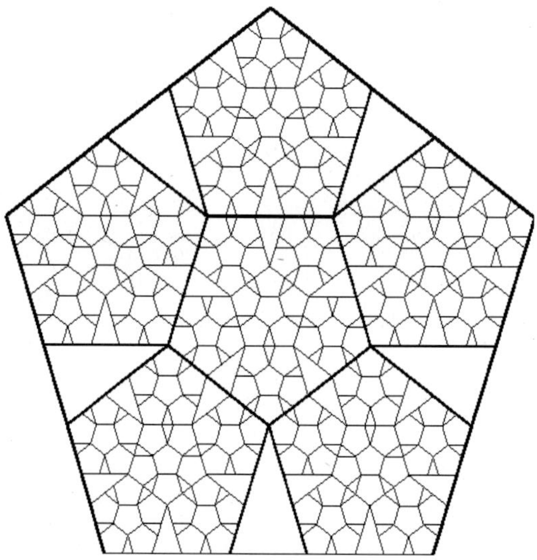

그림 7.

Penrose는 이 과정에서 오각형들 사이에 나타나는 틈이 같은 형태 - 각이 36°인 뾰족한 못 모양 - 임에 주목하였다. 그는 그 틈을 좀 더 작은 오각형과 비슷한 못 모양들로 분할하는 방법을 찾았는데 이는 결국 모양이 다른 여섯 개의 타일만 있으면 일반적으로 가능하다는 것을 알아냈다. 또한 Penrose는 inflation 과정을 거쳐 모양인 다른 여섯 개의 타일로 비주기적 타일링을 만들어냈다.

Penrose는 모양이 다른 여섯 개의 타일을 발견한 후 계속해서 타일의 개수를 줄이는 시도를 하였다. 여섯 개의 타일들을 분해하고 재조합하여 모양인 다른 두 개의 타일 - 연(kites)과 표창(darts)으로 한 타일링을 만들어 내었다. 또 다른 분해와 재조합으로 황금 마름모 - 두꺼운 마름모와 얇은 마름모로 한 타일링도 만들어 내었다. 이 두 타일 집합- 연과 표창, 두꺼운 마름모와 얇은 마름모는 비주기성을 보장하기 위하여 맞춤조건을 표시하였다.

이제 Penrose tiling의 타일 집합의 각각의 모양과 성질 및 맞춤조건을 살펴보고 그 구성 방법을 살펴보고자 한다.

(1) 연(kites)과 표창(darts)

연과 표창은 <그림 8>에서 볼 수 있듯이 pentagram에서 찾을 수 있다. 오각형에서 각 꼭지점들을 서로 연결한 대각선들은 다른 대각선과 만나 교점이 생기게 된다. 이때 두 대각선의 교점은 서로를 황금비로 분할하게 된다. 그리고 그 교점들을 연결하면 연과 표창이 맞닿아 있는 마름모를 얻을 수 있다.

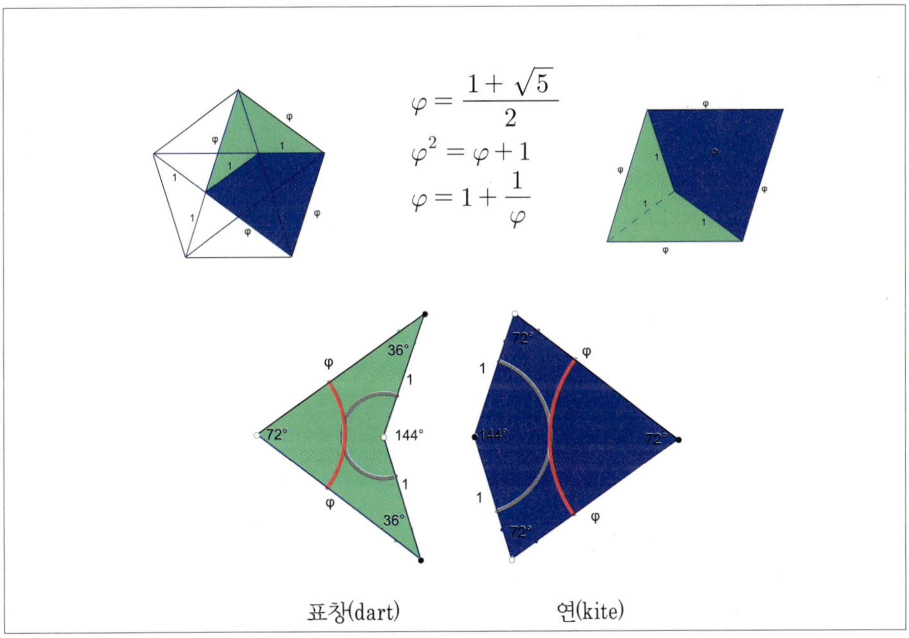

그림 8. 연(kite)와 표창(dart)

연과 표창 타일들의 모양을 살펴보자. 각 변의 길이는 1 또는 황금비인 $\varphi\left(=\frac{1+\sqrt{5}}{2}\right)$이며, 각의 크기는 $\frac{\pi}{5}$의 정수배로 이루어져 있다. <그림 8>의 표창과 연이 맞닿아 있는 마름모를 보면 각각의 대각선이 $1:\varphi$로 분할되어 있으므로 표창과 연의 넓이의 비 역시 $1:\varphi$를 이룬다는 사실을 알 수 있다.

연과 표창의 타일링에서는 두 타일을 맞닿게 놓아 하나의 마름모가 되게 타일링하는 것을 금지한다. 만일 그렇게 하나의 마름모가 만들어지는 것을 허용하면 주기적 타일링이 되기 때문이다. 그래서 연과 표창의 타일링에는 비주기성을 보장하기위한 맞춤조건(matching condition)이 있다. 이 맞춤조건을 표현하는 방법에 보통 두 가지가 있다. 한 가지는 타일의 각 꼭지점의 색깔로 표현하는 것으로, 검은 점은 검은 점끼리 흰점은 흰점끼리 맞춰야 한다. 또 다른 방법은 각 타일에 그려진 호의 색깔로 표현하는 것으로, 호의 색깔이 같은 것끼리 연결되도록 변을 맞춰야 한다. 이 맞춤조건에 따라 한 점을 중심으로 연과 표창을 타일링해 보면 <그림 9>와 같이 7가지 배열형태가 나오게 된다.

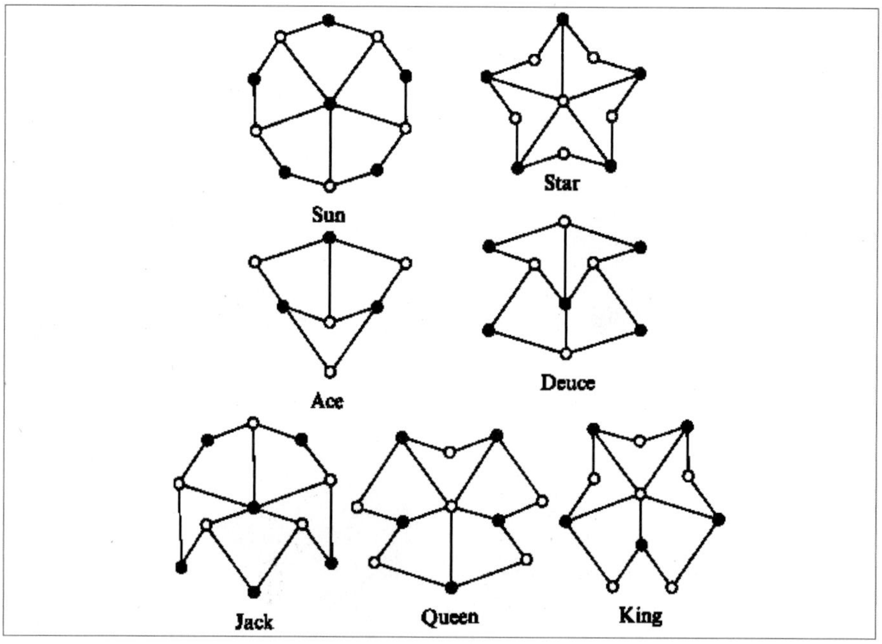

그림 9. 연(kite)와 표창(dart)에 의한 7가지 배열형태

(2) 두꺼운 마름모(thick rhomb)와 얇은 마름모(thin rhomb)

두꺼운 마름모(thick rhomb)와 얇은 마름모(thin rhomb), 두 타일의 모든 변의 길이는 1이며, 두꺼운 마름모의 각은 {72°, 108°, 72°, 108°}이고 얇은 마름모의 각은 {36°, 144°, 36°, 144°}으로 $\frac{\pi}{5}$의 정수배를 갖는다 <그림 10>.

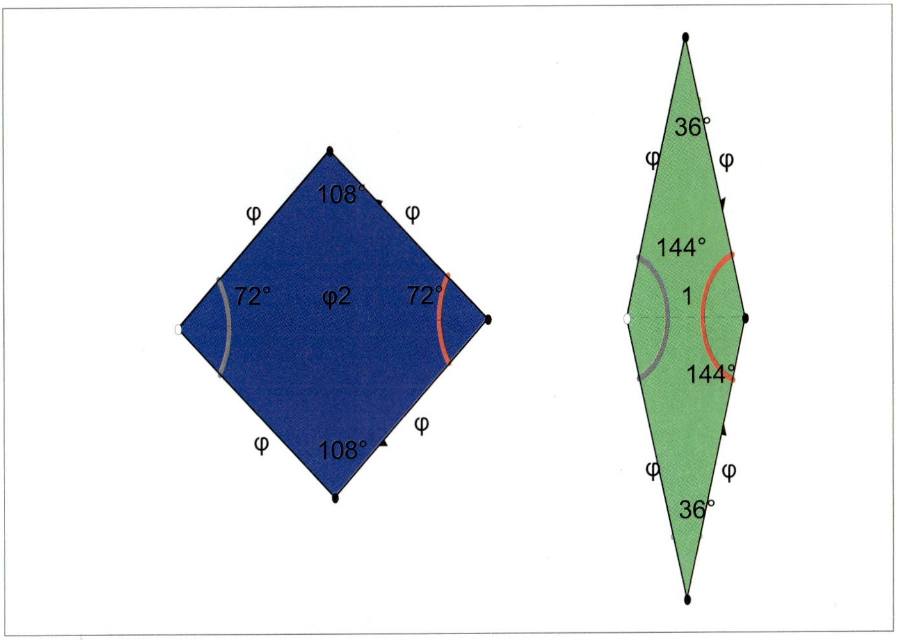

그림 10. 두꺼운(thick) 마름모와 얇은(thin) 마름모

두꺼운 마름모와 얇은 마름모, 이 두 타일 역시 비주기성을 보장하기 위한 맞춤 조건(matching condition)을 가지고 있고 보통 두 가지 방법으로 표현한다. 한 경우는 타일의 꼭지점의 색깔과 변의 화살표 방향에 의한 것으로, 검은 점은 검은 점끼리 흰 점은 흰 점끼리 맞추고 변에 표시된 화살표 방향이 일치하도록 변을 맞춰야 한다. 또 하나의 방법은 각에 표시된 호의 색깔에 의한 것으로 호의 색이 같은 것끼리 연결되도록 변을 맞춰야 한다. 이 맞춤조건에 따라 두꺼운 마름모와 얇은 마름모를 한 점을 중심으로 타일링하면 <그림 11>과 같이 8개의 배열형태가 나타난다. 8개의 배열 중 처음 2개의 배열은 같은 모양으로 보이지만 <그림 11>의 아래에서 보듯 맞춤조건이 달라 서로 다른 타일링을 얻게 된다.

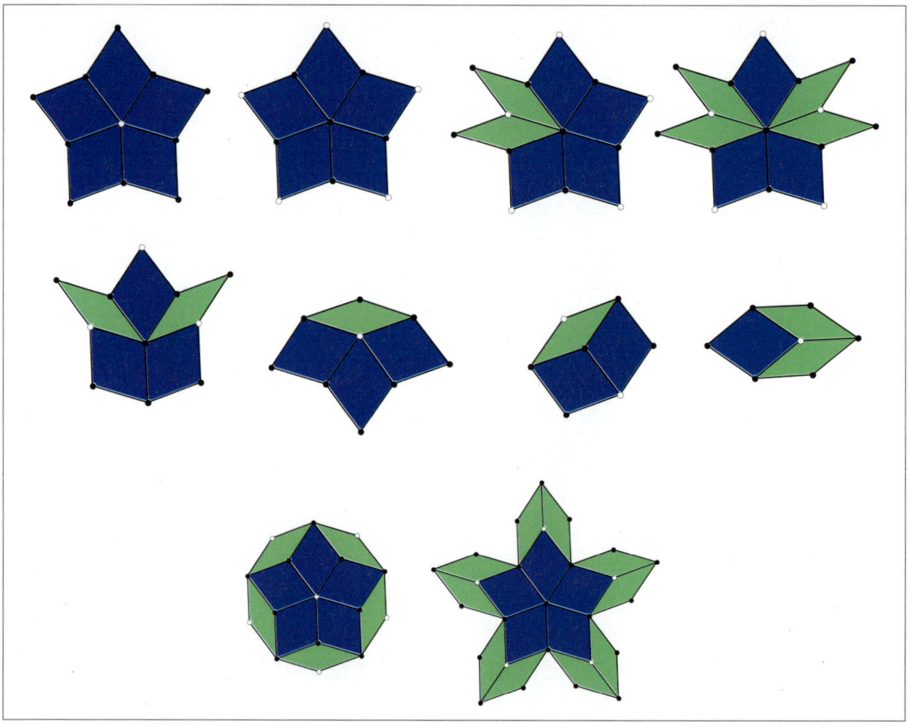

그림 11.

(3) Pentacles

Penrose가 1973년 Johannes Kepler의 작업에서 영감을 얻어 발견해낸 첫 번째 tiling 이다. 이것은 <그림 12>와 같이 6개의 타일(tile)이 한 세트를 이루고 있다. 이들 타일의 모든 변의 길이는 1이고 각의 크기는 $\frac{\pi}{5}$의 정수배를 갖는다.

이 6개의 타일들 역시 비주기성을 보장하기 위한 맞춤조건(matching condition)을 갖는다. 앞의 타일들에 비해 좀 더 복잡한 맞춤조건을 갖는다. 각 타일의 변에 표시된 0은 0′과, 1은 1′과, 2는 2′와 맞춰져야 한다. 세 개의 오각형은 모양은 같으나 각 변의 표식이 다름을 알 수 있다. 즉 서로 다른 맞춤 조건으로 다른 타일링의 형태를 보여준다.

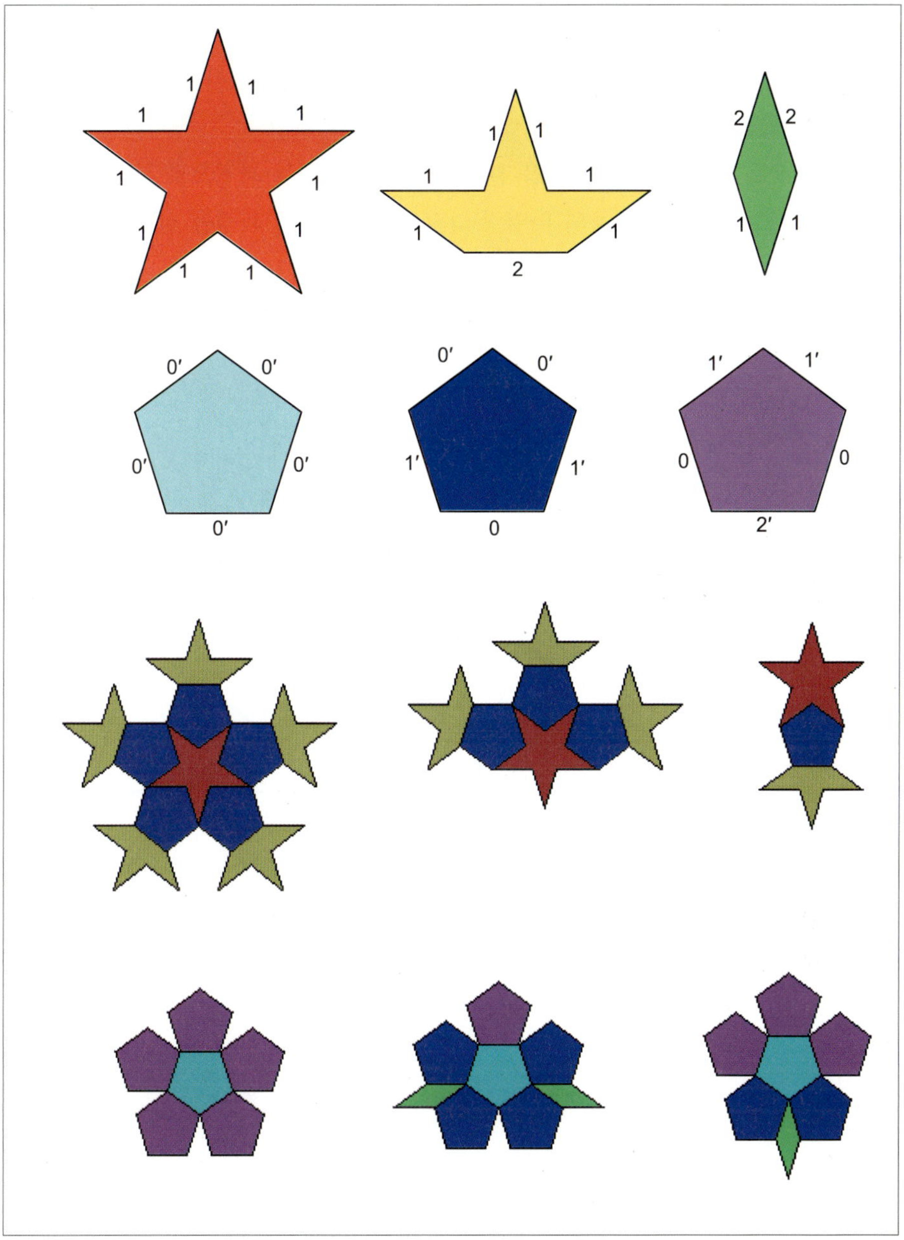

그림 12. 오각별들(pentacles)

3) Penrose Tiling의 구성과 성질

Penrose tiling이 갖는 성질은 John Conway의 “deflation”이란 구성과정을 통하여 드러난다.

“deflation”은 전 단계의 타일링을 분해한 뒤 재구성하는 과정으로 본 절에서는 연과 표창의 타일링과 마름모들의 타일링 각각의 “deflation” 과정을 살펴보고 그로 인하여 드러나는 성질들을 살펴보도록 하자.

(1) 연과 표창의 타일링에서 deflation과 그 성질

“deflation” 과정의 타일 교체 규칙은 <표 1>과 같이 나타난다. 연(kite)의 반쪽인 예각 삼각형은 두 개의 예각 삼각형과 한 개의 둔각 삼각형으로 교체되고, 표창(dart)의 반쪽인 둔각 삼각형은 한 개의 예각 삼각형과 한 개의 둔각 삼각형으로 교체된다.

이름	deflation i 단계	deflation i+1 단계
연의 반쪽		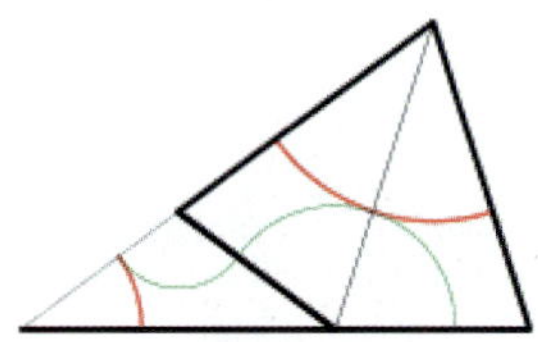
표창의 반쪽	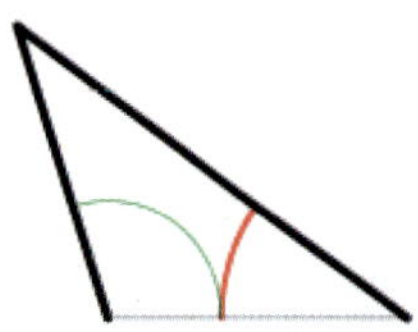	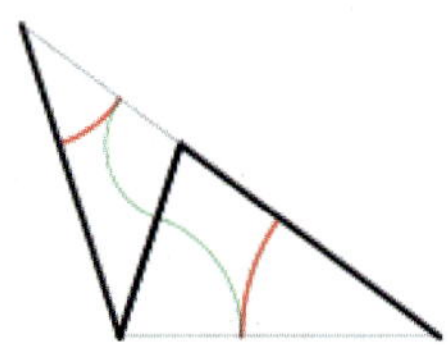

표 1. 연과 표창의 deflation

<표 1>과 같은 규칙을 따르면 앞 단계 타일의 면적을 다음 단계에서 여러개의 타일들이 똑같이 뒤덮게 되며, 앞 단계의 맞춤조건이 “deflation”을 통해 만들어진 새로운 단계 타일링에서의 맞춤조건을 통제하게 된다. 그래서 “deflation”을 거친 다음 단계의 각 타일에서의 맞춤조건이 서로 상충되지 않고 인접한 타일들과의 맞춤조건을 충족함을 알 수 있다.

연과 표창의 타일링에서 “deflation”을 3번 반복해 가는 과정을 나타낸 것이 <표 2>이다.

이름 \ 단계	0단계	1 단계	2단계	3단계
연의 반쪽	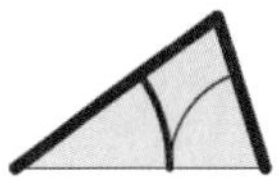	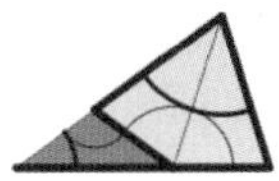	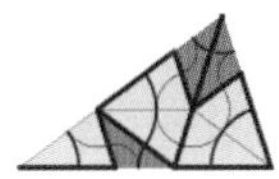	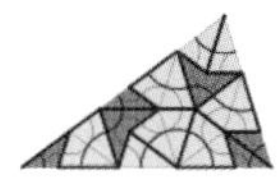
표창의 반쪽	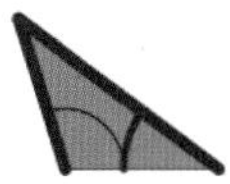	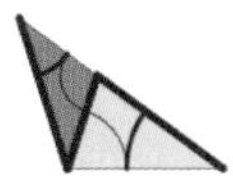	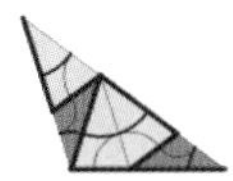	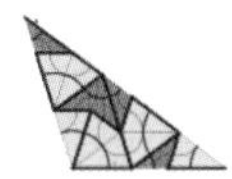
sun	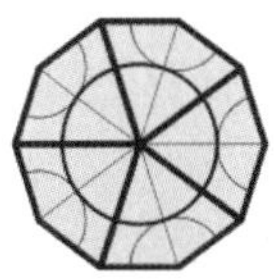			
star	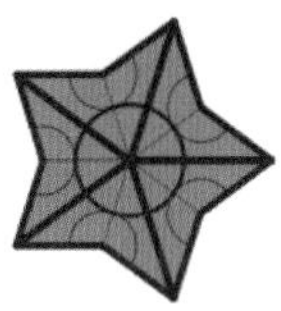	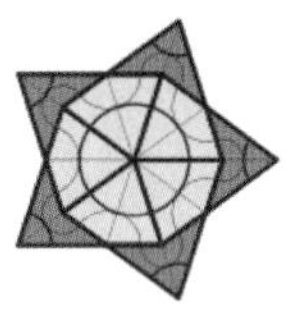		

표 2. 3단계의 deflation

평면이 무한으로 감에 따라 연과 표창의 비가 황금비에 수렴함을 deflation을 통해 확인할 수 있다. <표 2>에서 sun의 deflation 과정을 보면 하나의 연이 두 개의 연과 두 개의 반쪽 표창으로 교체됨을 볼 수 있고, star의 deflation 과정을 보면 하나의 표창이 한 개의 연과 두 개의 반쪽 표창으로 교체됨을 볼 수 있다. 이 때, 연을 K, 표창을 D로 표시하면 deflation과정을 다음과 같은 식으로 나타낼 수 있다.

$K = 2K' + D' \quad D = K' + D'$

이 식을 행렬로 표현하면,

$\begin{pmatrix} K \\ D \end{pmatrix} = \begin{pmatrix} 2 & 1 \\ 1 & 1 \end{pmatrix}\begin{pmatrix} K' \\ D' \end{pmatrix} \qquad P^2 = \begin{pmatrix} 2 & 1 \\ 1 & 1 \end{pmatrix}$

이와 유사하게

$K' = 2K'' + D'' \quad D' = K'' + D''$이므로

$$
\begin{aligned}
\mathrm{K} &= 2\mathrm{K}' + \mathrm{D}' \\
&= 2(2K'' + D'') + (K'' + D'') \\
&= 5K'' + 3D''
\end{aligned}
$$

$$
\begin{aligned}
\mathrm{D} &= \mathrm{K}' + \mathrm{D}' \\
&= (2K'' + D'') + (K'' + D'') \\
&= 3K'' + 2D''
\end{aligned}
$$

그러므로 행렬식은 다음과 같이 나타난다.

$$
\begin{pmatrix} \mathrm{K} \\ \mathrm{D} \end{pmatrix} = \begin{pmatrix} 5 & 3 \\ 3 & 2 \end{pmatrix} \begin{pmatrix} \mathrm{K}'' \\ \mathrm{D}'' \end{pmatrix}
$$

결과적으로 행렬은 $\mathrm{M} = \mathrm{P}^{2k}$ 형태를 갖는다는 것을 알 수 있다. 이 때, k는 초기 타일링부터 deflation 과정을 반복한 횟수를 나타내며 행렬 P 는 피보나치 행렬이다. 피보나치수열에서 항이 무한히 커질 때, Fm/Fm－1이 황금비로 수렴하므로 k가 무한히 커질 때, 연과 표창의 비 또한 황금비에 수렴하게 된다.

(2) 마름모들의 타일링에서 deflation과 그 성질

<표 3>과 같이 "deflation" 과정을 통해 두꺼운 마름모는 좀 더 작은 두꺼운 마름모 세 개와 얇은 마름모 두 개로, 얇은 마름모는 좀 더 작은 두꺼운 마름모두 개와 얇은 마름모 두 개로 교체된다.

이름	deflation 1 단계	deflation 2 단계
두꺼운 마름모	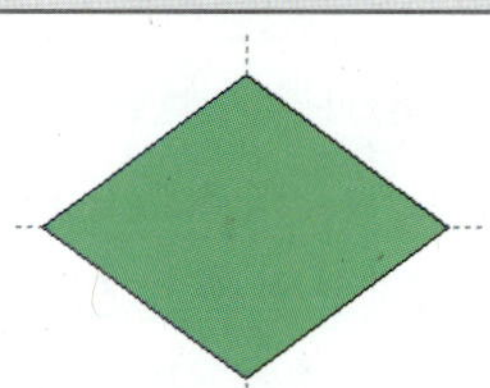	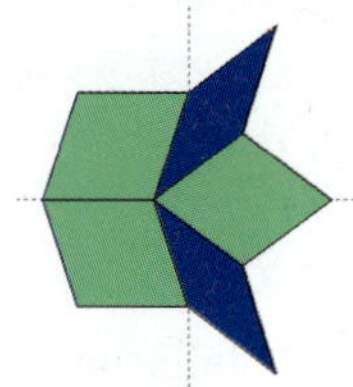
얇은 마름모		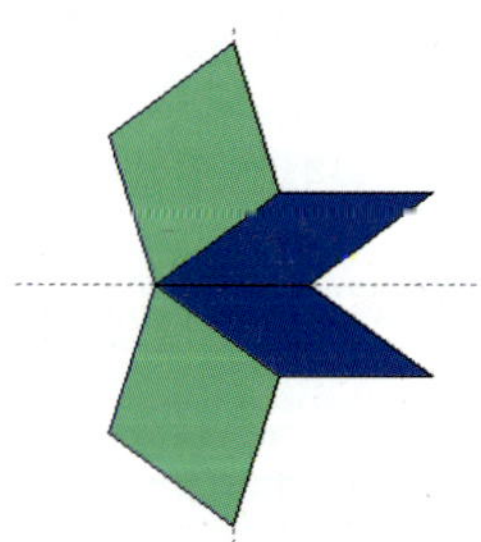

표 3. 두꺼운 마름모와 얇은 마름모의 deflation

한 개의 두꺼운 마름모 또는 얇은 마름모에서 시작하여 deflation의 연속 단계를 거쳐 얻게 된 마름모 타일의 변의 길이는 deflation을 한 횟수와 역으로 줄어들게 된다. deflation의 횟수가 증가할수록 얻게 된 타일링의 모양과 면적은 <그림 13>과 같이 수렴하게 된다.

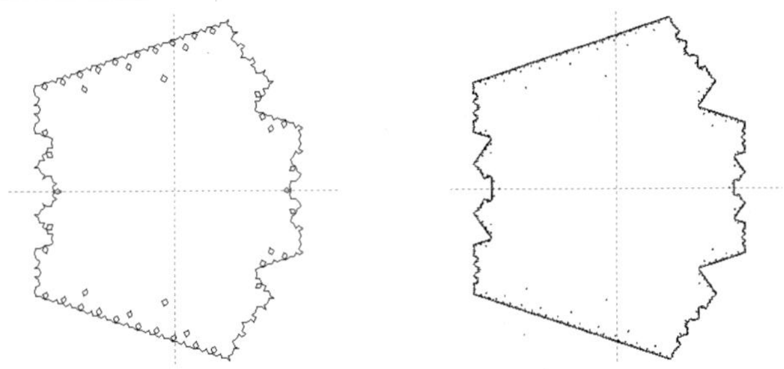

8단계의 타일링 12단계의 타일링

그림 13. 두꺼운 마름모를 8번, 12번 deflation한 타일링

4) Penrose tiling 구현 프로그램

(1) Java Applet

날개의 연과 표창 타일을 하나씩 하나씩 붙여가며 직접 타일링을 할 수 있는 애플릿이다. 사이트 http://www.geocities.com/SiliconValley/Pines/1684/Penrose.html에서 제공하고 있다. 사용 방법은 다음과 같다.

① 비어있는 애플릿 안을 클릭하여 애플릿 창을 활성화 시킨 뒤 또 다시 클릭하면 타일 한 조각이 생긴다. 한 번에 타일 한 개씩만 나타난다.

② 마우스 커서를 타일 조각 위에 두고 타일을 조정한다.

- 회전 : 시계방향은 마우스 오른쪽 버튼을 반시계방향은 shift + 오른쪽 버튼을 누른다.
- 지움 : shift +왼쪽 버튼을 누른다.
- 타일링 : 왼쪽 버튼을 누른 채 드래그하여 다른 타일에 맞춘다.

타일링 규칙에 맞게 타일링하면 타일의 색이 변한다. 처음 타일의 경우 타일 밖을 클릭하면 그 자체가 타일링 패턴의 첫 조각이 된다.

③ 패턴의 바깥쪽을 클릭하면 새로운 타일이 만들어진다.

연(kite)은 마우스 왼쪽 버튼을, 표창(dart)은 마우스 오른쪽 버튼을 누른다.

④ 만들어진 패턴에서 타일을 떼어내려면 타일을 클릭하여 바깥쪽으로 드래그한다.

⑤ 왼쪽 색상표에서 색을 클릭한 뒤 패턴을 이룬 타일의 내부를 클릭하면 타일의 색이 선택한 색으로 바뀐다.

⑥ 색상표 아래의 화살표를 눌러 타일의 크기를 조절할 수 있다.

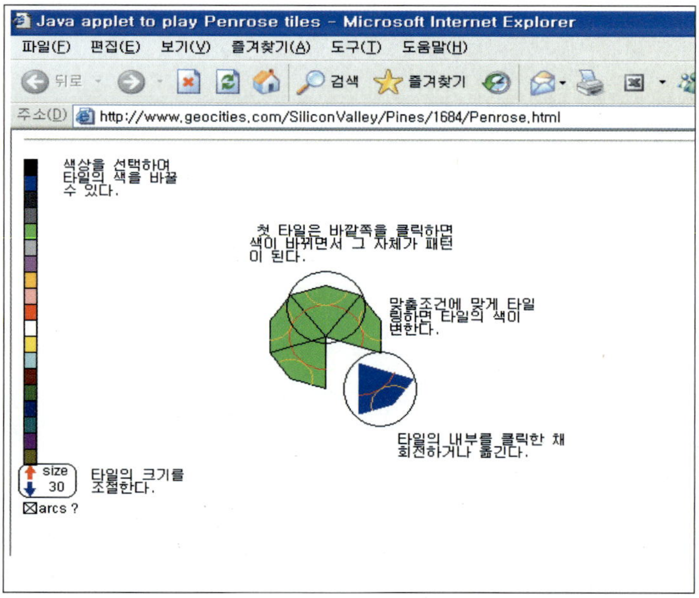

그림 14.

(2) FRACTINT(Winf 18.21)

Winf18.21은 Fractint-for-Dos의 Windows버전으로, 80여개의 프랙탈을 선택하여 화면상으로 프랙탈의 모양을 확인할 수 있는 프로그램이다. 기본적으로 File, Fractals, View, Colors, Help 메뉴가 있어 함수의 선택, 변환, 확대, 축소, 색변환, 이미지의 크기조절, 좌표표시 등의 기능이 가능하다.

FRACTINT(Winf18.21)은 l-system을 이용하여 penrose tiling을 프로그래밍 되어 있는 별도의 파일을 실행시켜 준다. 이는 낱개의 타일을 타일링해 보는 것이 아니라 연과 표창이나 마름모들의 타일링된 패턴을 지정한 횟수대로 deflation 과정을 거친 결과를 보여주는 프로그램이다. 그래서 deflation 과정을 통해 드러나는 penrose tiling의 성질을 확인할 수 있도록 도와준다.

Penrose tiling을 실행시키는 방법은 다음과 같다.

① Fractals라는 메뉴에서 Fractal formula을 클릭한다.

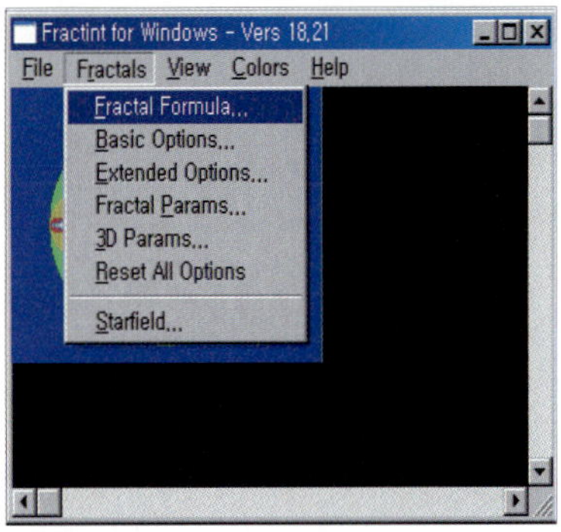

② 함수 창이 뜨면 l-system을 선택한다.

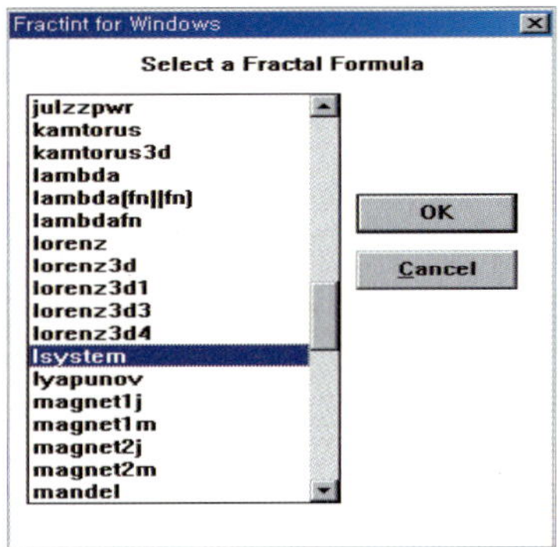

③ 파일을 찾는 창이 뜨면 *.L이라는 별도의 파일(샘플파일인 FRACTINT.L)이 있는 경로를 선택한다.

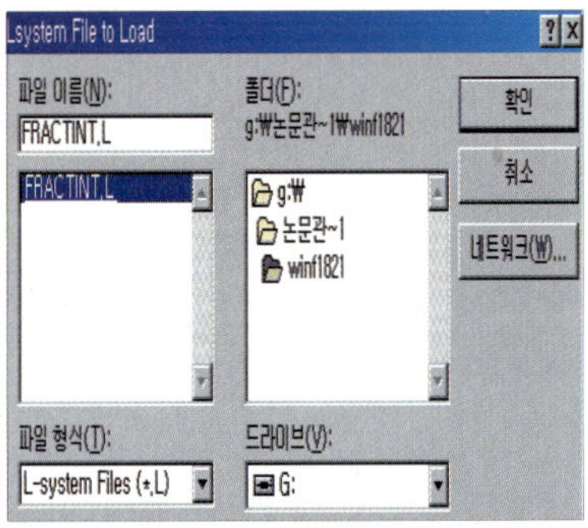

④ 그 파일 속에 있는 연과 표창의 타일링과 마름모들의 타일링 등의 항목 중 하나를 선택한다.

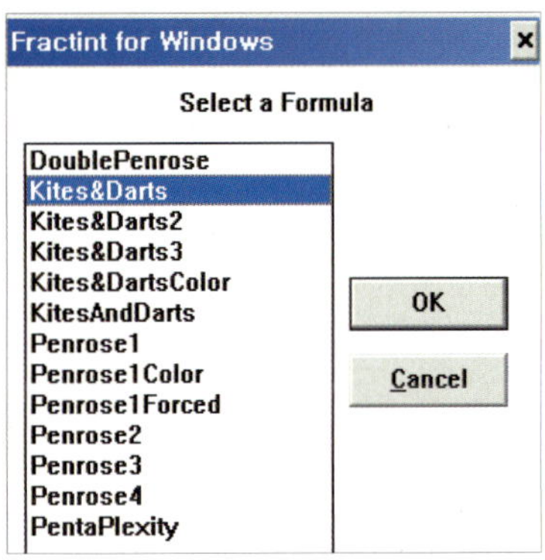

⑤ Fractal Parameters창에서 order는 deflation 횟수를 정한다. (단, order는 작은 수부터 시작한다.)

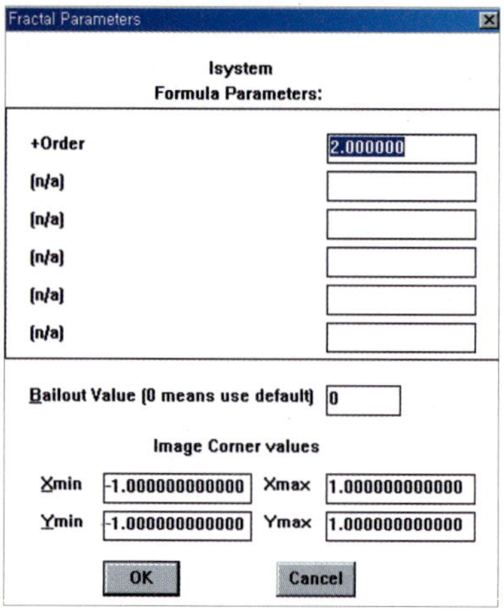

⑥ ok를 누르면 실행 결과가 창에 나타난다.

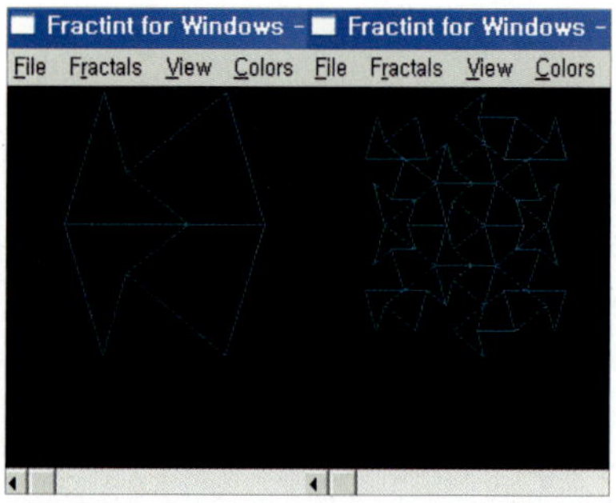

3 결론 및 제언

생활에서 쉽게 접할 수 있어 친근하고 예술작품이라 말할 정도의 아름다움을 지닌 타일링은 수학적 추론을 기를 수 있어 수학교육의 대상으로 주목받고 있다. 이러한 타일링 중 비주기적 타일링의 한 예로만 알려져 있는 Penrose tiling에 대해 살펴보고자 했다.

이를 위해 먼저, 타일링의 기본 개념들을 살펴보았다. 정다각형에서의 타일링을 비롯하여 대칭성과 변환, 주기적 타일링과 비주기적 타일링이 무엇인지 살펴보았다.

둘째, 비주기적 타일링의 대표적 예인 Penrose tiling의 타일 집합의 종류를 살펴보았다. 각 타일 집합의 종류별로 그 모양과 맞춤조건이 무엇인지 살펴보고 맞춤조건에 따른 실재 타일링을 했을 때 나타나는 패턴들을 살펴보았다.

셋째, deflation이라는 구성과정을 통해 드러나는 Penrose tiling이 갖는 성질을 살펴보았다. 연과 표창의 타일링과 마름모들의 타일링 각각에서 deflation 과정을 제시하고 그 과정을 통해 나타나는 비주기성, 황금비로의 수렴, 피보나치 수열과의 관련성 등을 알아보았다.

넷째, Penrose tiling의 이해를 돕기 위해서 Penrose tiling을 구현하는 프로그램을 제시하였다. 몇 가지 프로그램들 중 Java Applet과 FRACTINT의 윈도우용인 Winf 18.21을 이용하여 Penrose tiling을 구현하는 방법을 소개하였다.

본 논문이 Penrose tiling의 구성과 그 성질을 이해할 수 있고 그 아름다움을 느낄 수 있는 경험이 되기를 바란다. 또한 학생들이 수학의 심미성을 느끼고 이를 추구해 나가는 자세를 기르기 위한 수학교육 자료 개발에 도움이 되기를 바란다.

참 고 문 헌

1. David W. Farmer (1996), *Groups and Symmetry.*
2. Mark McClure (2001), *A Stochastic Cellular Automaton for Three-Coloring Penrose Tiles.*
3. 김진희 (1997), 타일맞추기(Tiling)와 그 지도사례 연구, 성균관대학교.
4. http://condellpark.com/kd/quasig.htm
5. http://en.wikipedia.org/wiki/Penrose_tiling
6. http://intendo.net/penrose/info.html
7. http://mathworld.wolfram.com/Tessellation.html
8. http://pass.maths.org.uk/issue16/features/penrose/
9. http://www.geocities.com/SiliconValley/Pines/1684/Penrose.html
10. http://www.scienceu.com/geometry/articles/tiling/periodic.html
11. http://www.stephencollins.net/web/penrose/
12. http://www2.spsu.edu/math/tiling/26.html

양종인 · 박종률

3. 정칠각형의 비주기적 타일링의 구성

정다각형을 분할하여 다른 도형을 창의적으로 만들어서 평면을 타일링하는 디자인을 제작하는 것은 수학과 미술의 아름다움을 느낄 수 있는 활동으로 새로운 자료의 개발이 필요하다. 본 연구에서는 타일링 조작 활동을 통해 기하 영역의 탐구 능력을 기르는 것을 목적으로 정오각형을 이용한 펜로즈 타일링과 유사한 방법으로 정칠각형으로 비주기적 타일링 자료를 구성하였다. 정칠각형을 분할하고 재조합하여 만든 도형의 성질을 탐구하고 그것으로 평면 디자인을 제작하였다.

1 서 론

기하 개념은 다른 교과 및 예술, 건축과 같은 흥미 있는 영역의 문제를 해결하고, 이 영역과 학문에 대한 통찰을 얻는데 유용하다(NCTM, 2000). 특히 타일링 조작 활동은 학습자에게 수학과 예술 사이의 창조적인 상호작용을 경험할 수 있는 기회를 제공한다(이종희, 1999). 타일링 조작 활동은 미술에서 디자인을 만드는 것과 같아서 학습자의 기하 개념 및 예술 영역에 대한 흥미를 높이고 창의력을 길러줄 수 있으므로 다양한 자료의 개발이 요구된다.

타일링은 평행이동 대칭성(translational symmetry)의 유무에 따라 주기적(periodic) 타일링과 비주기적(non-periodic) 타일링으로 구분된다. 주기적 타일링은 평행이동만으로, 즉 회전이동이나 반사변환 없이 어떤 영역이나 모양을 겹침이나 틈이 없이 평면을 덮는 것이고, 그렇지 않은 것은 비주기적 타일링이다. 펜로즈(Penrose) 타일링은 비주기적 타일링의 대표적인 예로, 그림과 같이 정오각형을 분해하고 재조합하여 만든 마름모 타일, 연과 표창 타일로 평면을 디자인 할 수 있다.

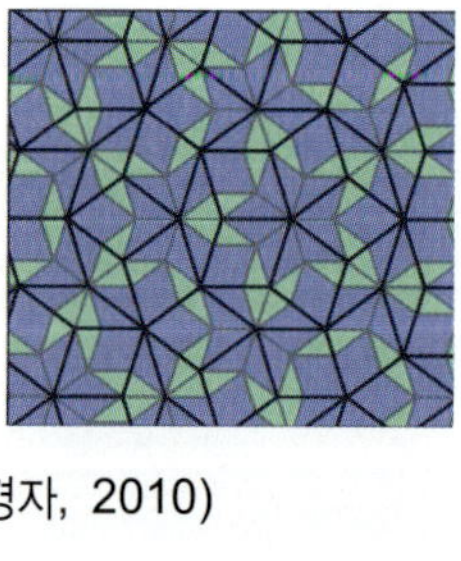

그림 1. 펜로즈 타일링(오경자, 2010)

본 연구에서는 정오각형을 이용한 펜로즈 타일링과 유사하게 정칠각형을 이용하여 평면 디자인을 제작하였다. 정칠각형의 대각선의 길이 사이의 관계를 살펴본 후, 정칠각형을 분할하고 재조합한 도형의 성질을 탐구하여 그것으로 비주기적 타일링을 구성하였다.

2 본 론

1) 정칠각형의 대각선의 길이 사이의 관계

정칠각형에는 서로 다른 길이를 갖는 대각선이 두 개 있다. 정다각형의 대각선의 길이 사이의 관계는 Diagonal Product Formula를 이용하여 구할 수 있다.

표 1. Diagonal Product Formula(Steinbach, P, 1997)

정n각형의 한 점에서 대각선을 모두 긋고, 각 대각선의 길이를 $d_1, d_2, d_3, \cdots, d_{n-1}$ 이라 할 때, $r_k = \frac{d_k}{d_0}$라 하면 다음이 성립한다. $r_1 r_k = r_{k-1} + r_{k+1}, 1 \le k,$ $r_2 r_k = r_{k-2} + r_k + r_{k+2}, 2 \le k,$ $r_3 r_k = r_{k-3} + r_k + r_{k+3}, 3 \le k,$ $\cdots$ $r_h r_k = \sum_{i=0}^{h} r_{k-h+2i}$, $d_h d_k = d_0 \sum_{i=0}^{h} d_{k-h} + 2i, h \le k$

위와 같은 정다각형의 대각선의 길이 사이의 관계를 구하기 위해 정다각형의 대각선의 길이를 연장하여 삼각형을 그려 보았다. 이렇게 하면 닮음인 삼각형이 생기므로 정다각형의 대각선의 길이 사이의 관계를 쉽게 구할 수 있다. 다음 그림은 정칠각형의 한 점 A에서 대각선을 그어 삼각형으로 분할한 후, 대각선을 다른 대각선의 길이만큼 각각 $1, \rho, \sigma+1$씩 연장하여 닮음인 삼각형을 그린 것이다.

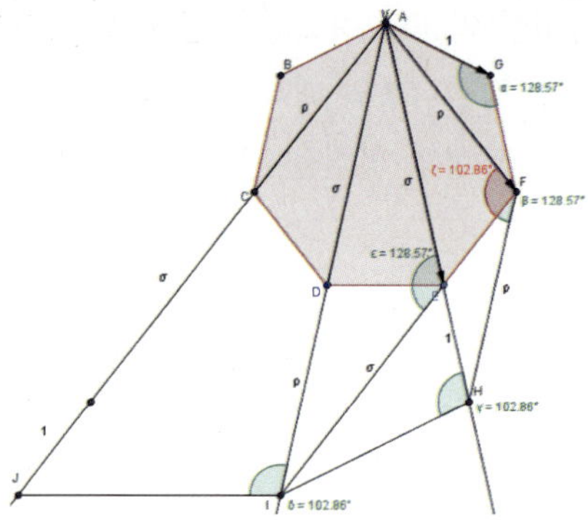

그림 2. 정칠각형의 대각선을 연장하여 닮음인 삼각형 찾기

$\triangle AGF$와 $\triangle AFH$, $\triangle AEI$가 닮음이므로

$$\frac{\overline{AG}}{\overline{AF}}=\frac{\overline{AF}}{\overline{AE}}=\frac{\overline{AE}}{\overline{AI}}\ ,\ \frac{1}{\rho}=\frac{\rho}{1+\sigma}=\frac{\sigma}{\rho+\sigma}$$

$\triangle AFE$와 $\triangle AHI$, $\triangle AIJ$가 닮음이므로

$$\frac{\overline{AF}}{\overline{AE}}=\frac{\overline{AH}}{\overline{AI}}=\frac{\overline{AI}}{\overline{AJ}}\ ,\ \frac{\rho}{\sigma}=\frac{1+\sigma}{\rho+\sigma}=\frac{\rho+\sigma}{1+\rho+\sigma}$$

이 되어 $\rho^2=1+\sigma$, $\rho\sigma=\rho+\sigma$임을 구할 수 있다. 정칠각형은 두 대각선의 길이의 곱과 합이 같은 특별한 성질을 갖는다. 또, $\rho^3-\rho^2-2\rho+1=0$이 되어 정칠각형의 대각선의 길이는 삼차방정식의 해가 되고, $\rho\cong 1.80194$, $\sigma\cong 2.24698$이다.

2) 칠각별과 마름모 타일

먼저 오각별(pentacle)에서 영감을 얻어 정칠각형을 분해하고 재조합하여 칠각별을 디자인하였다. 다음 타일의 모든 변의 길이는 1이고 각의 크기는 $\frac{\pi}{7}$의 정수배를 갖는다.

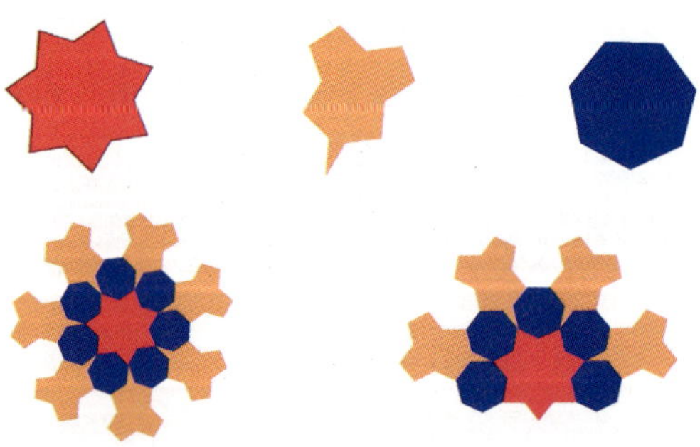

그림 3. 칠각별

펜로즈 P3타일인 황금 마름모 타일은 두꺼운 마름모(thick rhomb)와 얇은 마름모(thin rhomb) 2가지이고 모든 변의 길이가 1, 각 내각의 크기가 $\frac{\pi}{5}$의 정수배로 한 점을 중심으로 배열하면 8가지 형태가 나타난다. 펜로즈 P3타일과 유사하게 정칠각형을 이용하여 마름모 타일을 만들고, 비주기적 타일링 배열을 디자인하였다. 그림과 같이 정칠각형의 한 점을 중심으로 $\frac{\pi}{7}$씩 14번 회전시키면 모든 변의 길이가 1이고, 내각의 크기가 $\frac{\pi}{7}$의 정수배가 되는 3가지의 마름모 타일을 얻을 수 있다.

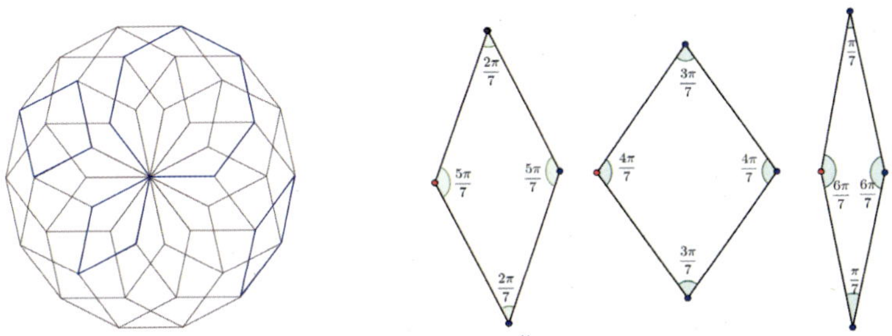

그림 4. 정칠각형을 재조합하여 만든 마름모 타일

타일링의 비주기성을 보장하기 위해 각 타일에 다른 색깔의 호를 그려 색이 같은 것끼리 연결되도록 변을 맞춰보았다. 이 맞춤조건(matching condition)에 따라 세 가지 마름모를 한 점을 중심으로 배열하니 다음과 같이 11개의 형태가 나타났다. 펜로즈 P3타일보다 타일의 수가 1개 더 많음에도 불구하고 내각의 크기가 $\frac{\pi}{7}$의 정수배이다 보니 맞춤조건에 따라 평면을 채우는 가짓수가 많지 않고, 배열한 디자인이 더 날카로우면서도 화려한 느낌을 준다.

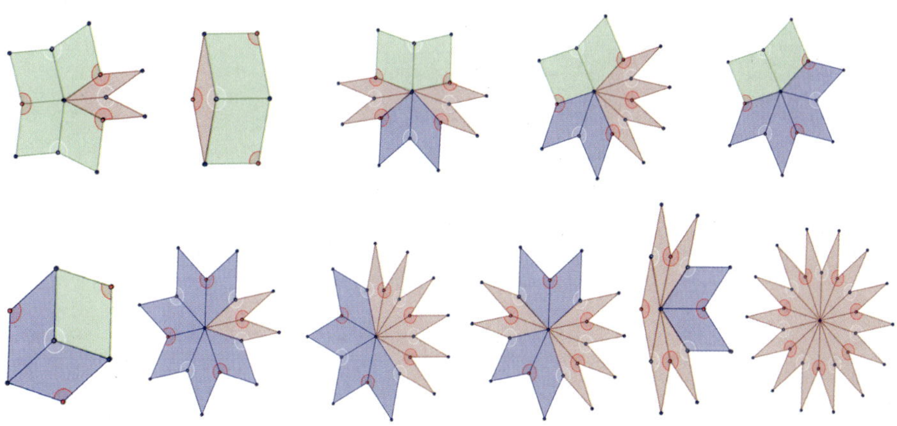

그림 5. 마름모 타일의 비주기적 타일링 배열

3) 삼각형 타일

Kevin Brown(1994-2013)은 정칠각형을 한 점을 중심으로 $\frac{\pi}{7}$씩 14번 회전했을 때 나타나는 도형에서 3개의 삼각형 타일을 만들고 그 성질을 탐구하여 타일링에 따른 규칙을 발견하였다. 다음은 그가 만든 삼각형 타일이다.

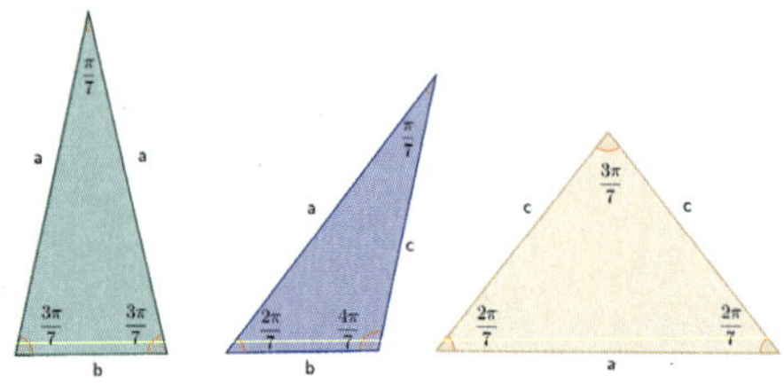

그림 6. 삼각형 타일의 내각의 크기와 길이의 비(Kevin Brown,1994-2013)

초록색 타일은 이등변삼각형이므로 2개의 직각삼각형으로 나누면 $a=1$일 때, 밑변의 길이 $b=2\sin\frac{\pi}{14}$이고, 노란색 타일 또한 양 변의 길이 $c=\frac{1}{2\cos\frac{2\pi}{7}}$인 이등변삼각형이다. 파란색 타일의 길이는 그림을 통해 맞닿는 변의 길이를 이용하여 구한다.

초록색 타일(G타일), 파란색 타일(B타일), 노란색 타일(Y타일)은 각각 서로 다른 작은 타일로 만들어진다. G타일은 2개의 G타일, 2개의 B타일, 1개의 Y타일로, B타일은 1개의 G타일, 2개의 B타일, 1개의 Y타일로 만들어진다. 또 Y타일은 2개의 G타일, 3개의 B타일, 2개의 Y타일로 만들어진다. 이때, 작은 타일과 큰 타일의 닮음비는 $\frac{a}{b}$이다.

그림 7. 삼각형 타일의 분할(Kevin Brown,1994-2013)

위와 같이 한 단계 타일링한 후에 초록색 타일, 파란색 타일, 노란색 타일의 개수를 각각 다음과 같이 나타낼 수 있다.

$$\begin{cases} G_1 = 2G + 2B + Y \\ B_1 = \ \ G + 2B + Y \\ Y_1 = 2G + 3B + 2Y \end{cases} \Leftrightarrow \begin{pmatrix} G_1 \\ B_1 \\ Y_1 \end{pmatrix} = \begin{pmatrix} 2 & 2 & 1 \\ 1 & 2 & 1 \\ 2 & 3 & 2 \end{pmatrix} \begin{pmatrix} G \\ B \\ Y \end{pmatrix}$$

한 단계 더 타일링한 초록색 타일, 파란색 타일, 노란색 타일을 G_2, B_2, Y_2라 하면, 위에서와 마찬가지로 관계식을 찾고 행렬을 이용하여 표현할 수 있다. 이러한 규칙으로 타일을 붙여나갈 때, n단계 후의 G, B, Y의 개수를 생각하면

$$\begin{pmatrix} G_n \\ B_n \\ Y_n \end{pmatrix} = \begin{pmatrix} 2 & 2 & 1 \\ 1 & 2 & 1 \\ 2 & 3 & 2 \end{pmatrix}^n \begin{pmatrix} G \\ B \\ Y \end{pmatrix}$$ 이므로 $$\begin{pmatrix} 2 & 2 & 1 \\ 1 & 2 & 1 \\ 2 & 3 & 2 \end{pmatrix}^n$$ 의 성분으로 구할 수 있다.

$v_n = \begin{pmatrix} G_n \\ B_n \\ Y_n \end{pmatrix} = A^n \begin{pmatrix} G \\ B \\ Y \end{pmatrix} = A^n v_0$ 일 때, A에 대한 고윳값을 구하기 위해 행렬 A의 특성 다항식을 구하면

$$\det(A - \lambda E) = \det\left(\begin{pmatrix} 2 & 2 & 1 \\ 1 & 2 & 1 \\ 2 & 3 & 2 \end{pmatrix} - \lambda \begin{pmatrix} 1 & 0 & 0 \\ 0 & 1 & 0 \\ 0 & 0 & 1 \end{pmatrix} \right)$$

$$= \det\left(\begin{pmatrix} 2-\lambda & 2 & 1 \\ 1 & 2-\lambda & 1 \\ 2 & 3 & 2-\lambda \end{pmatrix} \right)$$

$$= |(2-\lambda)\{(2-\lambda)^2 - 3\} - 2\{(2-\lambda) - 2\} + \{3 - 2(2-\lambda)\}|$$

$$= \lambda^3 - 6\lambda^2 + 5\lambda - 1$$

이므로 특성방정식은 $\lambda^3 - 6\lambda^2 + 5\lambda - 1 = 0$이 된다. 정칠각형을 이용한 삼각형 타일링을 나타낸 행렬에 대한 특성방정식 $\lambda^3 - 6\lambda^2 + 5\lambda - 1 = 0$의 계수는 파스칼의 삼각형의 대각선에서 찾을 수 있다. 펜로즈 타일링 중에서 연과 표창을 이용한 타일링의 단계에 따른 타일의 개수를 행렬로 나타냈을 때, 그 행렬에 관한 특성방정식은 $\lambda^2 - 3\lambda + 1 = 0$으로 마찬가지로 파스칼의 삼각형의 대각선에 나타난다.

1
1 1
1 2 1
1 3 3 1
1 4 6 4 1
1 5 10 10 5 1
1 6 15 20 15 6 1

1
1 1
1 2 1
1 3 3 1
1 4 6 4 1
1 5 10 10 5 1
1 6 15 20 15 6 1
1 7 21 35 35 21 7 1
1 8 28 56 70 56 28 8 1

그림 8. 파스칼의 삼각형에 나타난 특성방정식의 계수(Kevin Brown,1994-2013)

Kevin Brown의 삼각형 타일로 아름다운 문양을 디자인하여 이름을 붙이고, 타일링 단계에 따른 변화를 살펴보았다. 작은 삼각형 타일들이 큰 삼각형 타일을 만들 수 있으므로 각각의 디자인에서 타일링 단계에 따른 타일의 개수의 변화가 규칙적임을 알 수 있다.

표 1. 삼각형 타일을 이용한 디자인

	0 단계	1 단계	2 단계
G타일			
Y타일	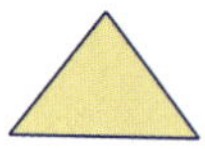		
B타일			
태양	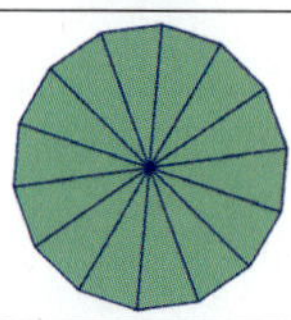		
별			

3 결론 및 제언

한 가지 정다각형으로 평면을 가득 채울 수 있는 것은 정삼각형, 정사각형, 정육각형뿐이다. 하지만 펜로즈 타일링과 같이 정오각형을 분할하고 재조합한 도형으로 아름답게 평면을 채울 수 있듯이 정칠각형을 탐구하면 다양한 타일링이 가능할 것이다. 지금까지 정다각형의 대각선의 길이를 연장하는 방식으로 정칠각형의 Diagonal Product Formula를 살펴본 후 pentacle에서 영감을 얻어 칠각별을 디자인하고, 펜로즈 P3타일과 유사하게 마름모 타일의 비주기적 배열을 찾아 보았다. 또 Kevin Brown의 삼각형 타일의 규칙성을 살펴보고 비주기적 타일링을 디자인해 보았다.

후속연구로 마름모 타일의 비주기적 배열들 각각에 대하여 deflation 규칙을 만들어 횟수가 증가함에 모양과 면적이 어떻게 변화하는지 그 관계를 살펴볼 수 있겠다. 또한 삼각형 타일을 이용한 비주기적 타일링을 실현하는 프로그램의 개발 등이 가능할 것이다. 정칠각형 타일링을 구성하면서 GSP와 GeoGebra를 사용하였는데 타일의 길이와 내각의 크기를 탐구하고, 회전변환, 대칭변환을 위한 회전각과 대칭축 등을 탐구할 수 있어서 기하영역 수업자료로 개발하기에 좋았다. 하지만 타일링 단계가 거듭될수록 속도가 느려지고 다양한 디자인을 구현하는 데에는 어려움이 있어서 펜로즈 타일링 애플릿처럼 비주기적 타일링의 맞춤조건에 따른 타일링이 손쉽게 구현되는 프로그램이 개발된다면 아름다운 디자인을 창작하는데 도움이 될 것이다. 학생들이 정다각형을 분해하고 재조합하여 평면을 디자인하는 활동을 통해 수학과 미술의 아름다움을 느낄 수 있도록 하는 타일링 자료 개발에 도움이 되기를 바란다.

참 고 문 헌

1. 박민경 (2011). 통합미술교육을 위한 테셀레이션 지도방안 연구. 석사학위논문. 경북대학교.
2. 박종률 (2012). 수학영재교육 길잡이. 전남대학교출판부.
3. 오경자 (2010). Aperiodic 타일링의 구성에 관한 연구. 석사학위논문. 전남대학교.
4. 이종희 (1999). 수학적 연결성에 대한 연구-수학과 미술과의 연결-. 교과교육학연구 학술지, 3, 147-160.
5. 최영한 (2002). 미국 NCTM의 Principles and Standards for School Mathematics. 수학교육 논문집, 13, 751-764.
6. Steinbach, P (1997). Golden Fields: A Case for the Heptagon. Math. Mag.
7. Kevin Brown (1994-2013). Non-Periodic Tilings With N-fold Symmetry. http://mathpages.com/home/kmath539/kmath539.htm. (검색일: 8. 30. 2013.).

김지혜 · 박종률

4. 수도쿠(Sudoku)와 수학

수도쿠는 고대 중국의 마방진 문제와 듀러(Albrecht Durer)의 동판화(1514년)에 나온 4차 마방진에서 그 유래를 찾을 수 있다. 18세기 오일러가 Latin square를 만들었으며 그 응용으로 처음 만들어진 수도쿠는 1970년 미국에서 Number Place라는 게임으로 탄생되었다. 1984년 일본의 한 퍼즐회사에서 수도쿠라는 명칭을 처음 사용하여 보급하면서 세계 각국으로 확산되었다. 수도쿠는 게임규칙은 단순하지만 두뇌를 많이 써야 하는 지능형 퍼즐이다.

여기서는 수도쿠의 수학적의미를 알아보기 위해서 좀더 간단한 시도쿠의 수학적의미를 다항식표현을 통하여 알아보고, 시도쿠와 수도쿠의 가지수계산에 대하여 논의하였다. 다음은 지금까지 알려진 수도쿠개임전략을 소개하고 실제 사례를 들었다. 끝으로 수도쿠를 채색한 디자인을 만들기 위한 여러 가지 사례를 들어 논의하였다.

1 수도쿠(Sudoku)의 수학적 의미

1) 수도쿠(Sudoku)란?

수도쿠는 숫자퍼즐로서 9개의 행, 9개의 열, 9개의 3×3 블록으로 이루어져 있는 정사각형 모눈표이다. 각 행, 열, 블록들에 1부터 9까지의 숫자를 단 한 번씩만 사용하여 채워 넣어야 한다. 주어진 힌트를 이용하여 빈칸을 채우는 퍼즐문제이다.

2			1					8
	3			5				
		7			3	1		
1					5	7		
	5						1	
		6	3					9
		8	4			9		
				3			4	
5					9			3

2) 시도쿠(Shidoku)

수도쿠보다 간단한 것으로 시도쿠는 1부터 4까지의 숫자를 4개의 행, 4개의 열, 4개의 4×4 블록에 단 한번씩만 사용하여 써 넣어야 한다. 시도쿠도 주어진 힌트를 이용하여 비워진 칸을 채우는데 있어 정답은 단 한 가지만 존재해야 한다.

			4
4		2	
	3		1
1			

3) 수도쿠 안의 수학적 의미

(1) 시도쿠의 다항식 표현

스도쿠의 수학적 의미를 알아보기 위해 스도쿠보다 더 간편한 시도쿠를 통해 살펴보자.

			4
4		2	
	3		1
1			

3	2	1	4
4	1	2	3
2	3	4	1
1	4	3	2

a	b	c	d
e	f	g	h
i	j	k	l
m	n	o	p

시도쿠 풀이문제를 각 칸(Cell)들을 변수로 하는 연립 방정식를 만들어보자.

16개의 각 칸(Cell)에 각각 그 해가 1,2,3, 또는 4가 되는 방정식

$$(\omega-1)(\omega-2)(\omega-3)(\omega-4) = 0$$

이 16개 있고, $\{x,y,z,w\}$으로 구성되는 4개의 행, 열, 그리고 2×2 블록에서 숫자들의 합과 곱에 대한 각각 2개의 방정식들을 생각할 수 있다.

$$w+x+y+z-10=0,\ wxyz-24=0$$

이런 방법으로 (4+4+4)×2=24개의 식을 만든다. 그러므로 위의 16개의 경우와 합하면 모두 40개의 방정식을 구하게 된다. 이것을 합과 곱에 의한 연립방정식(Sum-product Shidoku System)이라고 말한다. 위의 예에서 d−4=0, e−4=0, g−2=0, j－3=0, l－1=0, m－1=0을 추가해서 연립방정식의 해를 구하면 된다.

다음으로, 시도쿠에서 그래프 색칠문제(Graph Coloring Problem)로 생각해보자.

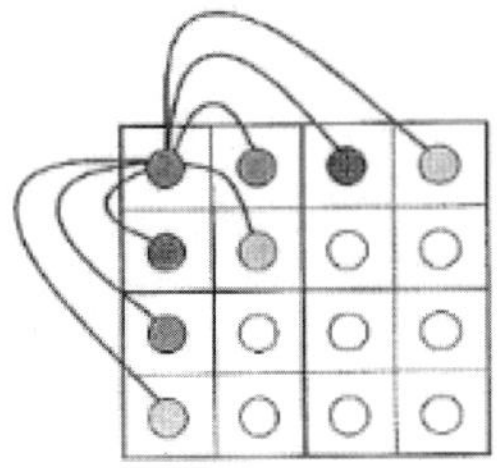

1	2	3	4
3	4		
2			
4			

그림에서 왼쪽 위의 귀퉁이에 있는 한 칸(cell)에서 자신과 다른 색을 칠할 수 있는 가짓수를 생각하면 모두 7가지가 된다. 그러므로 전체 칸(cell)들에서 서로 다른 색을 칠할 수 있는 모든 가짓수를 계산하면 $\frac{(16)(7)}{2} = 56$가지이다.

이 경우에 해당되는 식을 방정식으로 표현하면 다음과 같다. 1부터 4까지의 숫자를 포함했던 기존의 시도쿠 대신하여, 1, -1, i, $-i$를 포함한 새로운 시도쿠를 생각해 보자. 퍼즐 안의 각각의 16개 칸(cell)의 변수 ω에 대하여, $\omega^4 - 1 = 0$ 방정식들을 갖는다. 즉, 각각의 칸(cell)들은 1, -1, i, $-i$을 포함한다.

각 행, 열, 그리고 블록에 있는 서로 다른 두 칸의 변수 ω, x에 대하여

$\omega^4 - 1 = 0, x^4 - 1 = 0$이 성립함으로, $\omega^4 = x^4$이 되어, 인수분해하면

$(\omega - x)(\omega + x)(\omega^2 + x^2) = 0$ 이고, $\omega - x \neq 0$이므로, $(\omega + x)(\omega^2 + x^2) = 0$이다.

$(\omega + x)(\omega^2 + x^2) = 0$에서 각 행에서 2개의 원소를 선택하는 방법은 6가지($_4C_2$)가 있고, 4개의 행에서 2개의 원소를 선택하는 방법의 총 수는 6×4=24가지이다. 같은 방법으로 열에서 2개의 원소를 선택하는 방법의 총 수는 24가지이다. 그리고 블록에서 2개의 원소를 선택하는 방법은 2×4=8가지가 된다. 따라서 총 개수는 56가지가 된다. 이는 위에서 살펴본 그래프 색칠문제에서의 내용과 같다. 즉, 두 개의 쌍끼리 서로 다른 수를 선택하는 방법은 56가지가 되는 것이다.

결과적으로 위에서 살펴본 56가지의 방법과 각각의 개별 칸(cell)들로부터 선택하는 방법인 16가지를 합하면, 총 72개의 방정식이 나오게 된다. 즉, 72개의 방정식과 주어진 조건을 더하여 그 연립방정식을 풀면 된다. 이 방법을 Roots of unity Shidoku System이라 한다.

(2) 수도쿠의 다항식 표현

수도쿠에서도 합과 곱에 대한 연립방정식을 알아보자.

7						2	9	
				3	2			6
	1					5		3
	5		1				2	
	7	4		6		8	5	
	2				3		7	
6		7					3	
1			6	9				
	9	5						2

수도쿠 각 칸(Cell)에 각각 1,2,⋯,9가 되는 방정식

$$(\omega-1)(\omega-2)(\omega-3)\cdots(\omega-9)=0$$

이 81개 있고, $\{x_1, x_2, \cdots, x_9\}$로 구성되는 9개의 행, 열, 그리고 3×3 블록에서 숫자들의 합과 곱에 대한 각각 2개의 방정식들을 생각할 수 있다.

$$x_1+x_2+\cdots+x_8+x_9-45=0, \quad x_1x_2x_3\cdots x_8x_9-362,880=0$$

이런 방법으로 (9+9+9)×2=54개의 식을 만든다. 그러므로 위의 81개의 경우와 합하면 모두 135개의 방정식을 구하게 된다. 이것을 합과 곱에 의한 연립방정식(Sum-product Sudoku System)이라고 말한다.

그런데, 두 방정식을 동시에 만족하는 9가지 숫자를 선택하는 방법이 2가지가 있다. 첫 번째는 $362,880=2^7\cdot3^4\cdot5^1\cdot7^1$의 각각의 소인수들을 잘 나열하여 합이 45가 될 수 있는 소인수의 배열을 찾는 방법이다. 너무 복잡하므로 컴퓨터를 이용해도 좋다. 두 번째 방법은 위와 같이 소인수들이 아닌 1,2,4,4,4,5,7,9,9 숫자를 사용하는 방법이다. 1,2,4,4,4,5,7,9,9 숫자를 이용해서 1+2+4+4+4+5+7+9+9=45, 1·2·4·4·4·5·7·9·9=362,880을 표현할 수 있게 된다. 즉, 시도쿠에서와 같이 바로 수도쿠에서 일반화할 수 없음을 의미한다. 합과 곱에 의한 연립방정식(Sum-product Soudoku System)에 의해 동일한 영역안의 9가지 칸(cell)들이 유일한 값을 갖게 보장되지는 않는다.

다음으로, 수도쿠에서 그래프 색칠문제(Graph Coloring Problem)로 생각해보자.

수도쿠그림의 왼쪽 위의 귀퉁이에 있는 한 칸(cell)에서 자신과 다른 색을 칠할 수 있는 가짓수를 생각하면 모두 20가지가 된다. 그러므로 전체 칸(cell)들에서 서로 다른 색을 칠할 수 있는 모든 가짓수를 계산하면 $\frac{(81)(20)}{2} = 810$가지이다. 각각의 개별 칸(cell)들로부터 선택하는 방법인 81가지를 합하면, 총 891개의 방정식이 나오게 된다. 즉, 891개의 방정식과 주어진 조건을 더하여 그 연립방정식을 풀면 된다. 이 방법을 Roots of unity Sudoku System이라 한다.

(3) 시도쿠와 수도쿠의 가지수 계산

① 시도쿠의 가지수

먼저, 다루기 쉬운 4×4 시도쿠로 살펴보자. 다음과 같은 순서로 살펴보면 288가지의 시도쿠가 존재한다. 하나의 예를 가지고 단계적으로 살펴보자.

첫째, 비어있는 시도쿠 판(board)을 가지고 생각해보자. 이때, 시도쿠 왼쪽위의 2×2 블록을 채울 수 있는 방법의 수: 4!=24

ex)

1	2		
3	4		

둘째, 첫 번째의 ex)시도쿠에서 고정된 수를 가지고 살펴보자. 첫 번째 행의 나머지와 첫 번째 열의 나머지를 채운다. 행을 채우기 위한 2가지 방법이 있고, 열을 채우기 위한 2가지 방법이 있다. 따라서 24×2×2=96가지의 방법이 있다.

ex)

1	2	3	4
3	4		
2			
4			

셋째, 두 번째의 ex)에서의 나머지 셀을 채우는 방법을 찾아보자. 그 방법은 다음과 같이 3가지이다.

1	2	3	4
3	4	1	2
2	1	4	3
4	3	2	1

1	2	3	4
3	4	1	2
2	3	4	1
4	1	2	3

1	2	3	4
3	4	2	1
2	1	4	3
4	3	1	2

따라서 시도쿠의 모든 가능한 방법의 개수는 96×3=288가지다.

넷째, 동치인 시도쿠의 개수를 살펴보자. 하나의 시도쿠를 동치 변환(equivalence transformations)하여 다른 하나의 시도쿠가 되면, 두 시도쿠는 '동치'이다. 위의 변환(transformation)목록에 의하면 아래의 두 번째 시도쿠와 세 번째 시도쿠는 서로 동치이다.

1	2	3	4
3	4	1	2
2	1	4	3
4	3	2	1

1	2	3	4
3	4	1	2
2	3	4	1
4	1	2	3

1	2	3	4
3	4	2	1
2	1	4	3
4	3	1	2

그 이유는 다음과 같다. 세 번째 시도쿠를 두 번째 시도쿠로 동치변환(transformation)하기 위해서 위의 변형 목록들 중 2가지를 적용하였다. 먼저 오른쪽 아랫방향의 대각선을 따라 대칭이동하고 나서 2와 3의 위치를 교환한다.

1	2	3	4
3	4	1	2
2	1	4	3
4	3	1	2

⇒

1	3	2	4
2	4	1	3
3	2	4	1
4	1	3	2

⇒

1	2	3	4
3	4	1	2
2	3	4	1
4	1	2	3

따라서 288개의 다른 시도쿠 중에서 근본적으로 다른 것은 오직 2개 뿐이다.

② 연립방정식을 이용한 시도쿠의 가지수

많은 변수들에 대한 방정식 풀이는 컴퓨터 프로그램을 이용해야만 가능하다. Maple 12프로그램에서 그로브너 기저(Grobner Basis)에 관련된 프로그램을 이용하면 용이하게 계산해 볼 수 있을 것이다.

시도쿠에서 합과 곱에 의한 연립방정식(Sum-product Shidoku System) 40개의 식에 대하여, Lex term order($p > o > n > \cdot \cdot \cdot > a$)에 대한 Grobner Basis는 17개의 다항식으로 된다:

$$p_1 = a^4 - 10a^3 + 35a^2 - 50a + 24$$
$$p_2 = b^3 + b^2a + lower\ terms$$
$$p_3 = c^2 + bc + lower\ terms$$
$$p_4 = d + c + b + a - 10$$
$$p_5 = e^2 + lower\ terms$$
$$p_6 = f + e + b + a - 10$$
$$p_7 = g^2 - gb - ga + ab$$
$$p_8 = h + g - b - a$$
$$p_9 = i^2 + lower\ terms$$
$$p_{10} = j^2 - je - ja + ae$$
$$p_{11} = 18k + lower terms$$
$$p_{12} = 18l + lower\ terms$$
$$p_{13} = m + i + e + a - 10$$
$$p_{14} = n + j - e - a$$
$$p_{15} = 18o + lower\ terms$$
$$p_{16} = 18p + lower\ terms$$
$$p_{17} = 9gj + lower\ terms$$

이 삼각형Grobner Basis는 시도쿠 가지수를 셈하는데 한 방법을 제시해주고 있다.

$$4 \cdot 3 \cdot 2 \cdot 1 \cdot 2 \cdot 1 \cdot 2 \cdot 1 \cdot 2 \cdot 2 \cdot 1 \cdot 1 \cdot 1 \cdot 1 \cdot 1 \cdot 1 = 384$$
$$4 \cdot 3 \cdot 2 \cdot 1 \cdot 2 \cdot 1 \cdot 1 \cdot 1 \cdot 2 \cdot 1 \cdot 1 \cdot 1 \cdot 1 \cdot 1 \cdot 1 \cdot 1 = 96$$

$384 - 96 = 288$ 가지이다.

③ 수도쿠의 가지수

끝으로, 수도쿠의 개수를 살펴보자.

펠겐하우어(Felgenhauser)와 야비스(Javis)(2006-2007)에 의해 발견된 것으로 스도쿠의 전체 개수는 6.67×10^{21}개로 추정된다. 또한 야비스와 러셀(Russell)에 의해 대칭적인 배열, 즉 회전이나 열 교환 등을 이용하여 하나의 배열을 변환하여 얻을 수 있는 것들을 모두 같은 것으로 본다면 결과가 5,472,730,538개라는 것을 밝혔다.

(4) 수도쿠의 동치 변환들(equivalence transformations)

하나의 수도쿠가 대칭이동, 회전이동 등의 변환(transformation) 절차에 의해 다른 스도쿠 를 얻을 수 있는 경우, 두 수도쿠는 '동치'라 한다. 우선, 동치인 수도쿠에 대하여 살펴보기 위해 필요한 몇가지 용어들에 대하여 알아보자. 수도쿠에서 띠(band)는 수평으로 인접한 세 개의 블록(block)들의 집합이고 아래의 그림에서

$\{B_1, B_2, B_3\}$가 하나의 띠(band)의 예이다. 기둥(pillar)은 수직으로 인접한 세 개의 블록(block)들의 집합이고 아래 그림에서의 $\{B_1, B_4, B_7\}$가 하나의 기둥(pillar)의 예이다.

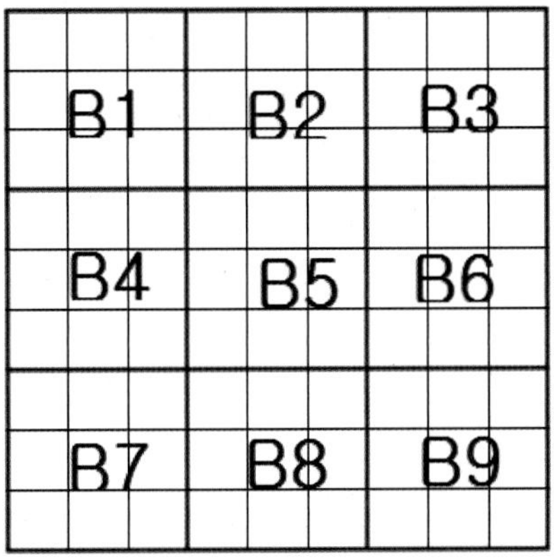

이제, 수도쿠보다 더 간단한 시도쿠의 동치 변형들(equivalence transformations)에 대하여 수학적 의미를 살펴보자.

일반적으로 한 띠(band) 안에 있는 행들 또는 한 기둥(pillar) 안에 있는 열들을 교환하면 시도쿠 성질을 잃지 않고 치환할 수 있다. 그리고 띠(band)들, 또는 기둥(pillar)들은 전체적으로 치환할 수 있다. 아래의 그림을 통해 살펴보자. 첫 번째 스도쿠의 한 띠(band)안에 있는 1행과 2행을 교환한 것이 두 번째 시도쿠이다. 한 띠(band)안에 있는 행들을 서로 교환했지만 여전히 시도쿠이다. 이번에는 교환을 해서 시도쿠가 되지 않는 예를 살펴보자. 세 번째 시도쿠는 첫 번째 시도쿠에서 같은 띠(band)안에 있지 않은 1행과 3행을 교환한 것이다. 하지만, 4번째 블록(block)에 3이 두 번 포함되어 있으므로 시도쿠가 아님을 쉽게 확인할 수 있다.

시도쿠

1	2	3	4
3	4	1	2
2	3	4	1
4	1	2	3

여전히 시도쿠

3	4	1	2
1	2	3	4
2	3	4	1
4	1	2	3

시도쿠 아님

2	3	4	1
3	4	1	2
1	2	3	4
4	1	2	3

이번에는, 90도 회전이동에 대하여 살펴보겠다. 아래의 두 번째 시도쿠는 첫 번째 시도쿠를 시계방향으로 90도 회전 이동하여 얻은 것이다. 이와 같은 방법으로 하면,

90도, 180도, 270도 회전시킬 수 있음을 확인할 수 있다. 이러한 회전 이동들은 모두 90도 회전 이동을 반복하여 얻어질 수 있기 때문에, 우리는 90도 회전이동에 대해서만 생각하면 되겠다.

시도쿠

1	2	3	4
3	4	1	2
2	3	4	1
4	1	2	3

여전히 시도쿠

4	2	3	1
1	3	4	2
2	4	1	3
3	1	2	4

여전히 시도쿠

3	1	2	4
2	4	1	3
1	3	4	2
4	2	3	1

그리고 위의 세 번째 시도쿠는 첫 번째 시도쿠를 오른쪽 위로 향하는 대각선을 따라 대칭 이동하여 얻은 것이다. 여전히 시도쿠가 됨을 확인할 수 있었다. 위와 같은 방법으로 시도쿠 성질을 보존하면서 대칭 이동하는 방법은 아래와 같이 4가지가 있다. 선택할 수 있는 4개의 대칭축은 다음과 같다.

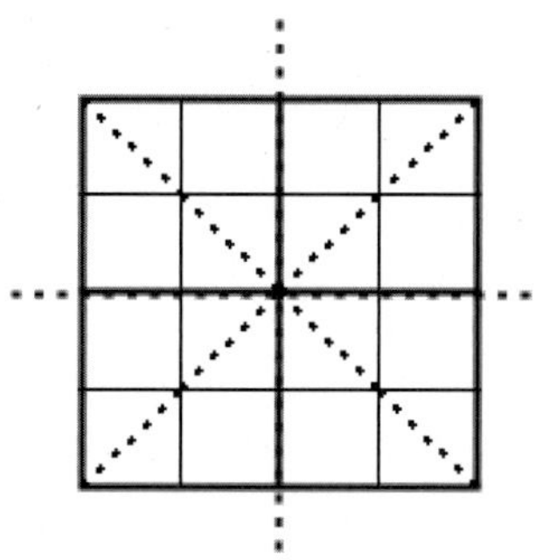

위에서 살펴본 변환들을 통해 얻어지는 시도쿠들은 서로 동치이다. 변환을 통해 동치로 볼 수 있는 동치변환목록을 정리해 보면 다음과 같다.

첫째, 치환이 가능하다.

둘째, 하나의 띠(band)에 있는 행들끼리 또는 하나이 기둥(pillar)에 있는 열들끼리의 교환이 가능하다.

셋째, 띠(band)들끼리 또는 기둥(pillar)들끼리 교환 가능하다.

넷째, 하나의 띠(band)안에서 또는 기둥(pillar)들 안에서의 블록(block)들이 교환가능하다. 다섯째, 90도 회전이동 또는 4가지 대칭이동이 가능하다.

2 수도쿠 개임 전략 및 그 실습

1) 수도쿠 푸는 전략

잘 알려진 수도쿠 풀이 방법에 대해서 알아보고자 한다. 중요한 수도쿠 풀이 전략으로는 20여 가지 방법이 소개되어 있으며, 미국·일본에는 스도쿠 문제를 만들고 운영하는 연구소들이 활발하게 활동하고 있다.

수도쿠 풀이법에는 명칭이 붙어 있는 것들이 있다. 수도쿠는 전세계인들이 풀고 있는 퍼즐이기 때문에 풀이법의 명칭도 나라에 따라 각양각색이다. 여기서는 수도쿠 풀이 방법 중 초보적인 전략들을 소개하겠다.

(1) 유일한 후보수(Hidden Single)

수도쿠 푸는 전략 중에 모든 빈칸에 그곳에 들어갈 후보 숫자를 적은 후에 그 후보 숫자를 지워가면서 푸는 것이 있다. 이렇게 후보 숫자를 전부 적은 다음 푸는 방법을 사용할 경우 '유일한 후보수(Hidden Single)'전략을 사용할 경우가 생긴다. 이것은 각 행, 열, 블록의 여러 후보값을 살펴봤을 때 그 값이 유일하게 결정될 수 있는 셀이 있을 경우 사용하는 전략이다.

(2) 트윈(Twins)

한 셀에 두 개의 후보값만을 갖는 경우 사용할 수 있는 전략이다. 아래와 같이 왼쪽의 6행 5열과 7행 5열 모두에 가능한 후보값은 4,8이다. 그 값으로 인해서 2행 5열과 3행 5열 각각에 유일한 값 9와 7을 결정할 수 있다. 그리고 6행 5열의 값이 4이면 7행 5열의 값은 8이 결정될 것이고, 6행 5열의 값이 8이면 7행 5열의 값은 4로 결정될 수 있다.

7	6	3	5	1		2	9	8
5			489	3	2	7	1	6
2	1		789		6	5	4	3
	5	6	1			3	2	
3	7	4	2	6	9	8	5	1
	2	1	48		3	6	7	
6		7	48	2	1	9	3	5
1	3	2	6	9	5	4	8	7
	9	5	3			1	6	2

7	6	3	5	1		2	9	8
5			9	3	2	7	1	6
2	1		7		6	5	4	3
	5	6	1			3	2	
3	7	4	2	6	9	8	5	1
	2	1	48		3	6	7	
6		7	48	2	1	9	3	5
1	3	2	6	9	5	4	8	7
	9	5	3			1	6	2

(3) X-윙(X-Wing)

한 줄에서 두 개의 셀에 두 개의 후보가 남아 있는 경우와 두 개의 줄과 칸에서 서로 교차를 하는 경우에 사용할 수 있는 전략이다. 이때 서로 만나지 않으면 불가능하다. 아래의 스도쿠 퍼즐에서와 같이 표시되어 있는 부분의 모양이 X자로 서로 관련되어 있다. 즉, 직사각형의 두 대각선방향의 구석점들의 쌍들 사이의 관계가 큰 X로 그려진 경우에 사용할 수 있는 전략이다.

				9	5			
				2	7			1
39	18	2	18	4	6	5	7	39
8	9	6	5	7	3	1	4	2
5	2	7	4	8	1	3	9	6
1	3	4	9	6	2	7	5	8
347	6	9	278	5	8	42	1	347
2			6	3			8	
				1				

3467				9	5			34
3469				2	7			1
39		2		4	6	5	7	39
8	9	6	5	7	3	1	4	2
5	2	7	4	8	1	3	9	6
1	3	4	9	6	2	7	5	8
347	6	9		5	8	42	1	347
2			6	3			8	57
347				1				34579

(4) 아리아드네의 실(Ariadne's Thread)

이 전략의 명칭은 그리스 신화에서 연유하여 붙여진 명칭이다. 그리스 신화의 내용을 간략하게 소개하겠다. 아테네 왕자 테세우스는 사람들을 위협하는 몸은 사람이지만 머리가 황소인 미노타우로스와 대적하기 위해 한번 들어가면 빠져나올 수 없는 미궁 속으로 들어간다. 괴물을 죽인 그는 무사히 미궁 밖으로 나올 수 있었는데, 이는 크레타의 공주 아리아드네가 미리 건네준 실타래를 풀면서 미궁 속으로 들어갔기 때문에 실을 잡고 빠져 나올 수 있었던 것이다. 따라서 막다른 지점에 도달하면 가장 최근의 분기점으로 되돌아가서 다른 경로를 찾는 경우에 사용할 수 있는 전략을 아리아드네의 실(Ariadne's Thread) 전략이라 한다. 한 예를 들어 살펴보자. 각 셀에 후보값을 써본 후 값을 찾아가는 과정이다. A의 후보값은 3, 9중 하나를 선택할 수 있다. A를 3으로 선택하면, B는 7, C는 2, D는 4, E는 9를 선택할 수 있다. 다른 셀의 값을 계속해서 찾다보면 모순이 발생하게 된다. 따라서 최근 분기점인 A 지점으로 되돌아가서 9를 선택한 후 다시 퍼즐을 재도전해 보도록 하는 전략을 말한다.

				9	5	*	*	4
				2	7	F	*	1
		2		4	6	5	7	A
8	9	6	5	7	3	1	4	2
5	2	7	4	8	1	3	9	6
1	3	4	9	6	2	7	5	8
	6	9	C	5	8	D	1	B
2			6	3		E	8	
				1				

				9	5	268	236	4
				2	7	689	36	1
		2		4	6	5	7	39
8	9	6	5	7	3	1	4	2
5	2	7	4	8	1	3	9	6
1	3	4	9	6	2	7	5	8
	6	9	27	5	8	24	1	37
2			6	3		49	8	
				1				

2) 스도쿠 실습

스도쿠는 각 행, 열, 블록에 1부터 9까지의 숫자가 한 번씩 들어가도록 빈 셀을 채워 넣는 퍼즐이다. 위에서 살펴본 전략들을 사용하여 직접 스도쿠를 해결해보자.

	2							5
3		6						2
	4		2				9	
		3		8		9		
			5	1	9			
		9		6		7		
	7				1		8	
6						5		7
8							2	

5	4						6	3
6							5	4
		1				2		
					3			
			6	9	2			
			7					
		6				7		
3	1							9
2	5						3	1

3 수도쿠 채색하기

우리가 색채를 보고 느끼는 요소에는 빛의 파장 자체를 나타내는 색상(hue), 밝고 어두운 정도를 나타내는 명도(value)와 색파장의 순수한 정도를 나타내는 채도

(chroma)가 있다.

1. 색상환(먼셀의 색상환, 오스트발트의 색상환 등)을 따라 9가지 색을 선택하여 색상 수도쿠를 만들 수 있고,

2. 무채색의 명도 단계에 따라, 또는 무채색과 순색의 명도에 따라 9가지 색을 선택하여 명도 수도쿠를 만들 수 있고,

다음으로, 우리나라는 고대로부터 음양오행사상에 근거하여 색체문화를 갖고 있었다. 이런 전통색체를 오방색 청,적,황색은 양의색이고 흑,백은 음의 색이다. 간색으로 녹,벽,홍,유황,자색은 모두 음의 색이다.

3. 오방색의 정색과 간색 중에서 9가지의 색을 선택하여 오방색 수도쿠를 만들어 볼 수 있다.

이렇게 만든 것들은 좌표평면의 1상한에 놓고, x축과 y축에 대하여 대칭이동을 시켜 정사각형 타일링을 제작한다.

다음은 예를 들어, 한 수도쿠에서 타일링을 만들어본 것이다;

1부터 9까지의 숫자각각에 색을 부여해보자. 인접하는 두 셀은 서로 다른 색으로 칠하도록 하고, 다른 숫자라고 해서 꼭 다른 색을 칠할 필요는 없다.

ex) 1은 빨강, 2는 초록, 3은 노랑, 4는 회색, 5는 주황, 6은 보라, 7은 핑크, 8은 파랑, 9는 연보라와 같이 각 숫자에 임의로 색을 부여하여 채색해보자.

7	6	3	5	1	4	2	9	8
5	4	8	9	3	2	7	1	6
2	1	9	7	8	6	5	4	3
8	5	6	1	4	7	3	2	9
3	7	4	2	6	9	8	5	1
9	2	1	8	5	3	6	7	4
6	8	7	4	2	1	9	3	5
1	3	2	6	9	5	4	8	7
4	9	5	3	7	8	1	6	2

	9	2	4	1	5	3	6	7	7	6	3	5	1	4	2	9	8
6	1	7	2	3	9	8	4	5	5	4	8	9	3	2	7	1	6
3	4	5	6	8	7	9	1	2	2	1	9	7	8	6	5	4	3
9	2	3	7	4	1	6	5	8	8	5	6	1	4	7	3	2	9
1	5	8	9	6	2	4	7	3	3	7	4	2	6	9	8	5	1
4	7	6	3	5	8	1	2	9	9	2	1	8	5	3	6	7	4
5	3	9	1	2	4	7	8	6	6	8	7	4	2	1	9	3	5
7	8	4	5	9	6	2	3	1	1	3	2	6	9	5	4	8	7
2	6	1	8	7	3	5	9	4	4	9	5	3	7	8	1	6	2
2	6	1	8	7	3	5	9	4	4	9	5	3	7	8	1	6	2
7	8	4	5	9	6	2	3	1	1	3	2	6	9	5	4	8	7
5	3	9	1	2	4	7	8	6	6	8	7	4	2	1	9	3	5
4	7	6	3	5	8	1	2	9	9	2	1	8	5	3	6	7	4
1	5	8	9	6	2	4	7	3	3	7	4	2	6	9	8	5	1
9	2	3	7	4	1	6	5	8	8	5	6	1	4	7	3	2	9
3	4	5	6	8	7	9	1	2	2	1	9	7	8	6	5	4	3
6	1	7	2	3	9	8	4	5	5	4	8	9	3	2	7	1	6
8	9	2	4	1	5	3	6	7	7	6	3	5	1	4	2	9	8

고갱은 "회화란 어떤 대상이나 이야기를 나타낸다기보다는 어떤 질서에 의해 조합된 색채로 덮인 평면"이라고 정의하여, 회화에서 색체의 중요성을 강조하였다.

따라서, 새로운 색채의 발견과 탐구를 위해 회화에 나타난 색채를 분석해 보는 것은 의미있는 작업이 될 것이다.

4. 유명한 회화 작품들에 대하여 그 작품에서 주로 사용한 9가지 색들을 추출하여, 잘 어울리는 수도쿠에 채색하여 타일링을 만들어 보는 작업을 하고자 한다.

예를 들어 "모나리자"에서 추출된 색들로 수도쿠를 만들어 "모나리자 수도쿠"라는 이름을 붙이면 좋을 것으로 생각한다.

참고문헌

1. Jason Rosenhouse and Laura Taalman(2011). Taking Sudoku Seriously. Oxford university press.
2. Elizabeth Arnold, Stephen Lucas, and Laura Taalman(2009). Grobner Basis Representations of Sudoku. Department of Mathematics and Statistics James Madison University, Harrisonburg VA 22807.
3. Avin adler and Ilan adler(2008). Fundamental Transformations of Sudoku Grids. Probability Trust.
4. W.W.Adams and P. Loustaunau(1994). Introduction to Grobner basis, GSM, Vol.3 AMS, Providence, RI.
5. B.Felgenhauer and F.Jarvis, Mathematics of Sudoku I, Mathematical Spectrum 39(2006) 15-22.
6. 이마이 요스케(2012). 스도쿠 최상급 풀이법. 서울: 보누스.
7. 박영순, 이현주(2004), 색채와 디자인, 교문.

조혜정 · 박종률

5. 중학교 동아리활동에서 다알리아 디자인을 통한 수학적 흥미와 태도의 변화에 대한 연구*

1 서 론

수학의 아름다움을 추구하는 것은 수학교육의 목적 중 하나이다. 하지만 현실에서 수학의 아름다움을 느끼기는 쉽지 않다. 교실 현장에서의 수학활동은 대부분 수와 연산과 계산에 치중되어 있고, 학생들의 흥미를 유발할 수 있는 기하영역에서도 초등학교 과정에서는 조작물을 통해 학습하다가 중등학교 과정으로 바뀜에 따라 지필 환경 속에 머무르는 것이 현실이기 때문이다.

우리가 주변에서 쉽게 볼 수 있는 사물을 통하여 수학의 아름다움과 흥미, 또한 교과와의 연계성을 가질 수 있는 실용성을 가진 교수 학습 도구 중의 하나가 자연 속의 다알리아 꽃을 통한 수학과의 접목이다. 우리나라에서 연구했던 논문이 없었던 것이 말해주는 것처럼 다알리아 디자인이 아직은 생소하다. 자연속의 다알리아 꽃의 소재로 수학에 접목시켜서 된 것이 바로 $n-$다알리아 디자인($n-dahlia\,design$)이다. $n-$다알리아($n-dahlia$)라 함은 n겹의 회전 대칭과 각 고리에서 n개의 마름모를 가지는 기하학적인 도형을 의미한다.

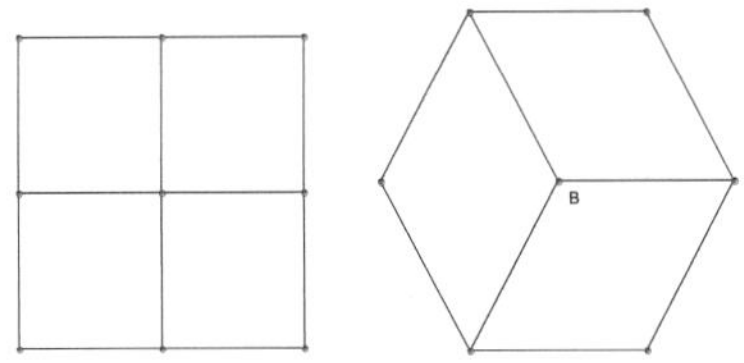

〈3-다알리아, 4-다알리아〉

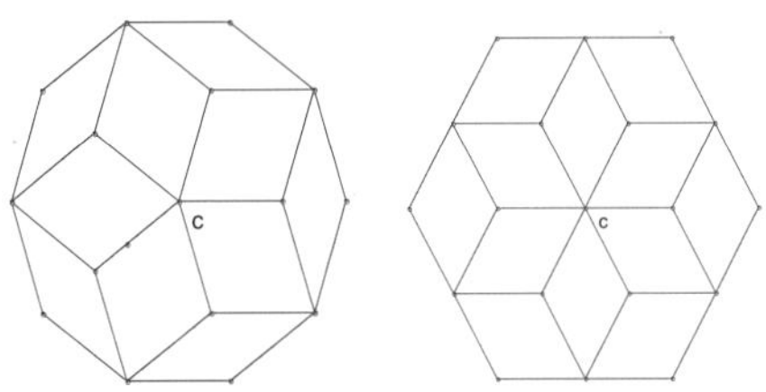

〈5-다알리아, 6-다알리아〉

* 이 글은 전남대학교 과학교육연구지 제35권(2911) pp.27-35에 수록되어 있다.

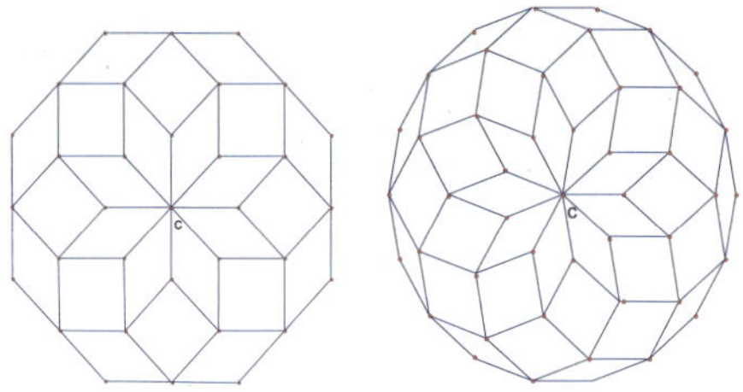

<8-다알리아, 9-다알리아>

Math Magazine 2003년 6월 판에서 M.N Deshpand의 “다각형 안을 마름모꼴로 자를 수 있을까?” 라는 문제에 해결을 제시하였다.

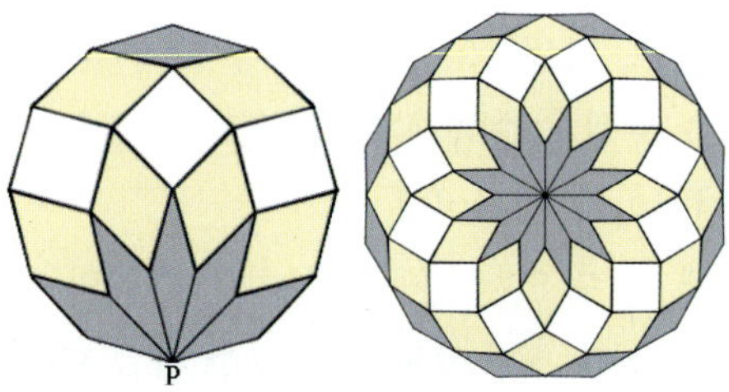

〈정십이각형, 12-다알리아〉

그 해답은 $k \geq 2$인 정수에 대해 $4k-$각형은 정사각형을 포함하는 마름모의 타일링(tiling)들로 붙일 수 있다. 12각형은 하얀색에서 보여지는 것과 같은 정사각형을 포함하는 마름모의 타일로 붙여진다는 것을 보여준다. 만약, 마름모 타일과 함께, 정다각형의 사본들이 다각형의 한 꼭짓점 P 에 대하여 회전한다면 다알리아 디자인은 P 에서 중심을 가지고 생성된다. $4k-$다각형을 가지고 시작하는 방법은 모든 $4k-$다알리아를 만들어 내기 위해 확장 될 수 있다. 여기서, “$n-$다알리아 디자인($n-$ *dahlia design*)은 다른 변수 n에 대하여 존재할까?”라는 물음을 가질 수 있다. 그것에 대한 대답은 “존재한다”이다. 만약, 다알리아가 마름모의 중심고리에서 시작되는 것에 의해 만들어진다면 $n-$다알리아 디자인은 $n \geq 3$에 대하여 항상 존재한다.

다음은 $n-$다알리아와 관련한 정리들이다.

정리 1 $n \geq 3$이라고 하자. $n-$다알리아에서 중심으로부터 k번째 고리는 $a_k = \frac{2k}{n}\pi$, $b_k = \frac{n-2}{n}k$ 의 각을 가진 마름모로 사용한다. (a_1은 $n-$다알리아에서 중심각이다.)

증명 k 에 대한 수학적 귀납법으로 증명해 보자.

k=1인 경우는 $a_1 = \frac{2\pi}{n}$,

$b_1 = \pi - a_1 = \pi - \frac{2\pi}{n} = \frac{(n-2)}{n}\pi$

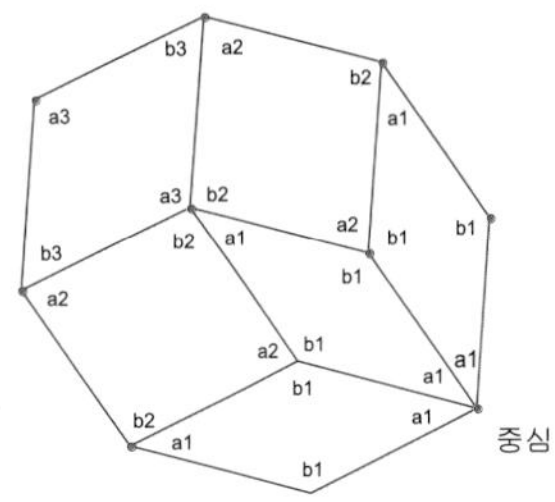

<n-다알리아의 한 부분>

k=2인 경우는

$$a_2 = 2\pi - 2b_1 = 2\pi - 2(\pi - \frac{2\pi}{n}) = \frac{4\pi}{n}$$

$$b_2 = \pi - a_2 = \pi - \frac{4\pi}{n} = \frac{(n-4)}{n}\pi$$

$k \geq 3$에 대하여 $k-1$에 대하여 성립한다고 하면

$$a_k = 2\pi - 2b_{k-1} - a_{k-2}$$
$$= 2\pi - 2\frac{[n-2(k-1)]\pi}{n} - \frac{2(k-2)}{n}\pi$$
$$= 2\pi - 2\pi + \frac{4(k-1)}{n}\pi - \frac{2(k-2)}{n}\pi = \frac{2k\pi}{n}$$

또한, $b_k = \pi - a_k = \frac{(n-2k)}{n}\pi$.

따라서 모든 자연수 k에 대하여 성립한다.

정리2 $n-$다알리아(n-$dahlia$)에서 마름모의 고리들 j의 개수는 $j = \left[\frac{n}{2} - 1\right]$ 이다.

n	3	4	5	6	7	8	9	10	11	12
j	1	1	2	2	3	3	4	4	5	5

<$n-$다알리아와 마름모의 고리 개수>

이렇게 $n-$다알리아 (n-$dahlia$)는 n의 짝수, 홀수에 따라 특성화 될 수 있다.

정리3 n이 4에 의해 나누어진다고 하면 고리 $\frac{n}{4}$은 정사각형으로 구성되어진다.

증명 $n-$다알리아 ($n \geq 3$)에서 k번째 고리의 마름모 각의 크기는

$$a_k = \frac{2k\pi}{n}, \qquad b_k = \pi - \frac{2k\pi}{n}$$

고리 $\frac{n}{4}$ 의 마름모의 각의 크기를 알아보면 $a_{\frac{n}{4}} = \frac{2 \cdot \frac{n}{4}\pi}{n} = \frac{\pi}{2}$, $b_{\frac{n}{4}} = \pi - \frac{\pi}{2} = \frac{\pi}{2}$

따라서, 고리 $\frac{n}{4}$은 정사각형으로 구성되어 진다.

정리4 n이 4에 의해 나누어진다고 하면 고리 $\frac{n}{4}$은 중간열이다.

증명 n-다알리아 $(n \geq 3)$에서 마름모의 고리 개수는 $j=\left[\frac{n}{2}-1\right]$ $n=4t$ ($t=1,2,3\cdots$) 이므로, $j=[2t-1]$ 중간열의 고리를 찾으려면 $\frac{j}{2}$열을 말하는 것이고, $\frac{j}{2}=\frac{[2t-1]}{2}=t$

그런데 $t=\frac{n}{4}$ 이므로, 고리 $\frac{n}{4}$은 중간열이다.

정리5 n이 짝수라고 하면 k번째 고리는 $(j-k+1)$번째 고리와 같은 마름모를 사용한다.

증명 n-다알리아 $(n \geq 3)$에서 k번째 고리의 마름모의 각의 크기는

$a_k=\frac{2k\pi}{n}$, $b_k=\pi-\frac{2k\pi}{n}$ n이 짝수이므로, $n=2t$ ($t=2,3,4\cdots$) 위의 식에 대입하면 $a_k=\frac{2k\pi}{2t}=\frac{k\pi}{t}$, $b_k=\pi-\frac{2k\pi}{2t}=\pi-\frac{k\pi}{t}$

$$=\frac{(t-k)}{t}\pi$$

$$a_{j-k+1}=\frac{2(j-k+1)}{2t}\pi\ ,\quad b_{j-k+1}=\pi-\frac{2(j-k+1)}{2t}\pi$$

그런데, $j=\left[\frac{n}{2}-1\right]=\ t-1$

$$a_{j-k+1}=\frac{2(t-1-k+1)}{2t}=\frac{(t-k)}{t}\pi \qquad b_{j-k+1}=\pi-\frac{(t-k)}{t}\pi\ =\frac{k}{t}\pi$$

따라서, n이 짝수일 때, k번째 고리는 $j-k+1$ 번째 고리와 같은 마름모를 사용한다.

정리6 n이 짝수라고 하면 n-다알리아는 중심에서 한 꼭짓점을 가지는 것과 함께 정n각형으로 둘러싸여진다.

증명 마지막 열의 마름모의 각의 크기를 알아보면

$$a_j=\frac{2(\frac{n}{2}-1)}{n}\pi=\frac{n-2}{n}\pi \qquad (\because\ j=\left[\frac{n}{2}-1\right]=\frac{n}{2}-1\ )$$

따라서, a_j는 정n각형의 한 내각의 크기와 같다.

즉, n이 짝수일 때, n-다알리아는 정n각형으로 둘러싸여진다.

정리7 n이 홀수라고 하면 $n-$다알리아는 $2n-$다알리아와 같은 마름모의 집합을 사용한다.

증명 $n-$다알리아 $(n \geq 3)$에서 k번째 고리의 마름모의 각의 크기는

$$a_k = \frac{2k\pi}{n}, \quad b_k = \pi - \frac{2k\pi}{n}$$

$2n-$다알리아$(n \geq 2)$에서 $2k$번째 마름모의 각의 크기는

$$a_{2k} = \frac{4k\pi}{2n} = \frac{2k\pi}{n}, \quad b_{2k} = \pi - \frac{2k\pi}{n}$$

즉, $n-$다알리아에서 k번째 마름모의 각의 크기는 $2n-$다알리아에서 $2k$번째 마름모의 각의 크기와 같다. 또한 마름모의 변의 길이는 당연하게 같다.

정리8 n이 홀수라고 하면 $n-$다알리아는 그 다알리아의 중심에서 한 꼭짓점을 가지는 것과 함께 정n각형으로 둘러싸여지지 않는다.

증명 마지막 열의 마름모의 각의 크기를 알아보면

$$a_j = \frac{2\left(\frac{n-1}{2}\right)}{n}\pi = \frac{n-1}{n}\pi \qquad \left(\because j = \left[\frac{n}{2} - 1\right] = \frac{n-1}{2}\right)$$

따라서, n이 홀수일 때, $n-$다알리아는 정n각형으로 둘러싸여 있지 않다.

다알리아 디자인은 수학적인 면과 예술적인 면이 복합된 주제로서 단순한 도형의 예술적인 작품에 이르기까지 다양한 면을 지니고 있다.

<파인애플 고리, 용암의 색깔>

<딸기 고리, 카사루나 다알리아>

또한, 다알리아 디자인은 생성하는 한 점을 기본으로 하여 다각형의 회전이동이라는 의미를 가지고 있다는 점으로 볼 때, 기하 영역의 교육에서 큰 가치를 가지고 있다고 볼 수 있다.

다알리아 디자인이 지니고 있는 수학 교육적 가치를 탐구하고 이를 바탕으로 2009 개정 교육과정에서 함께 도입된 창의적 체험활동에 속해 있는 동아리활동에서 다알리아 디자인을 통한 수학적 흥미와 태도의 변화를 알아보고, 앞으로 동아리 활동 및 영재수업 등을 통해 다알리아 디자인이 활발히 도입될 수 있도록 하고자 한다.

2 연구 내용 및 방법

본 연구는 크게 두 가지로 구성된다. 첫째는 다알리아 디자인을 활용할 학습자료를 개발하는 것이고, 둘째는 개발한 자료를 학생들에게 학습을 시키고 수학적 흥미, 태도의 변화를 알아보는 것이다.

연구일정의 흐름을 살펴보면 다음과 같다.

문헌 연구 및
수학과 교육과정과의 상관성 분석

↓

교수 · 학습자료 개발 방향 설정

↓

설정된 개발 방향에 맞는
학습 자료의 구성 체계 설계

↓

다알리아 디자인 학습 자료 개발

↓

개발된 학습 자료
'수학디자인반' 학생 10명에게 학습

↓

수학적 흥미, 태도의 변화 조사

↓

결과 분석

<연구 일정의 흐름>

1) 다알리아 디자인을 활용할 학습 자료 개발

(1) 다알리아 디자인과 수학과 교육과정의 상관성 분석

제7차 수학과 교육과정은 학습자의 활동을 중시하는 교육을 강조하고 있다. 수학적 개념이나 원리, 법칙을 학생 스스로 탐구, 발견하고 창조하는 능력을 기르는 데에는 교사 중심의 주입식 또는 설명식방법 보다는 학습자 중심의 활동을 통하여 수학적 개념이나 원리, 법칙을 스스로 발견하고 적용할 수 있기 때문이다. 또한, 학생들 상호간의 토론과 협력 학습 활동은 수학적 개념을 바르게 이해하고, 문제를 다양한 방법으로 해결하는 능력을 기르며, 수학 학습에 자신감과 흥미를 가지는 데 도움이 된다. 따라서 다알리아 디자인은 학생들이 직접 만들어 보는 활동적인 과정을 통해 자연스럽게 기하영역에 대한 수학적 개념을 학습하고 수학적 사고력과 창의력을 키울 수 있어 제7차 수학과 교육과정의 기본 방향과 부합되는 수학 학습의 좋은 소재라 할 수 있다.

한편, 다알리아 디자인을 활용할 수 있는 수학 학습의 내용은 작도, 대칭변환, 도형의내각의 크기, 패턴학습 등이다. 이를 토대로 중학교 교육과정 상에서 다알리아 디자인을 활용할 수 있는 영역을 살펴보면 중1수학에서 '작도', '평면도형의 성질'이라고 할 수 있다. 그러나 다알리아 디자인을 활용하는 학습은 기하학습 프로그램인 GSP를 다룰 줄 알아야 하고, 중학교 학생에게는 특히 이 프로그램을 학습 시키는데 충분한 시간이 필요하므로 정규 수업시간보다는 동아리 활동 시간을 이용하여 학습시키는 것이 효과적이라고 본다.

(2) 학습 자료 개발 방향 설정

본 연구는 중학교에서 활용할 수 있는 학습자료를 개발하기 위하여 다음과 같이 개발 방향을 설정하였다. 첫째, 학생들이 직접 다알리아 디자인 작품을 제작하는 등의 체험 활동을 통하여 작품 속에서 스스로 다각형의 모양과 각, 대칭변환, 작도 등 수학적 개념을 찾아내어 정의할 수 있도록 한다. 둘째, 수학적 개념을 다양한 방법으로 찾을 수 있도록 개별 활동 보다는 토의를 통한 조별 활동이 이루어지도록 한다. 셋째, 현재 국내에서는 다알리아 디자인에 대한 연구물이 없으므로, 개발된 학습자료를 더욱 신중하게 투입시키며 학생들의 다양한 생각들을 존중하고 받아들인다.

(3) 설정된 개발 방향에 맞는 학습 자료의 구성 체계 설계

구체적인 차시별 학습 자료의 구성 체계는 다음과 같다.

단원명	차시	학습 내용	성취목표
다알리아꽃과 $n-$다알리아	1	다알리아 꽃을 수학 속의 $n-$다알리아로 만들기	$n-$다알리아의 뜻을 알 수 있다.
$n-$다알리아 찾기	2	여러 그림속에서 $n-$다알리아 찾기	여러 그림 속에서 $n-$다알리아를 찾을 수 있다.
3-다알리아 그리기	3	GSP를 이용하여 3-다알리아 그리기 및 마름모의 내각 구하기	GSP를 이용하여 3-다알리아를 그릴 수 있고, 이를 구성하는 마름모의 내각의 크기를 구할 수 있다.
4-다알리아 그리기	4	GSP를 이용하여 4-다알리아 그리기 및 마름모의 내각 구하기	GSP를 이용하여 4-다알리아를 그릴 수 있고, 이를 구성하는 마름모의 내각의 크기를 구할 수 있다.
6-다알리아 그리기	5	GSP를 이용하여 6-다알리아 그리기 및 마름모의 내각 구하기	GSP를 이용하여 6-다알리아를 그릴 수 있고, 이를 구성하는 마름모의 내각의 크기를 구할 수 있다.
$n-$다알리아에서 회전대칭 다각형 찾기	6	$n-$다알리아에서 회전대칭 다각형 찾고 회전대칭 각도 구하기	$n-$다알리아에서 회전대칭한 다각형을 찾을 수 있고, 회전대칭한 각도를 구할 수 있다.
30-다알리아 속의 미술	7	30-다알리아 속에서 여러 가지 모양 색칠하기	30-다알리아 속에서 여러 가지 모양을 발견하고 찾을 수 있다.
$n-$다알리아로 예술작품 만들기	8	$n-$다알리아를 이용하여 아름다운 예술작품 만들기	$n-$다알리아를 이용하여 예술작품을 만들 수 있다.

<차시별 학습 자료의 구성 체계>

(4) 다알리아 디자인 학습 자료 개발

차시별 구성 체계에 맞추어 학습 자료를 8차시분으로 제작하였다.

2) 개발된 교수·학습 자료 적용

(1) 연구 대상

창의석 제험활동 시간의 하나인 동아리 활동에 수학디자인반을 개설하여 운영하였다. 수학디자인반은 수학과 미술을 접목시켜 미술작품을 감상하고 디자인 활동을 통해 수학적 개념을 알아내는 것을 목적으로 하는 동아리 부서이다. 본 연구는 수학 디자인반에 속해있는 중학교 2학년 학생 10명을 대상으로 실시하였다.

(2) 연구 주제 및 절차

수학디자인반에서 중학교 2학년 학생 10명이 8차시에 걸쳐 다알리아 디자인을 주제로 하여 활동하였다. 이 학습이 이루어지기 전에 학생들에게 사전 수학적 태도, 흥미 검사지를 통하여 학생들의 설문이 이루어졌다. 이 학생들은 학습이 이루어지기 전에 GSP에 대한 충분한 학습을 하였다. 그 후 3월에서 4월 사이에 개발된 다알리아 디자인 학습자료 8차시분량을 중심으로 학습하였다. 학습자료 내용은 자연 속에서의 다알리아 꽃을 수학에 접목시켜 $n-$다알리아 디자인을 GSP를 통해 직접 그려보는 주가 되게 하였고, $n-$다알리아의 회전 대칭성, 작도, 다각형의 내각의 크기라는 수학적 개념을 발견하고 이를, 예술과 디자인에 적용하여 직접 예술 작품을 만들어 보도록 학습이 이루어졌다. 본 연구의 학습이 모두 이루어진 후, 사후 수학적 태도, 흥미 검사지를 통하여 이 학생들의 수학적 태도와 흥미에 대한 변화를 알아보았다.

3 결과 및 논의

수학디자인반 학생들은 8차시 분량의 개발된 다알리아 디자인에 대한 학습 자료를 학습하였고, 다알리아 디자인을 통해 도형의 내각의 크기, 회전 대칭, 작도 등에 대한 수학적 개념을 알아내었고, 이를 통한 수학적 흥미, 태도에 대한 변화를 분석하였다.

1) 학습 전 학생들의 수학적 흥미, 태도에 대한 분석

문항	문항 내용	매우 그렇다	그렇다	보통 이다	그렇지 않다	전혀 그렇지 않다	합계
1	나는 수학이 좋다.	10	30	30	20	10	100
2	나는 수학이 신기하고 아름답다고 느낀다.	0	10	30	30	30	100
3	나는 수학 문제를 풀면 신이 난다.	10	20	30	20	20	100
4	나는 수학에 소질이 있는 것 같다.	0	10	20	30	40	100
5	수학은 좀 더 논리적으로 생각하는 것을 돕는다.	30	20	10	20	20	100
6	나는 수학이 앞으로 공부하는 데 꼭 필요한 과목이라고 생각한다.	10	20	20	10	40	100
7	미래에는 대부분의 직업이 수학 지식을 필요로 할 것이다.	0	10	20	20	50	100
8	나는 중요한 수학적 개념이나 새로운 아이디어를 배우고 싶다.	20	30	10	20	20	100

<학습 전 설문지 통계>

학습 전 학생들의 수학적 흥미, 태도는 일반적으로 동아리 부서 자체를 홍보활동에 의해 수학에 대한 어느 정도의 흥미를 가진 학생들이 자발적으로 가입하였으므로 대체적으로 수학에 대하여 긍정적인 생각을 가지고 있었다. 문항 2의 수학의 심미성을 묻는 설문에서는 60%의 많은 학생들이 '그렇지 않다'라고 답하였다. 문항 5와 문항 6과 문항 8에서 비교적 '그렇다'라고 대답한 학생이 많은 것을 보면 수학에 대한 필요성은 대부분 잘 알고 있고, 실생활에 응용도 해보고 싶은 것으로 나타났다. 그러나 그렇지 않은 학생들은 문제 풀이만 하는 수학에 대해 따분해했고, 어려워하는 학생들로 나타났다.

2) 학습 후 학생들의 수학적 흥미, 태도에 대한 분석

학습 후 설문지는 학생의 학습 전 · 의 수학적 태도와 흥미의 변화의 타당도를 높게 하기 위하여 학습 전 설문지와 같은 문항으로 이루어졌다. 다알리아와 관렴한 8차시분의 학습이 모두 끝난 후 이루어진 설문지의 통계는 위의 <표>와 같다.

문항	문항 내용	매우 그렇다	그렇다	보통 이다	그렇지 않다	전혀 그렇지 않다	합계
1	나는 수학이 좋다.	30	30	20	20	0	100
2	나는 수학이 신기하고 아름답다고 느낀다.	30	20	30	20	0	100
3	나는 수학 문제를 풀면 신이 난다.	20	30	30	10	10	100
4	나는 수학에 소질이 있는 것 같다.	20	30	20	20	10	100
5	수학은 좀 더 논리적으로 생각하는 것을 돕는다.	30	20	30	20	0	100
6	나는 수학이 앞으로 공부하는데 꼭 필요한 과목이라고 생각한다.	10	30	30	20	10	100
7	미래에는 대부분의 직업이 수학지식을 필요로 할 것이다.	10	20	30	20	20	100
8	나는 중요한 수학적 개념이나 새로운 아이디어를 배우고 싶다.	30	30	10	20	10	100

<학습 후 설문지 통계>

문항 1, 문항 3의 설문지 통계 결과에서 알 수 있듯이 수학에 대한 흥미 · 태도에 대한 긍정적인 생각이 '그렇다'라고 대답한 학생이 약 80%로 학습 전에 비해 큰 변화가 있었다. 특히, 문항 2에서 수학의 심미성을 묻는 설문에서는 80%의 학생들이 '그렇다'라고 답하여 수학의 아름다움을 학생들이 직접 발견함으로써 수학에 대한 내면적인 흥미를 갖게 되었다. 문항 4, 문항 5, 문항 6에서 알 수 있듯이 수학 학습에 대한 태도에 대한 변화 역시 학습 전에 비해 크게 늘었으며, 문항 7, 문항 8에서 알 수 있듯이 수학적 유용성의 인식면에서도 '그렇다'라고 대답한 학생이 약 65%로 나타났다. 이를 통해 학생들의 수학에 대한 흥미 · 태도 및 학습에 대한 태도, 수학적 유용성의 인식에 대한 생각이 매우 많은 긍정적인 변화가 있었다.

4 결 론

수학의 아름다움 즉, 수학의 심미성은 수학교육의 목적 중 하나이다. 하지만 교육현장에서 수학의 아름다움을 느끼기는 쉽지 않다. 교실에서의 수학활동은 대부분 문제의 계산과 풀이에 치중되어 있고 학생들의 흥미를 유발할 수 있는 기하 영역에서도 저학년 과정에서는 조작활동을 통해 학습하다가 고학년 과정으로 바뀜에 따라 지필환경 속에 머무르는 것이 현실이기 때문이다.

우리가 주변에서 쉽게 볼 수 있는 사물을 통하여 수학의 아름다움과 흥미, 또한 교과와의 연계성을 가질 수 있는 실용성을 가진 교수 학습 도구 중의 하나가 자연 속의 다알리아 꽃을 통한 수학과의 접목이다. 자연속의 다알리아 꽃의 소재로 수학에 접목시켜서 된 것이 바로 n-다알리아 디자인($n-dahlia\ design$)이다.

다알리아 디자인이 지니고 있는 수학 교육적 가치를 탐구하고 이를 바탕으로 2009 개정 교육과정에서 함께 도입된 창의적 체험활동인 동아리활동에서 다알리아 디자인을 통한 기하학습의 지도가 활발히 도입될 수 있다고 보고 '수학디자인반' 동아리를 개설하여 학생들에게 다음과 같은 연구 내용을 설정하였다.

1. 창의적 체험활동에 속해있는 동아리활동 시간에 다알리아 디자인을 활용할 수 있는 교수·학습 자료를 개발한다.

2. 개발한 교수 · 학습 자료를 동아리 부서인 '수학디자인반'에 속해 있는 학생들에게 학습시킨 후 수학적 흥미, 태도의 변화를 알아 본다.

위의 연구내용 1을 해결하기 위하여 먼저 문헌연구 및 다알리아 디자인과 수학과 교육과정과의 상관성을 분석하고 교수 · 학습자료 개발 방향을 설정하였다. 그리고 설정된 개발 방향에 맞는 자료의 구성 체계를 설계하고 8차시 분량으로 학습 자료를 개발하였다.

연구내용 2를 해결하기 위하여 개발된 8차시 분량의 학습 자료를 '수학디자인반'에 소속된 학생 10명을 지도하였다. 그 결과 학생들의 수학에 대한 흥미·태도 및 학습에 대한 태도, 수학적 유용성의 인식에 대한 생각이 매우 많은 긍정적인 변화가 있었다. 본 연구자는 동아리활동의 '수학디자인반'은 수학적 개념과 창의성을 자극하고 흥미를 향상시켜 학습의 효율성 신장시킬 수 있을 것으로 생각한다. 이에 본 연구에서 개발한 학습 자료를 현장 교사들이 동아리활동 시간에 사용할 수업자료로 개발하여 수업에 이용하는 유용한 교육자료로 활용될 수 있으리라 기대된다. 또한, 학생들은 활동지에 제시된 다알리아 디자인을 만들어 보는 직접적인 활동을 통해 다각형의 각과 모양, 대칭변환, 규칙과 패턴 등의 수학적 개념을 자연스럽게 학습하게하고 수학에 대한 흥미를 향상시켜 학습의 효율성을 높일 수 있을 것이라 생각한다.

본 연구를 통하여 다알리아 디자인이 교실 현장에서 수학의 아름다움을 느낄 수 있고, 수학에 대한 흥미와 긍정적인 태도를 갖게 하는 학습 자료가 되기를 바라고, 또한 우리가 주변에서 쉽게 볼 수 있는 사물을 통하여 수학의 아름다움과 흥미, 또한 교과와의 연계성을 가질 수 있는 실용성을 가진 교수 학습 자료가 더욱 개발되기를 기대해본다.

참 고 문 헌

1. 이효심, 2010, 학습동기 유발을 위해서 GSP를 활용한 테셀레이션 학습자료 연구, 창원대학교 교육대학원 석사학위논문.
2. 문정배, 2007, GSP4.0을 통한 중학교 수학에서 작도방법 연구, 제주대학교 교육대학원 석사학위논문.
3. 음윤정, 2006, 테셀레이션을 활용한 수학수업 자료개발, 한국교원대학교 교육대학원 석사학위논문.
4. 이경미, 2003, 중학교 기하수업에서 테셀레이션 활용을 통한 수학적 흥미 유발에 관한 연구, 신라대학교 교육대학원 석사학위논문.
5. 우정호, 2001, 학교 수학 지도 원리와방법, 서울대학교출판부.
6. 오혜원, 2000, 중학교 CA활동에서 테셀레이션 도입을 통한 기하 학습의 효과 연구, 이화여자대학교 교육대학원 석사학위논문.
7. 이종우, 2008, 수학적 사고의 아름다운 산물, (주)경문사.

8. 김향숙, 2008, 창의적 수학을 위한 GSP활용 제2판, (주)경문사.
9. 교육과학기술부, 2011, 에듀팟 길라잡이.
10. 교육과학기술부, 2011, 손에 잡히는 창의적 체험활동 매뉴얼(중학교).
11. Gwen L. Fisher, 2006, Dahlia Flowers in Mathematics, Nature, Art and Design, Math Horizons 13.
12. http://www.beadinfinitum.com/
13. http://www.gwenbeads.blogspot.com/
14. http://www.maa.org/mathhorizons/
15. http://www.edupot.go.kr
16. http://www.kice.re.kr
17. http://www.moe.go.kr

박희윤 · 박종률

CHAPTER

03

3

중등학교 수학영재 교사연수 자료

제3장 중등학교 수학영재 교사연수 자료

이 장에서는 저자가 지난 수년간에 걸쳐 광주시교육청, 전남도교육청의 수학영재교사 연수과정과 한국교육개발원 수학영재교사 심화연수과정, 부산광역시교육청 영재교육진흥원의 수학영재교사 연수과정에서 강의했던 자료들을 소개한 것이다.

기하작도를 통한 문제해결사례는 가법정리의 여러 가지 해법과 삼각형의 오일러선 등을 기하학적으로 쉽게 설명하고 있다. 정다면체와 공핵정다면체의 제작 탐구는 저자가 오랫동안 연구했던 분야로 한국교육개발원, 광주시교육청 등 여러 곳에서 실시했던 프로그램으로서 수학교사들의 참여와 반응이 좋았던 것이다. 이 프로그램을 완전하게 수행하려면 8시간 정도가 소요되며, 교사들이 팀을 구성하여 노작활동을 통한 작품을 제작해 보는 것은 그 의미가 크다고 생각한다.

3차 다항방정식의 판별식은 2차 방정식에서와 같이 근과 계수의 관계로 계산하기란 무척 어렵지만, 더 쉽게 계산할 수 있는 행렬식을 이용하는 방법, 기본대칭식을 이용하는 방법과 Resultant를 이용하는 방법 등을 소개한 것이다. 수학영재교육에서 이산수학은 매우 중요한 부분을 차지하고 있다. 그 중 그래프이론에서 오일러 경로와 해밀턴 회로에 대한 것은 영재담당 교사들에게 큰 도움이 되리라 생각한다.

정수의 기초적인 개념을 이해하고 잉여류집합의 덧셈과 곱셈 연산을 이용한 원디자인 (circle design)과 정사각형디자인 (square design)을 구성하는 방법은 좋은 영재교육자료가 될 것이다.

끝으로 삼각형의 수심(orthocenter)과 관련된 기하학적 탐구는 삼각비의 성질들과 사인 · 코사인의 관련된 문제들을 탐구하는데 도움이 될 것으로 생각한다.

1. 기하작도를 통한 문제해결 사례*

수학에서 기하학적 사고는 문제 해결에 유용하다. 문제해결은 수학을 공부하는 목적이며 또한 수학을 하는 중요한 수단이다. 교사의 중요한 역할은 가치 있는 문제와 수학적 과제를 선택하여 가르치는 것이다. 수학적 개념들을 인식하고 서로 관련지어 사용하는 것과 어떻게 수학적 개념들이 상호 작용 하는가를 아는 것은 중요하다. 이와 같은 수학적 연결성을 중시하여 교육과정의 규준을 연구하는 것이 최근 한 추세이다.

많은 중고등학교 학생들이 수학에 대해, 단조롭고 지루한 교과, 단편적인 공식들이 나열되어 있는 교과라는 왜곡된 이미지를 가지고 있다. 학생들이 이렇게 생각하는 이유는 추상적인 기호로 되어 있는 수학 공식이 의미하는 바를 잘 이해하지 못하고 수학적 연결성을 깨닫지 못해서이다. 학생들에게 수학 공식을 시각화하여 보여 주면, 학생들은 기호로 표현된 공식이 의미하는 바를 더 잘 이해하게 될 것이다. 또 대수와 기하 사이의 연결성을 인식하여, 수학을 하나의 통일성있는 구조로 보는 수학에 대한 긍정적인 이미지를 형성하게 될 것이다.

시각적 방법을 이용하면 수학정리의 내용이 한 눈에 전체적으로 들어오고 더 오래 기억된다. 중고등학교에서 정리나 공식을 가르칠 때 시각적 자료를 활용하면 대수적 논리적 증명만 해주는 경우보다 학습에 생기를 불어넣을 수 있다.

이러한 관점에서, 본 논의에서는 중고등학교 수학 수업 장면에 직접 활용할 수 있는 기하 작도를 이용한 문제 해결에 대한 사례들을 몇 가지 소개하고자 한다. 또한 이 문제를 수학의 역사적 측면에서도 언급하고자 한다.

1) 여러 가지 평균
2) 황금비와 정오각형 그리고 작도문제
3) 삼각비의 관계
4) 가법정리 여러 가지 해법
5) 삼각형의 오일러 선

에 대하여 대수적인 이론 전개보다는 훨씬 쉽고 간결한 기하학적인 작도를 통하여 설명하고자 한다.

---

* 이 글은 부산시 영재교육진흥원 영재교육 수학반 연수(2006), pp.231-253에 수록되어 있다.

1 기하작도를 통한 문제해결 사례

1) 여러 가지 평균들의 관계

고등학교 1학년 수학의 절대부등식에서 산술평균과 기하평균의 관계를 다룬다. 이를 지도할 때 다음과 같은 그림을 이용하여 여러 가지 평균들의 관계를 전체적으로 한 눈에 파악할 수 있다.

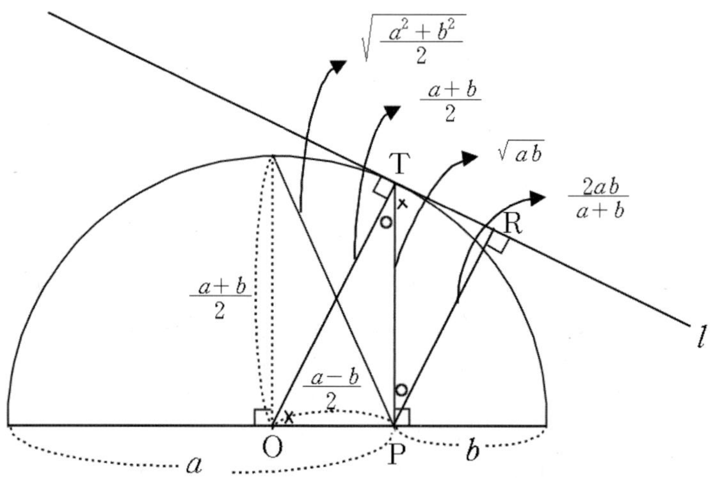

두 수 a, b 에 대하여

$$\frac{2ab}{a+b} \leqq \sqrt{ab} \leqq \frac{a+b}{2} \leqq \sqrt{\frac{a^2+b^2}{2}}$$

(조화평균) (기하평균) (산술평균) (제곱평균)

2) 황금비와 정오각형의 작도

한 점이 주어진 선분을 황금분할로 나눈다는 말은 다음과 같다. 분할된 선분 중에서 긴 선분이 주어진 선분과 짧은 선분의 비례중항이 되도록 나눈다는 것이다.

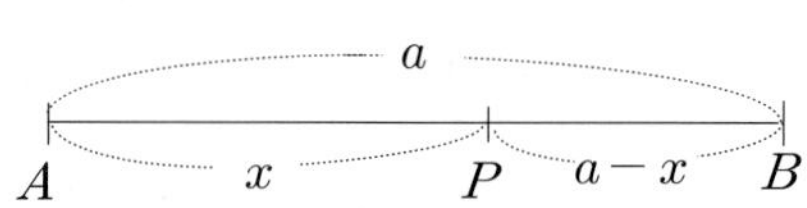

즉, $a : x = x : a-x$

$$x^2+ax-a^2=0 \qquad x=(\frac{-1+\sqrt{5}}{2})a$$

황금비는 $\frac{\sqrt{5}-1}{2}$ 임을 알 수 있다.

피타고라스 학파의 상징표시는 정오각형의 대각선으로 이루어진 별표였다.

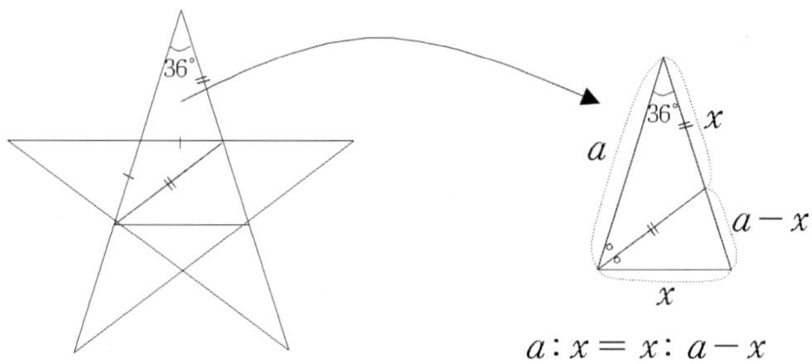

$a : x = x : a-x$

정오각형에서 다음 3가지 경우의 작도를 생각해 보자.

(a) 주어진 선분을 한 변으로 하는 정오각형의 작도

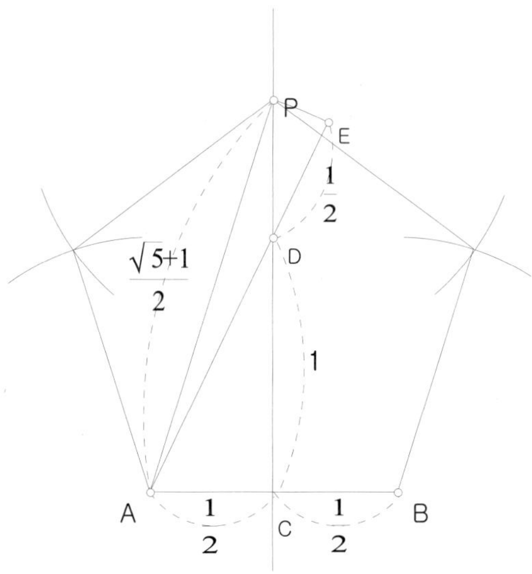

(b) 주어진 선분을 한 대각선으로 하는 정오각형의 작도

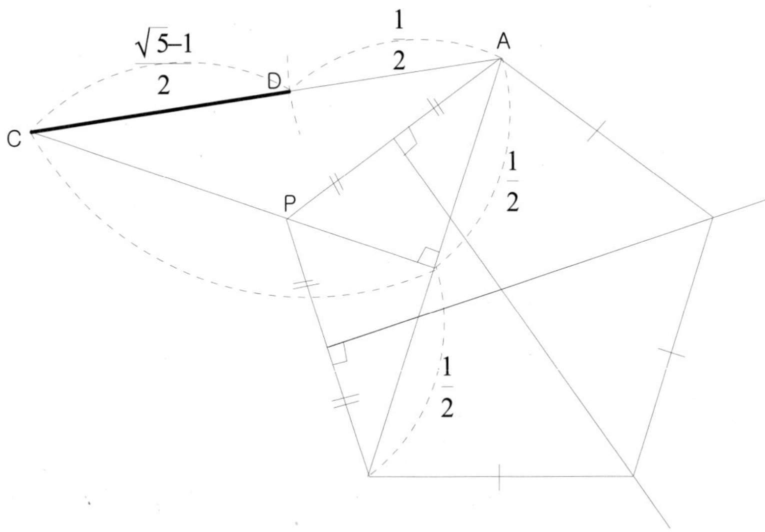

(c) 주어진 원에 내접하는 정오각형의 작도

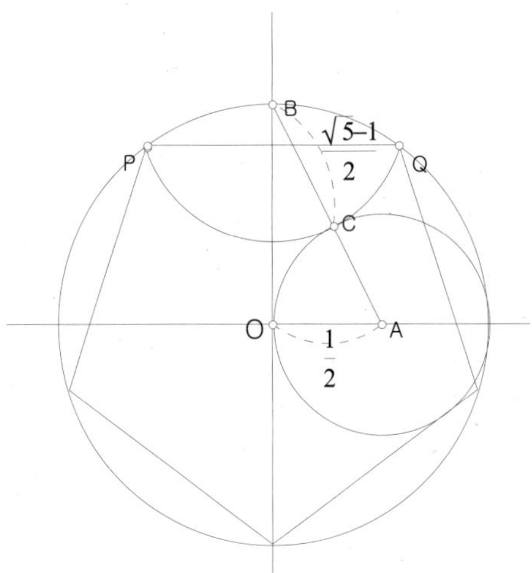

(d) 정 15각형의 작도

정 n각형의 작도는 그 중심각 $\frac{2\pi}{n}$ 을 작도하는 문제이다.

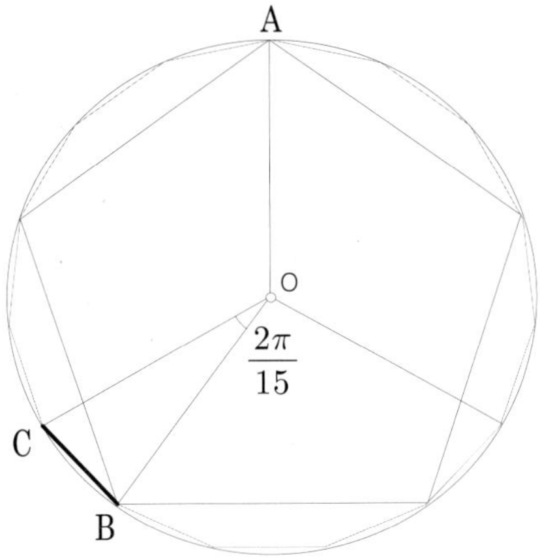

$(3,5)=1$

$3\times 2-5=1$

$(\frac{2\pi}{5})\times 2-(\frac{2\pi}{3})=\frac{2\pi}{15}$

정오각형의 중심각의 두 배와 정삼각형의 중심각의 차가 $\frac{2\pi}{15}$ 이다.

(e) 정 17각형의 작도

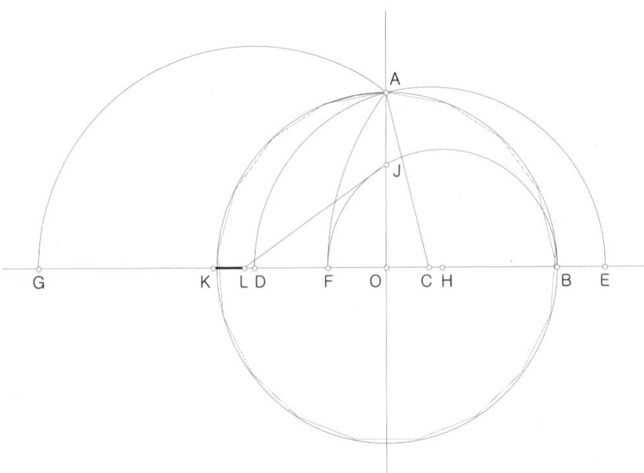

① $\overline{OC}=\frac{1}{4}\overline{OB}$

② $\overline{CA}$를 반지름으로 하는 원과 만나는 점을 D, E

③ $\overline{AE}$를 반지름으로 하는 원과 만나는 점을 F

④ $\overline{DA}$를 반지름으로 하는 원과 만나는 점을 G

⑤ $\overline{BF}$의 중점을 H

⑥ $\overline{HB}$를 반지름으로 하는 원과 만나는 점을 J

⑦ $\overline{OG}$의 중점을 K

⑧ $\overline{OK} = \overline{JL}$

⑨ $\overline{KL}$: 34 - 정다각형 한 변의 길이

$\xi = \cos\frac{2\pi}{17} + i\sin\frac{2\pi}{17}$ 라 하고

$\alpha = \xi + \xi^{-1}$

$\beta = \xi + \xi^4 + \xi^{-1} + \xi^{-4}$

$\gamma = \xi + \xi^2 + \xi^4 + \xi^8 + \xi^{-1} + \xi^{-2} + \xi^{-4} + \xi^{-8}$ 라 하면

$\mathbb{Q} \subseteq \mathbb{Q}(\gamma) \subseteq \mathbb{Q}(\beta) \subseteq \mathbb{Q}(\alpha)$ 이다.

위의 체의 확대는 모두 2차이므로 $\alpha = 2\cos\frac{2\pi}{17}$ 은 작도 가능하고 그 값은 다음과 같다.

$$2\cos\frac{2\pi}{17} = \frac{1}{8}\left(-1 + \sqrt{17} + \sqrt{34 - 2\sqrt{17}} + 2\sqrt{17 + 3\sqrt{17} + \sqrt{170 - 26\sqrt{17}} - 4\sqrt{34 + 2\sqrt{17}}}\right)$$

3) 삼각비의 관계

다음 그림을 보면 사인, 코사인, 탄젠트, 시컨트, 코시컨트, 코탄젠트의 기하학적 의미와 삼각비의 관계를 종합적으로 한 눈에 파악할 수 있다.

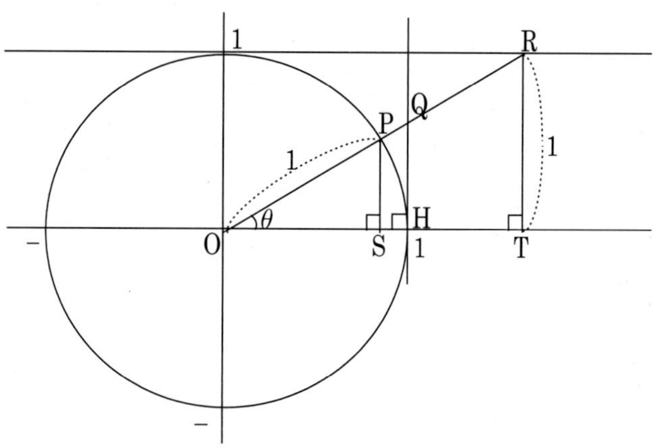

삼각비 sin, cos, tan 등의 관계를 알아보자.

$\sin\theta = \overline{PS}$, $\cos\theta = \overline{OS}$, $\tan\theta = \overline{HQ}$

$\frac{1}{\sin\theta} = \overline{OR}$, $\frac{1}{\cos\theta} = \overline{OQ}$, $\frac{1}{\tan\theta} = \overline{OT}$

$$1+\tan^2\theta = 1+\overline{HQ}^2 = \overline{OQ}^2 = \frac{1}{\cos^2\theta}$$

$$\sin^2\theta+\cos^2\theta = \overline{PS}^2+\overline{OS}^2 = \overline{OP}^2 = 1$$

4) 가법정리의 여러 가지 해법

고등학교에서 삼각함수의 가법정리를 비롯한 여러 가지 공식을 다루는데, 일반적으로 대수적 계산에 의해 공식을 유도하는 과정을 설명하는 수업이 많이 이루어지고 있다.

다음과 같은 기하학적 설명을 적절히 활용하면 현재의 대수적인 방식의 공식 유도 위주의 수업에 좋은 보완이 될 수 있을 것이다.

ⓐ sin,cos의 가법정리와 배각, 3배각 공식을 도형의 작도에 의해 구할 수 있다.

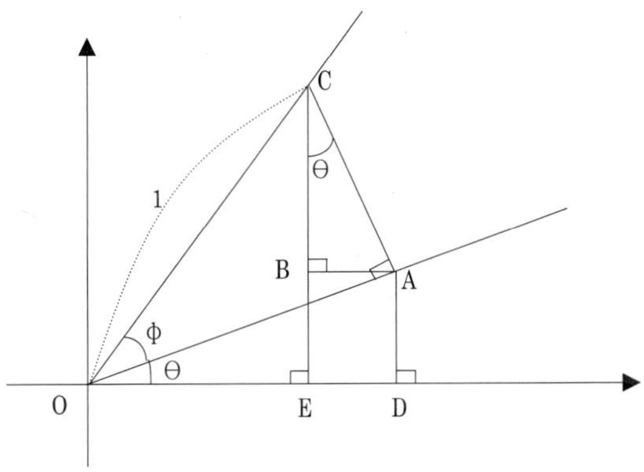

$$\sin(\phi+\theta) = \overline{CE} = \overline{CB}+\overline{BE} = \overline{CB}+\overline{AD} = \sin\phi\cos\theta+\cos\phi\sin\theta$$

$$\cos(\phi+\theta) = \overline{OE} = \overline{OD}-\overline{ED} = \overline{OD}-\overline{AB} = \cos\phi\cos\theta-\sin\phi\sin\theta$$

ⓐ의 다른 방법

원에 내접하는 사각형은 두 대각선의 길이의 곱은 대변끼리의 곱의 합과 같다는 톨레미의 정리를 이용하여 가법정리를 쉽게 설명할 수 있다.

지름의 길이가 1인원의 지름을 빗변으로 하는 두 직각삼각형으로 이루어진 사각형에서

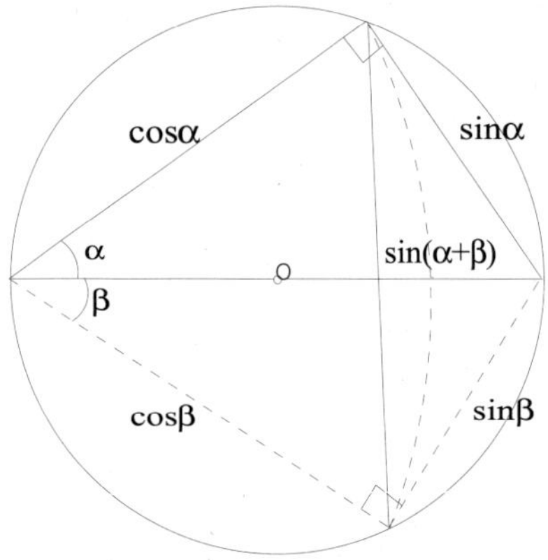

$$\sin(\alpha+\beta)=\sin\alpha\cos\beta+\sin\beta\cos\alpha$$

위 그림에서 아래쪽에 있는 직각삼각형을 원의 중심을 회전의 중심으로 180° 회전하자.

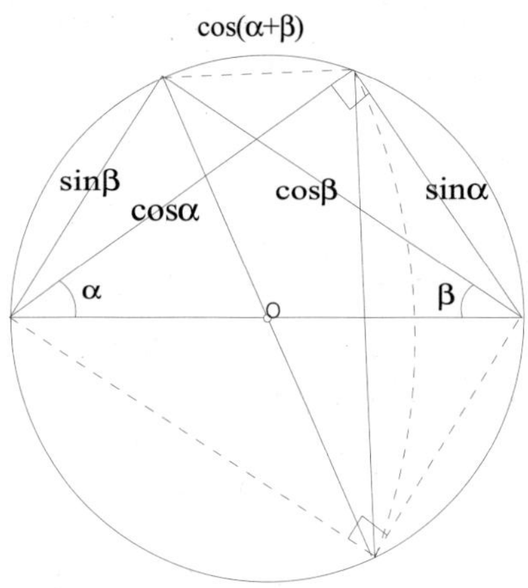

$$\cos(\alpha+\beta)=\cos\alpha\cos\beta-\sin\alpha\sin\beta$$

ⓑ 배각공식

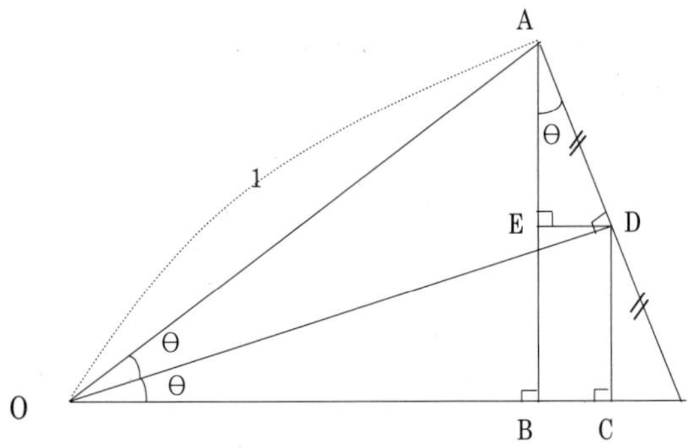

$$\sin 2\theta = \overline{AB} = 2\overline{AE} = 2\sin\theta\cos\theta$$

$$\cos 2\theta = \overline{OB} = \overline{OC} - \overline{BC} = \cos^2\theta - \sin^2\theta$$

ⓒ 3배각공식

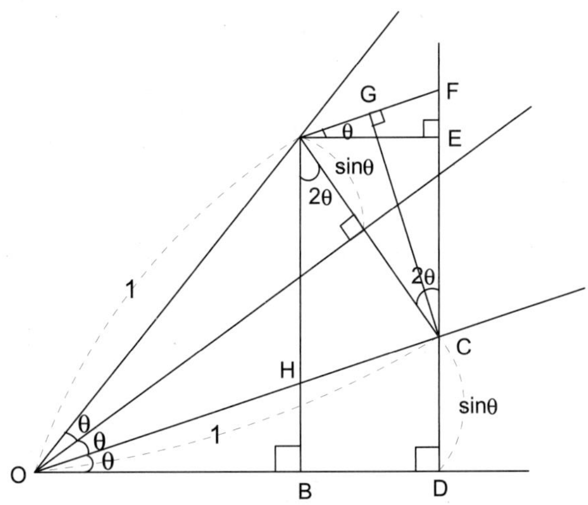

$$\sin 3\theta = \overline{AB} = \overline{DF} - \overline{EF} = (\overline{FC} + \overline{CD}) - \overline{EF}$$

$$= 3\sin\theta - 4\sin^3\theta$$

$\overline{AC} = 2\sin\theta$, $\overline{AG} = 2\sin^2\theta$, $\overline{AF} = 4\sin^2\theta$, $\overline{EF} = 4\sin^3\theta$

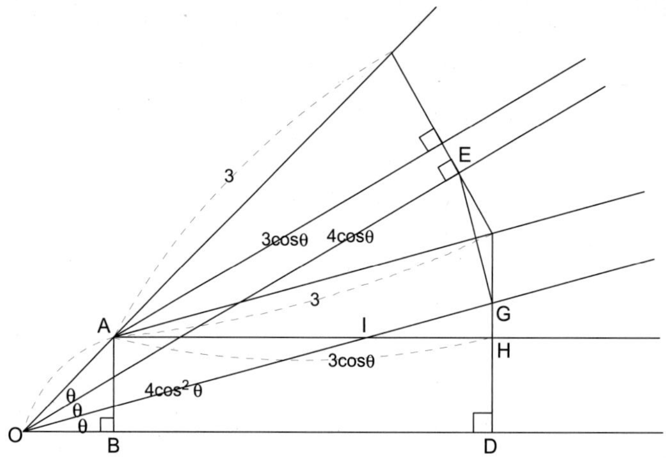

$$\cos 3\theta = \overline{OB} = \overline{OD} - \overline{BD} = 4\cos^3\theta - 3\cos\theta$$

$$\overline{OE} = 4\cos\theta, \quad \overline{OF} = 4\cos^2\theta, \quad \overline{OD} = 4\cos^3\theta$$

ⓓ 삼각함수에서 합과 차의 법칙

지름의 길이가 1인 한 원에서

$\sin x + \sin y = 2\sin\frac{x+y}{2}cos\frac{x-y}{2}$

$\sin x = \overline{AB}$, $\sin y = \overline{CD}$ 로 놓으면

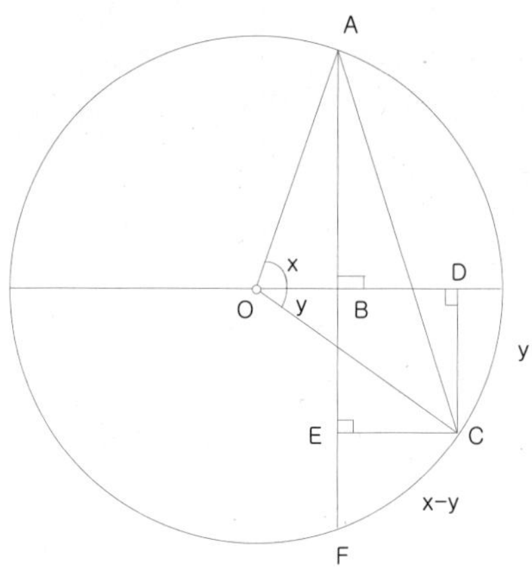

$$\begin{aligned}\sin x + \sin y &= \overline{AB} + \overline{CD} = \overline{AE} \\ &= \overline{AC}\cos\frac{x-y}{2} \\ &= \sin\frac{x+y}{2} cos\frac{x-y}{2}\end{aligned}$$

5) 삼각형의 오일러선

$\triangle ABC$에서 O를 외심, G를 무게중심, H를 수심이라 할 때, O, G, H는 한 직선상에 있으며 $\overline{GH} = 2\,\overline{OG}$ 이다.

이 직선을 오일러 선이라 한다.

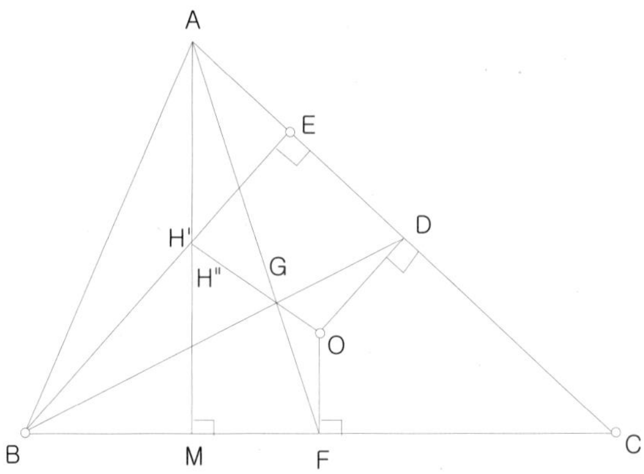

AM은 BC의 수선이고, OG의 연장선과 AM의 교점을 H'이라 하면,

$\triangle AGH' \backsim \triangle FOG$

$\overline{AG} = 2\,\overline{GF}$ 이므로 $2\,\overline{OG} = \overline{GH'}$

다시 점 B에서 A에서와 같이 B에서 AC에 수선을 내리고 OG의 연장선과 만나는 점을 H''이라 하면 $2\,\overline{OG} = \overline{GH''}$ 이고, H', H''는 OG의 연장선상에 있으므로 $H' = H''$ 이고, 이 점이 수심H와 일치한다. 따라서 O, G, H는 한 직선상에 있으며 $\overline{GH} = 2\,\overline{OG}$ 이다.

참고문헌

1. 수학사랑, project Mathematics ; 사인 코사인 3부.
2. 이종우 편저 (1998), 기하학의 역사적 배경과 발달, 경문사.
3. Alcuoco (2001), *Mathematics for teaching*, Notices. Vol.48. N62 of AMS.
4. Howard Eves, 이우영, 신항균 옮김 (1995), 수학사, 경문사.
5. Howard Eves (1990), *An introduction to the history of mathematics*, The Sunders Series.
6. George E Matin (1998), *Geometric Constructions*, springer.
7. NCTM (2000), *Principles and Standards for School mathematics.*
8. Robin Hartshone (2000), *Geometry ; Euclid and Beyond*, springer.

2. 정다면체와 공핵정다면체의 제작 탐구*

1 정다면체와 그 성질

정다면체란 각 꼭지점에서 합동인 정다각형이 같은 개수로 만나서 된 볼록다면체를 말한다.

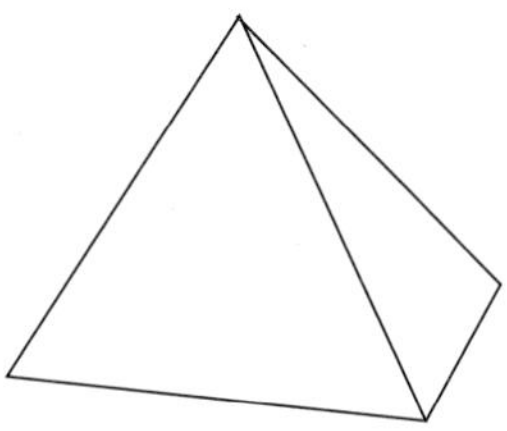

정사면체

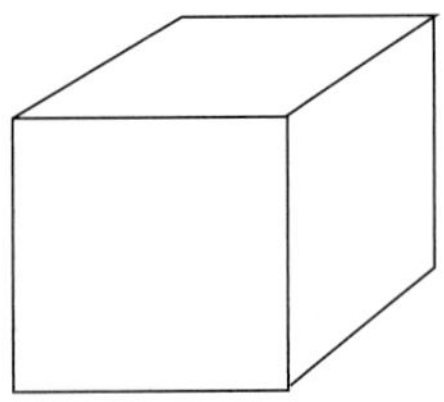

정육면체

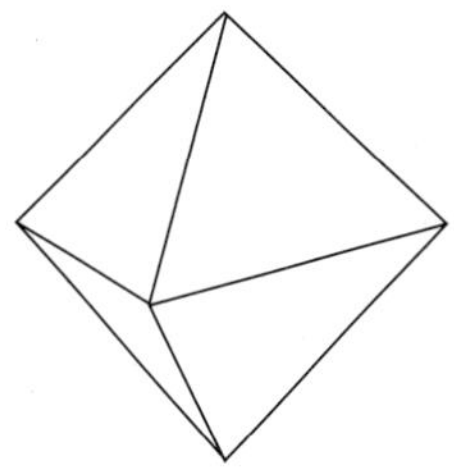

정팔면체

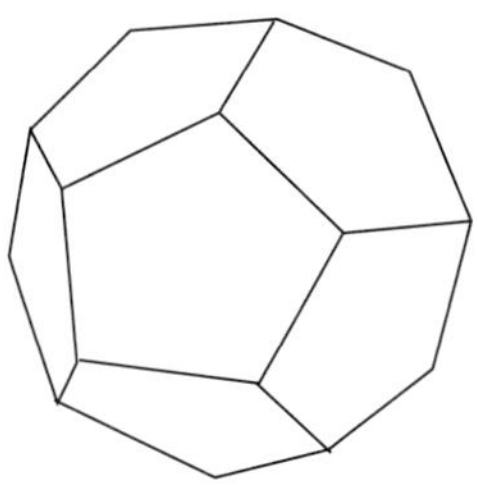

정십이면체

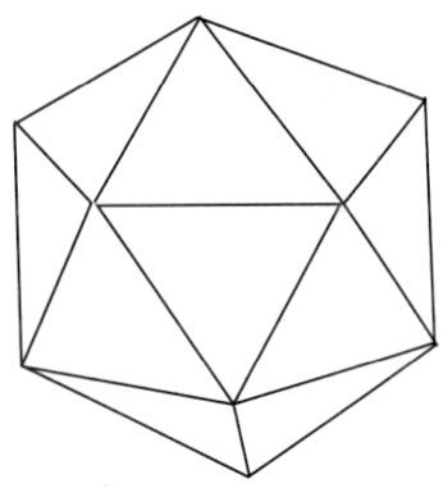

정이십면체

정다면체는 앞에서 소개한 다섯가지 밖에 없다는 것을 알아보자.

n 다각형이 각 꼭지점에서 p 개 만나서 된 정다면체에서

$$p\left(\frac{(n-2)\cdot 180}{n}\right) < 360$$

$$\therefore (p-2)(n-2) < 4$$

$$3 \geqq p-2 \geqq 1,\ 3 \geqq n-2 \geqq 1$$

* 이 글은 한국교육개발원 영재교육 연수교재 RM (2004) pp.52-65에 수록되어 있다.

$((p-2), (n-2))$ 의 순서쌍은

$\{(1,1),(1,2),(1,3),(2,1),(3,1)\}$ 이다.

따라서, (p, n) 의 순서쌍은 $\{(3,3),(3,4),(3,5),(4,3),(5,3)\}$ 이다.

정다면체의 한 변의 길이를 1로 하고 꼭지점수 v, 모서리수 e, 면의수 f 라 하자.

정다면체의 외접구의 반지름 R, 내접구의 반지름 r, 각모서리의 이면각 θ라 하면 정다면체는 다음 성질을 갖는다.

정다면체	v	e	f	p	q	$sin\theta$	R	r
정 4면체	4	6	4	3	3	$\frac{2\sqrt{2}}{3}$	$\frac{\sqrt{6}}{4}$	$\frac{\sqrt{6}}{12}$
정 6면체	8	12	6	4	3	1	$\frac{\sqrt{3}}{2}$	$\frac{1}{2}$
정 8면체	6	12	8	3	4	$\frac{2\sqrt{2}}{3}$	$\frac{\sqrt{2}}{2}$	$\frac{\sqrt{6}}{6}$
정12면체	20	30	12	5	3	$\frac{2}{\sqrt{5}}$	$\frac{1}{4}(\sqrt{15}+\sqrt{3})$	$\frac{1}{20}\sqrt{250+110\sqrt{5}}$
정20면체	12	30	20	3	5	$\frac{2}{3}$	$\frac{1}{4}\sqrt{10+2\sqrt{5}}$	$\frac{1}{12}\sqrt{42+18\sqrt{5}}$

연구문제 : 각 정다면체의 이면각의 크기를 구해보자.
(모두 코사인 제2법칙을 이용하면 구할 수 있다.)

정4면체의 경우 :

$$1=(\frac{\sqrt{3}}{2})^2+(\frac{\sqrt{3}}{2})^2-2\cdot\frac{\sqrt{3}}{2}\cdot\frac{\sqrt{3}}{2}\cos\theta$$

$$1=\frac{3}{4}+\frac{3}{4}-\frac{\sqrt{3}}{2}\cos\theta$$

$$\frac{3}{2}\cos\theta=\frac{2}{4}$$

$$\cos\theta=\frac{1}{3}$$

$$\sin\theta=\sqrt{1-(\frac{1}{3})^2}=\sqrt{\frac{8}{9}}=\frac{2\sqrt{2}}{3}$$

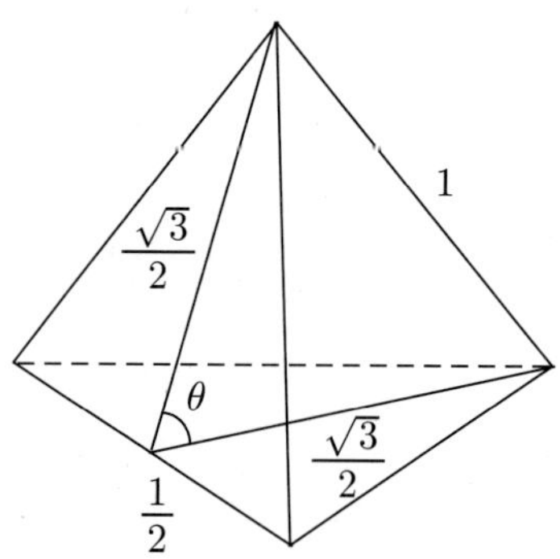

2 정다면체의 전개도와 제작

정다면체의 펼친그림을 보면 다음과 같다.

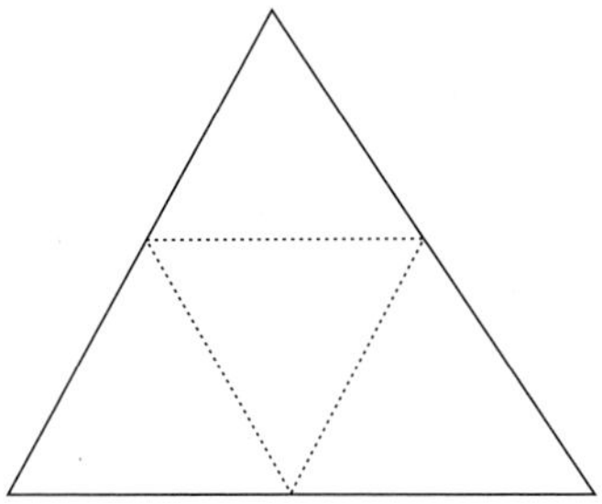

정사면체

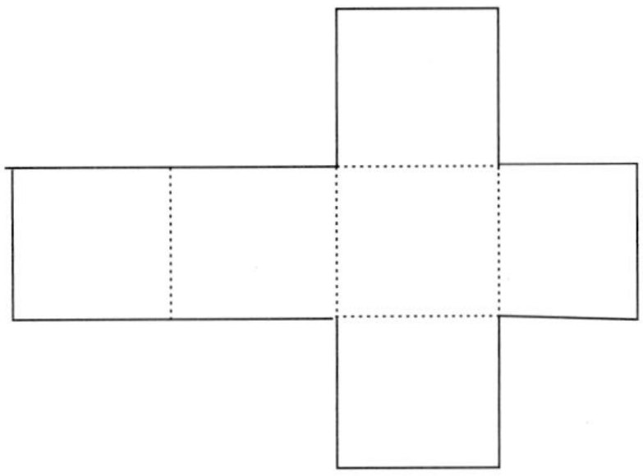

정육면체

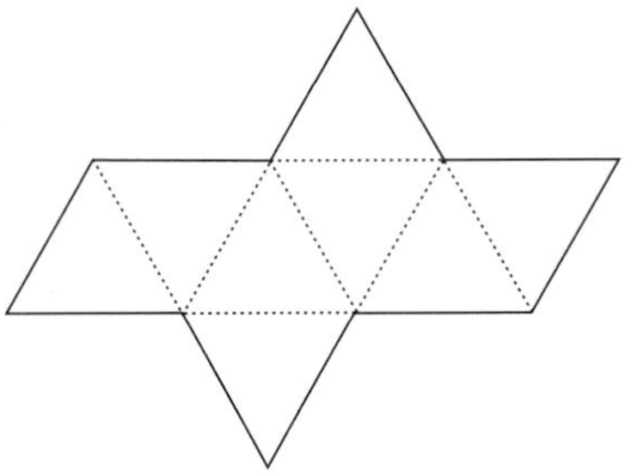

정팔면체

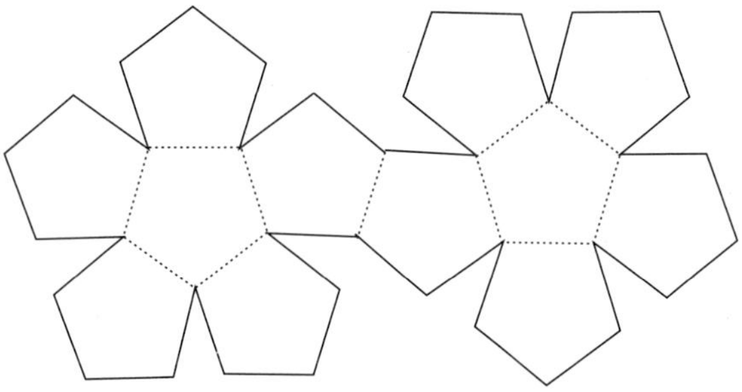

정십이면체

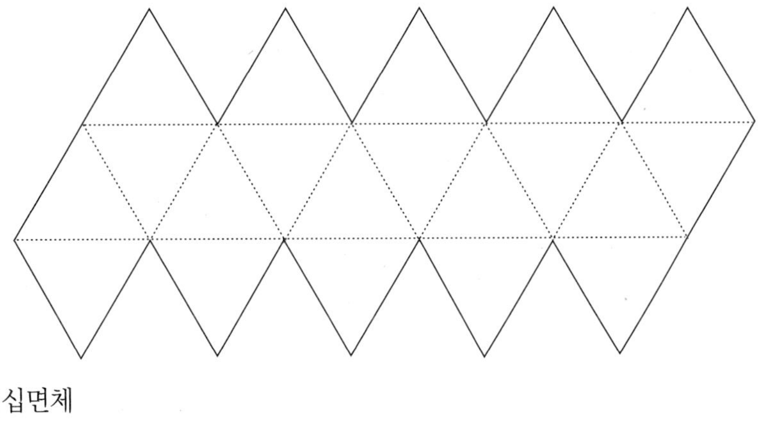

정이십면체

정다면체의 펼친그림을 이용하여 정다면체를 제작하자.

그 제작을 위해서는 자, 컴퍼스, 색종이, PVC필름, 합판, 가위, 본드, 칼, 지우개, 자석 등의 준비물이 필요하다.

각 조별 학습을 통하여 색종이와 PVC필름을 이용하여 정다면체를 만들어 보자.

* 제작시 유의사항

(1) 정오각형의 정확한 작도가 필요하다.

(2) 자와 컴퍼스로 색종이 위에 정다면체의 펼친그림을 작도한다.

(3) 펼친그림이 서로 맞붙어 정다면체가 되도록 가장자리를 만들어 둔다.

(4) 색종이는 풀로 붙이고 PVC필름은 본드를 이용하여 붙인다.

(5) PVC필름을 사용할 때는 줄을 그은 면쪽으로 접도록 한다.

3 공핵정다면체와 제작

정다면체의 면의 중점을 꼭지점으로 하여 만든 정다면체를 공핵정다면체라 한다. 정다면체들의 공핵관계는 다음과 같다.

정4면체와 정4면체

정6면체와 정8면체

정12면체와 정20면체

정다면체 한 변의 길이 a에 대하여 그 공핵정다면체의 한 변의 길이를 계산해 보자.

1) 정4면체

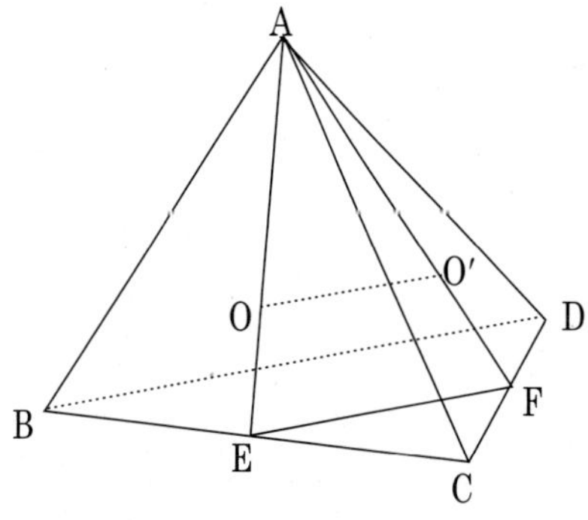

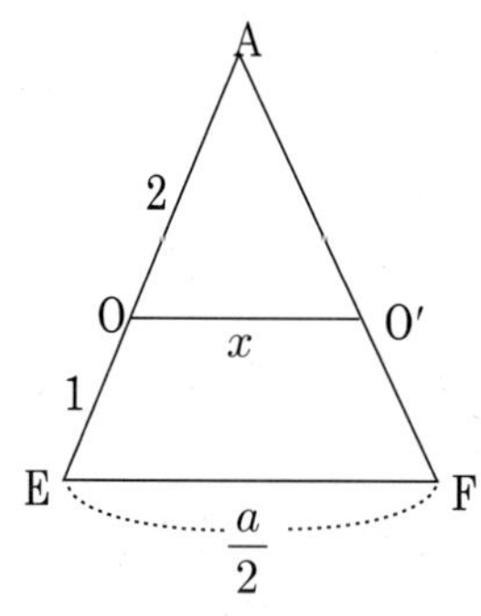

정사면체 $ABCD$ 에서 $\triangle ABC$와 $\triangle ACD$ 의 중심을 각각 O, O' 라 하고, BC와 CD 의 중심을 E, F라 하자. $\triangle AEF$ 에서 $EF = \frac{a}{2}$ 이고 OO' 의 길이를 구할 수 있다.

$$\frac{x}{\frac{a}{2}} = \frac{2}{3} \qquad \therefore\ x = \frac{a}{3}$$

2) 정6면체

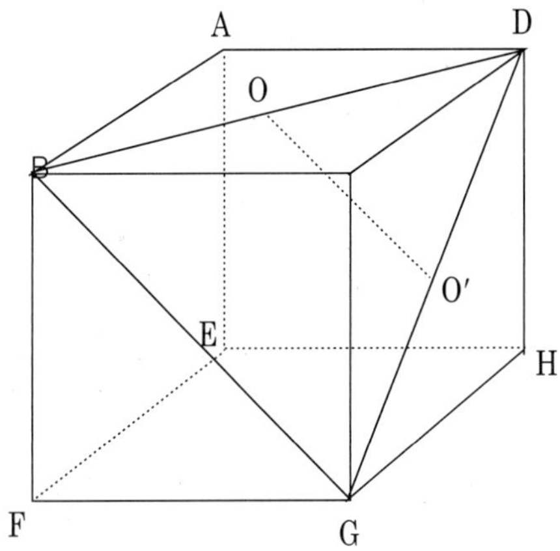

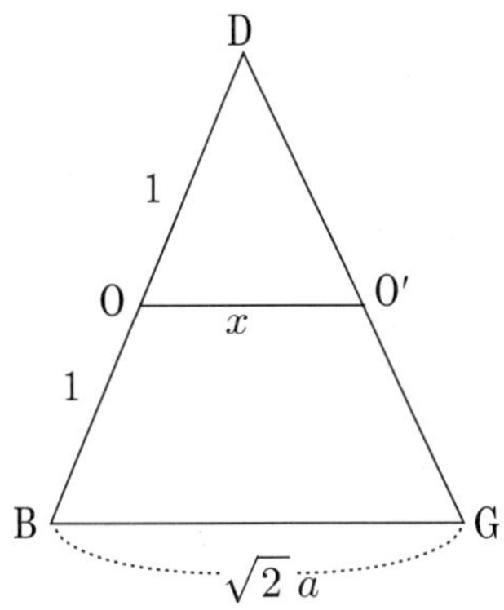

정육면체의 3변의 대각선 BD, DG, BG 를 연결하면 $\triangle PBG$ 는 정삼각형이다. DB 와 DG 의 중심을 O, O' 라 하자. $BG = \sqrt{2}a$ 이고 OO' 를 구할 수 있다.

$$\frac{x}{\sqrt{2}\,a} = \frac{1}{2} \qquad \therefore\ x = \frac{\sqrt{2}}{2}a = 0.707a$$

3) 정8면체

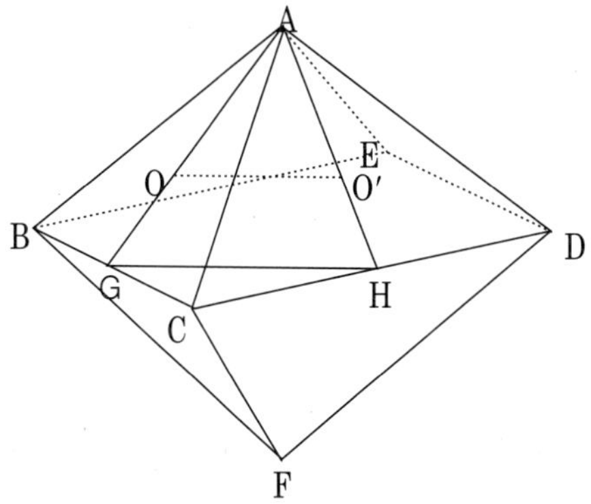

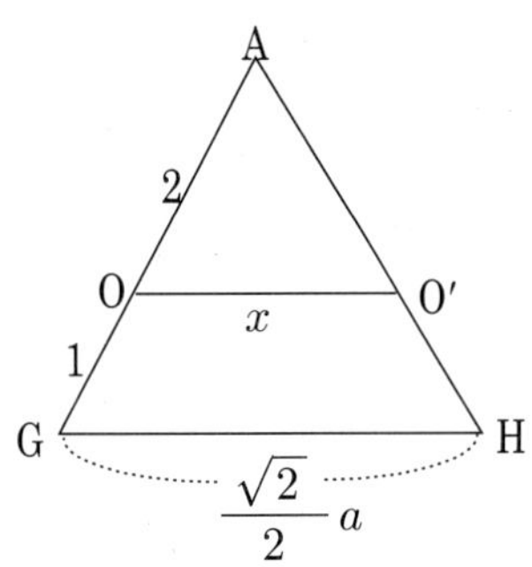

정8면체의 두변 $\triangle ABC$와 $\triangle ACD$의 중심을 각각 O, O'라 하고, BC가 CD의 중심을 G, H라 하자. $\triangle AGH$에서 $GH=\frac{\sqrt{2}}{2}a$ 이고 OO'를 구할 수 있다.

$$\frac{x}{\frac{\sqrt{2}}{2}a}=\frac{2}{3} \qquad \therefore x=\frac{\sqrt{2}}{3}a=0.471a$$

4) 정12면체

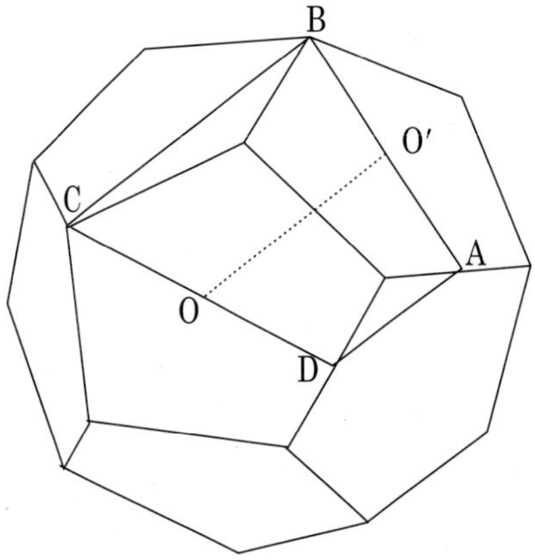

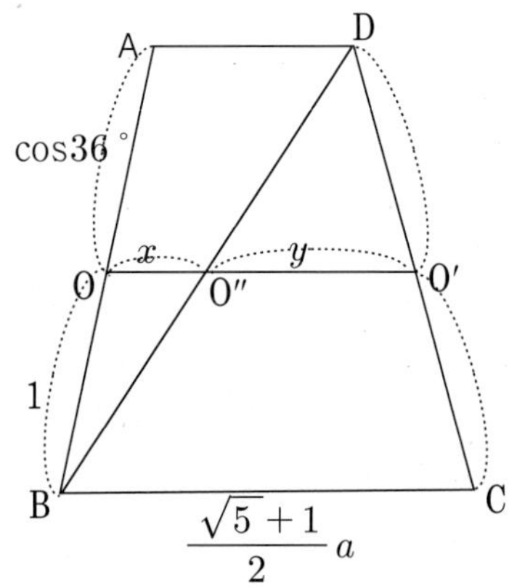

정12면체에서 한 변의 대각선 BC, 두 변의 중심 O, O'를 지나는 CD, BA를 연결하여 사다리꼴 $ADCB$ 에서 정오각형의 변과 대각선의 황금비 관계를 이용하여 $BC=\frac{\sqrt{5}+1}{2}a$를 구하고 OO'를 구할 수 있다.

$$x=O'O''=\frac{\frac{\sqrt{5}+1}{4}a}{1+\cos 36^\circ} \qquad y=O''O=\frac{\cos 36^\circ\times\frac{\sqrt{5}+1}{2}a}{1+\cos 36^\circ}$$

$$\therefore\ x+y=\frac{5+3\sqrt{5}}{10}a \fallingdotseq 1.17a$$

여기서 $\cos 36^\circ=\frac{1+\sqrt{5}}{4}$ 이다.

(황금삼각형에서 코사인 제2정리 활용하고, $\sqrt{5}=2.236$이다)

5) 정20면체

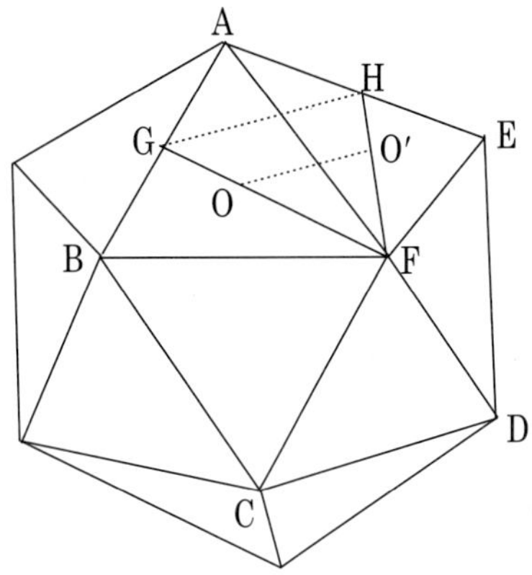

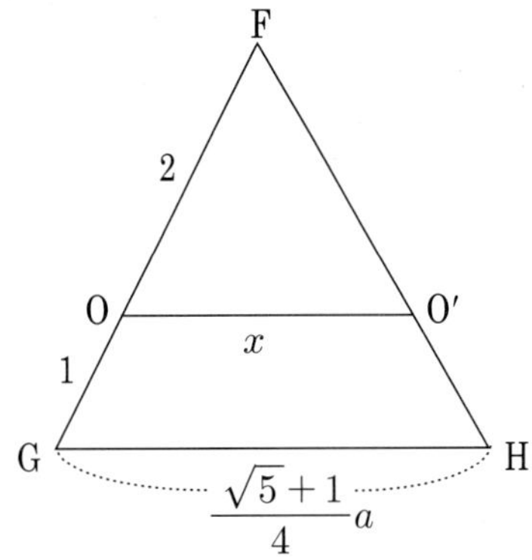

정20면체에서 $\triangle ABF$와 $\triangle ACE$의 중심 O, O'라 하고 AB와 AE의 중심 G, H라 하자. $\triangle FGH$에서 $GH = \frac{\sqrt{5}+1}{4}a$ 이고 OO'를 구할 수 있다.

$$\frac{x}{\frac{\sqrt{5}+1}{4}a} = \frac{2}{3} \qquad\qquad x = \frac{\sqrt{5}+1}{6}a = 0.54\,a$$

공핵정다면체의 한 변의 길이를 계산하여 정다면체를 제작하여 내부에 붙여서 공핵정다면체를 제작한다.

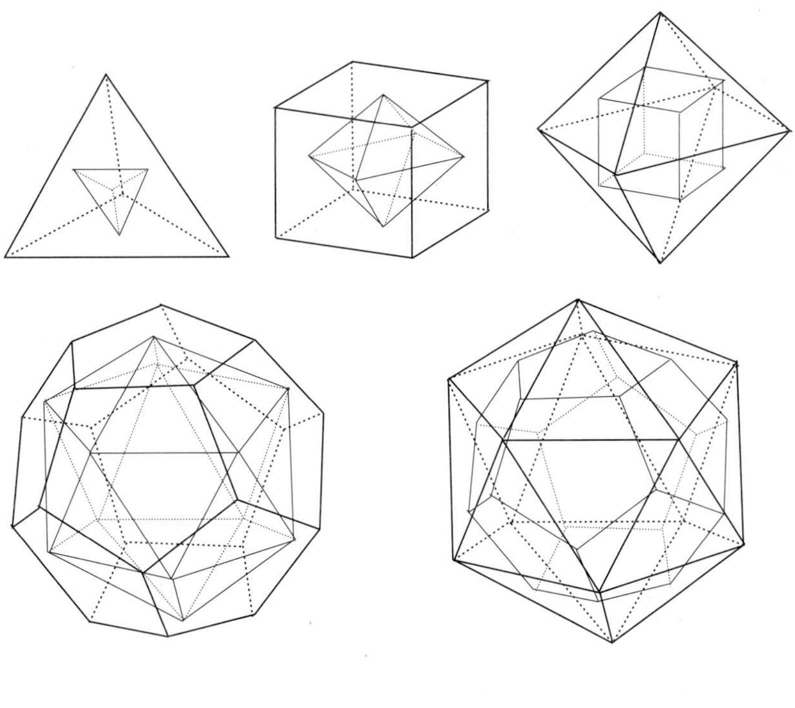

각 조별로 공핵정다면체를 제작하기 위한 그 제작 시 유의사항을 열거하면 다음과 같다.

1. 내부에는 색종이로 외부에는 PVC필름으로 정다면체를 만든다.
2. 외부의 정다면체의 면의 중심과 내부의 정다면체의 꼭지점을 핀으로 고정하면서 순서대로 본드를 사용하여 붙여 나간다.
3. 자석은 한 면의 가장자리에 붙여 넣는다.
4. PVC 필름을 접을 때 양쪽 방향으로 접으면 부러지므로 주의한다.
5. 제작할 때에는 칼, 본드 등의 사용에 유의한다.

참 고 문 헌

1. 박종률 (1989), 공핵정다면체의 제작에 대한 연구, 과학교육학연구지, pp.21－28
2. 이연형 (1993), 기하도형 제작에 관한 연구, 전남대학교 교육대학원 석사학위논문, pp.1－5.
3. Howard Eves (1995), 수학사, 경문사, pp.121－131
4. Wenninger, M. J. (1989), *Polyhedron models*, Cambrige University Press.

3. 3차 다항방정식의 판별식 계산방법에 대하여*

타원곡선에서 소개되는 3차 다항방정식의 근들에 대한 판별식의 계산은 필수적인 것이다. 2차 다항방정식 $x^2+ax+b=0$ $(a=b\neq 0)$ 의 판별식은 두 근을 u,v 라 하면 $(u-v)^2=(u+v)^2-4uv=a^2-4b$ 이다.

3차 다항방정식 $f:x^3+ax+b=0$ $(a=b\neq 0)$ 의 3근을 u,v,w 라 하면

f 의 판별식; $D(f)=(u-v)^2(v-w)^2(w-u)^2$ 이다.

$x^3+ax+b=0$ 의 근과 계수의 관계에서

$$\begin{cases} u+v+w=0 \\ uv+vw+wu=a \\ uvw=-b \end{cases}$$

$D(f)$ 의 u,v,w 를 소거하여 a,b 에 관한 식으로 표현하면 $-4a^3-27b^2$ 이 된다.

그러나 이 계산은 상당히 어렵고 복잡한 계산 (A mildly unpleasant calculation)을 요구한다.

실제로
$$\begin{aligned} u^3&=-au-b \\ v^3&=-av-b \\ w^3&=-aw-b \end{aligned}$$

와
$$\begin{aligned} (u-v)^2&=(u+v)^2-4uv \\ (v-w)^2&=(v+w)^2-4vw \\ (w-u)^2&=(w+u)^2-4wu \end{aligned}$$

를 이용하여 지독한 계산 (gruesome computation)을 하면 구할 수 있다.

본 논의에서는 여러 가지 수학적 이론을 적용하여 위와 같은 복잡한 계산을 하지 않고 판별식을 계산할 수 있는 방법들을 소개하고자 한다.

---

* 이 글은 전남대학교 수학교육과, 용봉수학교육연구 제4집 pp.147－152에 수록되어 있다.

1) 방정식의 근과 계수의 관계를 이용하는 방법

$f(x) = x^3 + ax + b = 0$ 의 3근을 u, v, w 라 하면

$f(x) = x^3 + ax + b = (x-u)(x-v)(x-w) = 0$ 이다.

$$f'(x) = 3x^2 + a = (x-u)(x-v) + (x-v)(x-w) + (x-w)(x-u)$$

$$3u^2 + a = (u-v)(u-w) = -(u-v)(w-u)$$

$$3v^2 + a = (v-w)(v-u) = -(v-w)(u-v)$$

$$3w^2 + a = (w-u)(w-v) = -(w-u)(v-w)$$

위의 3차식에서 근과 계수의 관계에서

$$u^2 + v^2 + w^2 = -2a$$
$$uvw = -b$$
$$u + v + w = 0$$

가 성립한다.

$$D(f) = (u-v)^2(v-w)^2(w-v)^2$$
$$= -(3u^2+a)(3v^2+a)(3w^2+a)$$

$$\therefore -D(f) = 27(uvw)^2 + 9(u^2v^2 + v^2w^2 + w^2u^2)a + 3(u^2+v^2+w^2)a^2 + a^3$$

$$uv + vw + wu = a$$
$$u^2v^2 + v^2w^2 + w^2u^2 = a^2$$

임을 이용하여 계산하면,

$$= 27b^2 + 9a^3 - 6a^3 + a^3 = 27b^2 + 4a^3$$

$$\therefore D(f) = -4a^3 - 27b^2$$

2) Vandemonde 행렬식을 이용한 방법

$x^3 + ax + b = 0$ 의 3근을 u, v, w 라 하면

$$D(f) = d^2$$

$$d = (u-v)(v-w)(w-u)$$

$$= \begin{vmatrix} 1 & u & u^2 \\ 1 & v & v^2 \\ 1 & w & w^2 \end{vmatrix}$$

$A = \begin{pmatrix} 1 & u & u^2 \\ 1 & v & v^2 \\ 1 & w & w^2 \end{pmatrix}$ 라 하면

$$A^tA = \begin{pmatrix} 1 & 1 & 1 \\ u & v & w \\ u^2 & v^2 & w^2 \end{pmatrix} \begin{pmatrix} 1 & u & u^2 \\ 1 & v & v^2 \\ 1 & w & w^2 \end{pmatrix} = \begin{pmatrix} t_0 & t_1 & t_2 \\ t_1 & t_2 & t_3 \\ t_2 & t_3 & t_4 \end{pmatrix}$$ 이라 하자.

여기서, $t_0 = 3$

$$t_1 = u + v + w$$

$$t_2 = u^2 + v^2 + w^2$$

$$t_3 = u^3 + v^3 + w^3$$

$$t_4 = u^4 + v^4 + w^4$$ 이다.

근과 계수 관계에서

$$t_0 = 3$$

$$t_1 = 0$$

$$t_2 = u^2 + v^2 + w^2 = -2a$$

$$t_3 = -3b$$

$$t_4 = 2a^2$$

$$D(f) = \det(A)^2 = \det(A^tA) = \begin{vmatrix} 3 & 0 & -2a \\ 0 & -2a & -3b \\ -2a & -3b & 2a^2 \end{vmatrix} = -4a^3 - 27b^2$$

3) 기본 대칭식(Symmetric polynomials)을 이용한 방법

일반적으로, $f(t) \in k[t_1, \cdots, t_n]$ 가 d 차 대칭식일 때,

기본 대칭식 $s_1 = t_1 + t_2 + \cdots t_n$

$$s_2 = \sum_{i \le j} t_i t_j$$

$$\vdots$$

$$s_n = \prod_{i=1}^{n} t_i$$

이다.

여기서 단항식 $X_1^{k_1} X_2^{k_2} \cdots X_n^{k_n}$ 의 차원을

$k_1 + 2k_2 + \cdots + nk_n$ 으로 정의하면 대칭식 $f(t)$ 에 대하여 d차 이하인 다항식 $g(X_1, \cdots, X_n)$ 가 존재하여 $f(t) = g(s_1, s_2, \cdots s_n)$ 가 성립한다.

$X^3 + aX + b = (X-u)(X-v)(X-w)$ 에서

$D(f) = (u-v)^2(v-w)^2(w-u)^2$

$D(f)$ 는 u, v, w 에 관한 6차의 동차식이다.

위의 정리에서 $g(X_2, X_3) \in k[X_2, X_3]$ 6차인 동차식이 존재한다.

6차 동차식 $X_2^m X_3^n$ 에서 X_2는 2차, X_3 는 3차이므로 $2m + 3n = 6 \quad m, n \geqq 0$ 이 성립한다.

$\therefore g(X_2, X_3) = v X_2^3 + w X_3^2$ 이다. 따라서 $g(a, b) = va^3 + wb^2$ 이다.

여기서, 구체적인 3차 다항방정식 $f_1(X) = X(X-1)(X+1) = X^3 - X$ 에서

$a = -1, b = 0$

$D_{f_1} = -va^3 = -v = 4, \ v = -4$

다음으로, $f_2(X) = X^3 - 1$ 에서

$a = 0, b = -1$

$D_{f_2} = wb^2 = w = -27$

$\therefore D(f) = D(a, b) = -4a^3 - 27b^2$

4) Resultant를 이용한 방법

$f, g \in \mathbb{C}[X], \ f = a_0 + a_1 x + \cdots + a_l x^l$

$g = b_0 + b_1 x + \cdots + b_m x^m$ 에서

f, g 가 공통근을 갖을 조건은 $R(f, g, x) = 0$ 이다.

여기서 $$R(f,g,x) = \det \begin{bmatrix} a_0 & & & b_0 & \\ a_1 & a_0 & & b_1 & \\ \vdots & a_1 \ \ddots & & \vdots & b_0 \\ a_l & \vdots & a_0 & \vdots & b_1 \\ & a_l & a_1 & b_n & \vdots \\ & & \vdots & \ddots & \\ & & a_l & & b_n \end{bmatrix}$$

(a 열: m 개, b 열: l 개)

$f(x) = x^3 + ax + b$ 가 중근을 갖기 위한 조건은 $f(x)$ 와 $f'(x)$ 가 공통근을 갖는 것과 같다. 따라서

$Res(f, f', x)$ 의 값이 f의 판별식이다.

$f = x^3 + ax + b$

$$f' = 3x^2 + a$$

$$R(f, f', x) = \begin{vmatrix} 1 & 0 & 3 & 0 & 0 \\ 0 & 1 & 0 & 3 & 0 \\ a & 0 & a & 0 & 3 \\ b & a & 0 & a & 0 \\ 0 & b & 0 & 0 & a \end{vmatrix} = \begin{vmatrix} 1 & 0 & 3 & 0 \\ 0 & a & 0 & 3 \\ a & 0 & a & 0 \\ b & 0 & 0 & a \end{vmatrix} + 3\begin{vmatrix} 0 & 1 & 3 & 0 \\ a & 0 & 0 & 3 \\ b & a & a & 0 \\ 0 & b & 0 & a \end{vmatrix}$$

$$= a\begin{vmatrix} 1 & 3 & 0 \\ a & a & 0 \\ 1 & 0 & a \end{vmatrix} + 3\left\{-\begin{vmatrix} a & 0 & 3 \\ b & a & 0 \\ 0 & 0 & a \end{vmatrix} + 3\begin{vmatrix} a & 0 & 3 \\ b & a & 0 \\ 0 & b & a \end{vmatrix}\right\}$$

$$= a^2(a - 3a) - 3\left(a\begin{vmatrix} a & 0 \\ 0 & a \end{vmatrix}\right) + 9\left(a^3 + 3b^2\right)$$

$$= -2a^3 - 3a^3 + 9a^3 + 27b^2$$

$$= 4a^3 + 27b^2$$

참 고 문 헌

1. Gabor Toth (2002), *Glimpes of Algebra and geometry.* 2th. Springer, p.75.
2. Serge Lang (1990), *Undergraduate Algebra 2th*, Springer, pp.159 - 160.
3. Serge Lang (2002), *Algebra 3th*, Springer, pp.200 - 204.
4. D. Cox, J. Little, D. Oshea (1997), *Ideals, Varieties, and Algorithms*, Springer.
5. D. Cox, J. Little, D. Oshea (1998), *Using Algebraic geometry*, Springer.
6. Patrick Morandi (1996), *Field and Galois theory*, Springer.

4. 그래프와 여러 가지 회로*

1 그래프

18세기 케니히스베르그 도시를 흐르는 프레겔 강 위로 도시와 강 안에 섬을 연결하여 놓은 7개 다리를 오직 한 번만 건너서 출발한 다리로 돌아오는 방법이 있을까?

사람들은 경험적으로 이러한 방법은 존재하지 않는다고 생각했는데 1936년 수학자 오일러는 이 문제를 증명하였고 이것이 그래프 이론의 출발점이 되었다.

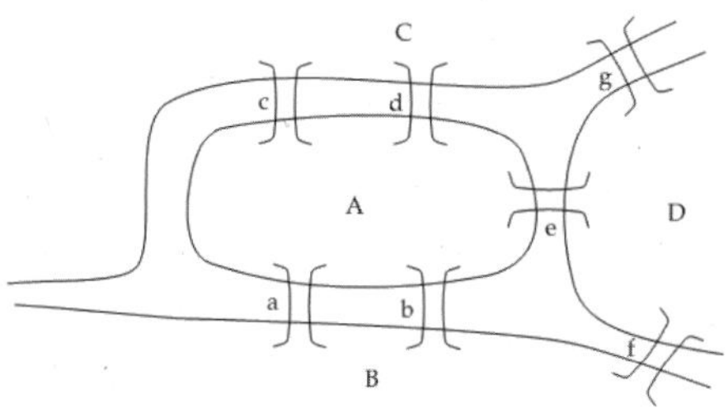

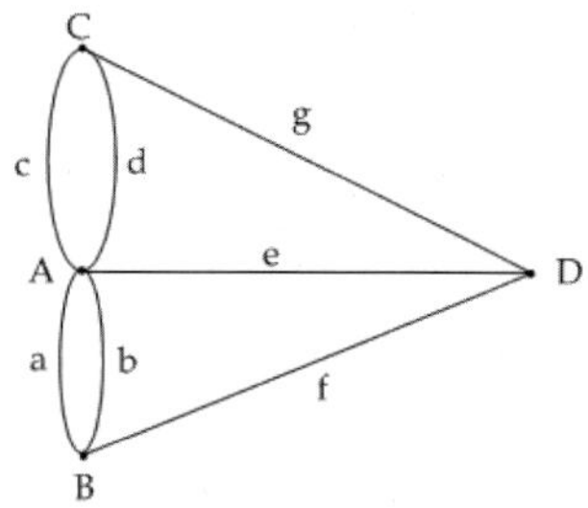

1) 그래프의 뜻

그래프란 꼭지점(vertex)이라 불리는 점들과 주어진 법칙에 따라 그 점들을 연결시켜주는 변(edge)들의 집합으로 이루어진다.

3집과 가스, 물, 전기선을 연결하는 방법을 생각해보자.

* 이 글은 전남대 사범대학 부설 중등교육연수원 이산수학 연수교재(2005) pp.27-46에 수록되어 있다.

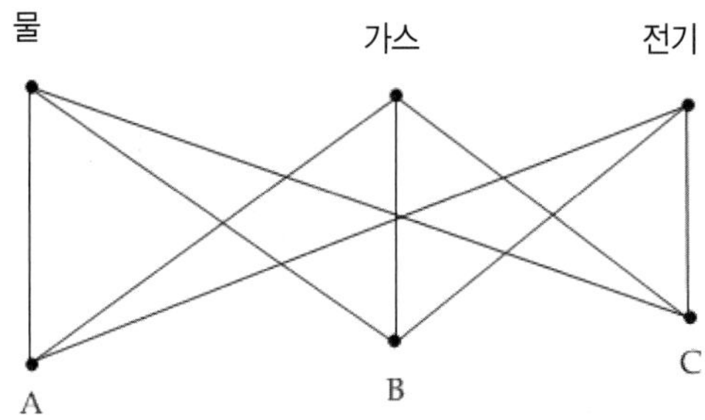

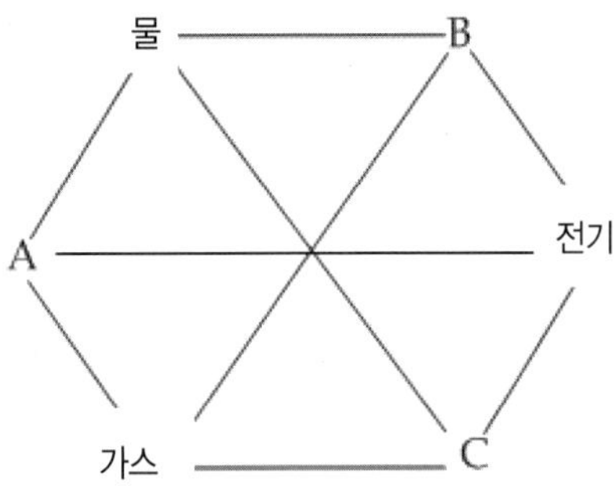

정의 1.1

그래프(simple graph) $G = \{ V, E, \phi \}$는 유한개의 꼭지점 집합 V와 변의 집합 E 그리고, ϕ는 변에서 무순서 꼭지점의 쌍으로 대응하는 함수이다.

두 꼭지점 사이에 두개 이상의 변이 연결될 때 중복변(multiple edge)이라 하고 한 변이 한 꼭지점 자신에 연결될 때 닫힌 곡선(loop)라 한다.

예제 1.1

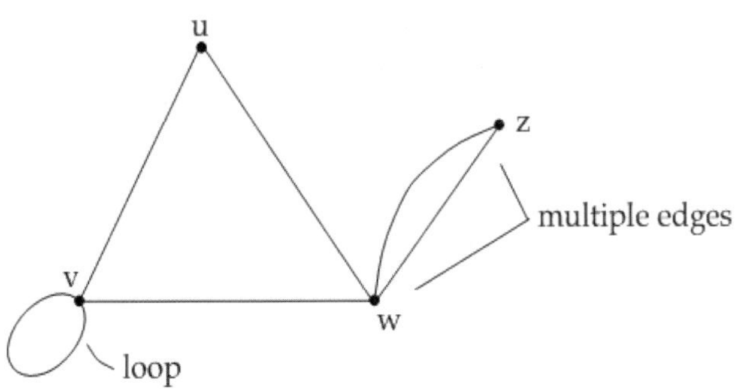

정의 1.2 유향그래프(digraph)는 유한개의 꼭지점 집합 V와 방향이 있는 변(arcs)의 집합으로 이루어진 것이다.

예제 1.2

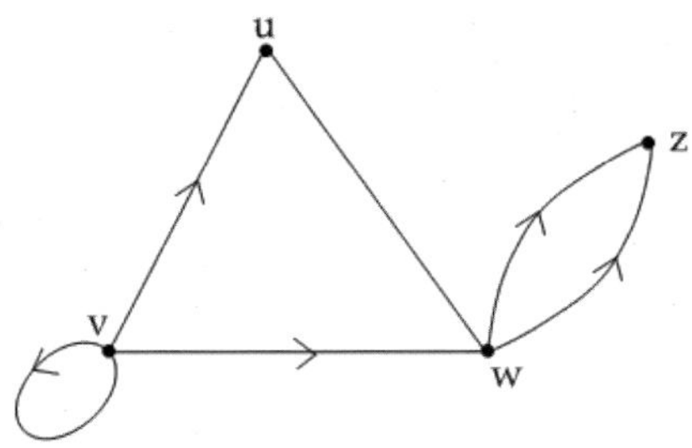

정의 1.3 $G=\{V, E, \phi\}$를 그래프라 할 때 V와 E의 부분집합들로 이루어진 그래프를 G의 부분 그래프라 한다.

예제 1.3

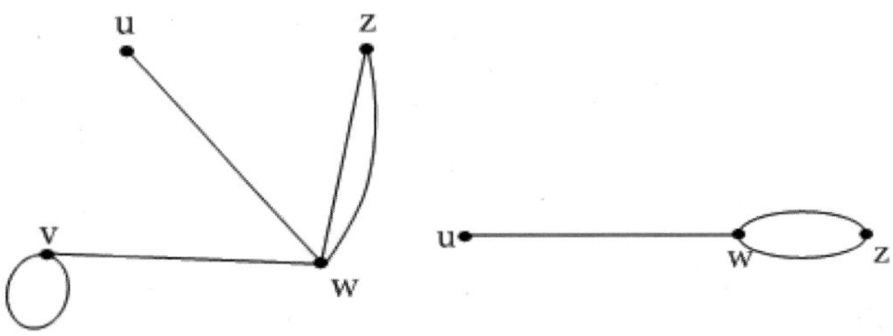

정의 1.4 G가 닫힌곡선(loop)이 없는 그래프에서 v를 G의 꼭지점이라 할 때 v의 차수(degree)는 v에 연결된 변의 개수의 합을 말하며 deg$v$로 표시한다.

예제 1.4

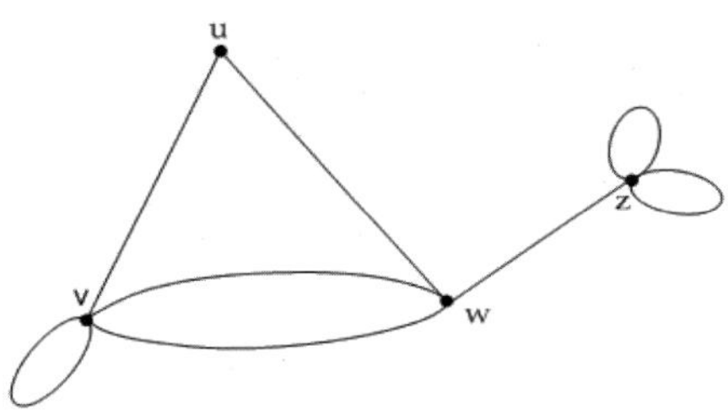

deg u=2, deg v=5, deg w=4, deg z=5

그래프의 각 꼭지점의 차수들을 증가수열로 표시하여 차수수열(degree sequence)라 한다. 위의 예제 1.4)의 경우 (2, 4, 5, 5)이다.

정의 1.5 그래프G의 각 꼭지점의 차수가 모두 같을 때 정규(regular)라 하며 그 차수가 r일 때, G를 차수 r인 정규 그래프라 한다.

예제 1.5

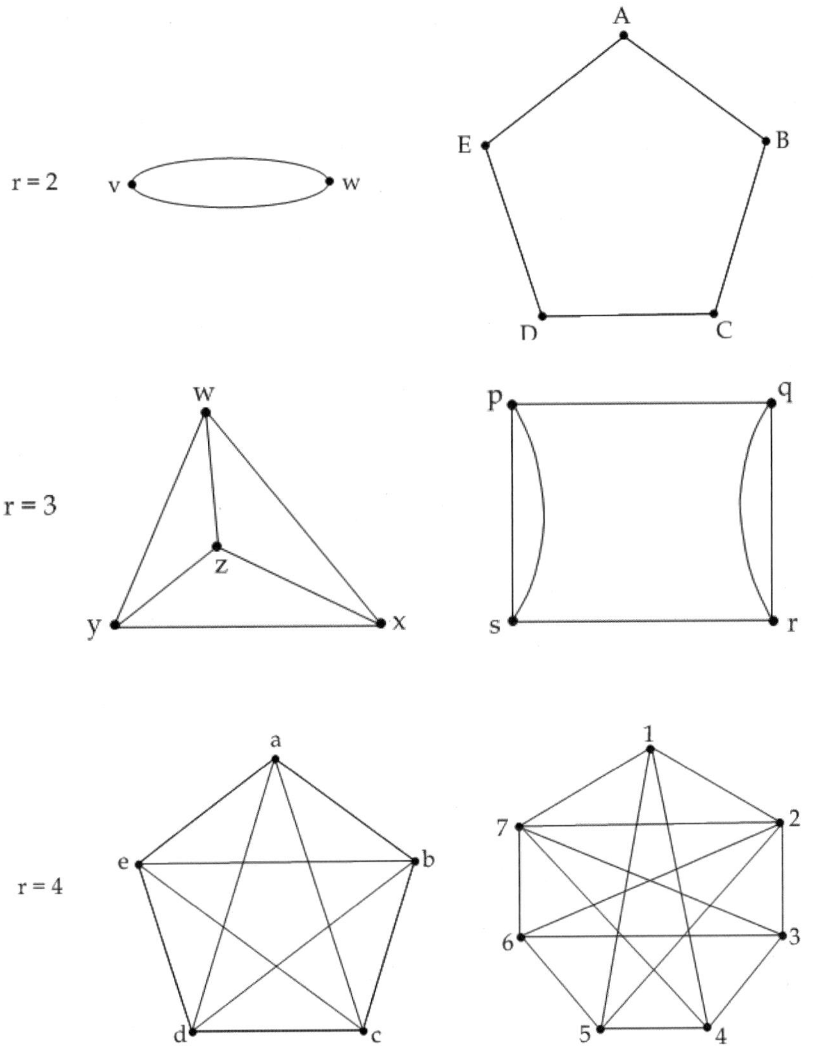

정리 1.1 그래프의 모든 꼭지점의 차수의 합은 그래프의 모든 변의 개수의 2배이다.

증 명 각 변은 두개의 꼭지점을 갖고 있으므로 꼭지점의 차수의 합은 변의 개수의 2배가 된다.

문제 1

1) 모든 그래프에서, 각 꼭지점의 차수의 합은 짝수이다.

2) 모든 그래프에서, 홀수 차수인 꼭지점의 개수는 짝수이다.

3) 그래프 G가 n개의 꼭지점을 갖는 차수가 r인 정규그래프라 하면 G는 꼭 $\frac{1}{2}nr$ 개의 변을 갖는다.

정의 1.6 두 그래프 G와 H가 동형(isomorphic)이라 함은 두 그래프의 연결 상태가 같다는 뜻이다.

$G=(V(G), E(G), \psi_G)$, $H=(V(H), E(H), \psi_H)$라 할 때,

$\theta : V(G) \to V(H)$

$\phi : E(G) \to E(H)$

가 모두 1-1 대응함수이고, $\psi_G(e)=uv$ 일 때, $\psi_h(\phi(e))=\theta(u)\theta(v)$이 성립한다는 것을 의미한다.

예제 1.6 다음 두 그래프는 서로 동형이다.

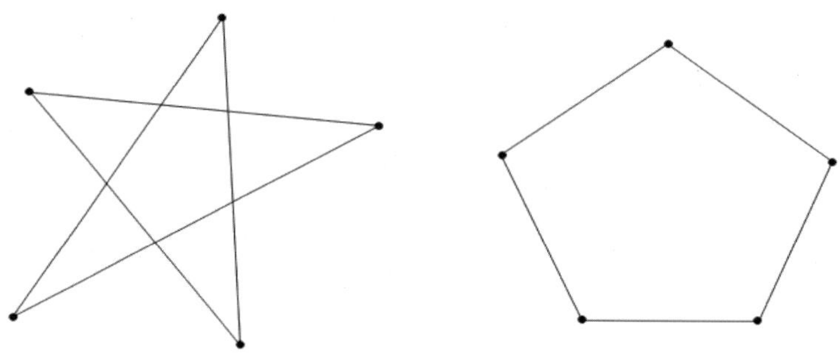

문제 2 다음 그래프들이 서로 동형임을 설명하라.

1)

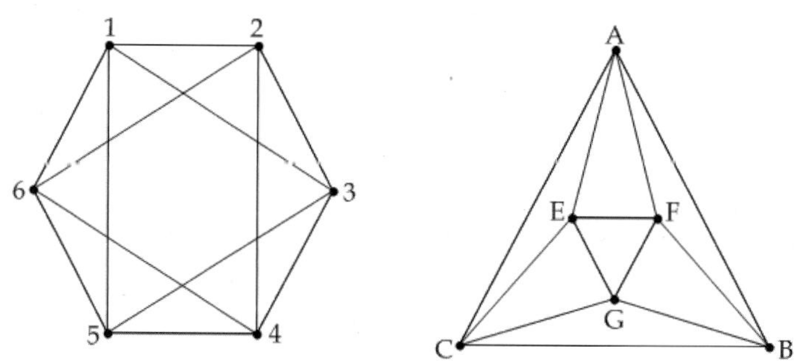

2)

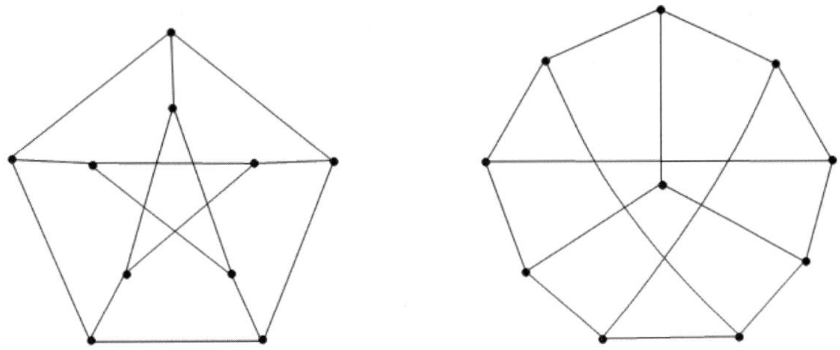

2) 여러 가지 그래프

그래프의 두 꼭지점 v, w에서 v와 w를 연결하는 변e가 존재할 때 v와 w는 인접(adjacent)하다고 하고, v와 w를 e와 달림(incident)한다고 한다.

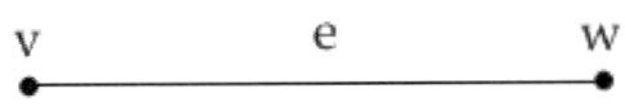

정의 1.7 인접행렬(adjacent matrix)

그래프의 꼭지점 사이의 연결개수를 행렬로 표시하면 그래프의 인접행렬이라 한다.

예제 1.7

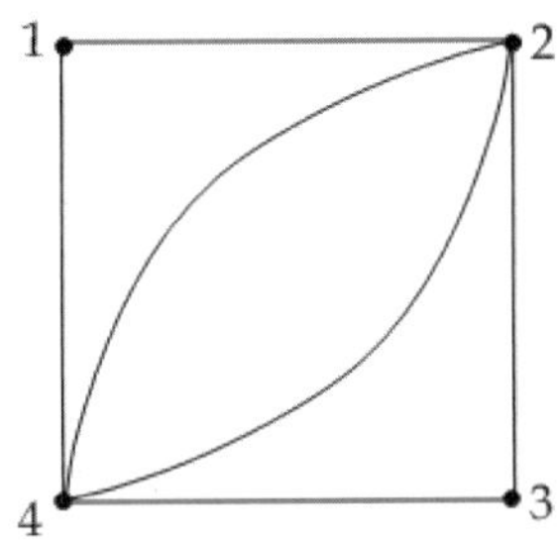

	열 1	2	3	4
행 1	0	1	0	1
2	1	0	1	2
3	0	1	0	1
4	1	2	1	0

연결 그래프에서의 인접행렬을 이용하여 두 꼭지점 사이의 보행의 개수를 구하는 방법을 생각하자.

정리 1.2 어떤 연결그래프 $G=\{V, E, \phi\}$의 인접행렬을 A라 하자.

$V=\{v_1, v_2, \cdots, v_n\}$이고 A를 V의 원소들의 순서에 따른 행렬로 생각하면, $k \geq 0$일 때, A^k의 i 행 j열의 원소는 꼭지점 v_i에서 v_j까지의 길이가 k인 서로 다른 보행의 가지수이다.

증 명 k에 대한 수학적 귀납법을 적용하여 증명하기로 하자.

$A^0=I$는 단위행렬이다. 대각선을 제외한 모든 원소는 모두 0이다. 이것은 각 꼭지점은 자기 자신을 연결하는 길이가 0인 단 한가지의 보행을 갖고, 서로 다른 꼭지점 사이는 길이 0인 보행은 없다.

$A^1=A$는 인접행렬의 정의에 따라 두 꼭지점 v_i에서 v_j로의 길이 1인 보행의 개수를 나타낸다.

이제 수학적 귀납법 가정에 따라 A^k의 원소들이 두 원소 사이의 길이 k인 보행의 개수를 나타낸다고 가정하자.

A^{k+1}의 i 행 j열의 원소에 대하여 생각해보자.

임시로 A^k의 i 행 j열의 원소는 b_{ij}라 하고, A^{k+1}의 i 행 j열의 원소를 c_{ij}라 하자.

그리고, $A^{k+1}=A \cdot A^k$이므로, 행렬의 곱셈의 정의에서

A의 i행과 A^k의 j열을 곱하면, $c_{ij}=a_{i1}b_{1j}+a_{i2}b_{2j}+\cdots+a_{in}b_{nj}$
이다.

꼭지점 v_i에서 v_j로의 보행의 개수는 v_i에서 인접 꼭지점 $v_m \in \{v_1, v_2, v_3 \cdots v_n\}$에 따라 v_j로 연결하는 보행들의 합으로 이루어진다.

$$\sum_{m=1}^{n} a_{im}b_{mj}=c_{ij}$$

즉 c_{ij}는 길이가 $k+1$인 꼭지점 v_i에서 v_j로의 보행의 개수가 된다.

정의 1.8 달림행렬(incidence matrix)

각 꼭지점과 연결된 변이 있을 때 행렬의 원소를 1로 쓰고 연결되지 않을 때 0으로 써서 만든 행렬을 달림행렬이라 한다.

예제 1.8

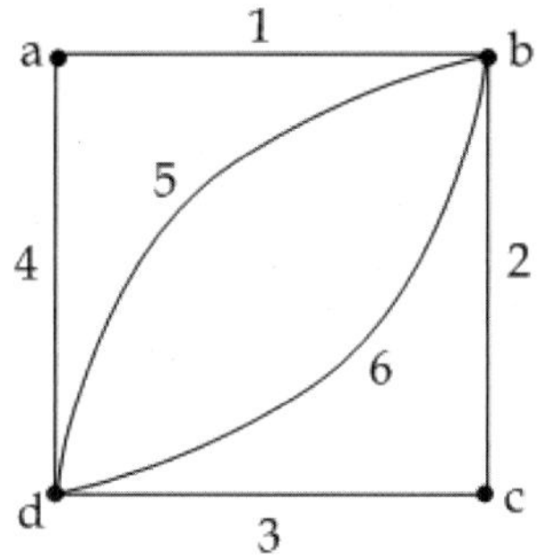

위 그래프의 달림행렬은 그래프의 변과 꼭지점을 각각 행렬의 열과 행으로 나열하면 다음과 같다.

행 \ 열	1	2	3	4	5	6
a	1	0	0	1	0	0
b	1	1	0	0	1	1
c	0	1	1	0	0	0
d	0	0	1	1	1	1

문제 3

1) 다음 그래프의 인접행렬은?

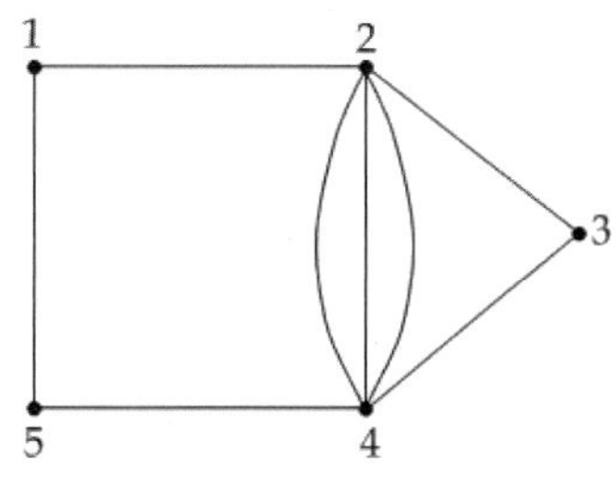

그래프의 인접행렬은 꼭지점을 행과 열로 나열하여 두 꼭지점 사이의 변의 개수를 나열

2) 인접행렬이 다음과 같은 그래프는?

$$\begin{pmatrix} 0 & 2 & 0 & 1 & 1 \\ 2 & 0 & 0 & 1 & 1 \\ 0 & 0 & 0 & 0 & 0 \\ 1 & 1 & 0 & 0 & 2 \\ 1 & 1 & 0 & 2 & 0 \end{pmatrix}$$

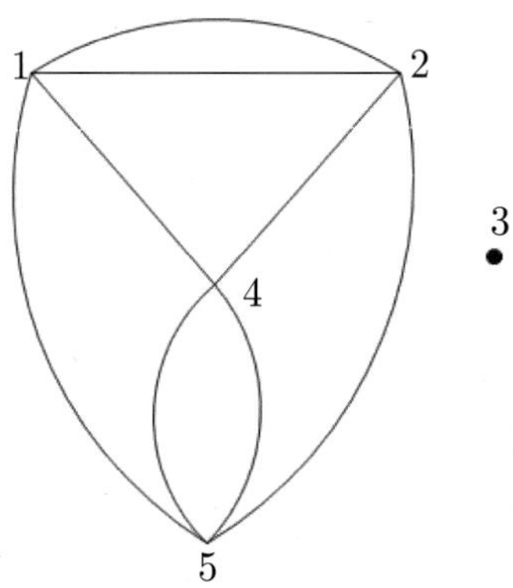

3) 다음 그래프의 달림행렬은?

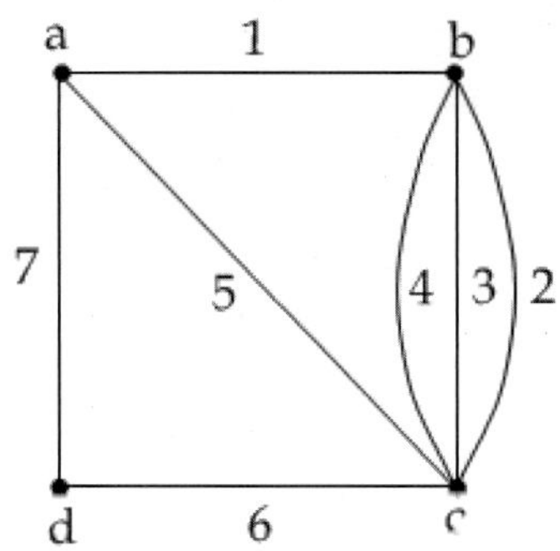

$$\begin{array}{c} \\ a \\ b \\ c \\ d \end{array} \begin{array}{c} \begin{matrix} 1 & 2 & 3 & 4 & 5 & 6 & 7 \end{matrix} \\ \begin{pmatrix} 1 & 0 & 0 & 0 & 1 & 0 & 1 \\ 1 & 1 & 1 & 1 & 0 & 0 & 0 \\ 0 & 1 & 1 & 1 & 1 & 1 & 0 \\ 0 & 0 & 0 & 0 & 0 & 1 & 1 \end{pmatrix} \end{array}$$

4) 달림행렬이 다음과 같은 그래프는?

$$\begin{pmatrix} 1 & 1 & 1 & 1 & 0 & 0 & 0 & 0 \\ 1 & 1 & 0 & 0 & 1 & 1 & 0 & 0 \\ 0 & 0 & 0 & 0 & 0 & 0 & 0 & 0 \\ 0 & 0 & 0 & 1 & 0 & 1 & 1 & 1 \\ 0 & 0 & 1 & 0 & 1 & 0 & 1 & 1 \end{pmatrix}$$

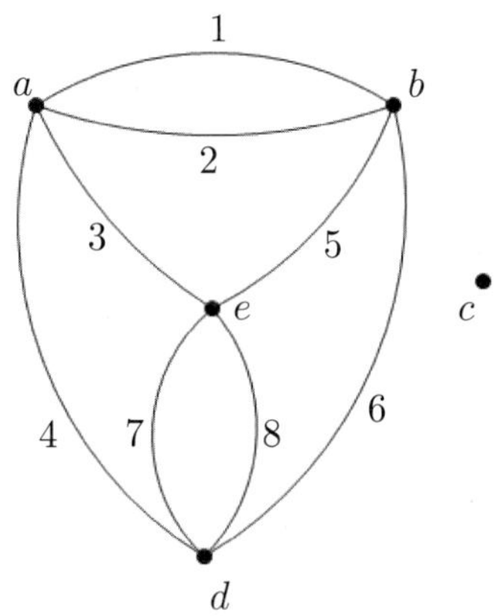

정의 1.9 경로와 회로(paths and circuits)

① 그래프 G에서 길이가 k인 경로란 k개의 인접한 변들의 집합을 말하며 $uvwx\cdots yz$로 표시하여 u에서 z로 가는 보행(walk)라 한다.

예제 1.9

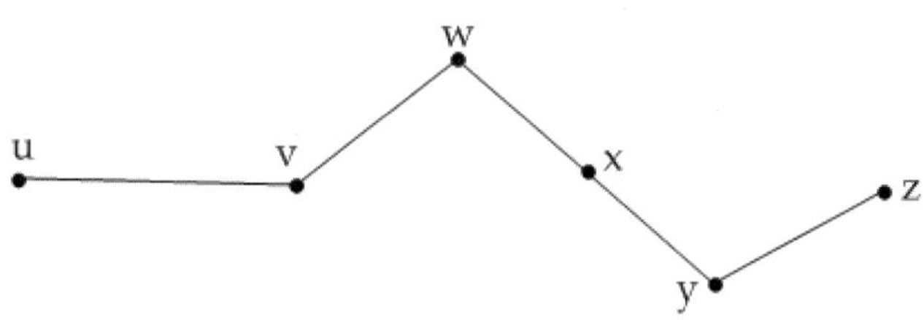

② 경로의 각 변이 서로 다를 때 자국(trail)이라 하고 더욱, 꼭지점도 다른 경우 경로(path)라 한다.

③ 꼭지점의 처음과 끝이 같을 때 닫힌 보행(closed walk), 닫힌 자국(closed trail), 닫힌 회로(closed path = circuit)이라 한다.

문제 4 다음 그래프에서 다음 조건을 만족하는 것을 찾아라.

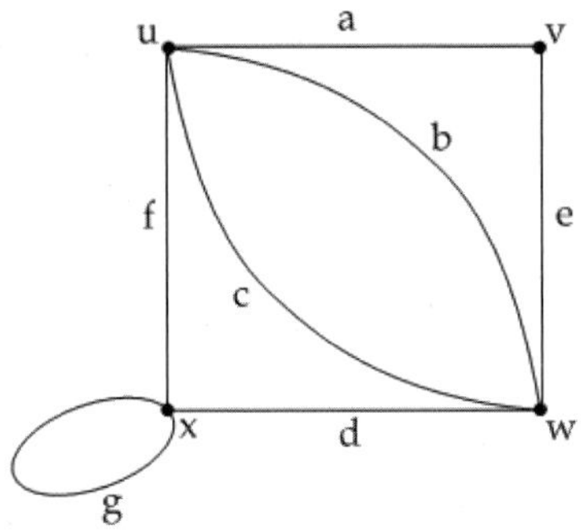

ⓐ u와 w사이의 길이 7인 보행은?

ⓑ 길이가 2, 3, 4인 회로는?

ⓒ 극대길이를 갖는 경로는?

정의 1.10 완전그래프(complete graph)

서로 다른 꼭지점은 단 하나의 변으로 연결한 그래프를 말하며 n개의 꼭지점으로 만들어진 완전그래프를 K_n으로 표기한다.

예제 1.10

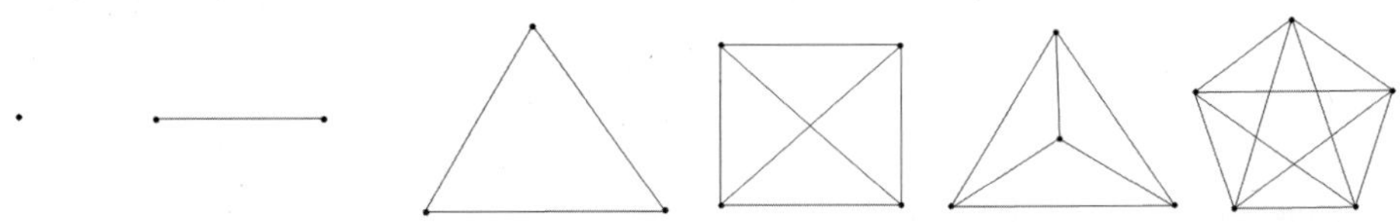

K_1 K_2 K_3 K_4 K_5

정의 1.11 이분그래프(Bipartite graph)

꼭지점의 집합은 두 부분 집합으로 분할할 때, 같은 부분집합에 속한 꼭지점 사이에는 변이 없는 그래프를 이분그래프라 한다.

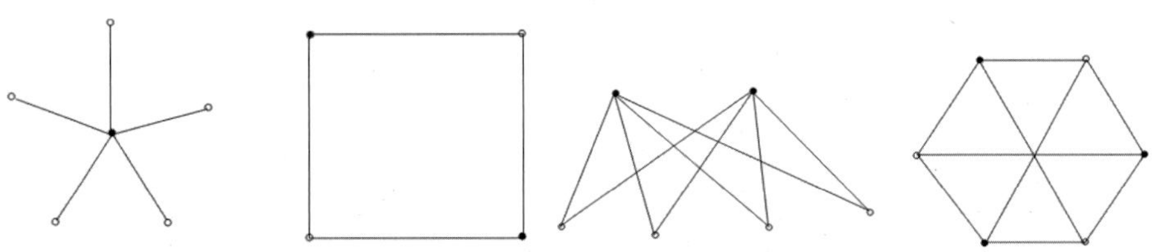

$K_{1,5}$ $K_{2,2}$ $K_{2,4}$ $K_{3,3}$

정의 1.12 정다면체그래프(Platonic graph)

정4면체

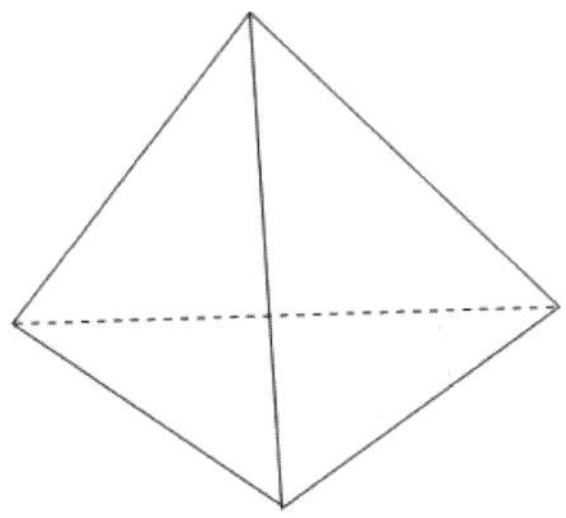

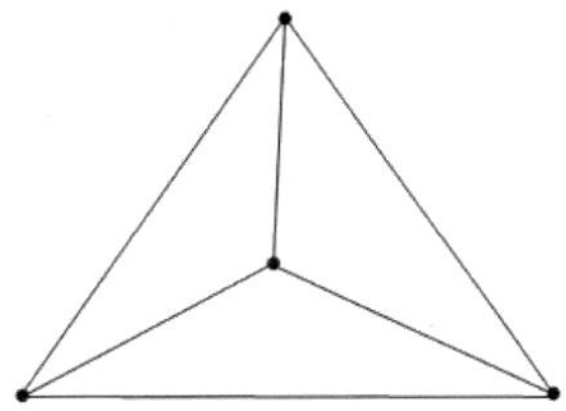

정6면체

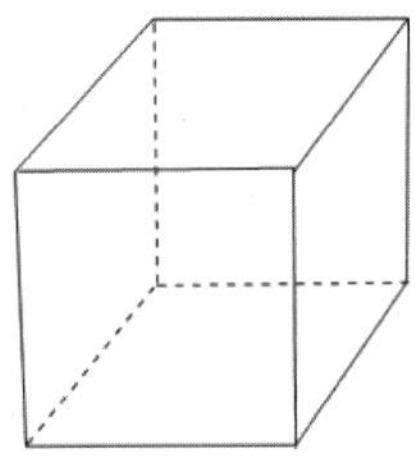

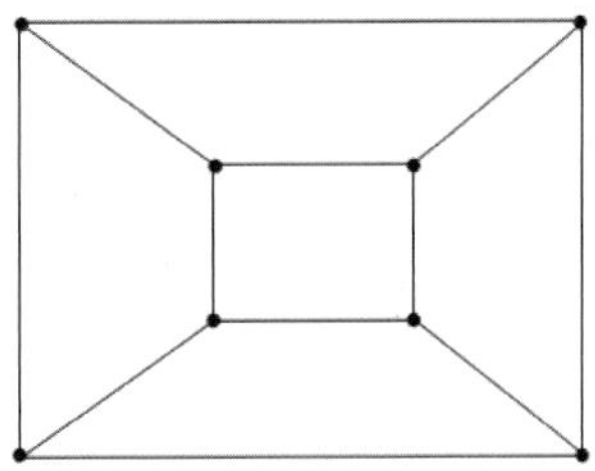

정8면체

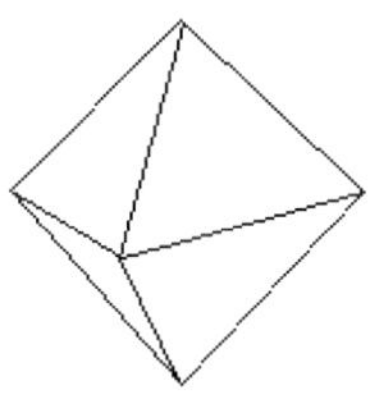

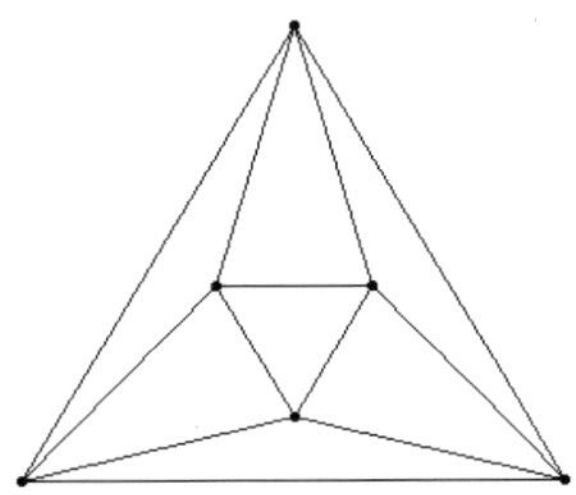

정12면체

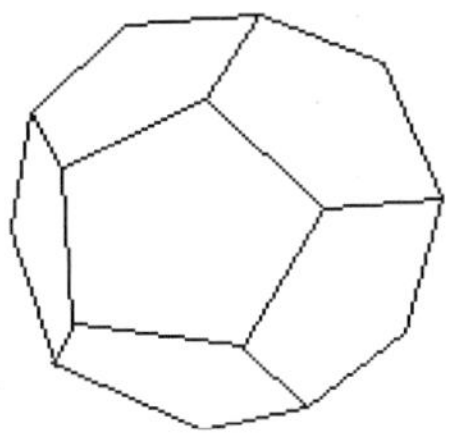

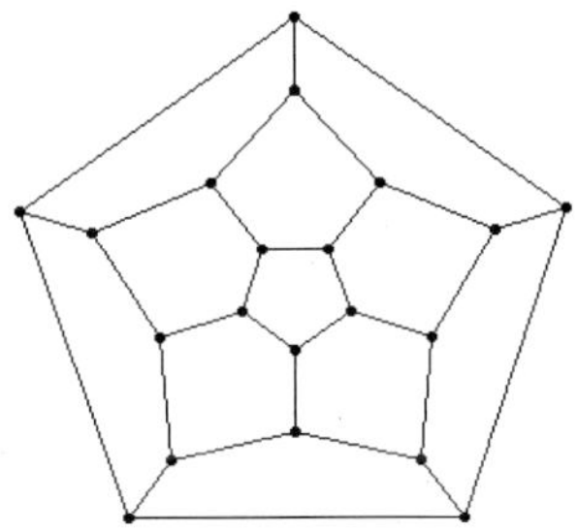

정20면체

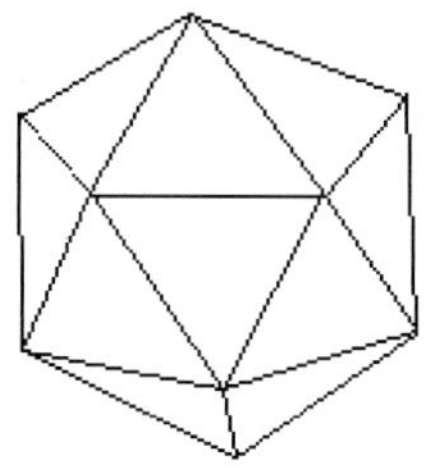

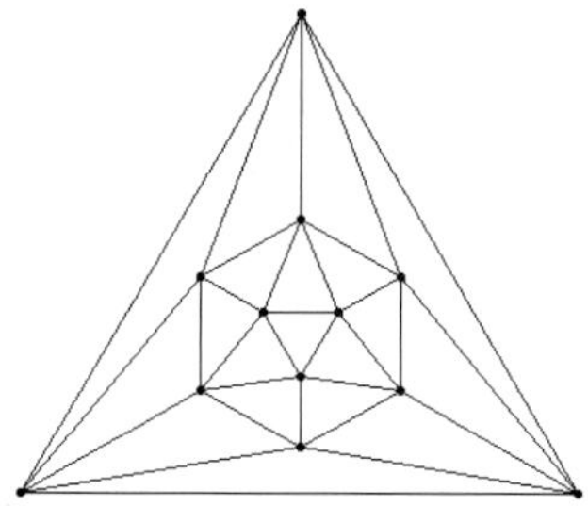

정의 1.13 Petersen 그래프

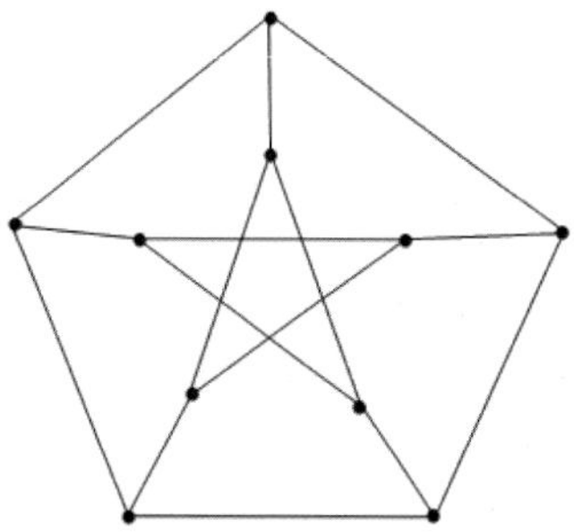

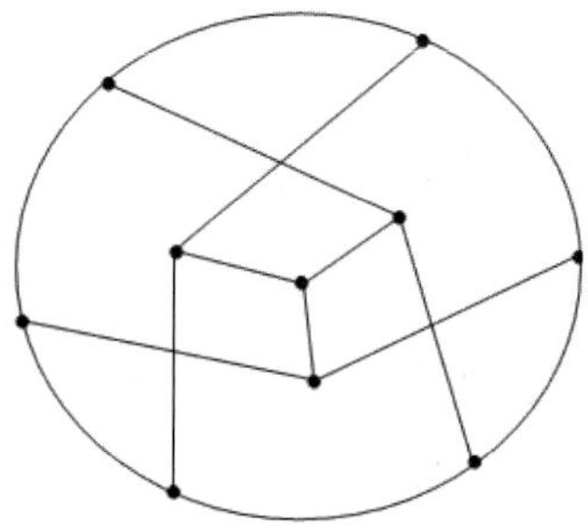

2 여러 가지 회로

실생활 속에서 오일러 회로와 해밀턴 회로를 활용할 수 있는 소재(신문배달문제, 청소차량의 이동경로)을 찾아서 수학적 문제에 대하여 논의하고자 한다.

1) 오일러 회로(Euler circuit)

정의 2.1 연결그래프 G가 오일리언(Eulerian) 이라함은 G의 모든 변을 포함하는 닫혀진 자국(trail)이 존재할 때를 말한다.

연결그래프 G가 해밀턴(Hamilton) 이라함은 G의 모든 꼭지점을 지나는 닫혀진 회로가 존재할 때를 말한다.

예제 2.1 다음 그래프들 중 오일리언, 해밀턴 그래프를 구별하라.

a)

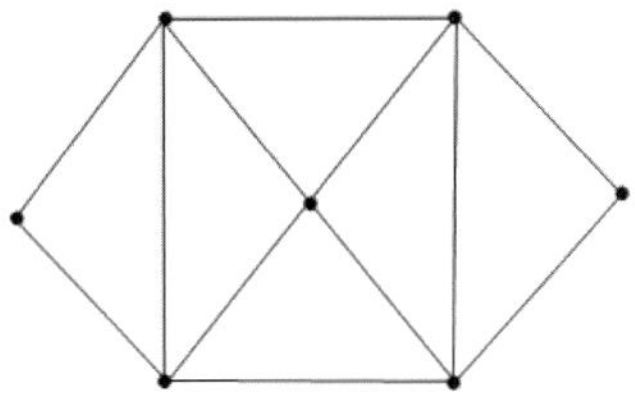

b)

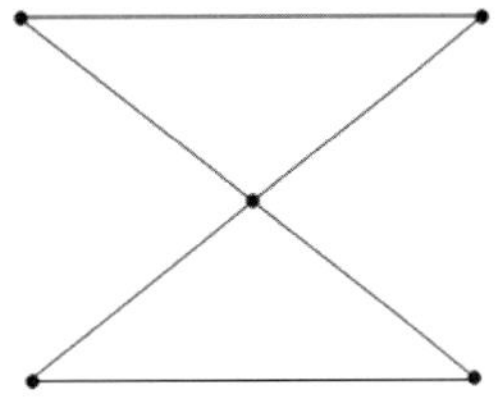

c)

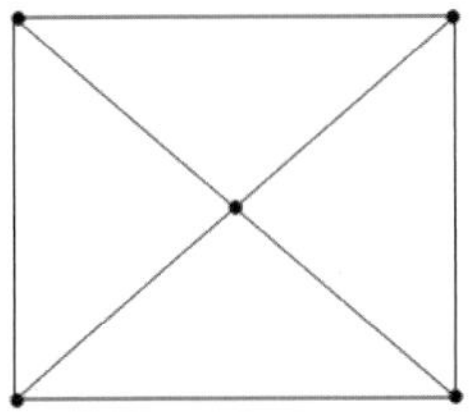

d)

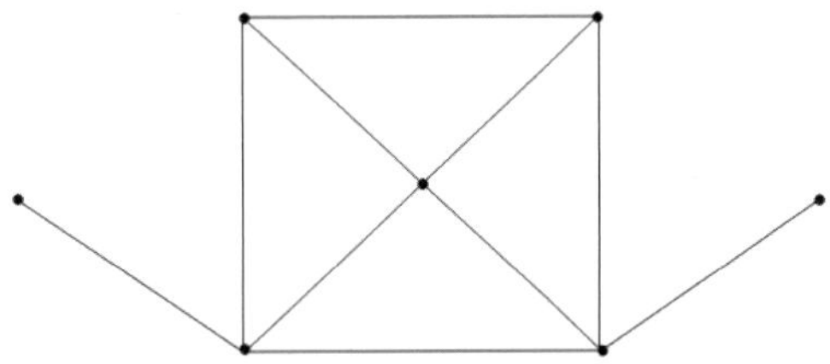

문제 1 다음 그래프 중에서 오일리언인 것은?

a)

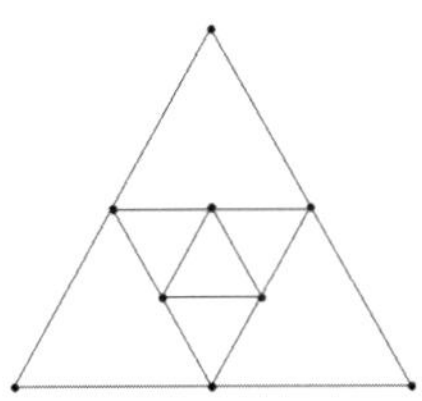

b)

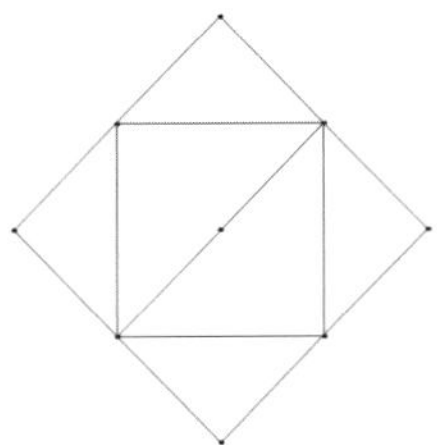

c)

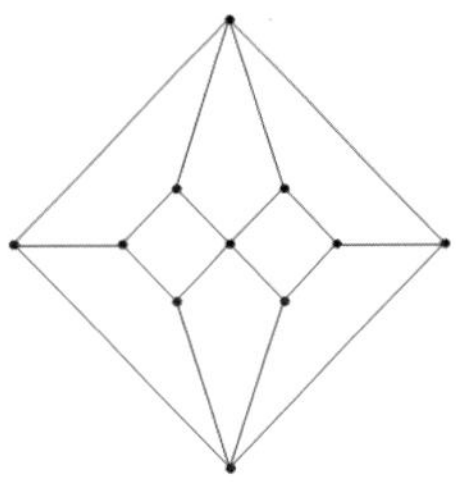

정리 2.1

연결그래프 G에서 G가 오일리언 이기 위한 조건은 G의 모든 꼭지점이 짝수 차수를 갖는 것이다.

증 명

(1) 필요조건, G가 오일리언 이므로 각 변은 두 번씩 사용하게 되어 각 꼭지점은 짝수차수를 갖는다.

(2) 충분조건, G안에서 오일리언 자국(trail)을 찾아야 한다.

G의 변의 수 m에 대한 수학적 귀납법을 적용하기로 하자.

귀납법 가정에 의해서 m개 보다 적은 변의 수일 때 성립을 가정하기로 하자.

G 변의수가 m개 일 때, G에서 한 회로 C를 제거하면 $H=G\setminus C$의 변의 개수는 m보다 적다.

따라서 H의 모든 변의 차수는 짝수이다.

물론 H가 연결이 아닐 수 있지만, H의 각 성분들은 연결되어 있고 각 변의 차수는 짝수이다.

귀납법가정에서 H의 각 성분들은 오일리언이다.

다음은 G의 오일리언 자국(trail)을 만들어보자.

회로 C의 한 꼭지점 v에서 출발하여 H의 한 성분과의 만날 때 까지 연결한다. 이 성분의 오일리언 trail를 택한다. 그리고 다시 C의 한 점으로 연결한다. 이와 같은 방법으로 H의 각 성분마다 오일리언 자국(trail)을 택해 가면 최종적으로 처음 시작한 꼭지점 v에 돌아온다.

이렇게 해서 오일리언 자국(trail)을 구하게 된다.

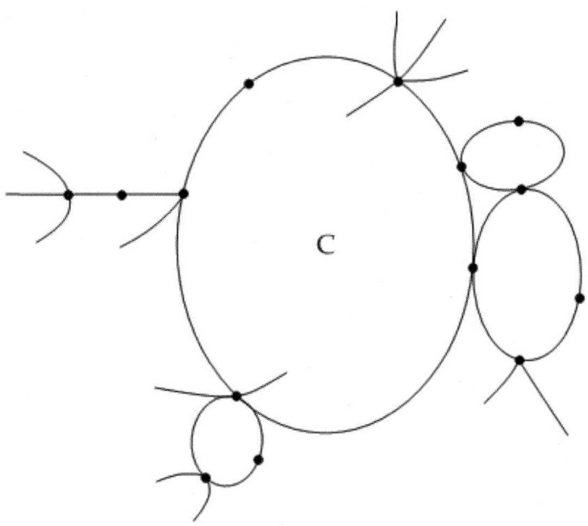

문제 2 다음 그래프 중 오일리언인 것은 ?

ⓐ K_n 완전그래프

ⓑ $K_{r,s}$ 완전이중그래프

ⓒ C_n 순회그래프

ⓓ Platonic 그래프

ⓔ Petersen 그래프

정리 2.2 연결그래프가 오일러 경로(Euler trail)를 가질 필요충분조건은 홀수점이 꼭 2개일 때이다. 이 때 그 두 홀수점이 오일러 경로의 양끝점이 된다.

증 명

(⟹) 연결 그래프 G가 두 꼭지점 x에서 y로 가는 오일러 경로 P를 갖는다고 하자.

G에서 x, y를 잇는 변 a를 추가한 그래프를 G^*라 하면 x에서 P를 따라 y로 간 다음 a를 따라 x로 가는 회로는 G^*의 오일러 회로가 된다. 따라서 G^*에서 모든 꼭지점은 짝수점이다.

그러므로 G에서 x, y는 홀수점이고 나머지 꼭지점은 모두 짝수점이다.

(⟸) 2개의 홀수점을 x, y라 하자.

G에서 x, y를 잇는 변 a를 추가한 그래프를 G^*라 하면, G^*는 홀수점을 가지지 않게 되므로 오일러 회로 C를 갖는다.

C의 중간에 변 a가 $x \to y$와 같이 방향이 주어졌다고 할 수 있다. 이제 C에서 유향 변 a를 지우면 y에서 x로 가는 G의 오일러 경로를 얻는다.

예제 2.2

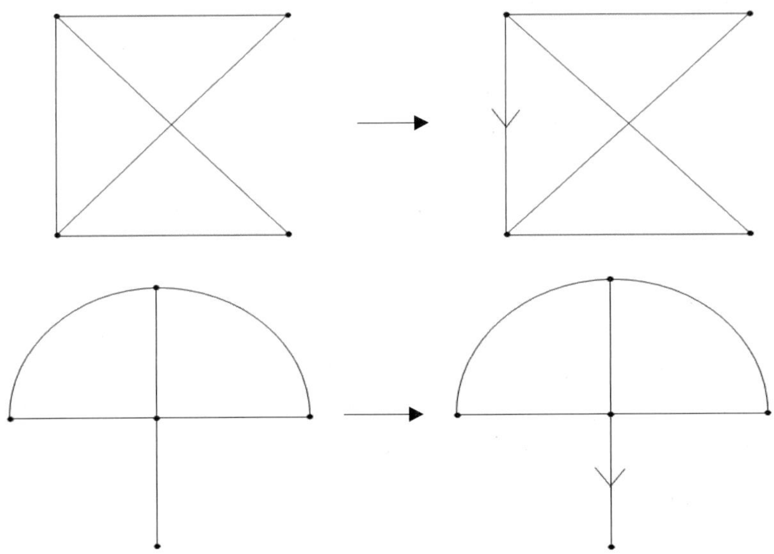

오일리언 자국(trail)의 한 가지 구성 방법에 대하여 알아보자.

G가 오일리언 그래프이면 각 단계별 알고리즘에 따라 오일리언 자국(trail)을 구할 수 있다.

예제 2.3 (Fleury's Algorithm)

한점 u 에서 시작하여 ua, ub를 택하고 점 b에서 다리(bridge)가 되는 변 bu를 택하지 않고 bc, cd, db를 택한다. 그리고 순환그래프 $buefu$를 택하면 된다.

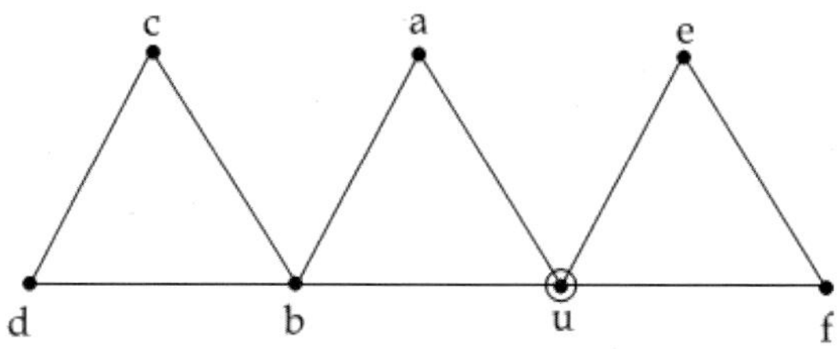

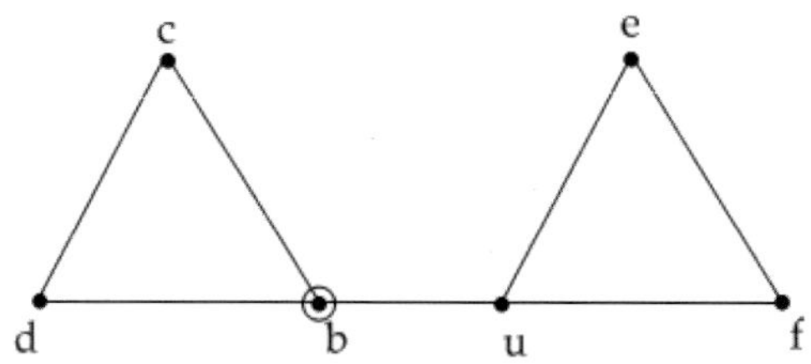

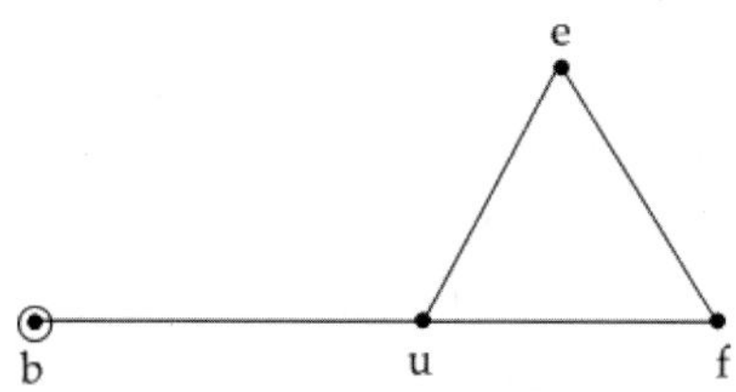

우리가 구하는 오일리언 자국은 $uabcdbuefu$이다.

2) 해밀턴 회로

해밀턴 회로 문제는 연결된 그래프의 한 꼭지점에서 시작하여 그래프의 모든 꼭지점을 오직 한번씩만 지나고 시작점으로 돌아오는 회로를 말한다.

예를 들어 정12면체 문제에서

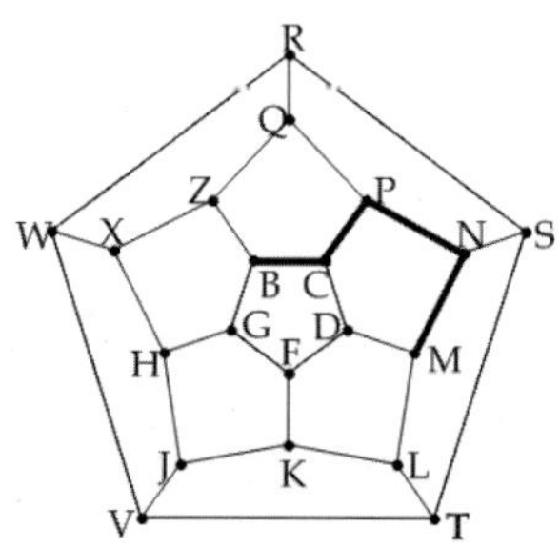

$BCPNM$를 지나는 해밀턴 회로는 단 2가지를 찾을 수 있다. 또한 서양장기의 기사 여행문제 (Knight's Tour Problem)에서

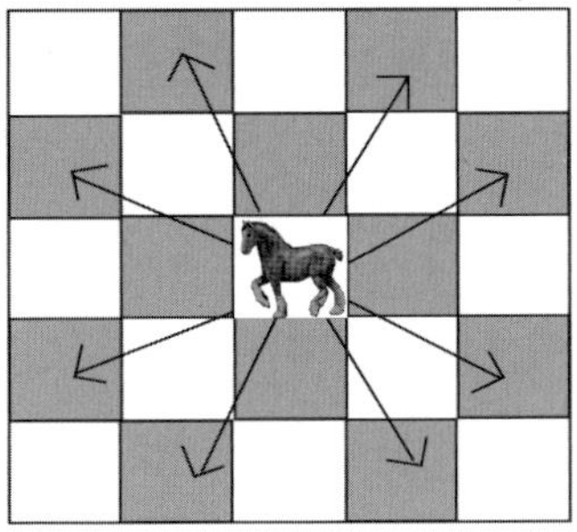

5×5 서양 장기판에서 기사가 모든 사각형을 지나서 처음 시작점으로 돌아올 수 있는가?

3×3, 4×4, 8×8 서양 장기판에서 위의 방법을 적용하여 그려보자.

여기서 8×8인 경우를 조사해보면 다음과 같다.

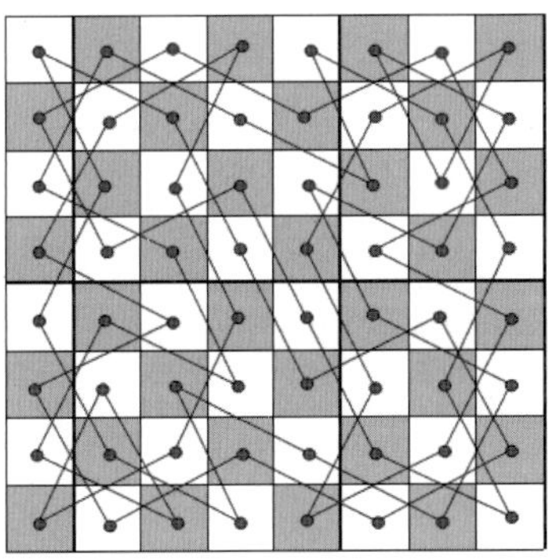

50	11	24	63	14	37	26	35
23	62	51	12	25	34	15	38
10	49	64	21	40	13	36	27
61	22	9	52	33	28	39	16
48	7	60	1	20	41	54	29
59	4	45	8	53	32	17	42
6	47	2	57	44	19	30	55
3	58	5	46	31	56	43	18

정리 2.3 (Dirac's theorem) G가 n개의 꼭지점을 갖는 단순그래프이고, $n\ge3$이라 하자. 각 꼭지점 v에 대해서 $\deg v\ge\frac{1}{2}n$이면 G는 해밀턴 회로를 갖는다.

정리 2.4 (Ore's theorem) G가 n개의 꼭지점을 갖는 단순 그래프이고, $n\ge3$이라 하자. G에서 임의의 인접하지 않는 두 꼭지점 v, w에 대해서 $\deg v+\deg w\ge n$이면 G는 해밀턴회로를 갖는다.

증 명 귀류법을 사용하여 증명하기로 하자.

만약 해밀턴 회로를 갖지 않는 어떤 연결 그래프 G가 존재하여 임의의 인접하지

않는 두 꼭지점 v, w가 $\deg v + \deg w \geq n$이 성립한다고 하자.

우리는 필요하면 그래프 G에 몇 개의 변을 추가하여 해밀턴 회로를 만들 수 있다는 것을 의미한다.

G의 모든 점을 연결한 경로 $v_1 v_2 \cdots v_n$에서 v_1과 v_n은 서로 인접하지 않는다.

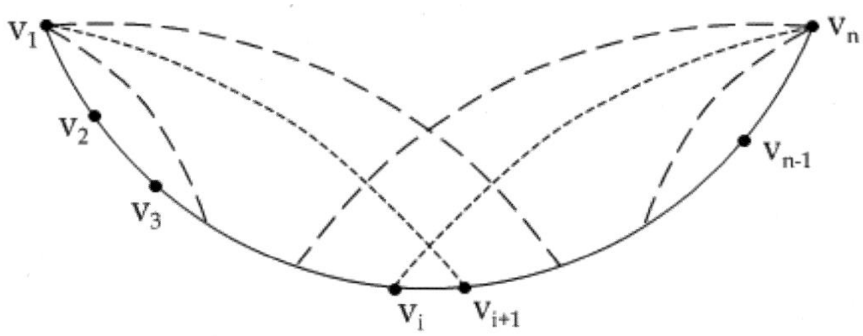

위의 그림에서와 같이 $v_n v_1$ 변을 추가하면 해밀턴 회로가 된다.

v_1, v_n은 인접하지 않으므로 $\deg v_1 + \deg v_n \geq n$이다.

즉, $\deg v_n \geq n - \deg v_1$이다.

만약 $der v_1 = n - r$이면 v_n은 기껏해서 r개 꼭지점과 인접하지 않는다.

v_1과 인접한 꼭지점들을 생각하자.

S를 경로에서 이 꼭지점 바로 앞에 있는 꼭지점들의 집합이라 하자.

예를 들어, v_1이 v_k와 인접했을 때 꼭지점 v_{k-1}은 S의 원소이다.

따라서 S는 r 꼭지점을 갖으며, v_n은 S의 원소가 아니다.

따라서 S는 v_n과 인접한 꼭지점 v_i가 존재하며, v_1과 v_{i+1} 그리고 v_i와 v_n을 연결해서 해밀턴 회로 G의 $v_1 v_2 \cdots v_{i-1} v_i v_n v_{n-1} \cdots v_{i+1} v_1$를 얻는다.

이것은 G가 해밀턴 회로를 갖지 않는다는 것에 모순이다.

문제 3

1) 다음 그래프 중에서 해밀턴인 것은?

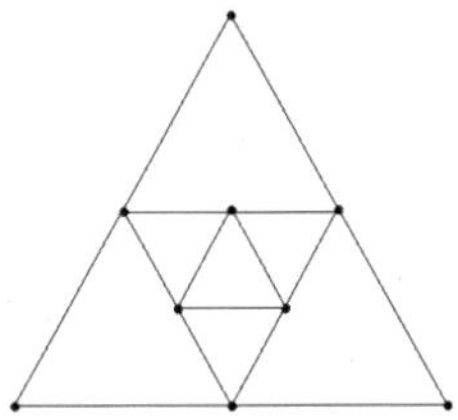
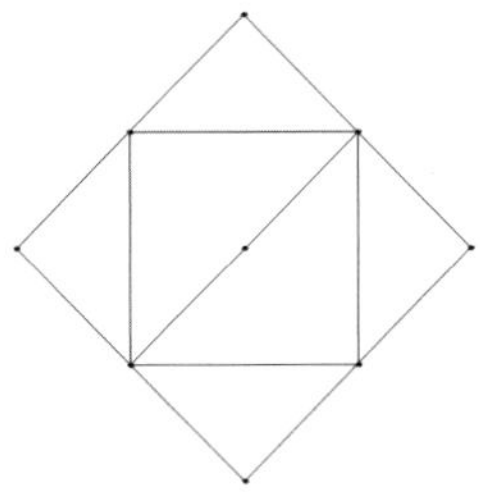
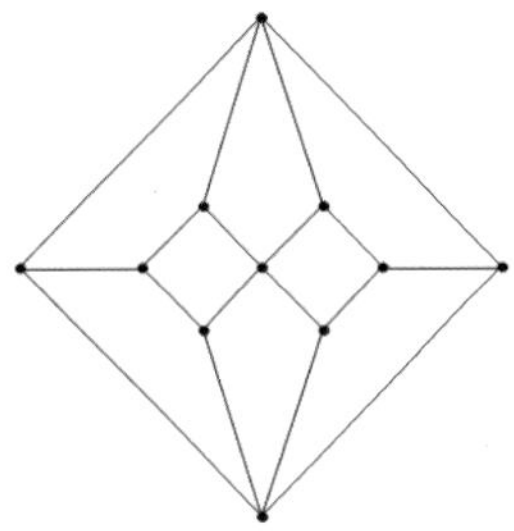

2) 다음 그래프에서

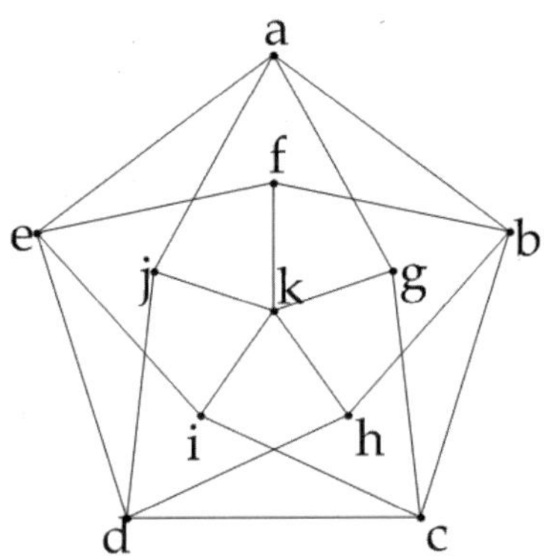

ⓐ 변 ab, bf 와 fk를 포함하는 해밀턴 회로가 존재하지 않음을 설명하시오.

ⓑ 변 ab와 bf 를 포함하는 해밀턴 회로를 찾아보시오.

3) 5×5, 7×7 장기판에서는 기사여행 그래프가 없음을 설명하시오.

참고문헌

1. R. J. Wilsion, J. J. Watkins (1990), *Graphs(An introductory Approach)*, pp.1~156, John Wiley & Sons Inc.
2. Eric Grossett (2003), *Discrete Mathematics with proof*, pp.591~666, prentice Hall.
3. 고등학교 이산수학 교과서 및 교사용 지도서 (2002), 강원대학교 국정도서 편찬위원회, 교육인적자원부.

5. 정수관련 수학영재교육프로그램 개발의 이론 및 실제*

1 정수의 기초 개념

1) 최대공약수와 최소공배수

정수를 다루는 데 있어서 가장 기본적인 개념은 약수와 배수, 최대공약수와 최소공배수, 몫과 나머지를 구하는 것이다.

정의 1

정수 $a, b(a \neq 0)$가 주어졌을 때 $b = a \times c$ 를 만족하는 정수 c가 존재하면 b는 a에 의해 나누어 떨어진다 라고 한다. 이렇게 b가 a에 의해 나누어 떨어질 때 a는 b의 약수라 하고 b는 a의 배수라 한다. '$a \mid b$' 라는 기호는 b가 a에 의해 나누어 떨어진다는 것을 의미하고 '$a \nmid b$는 b가 a에 의해 나누어 떨어지지 않는다는 것을 의미한다.

예 1 $3 \mid 6,\ 3 \nmid 5,\ 3 \mid -6,\ 3 \mid 0,\ -2 \mid -8,\ 5 \nmid 7$.

연습 1

(1) 3의 배수의 예를 5개 들어 보라.

(2) □ | 15의 □에 들어갈 수 있는 수를 모두 쓰시오.

(3) 다음 빈 칸에 '$\mid$' 또는 '$\nmid$'를 쓰시오.

5( )3,　9( )3,　3( )15

정리 1 정수 a, b, c에 대해 다음 식이 성립한다.

(1) $a \mid b$이고 $a \mid c$이면 $a \mid (b+c)$이다.

(2) $a \mid b$이면 임의의 정수 c에 대해 $a \mid b \times c$이다.

(3) $a \mid b$이고 $b \mid c$이면 $a \mid c$이다.

정리 2 정수 a와 양의 정수 d가 있을 때 다음을 만족하는 정수 q와 r이 유일하게 존재한다.

---

* 이 글은 경기도 교육청 수학심화 영재교사연수교재(2009)에 수록되어 있다.

$0 \le r < d$ 이고 $a = dq + r$

예제 2 -23을 5로 나누었을 때 나머지와 몫을 구하시오.

(풀이) $-23 = 5 \times (-5) + 2$ 이니까 몫은 -5 나머지는 2가 된다.

여기서 $-23 = 5 \times (-4) + (-3)$ 이라 해서 몫을 -4, 나머지가 -3이라고 생각할 지도 모르나 $r = -3$ 이면 $0 \le r < 5$를 만족하지 않는다.

연습 3 다음의 빈 칸에 몫과 나머지를 쓰시오.

(1) $37 = 6 \times (\ \ ) + (\ \ )$

(2) $-37 = 6 \times (\ \ ) + (\ \ )$

(3) $-26 = 7 \times (\ \ ) + (\ \ )$

약수에 관한 이야기가 나왔으니 약수의 개수와 약수들의 합에 대해 알아보자.

정리 3 양의 정수 m이 $m = p_1^{a_1} p_2^{a_2} \cdots p_n^{a_n}$ 으로 소인수분해 되면 다음을 만족한다.

· m의 약수의 개수 $= (a_1 + 1)(a_2 + 1) \cdots (a_n + 1)$.

· m의 약수의 합 $= \dfrac{p_1^{a_1+1} - 1}{p_1 - 1} \dfrac{p_2^{a_2+1} - 1}{p_2 - 1} \cdots \dfrac{p_n^{a_n+1} - 1}{p_n - 1}$.

증 명 $m = p_1^{a_1} p_2^{a_2} \cdots p_n^{a_n}$ 으로 소인수분해 된다고 하자. 그러면 m의 약수는

$p_1^{k_1} p_2^{k_2} \cdots p_n^{k_n}$, $(0 \le k_1 \le a_1), (0 \le k_2 \le a_2), \cdots, (0 \le k_n \le a_n)$

꼴로 나타나므로 이들은 다음 식을 전개했을 때 각각의 항이 된다.

$$S = (1 + p_1 + p_1^2 + \cdots + p_1^{a_1})(1 + p_2 + p_2^2 + \cdots + p_2^{a_2}) \cdots (1 + p_n + p_n^2 + \cdots + p_n^{a_n})$$

따라서 약수의 개수는 $(a_1 + 1)(a_2 + 1) \cdots (a_n + 1)$ 이 된다.

한편, $S_k = 1 + p_k + p_k^2 + \cdots + p_k^{a_k}$ 라 정의하면 약수의 합은 $S = S_1 S_2 \cdots S_n$ 이 된다. 이제 $S_k = \dfrac{p_k^{a_k+1} - 1}{p_k - 1}$ 이다.

따라서 $S = S_1 S_2 \cdots S_n = \dfrac{p_1^{a_1+1} - 1}{p_1 - 1} \dfrac{p_2^{a_2+1} - 1}{p_2 - 1} \cdots \dfrac{p_n^{a_n+1} - 1}{p_n - 1}$ 이다.

연습 3 다음 수들의 약수의 개수와 그 약수의 합을 구하시오.

(1) 400 (2) 377 (3) 1260

연습 4 약수의 개수가 8개인 정수를 작은 순서대로 10개를 구하시오.

정의 2 0 아닌 정수 a, b를 생각하자. $d \mid a$와 $d \mid b$를 만족하는 최대의 d를 a와 b의 최대공약수라고 하고 $\gcd(a, b)$라고 표현한다. 그리고 $a \mid c$와 $b \mid c$를 만족하는

최소의 c를 a와 b의 최소공배수라고하고 $lcm(a, b)$라고 표현한다.

정의 3 $\gcd(a,b)=1$인 두 0이 아닌 정수 a,b가 있으면 a와 b는 서로소라고 한다.

연습 5 다음 두 수의 최대공약수와 최소공배수를 구하시오. 또한 서로소인 것은 몇 개나 있는가?

(1) $(3,5)$ (2) $(15,22)$ (3) $(32,18)$ (4) $(35,14)$

정리 3 a,b가 양의 정수라고 할 때 다음 식을 만족시킨다.

$ab=\gcd(a,b)\times lcm(a,b)$

연습 6 두 정수 A,B가 있을 때 $A\times B=12600$ 이고 $\gcd(A,B)=15$ 일 때 $lcm(A,B)$를 구하시오.

정리 4 (유클리드 호제법) 두 정수 a,b에 대하여, $b=aq+r$ 이라면 $\gcd(b,a)=\gcd(a,r)$ 이다.

유클리드 호제법의 원리는 두 수가 있을 때 작은 수로 큰 수를 나눠 그 나머지를 남기고 다시 그렇게 그 나눈 나머지와 나누기 전의 두 수 중 작은 값을 취해 계산해 나가는 것이다. 이제 다음 예로 유클리드 호제법을 익혀보자. 이 예는 19278과 7497의 최대공약수를 찾는 예이다. 물론 각각의 수를 소인수분해하여 구할 수도 있겠으나 숫자가 커서 이 방법은 만만치 않으므로 유클리드 호제법을 사용해보자.

$19278=7497\times 2+4284 \Rightarrow \gcd(19278,7497)=\gcd(7497,4284)$

$7497=4284\times 1+3213 \Rightarrow \gcd(7497,4284)=\gcd(4284,3213)$

$4284=3213\times 1+1071 \Rightarrow \gcd(4284,3213)=\gcd(3213,1071)$

$3213=1071\times 3 \Rightarrow \gcd(3213,1071)=1071$

따라서 $\gcd(19278,7497)=1071$ 이다.

연습 8 다음 두 수의 최대공약수를 호제법을 이용하여 구하시오.

(1) $(105,490)$ (2) $(1254,540)$ (3) $(2146,2491)$ (4) $(12574,33120)$

2) 소수의 기초개념

자연수 중에서 "1이 아닌 작은 수의 곱으로 분해할 수 없는 자연수"를 소수라 한다. 소수가 아닌 수를 합성수라 한다. 합성수는 소수와 반대의 성질을 갖는다. 즉 합성수는 "1이 아닌 작은 수들의 곱으로 분해되는 자연수"이다. 예를 들면 $6=2\times 3$, $24=2\times 2\times 2\times 3=2^3\times 3$과 같이 1이 아닌 작은 수의 곱으로 분해할 수 있는 수들은 합성수이고 $2,7,11$과 같이 분해되지 않는 수들을 소수라 한다. 1은 소수도 합성수도 아니다.

연습 1 다음 수가 소수인지 합성수인지 말하시오.

(1) 27　(2) 97　(3) 199　(4) 259

그럼 이제 주어진 수가 소수인지 알아낼 수 있는 방법을 한 가지 알아보자.

정리 1 주어진 양의 정수 m에 대하여 $\sqrt{m}$보다 작거나 같은 최대 정수를 δ 라 하자. m이 δ보다 작거나 같은 소인수를 갖지 않으면 m은 소수이다.

이 정리를 증명하기 위해서는 귀류법이라는 증명 방법이 필요하다. 귀류법이란 "A가 B라는 성질을 갖는다는 것을 보이기 위해, 먼저 A가 B라는 성질을 갖지 않는다고 가정하면 조건에 모순됨"을 보이는 증명 방법이다.

이제 이 귀류법으로 위 정리 1을 증명해보자.

증 명 m이 합성수라면, 적어도 두 개의 소인수 p, q를 가져야 한다. (p, q 는 같을 수도 있다.) 즉 적당한 k에 대하여 $m = pqk$.

가정에 의해 m은 1보다 큰 소인수만을 가지므로 p, q는 모두$\delta+1$ 이상이다.

$$m \geq pq \geq (\delta+1)^2 \ .$$

그런데, 가정에 의해서 $m \leq \delta^2$ 이므로 모순이다. 따라서, m은 소수이다.

이 정리를 사용하여 큰 자연수가 있을 때 이 수가 소수인지 아닌지 알아낼 수 있다.

예제 2 127이 소수인지 보이시오.

(풀이) $\sqrt{127}$는 11보다 크고 12보다 작은 수이다. 즉 127이 11이하의 소수로 나누어지는 가를 판별하면 된다. 127은 $2, 3, 5, 7, 11$의 배수가 아니므로 소수이다.

연습 4 다음 수가 소수인지 합성수인지 말하시오.

(1) 217　(2) 297　(3) 299　(4) 319

정리 2 소수는 무한히 많다.

증 명 이 정리 역시 귀류법으로 증명하자.

소수가 유한하면 소수의 개수를 표현할 수 있게 된다. 소수가 n개 있다고 가정하고 각각의 소수를 $p_1, p_2, \cdots, p_n$ $(p_1 < p_2 < \cdots < p_n)$ 이라 하자. 이 때 자연수 A를 모든 소수를 곱한 것에 1을 더한 수라 하면 A는

$$A = p_1 p_2 \cdots p_n + 1$$

의 꼴이다. 그런데 A를 $p_1, p_2, \cdots, p_n$ 으로 나눈 나머지는 모두 1이므로 A는 어떤 소수로도 나누어 떨어지지 않는다. 즉, A 역시 소수이다. 그러나 $A = p_1 p_2 \cdots p_n + 1 > p_n$ 이므로 A는 $p_1, p_2, \cdots, p_n$ 중의 그 어느 것과도 같지 않다. 이는 $p_1, p_2, \cdots, p_n$ 이 모

든 소수라는 가정에 모순이다. 따라서 소수는 무한히 많다.

이 무한히 많은 소수들 중에서 두 소수의 차이가 2인 소수를 "쌍둥이 소수"라 부른다. $(3,5)$, $(5,7)$, $(11,13)$, $(17,19)$, $(29,31)$ 와 같은 것들이 쌍둥이 소수이다.

이 쌍둥이 소수에 관련된 다음 문제를 풀어 보자.

예제 4 $pq+4$가 소수가 되는 쌍둥이 소수 (p,q) 쌍을 구하여라.

(풀이) 정수에 관한 문제에서는 정수를

$kn,\ kn+1,\ kn+2,\ \cdots,\ kn+(k-1)$

과 같이 분류하여 풀면 편리하다.

쌍둥이 소수 사이에 있는 정수는 차례대로, $4, 6, 12, 18, 30, \cdots$ 이다. 4를 제외하고는 모두 6의 배수이므로 이 문제는 정수를

$6n,\ 6n+1,\ 6n+2,\ 6n+3,\ 6n+4,\ 6n+5$

로 분류하여 풀면 된다.

먼저 $6n,\ 6n+2,\ 6n+3,\ 6n+4$ 는 $n\ge 1$ 에서는 모두 합성수이므로 5 이상의 소수는 모두 $6n+1,\ 6n+5$ 의 꼴이다. 따라서 5 이상의 쌍둥이 소수는

$p=6n+5,\ q=6n+7=6(n+1)+1$

꼴이다. 이때

$pq+4=(6n+5)(6(n+1)+1)+4=36n^2+72n+39=3(12n^2+24n+13)$

이므로 5 이상의 쌍둥이 소수쌍 (p,q)에 대해서는 $pq+4$가 소수일 수 없다.

마지막으로 $(3,5)$는 쌍둥이 소수이고 $3\times 5+4=19$ 는 소수이므로 구하는 쌍둥이 소수는 $(3,5)$뿐이다.

이제 소인수 분해를 알아보자. 소인수분해란, $540=2^2\times 3^3\times 5$ 와 같이 정수를 소수의 곱으로 분해하는 것을 말한다. 이와 같이 소인수분해를 이용하면, 두 수의 공배수를 찾거나 분수를 약분하는데 아주 편리하다.

예제 5 다음 수를 소인수분해 하시오.

(1) 400 (2) 378 (3) 736 (4) 1260

정리 3 (소인수분해의 유일성) 1보다 큰 정수는 소수의 곱으로 분해할 수가 있으며, 이 분해의 결과는 오직 한 가지 뿐이다.

이것을 "초등정수론의 기본정리"라고 한다. 여기에서 1을 소수로 처리하지 않은 이유를 알 수 있다. 1을 소수라고 하면 이 소인수분해의 유일성이 성립하지 않기 때문이다. 만일 1이 소수라면, 10의 경우

$10=2\times 5=1\times 2\times 5=1\times 1\times 2\times 5=\cdots$

과 같이 무한히 많은 소인수분해를 할 수 있게 되어 자연스럽지 않다.

소인수분해의 유일성 정리가 정수론의 "기본정리"인 까닭은, 이 정리가 여러 가지 면에서 쓰이기 때문이다. 가령 어떤 분수가 있을 때, 분자와 분모에 공통인 소인수가 있으면 이것으로 약분해서 기약분수 꼴로 만들 수 있다.

또, 같은 분수를 아무리 거듭제곱해도, 분모와 분자에 새로운 소인수가 나타나지는 않고 처음의 소인수를 곱하는 것일 뿐이므로, 같은 분수를 곱하여 나타난 새로운 분수는 처음 분수의 공통 소인수 이외의 다른 소인수로 약분되지 않는다.

여기에서 다음 사실을 알 수 있다.

정리 4 정수가 아닌 분수는 몇 번을 거듭제곱 하여도 결코 정수가 될 수 없다.

3) 합동식

다음과 같은 경우를 생각해보자. 지금 둘레를 10등분한 어떤 원이 있고, 그 원을 한 걸음에 1구간씩 걷는다고 하자. 이 사람은 10걸음 만에 제자리에 다시 돌아오게 된다. 이 때, "10"이라고 적어놓은 점은 "0"이라고 적어놓은 점과 일치하게 된다. 이러한 상황에서 만들어지는 수는 한정되어 있다. 어떤 사람이 몇 발자국을 가든지 그 사람이 있는 위치는 $0, 1, 2, 3, 4, 5, 6, 7, 8, 9$뿐이다. 즉 모든 위치를 이 10개의 수들로 표현할 수 있다는 것이다.

만약 원둘레를 10등분하지 않고 3등분이나 5등분했을 때는 어떻게 될까? 이때도 몇 개의 숫자들로 모든 숫자들을 표현할 수 있게 된다. 이것이 바로 우리가 이번에 배울 합동식의 원리이다. 합동식을 수학적으로 표현해보자.

정 의 정수 a, b의 차가 m의 배수일 때, a, b는 m을 법(modulo)으로 하여 합동이라 하며, 기호 $a \equiv b \pmod{m}$ 으로 나타낸다. 즉,

$a \equiv b \pmod{m} \Leftrightarrow a-b=km$ (k는 정수)

연습 1 다음 식이 참인지 거짓인지를 밝히시오.

(1) $27 \equiv 2 \pmod{5}$ (2) $3 \equiv 24 \pmod{11}$

(3) $-1 \equiv 6 \pmod{3}$ (4) $33 \equiv 1 \pmod{8}$

정리 1 (1) 임의의 법 m에 대하여, $a \equiv a \pmod{m}$

(2) $a \equiv b \pmod{m}$ 이면 $b \equiv a \pmod{m}$

정리 2 (1) $a \equiv b \pmod{m}, b \equiv c \pmod{m}$ 이면 $a \equiv c \pmod{m}$

(2) $a \equiv b \pmod{m}, c \equiv d \pmod{m}$ 이면 $a \pm c \equiv b \pm d \pmod{m}$

(3) $a \equiv b \pmod{m}, c \equiv d \pmod{m}$ 이면 $a \times c \equiv b \times d \pmod{m}$

사칙연산 중 나눗셈을 제외하고는 항상 위와 같이 쓸 수 있다. 나눗셈 역시 약간 특수하게 따져서 쓸 수 있다. 이는 뒤에서 알아보자.

연습 2 $a \equiv 7 \pmod{5}$, $b \equiv 11 \pmod{5}$, $c \equiv 4 \pmod{5}$ 일 때 다음 식들을 5로 나눈 나머지를 구하시오.

(1) $a+b+c$ (2) $a \times b \times c$

(3) $(a+b) \times c$ (4) $(a+2b) \times (b-c)$

정리 3 $a \equiv b \pmod{m}$ 이면 $a^n \equiv b^n \pmod{m}$ (단, n은 자연수)

예제 3 2^{30}을 17로 나눈 나머지를 구하시오.

(풀이) $2^4 = 16 = -1 \pmod{17}$ 이다.

위의 정리 3에 의해서 $2^{28} = (2^4)^7 = (-1)^7 = -1 \pmod{17}$.

한편, $2^2 \equiv 4 \pmod{17}$ 이므로 $2^{30} = 2^2 \times 2^{28} \equiv 4 \times (-1) = 13 \pmod{17}$. 즉 2^{30}을 17로 나눈 나머지는 13이다.

연습 4 (1) 2^{15}를 15로 나눈 나머지를 구하시오.

(2) 2^{41}을 11로 나눈 나머지를 구하시오.

(3) 3^{11}을 10으로 나눈 나머지를 구하시오.

(4) $3^{22} \times 5^6$을 26으로 나눈 나머지를 구하시오.

정리 4 (1) $d \mid m$ 이고 $a \equiv b \pmod{m}$ 이면, $a \equiv b \pmod{d}$.

(2) $a \equiv b \pmod{m}$ 이고 $a \equiv b \pmod{n}$ 이면, $a \equiv b \pmod{L}$ (단, L은 m, n의 $L.C.M$)

(3) $a \equiv b \pmod{m}$ 이고 $b \equiv c \pmod{m}$ 이면, $a \equiv c \pmod{m}$

합동식에서의 법, 즉 m값을 변화시킬 수 있다는 이야기이다. 이 역시 처음에 정의한 합동식의 정의와 약수, 최대공약수의 성질을 적용하면 쉽게 알 수 있다. 이제 여기에서 합동식에서의 나눗셈 연산에 대해 알아보자.

정리 5 (1) $ac \equiv bc \pmod{m}$, $(c, m) = 1$ $(c \neq 0)$이면 $a \equiv b \pmod{m}$

(2) $ac \equiv bc \pmod{m}$, $(c, m) = d$이면 $a \equiv b \pmod{m_0}$ (단, $m = m_0 d$)

한 예로 $32 \equiv 12 \pmod{10}$ 이라고 해서 양변을 무작정 4로 나눠 버리면 $8 \equiv 3 \pmod{10}$이 되는데 이는 성립하지 않는다. 10은 4의 배수가 아니므로 양변을 4로 나눌 수 없다.

연습 5 다음 명제가 참인지 거짓인지를 밝히시오.

(1) $a \equiv b \pmod{12}$ 이면 $a \equiv b \pmod{3}$ 이다.

(2) $a \equiv b \pmod{c}$ 이고 $a \equiv b \pmod{d}$ 이면 $a \equiv b \pmod{c \times d}$

(3) $4\times a \equiv 4\times b\,(\mathrm{mod}\,22)$ 이면 $a\equiv b\,(\mathrm{mod}\,22)$ 이다.

(4) $4\times a \equiv 4\times b\,(\mathrm{mod}\,10)$ 이면 $a\equiv b\,(\mathrm{mod}\,5)$ 이다.

예제 6 임의의 정수 x에 대해 x^3-x가 항상 3의 배수임을 보이시오.

이 문제를 합동식을 쓰지 않는 방법과 합동식을 쓰는 방법 두 가지로 풀어보자.

(풀이) $x^3-x=x(x-1)(x+1)$ 로 인수분해된다.

합동식을 쓰지 않았을 때

i) $x=3k$ (k는 정수)이면 $x(x-1)(x+1)=3k(3k-1)(3k+1)$에서 3의 배수.

ii) $x=3k+1$ (k는 정수)이면

$x(x-1)(x+1)=(3k+1)3k(3k+2)=3((3k+1)k(3k+2))$에서 3의 배수이다.

iii) $x=3k+2$ (k는 정수)이면

$x(x-1)(x+1)=(3k+2)(3k+1)(3k+3)=3((3k+2)(3k+1)(k+1))$ 에서 3의 배수.

합동식을 썼을 때

i) $x\equiv 0\,(\mathrm{mod}\,3)$이면 $x(x-1)(x+1)\equiv 0\,(\mathrm{mod}\,3)$.

ii) $x\equiv 1\,(\mathrm{mod}\,3)$이면 $x-1\equiv 0\,(\mathrm{mod}\,3)$ 따라서 $x(x-1)(x+1)\equiv 0\,(\mathrm{mod}\,3)$.

iii) $x\equiv 2\,(\mathrm{mod}\,3)$이면 $x+1\equiv 0\,(\mathrm{mod}\,3)$ 따라서 $x(x-1)(x+1)\equiv 0\,(\mathrm{mod}\,3)$.

i), ii), iii)에 의해서 x^3-1는 항상 3의 배수이다.

위 풀이를 보면 합동식을 썼을 때가 더 간단함을 알 수 있다.

그럼 다음 문제들로 합동식을 익혀 보자.

연습 7 다음을 mod를 이용하여 푸시오.

(1) 임의의 정수 x에 대해서 $x(x+1)$은 짝수임을 보이시오.

(2) 임의의 정수 x에 대해서 x^6-1을 7로 나눈 나머지는 0 또는 6임을 보이시오.

(3) 임의의 홀수 x에 대해서 x^2을 8로 나눈 나머지는 1임을 보이시오.

탐구문제

1. 연속된 홀수 3개 중 3, 5, 그리고 7은 모두 소수이다. 이 세 수를 "prime triple"이라 한다. p, $p+2$, $p+4$ 가 모두 소수인 수가 무한히 많이 있겠는가?

2. a, b가 정수이고 $a>0$ 일 때 $a=bq+r$ 이고 $0\leq r<b$ 인 q와 r이 유일하게 존재한다. 이때, $r<\frac{1}{2}a$ 인가?

3. $6x+15y+20z=1$ 에서 정수해 x, y, z를 구하라.

4. $ac \equiv bc \pmod{m}$ 일 때 $\gcd(c, m) = 1$ 이면 $a \equiv b \pmod{m}$ 이다.

5. 다음 약수의 판별에 대하여 설명하라.

(1) $4|a$ 일 조건은 a 의 끝 두 자리 수가 4의 배수이다.

(2) $8|a$ 일 조건은 a 의 끝 세 자리 수가 8의 배수이다.

(3) $3|a$ 일 조건은 a 의 각 자리수의 합이 3의 배수이다.

(4) $9|a$ 일 조건은 a 의 각 자리수의 합이 3의 배수이다.

(5) $11|a$ 일 조건은 a 의 교대차의 합이 11의 배수이다.

2 정수의 심화 개념

1) 원시 피타고라스 수

고대 바빌로니아인들의 점토판이 발굴되고 쐐기문자 원문이 해독할 수 있게 됨에 따라 이들 판으로부터 바빌로니아 역사가 오랜 기간 동안 이어져왔음을 알 수 있게 되었다. 미국 컬럼비아 대학에 소장된 플림프톤 322 수학판을 보면 바빌로니아인들이 원시 피타고라스 3쌍 (a, b, c)을 계산하는 방법을 이미 알고 있었다는 것을 확인할 수 있다.

직각삼각형의 변의 크기가 될 수 있는 $(3, 4, 5)$와 같은 세 개의 양의 정수의 집합을 피타고라스 3쌍 이라고 한다. 특히 그 3쌍이 1이외의 어떤 공통 인수도 갖지 않으면 원시피타고라스 3쌍(Primitive Pythagorean triple)이라고 한다. $(3, 4, 5)$는 원시 3쌍이고 $(6, 8, 10)$은 원시 3쌍이 아니다.

과제 1

원시피타고라스 3쌍(Primitive Pythagorean triple) (a, b, c)이 $a^2 + b^2 = c^2$을 만족할 때 a, b 두 수중에 한수는 짝수이고 다른 한수는 홀수임을 알 수 있다.

a, b 두수 모두 짝수일 때와 두수 모두 홀수이때 원시피타고라스의 정의에 모순임을 밝히면 된다.

원시피타고라스 3쌍(Primitive Pythagorean triple) (a, b, c)이 $a^2 + b^2 = c^2$을 만족하고, a 는 홀수, b 는 짝수이고, a, b, c 는 1 이외의 공통인수를 갖지 않는다고 하면 공통인수를 갖지 않는 두 홀수 $s > t \geq 1$가 존재하여

$a = st,\ b = \dfrac{s^2 - t^2}{2},\ c = \dfrac{s^2 + t^2}{2}$가 성립한다. 특히 $t = 1$일때 $\left(s,\ \dfrac{s^2-1}{2},\ \dfrac{s^2+1}{2}\right)$ 가 성립한다.

문제 1 과제2에서 s<9인 경우 원시피타고라스 3쌍을 구하라.

s	t	$a=st$	$b=\frac{s^2-t^2}{2}$	$c=\frac{s^2+t^2}{2}$
3	1	3	4	5
5	1	5	12	13
7	1	7	24	25
9	1	9	40	41
5	3	15	8	17
7	3	21	20	29
7	5	35	12	37
9	5	45	28	53
9	7	63	16	65

과제 2

좌표평면에 단위원 $x^2+y^2=1$ 을 $(-1,0)$를 지나 기울기가 m인 직선 $y=m(x+1)$과 만나는 교점의 좌표는 $(x,y)=\left(\frac{1-m^2}{1+m^2}, \frac{2m}{1+m^2}\right)$ 이다.

여기서, $m=\frac{v}{u}$라 하면 $(x,y)=\left(\frac{u^2-v^2}{u^2+v^2}, \frac{2uv}{u^2+v^2}\right)$ 이고 $(a,b,c)=(u^2-v^2, 2uv, u^2+v^2)$ 이 성립한다. 특히, $u=\frac{s+t}{2}$, $v=\frac{s-t}{2}$ 라 하면 과제1의 결과와 같다.

문제 2 피타고라스 3쌍 (a, b, c) 에서 b가 짝수일 때,

$(a,b,c)=(u^2-v^2,\ 2uv,\ u^2+v^2)$

과제 2에서 $(u,\ v)$ = (2,1)일 때 가 피타고라스 3쌍은 (3,4,5)가 된다.

$(u,\ v)$가 $1<v<u<10$인 경우 피타고라스 3쌍의 표를 완성하고 그것들이 원시피타고라스 3쌍이 될 $u,\ v$의 조건을 찾아보자.

2) 1차 합동식

1차 합동식은 a, c, m 은 정수이고 $m \geq 1$ 일때 $ax=c\,(\mathrm{mod}\,m)$의 해를 구하는 것을 말한다.

이 식은 $m \mid (ax-c)$ 이므로, $ax-my=c$를 만족하는 x, y를 구하는 문제와 같다.

1차방정식의 정수해를 구하는 문제는 두수의 유크리드 호제법을 이용한 최대공약수를 구하는 문제와 연결되어 흥미롭다.

예를 들어, 두수 42, 30에서 $42x+30y$의 값을 구해보면 $42x+30y=6(7x+5y)$이므로, $42x+30y$는 6의 배수이다. 일반적으로, $ax+by$는 $\gcd(a,b)$로 나누어진다.

과제 1

두 양의 정수 a, b로 생성되는 집합 $\{ax+by \mid x, y$는 정수$\}$ 에서 가장 작은 양의 정수는 a, b 의 최대공약수와 같음을 알 수 있다.

증 명 역으로, $ax+by$의 최소 양의정수가 $\gcd(a,b)$ 임을 유크리드 호제법을 이용하여 구해보자.

정수 Z의 부분군 $aZ+bZ$는 순환군이므로 gcd(a,b)=d 라면 $aZ+bZ=dZ$이다.

예를 들어 $22x+60y=\gcd(22,60)$에서 유크리드 호제법을 이용하여 gcd를 구해보자.

$$\begin{cases} 60 = 2\times 22+16 \\ 22 = 1\times 16+6 \\ 16 = 2\times 6+4 \\ 6 = 1\times 4+2 \\ 4 = 2\times 2+0 \end{cases}$$

$\gcd(22,60)=2$

$22x+60y=2$에서 $a=60, b=22$ 라 할 때

$16=a-2b$

$b=1\times 16+6=1\times(a-2b)+6$

$6=b-(2-2b)=-a+3b$

$16=2\times 6+4$ 에서

$a-2b=2\times(-a+3b)+4$

$4=(a-2b)-2(-a+3b)=3a-8b$

$6=1\times 4+2$ 에서

$-a+3b=1\times(3a-8b)+2$

$\therefore -4a+11b=2$

$\therefore -4\times 60+11\times 22=2$

약간 큰 두 수

$a=12453$, $b=2347$에서 $ax+by=1$인 (x,y)를 구해보면 $x=304$, $y=-1613$이다.

과제 2

두 0이 아닌 정수 a, b 에 대하여, $\gcd(a,b)=g$ 일때 1차방정식 $ax+by=g$ 의 한 해 (x_1, y_1)라 하면, 모든 일반해는 $\left(x_1+k\cdot\frac{b}{g}, y_1-k\cdot\frac{a}{g}\right)$이고 여기서 k는 정수이다.

증 명 예를 들어, $(-1,2)$는 $5x+3y=1$의 해이다.

여기서 $(-1+3k, 2-5k)$ 는 또한 $5x+3y=1$의 해가 된다.

k값에 따라 $(2,-3), (5,-8), \cdots, (-4,7), (-1,2)$가 해가 된다.

$\gcd(a,b)=1$ 인 경우, $ax+by=1$ 의 두 해 $ax_1+by_1=1$, $ax_2+by_2=1$에서

$ax_1y_2-ax_2y_1=y_2-y_1$

$bx_2y_1-bx_1y_2=x_2-x_1$

이다.

$k=x_2y_1-x_1y_2$ 라 하면

$x_2=x_1+kb$

$y_2=y_1-ka$

이다.

$ax+by=1$ 의 한 해를 (x_1, y_1)라 하면 그 일반해는 $(x_1+kb, y-ka)$이다.

다음은 $\gcd(a,b)>1$ 인 경우를 알아보자.

(x_1, y_1)를 $ax+by=g$ 의 해라 하자.

(x_1, y_1)은 $\frac{a}{g}x+\frac{b}{g}y=1$ 의 해가 된다.

여기서 $\gcd\left(\frac{a}{g}, \frac{b}{g}\right)=1$ 이다.

따라서 $\left(x_1+k\frac{b}{g}, y_1-k\frac{a}{g}\right)$ 가 일반해이다

연습 3 다음 두 수 (A,B)의 최대공약수 G를 구하고 $G=sA+tB$ 를 만족하는 s, t를 하나씩만 찾으시오.

(1) $(60, 378)$

(2) $(2079, 4675)$

(3) $(3375, 5236)$

(4) $(13860, 18972)$

연습 4 방정식 $69x+111y=9000$ 을 만족하는 모든 양의 정수해를 구하여라.

문제 5 다음 분수가 기약분수임을 보이시오.

$$\frac{7x^2+16x+9}{7x^3+23x^2+18x+1}$$

3) 페르마 소정리와 오일러 정리

(1) 페르마 소정리

$a > 1$ 인 정수이고 p 가 소수일 때 $p \not| a$ 이면 $a^p \equiv a(\mathrm{mod} p)$ 이다.

먼저 수학적 귀납법에 의하여 설명해 보자.

$a = 1$ 인 경우는 성립한다.

$a = n$ 일 때 성립을 가정하여, $a = n + 1$ 일 때 성립함을 보이자.

$$(n+1)^p = n^p + \binom{p}{1}n^{p-1} + \binom{p}{2}n^{p-2} + \cdots + \binom{p}{p-1}n + 1$$

$$(n+1)^p \equiv n^p + 1 \quad (\bmod\ p)$$

귀납법 가정에서 $n^p \equiv n \ (\bmod\ p)$ 이므로

$$(n+1)^p \equiv n+1 \quad (\bmod\ p)$$

따라서 모든 정수 $a > 1$에 대하여

$a^p \equiv a \ (\bmod\ p)$ 가 성립한다.

다음은 p를 법으로 하는 기약잉여계$\{0, 1, 2, \cdots, p-1\}$을 이용하자.

또한 $p \nmid a$ 인 a 에 대하여 $\{0, a, 2a, ,\cdots, (p-1)a\}$ 도 역시 기약잉여계이다.

따라서 $1\cdot2\cdot3 \cdots (p-1) \equiv a(2a)(3a)\cdots((p-1)a) \quad (\bmod p)$

$$\equiv a^{p-1}(1\cdot2 \cdots p-1) \quad (\bmod p)$$

$p \nmid 1\cdot2 \cdots (p-1)$ 이므로

$$a^{p-1} \equiv 1 \quad (\bmod p)$$

따라서 $a^p \equiv a \quad (\bmod p)$ 이다.

예제 1 $a = 4,\ p = 3$

$4^2 - 1 = 15$ 는 3의 배수이다.

문제 2 8^{103} 을 13으로 나눌 때 나머지를 구하라.

문제 3 페르마 소정리는 어떤 정수가 소수인가? 아닌가?를 판별하는데 이용된다.

$2^{1234566} = 899557(\mathrm{mod}1234567)$이다.

1234567은 소수인가?

(2) 오일러 정리

양의 정수 n 보다 작은 수로써 n 과 서로소인 수 전체의 개수를 $\varphi(n)=$ 오일러 파이수라고 한다. 이때 $a^{\phi(n)} \equiv 1 \quad (\mathrm{mod}\ n)$

증 명 페르마 정리의 증명과 같은 방법으로,

$(a, n) = 1$ 일 때 n을 법으로 한 기약잉여계 $r_1, r_2, \cdots, r_{\phi(n)}$ 의 각 원소들은 곱셈에 대한 역원을 갖는다.

또한 $ar_1, ar_2, \cdots, ar_{\phi(n)}$ 도 n을 법으로 기약잉여계이다.

따라서

$$(ar_1)(ar_2)\cdots(ar_{\phi(n)}) \equiv r_1 r_2 \cdots r_{\phi(n)} \pmod{n}$$

$$\|$$

$$a^{\phi(n)}(r_1 \cdots r_{\phi(n)})$$

따라서 $a^{\phi(n)} \equiv 1 \pmod{n}$

문제 3 2^{720} 를 225로 나눌 때 나머지를 구하라.

문제 4 1993^{1993}의 끝 두 자리를 구하여라.

(즉: $1993^{1993} \equiv a \pmod{100}$)

문제 5 다음 오일러수에 대한 설명을 하여라.

① p: 소수 일 때

$\varphi(p^k) = p^k - p^{k-1}$

② $n = p_1 \cdots p_r$ 일 때,

$$\varphi(m) = m(1-\frac{1}{p_1})(1-\frac{1}{p_2})\cdots(1-\frac{1}{p_r})$$

4) 곱셈을 이용한 원 디자인(Circle Arts)

어떤 자연수 n 에 대한 잉여류의 집합 $Z_n = \{0, 1, 2, 3, \quad, n-1\}$ 이다. 한 원주를 $(n-1)$등분하여, 다음 그림과 같이 $\{1, 2, 3, \cdots, n-1\}$ 을 표기한다.

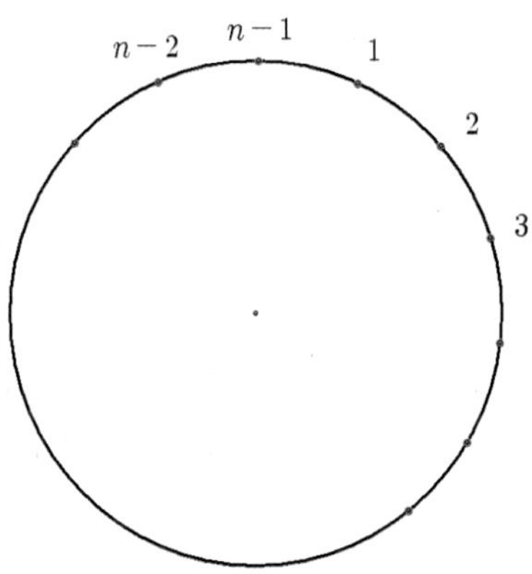

0이 아닌 한 정수 k를 Z_n의 각 원소에 곱하여 n 으로 나눈 나머지 값을 t라 하자. 원주위의 한 점 1를 t에 선분으로 연결한다. 다음은 t에 k를 곱한 값을 n 으로 나눈 나머지 값으로 연결한다. 이와 같은 방법으로 원주위의 모든 점들을 연결한다.

원주위의 점들을 연결한 선분들로 원의 내부 영역이 여러 가지 다각형으로 분할된다. 원의 내부의 다각형 영역들을 여러 가지 색을 칠하여 아름답게 디자인하면 원 디자인이 만들어진다.

예를 들어 $n=11$ 이고 $k=2$ 일 때의 곱셈표를 만들어 보자

〈표 1〉 이고 $k=2$ 일 때의 곱셈표

	1	2	3	4	5	6	7	8	9	10
	2	4	8	5	10	9	7	3	6	1

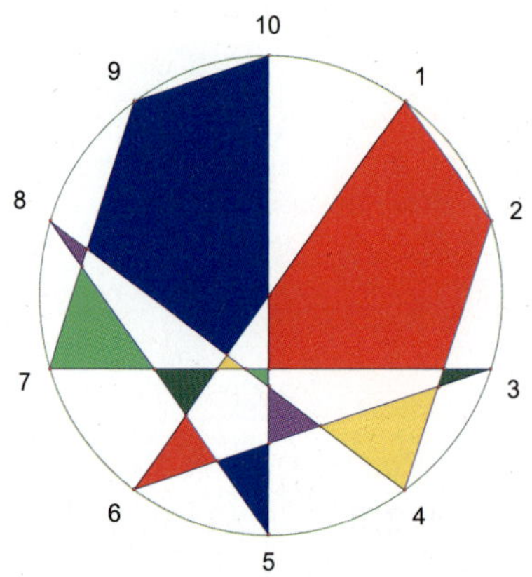

그림 1. 11로 나눈 나머지에 2를 곱하여 만든 디자인

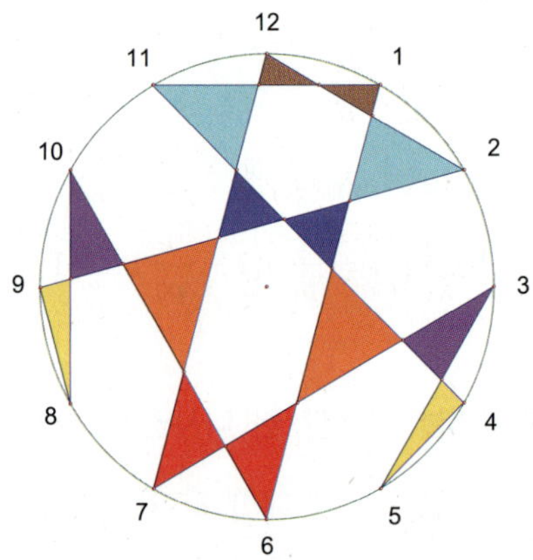

그림 2. 13으로 나눈 나머지에 6을 곱하여 만든 디자인

과 제

다음 원 디자인을 만들어 보시오.

(1) 13으로 나눈 나머지에 5를 곱하여 만든 디자인을 구성하라.

(2) 23으로 나눈 나머지에 8을 곱하여 만든 디자인을 구성하라.

(3) 30으로 나눈 나머지에 7을 곱하여 만든 디자인을 구성하라.

5) 정사각형 디자인(Square Arts)

어떤 자연수 n 에 대한 잉여류의 집합 $Z_n = \{0, 1, 2, 3, \quad , n-1\}$ 에서 덧셈표를 만들어 각 숫자에 각 디자인 원소들을 그려 넣으면 규칙성을 갖는 평면 디자인을 만들 수 있다. 또한 곱셈표를 만들어 같은 방법으로 평면 디자인을 만들어 보자.

+7	〔0〕	〔1〕	〔2〕	〔3〕	〔4〕	〔5〕	〔6〕
〔0〕	〔0〕	〔1〕	〔2〕	〔3〕	〔4〕	〔5〕	〔6〕
〔1〕	〔1〕	〔2〕	〔3〕	〔4〕	〔5〕	〔6〕	〔0〕
〔2〕	〔2〕	〔3〕	〔4〕	〔5〕	〔6〕	〔0〕	〔1〕
〔3〕	〔3〕	〔4〕	〔5〕	〔6〕	〔0〕	〔1〕	〔2〕
〔4〕	〔4〕	〔5〕	〔6〕	〔0〕	〔1〕	〔2〕	〔3〕
〔5〕	〔5〕	〔6〕	〔0〕	〔1〕	〔2〕	〔3〕	〔4〕
〔6〕	〔6〕	〔0〕	〔1〕	〔2〕	〔3〕	〔4〕	〔5〕

〔0〕	〔1〕	〔2〕	〔3〕	〔4〕	〔5〕	〔6〕
〔1〕	〔2〕	〔3〕	〔4〕	〔5〕	〔6〕	〔0〕
〔2〕	〔3〕	〔4〕	〔5〕	〔6〕	〔0〕	〔1〕
〔3〕	〔4〕	〔5〕	〔6〕	〔0〕	〔1〕	〔2〕
〔4〕	〔5〕	〔6〕	〔0〕	〔1〕	〔2〕	〔3〕
〔5〕	〔6〕	〔0〕	〔1〕	〔2〕	〔3〕	〔4〕
〔6〕	〔0〕	〔1〕	〔2〕	〔3〕	〔4〕	〔5〕

다음은 $n=7$인 경우의 덧셈에 대한 평면 디자인이다.

(0) (1) (2) (3) (4) (5) (6)

다음은 위의 디자인을 제 1상안에 두고 x축과 y축에 대칭 이동한 평면 디자인을 합하여 표현한 것이다.

참 고 문 헌

1. Ira J. Papick, Algebra Connections, Mathematics for middle school teachers(2007), Pearson Prentice Hall
2. Joseph H. Silverman, A friendry introduction to number theory, 3th edition(2006), Pearson International Edition
3. Ramanujachary Kumanduri, Cristina Romero, Number Theory with computer applications (1998), Prentice Hall
4. 과학영재교육교재 수학(1998), 한국과학기술원 과학영재교육센터
5. 박종률, 수학영재교육길잡이(2008), 전남대학교출판부

다음은 중등교사들과 영재교육원 수학반 학생들이 제작한 원디자인의 작품들이다.

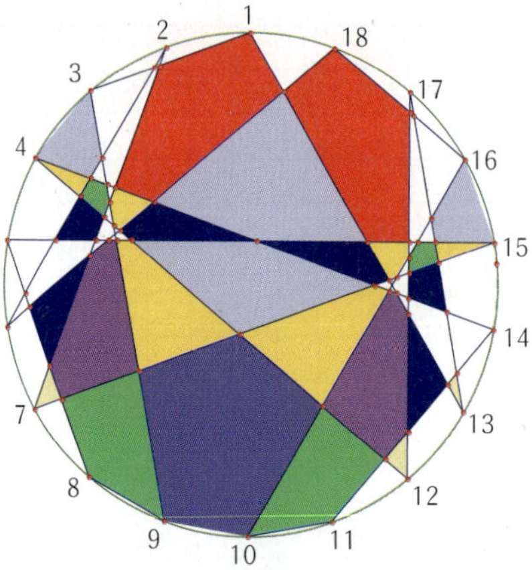

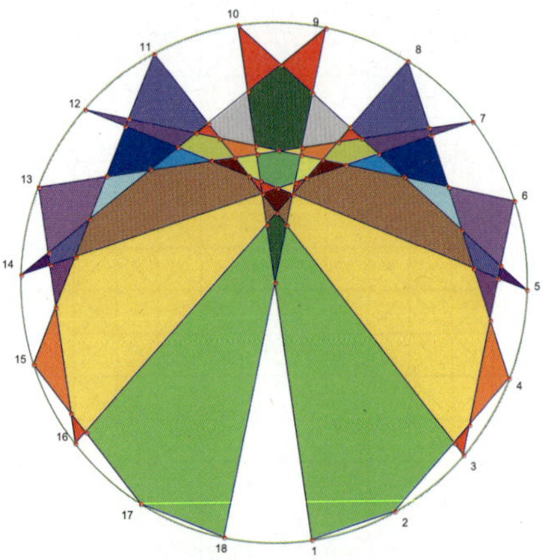

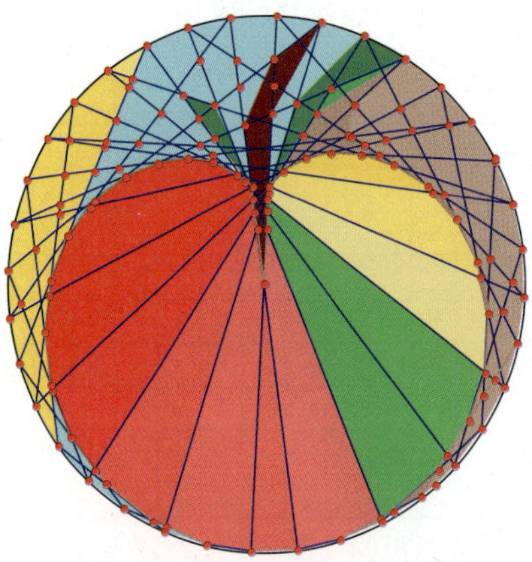

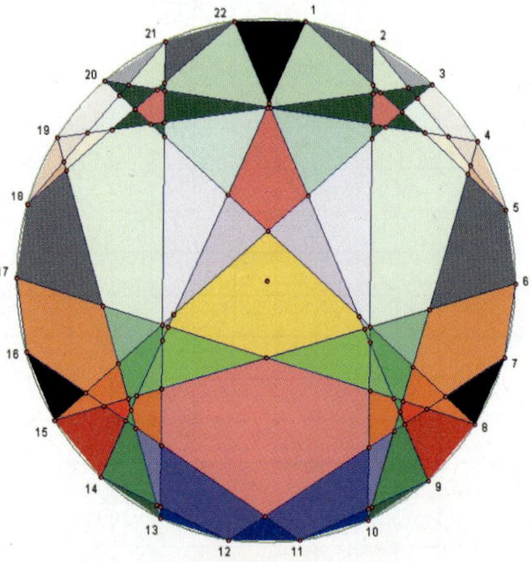

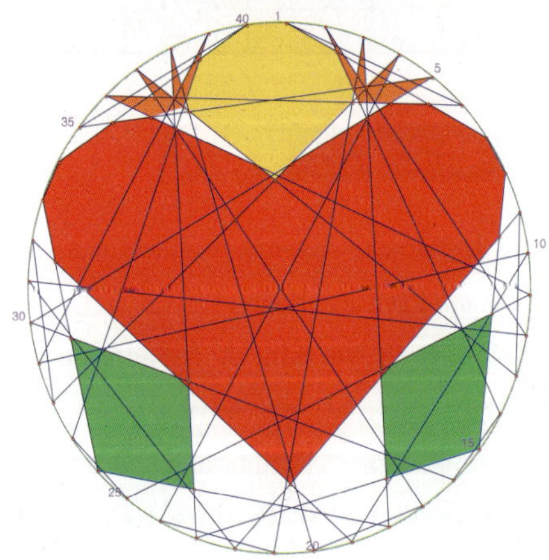

다음은 중등교사들과 영재교육원 수학반 학생들이 제작한 정사각형 디자인의 작품들이다.

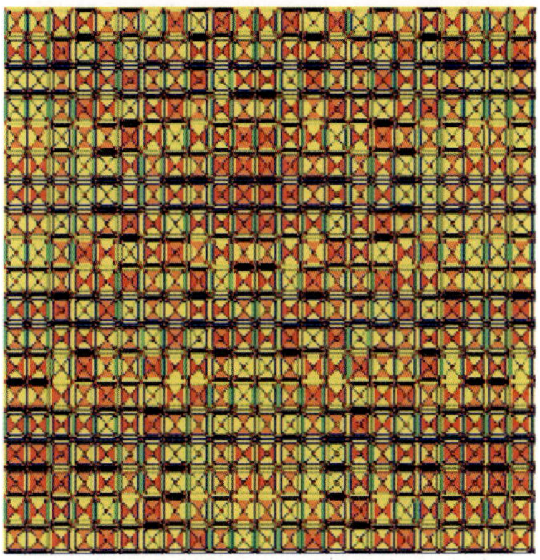

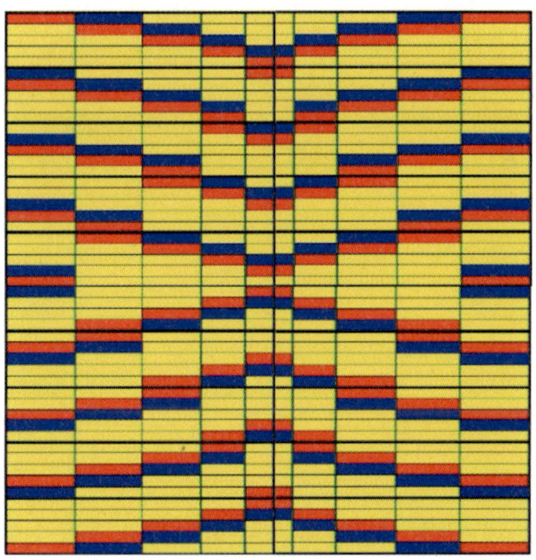

6. 수심자료(Orthocenter Materials)에 대한 논의*

지름이 1로 주어진 단위원(Unit circle)에 내접한 예각삼각형에 대하여 삼각형의 수심(Orthocenter)과 관련된 여러 가지 성질들을 알아보고자 한다.

삼각형의 수선의 발로 만들어지는 수족삼각형의 성질을 탐구하고, 삼각형의 수심과 세 꼭지점에서 임의의 세 개의 꼭지점으로 만들어지는 삼각형의 외접원들의 지름은 모두 같으며, 삼각형의 수족삼각형이 삼각형에 대한 9점원(Nine point circle)이 됨을 밝히고자 한다.

삼각형의 수심에 대한 이 논의는 Jerzy Kocik and Andrzej Solecki의 Disentangling a Triangle, MAA, Monthly 116, March, 2009의 자료를 중심으로 재구성한 것이다.

아래 그림은 지름의 길이가 1인 단위원(Unit circle)에서 토래미(Ptolemy)의 Almagest에 소개된 Sine정리와 그 쌍대정리로 Cosine정리를 말한다.

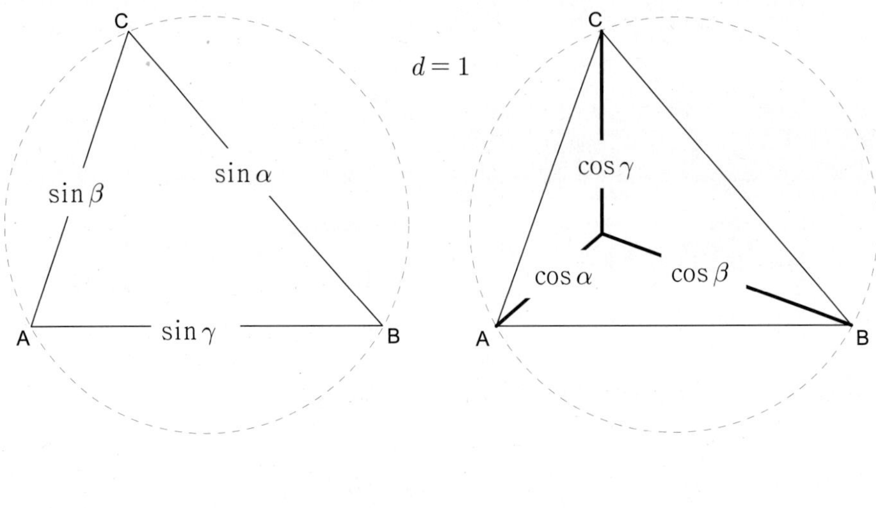

* 이 글은 전남대학교 수학교육과 용봉수학교육연구 제12집(2012) pp.125-132에 수록되어 있다.

다음 그림에서와 같이 수선의 길이 CC_F와 HC_F 를 구하는 것을 알아보고자 한다.

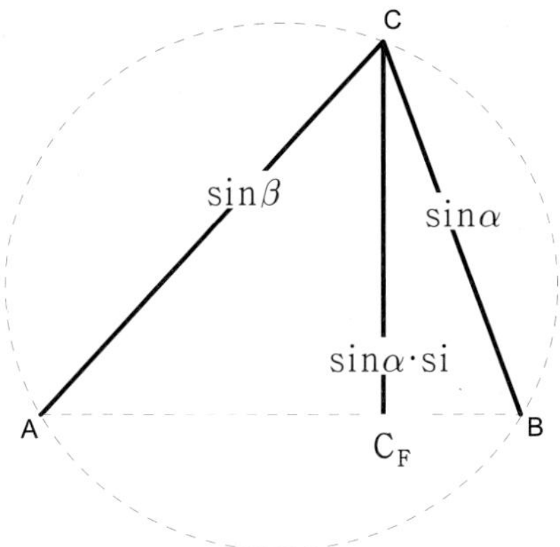

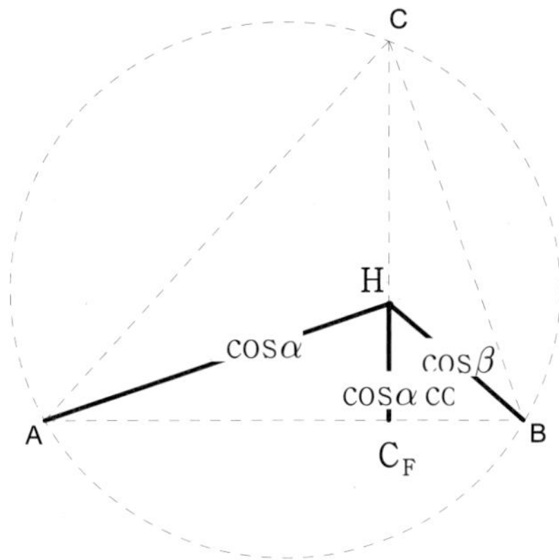

일반적으로 삼각형의 세변을 A, B, C 라 하고 대응하는 세각을 α, β, γ 라 한다. 꼭지점 C 에서 높이를 h_C 라 하고 그 수선의 발(foot)을 C_F 라 한다. h_C 의 연장선과 원과 만나는 점을 $\overline{C}$라 한다. 높이 h_C 는 수심 H 를 경계로 CH 를 귀(ear)라 하고 HC_F 을 줄기(stem)라 한다. 그리고 $C_F\overline{C}$를 뿌리(root), 귀의 중점을 Euler point라 한다.

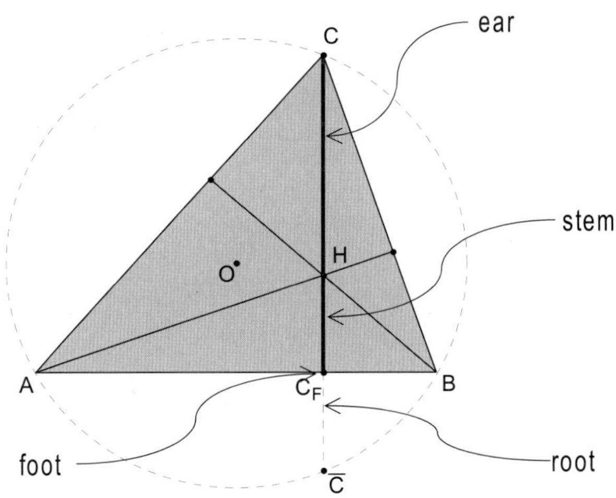

지름이 1인 단위원(Unit circle)에서 $AB=\sin\gamma$ 이고, 사각형 $CHBC_1$은 평행사변형이고 각C와 각C_1은 같으므로 $CH=\cos\gamma$ 이다.

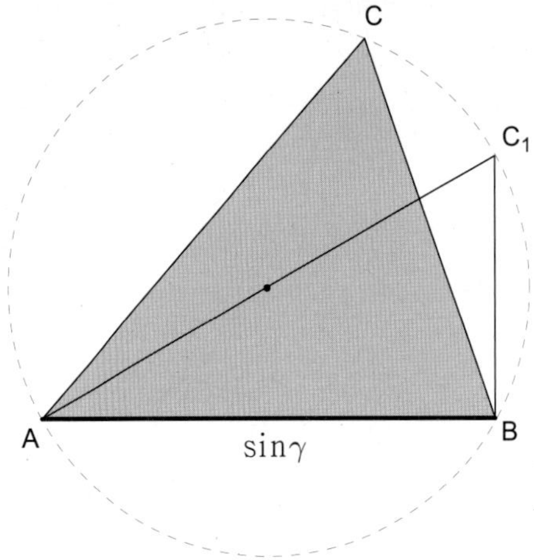

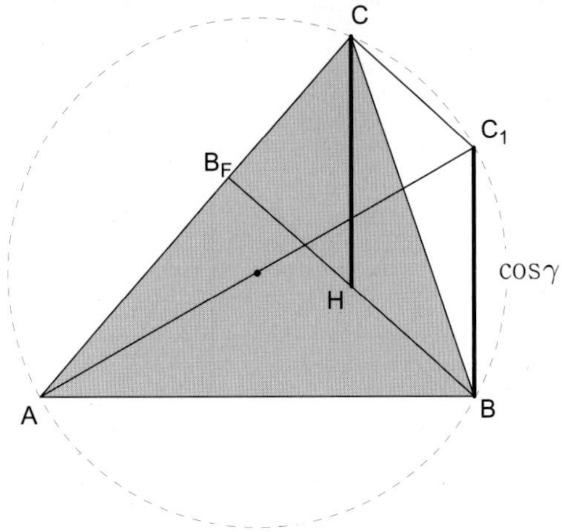

삼각형의 세 수선은 꼭지점의 각들을 6개의 삼각형으로 만든다. 여기서 $\phi^* = \dfrac{\pi}{2} - \phi$를 나타낸다.

삼각형의 세 꼭지점과 수심 A, B, C, H 중에서 임의의 3점을 지나는 원의 지름은 모두 같음을 알 수 있다. 즉, $d_{ABH} = \dfrac{AB}{\sin(\pi - \gamma)} = \dfrac{\sin\gamma}{\sin\gamma} = 1$ 이기 때문이다.

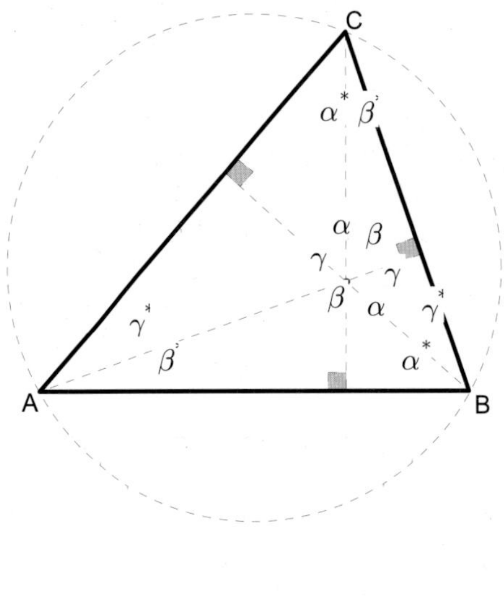

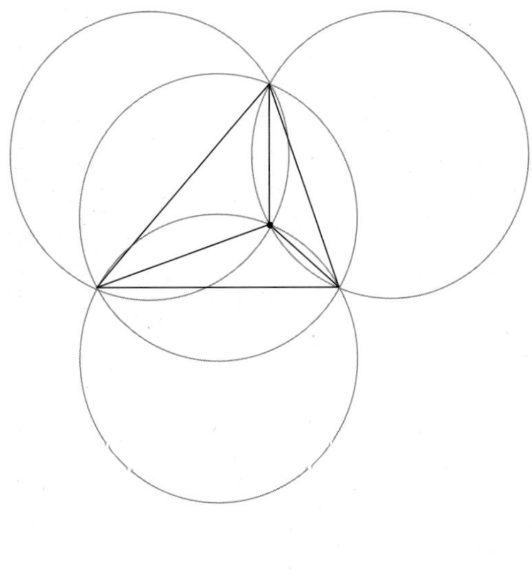

그리고 삼각형에서 아래 그림과 같이 삼각형 $AH\overline{C}$는 이등변삼각형이기 때문에 한 수선에서의 줄기와 뿌리의 길이는 같다.

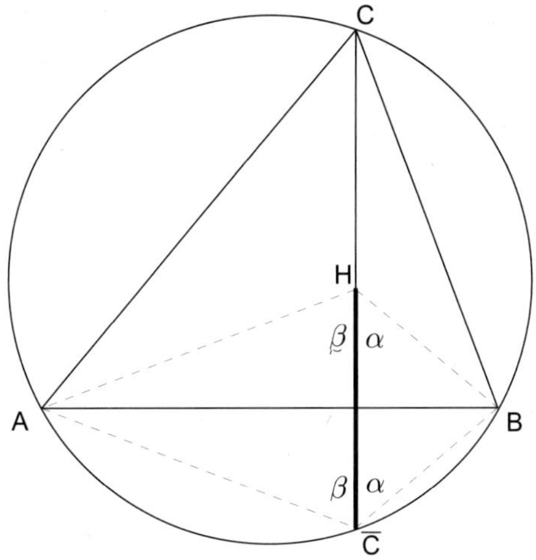

다음 그림에서 h_C 의 길이는 $\sin\alpha\,\sin\beta$이고, HC_F 의 길이는 $\cos\alpha\,\cos\beta$이다.

한 줄기HC_F의 길이는

$CC_F - CH = \sin\alpha\sin\beta - \cos\gamma = \quad \sin\alpha\sin\beta - \cos(\pi - (\alpha+\beta)) =$
$\sin\alpha\sin\beta + \cos(\alpha+\beta) = \cos\alpha\cos\beta$이다.

따라서 각 AHC_F는 β임을 알 수 있다.

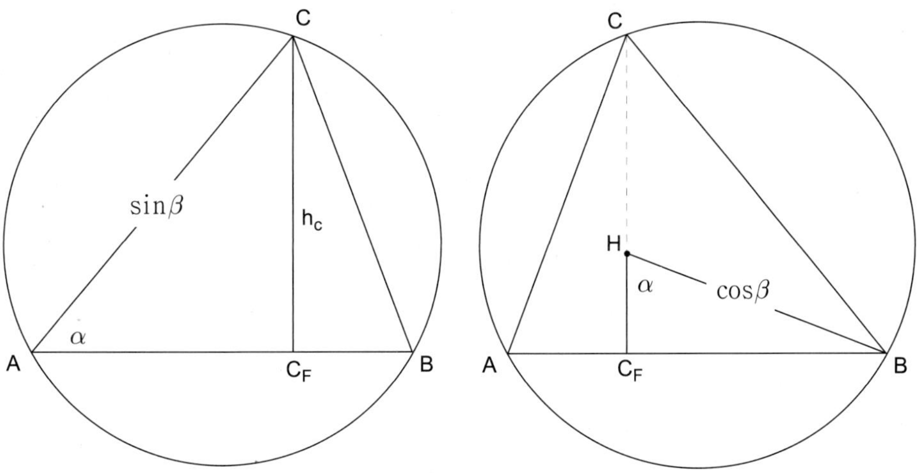

삼각형의 세 수선의 발로 만든 삼각형$A_F\,B_F\,C_F$ 를 수족삼각형(Orthic triangle)이라 한다.

흥미로운 것은 삼각형 ABC 에서 수족삼각형을 제거하면, 처음 주어진 삼각형과 닮은 3개의 삼각형이 만들어진다.

다음 그림과 같이 각$NMC = \beta$ 이면 이 할선은 AB 와 역평행(Anti parallel)이라 한다.

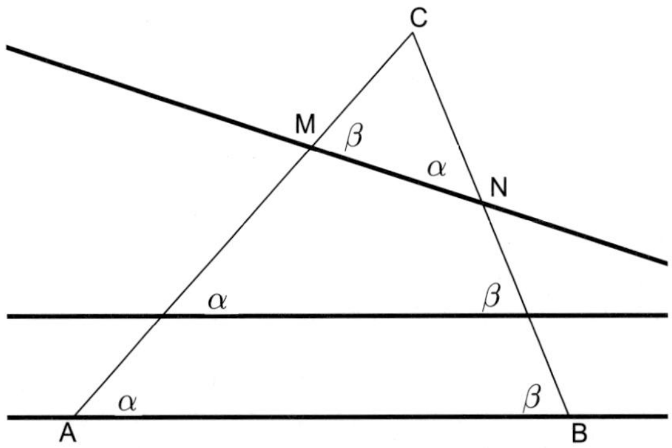

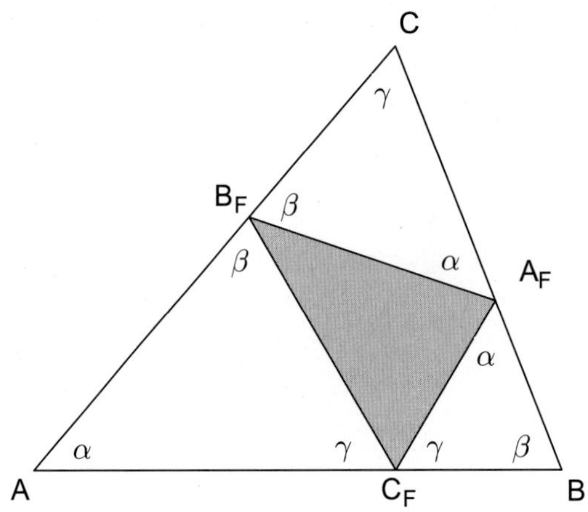

삼각형과 그 수족삼각형 사이에는 다음 성질이 성립한다.

(1) A_FCB_FH 는 순환사변형이므로 각 CB_FA_F 는 β 가 된다.

두 삼각형의 대응하는 두 변 AB 와 B_FA_F 는 서로 역평행이다.

(2) 수족삼각형 한 꼭지점 B_F 의 각의 크기는 $\pi - 2\beta$ 이다.

또한, 사변형 $B_FA\,C_FH$는 순환사변형이므로 각 $C_FB_FA = \beta$ 이다.

따라서 각 $A_FB_FC_F$는 $\pi-2\beta$ 이고, BB_F 는 각 $A_FB_FC_F$ 를 이등분한다.

즉, 삼각형의 각 수선은 수족삼각형의 각을 이등분한다.

이것은 H 가 수족삼각형의 내심임을 말한다.

삼각형 ABC 에서 수족삼각형을 제거하여 만든 닮은 3개의 삼각형의 외접원들의 지름은 각각 $d_A = \cos\alpha$, $d_B = \cos\beta$, $d_C = \cos\gamma$ 이다.

이제 각각의 3개의 삼각형에서 각각의 수족삼각형을 제거하고 똑 같이 각각 닮은 3개의 삼각형을 반복하여 만들면 프랙탈 모양이 구성된다.

그리고 닮은 3개의 삼각형의 외접원의 중심은 삼각형 ABC 의 각 귀의 중점이다.

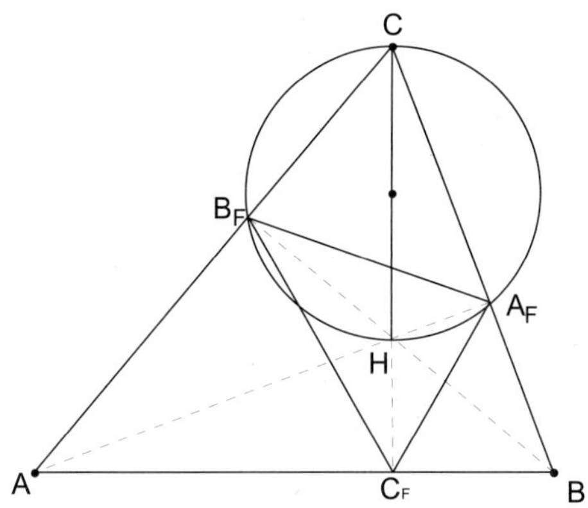

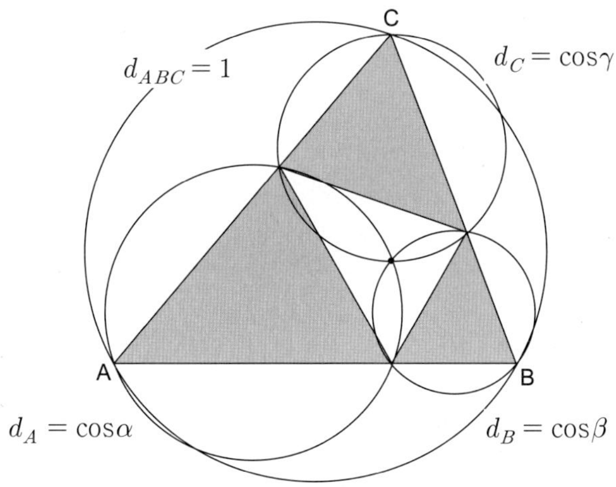

CD를 삼각형ABC의 외접원의 지름이라 하면 각 $CDB=\alpha$ 이므로 각 $DCB=\alpha^*$ 이다. $\gamma=\alpha^*+\beta^*$ 이므로 각 B_FCD 는 β^* 이다. 따라서 지름 CD와 A_FB_F는 서로 직교한다.

그리고 $\beta>\alpha$이면 각$\overline{C}CD=\gamma-2\beta^*=(\pi-(\alpha+\beta))-2(\frac{\pi}{2}-\beta)=\beta-\alpha$ 이다. 따라서 $C\overline{C}$ 의 길이는 $\cos(\beta-\alpha)$임을 알 수 있다.

아래 오른쪽 그림에서 삼각형ABC와 그 수족삼각형$A_F\,B_F\,C_F$는 수심H를 중심으로 2대1의 Dilation 위치에 있다.

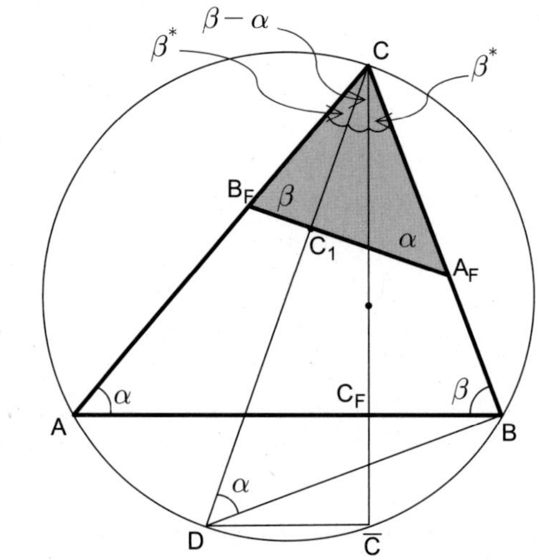

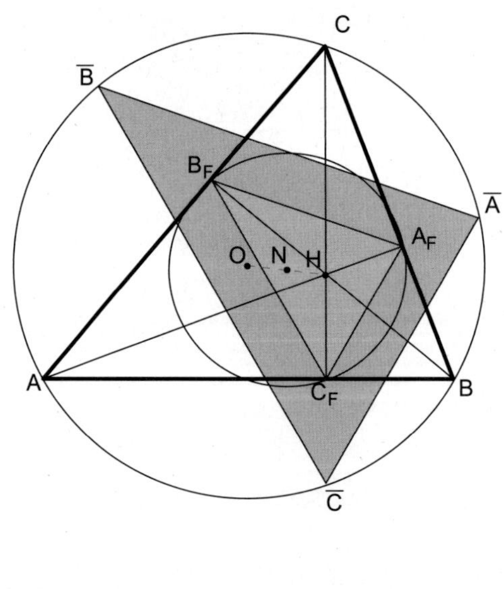

위에서 논의한 수족삼각형$A_F B_F C_F$은 삼각형 ABC의 9점원(nine-point circle)이 된다. 즉, 수족삼각형의 세 꼭지점 $A_F B_F C_F$와 삼각형 ABC 세변의 중점들과 Euler 점들을 지나는 원을 말한다.

삼각형 ABC의 중심을 O라 하면 OH의 중점 N는 9점원의 중심이 된다.

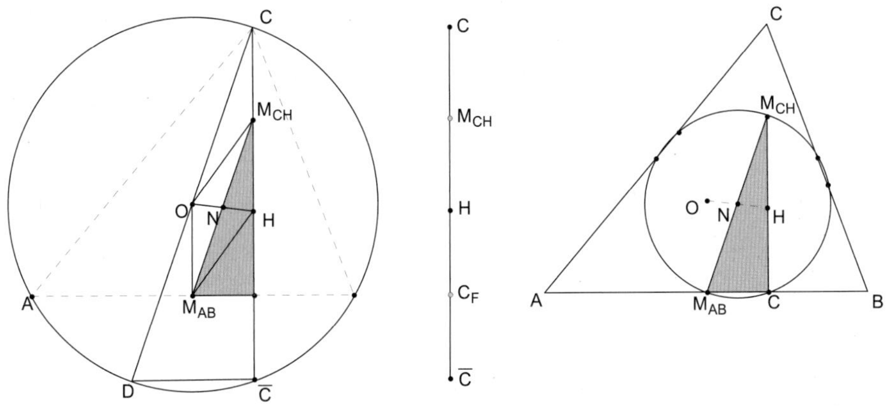

위의 삼각형의 수심과 관련된 기하학적 탐구 내용은 그 내용이 새롭고 용이하여 이해하기 쉽고, 삼각비와 관련된 여러 가지 성질들을 탐구하는데 도움이 될 것으로 기대한다. 특히, 중등학교 수학교사들의 삼각형에 대한 교재분석에 도움이 되기를 바란다.

본 논문에서 논의한 내용을 이용하면 다음 기하학적 성질들을 용이하게 증명 할 수 있을 것으로 생각한다.

지름이 1로 주어진 원에 내접한 예각삼각형은 다음 성질들을 갖는다.

(1) 삼각형의 면적은 $\frac{1}{2} sin\alpha \sin\beta \sin\gamma$ 이다.

(2) $4\sin\alpha\sin\beta\sin\gamma < \pi$

(3) 수족삼각형의 지름은 $\cos\alpha\cos\beta\cos\gamma$ 이다.

(4) OH의 길이를 u라 하면, $u^2 = \frac{1}{4} - 2\cos\alpha\cos\beta\cos\gamma$ 이다.

(5) $\cos^2\alpha + \cos^2\beta + \cos^2\gamma + 2\cos\alpha\cos\beta\cos\gamma = 1$

(6) $\frac{1}{h_A} + \frac{1}{h_B} > \frac{1}{h_C}$

(7) 삼각형ABC의 외접원의 반지름을 r이라 하면,

$\frac{1}{r} = \frac{1}{h_A} + \frac{1}{h_B} + \frac{1}{h_C}$ 이다.

수학영재 학생을 위한 자료

PART 2

Polynomiography: Time Square

Bahman Kalantari

Professor of Computer Science Rutgers University

제4장 **과학고 사사교육 R&E 보고서**

제5장 **수학영재교육자료 모음**

제6장 **산학문제: 기초도형 탐구문제와 그 풀이**

CHAPTER

04

4

과학고 사사교육 R&E 보고서

1. 타원곡선을 이용한 정수의 인수분해
2. 타원곡선 암호에 대한 연구
3. 쌍곡선기하에서의 타일링의 구성에 대한 연구
4. 구면과 쌍곡면에서의 유사정규 타일링의 구성에 대한 연구

제4장 과학고 사사교육 R&E 보고서

이 장은 2003년부터 2006년 까지 4년간 한국과학재단에서 실시하는 과학고 학생을 대상으로 하는 창의적 사사교육 R&E보고서를 소개한 것이다. 그 주제들은 다음과 같다.

1. **타원곡선을 이용한 정수의 인수분해**
2. **타원곡선 암호에 대한 연구**
3. **쌍곡선기하에서의 타일링의 구성에 대한 연구**
4. **구면과 쌍곡면에서의 유사정규 타일링의 구성에 대한 연구**

정수이론은 암호론의 발전으로 중요한 분야가 되었다.

타원곡선을 이용한 정수의 인수분해와 타원곡선 암호에 대한 연구는 Maple프로그램의 이용으로 인수분해와 암호해독의 방법들을 소개한 것이다.

쌍곡선기하에서의 타일링의 구성에 대한 연구는 비유크리드 기하의 쌍곡선기하 한 모형인 쌍곡평면에서 정규타일링을 Cabri Geometry2 프로그램을 이용하여 구성하였다. 그 타일링 속에 화순 운주사의 천불천탑과 와불의 모습을 수록하려고 시도한 것이다. 구면과 쌍곡면에서의 유사 정규타일링의 구성에 대한 연구는 구면기하와 쌍곡기하에서의 삼각함수를 알아보고 Cinderella프로그램을 이용하여 유사정규 타일링을 구성하였으며 그 속에 전국 각 중요 도시들의 명소들을 수록한 홍보용 타일링을 제작하려고 시도했다.

수학과 예술의 만남으로 아름다운 타일링을 구성하는 것은 그 자체로도 의미 있는 작업이라 생각한다. 이들 프로그램은 과학고 4명의 학생들을 대상으로 창의적 사사연구 프로그램으로 수행한 것이다.

이 보고서 중에서 타원곡선을 이용한 정수의 인수분해와 쌍곡선기하에서의 타일링의 구성에 대한 연구는 S 등급의 우수한 평가를 받은 보고서이다. 이 자료들은 과학고 학생들과 창의적 사사연구에 임하는 교수와 교사들에게 참고 자료가 되기를 기대한다.

1. 타원곡선을 이용한 정수의 인수분해*

1 서 론

1) 연구배경과 연구목적

21세기를 맞이하여 과학기술분야의 중요성이 크게 강조되어지고 있고 이공계대학의 육성과 창의적인 고급과학기술인력 양성에 특별한 관심이 모아지고 있다.

이러한 디지털 정보화시대에 수학분야에서는 대수학(Algebra) 및 그 관련분야의 중요성이 증대하고 있다. 정보기술분야인 암호학과 정보보호분야에서 순수대수학의 연구결과가 직접적으로 응용되고 있으며 이는 누구도 예상하지 못한 일이었다. 현대암호학의 중요성은 날로 커져가고 있으며 타원곡선을 이용한 암호이론은 그 효율성과 안정성을 바탕으로 각광을 받고 있다. 이중에서 RSA암호 체계의 안정성은 아주 큰 소수의 곱으로 만들어진 정수를 소인수 분해하는 것이 매우 어렵다는 점에 의해서 보장된다.

본 연구에서는 수학의 다양한 여러 분야와 관련된 타원곡선의 성질을 이용해서 아주 큰 소수의 곱으로 만들어진 정수가 두 개의 소수로 인수분해 되는 것에 대한 이론적인 연구와 Maple 수학 프로그램을 활용하여 실제적인 계산을 해보고자한다.

타원곡선의 위의 점들과 무한원점을 첨가한 집합에 적당한 이항연산을 정의하여 가환군을 구성한다. 물론 이 연산에 따른 계산은 벡터의 합을 구하는 것과 같이 쉽지는 않지만 타원곡선의 성질에 의하여 계산할 수 있으며 Maple 등 수학 프로그램을 사용하면 쉽게 계산할 수 있다.

2) 연구의 범위

타원곡선을 이용한 정수의 인수분해 방법을 연구하기 위해서 우선 페르마정리를 포함한 잉여계, 이차잉여 등의 정수이론의 이해가 선결 문제이다. 다음으로 정수의 인수분해를 이용하는 RSA암호 체계를 포함한 기초 암호이론의 이해가 필요하고, 또, 유크리드 평면에 무한직선을 첨가하여 사영평면을 구성해볼 필요가 있다. 고등학교

* 이 글은 한국과학재단 지원으로 광주과학고 학생; 김수연, 배준영, 서영준, 임성혁이 참여한 과학고 창의적 사사교육보고서(2003)임.

과정에서 배운 이차곡선을 동차식 표현을 하여 사영평면에서 이차곡선들의 무한원점을 계산해 보는 것은 학생들에게 흥미로울 것이라 생각된다.

타원곡선 위의 점들과 무한원점을 합하여 적절한 덧셈연산을 정의하면 가환군을 구성한고, 임의의 정수에 관련된 잉여계에서 이 덧셈 연산을 계속적으로 수행하는 과정에서 그 정수의 소인수를 구하는 방법을 찾는다. 여기서 Maple 프로그램을 활용하여 효과적으로 소인수를 찾을 알고리즘을 개발하는 것도 중요하다. 또한, 어떤 타원곡선의 식을 선택할 것이며 타원곡선상의 어떤 점에서 계산을 시작할 것인가 하는 것은 중요한 문제이다. 또한 타원곡선을 이용한 인수분해 방법을 암호론에서는 어떻게 활용하는가를 알아보는 것도 의미 있는 일이라 생각한다.

2 연구방법과 이론

타원곡선을 이용한 정수의 인수분해 방법을 연구하기 위해서는 정수의 기본성질과 암호의 기초이론, 사영평면에 정의된 무한원점에 대한 이해가 필요하다. 다음 내용은 연구를 위한 기본적인 기초이론을 간략하게 소개한 것이다.

1) 정수론에 대한 논의

가. 잉여류 집합

법 $m\,(m \geq 2)$에 관한 잉여류 집합 $\mathbb{Z}_m$에서 $a \in \mathbb{Z}_m$에 대해 역원이 존재할 필요충분조건은 $(a,m) = 1$ 이다.

p가 소수일 때,

$\mathbb{Z}_p$ 의 원소 $a \in \mathbb{Z}_p,\ a \neq 0$ 에 대하여 $(a,p) = 1$ 이므로

$a \cdot a^{-1} = a^{-1} \cdot a = 1$ 인 $a^{-1} \in \mathbb{Z}_p$ 가 존재한다.

나. 오일러의 정리

양의 정수 m에 대하여 정수 $0, 1, \ldots, m-1$ 중에서 m과 서로 소인 정수의 개수를 $\varphi(m)$으로 정의하고, 이 함수를 오일러의 φ함수라고 한다.

즉, $\varphi(m) = |\mathbb{Z}_m{}^*|$

$$\mathbb{Z}_m{}^* = \{a \mid 0 \leq a \leq m-1,\ (a,m) = 1\}$$

특히, p가 소수일 때 $\varphi(p) = p-1$ 이다.

양의 정수 m과 $(a,m) = 1$ 인 정수 a에 대하여 $a^{\varphi(m)} \equiv 1 \pmod{m}$이 성립하는

것을 오일러의 정리라 한다.

특히, p가 소수일 때 $a^{\varphi(m)} \equiv a^{p-1} \equiv 1 \pmod{p}$ 이다. (페르마의 정리)

다. 원시근

(1) 위수

정수 $m\ (m \geq 2)$과 $(a,m) = 1$ 인 정수 a에 대하여 $a^r \equiv 1 \pmod{m}$인 가장 작은 양의 정수 r을 법 m에 관한 a의 위수라 하고 r을 $\mathrm{ord}_m a$로 나타낸다.

법 m에 관한 a의 위수 $r = \mathrm{ord}_m a$에 대하여 다음이 성립한다. (단, i, j 는 음이 아닌 정수)

(가) $a^i \equiv 1 \pmod{m} \Leftrightarrow r \mid i$

(나) $r \mid \varphi(m)$

(다) $a^i \equiv a^j \pmod{m}$

$\Leftrightarrow r \mid (i-j)$

$\Leftrightarrow i \equiv j \pmod{r}$

(2) 원시근

정수 $m\ (m \geq 2)$에 대하여 $(a,m) = 1$ 인 정수 a가 존재하여 $\mathrm{ord}_m a$가 $\varphi(m)$과 같을 때 a를 법 m에 관한 원시근이라고 한다.

즉, $a^n \not\equiv 1 \pmod{m}$ $(1 \leq n < \varphi(m))$ 이고

$\varphi(m)$은 $a^{\varphi(m)} \equiv 1 \pmod{m}$ 인 최소의 수이다.

라. 르장드르 기호

홀수인 소수 p와 $(a, p) = 1$인 정수 a에 대하여 르장드르 기호$(\frac{a}{p})$의 값을 다음과 같이 정의한다.

$$(\frac{a}{p}) \equiv a^{\frac{p-1}{2}} \pmod{p} \begin{cases} 1 & (a\text{가 법 } p\text{에 관한 이차잉여일 때}) \\ -1 & (a\text{가 법 } p\text{에 관한 이차비잉여일 때}) \end{cases}$$

2) 기초 암호 체계

가. 암호

비밀유지를 요하는 통신문을 평문이라 하고, 이 평문을 일정한 기호나 정수로 고쳐 놓은 것을 암호문이라고 한다. 송신자는 적당한 열쇠(key)를 이용하여 평문을 암호문

으로 변환시켜 전송하고, 수신자는 이를 평문으로 복호화한다. 현대 암호체계는 암호화 키와 복호화 키가 서로 '같은가' '다른가'에 따라 나뉘는데, 같은 것을 비밀키 암호체계라 하고, 다른 것을 공개키 암호체계라 한다.

(1) 비밀키 암호체계(secret-key cryptosystem)

암호화 키와 복호화 키가 동일하므로 이 키들을 비밀로 해야 한다.
블록 암호와 스트림 암호가 대표적인 비밀키 암호체계이다.

(2) 공개키 암호체계(public-key cryptosystem)

암호문이 공격당할 염려가 없어야 하고 각 평문 a에 대하여
$E_k(a)$와 $D_k(E_k(a))=a$ 를 안전하고 빠르게 계산해 낼 수 있어야 하며
합당한 일정시간 안에 암호화 함수 E_k를 이용하여 E_k^{-1}를 알아낼 수 없어야 한다.

나. RSA 암호

R.L. River, A. Shamir, L.M. Adleman이 1978년에 고안해 낸 것으로 Pohling-Hellman이 개발한 거듭제곱법을 약간 변형한 것이다. 이는 정수의 인수분해가 어렵다는 사실에 근거를 두고 있다.

서로 다른 두 홀수인 소수 p, q에 대하여 $m=pq$ 라고 할 때
$(e,\varphi(m))=1$ 인 양의 정수 e에 대하여 $(1 \leqq e < \varphi(m)=(p-1)(q-1))$
d를 $ed \equiv 1 \pmod{\varphi(m)}$ 인 양의 정수라고 하자.
환 $\mathbb{Z}_m=\{0,1,\ldots,m-1\}$ 에서의 두 함수

$$E:\ \mathbb{Z}_m \to \mathbb{Z}_m,\quad E(x)=x^e$$

$$D:\ \mathbb{Z}_m \to \mathbb{Z}_m,\quad D(x)=x^d$$

는 일대일 대응이고, $E^{-1}=D$, $D^{-1}=E$ 이다.

증 명

$(e,\varphi(m))=1$ 이므로 $ed \equiv 1 \pmod{\varphi(m)}$ 인 양의 정수 d가 존재한다.
즉, $ed=\varphi(m)k+1$ 인 정수 $k(k \geqq 0)$ 가 존재한다.
각 $a \in \mathbb{Z}_m$에 대하여 $D(E(a))=a^{ed}=a$ 임을 보이자.
먼저 $(a,m)=1$ 인 경우, 오일러 정리에 의해 $a^{\varphi(m)} \equiv 1 \pmod{m}$ 이고,
따라서 $D(E(a)) \equiv a^{ed} \equiv a^{\varphi(m)k+1} \equiv (a^{\varphi(m)})^k a \equiv 1^k a \equiv a \pmod{m}$
$(a,q)=1$ 이므로 페르마 정리에서 $a^{q-1} \equiv 1 \pmod{q}$ 이고,

$ed = \varphi(m)k + 1 = (p-1)(q-1)k + 1$ 이므로

$a^{ed} \equiv a^{(q-1)(p-1)k} a \equiv 1a \equiv a \pmod{q}$

따라서 $a^{ed} \equiv a \pmod{m}$ 이므로

$\mathbb{Z}_m$에서 $D(E(a)) \equiv a^{ed} \equiv a$ 이다.

다. RSA 암호 알고리즘

(1) 서로 다른 충분히 큰 소수 p, q 를 택하여 $pq = m$ 과 $\varphi(m)$을 구한다.

(2) $(e, \varphi(m)) = 1,\ 1 \leq e < \varphi(m)$ 인 임의의 정수 e를 택하고

$ed \equiv 1 \pmod{\varphi(m)}$ 인 양의 정수 d를 구한 후,

$\{\varphi(m), e\}$는 공개키로, $\{p, q, d\}$는 비밀키로 한다.

(3) 송신하려는 평문을 표에 따라 양의 정수 a로 나타낸다.

A	B	C	D	E	$\cdots$	V	W	X	Y	Z
00	01	02	03	04	$\cdots$	21	22	23	24	25

(4) A가 B에게 암호문을 보내고자 할 때, A는 B의 공개키 $\{\varphi(m), e\}$에 따라 m의 자리수가 k이면 평문 a의 길이가 $k-1$인 블록으로 쪼갠다. 이들 각각을 a_i 라 할 때,

$E_k : \mathbb{Z}_m \to \mathbb{Z}_m,\ E_k(x) = x^e$ 에 의해 $E(a_i) = b_i$ 를 구한 후

k자리수인 b_i를 연이어 늘어놓아 만든 암호문 b를 B에게 보낸다.

(5) B는 암호문 b를 길이가 k인 블록으로 쪼갠다.

이들을 각각 b_i 라고 할때 d를 이용하여 정의된 함수

$D_k : \mathbb{Z}_m \to \mathbb{Z}_m,\ D_k(x) = x^d$ 를 써서 $D_k(b_i) = a_i$ 를 구하여 평문 a를 얻는다.

예 "RNE"를 RSA 체계로 암호화, 복호화하라.

서로 다른 홀수인 소수 $p = 14753,\ q = 24659$ 에 대하여 $m = pq$ 라 하면

$m = 14753 \cdot 24659 = 363794227$

$\varphi(m) = (p-1)(q-1) = 14752 \cdot 24658 = 363754816$

$(e, \varphi(m)) = 1$ 인 정수 $e = 1253$ 을 택하고

유크리드 알고리즘으로 $ed \equiv 1 \pmod{\varphi(m)},\ 1 \leq d < \varphi(m)$인 정수 d를 구하면 $d = 230794157$ 이다.

평문 "RNE"를 변환하면 171304 이므로 $E_k : \mathbb{Z}_m \to \mathbb{Z}_m,\ E_k(x) = x^{1253}$ 에 따라 송신자는 $171304^{1253} \equiv 70977644 \pmod{363754816}$을 수신자에게 보내고 수신

자는 $D_k: \mathbb{Z}_m \to \mathbb{Z}_m$, $D_k(x) = x^{230794157}$에 따라 암호문 70977644 으로부터 평문을 구한다.

3) 유크리드 평면과 사영평면의 관계

가. 사영평면

(1) 사영평면

결합구조 $\pi = (\wp, \mathcal{L})$ 가 다음 세 조건을 만족할 때, π를 사영평면이라고 한다.

(가) 서로 다른 임의의 두 점 P, Q에 대하여
두 점 P, Q를 지나는 직선이 단 하나 존재한다.

(나) 서로 다른 임의의 두 직선 ℓ, m에 대하여
두 직선 ℓ과 m은 단 한 점에서 만난다.

(다) π에는 사점도형이 적어도 하나 존재한다.

여기서 사점도형은 서로 다른 네 점 $\{P_1, P_2, P_3, P_4\}$에 대하여 이들 중 어느 세 점을 택해도 한 직선 위에 있지 않을 때를 말한다.

(2) 점

임의의 체 F에 대하여

$F^3 = \{(x_1, x_2, x_3) \mid x_1, x_2, x_3 \in F\}$ 에 속하는 원소 $(a_1, a_2, a_3) \neq (0,0,0)$ 에 대하여 $< a_1, a_2, a_3 > = < b_1, b_2, b_3 >$ $\Leftrightarrow$ 적당한 $k \in F$, $k \neq 0$ 에 대하여

$$(b_1, b_2, b_3) = k(a_1, a_2, a_3)$$

와 같은 $< a_1, a_2, a_3 >$ 를 '점'이라고 한다.

사영평면 PG(2,F)에서 점 $< x_1, x_2, x_3 >$ 는 다음과 같이 나타낼 수 있다.

$$< x_1, x_2, x_3 > = \begin{cases} < \dfrac{x_1}{x_3}, \dfrac{x_2}{x_3}, 1 > : x_3 \neq 0 \text{ 인경우} \\ < \dfrac{x_1}{x_2}, \ 1, 0 > : x_3 = 0,\ x_2 \neq 0 \text{ 인경우} \\ < 1, \ 0, 0 > : x_3 = 0,\ x_2 = 0 \text{ 인경우} \end{cases}$$

(3) 직선

임의의 체 F에서 F^3의 각 원소 $(a_1, a_2, a_3) \neq (0,0,0)$ 에 대하여

$[a_1, a_2, a_3] = \{< x_1, x_2, x_3 > \mid a_1 x_1 + a_2 x_2 + a_3 x_3 = 0\}$인 $[a_1, a_2, a_3]$를 '직선'

이라 하고 $[a_1, a_2, a_3] = [b_1, b_2, b_3]$ $\Leftrightarrow$ 적당한 $k \in F,\ k \neq 0$ 에 대하여

$$(b_1, b_2, b_3) = k(a_1, a_2, a_3)$$

가 성립한다.

$a_1 x_1 + a_2 x_2 + a_3 x_3 = 0$ 을 직선의 방정식이라 한다.

나. 무한 원점

아핀평면 AG(2,F) $=(\wp, \mathcal{L})$ 위의 각 점 $(x,y) \in \wp$를

사영평면 PG(2,F) $=(\wp', \mathcal{L}')$ 위의 점 $< x, y, 1 > \ \in \wp'$과 동일시하면 $\wp'$에는 속하고 $\wp$에는 속하지 않는 점이 있다.

직선의 방정식을 $ax_1 + bx_2 + cx_3 = 0$ 이라 할 때

$< -b, a, 0 > \ \in \wp'$ and $< -b, a, 0 > \ \notin \wp$

$< -b, a, 0 > \ \Leftrightarrow x_3 = 0$

이 때 사영평면 PG(2,F)에서

$\ell_\infty = \{ < x_1, x_2, x_3 > \ \in \wp' \mid x_3 = 0 \}$이라 하면, 아핀평면 AG(2,F)에 새로운 직선 ℓ_∞ 위의 점을 더해 사영평면 PG(2,F)를 생각할 수 있다.

이 경우 직선 ℓ_∞를 무한원선 또는 이상직선이라 하고 이 직선 위의 각 점을 무한원점 또는 이상점이라 한다.

다. 사영평면에서의 곡선

아핀평면 AG(2,F)의 각 점 $P = (x,y)$ 에 대하여

$x = \dfrac{x_1}{x_3},\ y = \dfrac{x_2}{x_3},\ x_3 \neq 0$인 $x_1, x_2, x_3 \in F$ 를 택하면

$< x, y, 1 > \ = \ < x_1, x_2, x_3 >$이므로 아핀평면 AG(2,F)의 점 (x,y)를 사영평면 PG(2,F)에서의 점 $< x_1, x_2, x_3 >$ 와 동일한 것으로 생각할 수 있다.

이 때 $< x_1, x_2, x_3 >$ 를 점 P의 동차좌표라고 한다.

아핀평면 AG(2,F)에서의 이차곡선, 타원 $\dfrac{x^2}{a^2} + \dfrac{y^2}{b^2} = 1$, 포물선 $y^2 = 4px$, 쌍곡선 $\dfrac{x^2}{a^2} - \dfrac{y^2}{b^2} = 1$을 동차좌표를 이용해 사영평면 PG(2,F)에서의 곡선으로 생각할 수 있다.

타원은 $\dfrac{{x_1}^2}{a^2} + \dfrac{{x_2}^2}{b^2} = {x_3}^2$, 포물선은 ${x_2}^2 = 4px_1x_3$, 쌍곡선은 $\dfrac{{x_1}^2}{a^2} - \dfrac{{x_2}^2}{b^2} = {x_3}^2$ 이다.

각 곡선에서의 무한원점을 구하기 위해 각 방정식에서 $x_3=0$ 으로 놓으면 타원은 $(0,0,0)$ 이므로 무한원점이 없고, 포물선은$(x_1,x_2,x_3)=t(1,0,0)$, $t\in F$ 이므로 무한원점은 1개이다.

쌍곡선은$(x_1,x_2,x_3)=t(a,b,0)$,$(x_1,x_2,x_3)=t(a,-b,0)$, $t\in F$ 이므로 무한원점은 2개이다. 이를 무한원선을 기준으로 한 사영평면에 나타내면 그림과 같다.

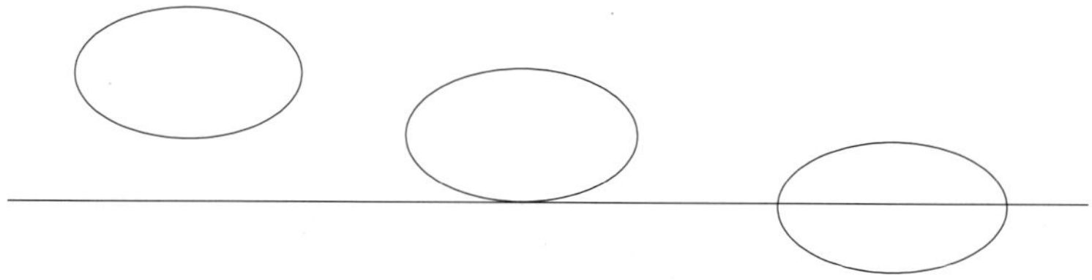

(1) 타원　　　(2) 포물선　　　(3) 쌍곡선

3 연구결과 및 고찰

실수체 위에 타원곡선을 정의하고 타원곡선 위의 점과 무한원점으로 구성된 집합에 적당한 덧셈연산을 정의하여 그 연산에 관하여 가환군이 됨을 설명하고, 잉여류체 위에서 정의되는 타원곡선을 생각하여 가환군을 유한군으로 만들었다. 타원곡선 위의 점들에 대한 덧셈연산을 구하고 어떤 점에 대한 k번의 덧셈을 구하는 방법에 대하여 논의하였다.

아주 큰 두 소수의 곱으로 된 정수를 소인수 분해하여 두 소수를 찾는 방법을 연구하기 위하여 그 정수에 관한 잉여류집합 위에 적절한 타원곡선을 정의하여 덧셈연산을 수행하면 닫혀있지 않는 경우가 있다. 이때 우리는 그 정수의 소인수를 확인하게 된다. 몇 가지 예를 통하여 그 방법을 제시하였으며 이 연구에서는 Maple 프로그램을 활용한 알고리즘을 만들어 실제적으로 정수를 인수분해 하는 방법을 연구하였다.

1) 타원 곡선(Elliptic Curve)

가. 타원곡선의 정의

(1) 타원곡선의 정의

Euclid 평면 AG(2,ℝ)에서 방정식

$y^2=x^3+ax^2+bx+c\quad(a,b,c\in\mathbb{R})$를 만족시키는 점 $(x,y)\in\mathbb{R}^2$ 전체의 집

합을 말한다.

(2) 삼차방정식에서 x^2 항의 소거

$$x^3+ax^2+bx+c=0$$

x 에 $y-\frac{a}{3}$ 대입하여 계산하면 $y^3+py+q=0$ 의 꼴이 된다.

따라서, 위의 타원곡선은 $y^2=x^3+ax+b \quad (a,b\in\mathbb{R})$ 와 같이 변형된다.

(3) 타원곡선의 판별식

타원곡선 $E: \ y^2=x^3+ax+b$ 에서 $x^3+ax+b=0$ 의 세 근을 α,β,γ 라 하면 $\Delta=-\{(\alpha-\beta)(\beta-\gamma)(\gamma-\alpha)\}^2=4a^3+27b^2$ 이고, 이것을 타원곡선의 판별식이라 한다.

나. 타원곡선 위에서의 연산

Euclid 평면 AG(2,$\mathbb{R}$)에서의 타원곡선을 동차좌표를 이용하여 사영평면 PG(2,$\mathbb{R}$)에서의 타원곡선으로 생각할 수 있다.

점 $P=(x,y)$의 동차좌표를 $<x_1,x_2,x_3> \ = \ <x,y,1>$로 보면

$$x=\frac{x_1}{x_3},\ y=\frac{x_2}{x_3},\ x_3\neq 0$$

즉, 사영평면 PG(2,$\mathbb{R}$)에서의 타원곡선 식은

$$\left(\frac{x_2}{x_3}\right)^2=\left(\frac{x_1}{x_3}\right)^3+a\left(\frac{x_1}{x_3}\right)+b$$

양변에 $x_3{}^3$을 곱하면 $x_2{}^2x_3=x_1{}^3+ax_1x_3{}^2+bx_3{}^3$ 이 된다.

이 타원곡선 위의 무한원점을 구하기 위해 $x_3=0$ 을 대입하면

$x_1=0,\ x_2=r,\ x_3=0 \quad (r\in\mathbb{R})$ 이므로 무한원점은 $O=<0,1,0>$이다.

즉, Euclid 평면 AG(2,$\mathbb{R}$)에서의 타원곡선 위의 점 전체와 무한원점 $O=<0,1,0>$으로 이루어진 집합이 사영평면 PG(2,$\mathbb{R}$)에서의 타원곡선이다.

$G(E,\mathbb{R})=\{(x,y)\in\mathbb{R}^2 \mid y^2=x^3+ax+b\}\cup\{O\}$이라 하자.

타원곡선 위의 임의의 점 $P=(x_1,y_1)$ 와 $Q=(x_1,-y_1)$에 대하여,

$y_1\neq 0$ 이면 두 점 $P=(x_1,y_1),\ Q=(x_1,-y_1)$는 서로 다르고, 두 점을 지나는 직선 PQ의 방정식은 $x=x_1$ 이다.

타원곡선 $y^2=x^3+ax+b$에 대입하면 이 방정식은 근은 $y=y_1,\ y=-y_1$ 뿐이

므로 직선 PQ 와 타원곡선은 두 점 P, Q 에서만 만난다. 직선 $x=x_1$ 을 사영평면에서의 직선이라고 할 때 이 직선 위에는 무한원점 O 가 있다.

따라서 $y_1 \neq 0$ 일 때, 사영평면 $PG(2,\mathbb{R})$에서 직선 PQ 와 타원곡선은 P, Q 와 무한원점 O 에서 만난다.

다음에, 타원곡선 위의 서로 다른 두 점 $P=(x_1,y_1)$, $Q=(x_2,y_2)$에서 $x_2 \neq x_1$ 인 경우를 생각해보자.

이때, 직선 PQ 의 기울기는 $k=\dfrac{y_2-y_1}{x_2-x_1}$ 이므로 이 직선의 방정식은

$y=k(x-x_1)+y_1=kx+y_1-kx_1$이고, 이 방정식을 $y^2=x^3+ax+b$에 대입하면 다음을 얻는다.

$$(kx+y_1-kx_1)^2=x^3+ax+b$$

$$k^2x^2+2k(y_1-kx_1)x+(y_1-kx_1)^2=x^3+ax+b$$

$$x^3-k^2x^2+(a-2k(y_1-kx_1))x+b-(y_1-kx_1)^2=0$$

따라서 근과 계수의 관계에 의하여 $x_1+x_2+x_3=k^2$ 이므로 직선 PQ와 타원곡선 E가 만나는 세 점을 $P=(x_1,y_1)$, $Q=(x_2,y_2)$, $R=(x_3,y_3)$ 라 하면,

$$x_3=k^2-(x_1+x_2),$$

$$y_3=kx_3+y_1-kx_1=k(x_3-x_1)+y_1$$

이고, 또 점 R 과 x 축에 관하여 대칭인 점은 $R'=(x_3,-y_3)$ 이다.

다음은, 타원곡선 $E:\ y^2=x^3+ax+b$ 위의 한 점 $P=(x_1,y_1)$에서의 접선의 기울기를 구하기 위해 타원곡선의 식을 미분해보자.

$$2y\,dy=3x^2dx+adx$$

특히 $y_1 \neq 0$ 일 때,

$$\left.\frac{dy}{dx}\right|_{\substack{x=x_1\\ y=y_1}}=\frac{3x_1^2+a}{2y_1}$$

즉, 점 $P=(x_1,y_1)$ 에서의 접선의 기울기는

$k=\dfrac{3x_1^2+a}{2y_1}$ 이고 이 접선의 방정식은 $y=k(x-x_1)+y_1$ 이다.

점 P에서의 접선이 타원곡선 E와 만나는 새로운 점 $R=(x_3,y_3)$ 라고 하면

$$x_3=k^2-2x_1,\ y_3=k(x_3-x_1)+y_1$$

이고 또 점 R과 x 축에 관하여 대칭인 점 $R'=(x_3,-y_3)$이다.

한편, $y_1 = 0$ 일 때, $3{x_1}^2 + a = 0$ 이라고 가정하면

${x_1}^3 + ax_1 + b = 0$

$3{x_1}^2 + a = 0$

이므로 다음이 성립한다.

$x^3 + ax + b = (x - x_1)(x^2 + x_1 x + (a + {x_1}^2)) = (x - x_1)^2(x + 2x_1)$

그러나 이것은 방정식 $f(x) = x^3 + ax + b = 0$ 이 중근을 갖는다는 뜻이므로 가정에 모순된다.

따라서 $y_1 = 0$ 일 때, $3{x_1}^2 + a \neq 0$ 이고 등식 $2y_1 k = 3{x_1}^2 + a$ 에 의하여 점 $P = (x_1, 0)$ 에서의 접선의 방정식이 $x = x_1$ 임을 알 수 있다.

이 경우에 $x = x_1$ 을 타원곡선 $y^2 = x^3 + ax + b$ 에 대입하면

$y^2 = {x_1}^3 + ax_1 + b = {y_1}^2 = 0$이고 이 방정식의 근은 $y = 0$ 뿐이므로

이 접선과 타원곡선 E는 한점 P에서만 만난다. 즉 사영평면 $PG(2, \mathbb{R})$에서 생각하면, 점 $P = (x_1, 0)$ 에서의 접선과 타원곡선 E는 점 P와 무한원점 O에서 만난다.

일반적으로 유크리드 평면 $AG(2, \mathbb{R})$에서 방정식

E: $y^2 = x^3 + ax + b \quad (a, b \in F)$ 으로 정의되는 타원곡선에 대하여

$\triangle = 4a^3 + 27b^2 \neq 0$ 일 때, 집합

$G(E, \mathbb{R}) = \{(x, y) \in F^2 \mid y^2 = x^3 + ax + b\} \cup \{O\}$

는 다음과 같이 정의된 덧셈 $+$에 관하여 가환군을 이룬다.

타원곡선 E 위의 임의의 점 $P = (x_1, y_1)$, $Q = (x_2, y_2)$ 에 대하여

(1) $O + O = O$, $O + P = P + O = P$.

(2) $x_2 = x_1$, $y_2 = -y_1$ 일 때 $P + Q = Q + P = O$ 이다.

특히 $y_1 = 0$ 일 때 $P + P = O$ 이다.

(3) $x_2 \neq x_1$ 일 때, $P + Q = R' = (x_3, -y_3)$ 이다. 여기서

$$k = \frac{y_2 - y_1}{x_2 - x_1}$$

$$x_3 = k^3 - (x_1 + x_2)$$

$$y_3 = k(x_3 - x_1) + y_1$$

(4) $y_1 \neq 0$ 일 때, $P + P = R' = (x_3, -y_3)$ 이다. 여기서

$$k = \frac{3{x_1}^2 + a}{2y_1}$$

$x_3 = k^2 - 2x_1$, $y_3 = k(x_3 - x_1) + y_1$

실제로, 덧셈 정의에 의하여 $P+Q=Q+P$ 이고 또 $O+P=P+O=P$ 이므로 $G(E,F)$ 의 항등원은 O 이다.

그리고 각 원소 $P=(x_1,y_1)$ 에 대하여 역원은 $-P=(x_1,-y_1)$ 이다.

즉, $-(x_1,y_1)=(x_1,-y_1)$, $-(x_1,0)=(x_1,0)$ 이다.

예 실수체 $\mathbb{R}$에서의 타원곡선 $y^2 = x^3 + 73$ 위의 두 점 $P=(2,9)$, $Q=(3,10)$을 지나는 직선과 타원곡선의 또 다른 교점을 $R'=(x_3,-y_3)$ 라고 하자.

$x_1 \neq x_2$이므로 정의한 덧셈 연산에 의하여

$k = \dfrac{10-9}{3-2}$이고, $x_3 = 1^3 - (2+3) = -4$, $y_3 = 1(-4-2)+9 = 3$이므로

$R' = (-4,-3)$ 이 된다. 즉 $(2,9)+(3,10)=(-4,-3)$ 이다.

여기서 $R'+R'$ 를 계산해 보자.

$x_1 = x_2, y_1 \neq 0$인 경우에 정의한 덧셈 연산에 의하여

$k = \dfrac{3(-4)^2+0}{2\times(-3)} = -8$이고,

$x_3 = (-8)^2 - 2(-4) = 72$, $y_3 = (-8)\{72-(-4)\}+(-3) = -611$이다.

따라서, $R'+R' = (72,611)$ 이다.

임의의 홀수인 소수 p에 대하여

$\mathbb{Z}_p = \{0,1,2,...,p-1\}$ 위의 아핀평면 $AG(2,\mathbb{Z}_p)$에서 방정식

$E: y^2 = x^3 + ax + b \quad (a,b \in \mathbb{Z}_p)$를 만족시키는 점 $(x,y) \in {\mathbb{Z}_p}^2$ 전체의 집합을 아핀평면 $AG(2,\mathbb{Z}_p)$위에서의 타원곡선이라고 하고,

$\triangle = 4a^3 + 27b^2 \equiv \delta (\mathrm{mod}\, p)$, $0 \leq \delta < p$인 $\delta \in \mathbb{Z}_p$ 를 타원곡선 E의 판별식이라고 한다.

$$G(E,\mathbb{Z}_p) = \left\{(x,y) \in {\mathbb{Z}_p}^2 \mid y^2 = x^3 + ax + b\right\} \cup \{O\}$$

이라고 하면 $G(E,\mathbb{Z}_p)$ 는 다음과 같이 정의된 덧셈에 관한 유한 가환군이다.

타원곡선 E 위의 임의의 점 $P=(x_1,y_1)$, $Q=(x_2,y_2)$에 대하여

(1) $O+O=O$, $O+P=P+O=P$.

(2) $x_2 = x_1$, $y_2 = -y_1$ 일 때 $P+Q=Q+P=O$ 이다.

특히 $-y_1 = 0$ 일 때 $P+P=O$ 이다.

(3) $x_2 \neq x_1$ 일 때, $P+Q=R'=(x_3, -y_3)$ 이다. 여기서

$$k=\frac{y_2-y_1}{x_2-x_1}=(y_2-y_1)(x_2-x_1)^{-1}$$

$$x_3=k^2-(x_1+x_2),\ y_3=k(x_3-x_1)+y_1$$

(4) $y_1 \neq 0$ 일 때, $P+P=R'=(x_3, -y_3)$ 이다. 여기서

$$k=\frac{3{x_1}^2+a}{2y_1}=(3{x_1}^2+a)(2y_1)^{-1}$$

$$x_3=k^2-2x_1,\ y_3=k(x_3-x_1)+y_1$$

그리고 $n_p=|G(E,\mathbb{Z}_p)|$ 라고 하면 다음이 성립된다.

(1) $n_p=p+1+\sum_{a=0}^{p-1}\left(\frac{f(a)}{p}\right)$. 여기서 $f(x)=x^3+ax+b$

(2) 임의의 $P \in G(E,\mathbb{Z}_p)$ 에 대하여 $n_pP=O$ 이다.

예 $\mathbb{Z}_{11}$ 에서의 타원곡선

$E:\ y^2 \equiv x^3+x+1 \pmod{11}$에 대하여

$\triangle = 4 \cdot 1 + 27 \cdot 6^2 \not\equiv 0 \pmod{11}$

x=a	$x^3+x+6 \pmod{11}$	$\left(\frac{f(a)}{11}\right)$	y
0	6	−1	
1	8	−1	
2	5	1	4, 7
3	3	1	5, 6
4	8	−1	
5	4	1	2, 9
6	8	−1	
7	4	1	2, 9
8	9	1	3, 8
9	7	−1	
10	4	1	2, 9

따라서 $G(E,\mathbb{Z}_{11})=\{(2,4),(2,7),(3,5),(3,6),(5,2)(5,9),(7,2)$
$(7,9),(8,3),(8,8),(10,2),(10,9),O\}$이다.

여기서 $\alpha = (2,7)$에서

$2\alpha = (2,7)+(2,7)$를 계산해보자.

$k = (3\times 2^2+1)(2\times 7)^{-1} = 2\times 3^{-1} = 8 \pmod{11}$

$x_3 = 8^2-2-2 = 5 \pmod{11}$ 이고

$y_3 = 8(2-5)-7 = 5 \pmod{11}$

따라서 $2\alpha = (5,2)$ 이다.

다음은 $3\alpha = (5,2)+(2,7)$ 를 계산해보자.

$k = (7-2)(2-5)^{-1} = 5\times 8^{-1} = 2 \pmod{11}$

$x_3 = 2^2-5-2 = 8 \pmod{11}$ 이고

$y_3 = 2(5-8)-2 = 3 \pmod{11}$

따라서 $3\alpha = (8,3)$ 이다.

같은 방법으로 계산해보면,

$\alpha = (2,7)$ $2\alpha = (5,2)$ $3\alpha = (8,3)$

$4\alpha = (10,2)$ $5\alpha = (3,6)$ $6\alpha = (7,9)$

$7\alpha = (7,2)$ $8\alpha = (3,5)$ $9\alpha = (10,9)$

$10\alpha = (8,8)$ $11\alpha = (5,9)$ $12\alpha = (2,4)$ $13\alpha = O$

따라서 $\alpha = (2,7)$ 는 원시근이다.

다. kP 의 계산

앞에서 정의한 타원곡선의 덧셈으로 P 를 k 번 더한 점 kP 를 구할 수 있다.

$P+P = 2P$

$2P+2P = 2^2P$

$2^2P+2^2P = 2^3P$

와 같이 2^nP $(n \in \mathbb{N})$ 를 쉽게 구할 수 있음을 이용해 kP 를 간단히 계산할 수 있다.

십진법 수 k 를 2의 n 제곱수의 덧셈으로 나타내면

$k = e_0\times 2^n + e_1\times 2^{n-1} + \cdots + e_{n-2}\times 2^2 + e_{n-1}\times 2^1 + e_n\times 2^0$ 이고, 이 경우 e_i $(i \in \mathbb{Z},\ 1 \leqq i \leqq n)$은 항상 0 또는 1 이며 우변을 2진법의 수로 나타낼 수 있다.

$k = e_0 e_1 \cdots e_{n-1} e_{n\,(2)}$

이 때, e_0 은 항상 1 이고 이때 타원곡선 상의 한 점 P 를 택한다.

다음으로 e_1 부터 e_n 까지 $e_i = 1$ 일 경우 e_{i-1} 에서의 타원곡선 상의 점을 서로

더하고 P 를 더하고, $e_i = 0$ 일 경우 e_{i-1} 에서의 타원곡선 상의 점을 서로 더한다.

e_i 에서의 타원곡선 상의 점을 P_i 라 하면

$P_0 = P$

$$P_i = \begin{cases} 2P_{i-1} + P & (e_i = 1 \text{ 일때}) \\ 2P_{i-1} & (e_i = 0 \text{ 일때}) \end{cases}$$

2) 타원곡선을 이용한 정수의 인수분해 방법과 Maple 프로그램의 활용

가. 타원곡선을 이용한 정수의 인수분해

Pollard의 $(p-1)$ 방법은 소수 p에 대하여 체 $\mathbb{Z}_p$의 곱셈군 $\mathbb{Z}_p^{\ *} = \{1,2,\ldots,p-1\}$의 성질을 이용한 인수분해 방법이고, 타원곡선을 이용한 인수분해 방법은 타원곡선 E에 대한 덧셈군 $G(E,\mathbb{Z}_p)$ 의 성질을 이용한 인수분해 방법이다. 이와 같은 인수분해 방법이 널리 이용되는 이유는 위의 두 군의 연산을 상당히 빠른 속도로 행할 수 있기 때문이다.

일반적으로, n 이 양의 정수일 때 $\mathbb{Z}_n = \{0,1,2,\ldots,n-1\}$ 에서 원소 $x \in \mathbb{Z}_{n,}\ x \neq 0$의 곱셈에 대한 역원 x^{-1} 가 존재하기 위한 조건은 $\gcd(x,n) = 1$인 것이다.

$\mathbb{Z}_n$ 에서의 타원곡선 $E:\ y^2 = x^3 + ax + b \quad (a,b \in \mathbb{Z}_n)$에 대하여

$G(E,\mathbb{Z}_n) = \left\{(x,y) \in \mathbb{Z}_n^{\ 2} \mid y^2 = x^3 + ax + b\right\} \cup \{O\}$ 라고 하자.

이때, n 이 소수인 경우에 $G(E,\mathbb{Z}_n)$ 은 앞장에서 정의된 덧셈에 관하여 아벨군을 이룬다.

한편, n 이 합성수인 경우에는 앞장에서와 같이 덧셈을 정의할 수 없는 경우가 생긴다.

예를 들어 집합 $G(E,\mathbb{Z}_n)$ 의 두 점 $P = (x_1, y_1),\ Q = (x_2, y_2)$,

$x_2 \neq x_1$ 에 대하여 $x_2 - x_1 \in \mathbb{Z}_n$ 의 곱셈에 관한 역원이 존재하기 위한 조건은 $\gcd(x_2 - x_1, n) = 1$ 이고 이때에만 $k = (y_2 - y_1)(x_2 - x_1)^{-1} \in \mathbb{Z}_n$가 결정된다.

정수 n이 합성수일 때, $G(E,\mathbb{Z}_n)$ 의 두 점 $P = (x_1, y_1)$, $Q = (x_2, y_2)$에 대하여 다음과 같이 정의하자.

(1) $x_2 \neq x_1$ 일 때

(가) $\gcd(x_2 - x_1, n) = 1$ 인 경우에

$P + Q = (x_3, -y_3)$ 이다. 여기서

$k = (y_2 - y_1)(x_2 - x_1)^{-1} \in \mathbb{Z}_n$

$x_3 = k^2 - (x_1 + x_2) \in \mathbb{Z}_n$

$y_3 = k(x_3 - x_1) + y_1 \in \mathbb{Z}_n.$

(나) $\gcd(x_2 - x_1, n) \neq 1$ 인 경우에는 $P+Q$ 가 정의되지 않는다.

(2) $y_1 \neq 0$ 일 때

(가) $\gcd(2y_1, n) = 1$ 인 경우에

$P+P = (x_3, -y_3)$ 이다. 여기서

$k = (3{x_1}^2 + a)(2y_1)^{-1} \in \mathbb{Z}_n$

$x_3 = k^2 - 2x_1 \in \mathbb{Z}_n,$

$y_3 = k(x_3 - x_1) + y_1 \in \mathbb{Z}_n.$

(나) $\gcd(2y_1, n) \neq 1$ 이면 $P+P$ 는 정의되지 않는다.

이제 p가 n의 홀수인 소인수일 때, 각 $x \in \mathbb{Z}_n$에 대하여 $(x)_p \in \mathbb{Z}_p$를 $x \equiv (x)_p \pmod{p}$, $0 \leqq (x)_p < p$ 인 정수라고 할 때 다음이 성립한다.

$\gcd(x, n) = 1 \;\Rightarrow\; \gcd((x)^p, p) = \gcd(x, p) = 1$

따라서 $\mathbb{Z}_n$ 에서의 타원곡선 E 에 대하여

$E_p :\ y^2 = x^3 + (a)_p x + (b)_p$ 이라고 할 때 $G(E, \mathbb{Z}_n)$ 에 속하는 두 점

$P = (x_1, y_1),\ Q = (x_2, y_2)$ 에 대하여

$\overline{P} = ((x_1)_p, (y_1)_p),\ \overline{Q} = ((x_2)_p, (y_2)_p)$ 라고 하면,

$\overline{P},\ \overline{Q} \in G(E_p, \mathbb{Z}_p)$ 이고, 또 $G(E, \mathbb{Z}_n)$ 에서

앞에서와 같이 $P+Q$, kP 가 정의되는 경우에

덧셈군 $G(E_p, \mathbb{Z}_p)$ 에서

$\overline{P+Q} = \overline{P} + \overline{Q}$

$\overline{kP} = k\,\overline{P}$ 이다.

위의 $\gcd(x_2 - x_1, n) \neq 1$인 경우에는

$1 < \gcd(x_2 - x_1, n) < n$ 또는

$\gcd(x_2 - x_1, n) = n$ 이고

마찬가지로 $\gcd(2y_1, n) = 1$인 경우에는

$1 < \gcd(2y_1, n) < n$ 또는

$\gcd(2y_1, n) = n$ 이다.

또, $1 < \gcd(x_2 - x_1, n) < n$, $1 < \gcd(2y_1, n) < n$ 이면

$\gcd(x_2 - x_1, n)$ 과 $\gcd(2y_1, n)$ 은 1도 아니고

n 도 아닌 n 의 인수이다.

예제 1 양의 정수 $n = 137703491$ 의 인수를 구해보자.

먼저 한 점 $P = (2,1)$를 생각하고 타원곡선의 방정식

$E: \ y^2 = x^3 + ax + b \quad (a, b \in \mathbb{Z}_n)$

을 생각하자.

이때 $a = 1$ 인 경우에

$1^2 = 2^3 + 2 + b$ 이므로 $b = -9$ 이고

따라서 타원곡선의 방정식은 $y^2 = x^3 + x - 9$ 이다.

이제 $G(E, \mathbb{Z}_n)$ 에서 $r = 20, 40, 60, \cdots$ 에 대하여 차례로 $r!P$를 계산하면,

$20!P = (38765800, 102761480)$

$40!P = (73059078, 50101112)$ 이지만

$120!P$ 를 계산하는 과정에서

$(109608233, 89061973) + (52757732, 40009808)$

을 계산할 수 없게 된다.

이로부터 $\gcd(109608233 - 52757732, 137703491) = 7919$

임을 얻고, 따라서 7919 는 n 의 인수이다.

예제 2 양의 정수 $n = 271811237833$ 의 인수를 구해보자.

타원곡선 $E: \ y^2 = x^3 + ax + b \quad (a, b \in \mathbb{Z}_n)$

을 생각하고 이 곡선 위의 점 $P = (2,1)$ 을 택하자.

먼저 $a = 1$ 부터 시작하면 $b = -9$ 이고 아무런 어려움 없이 $20!P$, $40!P$, $60!P$ 를 계산할 수 있다.

이 단계에서 좀더 큰 r 에 대한 $r!P$ 를 구하거나 다른 a 의 값을 정한다.

예를 들어, $a = 2$ 라고 하면 $b = -11$ 이고, 이때

$G(E, \mathbb{Z}_n)$ 에서 아무런 어려움 없이 $20!P$, $40!P$, $60!P$ 를 계산할 수 있다.

또다시 $a = 3$ 인 경우에 $b = -13$ 이고 이때 $G(E, \mathbb{Z}_n)$ 에서

$60!P$ 는 계산해낼 수 있으나 $80!P$ 를 계산하는 과정에서
$(255394024524, 244462725688) + (2, 1)$ 를 구할 수 없게 된다.
이 사실로부터
$\gcd(255394024524 - 2, 271811237833) = 104729$
을 얻게 되고 따라서 104729 은 n 의 인수이다.

타원곡선을 이용한 정수의 인수분해에서 중요한 사항은 타원곡선을 선택하는 일과 kP 를 계산하는 일이다.

나. Maple 이용한 타원곡선을 활용한 인수분해

(1) 타원 곡선을 이용한 정수 n의 인수분해 알고리즘

① Maple 프로그램에 타원 곡선 E와 타원곡선 위의 점 P, 인수분해를 하려는 정수 n을 입력한다.
② i = 1이라 하고 이때의 z에 입력한 점 P의 좌표를 넣는다.
③ 정의된 타원 곡선 상의 덧셈에 의해 z + P를 구하고 그 값을 z에 넣고, i에 i + 1의 값을 넣는다.
④ 계산이 실패한 경우에는 다음 단계로 가고, 성공한 경우에는 ③을 되풀이한다.
⑤ n과 (z의 x좌표 값 - P의 x좌표 값)의 gcd를 z1이라 하고, factor=z1을 출력한다.

(2) 타원 곡선의 선택

정수 n을 인수분해하기 위해서 타원 곡선 E와 타원 곡선 상의 점 P를 택하여야 한다. 우선 점P의 좌표와 타원 곡선의 식 $E: y^2 \equiv x^3 + ax + b (\mathrm{mod} n)$ 에서의 계수 a를 정한다. 다음으로 점P와 a를 식에 대입하여 b를 구하여 타원 곡선의 식을 완성한다.

어떤 타원 곡선을 택하느냐와 어떤 점 P를 택하느냐에 따라 구할 수 있는 소인수와 kP에서의 k가 변한다.

(3) 타원 곡선상의 두 점의 덧셈

Maple에서 1)에서의 알고리즘과 같은 프로그램을 작성한다.
'addell'라는 프로그램을 실행하여 타원 곡선 상의 두 점의 덧셈을 계산할 수 있다.
타원 곡선 $y^2 \equiv x^3 + ax + b \,(\mathrm{mod}\, n)$ 위의 두 점 $P_1 = (x_1, y_1)$,$P_2 = (x_2, y_2)$ 의 덧셈
> addell($[x_1, y_1], [x_2, y_2], a, b, n$);

예 1 타원곡선 $y^2 \equiv x^3 + 11x + 4 \pmod{37}$ 위의 두 점(1,4), (3,8)을 더해보자.

```
> addell([1,4],[3,8],11,4,37);
```

[0, 35]

예 2 타원곡선 $y^2 \equiv x^3 + 11x + 4 \pmod{37}$ 위의 점(1,4)와 무한원점 O를 더해보자.

```
> addell([1,4],["infinity","infinity"],11,4,37);
```

[1, 4]

(4) 타원곡선상의 kP의 계산

'multell'라는 프로그램을 실행하여 타원 곡선상의 한 점P를 k번 더할 수 있고, 'multsell'라는 프로그램을 실행하여 k번 더하는 과정에서 나오는 점들을 모두 출력할 수 있다.

이 과정에서 덧셈을 실패하면 덧셈을 멈추고 정수 n의 소인수를 출력한다.

$y^2 \equiv x^3 + ax + b \pmod{n}$상의 점 $P(x_1, y_1)$에 대한 kP의 계산

>multell($[x_1, y_1], k, a, b, n$);

>multsell($[x_1, y_1], k, a, b, n$);

예 3 타원곡선 $y^2 \equiv x^3 + 11x + 4 \pmod{37}$ 위의 점 (1,4)을 12번 더해보자.

```
> multell([1,4],12,11,4,37);
```

[14, 4]

```
> multsell([1,4],12,11,4,37);
```

[[1, 4], [8, 30], [35, 23], [0, 2], [3, 29], [32, 34], [29, 25], [33, 9], [4, 36], [6, 29], [18, 22], [14, 4]]

예 4 타원곡선 $y^2 \equiv x^3 + 11x + 4 \pmod{37}$ 위의 점(1,4)을 50번 더해보자.

```
> multsell([1,4],50,11,4,37);
```

[[1, 4], [8, 30], [35, 23], [0, 2], [3, 29], [32, 34], [29, 25], [33, 9], [4, 36], [6, 29], [18, 22], [14, 4], [22, 33], [5, 31], [28, 8], [20, 11], [27, 2], [2, 16], [30, 18], [16, 13], [10, 35], [10, 2], [16, 24], [30, 19], [2, 21], [27, 35], [20, 26], [28, 29], [5, 6], [22, 4], [14, 33], [18, 15], [6, 8], [4, 1],[[33, 28], [29, 12], [32, 3], [3, 8], [0, 35], [35, 14], [8, 7], [1, 33], ["infinity", "infinity"], [1, 4], [8, 30], [35, 23], [0, 2], [3, 29], [32, 34], [29, 25]]

위의 결과를 통해 $43P = O$가 됨을 알 수 있다.

(5) 타원곡선 상에서 정수 n의 인수분해

정수 n을 인수분해 하기 위해서 외부명령어 ‘multell’와 ‘multsell’을 실행한 결과를 비교해보자.

예 5 타원곡선 $y^2 \equiv x^3 - 7x + 22 \pmod{253}$ 위의 점 P =(1,4)을 20번 더해보자.

```
> multell([1,4],20,-7,22,11*23);
                    ["factor=", 11]
```

위의 결과를 통해 20P를 구하는 과정에서 인수 11를 발견할 수 있다.

‘multsell’을 이용해 보자.

```
> multsell([1,4],20,-7,22, 11*23);
[[1, 4], [188, 216], ["factor=", 11]]
```

실제로 253 =11×23으로 인수분해 된다. 예4) 에서는 mod 37인 소수에 대해서 계산했다. 그러나 합성수 n = pq 일 경우, 정수 n의 소인수 p 또는 q를 찾을 때까지의 연산 횟수는 달라진다.

```
> multsell([1,4],14,-7,22,11);
[[1, 4], [1, 7], ["infinity", "infinity"], [1, 4], [1, 7], ["infinity", "infinity"], [1, 4], [1, 7], ["infinity", "infinity"], [1, 4], [1, 7], ["infinity", "infinity"], [1, 4], [1, 7]]
```

위의 결과를 통해 3P = O(mod 11)임을 알 수 있다.

```
> multsell([1,4],40,-7,22,23);
[[1, 4], [4, 9], [8, 15], [16, 2], [19, 3], [15, 7], [2, 4], [20, 19], [6, 9], [17, 3], [13, 14], [18, 1], [10, 3], [14, 0], [10, 20], [18, 22], [13, 9], [17, 20], [6, 14], [20, 4], [2, 19], [15, 16], [19, 20], [16, 21], [8, 8], [4, 14], [1, 19], ["infinity", "infinity"], [1, 4], [4, 9], [8, 15], [16, 2], [19, 3], [15, 7], [2, 4], [20, 19], [6, 9], [17, 3], [13, 14], [18, 1]]
```

위의 결과를 통해 28P = O(mod 23)임을 알 수 있다.

결론적으로 3P를 계산할 때 무한 원점이 되는 것은 mod 11에 따른 것임을 알 수 있고 여기에서 11는 253의 인수가 됨을 알 수 있다. 그렇다면 이를 기본으로 더 큰 수에 대해서 인수분해 해보자.

예 6 타원곡선을 이용하여 75211531을 인수분해 해보자

임의의 타원 곡선 $y^2 = x^3 + 3x + b$ 위의 점P=(1,2)을 선택한다. 타원 위의 점 P를 위 식에 대입하면 b=0 을 구할 수 있다.

같은 방법으로 $y^2 = x^3 + 2x - 7$, P =(2,1)과 $y^2 = x^3 + 1x + 9$, $P = (0,3)$을 선택해서 mod 75211531에 대해서 $40!P$를 계산해보면 다음의 결과를 얻을 수 있다.

① > multell([1,2],40!,3,0,75211531);

["infinity","infinity"]

② > multell([2,1],40!,2, -7,75211531);

["factor=",9769]

③ > multell([0,3],40!,1,9,75211531);

["factor=",7699]

3개의 타원곡선 중에서 ②, ③는 인수가 계산된다. 실제로 $75211531 = 7699 \times 9769$ 이다.

하지만 어떤 점과 타원곡선을 선택하느냐에 따라 프로그램을 통해 구할 수 있는 소인수가 달라지고, 경우에 따라서는 소인수가 구해지지 않는 경우도 나타나게 된다.

예 7 타원곡선을 이용하여 $94983461 \times 94695431 = 8994499777266691$ 을 인수분해 해보자.

임의의 타원곡선 $y^2 \equiv x^3 - 7x + 7 (\mathrm{mod} 8994499777266691)$과 점 $P = (2,1)$을 택하여 $20!P$, $40!P$, $60!P$, $80!P$, …을 계산해보면 $120!P$까지는 계산이 가능하지만 $140!P$에서 덧셈이 정의되지 않게 된다. 즉, 소인수를 찾을 수 있게 된다.

> multell([2,1],140!, -7,7,8994499777266691);

["factor=",94983461]

위에서 볼 수 있듯이 타원 곡선과 k를 선택하는 과정은 중요하다.

인용문헌

1. 박승안 (1999), 대수학과 암호학, 경문사.
2. 김응태 · 박승안 (2002), 정수론 제5판, 경문사.
3. 신보미 (2001), 수학영재교육에 있어서 RSA암호 이론의 활용. 전남대학교 교육대학원 석사학위논문.
4. R. E. Klima, N.Sigmon, E. Stitzinger (2000), *Applications of Abstract Algebra with Mpale,* CRC press.
5. D. R. Stinson (1995), Cryptography theory and practice, CRC press.
6. W. trappe, L, C, Washington (2002), *Introdution to Cryptography with coding theory,* Prentice Hall.
7. Maple 9 (2003), Maplesoft.

: Maple 프로그램

```
> with(numtheory):
> addell:=proc(p1,p2,a,b,n)
>    local z,z1,m,x3,y3,p3;
>    z:=0;
>    z1:=1;
>    if p1=["infinity","infinity"] then p3:=p2; z:=1 else end if;
>   if z=1 then NULL else
>    if p2=["infinity","infinity"] then p3:=p1; z:=1 else end if
> end if;
>   if z=1 then NULL else
>    if p1[1]=p2[1] and p1[2]=0 then    p3:=["infinity","infinity"]; z:=1
> else end if
>    end if;
>   if z=1 then NULL else
>    if p1[1]=p2[1] and p1[2]<>p2[2] then
>    p3:=["infinity","infinity"]; z:=1 else end if end if;
>   if z=1 then NULL else
>    if p1=p2 and gcd(p1[2],n)<>1 and gcd(p1[2],n)<>n
>      then z1:=gcd(p1[2],n); z:=1 else end if end if;
>   if z=1 then NULL else
>       if p1=p2 then m:=((3*p1[1]^2+a)*((2*p1[2])&^(-1) mod n)) mod n;
> z:=1; x3:=(m^2-p1[1]-p2[1]) mod n;
>   y3:=(m*(p1[1]-x3)-p1[2]) mod n;
> p3:=[x3,y3];
> else end if end if;
>   if z=1 then NULL else
>    if gcd(p2[1]-p1[1],n)<>1 then z:=1;z1:=gcd(p2[1]-p1[1],n) else end
> if end if;
>   if z=1 then NULL else
```

```
>    m:= ((p2[2] - p1[2])*((p2[1] - p1[1])&^(-1) mod n)) mod n;
>    x3:=(m^2 - p1[1] - p2[1]) mod n; y3:= (m*(p1[1] - x3) - p1[2]) mod n; p3:=
> [x3,y3] end if;
> if z1=1 then return(p3) else return(["factor=",z1]) end if;
> end:

> multsell:=proc(p1,m,a,b,n)
>   local i,z;
>   z:=[p1];
>   for i from 2 while i<=m and z[-1][1]<>"factor=" do
>   z:=[op(z),addell(p1,z[nops(z)],a,b,n)];
>    end do;
>   return(z);
> end:

> multell:=proc(p,m,a,b,n)
>   local i,j,q,y,z1;
>   y:=["infinity","infinity"];
>   q:=p;
>   z1:=m;
>   for i from 1 while z1<>0 and y[1]<>"factor=" do
>    for j from 1 while z1 mod 2 = 0  and q[1]<>"factor=" do
>      z1:=z1/2; q:=addell(q,q,a,b,n); end do;
>    z1:=z1 - 1; y:=addell(q,y,a,b,n); end do;
>    if q[1]="factor=" then y:=q else NULL end if;
>   return(y);
> end:
```

2. 타원곡선 암호에 대한 연구*

1 서 론

1) 연구배경과 연구목적

오늘날 우리는 컴퓨터와 통신 기술에 의존하여 정보를 교류하고 있다. 인터넷을 통한 교류는 물론이며, 금융서비스, 상거래, 국가의 중요 정보들이 교류가 다양한 형태의 컴퓨터 네트워크와 통신수단을 통하여 이루어지고 있다. 이제는 네트워크환경과 동떨어진 삶은 상상할 수 없으며, 많은 정보를 교류하여야 하는 현대인은 개인의 프라이버시 보호라는 측면에서 암호학에 대하여 관심을 가질 수밖에 없다.

암호체계는 비밀 유지를 요하는 통신문인 평문(plaintext)과, 이 평문을 일정한 기호나 수로 고쳐 놓은 암호문(ciphertext)으로 이루어져 있고, 송신자는 여러 개의 열쇠(key) 중에서 적당한 열쇠를 택하여 평문을 암호문으로 전환시켜 전송하고, 합법적인 수신자는 이 열쇠 또는 다른 열쇠를 이용하여 수신된 암호문을 본래의 평문으로 복호화(decryption)한다.

암호문에서 평문을 암호화하는 방법에 따라 암호체계는 크게 두 가지로 구분된다. 그것은 송·수신자가 동일한 키에 의하여 암호화 및 복호화 과정을 수행하는 대칭키 암호시스템과 암호화와 복호화 과정에서 서로 다른 키를 사용하고, 암호화 열쇠는 공개하지만 복호 열쇠는 비밀로 보관하는 공개키 암호 시스템이다.

대칭키 암호시스템은 사용자 모두가 동일한 열쇠 K를 택하기 때문에 이 열쇠가 공격자에게 노출되지 않도록 세심한 주의를 기울여야 하며, 사용자 사이에 열쇠를 안전하게 서로 교환하는 일은 대단히 어려운 문제이다. 이에 1976년에 Diffie와 Hellman은 비밀열쇠교환의 문제를 공개암호체계로 발전할 수 있는 Diffie-Hellman의 열쇠교환 프로토콜을 창안하였고 대칭키 암호의 어려움을 해결하려 하였다. 공개키 암호시스템은 각 사용자가 공개열쇠와 비밀열쇠를 가지므로, 여러 사용자 사이에 열쇠를 교환할 필요가 없게 되어 통신망을 구축하는 데 필요한 열쇠의 개수를 대폭 줄일 수 있다.

현대암호는 정수론에 바탕을 두어, 공개키 암호 알고리즘을 개발하고 있고, 대표적

---

* 이 글은 한국과학재단 지원으로 광주과학고 학생; 서영환, 이석영, 박해빈, 배효빈이 참여한 과학고 창의적 사사교육보고서(2004)임.

인 공개 키 암호 시스템으로는 정수의 인수분해 문제의 어려움에 기반한 RSA암호시스템, 이산대수문제의 어려움에 기반한 EIGamal암호시스템, 타원곡선상에서의 이산대수문제의 어려움에 기반한 타원곡선암호 시스템이 있다.

특히 현재 실용화되어 사용되어지고 있고, 안전성과 효율성에서 인정받고 있는 타원곡선 암호시스템에 대한 연구는 영재교육에서 관심있게 다루어져야 할 주제이고, 현대를 살아가는 학생들에게 암호의 중요성과 발전가능성을 제시할 수 있는 의미있는 일이다.

이에 본 고에서는 정수론을 기초로, 공개키 암호 중에서 유한체상에서의 정수의 인수분해문제에 바탕을 둔 RSA암호와, 이산대수의 문제에 바탕을 둔 EIGamal암호에 대하여 알아보았다. 또한 타원곡선군의 구조를 연구함으로써 정수의 인수분해문제를 해결하였고, 정수의 인수분해 문제의 해결로 인하여 더욱 안전하고 효율적인 공개키 암호의 필요성에 의하여 대두된 타원곡선상에서의 암호체계의 구현과정을 살펴보았다. 타원곡선의 연산은 Maple프로그램을 이용하였으며, 끝으로 타원곡선 이산대수문제와 관련하여 타원곡선 암호 공격법을 알아봄으로써 더욱 안전한 암호의 발견에 도움을 주고자 한다. 암호는 여러 가지 방법으로 만들어지고 공격하는 과정을 통하여 발전되어 왔다. 현대암호에서 타원곡선상에서의 암호체계는 안전성과 효율성면에서 끊임없이 연구되어 오고 있다.

2) 연구 범위

(1) 정수론에 대한 논의

가. 잉여류의 집합
나. 오일러의 정리
다. 중국인의 나머지 정리
라. 원시근
마. 이차잉여

(2) 공개키 암호체계

가. Diffie-Hellman의 열쇠 교환
나. RSA암호체계
다. EIGamal암호체계
라. EIGamal암호 공격법

마. Elgamal암호체계를 이용한 전자서명

(3) 타원곡선의 성질

가. 유크리드 평면과 사영평면과의 관계
나. 타원곡선의 정의와 덧셈연산
다. 타원곡선을 이용한 정수의 인수분해방법과 Maple프로그램의 활용

(4) 타원 곡선상의 암호체계

가. 타원 곡선 상의 이산대수 문제
나. 타원곡선상에서 Diffie-Hellman의 열쇠 교환
다. 타원 EIGamal 암호
라. 타원 EIGamal 암호 공격법

2 연구방법 및 이론

타원곡선 암호체계를 연구하기 위해서는 정수론의 기초개념인 오일러 정리, 원시근, 이차잉여 등에 대하여 조사하고, 공개키 암호체계에서 Diffie-Hellman의 열쇠교환, RSA암호체계, EIGamal암호체계, EIGamal암호 공격법과 Elgamal 암호체계를 이용한 전자서명에 대하여 그 기본성질들을 연구하였다.

다음내용들은 위에 말한 주제들에 대하여 학생들이 연구했던 내용들을 차례대로 간략하게 소개한 것이다.

공개키 암호는 각각의 사용자가 두 개의 키를 갖는다. 각 사용자는 암호화 함수 E를 주는 공개키와 해독함수 D를 주는 비밀키(개인키)를 갖는다. 이 기법이 올바르게 작동하기 위하여 평문을 m이라 하면 D(E(m))=m이 성립하여야 한다. 암호화함수 E는 누구에게나 알려져 있으며, 송신자는 공개키를 이용하여 암호문을 만들 수 있으며, 비밀키를 보유하고 있는 수신자는 이를 복호화 할 수 있다.

가. Diffie-Hellman의 열쇠 교환

1976년 Diffie와 Hellman이 고안한 프로토콜로 대칭키 암호에서 여러 사용자가 동일한 비밀열쇠를 서로 교환하는 문제를 해결하려 하였고, 이는 공개키 암호시스템으로의 발전을 할 수 있는 계기를 마련하였다.

두 사용자 A와 B가 동일한 비밀 열쇠를 서로 교환하기 위하여, 먼저 상당히 큰 소수 p와 법 p에 관한 원시근 $g(2 \leq g \leq p-2)$ 를 서로 상의하여 결정하고 p와 g를 공개한다.

(1) 사용자 A는 $2 \leq r \leq p-2$ 인 정수 r을 임의로 택하여
$u \equiv g^r \ (modp),\ 1 \leq u \leq p-1$ 인 정수 u를 구하고 이 값을 B에게 보낸다.

(2) 사용자 B는 $2 \leq s \leq p-2$ 인 정수 s을 임의로 택하여
$v \equiv g^s \ (modp),\ 1 \leq v \leq p-1$ 인 정수 s를 구하고 이 값을 A에게 보낸다.

(3) 사용자 A는 $k \equiv v^r \ (modp)\ ,1 \leq k \leq p-1$ 인 정수 k를 구하여 k를 열쇠로 사용한다.

(4) 사용자 B는 $k \equiv u^s \ (modp)\ ,1 \leq k \leq p-1$ 인 정수 k를 구하여 k를 열쇠로 사용한다.

여기서

$v^r \equiv (g^s)^r \equiv g^{sr} \equiv (g^r)^s \equiv u^s \ (modp)$ 이므로, 단계(3)과 단계(4)에서 구한 k의 값은 일치하여 이를 열쇠로 사용할 수 있다. 실제로, k의 값을 구하려면, r또는 s의 값을 알아야 하는데 합당한 시간 안에 u,v의 값을 이용하여 r또는 s의 값을 구하기는 대단히 어렵다.

나. RSA암호체계

1978년에 R.L.River, A.Shamir와 L.M.Adleman이 고안안 암호체계로서 대표적인 공개키 암호체계이다. RSA암호체계는 정수의 인수분해가 어렵다는 사실에 근거를 두고 있다.

(1) RSA암호 알고리즘

(가) 서로 다른 충분히 큰 소수 p,q를 택하여 $pq=m$과 $\varphi(m)$을 구한다.

a	b	c	d	e	f	g	h	i	j	k	l	m	n	o	p	q	r	s	t	u	v	w	x	y	z
00	01	02	03	04	05	06	07	08	09	10	11	12	13	14	15	16	17	18	19	20	21	22	23	24	25

(나) $(e,\varphi(m))=1, 1 \leq e < \varphi(m)$ 인 임의의 정수 e를 택하고 $ed \equiv 1(\mathrm{mod}\varphi(m))$ 인 양의 정수 d를 구한 후, $\{\varphi(m),e\}$는 공개키로, $\{p,q,d\}$는 비밀키로 한다.

(다) 송신하려는 평문을 표에 따라 양의 정수 a로 나타낸다.

(라) A가 B에게 암호문을 보내고자 할 때, A는 B의 공개키 $\{\varphi(m),e\}$에 따라 m의 자리수가 k이면 평문 a를 길이가 $k-1$인 블록으로 쪼갠다. 이들 각각을 a_i

라 할 때,

$E_k : Z_m \to Z_m, E_k(x) = x^e$에 의해 $E(a_i) = b_i$를 구한 후

k자리수인 b_i를 연이어 늘어놓아 만든 암호문 b를 B에게 보낸다.

(마) B는 암호문 b를 길이가 k인 블록으로 쪼갠다.

이들을 각각 b_i라고 할 때 d를 이용하여 정의된 함수

$D_k : Z_m \to Z_m, D_k(x) = x^d$를 써서 $D_k(b_i) = a_i$를 구하여 평문 a를 얻는다.

(2) RSA암호 알고리즘의 원리

$(e, \varphi(m)) = 1$이므로 $ed \equiv 1(\mathrm{mod}\varphi(m))$인 양의 정수 d가 존재한다.

즉, $ed = \varphi(m)k + 1$인 정수 $k(k \geq 0)$가 존재한다.

각 $a \in Z_m$에 대하여 $D(E(a)) = a^{ed} = a$임을 알아보자.

먼저 $(a, m) = 1$인 경우, 오일러의 정리에 의해 $a^{\varphi(m)} \equiv 1(\mathrm{mod}m)$이고,

따라서 $D(E(a)) \equiv a^{ed} \equiv a^{\varphi(m)k+1} \equiv (a^{\varphi(m)})^k a \equiv 1^k a \equiv a(\mathrm{mod}m)$

$(a, q) = 1$이므로 페르마 정리에서 $a^{q-1} \equiv 1(\mathrm{mod}q)$이고,

$ed = \varphi(m)k + 1 = (p-1)(q-1)k + 1$이므로

$a^{ed} \equiv a^{(p-1)(q-1)k} a \equiv 1a \equiv a(\mathrm{mod}q)$

따라서 $a^{ed} \equiv a(\mathrm{mod}m)$이므로 Z_m에서 $D(E(a)) \equiv a^{ed} \equiv a$이다.

예제 "Gwangju Science Highschool(광주과학고등학교)"를 RSA암호체계로 암호화, 복호화하여라.

서로 다른 소수 p=22717, q=19841에 대하여 $m = pq$라 하면

m=22717 · 19841=450727997 　　k(m의 자리수)=9

$\varphi(m) = (p-1)(q-1)$=22716 · 19840=450685440

$(e, \varphi(m))$=1이고 $1 \leq e < \varphi(m)$인 정수 e=1709을 택하고

유크리드 알고리즘으로 $ed \equiv 1(\mathrm{mod}\varphi(m))$, $1 \leq d < \varphi(m)$인 정수 d를 구하면 d =239978789이다.

$\varphi(m)$과 e를 공개하고 d, p, q는 공개하지 않는다.

송신자는 Gwangju Science Highschool을 평문으로 택하고 표에 따라

a=06220013/06092018/02080413/02040708/06071802/07141411/이므로 길이가 $k-1=8$인 블록으로 나눈다.

a_1=06220013 a_2=06092018 a_3=02080413 a_4=02040708 a_5=06071802

a_6=07141411

각 블록을 따로 $E_k : Z_m \to Z_m, E(x) = x^{1709}$에 따라

송신자는 $06220013^{1709} \equiv 330208733 (\mathrm{mod} 450685440)$

$06092018^{1709} \equiv 279784448 (\mathrm{mod} 450685440)$

$02080413^{1709} \equiv 401881293 (\mathrm{mod} 450685440)$

$02040708^{1709} \equiv 100149488 (\mathrm{mod} 450685440)$

$06071802^{1709} \equiv 264494592 (\mathrm{mod} 450685440)$

$07141411^{1709} \equiv 325831411 (\mathrm{mod} 450685440)$

b_i를 $b(330208733279784448401881293100159488264494592325831411)$로 고쳐 수신자에게 보내고 수신자는 암호문 b를 길이가 k인 블록으로 쪼개 b_i를 만들고 $E_k : Z_m \to Z_m, D(x) = x^{239978789}$에 따라 암호문으로부터 평문을 구한다.

다. ElGamal암호체계

ElGamal암호체계는 ElGamal이 1985년에 개발해 낸 것으로, 이 암호체계는 이산대수의 문제에 그 근거를 두고 있다.

(1) 이산대수 문제

이산대수 문제는 위수가 $p-1$인 순환군 Z_p^*에서 Z_p^*의 원시근 a와 Z_p^*의 원소 b가 주어졌을 때, $a^n=b$를 만족하는 n (단 $0 < n \leqq p-1$)를 계산하는 것으로, 이 n를 원시근 a에 대한 b의 이산대수(Discrete Logarithm)라 부르며, n을 구하는 것을 이산대수 문제라 한다.

(2) ElGamal암호체계 프로토콜

(가) 수신자 A는 상당히 큰 홀수인 소수 p와 법 p에 관한 원시근 a를 택하고, 정수 n을 택하여 $b = a^n (\mathrm{mod}\, p)$인 b를 구하고, a , b , p는 공개하고, n은 공개하지 않는다.

(나) 송신자 B는 평문을 $0 \leqq w \leqq p-1$인 정수 w 로 나타낸다.

(다) 송신자 B는 정수 k를 임의로 택하고, $y = a^k$와 $z = wb^k$를 계산하여 (y, z)를 A에게 송신한다.

(라) 수신자 A는 비밀열쇠 n을 이용하여

$zy^{-n} = wb^k (a^k)^{-n} = w(ba^{-n})^k = w(1)^k = w$ 인 w을 구한다.

공개키 a,b에서 비밀키 n을 알아내기는 매우 힘들다. 이는 이산대수의 문제로

ELGamal암호의 안전성의 바탕이 된다.

예제 B는 A에게 만날 장소를 알려주려 한다. B는 도시의 주요 건물의 이름을 알파벳으로 표시하고 공개키 $p=113$ 이며, $a=3$, $b=57$ 를 사용하여 A에게 (39, 6)라는 암호를 보낸다.

A에게 전달된 건물의 이름은 무엇일까?

(가) 복호화 과정

비밀키 n을 알고 있는 A는 다음과 같은 과정을 이용하여 평문 w의 값을 계산한다.

$w=zy^{-n}\ (\mathrm{mod}p)=zy^{(p-1)-n}\ (\mathrm{mod}p)=19$

즉 만나고자 하는 건물은 알파벳으로 "T"에 해당하는 건물이다.

(나) 암호화 과정

① $p=113$, $a=3$와 $n=100$을 선택하고, $b=a^n\ (modp)$에서 계산하면, $b=57$이다. $p,\ a,\ ,b$는 공개하고, n은 비밀키이다.

② 만나고자 하는 건물의 알파벳이 "T"이라 하면, 아래의 문자 변환표에 의하여 $w=21$이다.

문자	A	B	C	D	E	F	G	H	I	J	K	L	M
숫자	0	1	2	3	4	5	6	7	8	9	10	11	12
문자	N	O	P	Q	R	S	T	U	V	W	X	Y	Z
숫자	13	14	15	16	17	18	19	20	21	22	23	24	25

③ 임의의 정수 $k=23$를 선택하여 $y=a^k\ (\mathrm{mod}p)$=39, $z=wb^k\ (\mathrm{mod}p)$= 43을 계산하여 $(y,\ z)$를 수신자 A에게 전송한다.

라. Elgamal 암호체계를 이용한 전자서명

공개열쇠 암호체계는 문서를 인증하는 데에도 이용된다. 각 문서에는 문서의 내용 등에 근거한 독특한 전자 서명이 지정된다. 각 문서마다 첨부되는 서명은 비밀 열쇠를 이용하여 암호화되며 문서를 수신한 사람은 공개 열쇠를 이용하여 서명이 유효하다는 것을 검증할 수 있다.

(1) 서명자U는 상당히 큰 홀수인 소수 p와 그리고 법 p에 대한 원시근 $g\,(2\leq g\leq p-2)$를 택하고, 또 $2\leq r\leq p-2$인 정수 r를 택하여, $d\equiv g^r\,(modp)$, $1\leq d\leq p-1$인 d의 값을 구하고, p,g,d는 공개하고 r는 공개하지 않는다.

(2) 서명자 U는 평문을 $0\leq a\leq p-1$인 정수 a로 나타낸다.

(3) 서명자 U는 $(k,p-1)=1, 2 \le k \le p-2$인 정수 k를 임의로 택하여 $kk^{-1} \equiv 1(\mathrm{mod}\, p-1)$, $2 \le k^{-1} \le k-2$인 정수 k^{-1}를 구하고 또 $c \equiv g^k(\mathrm{mod} p), 1 \le c \le p-1$, $s \equiv (a-rc)k^{-1}(\mathrm{mod} p-1)$, $0 \le s \le p-2$ 인 정수 c와 s를 계산한다.

(4) 서명자 U는 서명 $(c,\ s)$를 평문 a와 함께 A에게 전송한다.

(5) 수신자 A는 U로부터 수신한 평문 a와 서명 $(c,\ s)$ 그리고 공개된 열쇠 $p,\ g,\ d$ 를 이용하여 합동식

$v_1 \equiv d^c c^s(\mathrm{mod} p)$, $0 \le v_1 \leqq p-1$, $v_2 \equiv g^a(\mathrm{mod} p)$, $0 \le v_2 \le p-1$

를 계산하여 $v_1 = v_2$인지를 확인하여 서명이 유효하다는 것을 검증한다.

(5)단계에서 $c \equiv g^k(\mathrm{mod} p)$, $g^{p-1} \equiv (\mathrm{mod} p)$이므로 $c^{k^{-1}} \equiv g^{kk^{-1}} \equiv g(\mathrm{mod} p)$ 이고 또 \s $\equiv (a-rc)k^{-1}(\mathrm{mod} p-1)$이므로 다음 합동식이 성립한다.

$v_1 \equiv d^c c^s \equiv d^c c^{(a-rc)k^{-1}} \equiv g^{rc}(c^{k^{-1}})^{a-rc} \equiv g^{rc} g^{a-rc} \equiv g^a \equiv v_2(\mathrm{mod} p)$

3 연구결과 및 고찰

실수체위에 타원곡선을 정의하고 타원곡선 위의 점과 무한원점으로 구성된 집합은 적절한 덧셈연산에 대하여 가환군이 됨을 설명하였다.

잉여류체 위에서 타원곡선 위에 정의되는 가환군은 일반적으로 두 개의 순환군의 직적이된다. 아주 큰 두 소수의 곱으로 된 정수를 소인수 분해하여 두 소수를 찾는 방법을 연구하기 위하여 그 정수에 관한 잉여류집합 위에 타원곡선을 정의하여 덧셈연산을 수행하면 닫혀있지 않는 경우가 있다. 이때 우리는 그 정수의 소인수를 구할 수 있게 된다.

이를 위하여 타원곡선 위의 점들에 대한 k번의 덧셈하는 방법을 Maple 수학프로그램을 활용한 알고리즘을 만들어 구체적인 예를 통하여 그 방법을 제시하였다.

끝으로, 타원곡선 암호체계에 대하여 타원 곡선 상의 이산대수 문제, 타원곡선상에서 Diffie-Hellman의 열쇠 교환, 타원 EIGamal 암호, 타원 EIGamal 암호 공격법을 연구하였고 Maple 프로그램을 활용하여 그 계산을 수행했다.

1) 타원곡선의 성질

타원곡선에 대한 이론은 타원곡선을 이용한 정수의 인수분해 알고리즘과 타원곡선을 이용한 암호체계에 대한 연구로 최근에 활발히 진행되고 있고, 타원곡선군의 구조를 연구하는 것은 암호학의 발전과 관련하여 중요한 일이다.

가. 유크리드 평면과 사영평면과의 관계

(1) 사영평면

결합구조 $\pi=(\wp,\ell)$가 다음 세 조건을 만족할 때, π를 사영평면이라 한다.

(가) 서로 다른 임의의 두 점 P, Q에 대하여 두 점 P, Q을 지나는 직선이 단 하나 존재한다.

(나) 서로 다른 임의의 두 직선 ℓ, m에 대하여 두 직선은 단 한점에서 만난다.

(다) π에는 사점도형이 적어도 하나 존재한다.

여기서 사점도형은 서로 다른 네 점 $\{P_1,P_2,P_3,P_4\}$에 대하여 이들 중 어느 세 점을 택해도 한 직선 위에 있지 않을 때를 말한다.

$R^3=\{(x_1,x_2,x_3) \mid x_1,x_2,x_3 \in R\}$에 속하는 원소$(a_1,a_2,a_3)\neq(0,\ 0,\ 0)$에 대하여 $<a_1,a_2,a_3 \geq <b_1,b_2,b_3> \Leftrightarrow$적당한 $k\in R,\ k\neq 0$에 대하여

$(b_1,b_2,b_3)=k(a_1,a_2,a_3)$와 같은 $<a_1,a_2,a_3>$를 점이라고 한다.

이것으로 사영평면상의 점$<x_1,x_2,x_3>$는 다음과 같이 나타낼 수 있다.

$$<x_1,x_2,x_3 \geq \begin{cases} <\dfrac{x_1}{x_3},\dfrac{x_2}{x_3},1> & : \ x_3\neq 0 \\ <\dfrac{x_1}{x_2},1,0> & : \ x_3=0,\ x_2\neq 0 \\ <1,\ 0,\ 0> & : \ x_3=0,\ x_2=0 \end{cases}$$

R에서 R^3의 각 원소 $(a_1,a_2,a_3)\neq(0,\ 0,\ 0)$에 대하여

$[a_1,a_2,a_3]=\{<x_1,x_2,x_3> \mid a_1x_1+a_2x_2+a_3x_3=0\}$인 $[a_1,a_2,a_3]$를 직선이라 하고

$[a_1,a_2,a_3]=[b_1,b_2,b_3] \Leftrightarrow$적당한 $k\in R, k\neq 0$ 대하여

$(b_1,b_2,b_3)=k(a_1,a_2,a_3)$가 성립한다.

$a_1x_1+a_2x_2+a_3x_3=0$을 직선의 방정식이라 한다.

(2) 무한원점

아핀평면 $AG(2,\ R)=(\wp,\ell)$위의 각점 $(x,y)\in\wp$를 사영평면 $PG(2,\ R)=(\wp',\ell')$ 위의 점 $<x,y,1>\in\wp'$과 동일시하면

$\wp'$에는 속하고 $\wp$에는 속하지 않는 점이 있다.

직선의 방정식을 $ax_1+bx_2+cx_3=0$ 라 할 때

$<-b,a,0>\in\wp'$ and $<-b,a,0>\notin\wp$

$<-b,a,0> \Leftrightarrow x_3=0$

이때 사영평면 $PG(2,R)$에서 $\ell_\infty=\{<x_1,x_2,x_3> \in \wp' \mid x_3=0\}$이라 한다. 그리고 선 ℓ_∞를 무한원선 또는 이상직선이라 하고 이 선 위의 각 점을 무한원점 또는 이상점이라 한다.

(3) 사영평면에서의 이차곡선

아핀평면 $AG(2,R)$의 각 점 $P=(x,y)$에 대하여

$x=\dfrac{x_2}{x_3},\ y=\dfrac{x_1}{x_3},\ x_3\neq 0$인 $x_1,x_2,x_3\in R$를 택하면

$<x,y,1>=<x_1,x_2,x_3>$이므로 아핀평면 $AG(2,R)$의 점 (x,y)를 사영평면 $PG(2,R)$에서의 점 $<x_1,x_2,x_3>$와 동일한 것으로 생각할 수 있다.

이 때 $<x_1.x_2,x_3>$를 점 P의 동차좌표라고 한다.

아핀평면 $AG(2,R)$에서의 이차곡선, 타원 $\dfrac{x^2}{a^2}+\dfrac{y^2}{b^2}=1$, 포물선 $y^2=4px$, 쌍곡선 $\dfrac{x^2}{a^2}-\dfrac{y^2}{b^2}=1$을 동차좌표를 이용해 사영평면 $PG(2,R)$에서의 곡선으로 생각할 수 있다.

타원은 $\dfrac{x_1^2}{a^2}+\dfrac{x_2^2}{b^2}=x_3^2$,

포물선은 $x_2^2=4px_1x_3$

쌍곡선은 $\dfrac{x_1^2}{a^2}-\dfrac{x_2^2}{b^2}=x_3^2$ 이다.

각 곡선에서의 무한원점을 구하기 위해 각 방정식에서 $x_3=0$으로 놓으면 타원은 $(x_1,x_2,x_3)=(0,0,0)$이므로 무한원점이 없고, 포물선은 $(x_1.x_2,x_3)=t(1,0,0)$, $t\in R$ 이므로 무한원점은 1개이다.

쌍곡선은 $(x_1,x_2,x_3)=t(a,b,0)$, $(x_1,x_2,x_3)=t(a,-b,0)$, $t\in R$ 이므로 무한원점은 2개이다. 이를 무한원선을 기준으로 한 사영평면에 나타내면 그림과 같다.

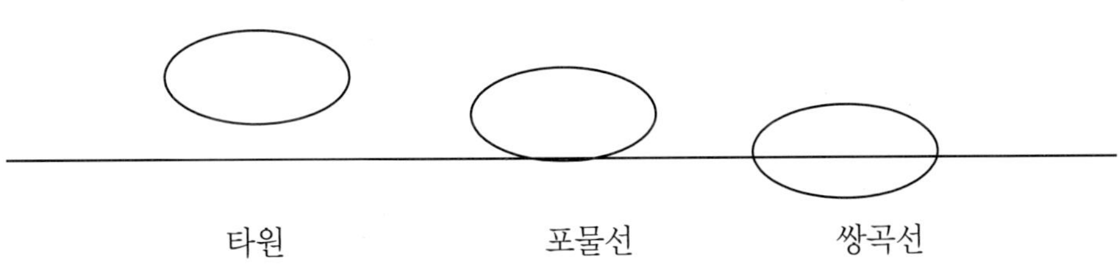

나. 타원곡선의 정의 및 덧셈연산

(1) 타원곡선의 정의

(가) 타원곡선의 정의

타원곡선은 Euclid 평면 AG(2,R)에서 방정식E : $y^2 = x^3 + ax^2 + bx + c$ $(a,b,c \in R)$을 만족시키는 점$(x,y) \in R^2$ 전체의 집합을 말한다.

예를 들어, 피라미드의 층수를 x 각층의 공의 개수의 총합을 y^2이라 하자.

$1^2 + 2^2 + 3^2 + 4^2 + \ldots\ldots + x^2 += \dfrac{x(x+1)(2x+1)}{6}$가 완전제곱이 될 때는 언제일까?

$y^2 = \dfrac{x(x+1)(2x+1)}{6}$의 식은 두 점 (0,0), (1,1)을 지난다.

(0,0)과 (1,1)를 지나는 직선 $y = x$와 $y^2 = \dfrac{x(x+1)(2x+1)}{6}$의 교점을 구하자.

y를 소거하면, $x^3 - \dfrac{3}{2}x^2 + \dfrac{1}{2}x = 0$ 근과 계수와의 관계를 이용하여 위식의 3근의 합 $0+1+x = \dfrac{3}{2}$이다. 따라서 $x = \dfrac{1}{2}$ 이다. 따라서 위식은$(\dfrac{1}{2}, \dfrac{1}{2})$를 지난다. 대칭성에 의해 $(\dfrac{1}{2}, -\dfrac{1}{2})$를 지난다.

$(\dfrac{1}{2}, -\dfrac{1}{2})$와 (1,1)를 지나는 직선 $y = 3x - 2$와 $y^2 = \dfrac{x(x+1)(2x+1)}{6}$의 교점을 구하면, $(3x-2)^2 = \dfrac{x(x+1)(2x+1)}{6}$이다.

세근을 $1, \dfrac{1}{2}, x$라 하면 $\dfrac{1}{2} + 1 + x = \dfrac{51}{2}$, $x = 24$ 이때 $y = 3x - 2 = 70$이다.

즉 $1^2 + 2^2 + 3^2 + 4^2 + \ldots\ldots + 24^2 += 70^2$이다.

피라미드로 24층까지 쌓으려면 그 공의 총수는 4900개이다.

(나) 삼차방정식에서 x^2항의 소거

$x^3 + ax^2 + bx + c = 0$

x에 $x' - \dfrac{a}{3}$을 내입하여 계산하면 $x'^3 + px' + q = 0$의 꼴이 된다.

따라서, 위의 타원곡선은 $y^2 = x^3 + ax + b \quad (a,\ b \in R)$와 같이 변형된다.

(다) 타원곡선의 판별식

타원곡선 E : $y^2 = x^3 + ax + b(a,b \in R)$ 에서 $x^3 + ax + b = 0$의 세근을 α, β, γ라 하면 $\Delta = -(\alpha - \beta)^2(\beta - \gamma)^2(\gamma - \alpha)^2 = 4a^2 + 27b^2$이고, 이것을 타원곡선의 판

별식이라 한다.

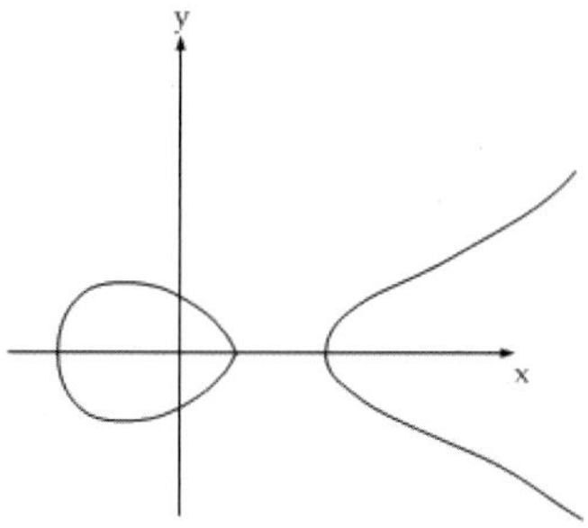

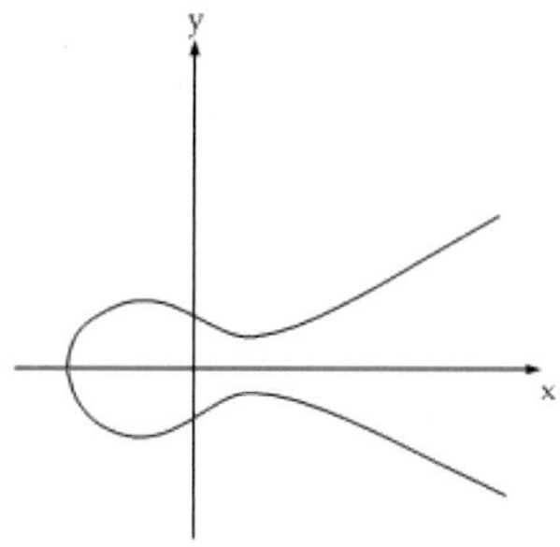

(2) 타원곡선 위에서의 연산

타원곡선 $E: \ y^2 = x^3 + ax + b(a,b \in R)$ 은 $\Delta \neq 0$ 인 경우에 덧셈을 정의한다.

먼저 Euclid 평면 $AG(2,R)$에서의 타원곡선을 동차좌표를 이용하여 사영평면 $PG(2,R)$에서 생각해 보자.

점 $P = (x,y)$의 동차좌표를 $< x_1, x_2, x_3 \geqq < x, y, 1 >$로 보면

$$x = \frac{x_2}{x_3}, \ y = \frac{x_1}{x_3}, \ x_3 \neq 0$$

즉, 사영평면 $PG(2,R)$에서의 타원곡선 식은

$$(\frac{x_2}{x_3})^2 = (\frac{x_1}{x_3})^3 + a(\frac{x_1}{x_3})^2 + b$$

양변에 x_3^3를 곱하면 $x_2^2 x_3 = x_1^3 + ax_1 x_3^2 + bx_3^3$이 된다.

이 타원곡선 위의 무한원점을 구하기 위해 $x_3 = 0$을 대입하면

$x_1 = 0, \ x_2 = r, \ x_3 = 0 \ (r \in R)$ 이므로 무한원점은 $O = < 0,1,0 >$이다.

즉, 타원곡선을 사영평면 $PG(2,R)$에서 표현하면 다음과 같다.

$G(E,R) = \{(x,y) \in R^2 \mid y^2 = x^3 + ax + b \} \cup \{O\}$

그리고 타원곡선 위의 임의의 점 $P = (x_1, y_1)$, $Q = (x_1, -y_1)$ 에 대하여 $y_1 \neq 0$ 이면 두점 $P = (x_1, y_1)$, $Q = (x_1, -y_1)$ 는 서로 다르고, 두 점을 잇는 직선 PQ의 방정식은 $x = x_1$이다.

타원곡선 $y^2 = x_1^3 + ax_1 + b$ 에 대입하면 이 방정식의 근은 $y = y_1, \ y = -y_1$뿐이므로 직선 PQ와 타원곡선은 두 점 $P, \ Q$에서만 만난다. 직선$x = x_1$을 사영평면에서의 직선이라고 할 때 이 직선 위에는 무한원점 O가 있다.

다음에, 타원곡선 위의 서로 다른 두 점 $P = (x_1, y_1), \ Q = (x_2, y_2)$에서 $x_2 \neq x_1$인

경우를 생각해보자.

이 때 직선PQ의 기울기는 $k=\dfrac{y_2-y_1}{x_2-x_1}$이므로 이 직선의 방정식은

$y=k(x-x_1)+y_1=kx+y_1-kx_1$이고 이 방정식을 $y^2=x^3+ax+b$에 대입하면

$(kx+y_1-kx_1)^2=x^3+ax+b$

$k^2x^2+2k(y_1-kx_1)x+(y_1-kx_1)^2=x^3+ax+b$

$x^3-k^2x^2+(a-2k(y_1-kx_1))x+b-(y_1-kx_1)^2=0$

따라서 근과 계수의 관계에 의하여 $x_1+x_2+x_3=k^2$이므로

직선 PQ와 타원곡선 E가 만나는 세점을 $P=(x_1,y_1)$, $Q=(x_2,\ y_2)$, $R=(x_3,\ y_3)$라 하면 $x_3=k^2-(x_1+x_2)$

$y_3=k(x_3-x_1)+y_1$

이고, 또 점 R과 x축에 관하여 대칭인 점 $R'=(x_3,-y_3)$이다. 즉 $P+Q=R'$

다음은, 타원곡선 E : $y^2=x^3+ax+b$ 위의 한 점 $P=(x_1,\ y_1)$에서의 접선의 기울기를 구하기 위해 타원곡선의 식을 미분해보자.

$2ydy=3x^2dx+adx$

특히 $y\neq 0$일 때, $\dfrac{dy}{dx}=\dfrac{3x^2+a}{2y}=k$

즉, 점 $P=(x_1,\ y_1)$에서의 기울기는 $k=\dfrac{3x_1^2+a}{2y_1}$이고 이 접선의 방정식은 $y=k(x-x_1)+y_1$이다.

점 P에서의 접선이 타원곡선 E와 만나는 새로운 점은 $R=(x_3,y_3)$라고 하면 $x_3=k^2-2x_1$, $y_3=k(x_3-x_1)+y_1$이고 또 점 R과 x축에 관하여 대칭인 점은 $R'=(x_3,-y_3)$이다. 즉 $P+P=R'$

한편, $y_1=0$일 때, $3x^2_{+a=01}$이라고 가정하면

$x_1^3+ax_1+b=0$

$3x_1^2+a=0$ 이므로 다음이 성립한다.

$x^3+ax+b=(x-x_1)(x^2+x_1x+(a+x_1^2))=(x-x_1)^2(x+2x_1)$

그러나 이것은 방정식 $f(x)=x^3+ax+b=0$이 중근을 갖는다는 뜻이므로 가정에 모순 된다. 따라서 $y_1\neq 0$이다.

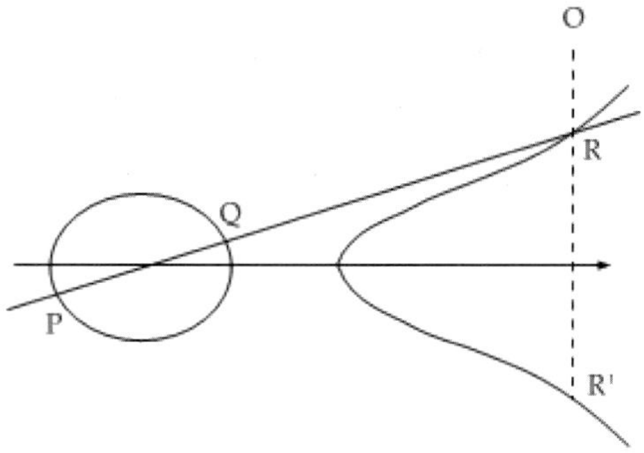

예제 실수체 R에서의 타원곡선 $y^2 = x^3 + 8$위의 두 점 $P = (1,3)$, $Q = (2,4)$를 지나는 직선과 타원곡선의 또 다른 교점을$R = (x_3, y_3)$라하고 하자.

$x_1 \neq x_2$이므로, 정의한 덧셈 연산에 의하여, $k = \dfrac{4-3}{2-1}$이고, $x_3 = 1^2 - (1+2) = -2$, $y_3 = 1(-2-1) + 3 = 0$이므로 $R = (x_3, y_3) = (-2,0)$이 된다.

즉 $P + Q = (1,3) + (2,4) = R' = (x_3, -y_3) = (-2,0)$이다.

다음은 $Q + Q$을 계산해 보자.

$x_1 = x_2, y_1 \neq 0$ 인 경우에 정의한 덧셈 연산에 의하여 $k = \dfrac{3(2)^2 + 0}{2 \times 4} = \dfrac{3}{2}$이고, $x_3 = (\dfrac{3}{2})^2 - 2 \times 2 = -\dfrac{7}{4}$, $y_3 = (\dfrac{3}{2})(-\dfrac{7}{4} - 2) + 4 = -\dfrac{13}{8}$이다.

따라서, $Q + Q = (-\dfrac{7}{4}, \dfrac{13}{8})$이다.

Z_p상에서의 타원곡선의 덧셈연산 임의의 홀수인 소수 p에 대하여

$Z_p = \{0,1,2,.....p-1\}$위의 아핀평면 $AG(2, Z_p)$에서 방정식

E : $y^2 = x^3 + ax + b$ $(a,b \in Z_P)$ 를 만족시키는 점 $(x,y) \in Z_p^2$ 전체의 집합을 아핀평면 $AG(2, Z_p)$위에서의 타원곡선이라고 하고$\Delta = 4a^3 + 27b^2 \not\equiv 0 (\mathrm{mod} p)$ 일 때 $G(E, Z_p) = \{(x,y) \in Z_p^2 \mid y^2 = x^3 + ax + b\} \cup \{O\}$이라고 하면 $G(E, Z_p)$는 다음과 같이 정의된 덧셈에 관한 유한 가환군이다.

(1) $O + P = O$, $O + P = P + O = P$

(2) $x_1 = x_2$, $-y_1 = y_2$ 일 때 $P + Q = Q + P = O$이다. 특히 $y_1 = 0$일 때 $P + P = O$이다.

(3) $x_1 \neq x_2$ 일 때 $P + Q = R' = (x_3, -y_3)$이다. 여기서

$x_3 = k^2 - (x_1 + x_2)$

$y_3 = k(x_3 - x_1) + y_1$

$k = \dfrac{y_2 - y_2}{x_2 - x_1}$

(4) $y_1 \neq 0$일 때, $P + P = R' = (x_3, -y_3)$이다. 여기서

$x_3 = k^2 - 2x_1$

$y = k(x - x_1) + y_1$

$\dfrac{k = 3x_1^2 + a}{2y_1}$

그리고 $n_p = \mid G(E, Z_p) \mid$ 라고 하면 다음이 성립된다.

(1) $n_p = p + 1 + \sum_{\alpha=0}^{p-1} \left(\dfrac{f(\alpha)}{p} \right)$ 여기서 $f(x) = x^3 + ax + b$

(2) 임의의 $P \in G(E, Z_p)$에 대하여 $n_p P = O$이다.

예제 Z_{13}에서의 타원곡선

E : $y^2 = x^3 + x + 1 (\mathrm{mod} 13)$ 에 대하여 $\triangle = 4 \cdot 1 + 27 \cdot 1 \not\equiv 0 (\mathrm{mod} 13)$

$x = a$	$x^3 + x + 1$ (mod13)	$\left(\dfrac{f(a)}{13} \right)$	y
0	1	1	1,12
1	3	1	4,9
2	11	-1	
3	5	-1	
4	4	1	2,11
5	1	1	1,12
6	2	-1	
7	0	0	0
8	1	1	1,12
9	11	-1	
10	10	1	6,7
11	4	1	2,11
12	12	1	5,8

따라서

$$G(E, Z_{13}) = \left\{ \begin{matrix} (0,1), \ (0,12), \ (1,4), \ (1,9), \ (4,2), \ (4,11), \ (5,1), \ (5,12), \ (7,0), \\ (8,1), \ (8,12), \ (10,6), \ (10,7), \ (11,2), \ (11,11), \ (12,5), \ (12,8), O \end{matrix} \right\}$$

이다.

여기서 $\alpha=(1,4)$에서 $2\alpha=(1,4)+(1,4)$를 계산해보자.

$k=(3\times1+1)(2\times4)^{-1}=1\times2^{-1}=7\ (\mathrm{mod}13)$

$x_3=7^2-(1+1)=8\ (\mathrm{mod}13)$

$y_3=7(8-1)+4=1\ (\mathrm{mod}13)$

따라서 $2\alpha=(8,12)$

다음은 $3\alpha=(8,12)+(1,4)$를 계산해보자.

$k=(12-4)(8-1)^{-1}=8\times7^{-1}=3\ (\mathrm{mod}13)$

$x_3=3^2-(8+1)=0\ (\mathrm{mod}13)$

$y_3=3(0-1)+4=1\ (\mathrm{mod}13)$

따라서 $3\alpha=(0,12)$이다.

같은 방법으로 계산해보면,

$\alpha=(1,4),\ 2\alpha=(8,12),\ 3\alpha=(0,12),\ 4\alpha=(11,11),\ 5\alpha=(5,1),\ 6\alpha=(10,6),$
$7\alpha=(12,8), 8\alpha(4,2),\ 9\alpha=(7,0),\ 10\alpha(4,11), 11\alpha=(12,5),\ 12\alpha=(10,7),$
$13\alpha=(5,12), 14\alpha=(11,2),\ 15\alpha=(0,1),\ 16\alpha=(8,1),\ 17\alpha=(1,9),\ 18\alpha=O$

따라서 $\alpha=(1,4)$는 원시근이다.

(3) 타원곡선에서의 덧셈(Maple프로그램을 활용하여)

'adell'라는 프로그램을 실행하여 타원곡선상의 두 점의 덧셈을 계산할 수 있다.

예제) 타원곡선 $y^2=x^3+5x+7(\mathrm{mod}37)$ 위의 두 점 (2,5)와 (10,13)을 더해 보자.

```
>addell([2,5],[10,13],5,7,37);
[26,8]
```

다. 타원곡선을 이용한 정수의 인수분해방법과 Maple프로그램의 활용

타원곡선을 이용한 정수의 인수분해 방법은 타원곡선 E에 대한 덧셈군 $G(E,Z_p)$의 성질을 이용한 인수분해 방법이다. 이와 같은 인수분해 방법이 널리 이용되는 이유는 덧셈의 연산을 상당히 빠른 속도로 행할 수 있기 때문이다.

(1) 타원곡선을 이용한 정수의 인수분해 방법

일반적으로, n이 양의 정수일 때 Z_n = {0,1,2,....n − 1}에서 원소 $x\in Z_n$, $x\neq0$의 곱셈에 대한 역원 x^{-1}가 존재하기 위한 조건은 gcd(x,n)=1인 것이다.

Z_n에서의 타원곡선 E : $y^2=x^3+ax+b$ $(a,b\in Z_n)$에 대하여 $G(E,Z_n)=\{(x,y)\in Z_n{}^2$

| $y^2=x^3$+ax+b}∪{O}라고 한다.

이때, n이 소수인 경우에 G(E,Z_n)은 타원곡선의 덧셈에 관해 가환군을 이룬다.

n이 합성수인 경우에는 타원곡선에서 덧셈을 정의할 수 없는 경우가 생긴다. 예를 들어 집합 G(E,Z_n)의 두 점 P=(x_1,y_1), Q=(x_2,y_2), $x_1 \neq x_2$에 대하여 $x_2 - x_1 \in Z_n$의 곱셈에 관한 역원이 존재하기 위한 조건은 gcd($x_2 - x_1$,n)=1이고 이때에만 k=($y_2 - y_1$)($x_2 - x_1$)$^{-1} \in Z_n$가 결정된다. n이 합성수일 때, G(E,Z_n)의 두 점 P=(x_1, y_1), Q= (x_2, y_2)에 대하여 다음과 같이 정의한다.

가. $x_2 \neq x_1$ 일 때

gcd($x_2 - x_1$, n)=1인 경우

P+Q=(x_3, $-y_3$)이다. 여기에서

k=($y_2 - y_1$)($x_2 - x_1$)$^{-1}$, x_3=k^2 −(x_1+x_2) , y_3=k($x_3 - x_1$)+y_1 $\in Z_n$

gcd($x_2 - x_1$, n)≠1인 경우에는 P+Q가 정의되지 않는다.

나. $y_1 \neq 0$ 일 때

gcd(2y_1, n)=1인 경우에

P+P=(x_3, $-y_3$)이다. 여기서

k=(3x_1^2+a)(2y_1)$^{-1}$, x_3=k − 2x_1, y_3=k($x_3 - x_1$)+$y_1 \in Z_n$

gcd(2y_1, n)≠1이면 P+P는 정의되지 않는다.

위의 가.에서 gcd($x_2 - x_1$, n)≠1인 경우에는 1 〈 gcd($x_2 - x_1$, n) 〈 n 또는 gcd($x_2 - x_1$, n)=n이고

마찬가지로 나.에서 gcd(2y_1, n)≠1인 경우에는 1 〈 gcd(2y_1, n) 〈 n 또는 gcd(2y_1, n)=n이다.

또, 1 〈 gcd($x_2 - x_1$, n) 〈 n, 1 〈 gcd(2y_1, n) 〈 n이면

gcd($x_2 - x_1$, n)과 gcd(2y_1, n)은 1도 아니고 n도 아닌 n의 인수이다.

예제 1 양의 정수 $n=90589$ 의 인수를 구해보자.

먼저 한 점 $P=(1,3)$ 을 생각하고 타원곡선 $E:\ y^2 = x^3 + ax + b\ (a,b \in \mathbb{Z}_n)$을 생각하자. 이때 $a=2$ 인 경우에 $3^2 = 1^3 + 2 + b$ 이므로 $b=6$ 이고 따라서 타원곡선의 방정식은 $y^2 = x^3 + 2x + 6$ 이다. 이제 $G(E, \mathbb{Z}_n)$ 에서 $r = 1,2,3,\cdots$ 에 대하여 차례로 rP를 계산하면 $2P(57875, 72554)$ $3P = (12430, 66961)$이지만 $9P$를 계산

하는 과정에서 $(12430, 66961) + (59059, 59267)$을 계산할 수 없게 된다.

이로부터 $gcd(59059 - 12430, 90589) = 157$임을 얻고 따라서 157는 n의 인수이다.

예제 2 양의 정수 $n = 44929$ 의 인수를 구해보자.

타원곡선 $E: y^2 = x^3 + ax + b \ (a,b \in \mathbb{Z}_n)$을 생각하고 이 곡선 위의 점 $P = (1,3)$을 택하자.

먼저 $a = 1$ 부터 시작하면 $b = 7$ 이고 아무런 어려움 없이 $10P, 20P, 30P$를 계산할 수 있다.

이 단계에서 좀 더 큰 r에 대한 rP를 구하거나 다른 a의 값을 정한다.

예를 들어, $a = 2$ 라고 하면 $b = 6$이고 이 때 $G(E, \mathbb{Z}_n)$ 에서 $10P, 20P$는 계산해 낼 수 있으나 $30P$를 계산하는 과정에서 $(66223, 81240) + (29577, 4602)$를 구할 수 없게 된다.

이 사실로부터

$gcd(66223 - 29577, 88603) = 251$을 얻게 되고 따라서 251은 n의 인수이다.

타원곡선을 이용한 정수의 인수분해에서 중요한 사항은 타원곡선을 선택하는 일과 kP를 계산하는 일이다.

(2) 타원곡선을 이용한 정수 n의 인수분해(Maple프로그램을 활용하여)

(가) 타원 곡선을 이용한 정수 n의 인수분해 알고리즘

① Maple 프로그램에서 타원 곡선 E와 타원곡선 위의 점 P, 인수분해를 하려는 정수 n을 입력한다.

② i=1이라 하고 이 때의 z에 입력한 점 P의 좌표를 넣는다.

③ 정의된 타원 곡선 상의 덧셈에 의해 z+P를 구하고 그 값을 z에 넣고 i에 i+1의 값을 넣는다.

④ 계산이 실패한 경우 다음 단계로 가고 성공한 경우 ③을 계속한다.

⑤ n과 z1이라고 나타낸 gcd(z의 x좌표 값 - P의 x좌표 값)를 출력한다.

(나) 타원곡선의 선택

정수 n을 인수분해하기 위해서 타원 곡선 E와 타원 곡선 상의 점 P를 택하여야 한다.

우선 점 P의 좌표와 타원 곡선의 식 E : 에서의 계수 a를 정한다. 다음으로 점 P와 a를 식에 대입하여 b를 구하여 타원 곡선의 식을 완성한다.

어떤 타원곡선을 택하느냐와 어떤 점 P를 택하느냐에 따라 구할 수 있는 소인수와

kP에서의 k가 변한다.

(다) 타원곡선상의 두 점의 덧셈

Maple에서 (1)에서의 알고리즘과 같은 프로그램을 작성한다.

'addell'라는 프로그램을 실행하여 타원 곡선 상의 두 점의 덧셈을 계산할 수 있다. 타원 곡선 E : $y^2=x^3+ax+b(\text{mod } n)$ 위의 두 점 $P_1=(x_1,y_1)$, $P_2=(x_2,y_2)$의 덧셈

> addell($[x_1,\ y_1]$, $[x_2,\ y_2]$, a, b, n);

예제 타원곡선 $y^2=x^3+5x+7(\text{mod}37)$ 위의 두 점 (2,5)와 (10,13)을 더해보자.

```
> addell([2,5],[10,13],5,7,37);
```

[26,8]

예제 타원곡선 y=x+2x+13(mod47) 위의 두 점 (1,4)와 무한원점 O를 더해보자.

```
> addell([1,4],["infinity","infinity"],2,13,47);
```

[1,4]

(3) 타원곡선에서의 kP 계산(Maple프로그램을 활용하여)

'multell'이라는 프로그램을 실행해서 타원 곡선상의 한 점 P를 k번 더할 수 있고, 'multsell'라는 프로그램을 실행해서 k번 더하는 과정에서 나오는 점들을 모두 출력할 수 있다. 여기에서 덧셈에 실패할 경우 덧셈을 멈추고 n의 소인수를 출력한다.

타원곡선의 덧셈으로 P를 k번 더한 점 kP를 구할 수 있다.

$P+P=2P$

$2P+2P=2^2P$

$2^2P+2^2P=2^3P$

와 같이 $2^nP(n\in N)$를 쉽게 구할 수 있음을 이용해 kP를 간단히 계산할 수 있다.

십진법 수 k를 2의 n 제곱수의 덧셈으로 나타내면

$k=e_0\times 2^n+e_1\times 2^{n-1}+\cdots+e_{n-2}\times 2^2+e_{n-1}\times 2^1+e_n\times 2^0$이고, 이 경우 e_i $(i\in Z,\ 1\le i\le n)$은 항상 0 또는 1 이며 우변을 2진법의 수로 나타낼 수 있다.

$k=e_0e_1\cdots e_{n-1}e_{n(2)}$

이 때,e_0 은 항상 1이고 이때 타원곡선 상의 한 점 P를 택한다.

다음으로 e_1부터 e_n까지 e_i =1일 경우 e_{i-1} 에서의 타원곡선 상의 점을 두 번 더하고 P를 더하고 e_i =0일 경우 e_{i-1}에서의 타원곡선 상의 점을 두 번 더한다.

e_i 에서의 타원곡선 상의 점은 P_i이다.

P_0 = P

$$P_i = \begin{cases} 2P_{i-1} + P & (e_i = 1\text{일 때}) \\ 2P_{i-1} & (e_i = 0\text{일 때}) \end{cases}$$

예제 타원곡선 $y^2 \equiv x^3$+13x+7(mod 43) 위의 점 P(2,5)를 14번 더해보자.

> multell([2,5],14,13,7,43); [38,4]

> multsell([2,5],14,13,7,43);

[[2, 5], [13, 32], [39, 41], [38, 39], [38, 4], [39, 2], [13, 11], [2, 38], ["infinity", "infinity"], [2, 5], [13, 32], [39, 41], [38, 39], [38, 4]]

(4) 타원곡선 상에서 정수 n의 인수분해

정수 n을 인수분해 하기 위해서 외부명령어 'multell'와 'multsell'을 실행한 결과를 비교해 보자.

예제 1 타원곡선 $y^2 \equiv x^3$+19x+5(mod 899) 위의 점 P(1,5)를 20번 더해보자.

> multell([1,5],20,19,5,899); ["factor="29]

위의 결과로 20P를 구하는 과정에서 인수 29를 발견할 수 있다.

'multsell'을 이용해 보자.

> multsell([1,5],20,19,5,899); [[1,5],[758,667],[204,169],["factor="29]]

실제로 899=29×31으로 인수분해 된다. 정수 n의 소인수 p 또는 q를 찾을 때까지 연산횟수는 달라진다.

> multsell([1,5],20,19,5,29);

[1,5],[4,0],[1,24],["infinity","infinity"],
[1,5],[4,0],[1,24], ["infinity","infinity"],
[1,5],[4,0],[1,24],["infinity","infinity"],[1,5]

위의 결과를 통해 4P = O(mod29) 임을 알 수 있다.

> multsell([1,5],20,19,5,31);

예제 2 타원곡선을 이용하여 61937579413을 인수분해해 보자.

임의의 타원 곡선 $y^2 \equiv x^3$+x+b위의 점 P=(1,2)을 선택한다. 타원 위의 점 P를 이 식에 대입하면 b=2을 구할 수 있다.

같은 방법으로 $y^2 \equiv x^3$ − 7x+7, P=(2,1)과 $y^2 \equiv x^3$+5x+4, P=(0,4)을 선택하여 mod61937579413에 대하여 계산해 보면 다음과 같은 결과를 얻을 수 있다.

(1) > multell([1,2],40!,1,2,61937579413); ["infinity","infinity"]

(2) > multell([2,1],40!, − 7,7,61937579413); ["factor="127819]

(3) > multell([0,4],100!,5,4,61937579413); ["factor="127819]

3개의 타원곡선 중에서 ②,③는 인수가 계산된다. 실제로 61937579413=127819×4845727이다. 하지만 어떤 점과 타원곡선을 선택하느냐에 따라 프로그램을 통해 구할 수 있는 소인수가 달라지고, 경우에 따라서는 소인수가 구해지지 않는 경우도 나타나게 된다.

예제 타원곡선을 이용하여 127819×4845727=61937579413을 인수분해해 보자.

임의의 타원곡선 $y^2 \equiv x^3 - 7x + 7 \pmod{61937579413}$위의 점 P=(2,1)을 택하여 20!P, 40!P...를 계산해 보면 20!에서는 계산이 가능하지만 40P!에서는 덧셈이 정의되지 않는다. 즉, 소인수를 찾을 수 있게 된다.

> multell([2,1],40!, − 7,7,61937579413); ["factor="127819]

위에서 볼 수 있듯이 타원 곡선과 k를 선택하는 과정은 중요하다.

2) 타원 곡선상의 암호체계

유한체 상에서의 정수의 인수분해문제의 해결과 이산대수문제 해결 알고리즘의 개발에 따라 더욱 안전하고 효율적인 공개키 암호시스템의 도입이 필요하게 되었고, 1985년 Neal Koblitz와 Victor Miller에 의해 타원곡선암호법이 제안되었다.

타원곡선상에서의 암호체계는 타원곡선군의 난해한 구조 때문에 이산대수문제를 해결하기가 훨씬 더 어려워지므로 키의 크기를 줄이면서 암호의 안전성과 효율성이 확보될 수 있는 암호체계로 스마트 카드나 무선환경에서처럼 상대적으로 작은 키 사이즈가 요구되는 분야에서 각광받고 있는 차세대 암호시스템이다.

[표] 유한체상에서 ElGamal암호화 타원곡선상에서 ElGamal암호 비교

	ElGamal 암호	타원곡선상에서 ElGamal암호
공개키	$a, b, p \quad (b = a^n \quad (mod p))$	$G, p \ Y \ (Y = nG)$
비밀키	n	n
암호화	$(c_1, c_2) = (a^k \ (mod p), wb^k \ (mod p)$	$(c_1, c_2) = (kG, k\,Y + W)$
복호화	$c_2 \cdot c_2^{-k} \ (mod p)$	$c_2 - k\,c_1$

가. 타원 곡선 상의 이산대수 문제

타원 곡선 암호시스템은 타원 곡선 이산대수문제의 어려움에 기반을 두고 있다. 여

기서 타원 곡선 이산대수문제란 유한체 상에서 정의된 임의의 타원 곡선군이 주어졌을 때 그것의 부분군 $<P>$의 점 Q에 대하여 $Q=kP$를 만족하는 이산로그인 정수 k를 구하는 문제를 말한다.

예 $y^2 = x^2 + 17x + 18 \ (mod 345612438756451)$에서

$P=[1,6]$, $Q=[24519506, 147783840]$가 다음과 같을 때, $Q=kP$인 k를 구하는 것은 이산대수의 문제이다.

나. 타원곡선상에서 Diffie-Hellman의 열쇠 교환

공개키 암호의 시초라고 할 수 있는 Diffie-Hellman의 열쇠 교환 프로토콜은 p가 홀수인 수소일 때의 곱셈군 Z_p^*의 성질을 이용한 것이다. 타원곡선상에서 Diffie-Hellman의 열쇠 교환은 유한체상에서의 Diffie-Hellman의 열쇠 교환 프로토콜을 타원곡선상에서 구현한 것으로 타원곡선군에서의 이산대수 문제에 근거를 두고 있다.

(1) 타원곡선상에서 Diffie-Hellman의 열쇠 교환 프로토콜

두 사용자 A와 B가 동일한 비밀 열쇠를 서로 교환하기 위하여, 먼저 Z_P 위에서의 적당한 타원 곡선을 E를 정하고 유한 덧셈군 $G(E,Z_P)$의 원소 중에서 그 위수가 상당히 큰 원소 P를 정하여 타원곡선 E와 P를 공개한다.

(가) 사용자 A는 양의 정수 r을 임의로 택하여 $Q_1 = rP$인 Q_1을 구하고 이것을 B에게 보낸다.

(나) 사용자 B는 양의 정수 s를 임의로 택하여 $Q_2 = sP$인 Q_2를 구하고 이것을 A에게 보낸다.

(다) 사용자 A는 $R=rQ_2$인 R을 구하여 R을 열쇠로 사용한다.

(라) 사용자 B는 R=sQ_1인 R을 구하여 R을 열쇠로 사용한다.

앞의 (3)단계와 (4)단계에서 $rQ=r(sP)=rsP=s(rP)=sQ$이므로, 이 두 단계에서 구한 R은 일치한다. 그리고 Z_PE와 P를 적절히 택하면, 공격자는 Q_1, Q_2를 알더라도 열쇠 R을 알아낼 수 없다. 실제로, R을 구하려면 r 또는 s의 값을 알아야 하는데, 이는 타원 곡선에 대한 이산대수 문제로서 Q_1, Q_2를 이용하여 합당한 시간 안에 r 또는 s의 값을 구하기는 대단히 어렵다.

예제 타원 곡선 $y^2 = x^3 + 13x + 23 \ (\mathrm{mod} 1093)$

이 타원 곡선 위의 점 (17개(무한원점 포함) : G(E, Z_{17}))

```
>ecurve :=epoints (x^3 + 13*x + 23, x, infinity, 1093) ;
```

(3,2),(3,15),(5,3),,(5,14),,(7,7),(7,10),(9,6),(9,11),(11,1),(11,16),(13,3),(13,14),(14,5),(14,12),(16,3),(16,14),O

위의 타원곡선상의 점 중에서 임의의 한 점 P=(3,2)를 정한다.

(1) 사용자 A: 양의 정수 r=15를 임의로 택하여 Q_1=rP를 이용하여 Q_1=(9,11)을 구하고 이것을 사용자 B에게 보낸다.

 〉multell ([3,2],15,13,23,1093) ; [9,11]

(2) 사용자 B:양의 정수 s=11를 임의로 택하여 Q_2=sP를 이용하여 Q_2=(7,7)을 구하고 이것을 용자 A에게 보낸다..33698*78787

 〉multell ([3,2],11,13,23,1093) ; [7,7]

(3) 사용자 A : R=rQ_2를 이용하여 R=(16,3)을 구하여 R=(16,3)을 열쇠로 사용한다.

 〉multell ([7,7],15,13,23,1093) ; [16,3]

(4) 사용자 B : R=sQ_1을 이용하여 R=(16,3)을 구하여 R=(16,3)을 열쇠로 사용한다.

 〉multell ([9,11],11,13,23,1093) ; [16,3]

다. 타원 ElGamal 암호

타원 EIGamal 암호는 유한체상에서의 EIGamal 암호를 타원곡선상에서 구현한 것으로 타원곡선의 난해한 구조 때문에 타원곡선상에서의 이산대수문제를 해결하기 어려워 안전성문제를 확보할 수 있었다.

라. 타원 ElGamal 암호화 과정

수신자 A와 송신자 B는 다음과 같은 과정으로 암호화 하며, 복호화 한다.

(1) 수신자 A는 매우 큰 소수 p를 선택하고, 판별식 $4c^3 + 27d^2 \neq 0\,(\mathrm{mod}p)$ 인 타원곡선 $\{(x,y) \mid y^2 = x^3 + cx + d(modp) \cup 0\}$을 선택한다. 또한 비교적 큰 위수를 가지고 있는 $a \in$ E을 선택

(2) 양의 정수 n를 선택하여 $b = na$ 를 계산한다.

 p, c, d, a, b는 공개하고, n은 비밀키로 둔다.

(3) 송신자 B는 보내고자 하는 평문을 w로 바꾼다.

(이 때 w는 타원곡선의 상의 점이고, w의 x좌표는 아래의 표에 의하여 변환한 수이다.)

문자	A	B	C	D	E	F	G	H	I	J	K	L	M
숫자	0	1	2	3	4	5	6	7	8	9	10	11	12
문자	N	O	P	Q	R	S	T	U	V	W	X	Y	Z
숫자	13	14	15	16	17	18	19	20	21	22	23	24	25

임의의 양의 정수 k를 선택한다. $y = ka$와 $z = w + kb$를 계산한다.

y, z를 수신자 A에게 보낸다.

(4) 수신자 A는 $z - ny = w + kb - nka = w + kb - kb = w$ 이므로 $z - ny$를 계산하여 원래의 메시지를 알아낸다.

예제 타원 EIGamal 암호(Maple을 활용하여)

송신자 B는 수신자 A에게 메시지 "JM"을 전달한다.

(1) 준비단계 : 공개키와 비밀키 만들기

$p = 1093,\ c = 1,\ d = 1$을 선택한다.

타원곡선 E 는 $\{(x, y) \mid y^2 = x^3 + x + 1 (mod 1093) \cup 0\}$이다.

```
> p:=1093:
> c:=1:
> d:=1:
> 4*c^3 + 27 * d ^2 mod p;
```

(2) n=499를 선택하고 , $b = na$=499 $(0, 1)$ =$(413, 959)$을 계산한다.

```
> b:=multell([0,1],499,1,1,1093); (413,959)
```

이 때, p, c, d, a, b는 공개하고, n은 비밀키로 둔다.

(3) 보내고자 하는 메시지는 "JM"이고, 이는 정수로 912에 해당한다.

$w = (912, 325) \in$ E라 한다. 이 때 w는 타원곡선위의 점이 되도록 정한다.

```
> eqn :=x^3 +c*x +d:
> a: = epoints(eqn,x,infinity,p);
```

(4) 임의의 정수 $k = 3$을 선택하자.

$y = ka = 3(0, 1) = (413, 959)$

$z = w + kb = (912, 325) + 3(413, 959) = (742, 701)$

y, z를 보낸다.

```
> y: = multell([0,1],3,1,1,1093);
> z: = addec([912,325], multell([413,959],3,1,1,1093),c,1093);
```

(5) 수신자 A는 자신의 비밀키 n을 이용하여

$z=(742, 701)-499(72, 611=(912, 325)$ 을 계산하여서 원래의 메시지

$w=(912, 325)$를 알아낸다.

```
> ny:= multell([  , ],499,1,1,1093 );
> [(ny[1]^(-1)*z[1]) mod 1093 , (ny[2]^(-1)*z[2]) mod 1093];
```

라. 타원 ElGamal 암호 공격법

타원 EIGamal 암호는 타원곡선군의 구조에 난해하여 타원곡선상에서의 이산대수 문제를 해결하기란 매우 힘든 일이다. 타원 EIGamal 암호를 공격하기 위해서는 $Q=kP$를 만족하는 비밀키 k를 찾아야 하는데, 이를 해결하기 위한 방법으로 Pollard's Rho Method를 소개한다.

마. Pollard의 ρ 방법

Pollard의 ρ 방법은 적용된 함수값의 그림과 그리스문자 ρ와 닮았다고 하여 Pollard의 ρ 방법이라 하였고, 이는 유한군에서 이산대수문제를 풀기위한 방법으로 연구되어, 이를 타원곡선의 연산에 적용한다.

타원곡선상의 점 P와 Q가 $Q=kP$를 만족할 때, k를 찾아보자.

G는 위수가 N인 유한군이고, G를 부분집합 $S_1, S_2, S_3, \cdots, S_r$에 의한 분할이라 하자.

즉 $C=S_1 \cup S_2 \cup S_3 \cup \cdots \cup S_r$이고, $S_i \cap S_j = \phi$이다.

임의의 정수 a_i, b_i를 $2r$개 선택하여 $M_i=a_i P+b_i Q$이라 하자.

함수 $f: G \to G$ 를 다음과 같이 정하자.

만약 $g \in S_i$ 이면 $f(g)=g+M_i$

정수 a_0, b_0를 임의로 선택하여 타원곡선상의 점 $P_0=a_0 P+b_0 Qc$로 나타내고, $P_{i+1}=f(P_i)$를 계산하자.

모든 P_i 점들은 P와 Q를 항으로 하여 표현되어진다.

만약$P_j=u_j P+v_j Q$ 이고,$P_{j+1}=P_j+M_i$이면

$P_{j+1}=(u_j+a_i)P+(v_j+b_i)Q$ 이고, $(u_{j+1}, v_{j+1})=(u_j, v_j)+(a_i, b_i)$

$P_{j_0}=P_{i_0}$ 인 것을 찾을 수 있다.

따라서 $u_{J_0}P+v_{j_0}Q=u_{i_0}P+v_{i_0}$ 이다.

$(u_{i_0}-u_{j_0})P=(v_{j_0}-v_{i_0})Q$ 만약, $gcd(v_{j_0}-v_{j_0},\ N)=d$이면 k는 다음과 같이 찾을 수 있다.

$k\equiv(v_{j_0}-v_{i_0})^{-1}(u_{i_0}-u_{j_0})\ (mod\ N/d)$

예제 Pollard 의 ρ 방법의 Maple 활용

$P=(0,1)$, $Q=(413,959)$ 일 때, $Q=kP$ 인 k를 찾아보자.

타원곡선 E는 $\{(x,y)\mid y^2=x^3+x+1(mod1093)\cup 0\}$

$s=3$ 이라 하고, $P=(0,1)$, $Q=(413,959)$ 이 때, P의 order 는 1067이다.

```
> p:=1093:
> c:=1:
> d:=1:
> 4*c^3 + 27 * d ^2 mod p;
> eqn :=x^3  +c*x +d:
> a:= epoints(eqn,x,infinity,p);
```

$P_0=3P+5Q$ 라 하고, 이를 계산하면 (326,69) 이다.

```
> P : =[0,1] :
> Q : =[413,959] :
> P0 : = addec(multell (p,3,1,1,1093), multell (q,5,1,1,1093),c, 1093) ;
```

임의의 정수 4,3,9,17,19,6을 선택하여

$M_0=4P+3Q$, $M_1=9P+17Q$, $M_2=19P+6Q$ 을 계산하면 다음과 같다.

```
> m0:=addec(multell(p,4,1,1,1093),multell(q,3,1,1,1093),c,1093); [398,984]
> m1:=addec(multell(p,9,1,1,1093),multell(q,17,1,1,1093),c,1093);[629,952]
> m2:=addec(multell(p,19,1,1,1093),multell(q,6,1,1,1093),c,1093);[865,452]
```

함수 $f(x,y)$를 $x\equiv i\ (mod3)$ 이면, $f(x,y)=(x,y)+M_i$ 로 정의하면,

예를 들어 $P_1=f(P_0)$ 이고, $P_1=f(P_0)=P_0+M_2=(727,589)$

이와 같은 방법으로 계속 계산하면

$P_1=(727,589)$, $P_2=(560,365)$, $P_3=(1070,260)$, $P_4=(473,903)$

$P_5=(1006,951)$, $P_6=(523,938)$ ... $P_{57}=(895,337)$, $P_{58}=(1006,951)$,

$P_{59}=(523,938)$

$P_5=P_{58}$이고, $P_5=88P+46Q$, $P_{58}=685P+620Q$이다.

$P_{58}-P_5=597P+574Q$

$-574^{-1}\ 597\ = 499\,(mod 1067)$

$\therefore k = 499$ 이다.

> 326 mod 3; multell([0,1],499,1,1,1093); p1:=addec(p0,m2,c,1093); (727,589)

> 727 mod 3; p2:=addec(p1,m1,c,1093); (560,365)

> 560 mod 3; p3:=addec(p2,m2,c,1093);(1070,260)

> 1070 mod 3; p4:=addec(p3,m2,c,1093);(473,903)

> 473 mod 3; p5:=addec(p4,m2,c,1093); (1006,951)

> 1006 mod 3; p6:=addec(p5,m1,c,1093); (523,938)

> 166 mod 3;p57:=addec(p56,m1,c,1093);(895,337)

> 895 mod 3;p58:=addec(p57,m1,c,1093);(1006,951)

> −(597/574) mod 1067; 499

인 용 문 헌

1. 박승안 (1999), 대수학과 암호학, 경문사.
2. 김응태, 박승안 (2002), 정수론 제5판, 경문사.
3. 서광석, 김창한 (2000), 암호와 타원곡선, 경문사.
4. J.A. Buchmann (2000), *Introduction to cryptography*, Springer.
5. R. E. Klima, N. Sigmon, E. Stitzinger (2000), *Applications of Abstract Algebra with Mpale*, CRC press.
6. N. Koblitz (1994), *A Course in Number theory and Cryptography*, Springer.
7. N. Koblitz (1997), *Algebraic Aspects of Cryptography*, Springer.
8. D. R. Stinson (1995), *Cryptography theory and practice*, CRC press.
9. K. Huleke (2000), *Elementary Agebraic geometery*, STL Vol. 20, AMS.
10. W. trappe, L, C, Washington (2002), *Introdution to Cryptography with coding theory*, Prentice Hall.
11. L. C. Washington (2003), *Elliptic curves, Number theory and Cryptography*, chapman & Hall.
12. Maple 9 (2003), Maplesoft.

3. 쌍곡선기하에서의 타일링의 구성에 대한 연구*

1 서 론

1) 연구배경과 연구목적

타일링에 대한 최초의 수학적 연구는 1619년 Johannes Kepler에 의해서 이루어졌다. 그는 정다각형으로 평면을 덮는 정규 타일링(regular tiling)과 반정규 타일링(semiregular tiling)에 대한 연구였다. 그 뒤 1891년 러시아의 결정학자 E. S. Fedorov가 평면을 타일링하는 방법은 17개의 등장변환 군들 중의 하나라는 것을 증명했다. 그의 연구는 타일링에 대한 수학적 연구의 공식적인 시작이었다. 그 뒤 타일링에 대한 연구는 3차원 공간이나 비유크리드 공간을 타일링하는 방법을 분석 연구하는 수준으로까지 진전되었다.

유크리드 평면위에서의 벽지패턴연구(Wallpaper partern), 타일링(Tilings), 테셀레이션(Tesallations) 등의 이론 연구에 따라 전통문양과 산업디자인분야의 연구와 예술분야 등의 새로운 연구영역으로 부각되고 있다. 본 연구에서는 비유크리드기하의 하나인 쌍곡기하의 기초적인 성질을 이용하여 쌍곡선평면과 쌍곡원반모형에서의 타일링의 기하학적 성질을 연구하고 그 구성방법의 알고리즘을 개발하여 여러 가지 타일링을 구성하고 우리나라 전통문양을 이용한 창의적인 타일링을 구성하고자한다. 유크리드 평면에서 벽지패턴 17가지 중에서 우리나라의 전통적인 문양에 대한 패턴은 단 몇 가지 밖에 존재하지 않음을 알 수 있었다. 유럽의 여러 나라들과 이슬람문화권에서는 각 나라마다 전통적인 문양에 대한 연구와 그 활용에 대한 연구가 활발히 수행되고 있다. 우리도 유구한 역사 속에 나타나 있는 독특한 전통문양을 발견하고, 그 문양들의 기하학적 분석과 새로운 문양개발에 힘을 기울여야 할 것으로 생각한다.

이 연구에서는 쌍곡원반모형에서의 타일링의 기하학적인 이론을 규명하고 Cabri II와 Maple 프로그램 등을 활용하여 쌍곡원반모형의 여러 가지 타일링을 구성하고 그 위에 색칠한 타일링도 구성해 보고자 한다. 또한, 우리나라의 전통적인 문화유산들을 타일링 안 그려 넣어 창의적인 새로운 타일링을 구성하는 것을 목적으로 한다.

---

* 이 글은 한국과학재단 지원으로 광주과학고 학생; 김세영, 윤은지, 이창민, 이한용이 참여한 과학고 창의적 사사교육보고서(2005)임.

2) 연구내용의 범위

1. 평면에서의 타일링
   가. 정규 타일링(Regular Tiling)
   나. 반정규 타일링(Semiregular Tiling)
   다. 평면에서의 등장변환
2. 쌍곡기하의 기초
   가. 비유크리드 기하학의 탄생
   나. 쌍곡평면
   다. 쌍곡평면에서의 직선과 삼각형
   라. 쌍곡평면의 삼각형 넓이
   마. 쌍곡평면에서의 삼각함수
3. 쌍곡원반모형에서의 정규 타일링
   가. 쌍곡평면과 쌍곡원반모형
   나. 쌍곡평면의 원반모형에서의 반전사상
   다. 쌍곡원반모형에서의 타일링 이론
4. Cabri Ⅱ프로그램를 이용한 쌍곡원반모형에서의 타일링의 구성과 응용
   가. 쌍곡 원반모형에서의 타일링의 사례
   나. Cabri Ⅱ프로그램에서의 타일링의 순서
   다. 쌍곡 원반모형에서의 정규 타일링의 응용

2 연구방법 및 이론

쌍곡기하에서의 타일링에 대한 연구를 위하여 먼저 평면에서의 정규타일링, 반정규타일링 그리고 평면에서의 등장변환에 의한 벽지패턴에 대한 이해가 필요하다.

다음은 쌍곡기하의 기초이론으로 비유크리드기하의 역사적인 해석과 쌍곡평면과 쌍곡원반모형에서의 거리의 개념, 삼각형의 내각의 합, 삼각형의 면적, 쌍곡삼각함수와 반전사상에 대한 합동변환 등의 기하학적 성질들을 규명하고자 한다.

1) 평면에서의 타일링

타일링은 쉽게 우리가 아는 마루나 욕실 바닥에 깔려있는 타일이나, 도로에 깔려있는 보도 블록처럼 빈틈이나 겹쳐지는 부분 없이 평면이나 공간을 도형으로 채우는 것

을 말한다. 수학적인 정의로 타일링은 특정한 닫힌 모양의 반복으로 이루어진 무늬들로서 같은 모양의 부분들로 쪼갤 수 있음을 의미한다.

가. 정규 타일링(Regular Tiling)

정다각형은 다각형 중 가장 간단한 형태이기 때문에 정다각형으로 이루어진 타일링을 가장 먼저 생각한다. 그 중 한 가지 형태의 정다각형만으로 만들어진 타일링을 정규 타일링(Regular Tiling)이라 한다.

(1) 정규 타일링의 발견

가장 간단한 정다각형인 정삼각형으로 타일링을 만들 수 있는지 생각해 보면 가능함을 알 수 있다. 정사각형도 타일링이 가능함을 쉽게 알 수 있다.

그림 1-1.

그러나 정오각형에 대해 생각해 보면 타일링이 불가능함을 알 수 있다. 한 꼭지점 주위를 정오각형으로 채우는 것이 불가능하기 때문이다.

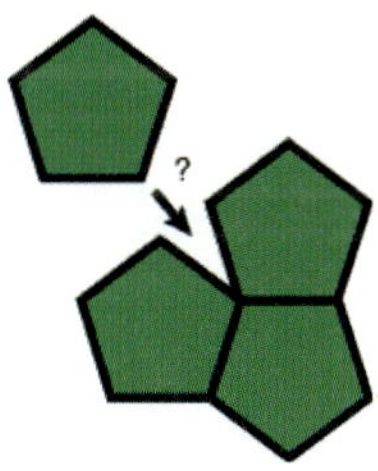

그림 1-2.

하지만 정육각형은 타일링이 가능하다.

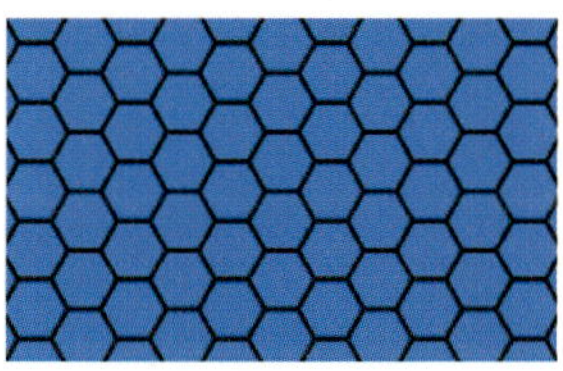

그림 1-3.

(2) 정규 타일링이 가능한 정다각형

정 n각형이 k개로 이루어지는 정규 타일링이라 하자.($n \geqq 3,\ k \geqq 3$)

$$\frac{(n-2)\pi}{n} \times k = 2\pi$$

$$n(k-2) - 2(k-2) = 4$$

$$(n-2)(k-2) = 4$$

$n-2$	1	2	4
$k-2$	4	2	1

따라서 n=3 k=6, n=4 k=4, n=6 k=3의 3가지 경우만 정규 타일링이 된다.

나. 반정규 타일링(Semiregular Tiling)

두 가지 이상의 정다각형을 사용하여도 되나 각 꼭지점에서의 정다각형들의 배열은 모두 같은 타일링을 반정규 타일링이라 한다.

(1) 정다각형들의 조합 찾기

어떤 정다각형들의 조합이 타일링 가능한지 알아보기 위해서는 먼저 어떤 정다각형들의 조합이 한 꼭지점 주위의 360°를 채울 수 있는지 알아보자. 그러한 배열이 평면 전체를 덮도록 연장할 수 있는지 알아보면 된다.

정 n각형의 한 각의 크기는 $\frac{(n-2)\pi}{n}$이다. 정다각형들의 내각들의 합이 2π가 되는지 알아보는 것은 무한히 많은 경우가 있어 모두 찾는 것은 불가능하다. 그러나 순차적 접근 방법을 사용해서 우리가 찾는 타일링의 경우만을 생각하면 해결할 수 있다.

한 점 주위의 공간을 완전히 채울 수 있는 가능한 정다각형들의 모든 배열을 보면 한 꼭지점에는 적어도 3개의 정다각형이 만나야 한다. 처음에는 3개의 정다각형을 포함하는 모든 배열을 결정하고 다음은 4개의 정다각형을 포함하는 모든 배열을 찾고 다음에는 5개, 6개, ...로 하나씩 증가시켜 가며 더 이상 진전시켜 나갈 수 없을 때까지 계속한다.

(2) 순차적 접근 방법에 의해 가능한 배열 모두 찾기

(가) 3개의 정다각형으로 배열

각 꼭지점에 정 n각형, 정 m각형, 정 l각형이 각각 1개씩 만나서 구성되는 타일의 경우는,

$$\frac{n-2}{n}\times\pi+\frac{m-2}{m}\times\pi+\frac{l-2}{l}\times\pi=2\pi$$

$$\left(1-\frac{2}{n}\right)+\left(1-\frac{2}{m}\right)+\left(1-\frac{2}{l}\right)=2$$

$$1=\frac{2}{n}+\frac{2}{m}+\frac{2}{l}$$

여기서 $l \leqq m \leqq n$이라 하면,

(l, m, n)은 $(3, 7, 42)$, $(3, 8, 24)$, $(3, 9, 18)$, $(3, 10, 15)$, $(3, 12, 12)$, $(4, 5, 20)$, $(4, 6, 12)$, $(4, 8, 8)$, $(5, 5, 10)$, $(6, 6, 6)$이다.

(1) 최소 변의 수 : 3

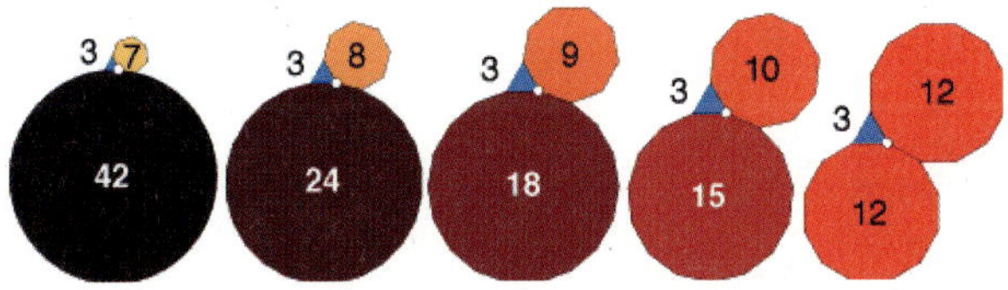

가능한 배열 : (3, 7, 42) (3, 8, 24) (3, 9, 18) (3, 10, 15) (3, 12, 12)

그림 1-4.

(2) 최소 변의 수 : 4

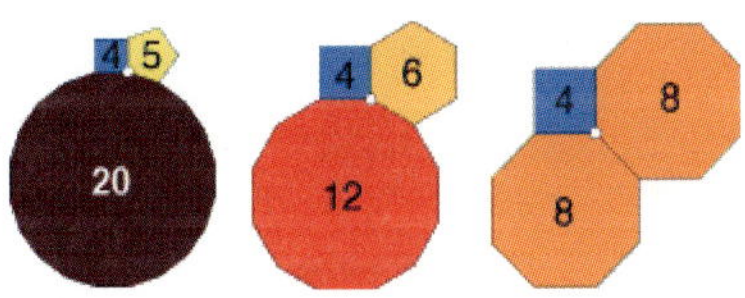

가능한 배열 : (4, 5, 20) (4, 6, 12) (4, 8, 8)

그림 1-5.

(3) 최소 변의 수 : 5

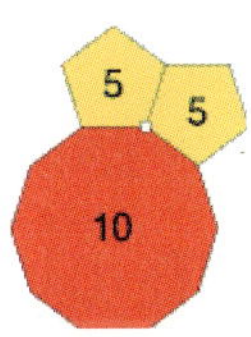

가능한 배열 : (5, 5, 10)

그림 1-6.

(4) 최소 변의 수 : 6

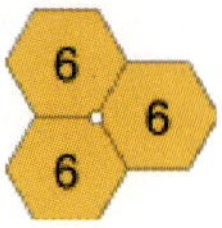

가능한 배열 : (6, 6, 6)

그림 1-7.

(나) 4개의 정다각형으로 배열

$$3 \leqq n \leqq m \leqq l \leqq k$$

$$\left(1-\frac{2}{n}\right)+\left(1-\frac{2}{m}\right)+\left(1-\frac{2}{l}\right)+\left(1-\frac{2}{k}\right)=2$$

$$\frac{1}{n}+\frac{1}{m}+\frac{1}{l}+\frac{1}{k}=1$$

(1) 최소 변의 수 : 3

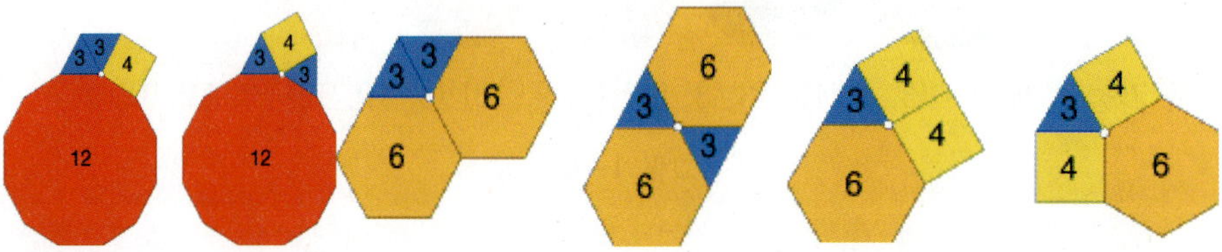

가능한 배열 : (3, 3, 4, 12), (3, 4, 3, 12), (3, 3, 6, 6), (3, 6, 3, 6), (3, 4, 4, 6), (3, 4, 6, 4)

그림 1-8.

(2) 최소 변의 수 : 4

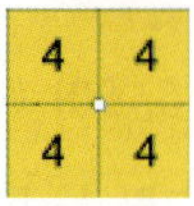

가능한 배열 : (4, 4, 4, 4)

그림 1-9.

(다) 5개의 정다각형으로 배열

$$3 \leqq n \leqq m \leqq l \leqq k \leqq r$$

$$\left(1-\frac{2}{n}\right)+\left(1-\frac{2}{m}\right)+\left(1-\frac{2}{l}\right)+\left(1-\frac{2}{k}\right)+\left(1-\frac{2}{r}\right)=2$$

$$\frac{1}{n}+\frac{1}{m}+\frac{1}{l}+\frac{1}{k}+\frac{1}{r}=\frac{3}{2}$$

최소 변의 수 : 3

가능한 배열 : (3, 3, 3, 3, 6), (3, 3, 3, 4, 4), (3, 3, 4, 3, 4)

그림 1-10.

(라) 6개의 정다각형으로 배열

$$\frac{1}{n}+\frac{1}{m}+\frac{1}{l}+\frac{1}{k}+\frac{1}{r}+\frac{1}{q}=2$$

최소 변의 수 : 3

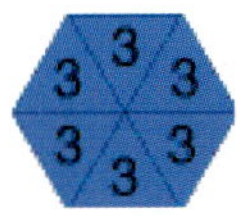

가능한 배열 : (3, 3, 3, 3, 3, 3)

그림 1-11.

즉, 이와 같이 가능한 배열은 모두 21가지이다.

다. 반정규 타일링이 가능한 배열 결정

이미 21개의 배열 중 3개는 타일링이 가능함을 알고 있다. 그것은 정규 타일링인 3.3.3.3.3.3., 4.4.4.4. 와 6.6.6.이다. 그러면, 나머지 18개는 어떨까?

어떤 배열이 타일링 가능한지 알아보는 과정은 다음과 같다.

(1) 초기 배열을 가지고 시작한다.

(2) 이 배열을 다른 꼭지점에 대해 계속한다.

(3) 채울 수 없는 빈틈이 생기거나 이미 배열 된 다각형과 정확히 연결되지 않고 겹치는 경우 타일링에 실패한 것이다.

(4) 만약 전체 패턴에 문제가 없으면 타일링에 성공한 것이다.

타일링이 가능하지 않는 배열의 예는 다음과 같다.

예 1

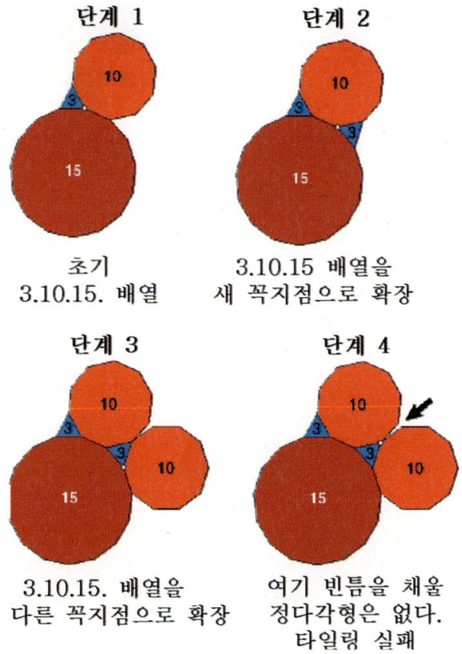

그림 1-12.

예 2

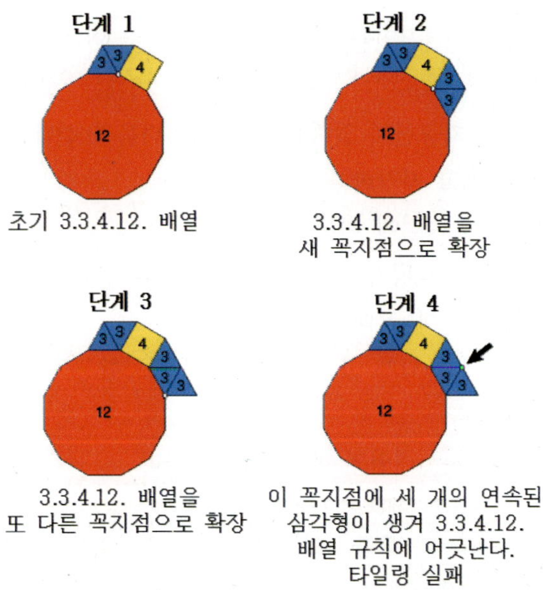

그림 1-13.

타일링이 가능한 배열의 예는 다음과 같다.

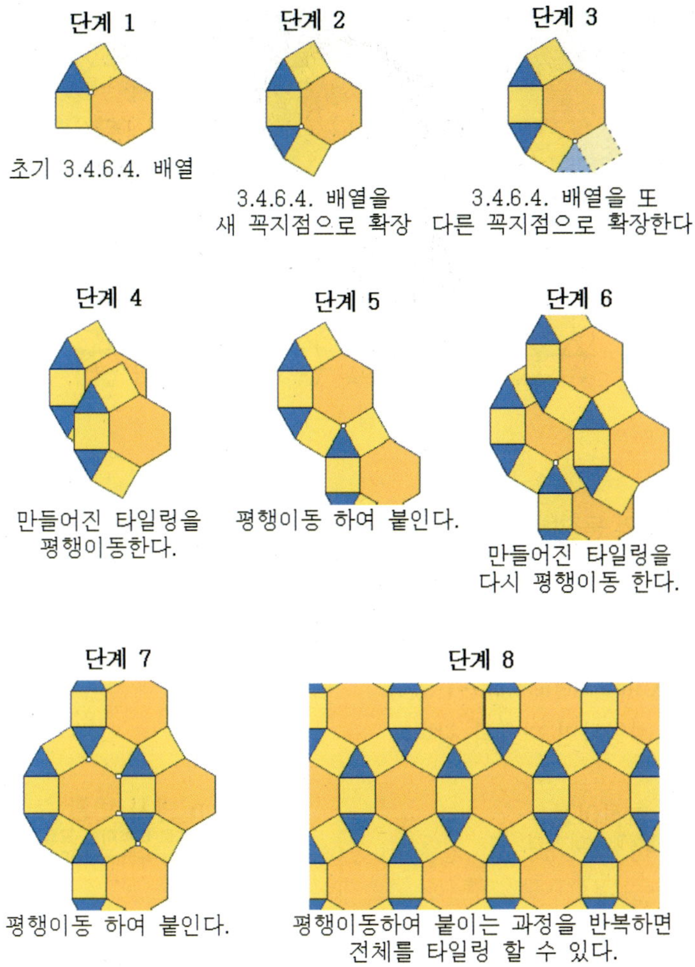

그림 1-14.

18 개의 배열에 대해 위와 같이 모두 확인해 보면, 8개만이 타일링 가능하다.

그 타일배열상태를 보면 다음과 같다.

(4, 6, 12), (4, 8, 8), (3, 6, 36), (3, 4, 6, 4), (3, 3, 3, 3, 6), (3, 3, 3, 4, 4), (3, 3, 4, 3, 4)

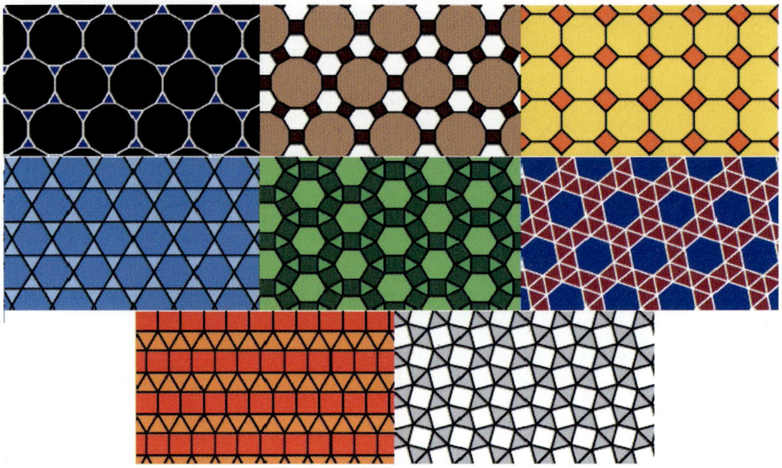

그림 1-15.

라. 평면에서의 등장변환

(1) 평면등장변환

평면등장변환에는 회전이동(Rotation), 평행이동(Translation), 반사(Reflection), 미끄럼 반사(Glide Reflection)이 있다.

각 변환을 설명하면 다음과 같다.

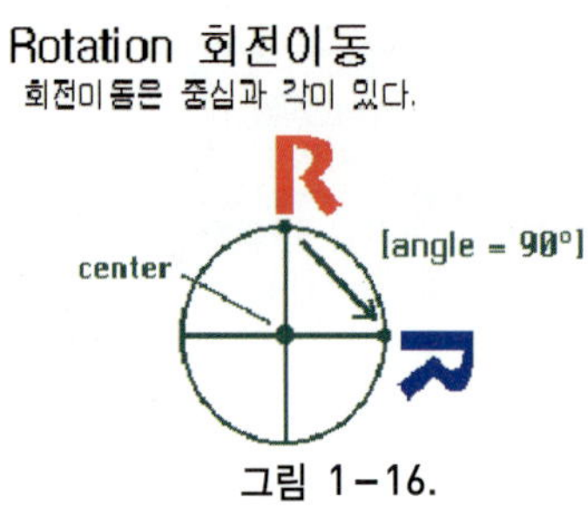

그림 1-16.

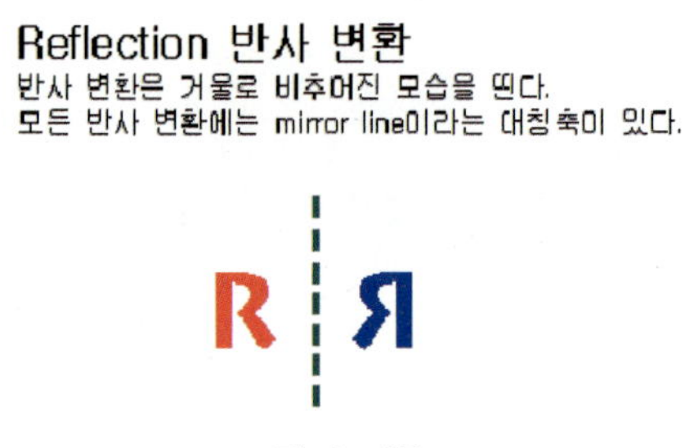

그림 1-17.

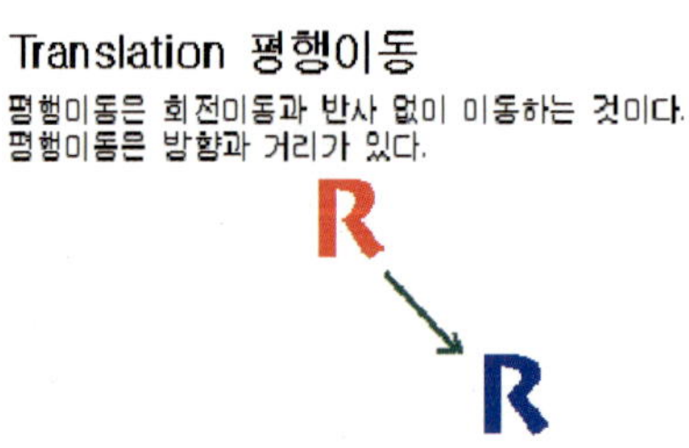

그림 1-18.

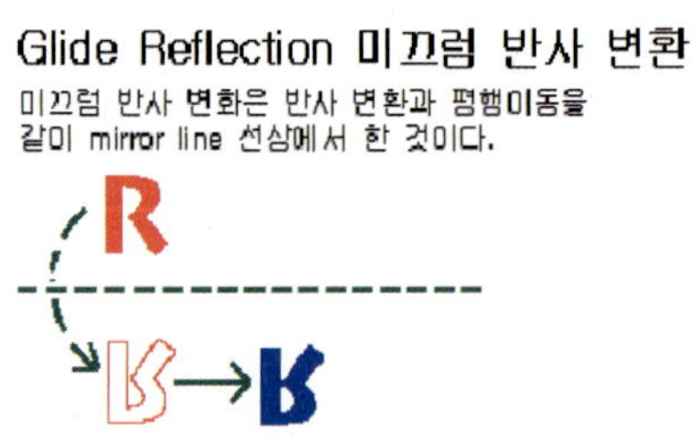

그림 1-19.

그리고, 평면등장변환 사이의 관계를 조사하면 다음과 같다.

2회의 반사 변환 결과는	1) 두 대칭축이 평행이면 평행이동이다. 2) 두 대칭축이 평행하지 않으면 회전이동이 된다.
3회의 반사 변환 결과는	1) 세 대칭축이 평행하면, 반사 변환과 같다. 2) 두 대칭축의 교점이 세 번째 대칭축 위에 있으면 반사 변환이 된다. 3) 두 대칭축의 교점이 세 번째 대칭축 위에 없으면 미끄럼 반사 변환이 된다.

따라서, 임의의 등장변환은 반사변환 3회 이하의 결과와 같다는 것을 알 수 있다.

(2) 격자모양에는 5가지가 있다.

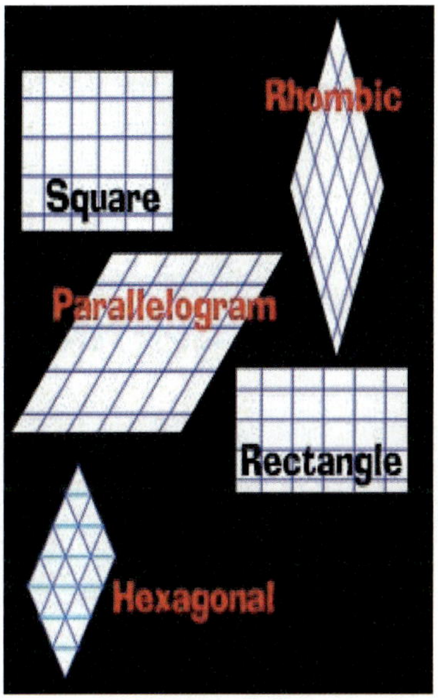

그림 1-20.

1. 정사각형 square
2. 정육각형 hexagonal
3. 마름모 rhombic
4. 직사각형 rectangle
5. 평행4변형 perrallegram

(3) 평면 등장변환에 따른 벽지패턴(wallpaper pattern)들의 분류는 다음 순서에 따라 17 가지로 나뉜다.

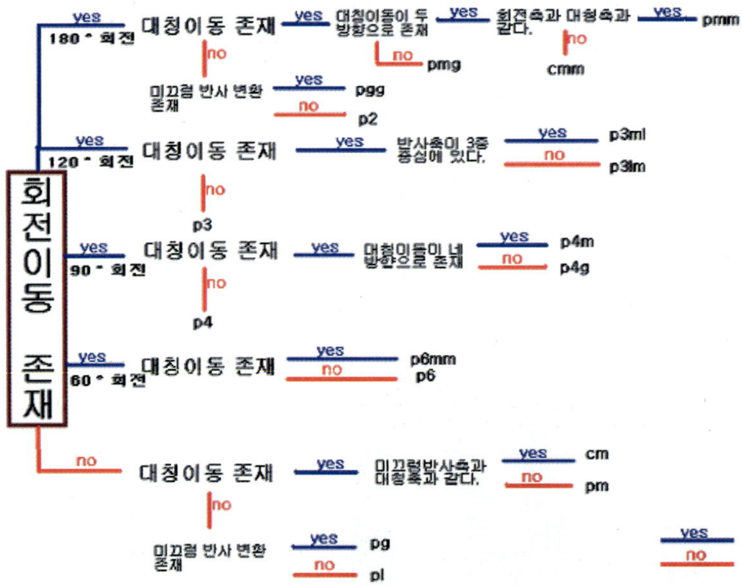

표 1-1.

(4) A short table of characteristics of the symmetry groups

	IUC표시법	격자모양	회전이동횟수	반사축
1	p1	평행4변형	0	none
2	p2	평행4변형	2	none
3	pm	직사각형	0	parallel
4	pg	직사각형	0	none
5	cm	마름모	0	parallel
6	pmm	직사각형	2	90
7	pmg	직사각형	2	parallel
8	pgg	직사각형	2	none
9	cmm	마름모	2	90
10	p4	정사각형	4	none
11	p4m	정사각형	4^+	45
12	p4g	정사각형	4^*	90
13	p3	정육각형	3	none
14	p31m	정육각형	3^+	60
15	p3m1	정육각형	3^*	30
16	p6	정육각형	6	none
17	p6m	정육각형	6	30

$^+$회전한 모든 중심이 반사축에 있는 경우, *그렇지 못한 경우

표 1-2.

2) 쌍곡기하의 기초

가. 비유크리드 기하학의 탄생

유크리드 기하학을 이루는 근원인 유크리드 <원론>은 기하학의 성서와 같이 다루어졌고, 그 공리나 공준에 반하는 주장은 18세기에 들어와서야 나타나게 되었다. 이러한 비유크리드 기하의 탄생의 시초가 된 것은 유크리드 기하학의 다섯 개의 공준 중에서 제5공준으로 인한 것이었다. 우선 다섯 개의 공준은 아래와 같다.

[공준 1] 임의의 서로 다른 두 점을 지나는 직선은 유일하게 존재한다.
[공준 2] 선분을 계속 직선으로 연장할 수 있다.
[공준 3] 임의의 중심과 반경을 가진 원을 그릴 수 있다.
[공준 4] 모든 직각은 서로 같다.
[공준 5] 하나의 직선이 두 개의 직선과 만날 때 같은 쪽에서 2직각보다 작은 안각을 만든다면 이들 두 직선을 한없이 연장하면 2직각보다 작은 각이 있는 쪽에서 만난다.

여기서 제5공준 즉 평행선의 공준에 대하여 "이것을 나머지 4개의 공준으로부터 증명할 수 없을까?"라는 의문을 갖게 됨으로써 비유크리드 기하학에 대한 생각이 시작되었던 것이다. 더구나 이러한 의문은 유한한 공간에서 경험을 통해 확인할 수 없기 때문에 자명한 명제라고 하기에는 문제가 있었다. 이 제5공준에 대한 의문을 해결하려고 노력한 사람은 이탈리아의 성직자 사케리(Saccheri, Girolamo, 1677-1733)였다. 그가 제5공준을 증명하려고 시도하는 가운데 새로운 기하 즉 비유크리드 기하학의 발판이 마련되었다. 그는 유크리드의 공리체계가 모순이 없다면 제 5공준을 부정한 공준은 반드시 모순이 일어난다고 생각했다. 이 제5공준을 부정한 표현은 제5공준과 동치관계인 플레이 페어 공준을 이용하면 보다 더 이해하기 쉽게 나타낼 수 있다.

[플레이 페어 공준] 주어진 직선위에 있지 않은 한 점을 지나서 주어진 직선에 평행한 직선을 꼭 하나만 그을 수 있다.

[플레이 페어 공준의 부정]

① 주어진 직선 위에 있지 않은 한 점을 지나서 주어진 직선에 평행한 직선은 존재하지 않는다.

② 주어진 직선 위에 있지 않은 한 점을 지나서 주어진 직선에 평행한 직선은 두 개 이상 존재한다.

사케리는 이상하게 보이는 많은 결과를 유도했는데, 그 중의 몇 가지는 유크리드의 다른 공준과 불일치한다고 주장했다. 실제로 우리가 오늘날 쌍곡 기하학이라 부르는 몇 가지 기본적인 사실을 발견한 것이다. 가우스(Gauss, 1777 - 1855)는 이 부정은 결코 모순을 이끌어내지 못하고 이 기하학은 유크리드의 그것과 다르게 나타날 수 있음을 감지한 최초의 수학자였다. 그를 강타한 이 생각은 너무나 혁명적이라 그는 이것을 감히 발표하지 못했다. 로바체프스키(Lobachevsky, 1793 - 1856)와 볼리아이(Bolyai, 1802 - 1860)는 유크리드의 다섯 번째 공준을 부정하는 기하학을 독립적으로 연구했다. 이 연구는 1829년과 1832년에 각각 출판되었다. 거의 40년 후에 벨트라미(Beltrami, 1835 -1900)와 클라인(Klein, 1849 -1925)은 유크리드 기하학 안에 볼리아이와 로바체프스키의 기하학의 모형을 구성하였다.(현재는 이 기하학을 쌍곡 기하학이라 부른다.) 따라서 유크리드 기하학이 모순이 없다면 쌍곡기하학도 그렇다는 것이 확립되었다.

나. 쌍곡평면

쌍곡기하의 모형으로 쌍곡평면과 쌍곡원반모형을 소개하고자 한다.

쌍곡평면(hyperbolic plane)은 직교좌표평면 x축 위 반평면에 쌍곡 길이가 정의된 평면을 말하며 푸엥카레 평면이라 한다.

쌍곡원반모형(hyperbolic unit disk model) 직교좌표평면의 단위원 안에 쌍곡 길이가 정의된 평면을 말한다.

쌍곡평면에 있는 모든 점들은 쌍곡원반모형으로 이동 시킬 수 있다.

그 함수는 다음과 같이 정의 한다.

$$U(z) = \frac{iz+1}{z+i}$$

이 함수 U에 의해 $U(0) = -i,\ U(i) = 0,\ U(-1) = -1,\ U(1) = 1$ 와 같이 옮겨지게 된다.

이 함수는 일대일 대응함수이고 연속함수이므로 쌍곡원반모형에서 쌍곡평면으로의 역함수를 가질 수 있다. 즉 그 역함수는 다음과 같이 정의된다.

$$V(w) = \frac{-iw+1}{w-i}$$

다. 쌍곡평면에서의 직선과 삼각형

(1) 쌍곡평면의 직선

유크리드 평면에서 정의된 곡선 $c(t) = (x(t), y(t))$, $t_0 \leqq t \leqq t_1$ 의 길이 S는

$S= \int_{t_0}^{t_1} \sqrt{(\frac{dx}{dt})^2 + (\frac{dy}{dt})^2} dt = \int_{t_0}^{t_1} \sqrt{dx^2 + dy^2}$ 이다.

쌍곡평면에서 정의 된 직선 $c(t) = (x(t), y(t))$, $t_0 \leqq t \leqq t_1$ 의 길이 S'는

$S' = \int_{t_0}^{t_1} \frac{\sqrt{dx^2 + dy^2}}{y}$ 로 정의한다.

(2) 쌍곡평면에서의 삼각형

쌍곡평면에서의 삼각형의 내각의 합은 π 보다 작은 것을 설명해보자.

(가) 직각 삼각형인 경우

쌍곡평면에서의 모든 삼각형들은 대칭이동과 반전사상에 의하여 다음과 같이 표준 형태의 모형으로 변환할 수 있다.

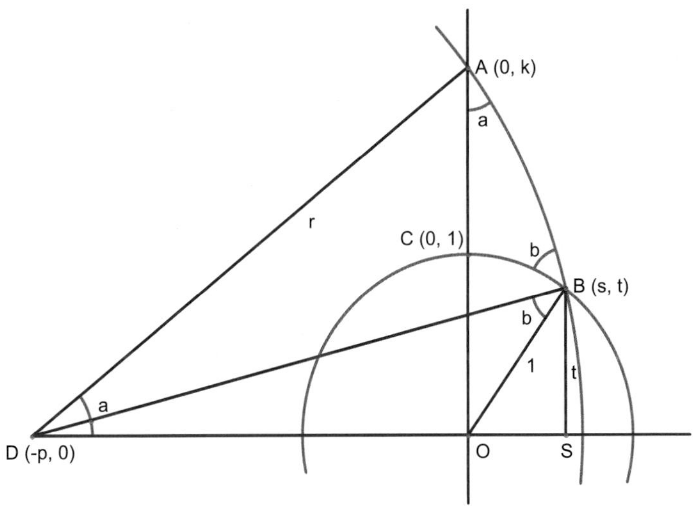

그림 2-1.

$\triangle ABC$는 C가 직각인 직각 삼각형이다. 따라서 $\angle ACB$ 는 $\frac{\pi}{2}$ 이므로 $a + b < \frac{\pi}{2}$ 임을 보이면 된다.

$a < \frac{\pi}{2} - b$ 임을 보이기 위해 양변에 $\sin$ 을 취하면

$$sin a < \sin\left(\frac{\pi}{2} - b\right) = \cos b$$

$r^2 + 1 - p^2 = 2rcosb$ 이므로

위 그림에서 $\sin a$ 의 값과 $\cos b$ 값을 나타내면

$$\frac{k}{r} < \frac{r^2+1-p^2}{2r} = \frac{k^2+1}{2r} \quad (r^2 = p^2+k^2)$$

우변을 좌변으로 이항하면

$$\frac{2k-k^2-1}{2r} < 0$$

분자를 간단히 정리해보면

$$\frac{-(k-1)^2}{2r} < 0$$

그런데 그림에서 $k>1$ 이므로 이 조건을 항상 만족한다.

따라서 직각 삼각형의 세 내각의 합은 π 보다 작다.

(나) 일반 삼각형인 경우

일반 삼각형은 다음과 같이 직각 삼각형 두개로 쪼갤 수 있다. 따라서 (가)에 의해 각각의 삼각형의 직각을 제외한 부분이 $\frac{\pi}{2}$ 보다 작으므로 두개의 삼각형을 합쳐도 π 보다 작아진다.

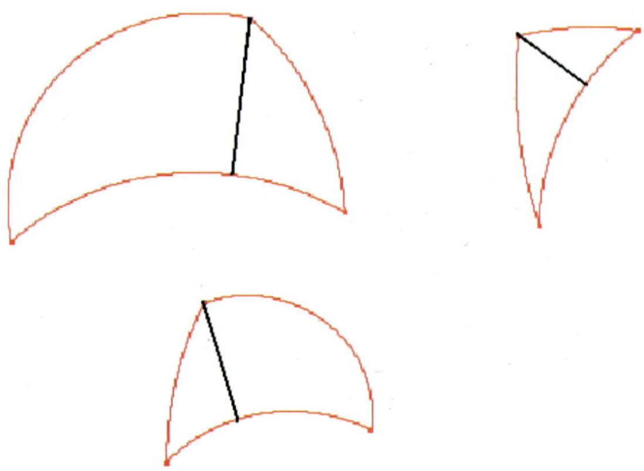

그림 2-2.

라. 쌍곡평면의 삼각형 넓이

일반석으로 유크리드 평면에서의 도형 R 의 넓이 계산은 도형의 x축 부분과 y축 부분을 아주 작게 나누면 한 변의 길이가 $dx,\ dy$ 인 아주 작은 사각형으로 나눠지는데 이 극소 사각형을 적분 한 값이 넓이가 되므로 다음과 같이 쓸 수 있다.

$$A = \int\int_R dxdy$$

하지만 쌍곡평면에서는 도형 R'의 넓이 계산은 x축, y축의 한 변의 길이가 각각 $\frac{dx}{y}$, $\frac{dy}{y}$ 이므로 이 극소 사각형을 적분하면 다음과 같이 정의한다.

$$A' = \int\int_{R'} \frac{dxdy}{y^2}$$

이 정의에 따라서 다음의 반직선 e, d, 호 ED로 이루어진 도형의 넓이를 구해보자.

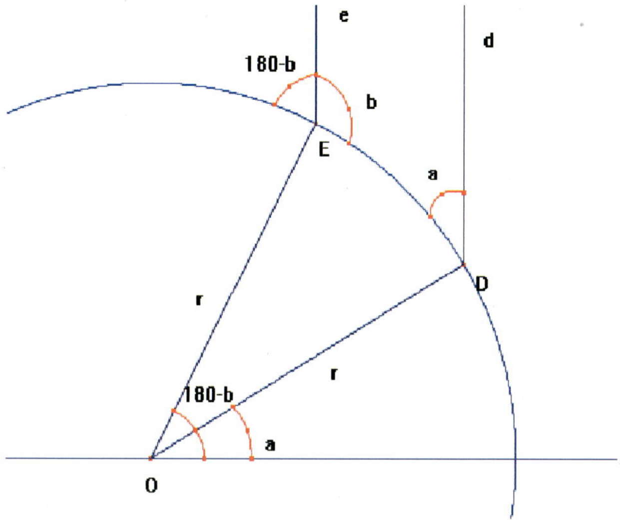

그림 2-3.

$$\int_{rcos(180^\circ - b)}^{rcosa}\int_{\sqrt{r^2-x^2}}^{\infty}\frac{dxdy}{y^2} = \int_{-rcosb}^{rcosa}\frac{dx}{\sqrt{r^2-x^2}}$$

여기서 $x = r\sin\theta$ 를 대입하여 치환하면,

$$= \int_{-rcosb}^{rcosa}\frac{rcos\,\theta\, d\theta}{rcos\,\theta} = \int_{-rcosb}^{rcosa}d\theta$$

그런데 $\theta = arc\,sin\left(\frac{x}{r}\right)$로 상한, 하한을 치환하면,

$= \mathrm{arc}sin\,(cos\,a) - \arcsin\,(-\,cos\,b)$

$= \frac{\pi}{2} - a + \frac{\pi}{2} - b = \pi - a - b$

따라서 일반적인 $\triangle ABC$의 넓이는 도형 $eCBd$ 의 넓이에서 도형 $eABd$ 의 넓이를 빼면 구할 수 있다.

위의 방법으로 $eCBd$ 의 넓이와 $eABd$ 의 넓이는 다음과 같이 나타낼 수 있다.

$eCBd = \pi - c - b - b_1$, $eABd = \pi - (\pi - a) - b_1 = a - b_1$

따라서 $eCBd$ 와 $eABd$ 의 넓이의 차는 $\pi - c - b - b_1 - (a - b_1) = \pi - a - b - c$

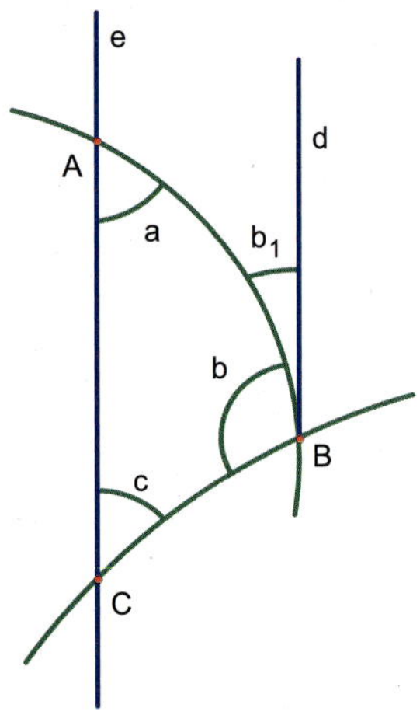

그림 2-4.

마. 쌍곡평면에서의 삼각함수

쌍곡평면에서의 삼각함수는 다음과 같이 정의한다.

$\sinh a = \dfrac{e^{a} - e^{-a}}{2}$ $\qquad \cosh a = \dfrac{e^{a} + e^{-a}}{2}$ $\qquad \tanh a = \dfrac{e^{a} - e^{-a}}{e^{a} + e^{-a}}$

다음과 같은 평면에서 삼각함수를 구하기 위해 우선 c를 구해보자.

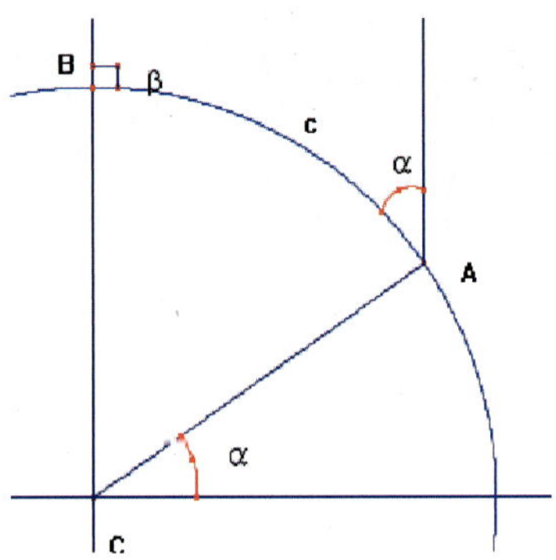

그림 2-5.

$c = ln\dfrac{\csc\beta - cot\beta}{\csc\alpha - cot\alpha}$, β는 여기서 $\dfrac{\pi}{2}$ 이므로 대입하면 $c = ln\dfrac{\sin\alpha}{1 - cos\,\alpha}$ 이다.

따라서 $\sinh c = \dfrac{e^{c} - e^{-c}}{2}$

$$= \frac{\dfrac{\sin^2\alpha - 1 + 2cos\,\alpha - cos^2\alpha}{\sin\alpha(1 - cos\,\alpha)}}{2}$$

$$= \frac{2cos\,\alpha(1 - cos\,\alpha)}{2sin\,\alpha(1 - cos\,\alpha)} = cot\,\alpha$$

이와 같은 방법으로 구하면 $\cosh c = csc\,\alpha,\ tanh\,c = cos\,\alpha$ 이다.

위의 정리를 통해 쌍곡삼각형에서의 피타고라스 법칙을 증명해보자

쌍곡삼각형을 다음과 같이 표준형으로 잡으면

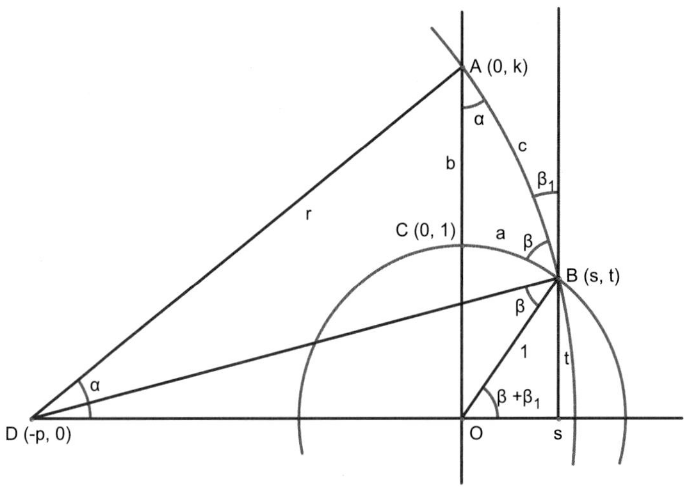

그림 2-6.

$s^2 + t^2 = 1\ (s+p)^2 + t^2 = r^2 = p^2 + k^2$

$\cosh a = csc(\beta + \beta_1) = \dfrac{1}{t}$

$b = ln\,k$

$\cosh b = \dfrac{e^{b} + e^{-b}}{2} = \dfrac{k^2 + 1}{2k}$

$\cosh c = \dfrac{1 + cos\,\beta_1 cos(\pi - \alpha)}{\sin\beta_1 sin(\pi - \alpha)}$

위 그림을 이용해 cos 값과 sin 값을 대입하면

$$= \frac{1 - \dfrac{p+s}{r}\dfrac{p}{r}}{\dfrac{t}{r}\dfrac{k}{r}}$$

분모 , 분자에 r^2 을 곱하면

$$=\frac{r^2-p^2-ps}{kt}$$

$r^2=k^2+p^2$ 이므로

$$=\frac{k^2-ps}{kt}$$

그런데 ps 를 간단히 하기 위해 유크리드 피타고라스 법칙을 사용하면

$$2sp+p^2=r^2-1$$

좌변에 sp 만 남게 하면

$$sp=\frac{r^2-p^2-1}{2}=\frac{k^2-1}{2}$$

이 값을 $\cosh c$ 값에 대입하면

$$\cosh c=\frac{k^2-\dfrac{k^2-1}{2}}{kt}=\frac{k^2+1}{2kt}$$

따라서 $\cosh c = cosh\,a \cosh b$ 임을 확인 할 수 있다.

다음은 이 쌍곡평면에서의 피타고라스 법칙을 통해 쉽게 증명할 수 있는 것들이다.

$\triangle ABC$가 $\angle C$가 직각인 쌍곡삼각형이라 하자. A와 B의 각을 각각 α, β라 하고, A, B, C의 마주보는 대변의 길이를 각각 a, b, c라 하면 쌍곡평면에서의 피타고라스 법칙을 이용해 다음과 같은 사실을 증명할 수 있다.

① $\tanh a = sinh\,b \tan\alpha$ 이고 $\tanh b = sinh\,a \tan\beta$

② $\sinh a = sinh\,c \sin\alpha$ 이고 $\sinh b = sinh\,c\, sin\beta$

③ $\tanh b = tanh\,c \cos\alpha$ 이고 $\tanh a = tanh\,c \cos\beta$

④ $\cosh b \sin\alpha = cos\,\beta$ 이고 $\cosh a \sin\beta = cos\,\alpha$

⑤ $\cosh c = cot\,\alpha \cot\beta$

위의 증명을 통해 다음(<그림 2 - 7>)과 같은 삼각형에서는 $\cosh a = \frac{\cos\beta\cos\gamma + cos\,\alpha}{\sin\beta\sin\gamma}$ 과 같이 쓸 수 있다.

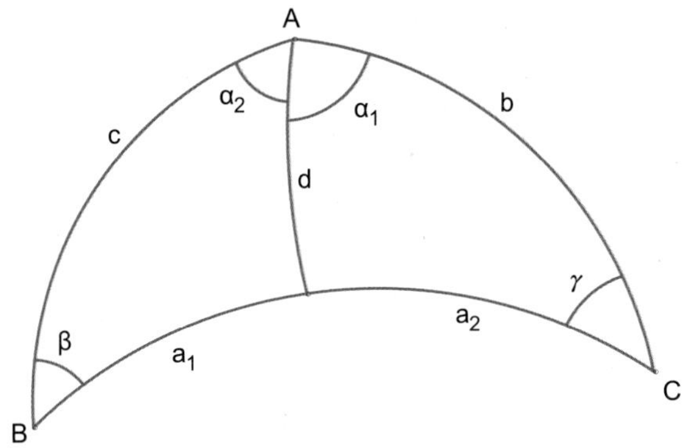

그림 2-7.

$$\begin{aligned}\cosh a &= cosh(a_1+a_2) = cosh\,a_1 \cosh a_2 + sinh\,a_1 \sinh a_2 \\ &= \frac{\cos\alpha_1}{\sin\beta}\frac{\cos\alpha_2}{\sin\gamma} + \frac{\tanh d}{\tan\beta}\frac{\tanh d}{\tan\gamma} \\ &= \frac{\cos\alpha_1\, cos\,\alpha_2 + (1-sech^2 d)\cos\beta\cos\gamma}{\sin\beta\sin\gamma} \\ &= \frac{\cos\beta\cos\gamma + cos\,\alpha_1 cos\,\alpha_1 - \dfrac{\cos\beta}{\cosh d}\dfrac{\cos\gamma}{\cosh d}}{\sin\beta\sin\gamma} \\ &= \frac{\cos\beta\cos\gamma + cos\,\alpha_1 cos\,\alpha_2 - sin\,\alpha_1 sin\,\alpha_2}{\sin\beta\sin\gamma} \\ &= \frac{\cos\beta\cos\gamma + cos\,\alpha}{\sin\beta\sin\gamma}\end{aligned}$$

3 연구결과 및 고찰

앞에서 논의는 평면에서의 타일링과 쌍곡기하에서 쌍곡평면과 쌍곡원반모형의 기하학적 성질들을 바탕으로 쌍곡원반모형에서의 타일링 이론을 연구하고 그 구성 방법과 응용에 대한 것이었다.

쌍곡원반모형에서 Cabri Geometry Ⅱ 프로그램을 활용하여 타일링하는 알고리즘을 개발하여 여러 가지 타입의 쌍곡원반모형의 타일링을 구성하였고, 각 타일링에 색칠을 하여 새로운 타일링을 구성하였다. 끝으로, 쌍곡원반모형 타일링에서 전통문화와 관련된 작품을 제작하고자 태극모형과 운주사의 원형석탑, 와불을 포토샵을 이용하여 구성하였다.

1) 쌍곡원반모형에서의 정규 타일링

가. 쌍곡평면과 쌍곡원반모형

(1) 쌍곡평면

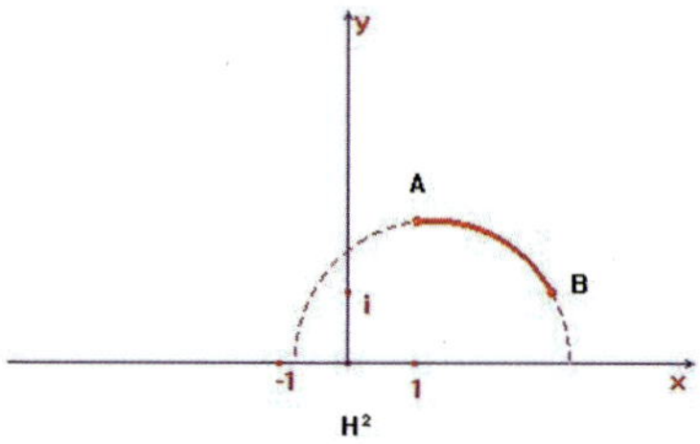

쌍곡평면 H^2 는 복소수평면의 반평면으로, $H^2 = \{x + yi | x,\ y \in R,\ y \geqq 0\}$ 이다.

쌍곡평면에서 곡선의 길이를 $\int \frac{\sqrt{(dx)^2 + (dy)^2}}{y}$ 이다. 쌍곡평면에서는 두 점을 지나는 선분을 x축과 수직하며, 그 두 점을 지나는 원의 호로 정의한다.

(2) 쌍곡원반모형

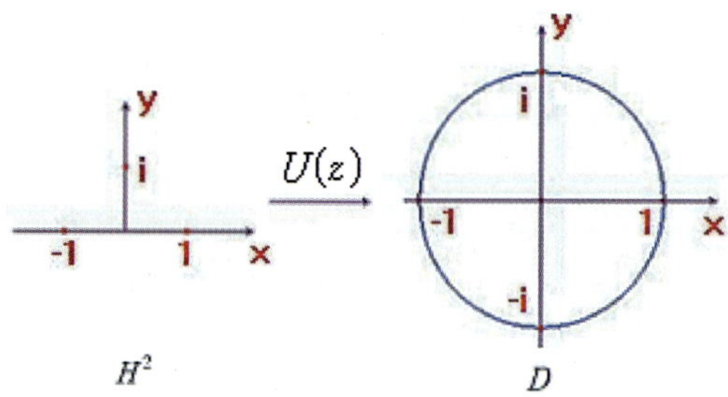

쌍곡 원반모형 D는 단위원으로 함수 $U(z)$ 에 의하여 쌍곡평면 H^2와 1:1대응된다.

$U(z) = \frac{zi + 1}{z + i}$ 이고 $U^{-1}(z) = \frac{zi - 1}{-z + i}$ 이다. (단, $z = x + yi$)

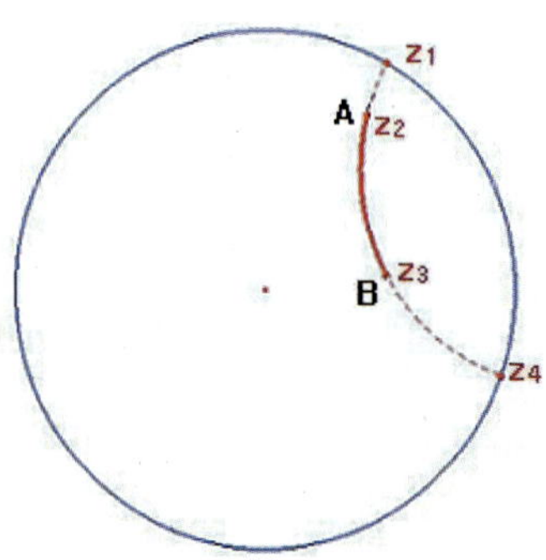

D에서 두 점을 잇는 선분은 쌍곡원반과 수직하며 두 점을 지나는 원의 호이다. 위의 그림과 같이 쌍곡원반과 $\overleftrightarrow{AB}$ 의 한 쪽 교점부터 점 A와 점 B, 다른 쪽 교점을 순차적으로 z_1, z_2, z_3, z_4 라 했을 때, 선분의 길이 $d = \ln\left(\dfrac{z_1 - z_3/z_1 - z_2}{z_4 - z_3/z_4 - z_2}\right)$ 이다. 그러나 세 내각을 아는 삼각형의 변의 길이는 H^2에서의 길이를 구한 뒤, 그 길이를 D에서의 길이로 변환하여 구한다.

나. 쌍곡평면의 원반모형에서의 반전사상

(1) 원에 대한 반전사상

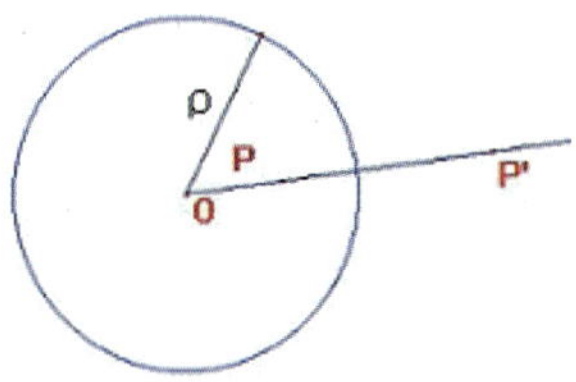

임의의 점 P에 대하여,

1) $\overrightarrow{OP}$ 상의 점

2) $\rho^2 = \overline{OP} \cdot \overline{OP'}$ (단, ρ는 원의 반지름)

위 두 조건을 만족하는 점 P'을 원 O에 대한 점 P의 반전이라 한다.

그리고, $I_{O,\rho} : P \mapsto P'$를 만족하는 사상 $I_{O,\rho}$를 원 O에 대한 반전사상이라 한다.

(2) 반전사상을 통한 수직한 원 찾기

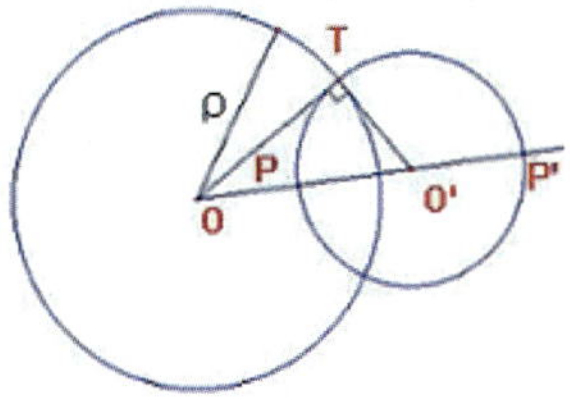

점 P와 원 O에 대한 점 P의 반전인 점 P'의 중점을 점 O'라 하자. 점 O'을 중심으로 하고, 반지름이 $\overline{O'P}$ 인 원 O'을 작도한다.

여기서 원 O와 원 O'의 두 교점 중 한 점을 점 T라 할 때,

$$\overline{OT}^{\,2}+\overline{O'T}^{\,2}=\rho^2+\left\{\frac{1}{2}\left(\frac{\rho^2}{\overline{OP}}-\overline{OP}\right)\right\}^2=\left\{\frac{1}{2}\left(\frac{\rho^2}{\overline{OP}}+\overline{OP}\right)\right\}^2$$

$$=\left\{\frac{1}{2}\left(\frac{\overline{OP}\;\overline{OP'}}{\overline{OP}}+\overline{OP}\right)\right\}^2=\left\{\frac{1}{2}(\overline{OP'}+\overline{OP})\right\}^2=\overline{OO'}^{\,2}$$

이 성립하므로, $\angle OTO'=90°$ 이다.

따라서, 원 O와 원 O'은 서로 수직하다.

(3) 반전사상의 등장변환

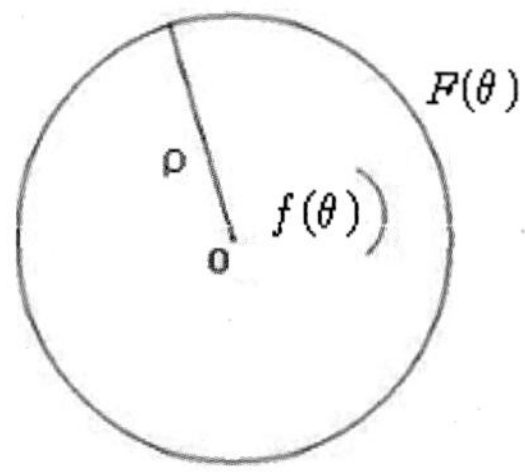

반지름이 ρ인 원과 함수 $r=f(\theta)$가 있다. 원 O에 대한 $f(\theta)$의 반전이 $F(\theta)$이다. 이 때, $F(\theta)=\frac{\rho^2}{f(\theta)}$ 이다. $f(\theta)$의 길이를 l, $F(\theta)$의 길이를 L이라 하자.

$l=\int\frac{\sqrt{(dx)^2+(dy)^2}}{y}$ 이다.

이를 극좌표로 바꾸면,

$x=f(\theta)cos\theta$

$y=f(\theta)sin\theta$

$dx=(f'(\theta)cos\theta-f(\theta)sin\theta)d\theta$

$dy=(f'(\theta)sin\theta+f(\theta)cos\theta)d\theta$

따라서, $l=\int\frac{\sqrt{(dx)^2+(dy)^2}}{y}=\int\frac{\sqrt{(f(\theta))^2+(f'(\theta))^2}}{f(\theta)\sin\theta}d\theta$ 이다.

$L=\int\frac{\sqrt{(F(\theta))^2+(F'(\theta))^2}}{F(\theta)\sin\theta}d\theta$ 이고, $F(\theta)=\frac{\rho^2}{f(\theta)}$ 이므로,

$$L=\int\frac{\sqrt{(F(\theta))^2+(F'(\theta))^2}}{F(\theta)\sin\theta}d\theta=\int\frac{\sqrt{\left(\frac{\rho^2}{f(\theta)}\right)^2+\left(-\frac{f'(\theta)\rho^2}{(f(\theta))^2}\right)^2}}{\frac{\rho^2\sin\theta}{f(\theta)}}d\theta$$

$=\int\frac{\sqrt{(f(\theta))^2+(f'(\theta))^2}}{f(\theta)\sin\theta}d\theta=l$ 이다.

따라서 반전사상은 길이를 보존하는 변환이다.

반전사상은 등각사상이므로, 반전된 삼각형의 내각이 보존되며, 넓이 또한 보존된다. 즉, 반전사상에 의하여 삼각형은 합동인 삼각형으로 변환된다.

다. 쌍곡원반모형에서의 타일링 이론

(1) 쌍곡원반모형에서의 정규 타일링의 조건

정규 타일링이란 합동인 한 종류의 정다각형으로 평면을 겹치거나 남는 공간 없이 메꾸는 것이다. 정다각형의 내각은 모두 같으므로 한 꼭지점에 모이는 다각형의 수는 일정하다.

한 꼭지점에서 정 n각형이 k개 모이는 정규 타일링을 $\{n, k\}$으로 표기한다.

정 n각형의 내각의 합은 $n \cdot \frac{2\pi}{k} < (n-2)\pi$ 이다.

$$\frac{1}{k} < \frac{n-2}{2n} = \frac{1}{2} - \frac{1}{n}$$

$$\frac{1}{n} + \frac{1}{k} < \frac{1}{2}$$

이는 타일링이 가능한 조건이 $\frac{1}{n} + \frac{1}{k} < \frac{1}{2}$ 임을 보여준다.

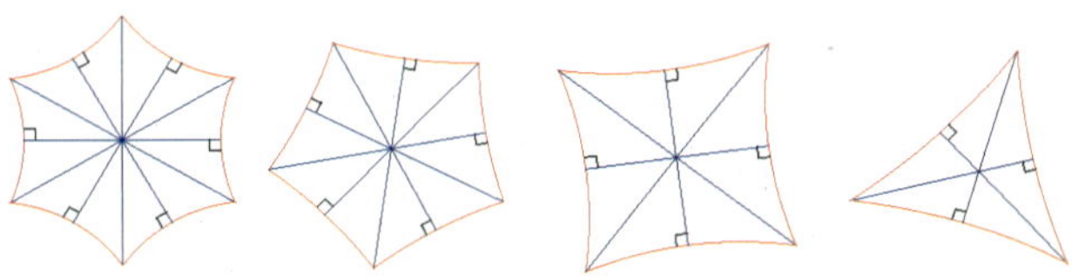

위의 그림과 같이 정다각형을 중심에서 각 꼭지점을 잇는 선분과 각 변에 내리는 수선으로 나누면,

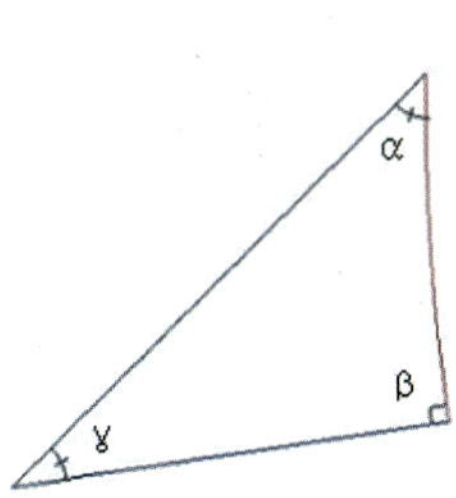

왼쪽과 같은 합동인 직각삼각형이 $2n$개가 되며,

$\alpha = \frac{\pi}{k}$, $\beta = \frac{\pi}{2}$, $\gamma = \frac{\pi}{n}$ 이다.

(2) 쌍곡원반모형에서의 길이 계산

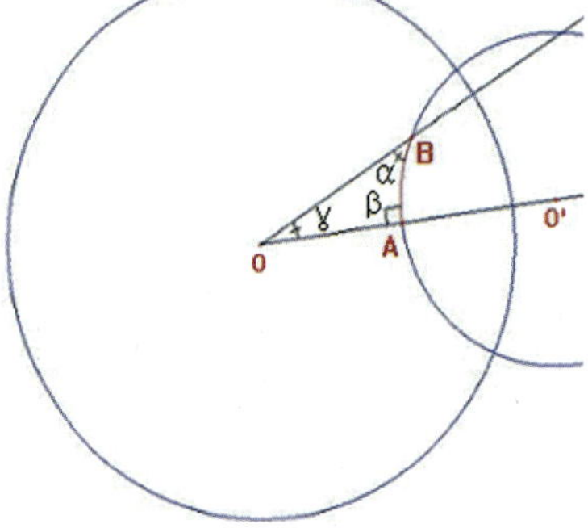

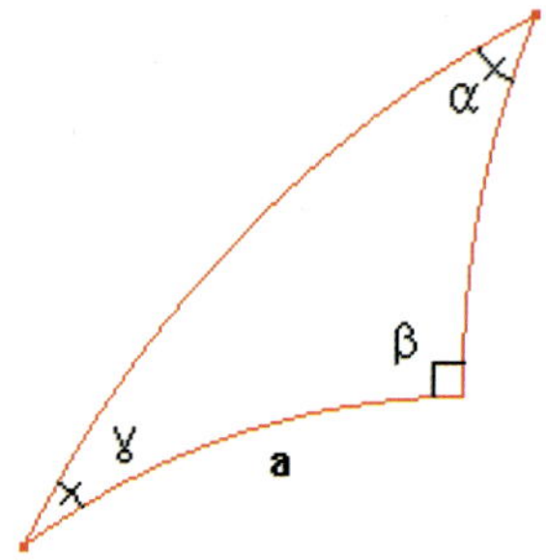

쌍곡평면에서 세 내각 α, β, γ 가 주어진 삼각형에서 변 a 의 길이를 구하여 이를 원반의 길이로 바꿔야 한다. 쌍곡삼각함수의 법칙에 의해 $\cos ha = \frac{\cos\beta\cos\gamma + cos\,\alpha}{\sin\beta\sin\gamma}$ 이다.

$\beta = 90^\circ$ 이므로 $\cos h\,a = \frac{\cos\alpha}{\sin\gamma}$ 이다.

$0^\circ < \alpha < 90^\circ,\ 0^\circ < \gamma < 90^\circ,\ 0^\circ < \alpha + \gamma < 90^\circ$ 이고,

$\gamma < (90^\circ - \alpha),\ cos\,\alpha = sin\,(90^\circ - \alpha)$ 이다.

$0^\circ < \theta < 90^\circ$ 일 때, $\sin\theta$ 는 증가함수이므로, $\sin\gamma < sin\,(90^\circ - \alpha) = cos\,\alpha$ 이다.

따라서, $\cosh a = \frac{\cos\alpha}{\sin\gamma} > 1$ 이다.

쌍곡삼각함수의 정의에 의하여 $\cosh a = \frac{e^a + e^{-a}}{2}$ 이므로,

$e^a = cosh\,a \pm \sqrt{\cosh^2 a - 1}$ 이다.

a는 변의 길이이므로 $e^a > 1$ 이고, 이를 만족하는 $e^a = cosh\,a + \sqrt{\cosh^2 a - 1}$ 이다.

그 이유는,

1) $\cosh a + \sqrt{\cosh^2 a - 1} > 1$ 라 가정하면,

$\sqrt{\cosh^2 a - 1} > 1 - cosh\,a$ 이다.

$\cosh a > 1$ 이므로, (양수) > (음수) 로 성립하게 된다.

따라서 $e^a = cosh\,a + \sqrt{\cosh^2 a - 1}$ 일 때, $e^a > 1$ 이다.

2) $\cosh a - \sqrt{cosh^2 a - 1} > 1$ 라 가정하면,

$(cosh\,a - 1)^2 > (\sqrt{cosh^2 a - 1})^2$ 이다.

정리하면, $1 > cosh\,a$ 이므로, 조건을 충족시키지 못해 성립하지 않는다.

따라서 $e^a = cosh\,a - \sqrt{cosh^2 a - 1}$ 일 때, $e^a < 1$ 이다.

따라서, $a = ln(cosh\,a + \sqrt{cosh^2 a - 1})$ 1이다.

쌍곡평면에서의 길이 a는 쌍곡원반에서 그 길이가 $\frac{e^a - 1}{e^a + 1}$ 이다.

즉, 반지름이 ρ인 원에서는 그 길이가 $\frac{e^a - 1}{e^a + 1}\rho$ 이다.

$\overline{OA} = \frac{\cosh a - 1 + \sqrt{cosh^2 a - 1}}{\cosh a + 1 + \sqrt{cosh^2 a - 1}}\rho$ 이다.

원의 반지름에 따라 $\overline{OA}$ 는 변하지만, $\frac{e^a - 1}{e^a + 1}$ 는 $\{n,\ k\}$ 에 의해 결정되므로, 이를 몇 개만 구하면,

$\{n,\ k\}$	$\frac{e^a - 1}{e^a + 1}$
{3, 7}	0.141
{4, 5}	0.259
{5, 4}	0.304
{6, 5}	0.486
{7, 4}	0.489

계산된 수치들을 이용하여 정다각형의 일부인 직각삼각형 OAB를 작도한 뒤, 이를 각 변에 대하여 대칭을 반복하면 그리고자 하는 정다각형이 그려지게 된다. 이 정다각형을 각 변에 대하여 반전하여 나머지 부분을 채우면, 이것으로 정 n각형의 정규 타일링이 완성된다.

2) Cabri Geometry Ⅱ를 이용한 쌍곡원반모형에서의 타일링의 구성과 응용

가. 쌍곡 원반모형에서의 타일링의 사례

이제 쌍곡원반모형에서 정규 타일링 $\{5,\ 4\}$ 즉, 각각의 꼭지점에 4개의 정오각형이 모이는 타일링을 만들어 보자.

쌍곡삼각형 ABC에서 $\alpha,\ \beta,\ \gamma$ 를 $A,\ B,\ C$에서의 각이라 하고, $a,\ b,\ c$ 를 $A,\ B,\ C$의 대변이라 하자. 그러면, 다음이 성립한다.

$$\cosh a = \frac{\cos\beta\cos\gamma + cos\,\alpha}{\sin\beta\sin\gamma}$$

위 식을 이용하여 $\overline{OA}$ 의 쌍곡길이를 구하면,

$$\cosh^{-1}\left[\frac{\cos\frac{\pi}{5}\cos\frac{\pi}{2}+\cos\frac{\pi}{4}}{\sin\frac{\pi}{5}\sin\frac{\pi}{2}}\right]\approx ln\left(1.203+\sqrt{1.203^2-1}\right)\approx ln1.872$$ 이다.

그런데, 단위원반에서 원점 O 로부터 Z 까지의 쌍곡거리가 h 일 때,

$|Z|=\dfrac{e^h-1}{e^h+1}$ 이므로, 단위 원반에서 $|\overline{OA}|=\dfrac{1.872-1}{1.8972+1}\approx 0.304\ 3$ 이다.

따라서, O 를 중심으로 하고 반지름을 R 로 하는 임의의 원반 D 상에서 $\overline{OA}$ 의 길이는 $R\times 0.304$ 에 해당함을 알 수 있다.

$\overline{OA}$ 로부터 각 $\frac{\pi}{5}$ 를 이루는 반직선을 작도하면 이 반직선과 원 D' 의 교점이 생기고 이 점이 B 점이 되어 세 내각이 $\frac{\pi}{2}, \frac{\pi}{5}, \frac{\pi}{4}$ 인 $\triangle OAB$ 가 작도된다.

그리고 $\triangle OAB$ 를 연속하여 10번 반사시켜 <그림 3-1>과 같은 D 상의 가장 D 안쪽에 놓이는 정오각형을 얻을 수 있다.

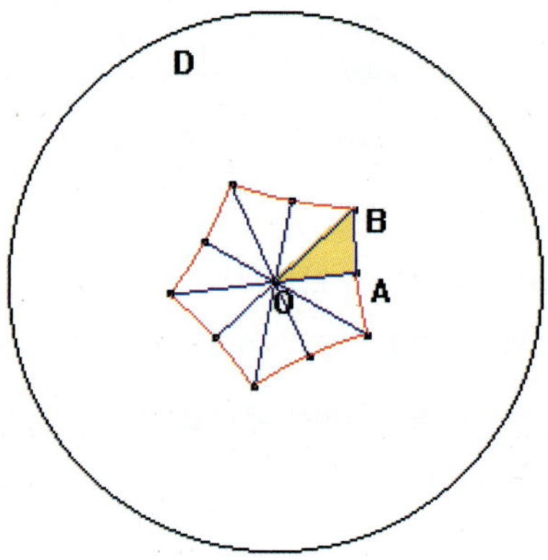

그림 3-1.

이 정오각형의 각 변에 대해 정오각형을 무한 번 반전시키면 <그림 3-2>와 같은 한 내각이 $\frac{\pi}{2}$ 인 정오각형 타일링을 얻을 수 있다.

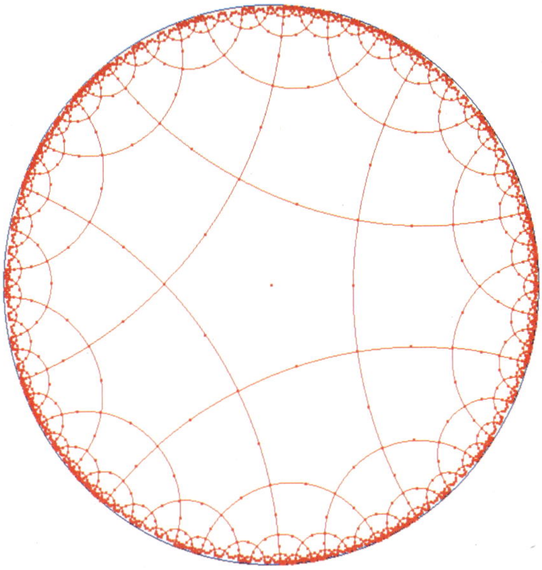

그림 3-2.

나. Cabri Geometry Ⅱ에서의 타일링의 순서

Cabri Geometry Ⅱ를 이용한 타원원반모형에서의 정오각형 작도하는 순서를 살펴보면 다음과 같다.

(1) 원1을 그리고, Cabri Geometry Ⅱ에서 반지름을 측정한다.

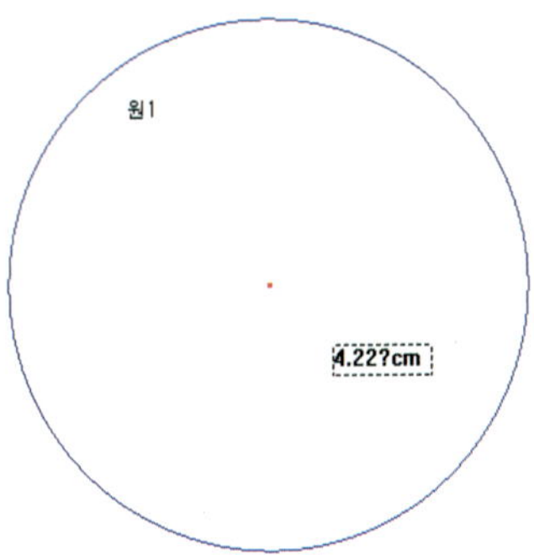

그림 3-3.

(2) 측정값에 0.304를 곱하고, 계산한 값으로 점을 작도한다.

(3) 작도한 점을 원1에 대해서 반전시킨다.

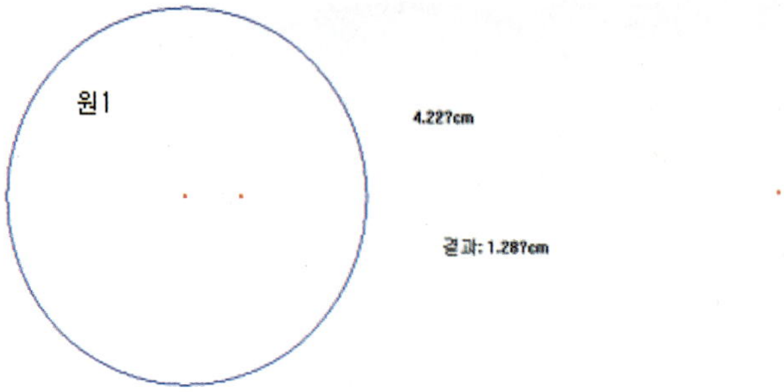

그림 3-4.

(4) 반전한 점과 작도했던 점의 중점을 찍는다.

(5) 중점을 중심으로 반전한 점과 작도했던 점을 지나게 원2을 작도한다.

(6) 원1의 중심에서 원2의 중심을 지나게 반직선을 그린다.

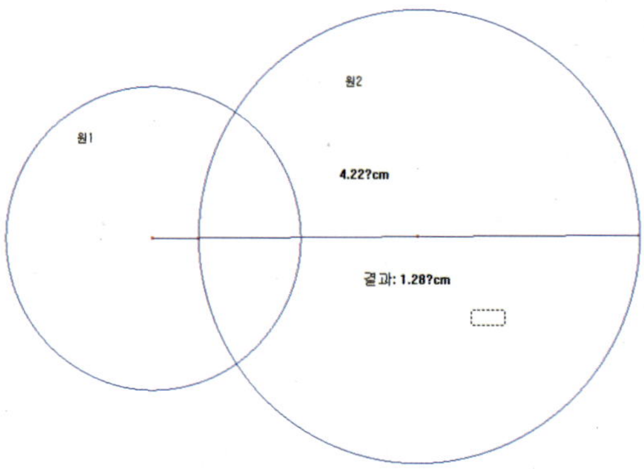

그림 3-5.

(7) 원1의 중심을 중심으로 반직선을 $\frac{\pi}{5}$ 만큼 회전 이동시킨다.

(8) 두 반직선 사이의 원2의 호 위에 3점을 찍어 호를 그린다.

(9) 그 호를 반직선에 대해서 선대칭 이동시킨다.

(10) 숨기기 기능을 사용하여서 필요 없는 선과 점을 숨긴다.

(11) 선대칭 시킨 것을 합친 것을 새롭게 한 호로 잡는다.

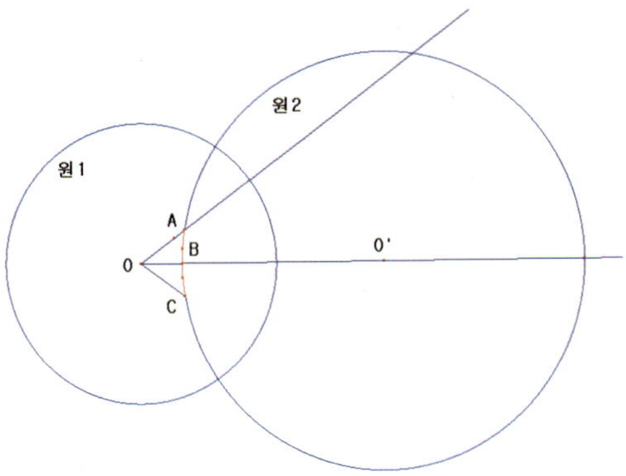

그림 3-6.

(12) 그 새로운 호를 4번 선대칭 시킨다.

(13) 한 호에 대해서 그 호는 빼고 나머지 4개의 호위의 점을 반전시킨다.

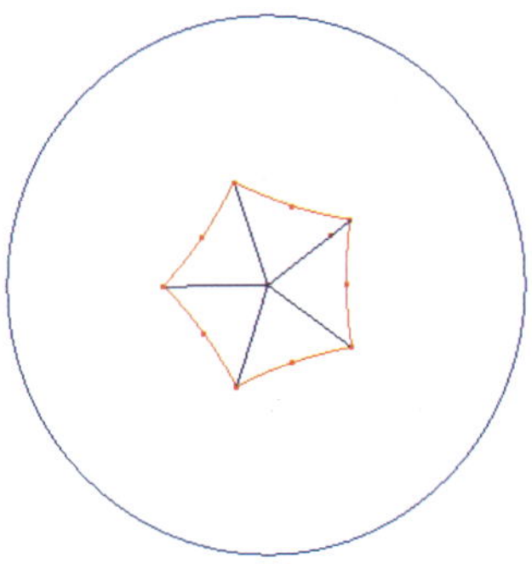

그림 3-7.

(14) 다른 점들을 계속 이런 방법으로 확장 시켜 나가면 된다.

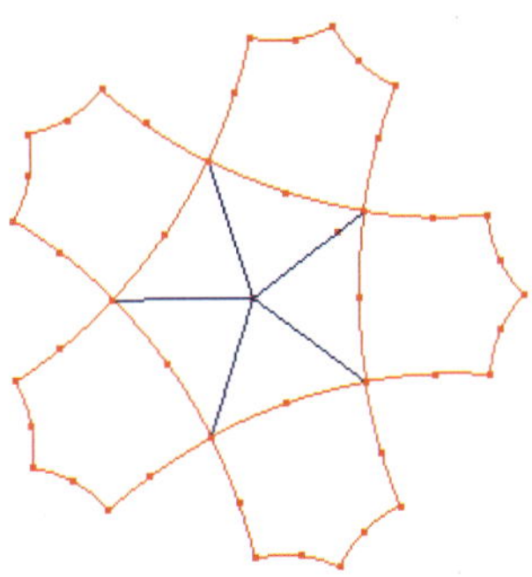

그림 3-8.

아래의 <그림 3 - 9> ~ <그림 3 - 11>는 한 내각이 $\frac{2}{9}\pi$ 인 정삼각형 타일링과 $\frac{\pi}{3}$ 인 정사각형 타일링, 그리고 한 내각이 $\frac{2}{5}\pi$ 인 정육각형 타일링을 제작하여 본 것이다. 작도 방법은

한 내각이 $\frac{2}{9}\pi$ 인 정삼각형 타일링은 세 내각이 $\frac{\pi}{2}, \frac{\pi}{3}, \frac{\pi}{9}$ 인 삼각형을,

한 내각이 $\frac{\pi}{3}$ 인 정사각형 타일링은 세 내각이 $\frac{\pi}{2}, \frac{\pi}{8}, \frac{\pi}{6}$ 인 삼각형을,

한 내각이 $\frac{2}{5}\pi$ 인 정육각형 타일링은 세 내각이 $\frac{\pi}{2}, \frac{\pi}{12}, \frac{\pi}{5}$ 인 삼각형을

작도하여 얻을 수 있다. 각 삼각형의 작도 방법은 정오각형 타일링의 경우와 같으므로 $\overline{OA}$ 에 해당하는 값만을 소개하면 다음과 같다.

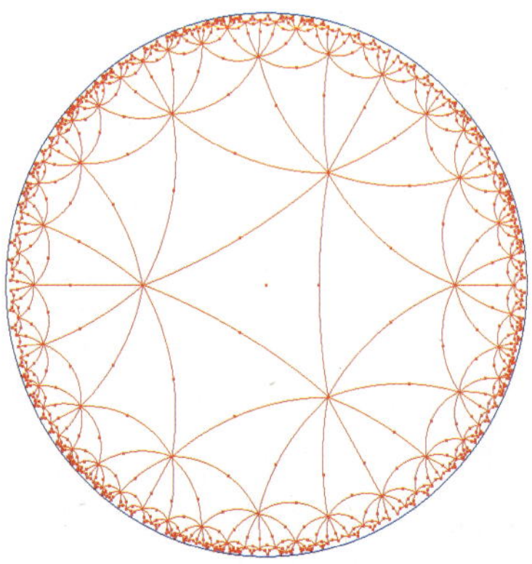

그림 3-9.

<그림 3 - 9> 에서 한 내각이 $\frac{2}{9}\pi$ 인 정삼각형 타일링 {3, 9}의 $\overline{OA}$ 의 값은

$$\cosh^{-1}\left[\frac{\cos\frac{\pi}{3}\cos\frac{\pi}{2}+\cos\frac{\pi}{9}}{\sin\frac{\pi}{3}\sin\frac{\pi}{2}}\right] \approx ln(1.085+\sqrt{1.085^2-1}) \approx ln1.506$$ 이므로

단위원반에서 $|\overline{OA}| = \frac{1.506-1}{1.506+1} \approx 0.202$ 이다.

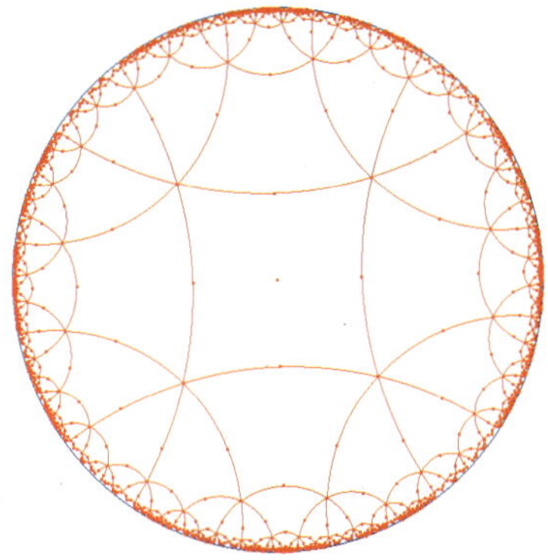

그림 3-10.

<그림 3-10> 에서 한 내각이 $\frac{\pi}{3}$ 인 정사각형 타일링 $\{4, 6\}$ 의 $\overline{OA}$ 의 값은

$$\cosh^{-1}\left[\frac{\cos\frac{\pi}{4}\cos\frac{\pi}{2}+\cos\frac{\pi}{6}}{\sin\frac{\pi}{4}\sin\frac{\pi}{2}}\right]\approx ln(1.225+\sqrt{1.225^2-1})\approx ln1.934$$ 이므로

단위원반에서 $|\overline{OA}|=\frac{1.934-1}{1.934+1}\approx 0.318$ 이다.

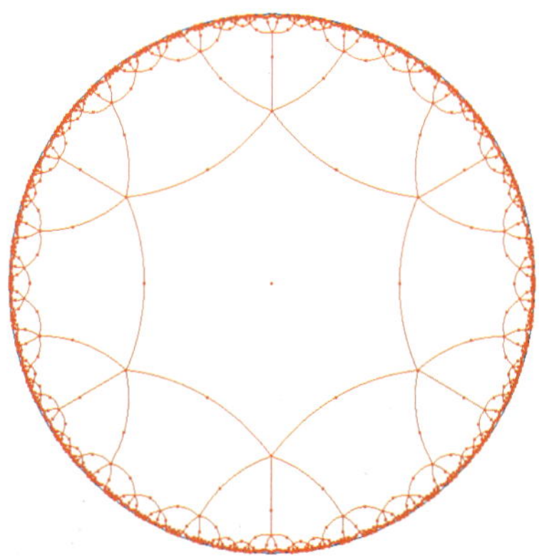

그림 3-11.

<그림 3-11>에서 한 내각이 $\frac{2}{5}\pi$ 인 정육각형 타일링 $\{6, 5\}$ 의 $\overline{OA}$ 의 값은

$$\cosh^{-1}\left[\frac{\cos\frac{\pi}{6}\cos\frac{\pi}{2}+\cos\frac{\pi}{5}}{\sin\frac{\pi}{6}\sin\frac{\pi}{2}}\right]\approx ln(1.618+\sqrt{1.618^2-1})\approx ln2.890$$ 이므로

단위원반에서 $|\overline{OA}| = \frac{2.890-1}{2.890+1} \approx 0.486$ 이다.

다. 쌍곡 원반모형에서의 정규 타일링의 응용

앞에서 제작한 정사각형 타일링, 정삼각형 타일링, 정오각형 타일링에서의 내부에 적절한 색칠을 한 타일링을 구성하면 다음과 같다.

그리고, 각 타일링 내부에 운주사 원형 석탑, 와불과 태극마크를 넣어 작품을 제작하였다.

여기에 따르는 photoshop 등의 기술적인 많은 문제를 갖고 있지만 처음 시도한 것으로 그 값어치가 있다고 생각한다.

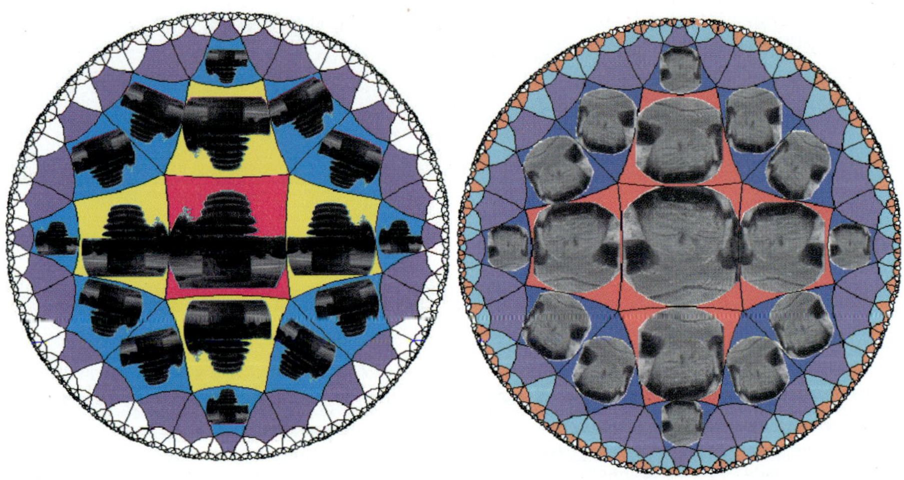

인용문헌

1. Arthur Baragar (2001), *A survey of Classical and Modern geometry with computer activities*, prentice－Hall. Inc.
2. Jay Kappraff (2001), *Connections, The geometric bridge between art and science*, 2th. world scientific.
3. James T. Smith (2000), *Methods of geometry*, John wiley & sons.
4. Saul Stahl (1993), *The Poincaré Half－Plane, A Gateway to Modern Geometry*, Jones and Bartlett Pub.
5. Saul Stahl (2005), *Introduction to Topology and geometry*, Wiley.
6. Arlan Ramsay Robert D. Richtmyer (1995), *Introduction to Hyperbolic Geometry*, Springer
7. Elmer G. Rees (2000), *Notes on geometry*, Springer.
8. Dan Gremillion & Michael Keyton(류희찬 & 장훈 옮김) (1997), *Cabri Geometry II* Guidebook(한글판), Texas Instrument.
9. http://aleph0.clarku.edu/～djoyce/poincare/poincare.html
10. http://windshoes.new21.org/art－escher.html

<부록> 쌍곡원반모형 타일링 사례

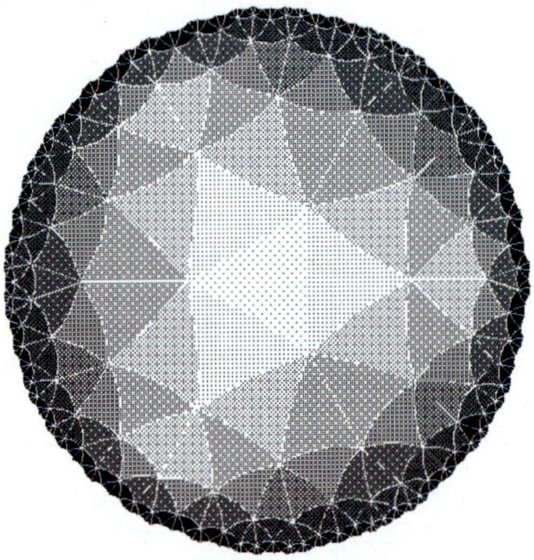

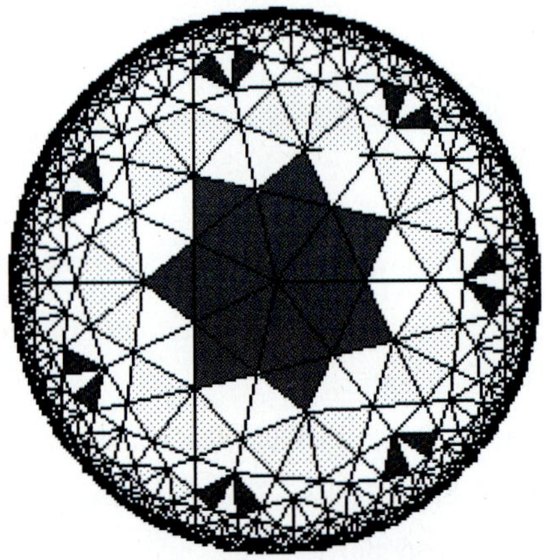

4. 구면과 쌍곡면에서의 유사정규 타일링의 구성에 대한 연구*

1 서 론

1) 연구배경과 연구목적

21세기를 맞이하여 고급과학기술인력 양성의 중요성이 크게 강조되고 있어 이공계 대학의 육성과 창의적 영재교육에 특별한 관심이 모아지고 있다. 유크리드평면에서 벽지패턴(Wallpaper partern)과 타일링(Tilings) 등의 기하학적 이론과 그 구성과 관련하여 비유크리드 기하인 구면과 쌍곡면으로 확장하여 연구하는 것은 새로운 분야를 이루고 있다.

본 연구에서는 준정규타일링의 구성에 있어서 일반적인 이론과 특히 구면과 쌍곡평면에서 창의적으로 발견될 수 있는 여러 가지 타일링의 구성방법을 Cabri2, Geometry Explorer 프로그램 등을 이용하여 연구하고, 우리나라 전통문양과 산업디자인 광고 등과 관련하여 작품을 제작하는 것을 목표로 한다. 유크리드 평면의 등장변화에 의한 벽지패턴은 17가지 뿐이고, 유사정다면체는 13가지뿐이다. 지난해 연구에서 쌍곡기하에서 정규타일링의 이론과 구성에 대한 기초적인 연구를 수행하였다. 본 연구에서는 구면과 쌍곡평면의 유사정규타일링에 이론과 구성에 대하여 비교 연구함으로써 타일링에 대한 깊은 연구가 이루어지고, 그 구성방법과 적용범위도 확대할 수 있을 것으로 생각한다.

유럽의 여러 나라들과 이슬람문화권에서는 각 나라마다 현대기하학과 관련하여 전통적인 문양에 대한 연구가 활발히 수행되고 있다. 우리도 유구한 역사 속에 나타나있는 독특한 전통문양을 재개발하고 기하학적 분석과 새로운 문양개발에 힘을 기울여야 할 시점에 있다고 생각한다. 이러한 지식 정보화시대에 과학과 예술의 관련성을 중점적으로 연구하는 것은 전통문양연구나 산업디자인분야 등 예술분야의 새로운 연구영역을 이루고 있다.

* 이 글은 한국과학재단 지원으로 광주과학고 학생; 유창규 양은중, 정양하, 백민경이 참여한 과학고 창의적 사사교육보고서(2006)임.

이 연구에서는 Cabri2, Cinderella, Geometry Explorer 등의 여러 가지 프로그램으로 구성하는 방법을 찾고 예술적 가치가있는 독창적인 전통문양을 찾아 여러 가지 타일링을 구성하도록 교육하고 학생들의 창의성을 발휘할 수 있도록 지도할 것이다.

2) 연구내용의 범위

1. 비유크리드 기하와 구면기하의 기초
   가. 비유크리드 기하란?
   나. 구면기하의 기초
   다. 구면삼각함수
2. 쌍곡기하와 복비의 활용
   가. 쌍곡기하의 모형
   나. 쌍곡기하의 기초
   다. 쌍곡기하의 삼각함수
   라. 선형분수변환
   마. 복비(cross ratio)의 활용
3. 평면, 구면, 쌍곡면에서의 타일링
   가. 타일링
   나. 정규타일링; 평면, 구면, 쌍곡면
   다. 유사정규타일링; 평면, 구면, 쌍곡면
   라. 쌍곡원반모형에서의 타일링
4. 쌍곡원반모형에서의 타일링
   가. 쌍곡원반모형에서의 타일링 이론
   나. Cabri Geometry Ⅱ, Cinderella를 이용한 쌍곡원반모형에서의 타일링의 구성과 응용
   다. 쌍곡원반모형에서의 유사정규타일링
5. 쌍곡원반모형에서의 유사정규타일링을 활용한 작품제작

2 연구방법 및 이론

구면과 쌍곡면에서의 유사정규 타일링(semi-regular tilings)의 구성에 대한 연구를 위하여 먼저 비유크리드 기하와 구면기하의 기초, 쌍곡기하와 복비의 활용과 평면, 구면, 쌍곡면에서의 타일링의 기본적인 논의가 필요하다.

1) 비유크리드 기하와 구면기하의 기초

가. 비유크리드 기하란?

유크리드 기하학을 이루는 근원인 유크리드 <원론>의 공리나 공준에 반하는 주장은 18세기에 들어와서야 나타나게 되었다. 이러한 비유크리드 기하의 탄생의 시초가 된 것은 유크리드 기하학의 다섯 개의 공준 중에서 제5공준으로 인한 것이었다.

[공준 5] 하나의 직선이 두 개의 직선과 만날 때 같은 쪽에서 2직각보다 작은 안각을 만든다면 이들 두 직선을 한없이 연장하면 2직각보다 작은 각이 있는 쪽에서 만난다.

이탈리아의 성직자인 사케리(Saccheri, Girolamo, 1677 - 1733)가 제5공준을 증명하려고 시도하던 중 새로운 기하인 비유크리드 기하학의 발판이 마련되었다. 그는 유크리드의 공리체계가 모순이 없다면 제5공준을 부정한 공준은 반드시 모순이 일어난다고 생각했다. 제5공준과 동치관계인 플레이 페어 공준은 다음과 같다.

[플레이 페어 공준] 주어진 직선위에 있지 않은 한 점을 지나서 주어진 직선에 평행한 직선을 꼭 하나만 그을 수 있다.

[플레이 페어 공준의 부정] 주어진 직선 위에 있지 않은 한 점을 지나서 주어진 직선에 평행한 직선은 존재하지 않거나 주어진 직선 위에 있지 않은 한 점을 지나서 주어진 직선에 평행한 직선은 두 개 이상 존재한다.

사케리는 이상하게 보이는 많은 결과를 유도했으며 실제로 우리가 오늘날 쌍곡기하학이라 부르는 몇 가지 기본적인 사실을 발견한 것이다. 가우스(Gauss, 1777 - 1855)는 이 부정은 결코 모순을 이끌어내지 못하고 이 기하학은 유크리드의 그것과 다르게 나타날 수 있음을 감지한 최초의 수학자였다. 그를 강타한 이 생각은 너무나 혁명적이라 그는 이것을 감히 발표하지 못했다. 로바체프스키(Lobachevsky, 1793 - 1856)와 볼리아이(Bolyai, 1802 - 1860)는 유크리드의 다섯 번째 공준을 부정하는 기하학을 독립적으로 연구했다. 이 연구는 1829년과 1832년에 각각 출판되었다. 거의 40년 후에 벨트라미(Beltrami, 1835 - 1900)와 클라인(Klein, 1849 - 1925)은 유크리드 기하학 안에 볼리아이와 로바체프스키의 기하학의 모형을 구성하였다. 따라서 유크리드 기하학이 모순이 없다면 쌍곡기하학도 그렇다는 것이 확립되었다.

나. 구면기하의 기초

구면기하는 유크리드 기하와 같이 그리스 시대부터 천문학연구를 위하여 알려져 왔다. 2세기경 톨레미의 알마게스트에 소개되어 있다. 구면기하이론은 인도, 아랍 문화를 거쳐 유럽에는 16세기에 수학세계에 알려졌다. 현대적인 연구는 오일러의 강체 운동에 의해서 소개되어있다

S를 반지름이 1인 구의 표면이라 하고 3차원 직각 좌표에서 S의 중심을 O로 표시한다. P를 S의 한 점이라 하고 Q를 xy평면에 P의 정사영이라 한다. 그리고 u, v를 각각 $\angle ZOP$, $\angle XOQ$라 한다.

$P = (\sin u \cos v,\ \sin u \sin v,\ \cos u)$ 여기서 $0 \le u \le \pi,\quad 0 \le v \le 2\pi$이다.

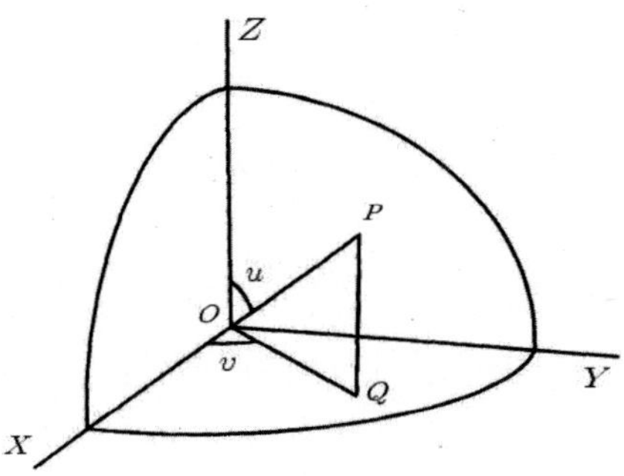

그림 1-1.

P의 점들은 $u = c$이면 위도(latitude), $v = d$이면 경도(meridian)이라고 한다. 두 점 P, Q를 잇는 측지선은 S 위에서 P와 Q를 잇는 최단거리를 말한다.

정리 1 구면 S의 측지선은 S의 대원의 한 호이다.

증 명 구면 S위의 두 점을 P, Q라 하면 구의 회전에 의해 직각좌표계의 P를 북극점 $(0,0,1)$이라 하고 Q를 $(\sin A \cos B, \sin A \sin B, \cos A)$라 한다. r을 S 위에서 P, Q를 연결하는 곡선이라 하면 r은 $P(t) = (\sin u(t) \cos v(t), \sin u(t) \sin v(t), \cos u(t))$ $0 \le t \le T$이고, $P(0) = P$, $P(T) = Q$ 일반적으로 곡선 $(x(t), y(t), z(t))$ $a \le t \le b$에서 길이는 $\int_a^b \sqrt{(\frac{dx}{dt})^2 + (\frac{dy}{dt})^2 + (\frac{dz}{dt})^2}\, dt$ 이다.

여기서

$$\frac{dx}{dt} = \cos u(t) \cos v(t) \frac{du}{dt} - \sin u(t) \sin v(t) \frac{dv}{dt},$$

$$\frac{dy}{dt} = \cos u(t)\sin v(t)\frac{du}{dt} + \sin u(t)\cos v(t)\frac{dv}{dt},$$

$$\frac{dz}{dt} = -\sin u(t)\frac{du}{dt},$$

$(\frac{dx}{dt})^2 + (\frac{dy}{dt})^2 + (\frac{dz}{dt})^2 = (\frac{du}{dt})^2 + \sin^2 u(t)(\frac{dv}{dt})^2$ 이므로

곡선의 길이는 $\int_0^T \sqrt{(\frac{du}{dt})^2 + \sin^2 u(t)(\frac{dv}{dt})^2}\, dt$ - - - - ①이다. r이 P, Q를 잇는 경도라면 $v(t)$은 상수이고 $\frac{dv}{dt} = 0$ 이다.

따라서 $\int_0^T \sqrt{(\frac{du}{dt})^2}\, dt = \int_0^T \frac{du}{dt} dt = \int_0^A du = A$ - - - - - ②

만약, r을 PP와 Q를 잇는 임의의 곡선이라면 ①의 적분값은 ②의 적분값보다 크거나 같을 것이다. 이것은 P, Q를 잇는 경도일 때가 측지선이 됨을 알 수 있다.

모든 측지선은 위에서 말한 경도뿐임을 밝혀보자.

만약, r을 P, Q를 잇는 측지선이라 하고 ①과 ②가 같다고 하면 r의 각 점에서 $\sin^2 u(t)(\frac{dv}{dt})^2 = 0$ 이다.

그러나 $u(t) = 0$ 이거나 π일 때 $\sin u(t) = 0$이다. 즉 $P(t)$가 북극이거나 남극일 때이다. 그리고 r의 다른 모든 점은 $\frac{dv}{dt} = 0$이다. 따라서 r은 경도의 호이다.

구면상의 3점을 잇는 측지선으로 구면삼각형을 이루며 꼭지점을 A, B, C로 3측지선을 a, b, c로 표시한다.

다. 구면삼각함수

구면삼각형 ABC에서 구의 원점에서 A, B, C에 이르는 벡터를 $\vec{a}$, $\vec{b}$, $\vec{c}$라 하고 꼭지점 A, B, C 에서의 각을 α, β, γ 라 하자.

1) 두 벡터 $\vec{a}, \vec{b}$ 의 교각을 θ라 하면 $(\vec{a}, \vec{b}) = |\vec{a}|\ |\vec{b}|\cos\theta$

2) 벡터 $\vec{a}, \vec{b}, \vec{c}, \vec{d}$ 에서 $(\vec{a} \times \vec{b}, \vec{c} \times \vec{d}) = (\vec{a}, \vec{c})(\vec{b}, \vec{d}) - (\vec{a}, \vec{d})(\vec{b}, \vec{c})$

3) $\cos\alpha = (\frac{\vec{a} \times \vec{b}}{|\vec{a} \times \vec{b}|}, \frac{\vec{a} \times \vec{c}}{|\vec{a} \times \vec{c}|})$ 이다.

정리 2 구면삼각형 ABC와 각 변을 a, b, c라 하자. 그리고 각 꼭지점 A, B, C에서의 각을 α, β, γ 라 하자.

(1) 코사인법칙

$$\cos\alpha = \frac{\cos a - \cos b \cos c}{\sin b \sin c}$$

$$\cos a = \frac{\cos\alpha + \cos\beta\cos\gamma}{\sin\beta\sin\gamma}$$

(증명) $(\vec{a}\times\vec{b}, \vec{a}\times\vec{c}) = (\vec{b}, \vec{c}) - (\vec{a}, \vec{c})(\vec{a}, \vec{b}) = \cos a - \cos b \cos c$

$|\vec{b}\times\vec{c}| = \sqrt{|\vec{b}|^2|\vec{c}|^2 - (\vec{b}, \vec{c})^2} = \sqrt{1-\cos^2\alpha} = \sin a$

$|\vec{a}\times\vec{b}| = \sin c$, $|\vec{c}\times\vec{a}| = \sin b$

$$\cos\alpha = \left(\frac{\vec{a}\times\vec{b}}{|\vec{a}\times\vec{b}|}, \frac{\vec{a}\times\vec{c}}{|\vec{a}\times\vec{c}|}\right) = \frac{(\vec{a}\times\vec{b}, \vec{a}\times\vec{c})}{|\vec{a}\times\vec{b}||\vec{a}\times\vec{c}|} = \frac{\cos a - \cos b\cos c}{\sin b\,\sin c}$$

(2) 사인법칙

$$\frac{\sin\alpha}{\sin a} = \frac{\sin\beta}{\sin b} = \frac{\sin\gamma}{\sin c}$$

(증명)

$$\frac{\sin^2\alpha}{\sin^2 a} = \frac{1-\cos^2\alpha}{\sin^2 a} = \frac{\sin^2 b\sin^2 c - (\cos a - \cos b\cos c)^2}{\sin^2 a\,\sin^2 b\,\sin^2 c}$$

$$= \frac{1-\cos^2 a - \cos^2 b - \cos^2 c + 2\cos a\,\cos b\,\cos c}{\sin^2 a \sin^2 b \sin^2 c}$$

같은 방법으로 하면

$\frac{\sin^2\alpha}{\sin^2 a} = \frac{\sin^2\beta}{\sin^2 b} = \frac{\sin^2\gamma}{\sin^2 c}$ $\alpha, \beta, \gamma, a, b, c$ 는 모두 0과 π사이의 각이므로 $\sin$값은 모두 양수이다. 따라서 $\frac{\sin\alpha}{\sin a} = \frac{\sin\beta}{\sin b} = \frac{\sin\gamma}{\sin c}$ 이다.

정리 3 단위구면상의 직각삼각형 ABC에서 각 호의 길이가 a, b, c이고 빗변이 c일 때

(1) $\cos c = \cos a \cos b$

(2) $\sin\alpha = \frac{\sin a}{\sin c}$

(3) $\cos\alpha = \frac{\cos a\sin b}{\sin c}$

구면삼각형의 면적을 구해보면 구면 S에서 한 점 A의 반대점(antipode)을 A'이라 하고 g, h를 A와 A'을 잇는 두개의 측지선으로서 그 사잇각을 α라 한다. 그러면 쪼각달(lune)의 면적은 2α이다.

정리 4 구면삼각형 ABC에서 각 A, B, C에서의 각을 α, β, γ 라 하면 구면삼각형의 면적은 $\alpha+\beta+\gamma-\pi$ 이다.

증 명 구면삼각형 ABC에서 반대점을 A', B, C' 라 하고 측지선 AB, BC, CA를 잇

는 대원을 그린다.

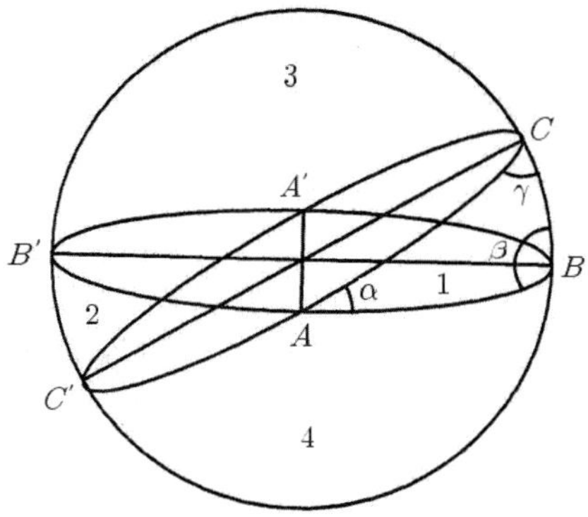

그림 1-2.

대원 $BCB'C'$의 북반구는 4개의 구면 삼각형 ABC, $AB'C'$, $AB'C$, ABC'로 나누고 각 면적을 T_1, T_2, T_3, T_4라 한다. 구면 삼각형 $A'BC$는 $AB'C'$와 합동이고 면적은 T_2이다. 달꼴 α의 면적 $lune\ \alpha = T_1 + T_2$, 같은 방법으로 $lune\ \beta = T_1 + T_3$, $lune\ \gamma = T_1 + T_4$이다.

결국 $2T_1 = lune\ \alpha + lune\ \beta + lune\ \gamma - (T_1 + T_2 + T_3 + T_4) = 2\alpha + 2\beta + 2\gamma - 2\pi$이다.

따라서 $T_1 = \alpha + \beta + \gamma - \pi$이다.

2) 쌍곡기하와 복비의 활용

이 장에서는 쌍곡기하와 복비, 그리고 복비의 활용에 대해서 알아볼 것이다.

가. 쌍곡기하의 모형

(1) 쌍곡 반평면

쌍곡 반평면은 직교좌표평면의 x축 위 반평면에 쌍곡길이가 정의된 평면이다. 푸앵카레 위 반평면이라고도 한다.

(2) 쌍곡 원반모형

쌍곡 원반모형은 직교 좌표평면의 단위원 안에 쌍곡길이가 정의된 평면이다. 이는 쌍곡 반평면 모형을 원반 내부로 압축하는 함수에 의해 구성된다. 이 함수는 다음과 같다.

$$U(z)=\frac{iz+1}{z+i}$$

이 함수에 의해 $U(0)=-i,\ U(i)=0,\ U(-1)=-1,\ U(1)=1$ 이 된다.

이 함수는 일대일 대응이며, 연속함수이므로 역함수가 존재한다. 이 역함수는 다음과 같다.

$$V(z)=U^{-1}(z)=\frac{-iz+1}{z-i}$$

이 역함수는 쌍곡 원반모형을 쌍곡 반평면으로 확장시킨다.

나. 선형분수 변환

(1) 선형분수변환의 형태

선형분수변환은 $T(z)=\dfrac{az+b}{cz+d}$ 의 형태로 나타난다. 여기서 a,b,c,d는 복소수이고 $(ad-bc\neq 0)$이다.

$c=0$ 일 때 $T(\infty)=\infty$, $c\neq 0$일 때 $T(\infty)=\dfrac{a}{c}$, $T(-\dfrac{d}{c})=\infty$ 로 정의된다.

(2) 선형분수변환의 행렬표현

선형분수변환 T를 2×2 행렬 $\gamma=\begin{bmatrix} a & b \\ c & d \end{bmatrix}$로 표현하고 $T=T_\gamma$ 라고 나타내기도 한다.

위의 행렬 γ에 0이 아닌 상수 k를 곱한 γ'이라는 행렬이 있다. 이에 대해 $T_\gamma=T_{\gamma'}$이 성립한다. 즉, 위와 같이 선형분수변환 T를 행렬로 나타내는 것은 유일하지 않다.

(3) 선형분수변환의 종류

선형분수변환은 크게 평행이동($T(z)=z+\beta$), 회전변환($T(z)=\alpha z,\ |\alpha|=1$), 신축변환($T(z)=\alpha z,\ \alpha>0$), 역수변환($T(z)=\dfrac{\beta}{z}$), 닮음변환($T(z)=\alpha z+\beta$)으로 나뉜다.

다. 복비(cross ratio)의 활용

(1) 복비의 정의

서로 다른 네 복소수 a,b,c,d에 대한 복비는 다음과 같다.

$$(a,b\,;c,d)=\frac{(a-c)}{(a-d)}\Big/\frac{(b-c)}{(b-d)}=\frac{(a-c)(b-d)}{(a-d)(b-c)}$$

(2) 복비를 이용한 선형분수변환의 표현

서로 다른 세 복소수에 대하여 $f(z) = (z, b;c, d) = \dfrac{(z-c)(b-d)}{(z-d)(b-c)}$ 는 b, c, d를 각각 $1, 0, \infty$로 보내는 유일한 선형분수변환이다.

이와 같이 선형분수변환은 복비로 나타낼 수 있다.

(3) 복비 보존 법칙

$\gamma a = a', \gamma b = b', \ \gamma c = c'$인 일차분수변환 γ 이 있다.

이 γ 에 대해 $(z, a\,; b, c) = (\gamma z, a'\,; b', c')$임을 즉, 일차분수변환에 대해 복비는 보존됨을 증명해보자.

$\gamma_1 z = (z, a\,; b, c) \quad \gamma_2 w = (w, a'\,; b', c')$라 하면

$\gamma_1 a = 1, \ \gamma_1 b = 0, \ \gamma_1 c = \infty$ 이고

$\gamma_2 a' = 1, \ \gamma_2 b' = 0, \ \gamma_2 c' = \infty$ 이므로

$\gamma_1 z = \gamma_2 w$, 즉 $(z, a\,; b, c) = (w, a'\,; b', c')$이다.

따라서 $w = \gamma z$임을 증명하면 복비 보존 법칙을 증명할 수 있다.

$\gamma_1 z = \gamma_2 w$ 이므로 $w = \gamma_2^{-1} \gamma_1 z$이다.

$\gamma' = \gamma_2^{-1} \gamma_1$ 이라하면

$\gamma' a = a', \ \gamma' b = b', \ \gamma' c = c'$이고 $\gamma a = a', \ \gamma b = b', \ \gamma c = c'$이므로 $\gamma' = \gamma$ 이다.

따라서 $rz = r'z = w$ 이다.

그러므로 $(z, a\,; b, c) = (\gamma z, a'; b', c')$, 즉 복비는 보존된다.

(4) 복비를 이용한 길이 계산

복비를 이용하여 두 점 사이의 거리, 즉 선분의 길이를 계산할 수 있다.

$P = a + ib, \ \ Q = a + ic$인 두 점 P, Q사이의 거리는 다음과 같이 나타난다.

$$|PQ| = \left| \int_b^c \frac{dy}{y} \right| = \left| \, ln\left(\frac{c}{b}\right) \right|$$

이제, 쌍곡평면 상의 수직선 위에 존재하지 않는 두 점 P, Q에 대해 그 거리를 정의해 보자.

P, Q가 수직선 위에 존재하지 않으므로 x축 위에 중심이 있고, 점 P, Q를 지나는 반원을 생각해 볼 수 있다. 이 반원이 x축과 만나는 점을 각각 M, N이라 하자.

점 P와 점 Q에 대해 P를 i로 보내고, PQ를 수직선상으로 옮기는 등거리사상 σ를 생각해보자. 이 σ에 의해 P는 i로, M은 0으로 N은 ∞로, Q는 임의의 c에 대

해 ic로 보내진다.

따라서 두 점 P, Q사이의 거리는 $|PQ| = \left| ln(\frac{1}{c}) \right| = |lnc|$로 표현된다.

복비보존법칙에 따라 $(\sigma z, i; 0, \infty) = (z, P; M, N)$이다.

$\sigma Q = ic$이고 $(\sigma z, i; 0, \infty) = \frac{\sigma z}{i}$이므로 $c = (\sigma Q, P; M, N) = (Q, P; M, N)$이다.

따라서 $|PQ| = |ln(Q, P; M, N)|$이다.

3) 평면, 구면, 쌍곡면에서의 타일링

이 장에서는 평면과 구면, 쌍곡면에서의 정규 타일링 및 유사정규 타일링에 대해 알아볼 것이다.

가. 타일링

타일링(Tiling)은 수학적인 정의로는 특정한 닫힌 모양의 반복으로 이루어진 무늬들로 같은 모양의 부분들로 쪼개는 것을 의미한다. 우리 주변에서 볼 수 있는 타일링의 종류로는 욕실의 바닥에 깔려 있는 정사각형의 타일링이 있고, 자연에서 찾아보면 육각형으로 구성되어 있는 벌집이 있다.

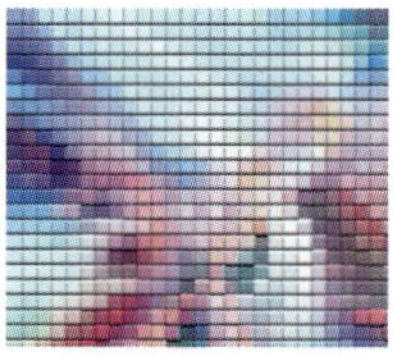 

나. 정규 타일링(Regular Tiling)

정규 타일링이란, 한 종류의 정다각형으로만 타일링하는 것을 뜻한다.

(1) 평면

평면상에서는 정삼각형과 정사각형, 정육각형으로만 타일링할 수 있다.

정규 타일링이 이루어지려면, 모든 점에서 그 점에 모이는 정다각형의 개수가 모두 같아야 한다. 이 때, 한 점에 정 n각형이 k개 모인다고 하자. 한 점을 중심으로 주변을 빈틈없이 채우기 위해서는 한 점 주위에 있는 각들의 합이 2π가 되어야 함을 알 수 있다.

$$\frac{(n-2)\pi}{n} \times k = 2\pi,$$

정리하면, $(n-2)(k-2) = 4$

$(n-2, k-2)=(3, 6), (4, 4), (6, 3)$ 의 경우만 정규 타일링이 가능하다.

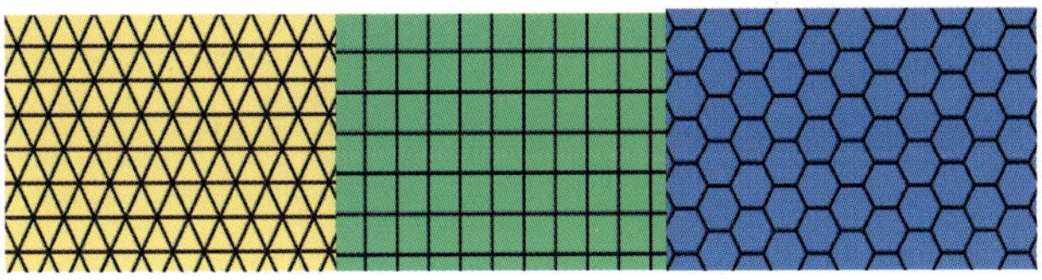

(2) 구면

구면에서의 정규 타일링은 정다면체와 같다. 정다면체는 정사면체, 정육면체, 정팔면체, 정십이면체, 정이십면체의 5개뿐이므로 구면에서의 정규 타일링은 5개 뿐이다.

(3) 쌍곡면

한 꼭지점에서 정 n각형이 k개 모이는 정규 타일링을 생각하자.

정 n각형의 내각의 합은 $n \times \frac{2\pi}{k}$ 이고, 쌍곡삼각형의 내각은 π보다 작으므로 다음 식을 만족해야 한다.

$$n \times \frac{2\pi}{k} < (n-2)\pi$$

이 식을 간단히 하면 $\frac{1}{n} + \frac{1}{k} < \frac{1}{2}$ 이다.

즉, 쌍곡면에서 정규 타일링이 가능한 조건은

$$\frac{1}{n} + \frac{1}{k} < \frac{1}{2}$$

이다.

여기에서 (n, k)는 한 점에 정 n각형이 k개 모인 것을 의미한다.

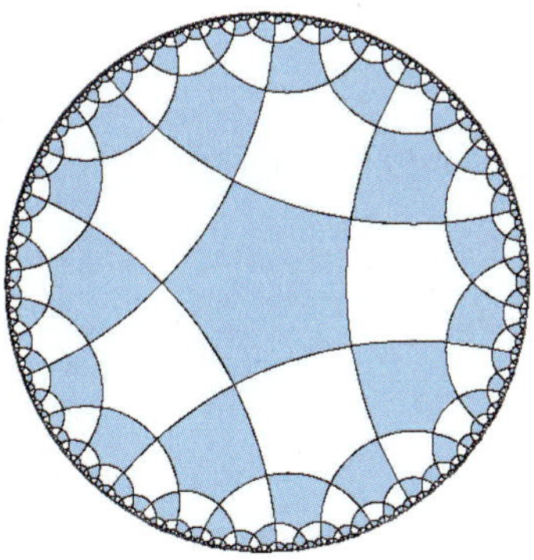

(5,4) 타일링

(4,7) 타일링

다. 유사정규 타일링(Semi-regular Tiling)

유사정규 타일링은 정규 타일링과는 달리 두 종류 이상의 정다각형을 사용해서 각 점에서의 정다각형의 배열이 같도록 하는 타일링을 뜻한다.

(1) 평면

평면에서 정 p_1각형, 정 p_2각형, …, 정 p_q각형이 유사정규 타일링을 이루려면 다음 조건을 만족해야 한다.

$$\frac{p_1-2}{p_1}\pi+\frac{p_2-2}{p_2}\pi+\ \cdots\ +\frac{p_q-2}{p_q}\pi=2\pi$$

간단히 고치면,

$$\frac{1}{p_1}+\frac{1}{p_2}+\cdots+\frac{1}{p_q}=\frac{q-2}{2}$$

(가) 한 점에 3개의 정다각형이 모일 때

한 점에 정 n각형, 정 m각형, 정 l각형이 1개씩 만나서 구성되는 타일은 다음 식을 만족해야 한다.

$$\frac{1}{n}+\frac{1}{m}+\frac{1}{l}=\frac{1}{2}$$

$l\le m\le n$일 때 가능한 경우를 찾아보면 다음과 같다.

$(l,m,n)=(3,7,42),(3,8,24),(3,9,18),(3,10,15),(3,12,12),(4,5,20),$
$(4,6,12),(4,8,8),(5,5,10)$

(나) 한 점에 4개의 정다각형이 모일 때

$3\le l\le m\le n\le k$

$$\frac{1}{n}+\frac{1}{m}+\frac{1}{l}+\frac{1}{k}=1$$

$(l,m,n,k)=(3,3,4,12),(3,4,3,12),(3,3,6,6),(3,6,3,6),(3,4,6,4),(3,4,4,6)$

(다) 한 점에 5개의 정다각형이 모일 때

$3\le l\le m\le n\le k\le j$

$$\frac{1}{n}+\frac{1}{m}+\frac{1}{l}+\frac{1}{k}+\frac{1}{j}=\frac{3}{2}$$

$(l,m,n,k,j)=(3,3,3,3,6),(3,3,3,4,4),(3,3,4,3,4)$

즉, 한 점에 모이는 배열로 보면 유사 정규 타일링이 될 가능성이 있는 조합은 18가지이다.

이들 중에 어떤 경우에 유사 정규 타일링이 가능한지 알아보려면 다음 두가지 조건을 만족하는 배열은 제외시켜야 한다.

① 확장시켜나갈 때 비어 있는 각을 채울 수 있는 정다각형이 없을 경우

② 확장시켜나갈 때 한 점에서 배열 규칙이 어긋날 경우

위의 두 조건에 맞는 유사 정규 타일링은 다음 8가지 뿐이다.

$(3,12,12),(4,6,12),(4,8,8),(3,6,3,6),(3,4,6,4),(3,3,3,3,6),(3,3,3,4,4),(3,3,4,3,4)$

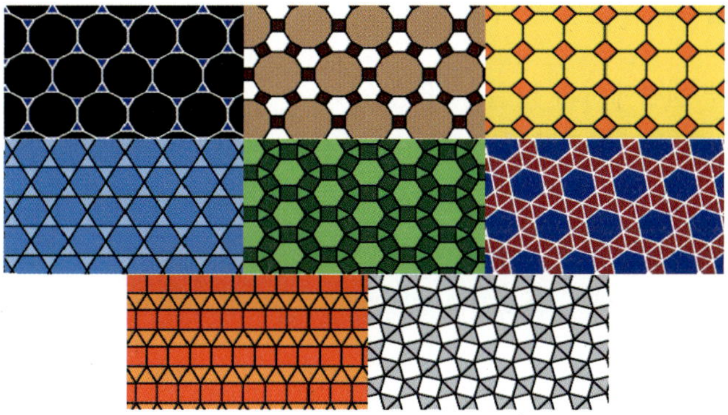

(2) 구면

구면에서의 유사정규 타일링은 유사정다면체를 뜻한다. 유사정다면체란, 정다각형들로 이루어진 볼록 다면체로 각 꼭지점에서 만나는 정다각형의 개수가 같고 연결 순서가 동일한 입체를 일컫는다. 유사정다면체는 그리스 시대의 수학자 아르키메데스에 의해 처음으로 기술된 입체로 아르키메디안 입체라고도 한다.

유사정다면체 $(a_1,\ a_2,\ \cdots,\ a_k)$은 한 꼭지점이 정 a_1각형, 정 a_2각형,$\cdots$,정 a_k각형의 배열을 갖는다는 것이다.

볼록다면체에서 각 꼭지점에서의 각의 결손(defect)의 총합은 4π이다. 여기서 각의 결손이란 2π에서 꼭지점에 모여 있는 다각형들의 내각의 합을 뺀 값을 말한다. 예를 들어, 정사면체에서 각의 결손은 $2\pi-(\frac{\pi}{3}\times 3)=\pi$이고, 네 개의 꼭지점에서 각각 π만큼의 결손이 있으므로, 각의 결손의 총합은 4π가 된다.

정리 4 유사정다면체는 5개의 정다면체와 정 n각기둥, 엇 n각기둥을 제외하고 13개뿐이다.

증 명 정다각형 중 가장 작은 내각을 갖는 정삼각형 6개에 의해서 평면이 만들어지므로 다면체가 되기 위해서는 한 점을 둘러싼 정다각형의 개수가 5개 이하여야 하

고 최소한 3개의 정다각형에 둘러싸이므로 3, 4, 5개의 정다각형으로 둘러 싸이는 경우밖에 없다. 참조: 유사정다면체 대한 연구

(3) 쌍곡면

쌍곡면에서 정규 타일링은 무수히 많다. 그러면 어떤 정규 타일링이 성립할 때 다른 정규 타일링 혹은 유사 정규 타일링이 성립할 수 있는지를 알아보도록 한다. 일반적인 경우에 대해서 성립한다면, 정규 타일링이 무한하므로 그에 따라 만들어지는 유사 정규 타일링도 무한할 것이다. 여기에서는 쌍곡 원반에서의 타일링을 다룰 것이다.

(가) 쌍곡 원반에서의 타일링 구성 원리

다음 두 조건을 만족하면 쌍곡 원반에서의 타일링을 구성할 수 있다.

① 인접한 정다각형이 단지 공유하는 변에 대해 서로 반전된 것으로만 이루어진다.

② 임의의 정다각형은 내심을 갖고 있다.

또한, 쌍곡 원반에서 유사정규 타일링을 만족하려면 다음 식을 만족하면 된다.

$\frac{1}{p_1}+\frac{1}{p_2}+\cdots+\frac{1}{p_q}<\frac{q-2}{2}$, (정 p_1각형, 정 p_2각형, $\cdots$, 정 p_q각형)

이 식이 나온 과정은 평면에서와 같다. 즉, 예를 들어 한 점에 정다각형이 3개 모인 유사정규 타일링을 알아보고 싶다면

$\frac{1}{p}+\frac{1}{q}+\frac{1}{r}<\frac{1}{2}$를 만족하는 (p,q,r)의 순서쌍을 찾으면 된다.

(나) 쌍곡 원반에서의 유사정규 타일링

앞에서 임의의 정규 타일링이 있으면 그에 따라 몇 가지 유사정규 타일링이 만들 수 있다. p^q 는 한 점에 정 p각형이 q개 모인 정규 타일링을 의미한다.

① $p^q \to (2p,2p,q)$

p^q 타일링이 있을 때, 각 정다각형 마다 삼각분할을 한다. 이 때, 삼각형이 생기는데 (① - 1 참고), 원래 정 p각형이 q개 모였던 점 주위에 생기는 q개의 삼각형의 중심을 연결하여 정 q가형을 만들고, 정 p각형의 중심 주위에 생기는 $2p$개의 삼각형들의 중심을 연결하여 정 $2p$각형을 만든다. 모든 점에 이와 같은 방법을 적용하면 $(2p,2p,q)$ 타일링을 얻을 수 있다(① - 2 참고). 여기에서는 4^5에서 $(8,8,5)$타일링이 구성됨을 알 수 있다.

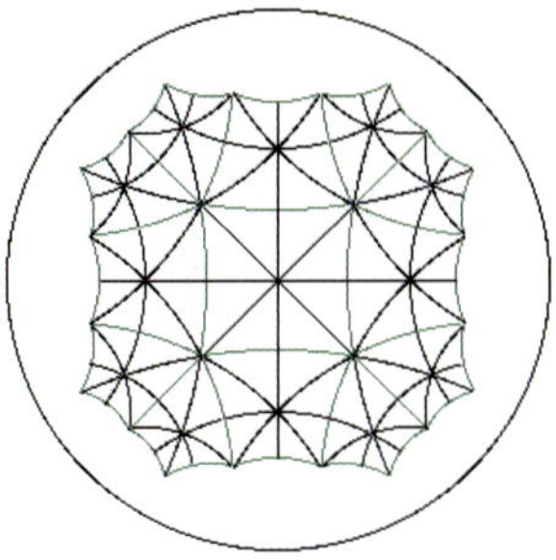

①-1

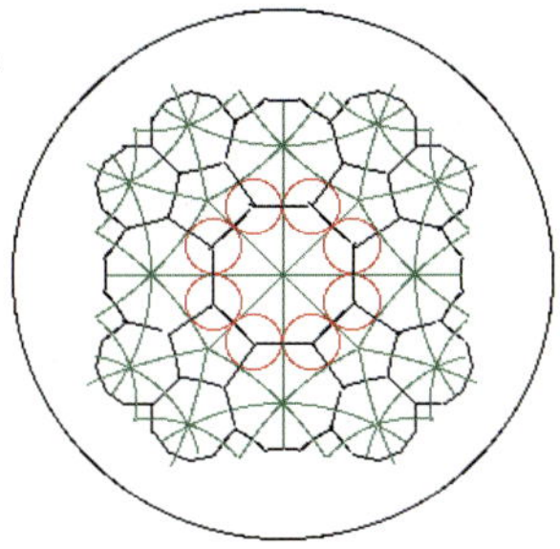

①-2

② $p^q \rightarrow (4, 2p, 2q)$

①에서와 같이 삼각분할을 하면(②-1 참고), 정 p각형의 중심 주위에 생기는 $2p$개의 삼각형의 중심을 연결하여 정 $2p$각형을 만들고, 정 p각형이 q개가 모인 점 주위에 생기는 $2q$개의 삼각형의 중심을 연결하여 정 $2q$각형을 만들고, 두 다각형이 공유하는 선분을 반으로 가르는 선분과 그 선분의 교점 주위에 생기는 4각형을 만든다. 이로써, $(4, 2p, 2q)$타일링을 얻었다(②-2 참고). 여기에서는 5^4에서 $(4, 10, 8)$타일링이 구성됨을 알 수 있다.

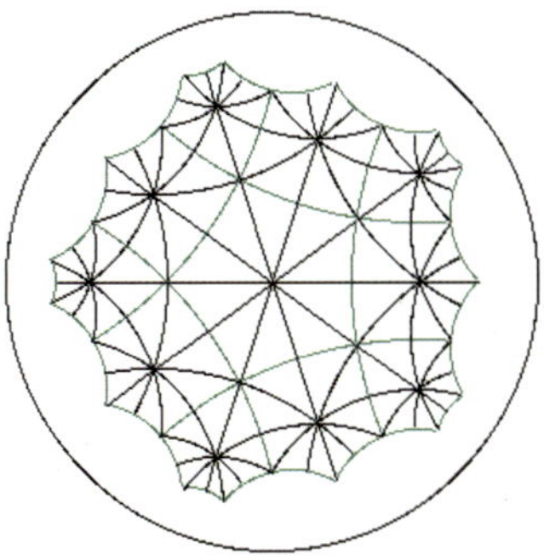

②-1

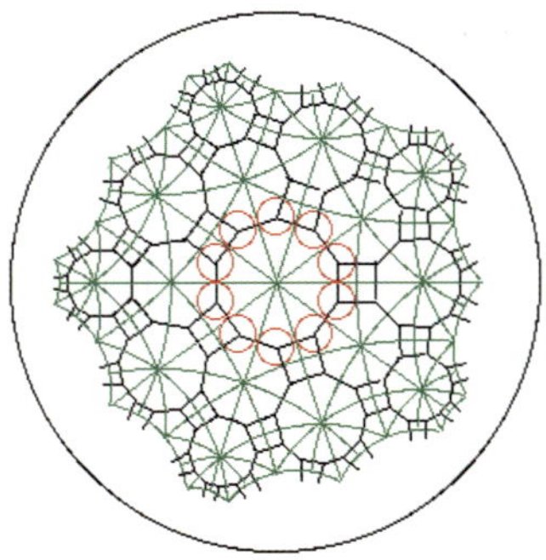

②-2

③ $p^q \rightarrow (p, q, p, q)$

p^q 타일링의 각 다각형의 중심에서 p^q의 꼭지점에 그은 선분만을 이용하여 마름모를 만들어 타일링한다(③-1 참고). 인접한 마름모는 그들이 공유하는 모서리에 대한 각각에 대에 대한 각각에 대한 반전이다. 마름모의 각이 $\frac{2\pi}{p}, \frac{2\pi}{q}$ 가 교대로 나타나므로, (p, q, p, q)를 얻는다(③-2 참고). 여기에서는 5^4에서 $(5, 4, 5, 4)$ 타일링이 구성됨을 알 수 있다.

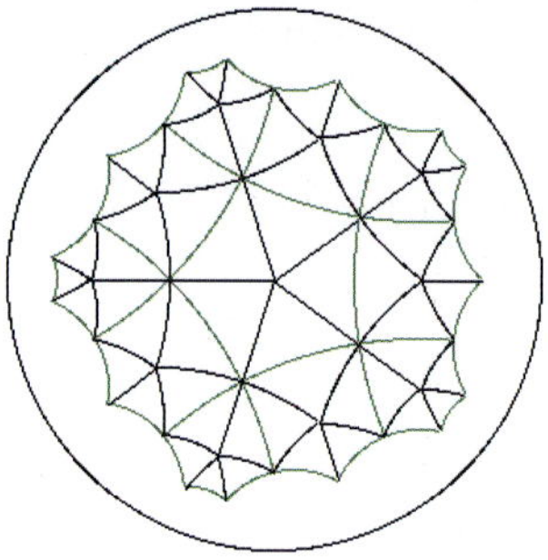

③-1

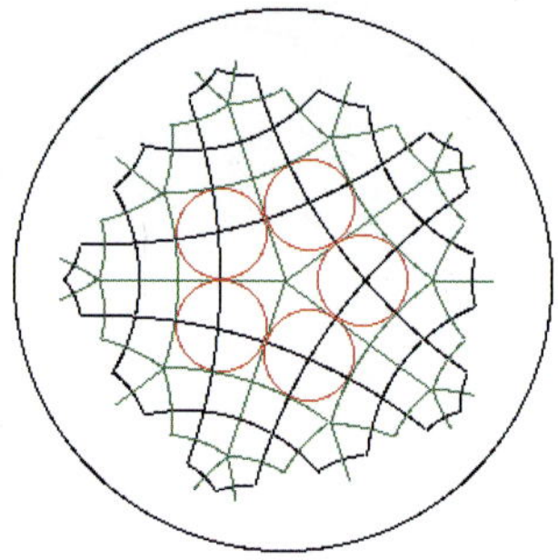

③-2

3 연구결과 및 고찰

본장에서는 쌍곡기하의 쌍곡원반모형에서 정규타일링과 유사정규타일링의 기하학적 성질들을 규명하고, Cabri Geometry Ⅱ 프로그램과 Cinderella프로그램을 이용하여 타일링 구성 알고리즘을 개발하였다. 여러 가지 타입의 쌍곡원반모형의 타일링에 전통문양과 관련된 창의적인 작품을 제작하고, 유명한 도시의 명소들을 소개하는 사진들을 쌍곡원반모형 내부에 포토샾을 이용하여 구성하였다.

1) 쌍곡원반모형에서의 타일링

가. 쌍곡원반모형에서의 유사정규타일링

앞에서 정규타일링 하는데 쓰인 Cabri Geometry Ⅱ는 유크리드 평면에서의 작도밖에 할 수 없다. 이에 반해 Cinderella는 쌍곡기하학의 활용성이 더 뛰어난 프로그램이다. 예를 들어 원을 원에 대해 반전을 시키는 경우 Cabri Geometry Ⅱ로는 불가능하나 Cinderella로는 가능하다. 따라서 유사정규 타일링에서는 Cinderella 라는 수학 프로그램을 이용하여 작도하고자 한다.

(1) 쌍곡 원반모형에서의 유사정규타일링의 사례

이제 쌍곡 원반모형에서 {4,6} 유사정규타일링 즉, 각 꼭지점에서 사각형, 육각형, 사각형, 육각형으로 된 타일링을 만들어 보자.

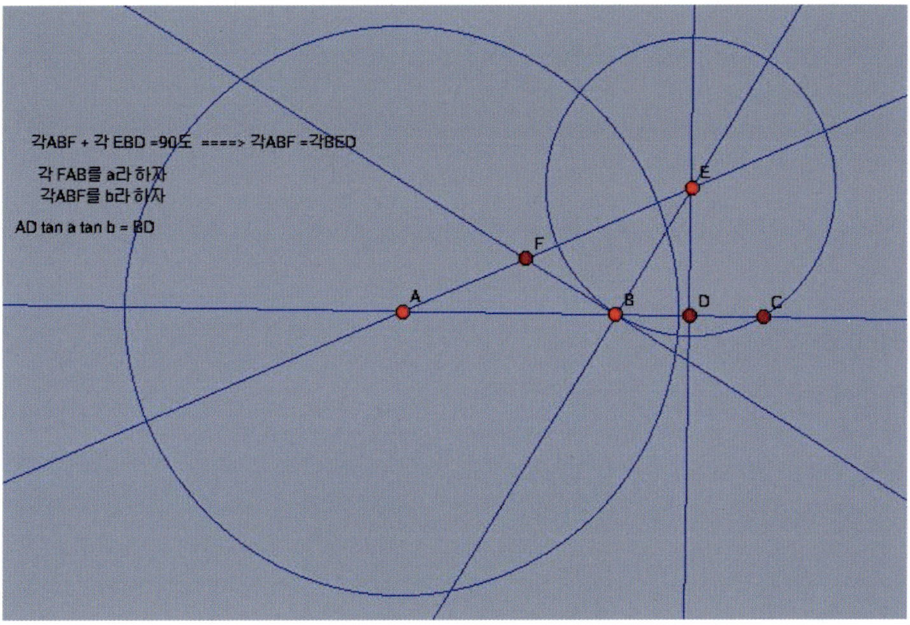

그림 1-3.

$$Rcos B = \frac{\frac{1}{s}+s}{2} tanA,\quad Rsin B = \frac{\frac{1}{s}-s}{2}$$ 이므로 $$\tan A \tan B = \frac{\frac{1}{s}-s}{\frac{1}{s}+s} = \frac{1-s^2}{1+s^2}$$

가 되어

$$s^2 = \frac{1-\tan A \tan B}{1+\tan A \tan B} = \frac{\cos(A+B)}{\cos(A-B)} = \cos 2B + \sin 2B \tan(B-A)$$
$$= \cos 2A + \sin 2A \tan(A-B)$$

따라서 ∠A와 ∠B를 안다면 중심다각형의 중심에서 꼭지점 까지의 거리를 구할 수 있다.

{m,n}을 타일링 할 때 $\angle A = \frac{180}{m}$, $\angle B = \frac{180}{n}$ 으로 나타낼 수 있다. 이를 이용하여 쉽게 유사정규 타일링을 할 수 있다.

(2) Cinderella에서의 유사정규타일링 순서

Cinderella를 이용한 쌍곡 원반 모형에서의 {4,6} 유사정규타일링을 작도하는 순서를 살펴보면 다음과 같다.

(가) 원1을 작도한다.

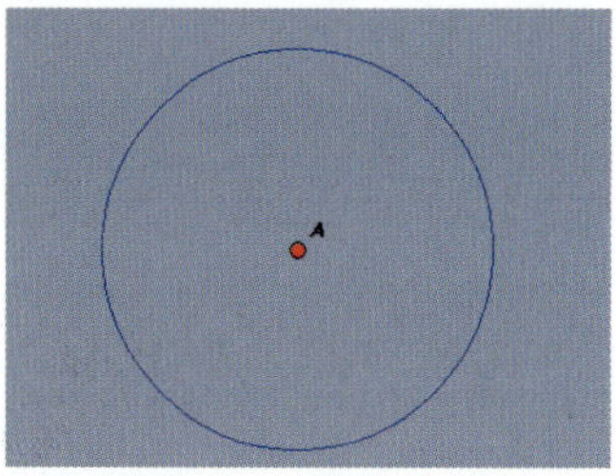

(나) 원의 중심을 지나는 직선과 그 직선에 수직인 직선을 긋는다. 이를 x축 y축이라 하자.

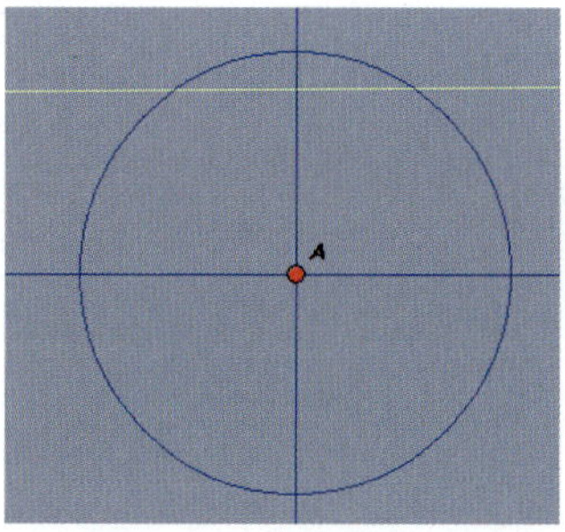

(다) 두 직선이 이루는 각을 이등분하는 사선 두 개를 긋는다.

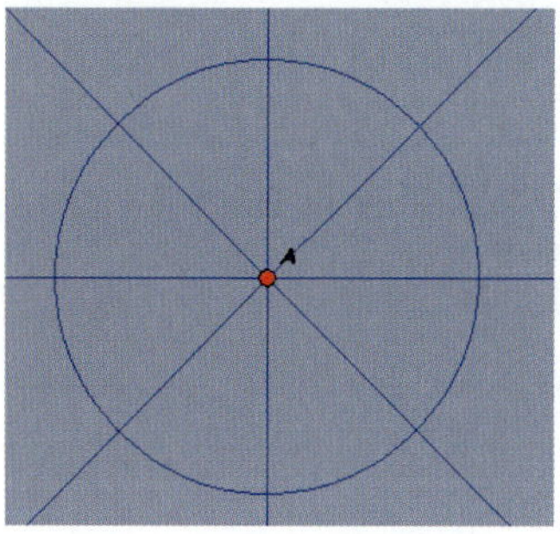

(라) 왼쪽 사선과 60도를 이루는 직선1을 긋는다.

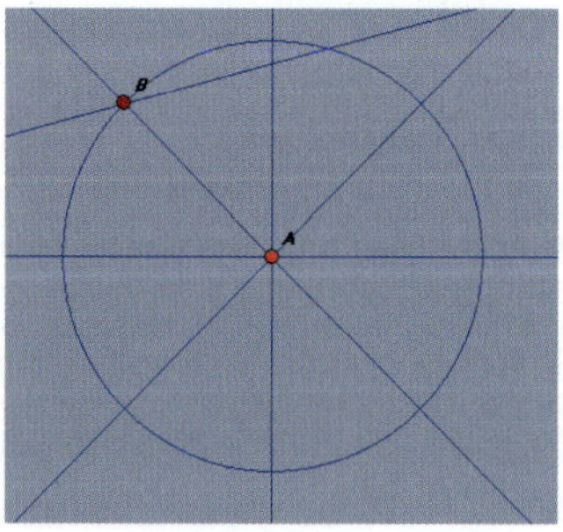

(마) 직선1과 오른쪽 사선과 만나는 교점C를 지나고 오른쪽 사선과 15도를 이루는 직선2를 작도한다.

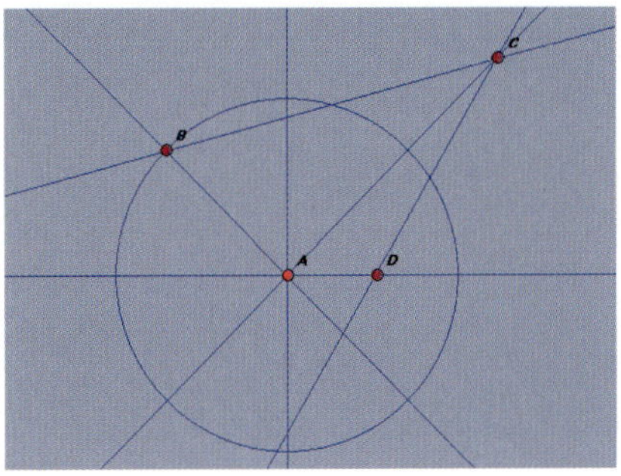

(바) 직선2와 x축이 만나는 점과 점D를 반지름으로 하는 원2를 그린다.

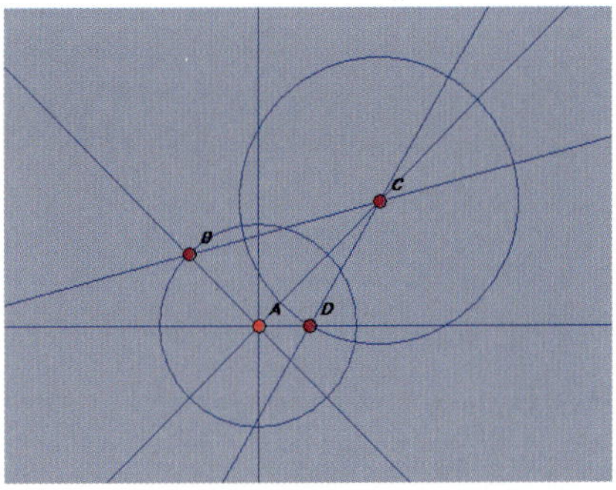

(사) 원2를 x축 y축을 중심으로 반전시킨다.

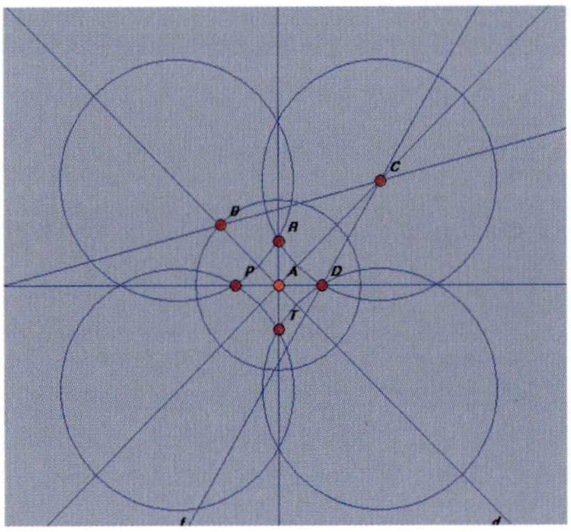

(아) 점Q, 점W 점E를 지나는 원3을 그린다.

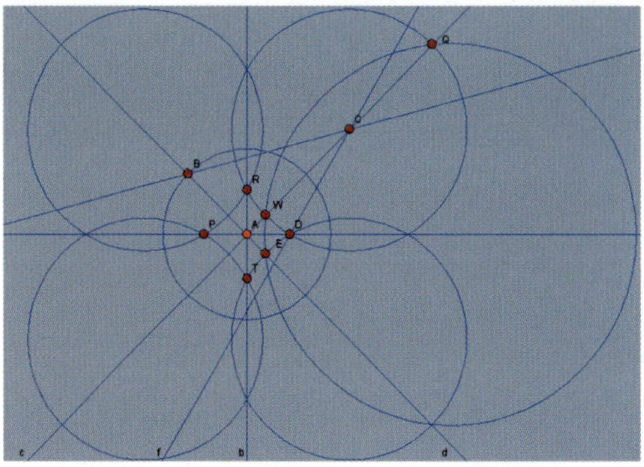

(자) 원3을 (사)과 마찬가지로 반전시킨다. 이제 중심에 있어야 할 사각형이 완성되었다.

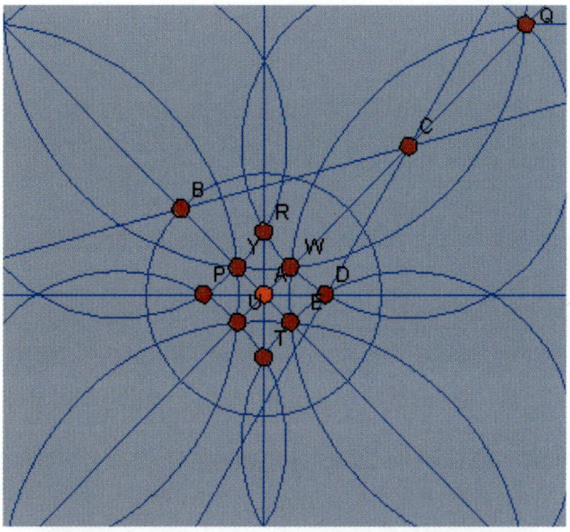

(차) 큰 원의 반대쪽에 있는 작은 두 원을 각각 반전시킨다.

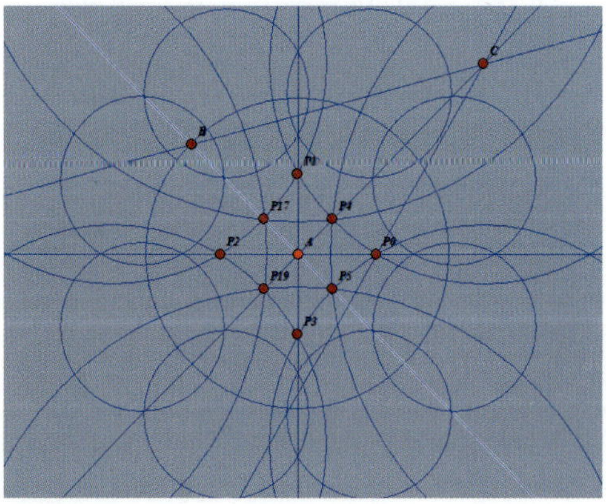

(카) 육각형을 만들기 위하여 반전시켜 만든 두 작은 원에 대하여 측지선을 긋는다.

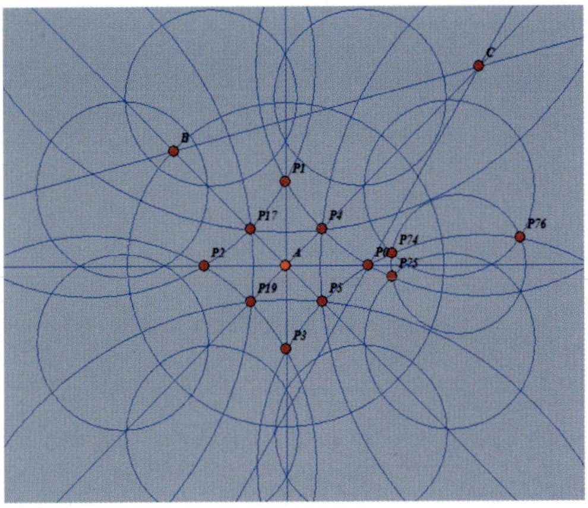

(타) 그 측지선을 다른 원들에 대해서도 작도하면 유사정규 타일링이 완성된다.

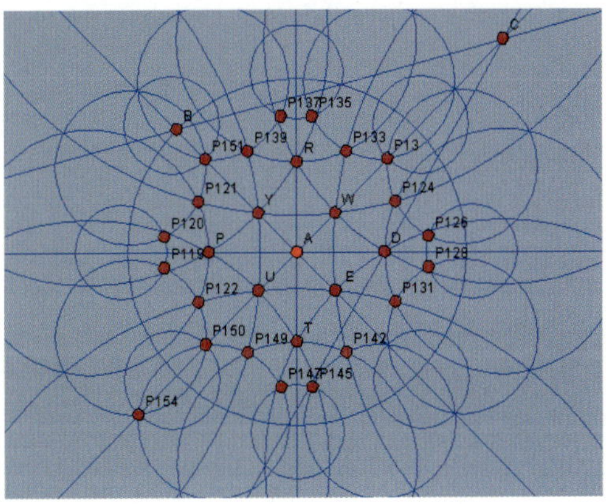

(파) 아래 그림은 그림판을 이용하여 색칠한 그림이다.

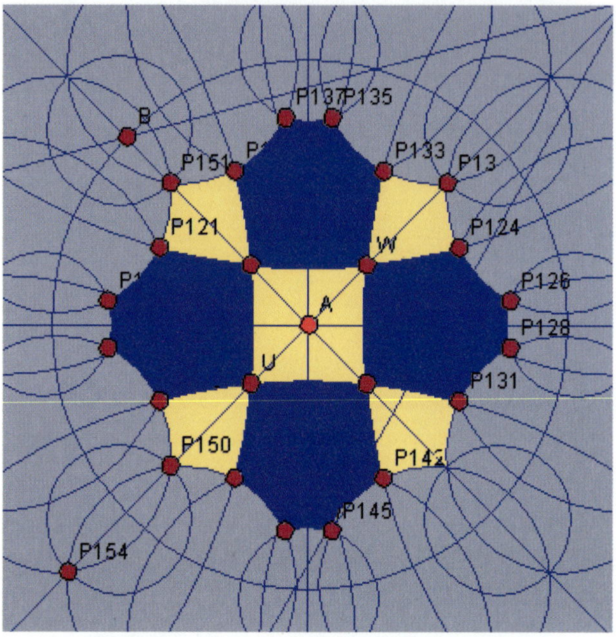

다음은 같은 방법으로 {6,4}, {5,6} 유사정규 타일링을 그림판으로 색칠한 것이다.

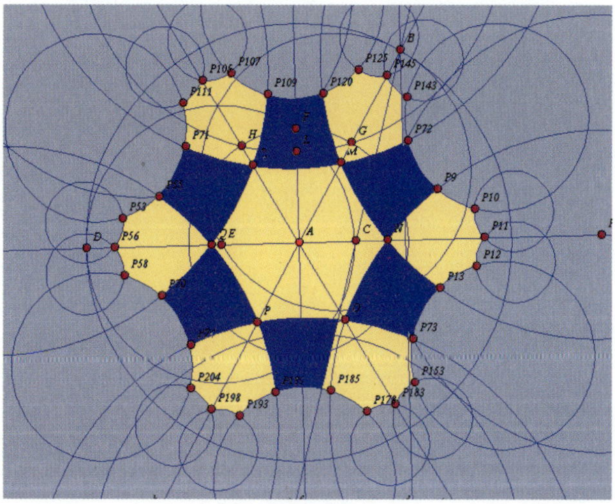

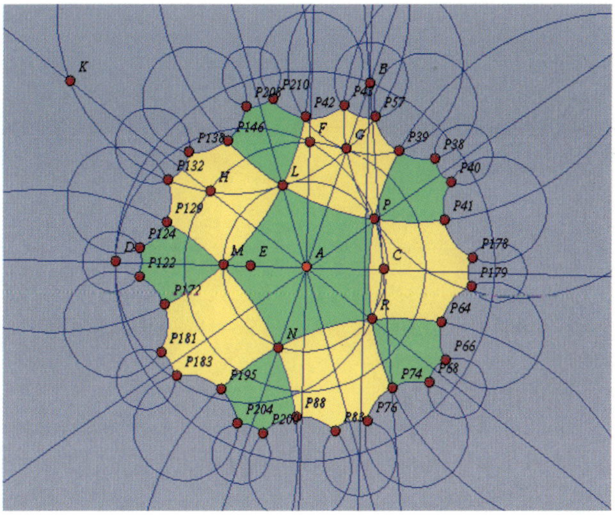

2) 쌍곡원반모형에서의 유사정규타일링을 활용한 작품제작

쌍곡원반모형의 유사정규 타일링을 활용하여 우리나라의 전통적인 문양들을 바탕으로 창의적인 새로운 타일링 작품을 구성하였으며 유명한 도시의 명소들을 소개하는 사진들을 원반모형 내부에 포토샵을 이용하여 수록하였다.

작은 공간에 많은 사진과 문양들을 수록할 수 있으며 기하학적인 아름다움을 줄 수 있어서 광고 홍보용 작품으로 활용되기를 기대한다.

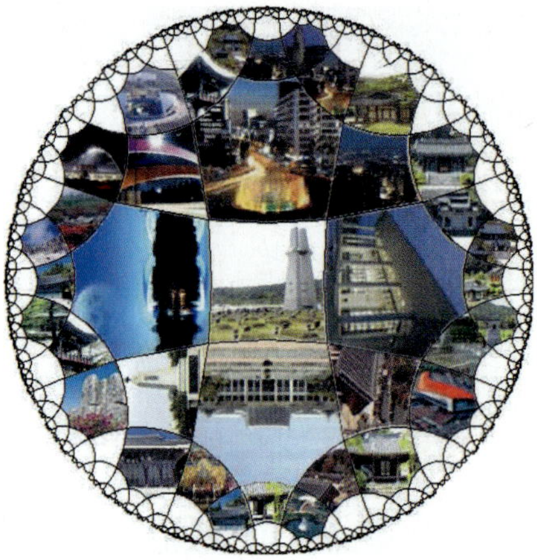
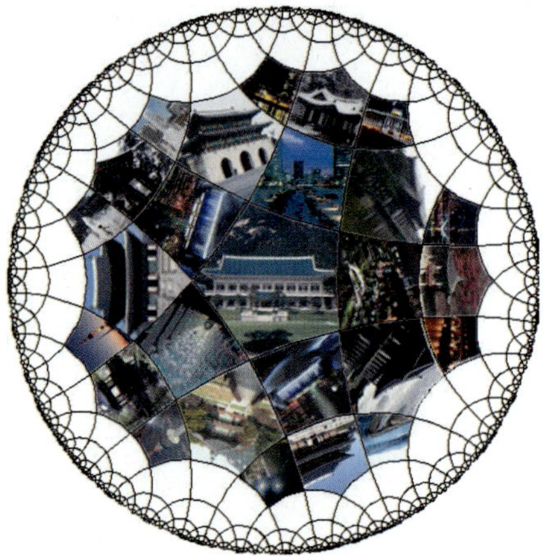

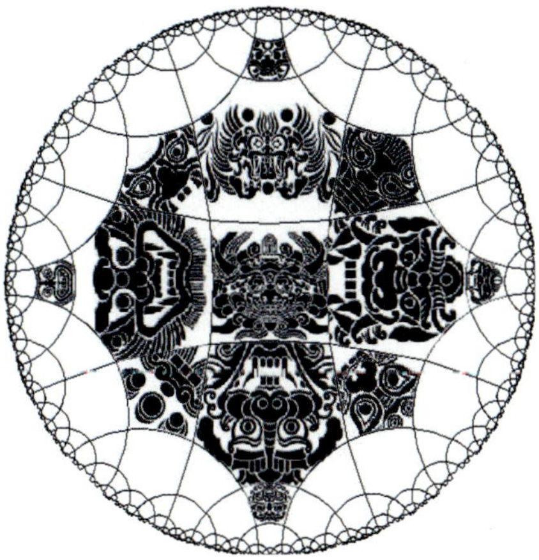 

인용문헌

1. Arthur Baragar (2001), *A survey of Classical and Modern geometry with computer activities*, prentice－Hall. Inc.
2. Jay Kappraff (2001), *Connections, The geometric bridge between art and science*, 2th. world scientific.
3. Saul Stahl (1993), *The Poincaré Half－Plane, A Gateway to Modern Geometry*, Jones and Bartlett Pub.
4. Saul Stahl (2005), *Introduction to Topology and geometry*, Wiley.
5. Arlan Ramsay Robert D. Richtmyer (1995), *Introduction to Hyperbolic Geometry*, Springer.
6. Elmer G. Rees (2000), *Notes on geometry*, Springer.
7. Dan Gremillion & Michael Keyton(류희찬& 장훈 옮김) (1997), *Cabri Geometry II* Guidebook (한글판), Texas Instrument.
8. James W.Anderson (2000), *Hyperbolic Geometry*, 2th, Springer UMS.
9. Interactive Geometry Cinderella 2003.
10. http://aleph0.clarku.edu/～djoyce/poincare/poincare.html
11. http://windshoes.new21.org/art－escher.htm
12. 고석구, 비유크리드기하학, 경문사, 2003. 정태식, 한국도안문양사전, 누리미디.

CHAPTER

05

5

수학영재교육 자료모음

1. 수학영재 판별문항 사례분석
2. 기초 대수문제 탐구와 그 풀이
3. 수학 심화과정 특별강의 자료
4. 그림으로 증명하기(Proofs without words)

1. 수학영재 판별문항 사례분석

과학영재교육원 초등수학반과 중등수학반의 수학영재 판별문항사례를 소개한 것이다. 이 자료는 한국과학문화재단 엠베세더 활동으로 제주시 중등수학교사회 보임에서 2006년에 강의한 것이다.

1 수학영재 판별

1) 수학영재 판별의 원칙

수학영재를 판별하는데 있어서 다음과 같은 원칙을 생각할 수 있다.

(1) 일관성이 있어야 한다 ; 영재성이 정의되면, 판별과정에서는 이러한 영재성을 잘 측정해야 한다.

(2) 여러 가지 정보를 수집한다 ; 다양한 영역과 상황에서 나타나기 때문에 여러 가지 검사 방법과 도구를 활용해서 다양한 정보를 수집하는 일이 필요하다.

(3) 여러 단계에 걸쳐 판별한다.

- 다단계 판별의 순서 : 행동 관찰 결과로 선발 — 표준화된 검사 결과로 선발 — 고난도의 시험 결과로 선발의 몇 가지 단계를 거쳐 판별
- 미리 계획된 다단계 평가가 바람직하다.

(4) 지속적으로 수행되어야 한다.

(5) 판별대상에 따라 적절한 방법을 사용한다 ; 학생의 연령, 신체적・정신적 특성에 따라 적합한 방법과 검사 도구 활용한다.

(6) 가급적 조기부터 실시한다 ; 영재성의 계발은 나이가 어릴수록 더 용이하고 효과가 크다.

(7) 충분히 수준 높은 검사를 사용한다 ; 영재학생에게 너무 쉬어서 모두 높게 나오는 경우, 미국의 존스 홉킨스 대학은 더 높은 수준의 검사를 다시 한 번 실시한다.

(8) 나이에 따라 판별의 초점이 달라져야 한다 ; 나이가 들수록 각 분야별 특수 재능의 우수한 정도에 초점을 둔다.

(9) 배타성의 철학보다는 포괄성의 철학에 입각해서 판별을 실시한다 ; 잠재적 영재

성을 지닌 아이들이 제외되는 실수를 두려워하고, 가급적 포함시키려는 자세가 필요하다.

(10) 영재 판별 검사에서 얻은 자료, 정보는 지속적으로 활용되어야 한다 ; 판별과정에서 수집된 다양한 자료, 정보는 학생의 교육과 상담, 교육 프로그램의 개선, 이후에 수행되는 판별 검사의 개선 등을 위해서 지속적으로 활용되어야 한다.

2) 수학영재 판별에 있어서 고려할 점

영재를 판별해 낼 수 있는 확실한 한가지 방법은 없다. 여러 가지 방법이 결합되어야 하지만 궁극적으로는 교사의 전문적인 판단이 요구된다. 교사의 주의 깊은 관찰, 다른 여러 가지 정보들은 교사들이 학생을 파악할 수 있게 해 준다.

- 지능검사
- 학교 학업성적
- 교사, 학부모, 동료의 관찰
- 행동특성 조사지
- 창의성 검사
- 표준화된 학업성취도 검사
- 적성검사
- 영재성을 보여주는 행동이나 산출물
- 학생의 자기보고서
- 교사의 관찰 기록

2 영재교육원 초등수학 영재 선발 문항의 예

1) 1단계

문항 1) 6장의 카드에 자연수가 적혀 있다. 어느 카드나 3장을 뽑아 카드에 적힌 수를 합하면 항상 짝수가 된다고 한다. 6장의 카드에 적힌 수는 모두 짝수임을 설명하여라.

(힌트) 짝+홀=홀
홀+홀=짝
짝+짝=짝 이다.

홀수가 적힌 수가 1 장만 있어도 3장을 뽑아 짝수가 될수 없다.

6은	홀 1, 짝 5개	홀 4, 짝 2개
	홀 2, 짝 4개	홀 5, 짝 1개
	홀 3, 짝 3개	홀 6
		짝 6 으로 분류된다.

문항 2) 민영이는 가족과 함께 차로 여행을 갔다. 그때 동생이 자동차의 미터계기를 보고 "누나, 미터기 숫자 좀 봐! 거꾸로 읽어도 같은 수야"라고 했다. 미터기를 보니 "21912"였다. "언제 또 그런 수가 나올까?" 그런데 1시간 50분이 지나자 또 거꾸로 읽어도 같은 수가 되었다. 그 동안 평균 시속 몇 km로 달렸을까?

(힌트)

21912 다음 숫자 22022이다.

$$속도 = \frac{거리}{시간} = \frac{110km}{\frac{11}{6}시간} = 60km/시$$

8문항 중 모든 학생들이 가장 어렵게 느낀 문항중의 하나이다. 속도를 구하는 방법을 모르고 있지 않나 생각되며 팰린드롬의 문제가 생소했다고 생각된다.

문항 3) 곱하면 2004가 되는 서로 다른 세 자연수가 있다. 이 세 수를 더할 때 나올 수 있는 가장 큰 값을 구하여라.

(힌트)

$2004 = 1 \cdot 2 \cdot 2 \cdot 3 \cdot 167 = 1 \cdot 2 \cdot 1002$ 로 소인수 분해한다.

소인수분해를 해서 여러 가지 경우를 고려하는 문제이다.

전체 학생들은 어렵게 느꼈으나 합격자들은 대부분 풀 수 있는 문제였다.

문항 4) □안에 알맞은 수를 넣어, 75의 배수가 되는 여섯 자릿수 7□36□5를 모두 구하여라.

전체 학생들은 어렵게 느꼈으나 합격자들은 대부분 해결하였다.

(힌트)

7□36□5　　　　$75 = 3 \times 5 \times 5$

1　2

~~1　3~~

2　7　　　　3의 배수이고 25의 배수인 수

4　2　　　　25의 배수는 끝자리가 25, 75

~~4　5~~　　　　3의 배수는 각 자리수의 합이 3의 배수

5　7

7　2

~~7　5~~

~~8　7~~

문항 5) 넓이가 420인 직사각형이 그림과 같이 12개의 서로 똑같은 작은 직사각형으로 이루어져 있다. 처음 직사각형의 둘레의 길이를 구하여라.

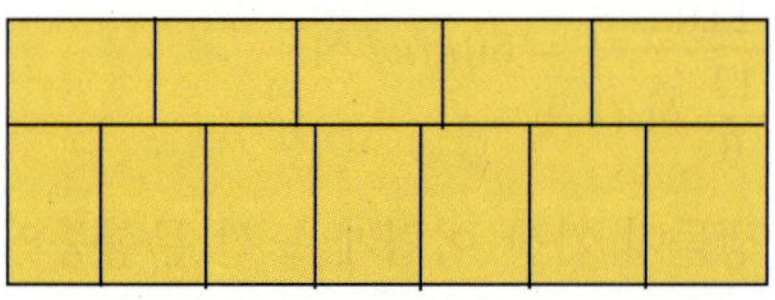

(힌트) 한 개의 넓이 $420 \div 12 = 35$

$xy = 35$

$7x = 5y$

$x = 5,\ y = 7$

둘레 길이 $2(x+y) + 2 \times 5y = 94$

문항 6) 바구니에 가득 들어있는 사탕을 성현이와 지원이가 나누어 가지려고 한다. 성현이가 1개, 지원이가 2개, 다시 성현이가 3개, 지원이가 4개, … 이렇게 다음 사람이 앞사람 보다 한 개 더 많이 가져가기로 하였다. 마지막으로 성현이가 가져갔는데, 각자 가져간 사탕의 수를 모두 헤아리니 성현이의 사탕이 지원이보다 10개 더 많았다. 성현이와 지원이가 가져간 사탕의 개수는 각각 얼마인가?

(힌트)

성현　1/　3/　5/　7/　9/　11/　…　/19/

지원　/2　/4　/6　/8　/10/　…　/18/

더 가져간 수

1 2 3 … 9 10

성현 : $1+3+...+17+19=100$

지원 : $100-10=90$

문항 7) 1부터 9까지의 수를 차례로 적고 숫자 사이에 +를 넣어서 여러 가지 수를 만들 수 있다. 예를 들면,

$123+4+567+89=783$

$1+2+3+4+5678=5697$

이와 같은 방법으로 90을 만들어 보아라.

(힌트) $12+3+45+6+7+8+9=90$

$1+2+3+4+56+7+8+9=90$

문항 8) 전원을 켜면 1이 화면에 표시되고, $\boxed{\times 5}$, $\boxed{+5}$의 두 단추만 있는 계산기가 있다. $\boxed{\times 5}$ 를 누르면 화면의 수에 5를 곱한 결과가 표시되고, $\boxed{+5}$ 를 누르면 5를 더한 결과가 표시된다.

전원을 켜서 화면에 1000이 표시되도록 하려고 한다. 가장 적은 횟수로 1000이 화면에 표시되도록 하는 방법은?

(힌트)

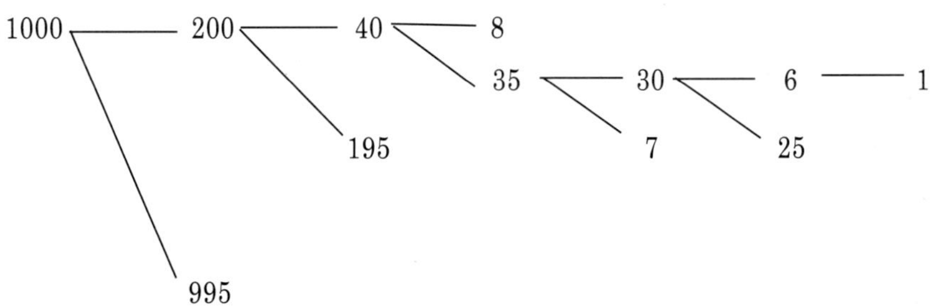

$[(1+5)\times 5+5+5]\times 5\times 5=1000$

2) 2단계

문항 1) 한 변의 길이가 1cm인 정사각형에서 가로의 길이를 3등분하는 점을 A, B, C, D라고 하고, 세로의 길이를 2등분하는 점을 E, F이라고 할 때, 색칠한 사각형 GHJI의 넓이를 구하여라.

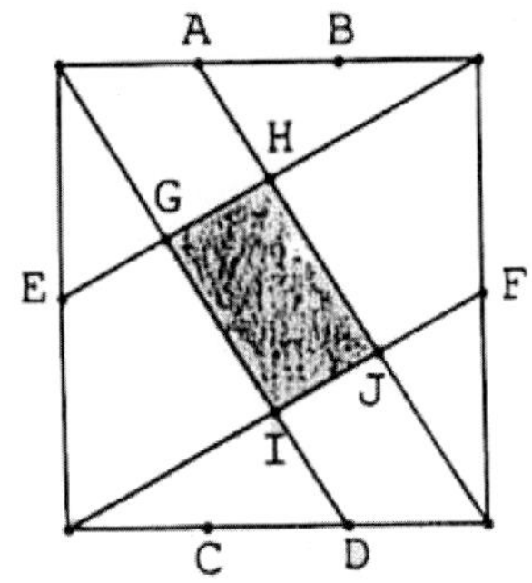

(힌트) 같은 모양으로 우측으로 확대하여 검토한다.

문항 2) 다음 그림은 원 하나와 지름이 큰 원의 절반인 반원 둘을 사용하여 그린 것이다. 지금 하나의 직선(선분)을 사용하여 어두운 부분의 넓이와 밝은 부분의 넓이를 동시에 2등분하려고 한다. 그 직선(선분)을 구하여 그림에 표시하고, 이유를 설명하여라.

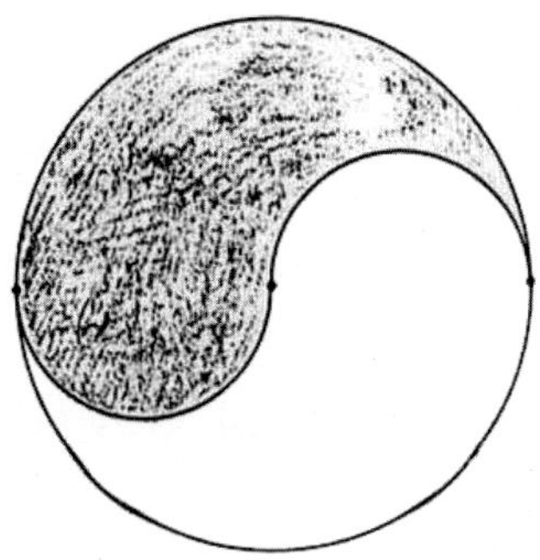

(힌트) 큰 원의 반지름을 2, 작은 원의 반지름을 1이라 하면, 큰 원의 넓이 4π, 작은 원의 넓이 π이므로, 큰 원의 $\frac{1}{4}$은 작은 반원의 넓이 2배와 같다. 즉 작은 반원은 큰 원의 $\frac{1}{4}$을 이등분한다.

문항 3) a, b, c가 서로 다른 숫자를 나타낼 때, 세 자리 수 abc와 cba 둘 다 7로 나누어진다고 한다. 그러한 수 abc를 모두 구하여라.

(힌트) $a > c$ 라고 하자.

두 수가 7로 나누어지면 $abc - cba$ 도 7로 나누어진다.

$$abc - cba = 100a + 10b + c - (100c + 10b + a)$$
$$= 99a - 99c = 99(a - c)$$

$\therefore a - c$가 7로 나누어진다.

$a=7, c=0$: cba는 세자리 수가 아니다.

$a=8, c=1$: 861, 168

$a=9, c=2$: 952, 259

문항 4) 그림과 같이 가로 13, 세로 8인 직사각형 ABCD가 있다. BG의 길이가 5, CE의 길이가 3이 되도록 G와 E를 변 BC와 CD위에 각각 잡고, 직사각형 FGCE를 그린 다음 넓이를 계산해 보았다.

(1) 큰 직사각형의 넓이 : 13×8=104

(2) (△ABD넓이)+(△FGB넓이)+(△DFE넓이)+(□FGCE넓이)

= 52+7.5+20+24=103.5

이와 같이 (1)의 넓이와 (2)의 넓이가 다르게 나왔다.

무엇이 잘못되었는지 그림에서 찾아보고 이유를 설명하여라.

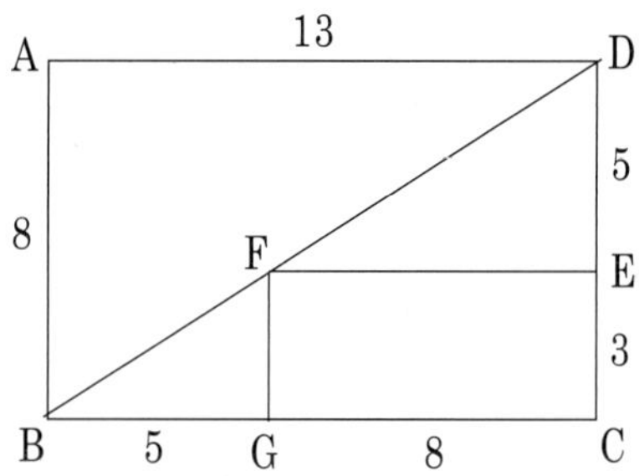

(힌트) $\frac{FG}{BG}=\frac{3}{5}$, $\frac{DE}{FG}=\frac{5}{8}$ 이므로 직각삼각형 △BGF와 △FED는 닮은 삼각형이 아니다.

문항 5) 동그라미 안의 수는 그 앞에 나오는 수를 모두 합한 수를 나눈다.

이 규칙을 만족 하도록 아래의 빈 동그라미에 1부터 7까지의 수를 한 개씩 써넣어라.

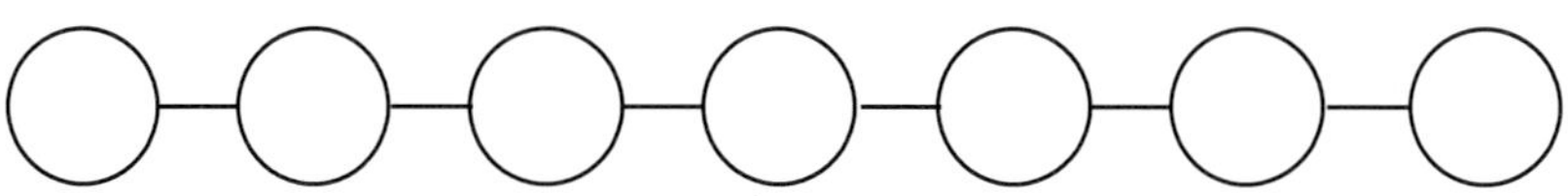

(힌트) 여러 가지 경우를 계산해보면 알 수 있다.

6 - 2 - 4 - 3 - 5 - 1 - 7

5 - 1 - 2 - 4 - 6 - 3 - 7

가 있다.

문항 6) 숫자가 적힌 카드가 50장 있다. 첫 번째 카드에는 앞면에 1, 뒷면에 2가 적혀 있고, 두 번째 카드에는 앞면에 3, 뒷면에 4, ... 이런 식으로 50번째 카드에는 앞면에 99, 뒷면에 100이 적혀 있다. 이 50장의 카드 중에서 몇 장을 뽑아서 카드의 앞면과 뒷면에 적힌 수를 모두 합하였더니 418이 되었다. 뽑은 카드는 최소 몇 장이 필요 한가 설명하시오.

(힌트) k번째 수의 합은 $(2k-1)+2k=4k-1$

n장의 카드에 적힌 수의 합은

$(4k_1-1)+(4k_2-1)+\cdots+(4k_n-1)$

$=4(k_1+\cdots+k_n)-n=418$ 이다.

$\therefore 418+n$ 은 4의 배수이다. $1\leq n\leq 50$

문항 7) 그림과 같이 가로 세로의 간격이 같은 격자틀에서 점 ●으로 표시된 위치에 무게가 같은 추 7개가 달려 있다. 점 P에 끈을 매달아 격자틀을 들어 올릴 때 같은 무게의 추를 하나 더 매달아 격자틀이 수평을 유지하도록 하려고 한다. 추를 어느 위치에 달아야 하는가? 그림에 표시하고 이유를 설명하여라. 격자틀의 무게는 무시한다.

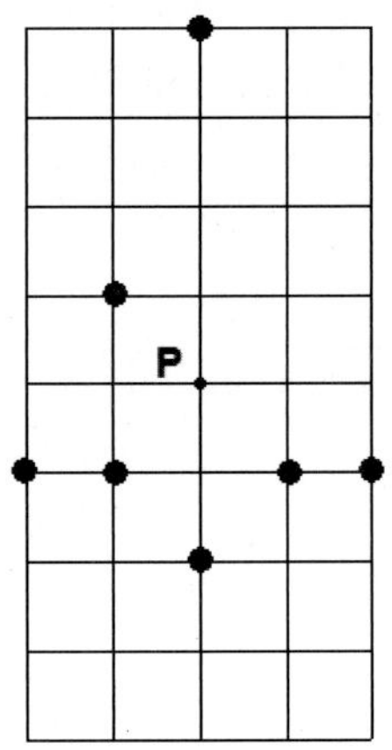

(힌트) P 왼쪽 : $1+1+2=4$

P 오른쪽 : $1+2=3$

∴ 오른쪽 1의 자리에 있어야 한다.

P윗쪽 : $1+4=5$

P아래쪽 : $1+1+1+1+2=6$

위쪽 1의 자리에 있어야 한다.

문항 8) 아래의 그림과 같이 원을 3개의 직선으로 나누어 생긴 7개의 부분에 1, 2, 3, 4, 5, 6, 7의 숫자를 하나씩 써넣어서 직선의 양쪽에 있는 수들의 합이 언제나 서로 같도록 하려고 한다. 어떻게 써넣으면 될까?

(힌트)

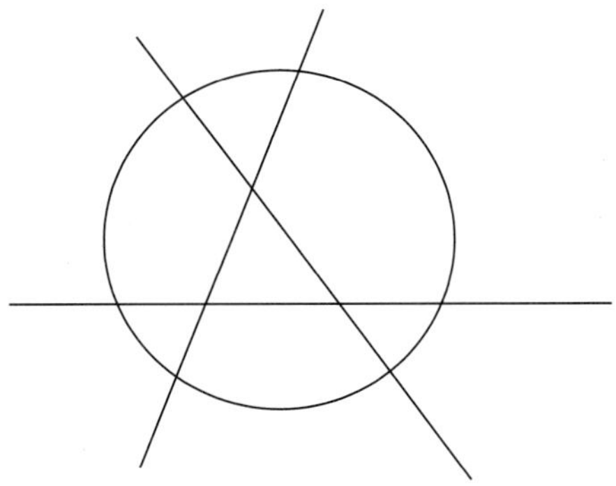

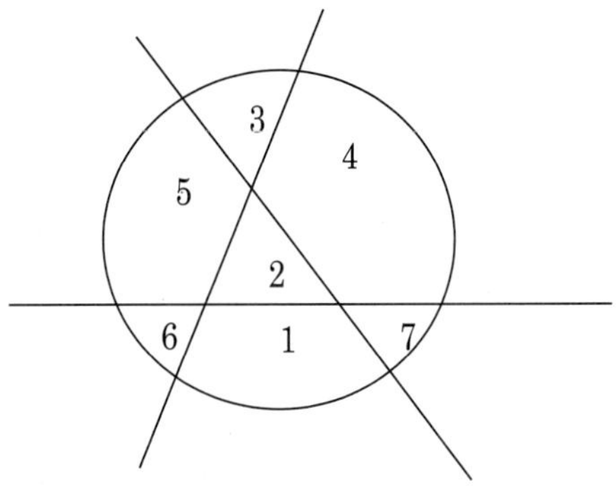

3 영재교육원 중등수학 영재 선발 문항의 예

1) 1단계

문항 1) 식 $1-2-3$은 ( )를 사용하여 여러 가지의 다른 식을 만들 수 있다. 예를 들면, $(1-2)-3=-4$, $1-(2-3)=2$.

식 $1-2-3-4-5$에서 ( )를 사용하여 만들 수 있는 가장 큰 값과 가장 작은 값을 구하여라. 단, - 앞에는 ( )를 할 수 없다. 즉, $1-2-3(-4)-5$는 안 된다.

(힌트) $1-(2-3-4-5)=1-(-10)=11$

$(1-2)-3-4-5=-13$

문항 2) 1부터 9까지의 수를 차례로 적고 숫자 사이에 +를 넣어서 여러 가지 수를 만들 수 있다. 보기를 들면,

$12+3+45+6+7+8+9=90$

$1+2+3+4+5678+9=5679$

이와 같은 방법으로 279를 만들어 보아라.

(힌트) $123+4+56+7+89=279$

문항 3) 어느 두 수의 합이 모두 100 보다 작은 제곱수가 되는 서로 다른 세 수를 모두 구하여라.

(힌트)

$$\begin{cases} a+b=x^2 \\ b+c=y^2 \\ c+a=z^2 \end{cases}$$

0, 9, 16

2, 34, 47

5, 20, 44

16, 33, 48

4, 21, 60

$$a+b+c=\frac{1}{2}(x^2+y^2+z^2)$$

$$\begin{cases} a=\frac{1}{2}(x^2-y^2+z^2) \\ b=\frac{1}{2}(x^2+y^2-z^2) \\ c=\frac{1}{2}(-x^2+y^2+z^2) \end{cases}$$

문항 4) 1부터 6까지의 숫자를 모두 사용하여 만든 여섯자리 수 abcdef는 다음 조건을 만족한다. 이 수를 모두 구하여라.

ab 는 2의 배수

abc 는 3의 배수

abcd 는 4의 배수

abcde 는 5의 배수

abcdef 는 6의 배수

(힌트) 1 2 3 6 5 4

3 2 1 6 5 4

문항 5) 세 변의 길이가 6, 8, 10인 직각삼각형 ABC의 내부에 반지름이 1이고 중심 P인 원이 그림과 같이 있다. 이 원이 $\triangle ABC$의 내부에서 삼각형을 따라 굴러간다. 원이 처음 위치로 되돌아 올 때까지 원의 중심 P가 움직인 거리를 구하여라.

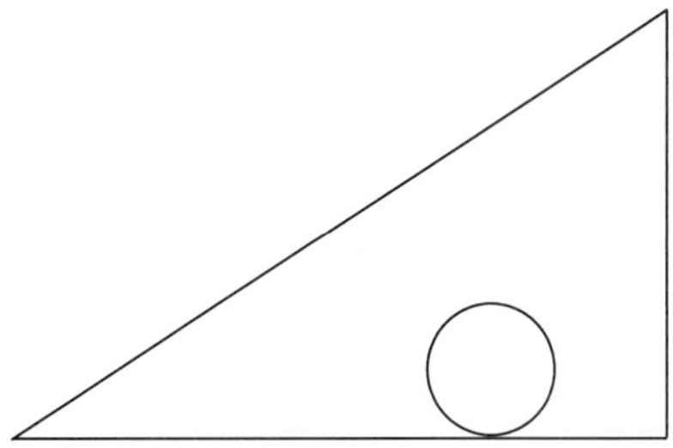

문항 6) 0, 1에서 시작하여 앞의 두 수의 합을 2배하여 얻은 수의 일의 자리수를 그 다음 수로 하는 방법으로 다음과 같이 만들어 차례로 늘어 놓았다.

0, 1, 2, 6, 6, ...

2012번째에 나오는 숫자를 구하여라.

(힌트) 0 1 [2 6 6 4 0 8 68 8

2 0 4 8 44 6 0 2 42 2 8 0 6

[2 6 6 4

주기 : 24

$2010 \div 24 = 83 \cdots 18$

문항 7) 아래 고리는 화살표 방향으로 돌아가며 주어진 자연수의 각 자리수를 제곱하여 더한 수를 다음 칸에 적어 넣어 만든 것이다. 알맞은 수들을 구하여라 (단, 서로 다른 수를 적을 것).

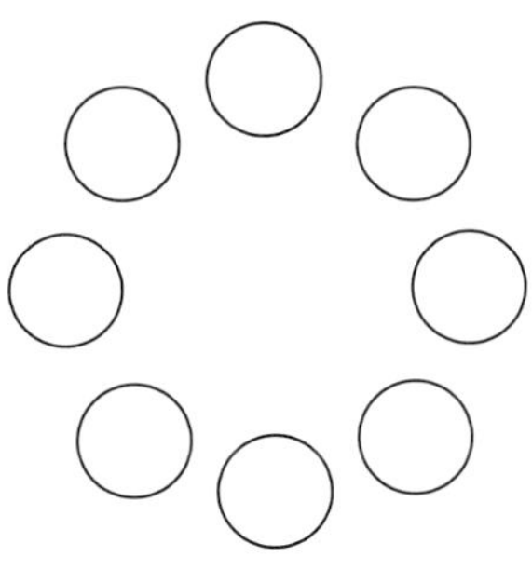

(힌트)

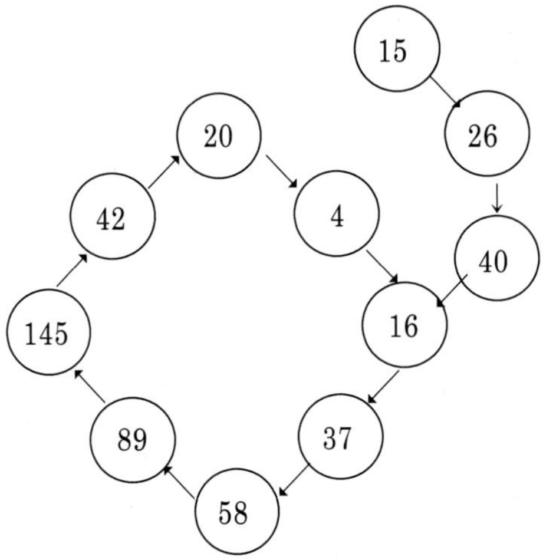

2) 2단계

문항 1) $abc = a! + b! + c!$ 을 만족하는 세 자리 수 abc를 구하여라.
단 $a! = 1 \times 2 \times 3 \times \cdots \times a$ 이다. (예 : $3! = 1 \times 2 \times 3 = 6$)

(힌트) $1! = 1$

$2! = 2$

$3! = 6$

$4! = 24$

$5! = 120$

$6! = 720$

문항 2) 합하여 1000이 되는 연속되는 자연수들의 모임을 모두 구하여라.
단 한 모임의 수의 개수는 2보다 크고 20보다 작다.

(힌트) k 개라고 하면 $2 < k < 20$

$$n + (n+1) + \cdots + (n+k-1) = nk + \frac{k(k-1)}{2} = 1000$$

$\therefore\ k(2n+k-1) = 2000 = 2 \times 10^3 = 2^4 \times 5^3$

$k = 2,\ 4,\ 5,\ 8,\ 10,\ 16$

$k = 5$ 일 때, $n = 198,\ 199, \ldots,\ 202$

$k = 16$ 일 때, $n = 55,\ 56,\ 57,\ 58$

문항 3) 어떤 자연수가 연속된 3개의 자연수의 합도 되고, 연속된 4개의 자연수의 합도 되고, 연속된 5개의 자연수의 합도 된다고 한다. 이런 자연수 가운데 가장 작은 수를 구하여라.

(힌트) 구하는 자연수를 x라 하면

$x = (a-1) + a + (a+1) = 3a$

$x = (b-1) + b + (b+1) + (b+2) = 4b+2$

$x = (c-2) + (c-1) + c + (c+1) + (c+2) = 5c$

x 는 3의 배수, 5의 배수

$x-2$: 4의 배수

15, 30, 45, 60, 75, 90, 105, 120

$30 = 9 + 10 + 11$

$= 6 + 7 + 8 + 9$

$= 4 + 5 + 6 + 7 + 8$

문항 4) 1부터 16까지의 자연수를, 이웃하는 두 수의 합이 제곱수가 되도록 나열하여라.

(힌트) 16, 9, 7, 2, 14, 11, 5, 4, 12, 13, 3, 6, 10, 15, 1, 8

문항 5) 아래 그림의 $\triangle ABD$에서 AB와 CD의 길이가 같고, $\angle BAC = 30^\circ$, $\angle ABC = 40^\circ$ 일 때, $\angle ADC$를 구하여라.

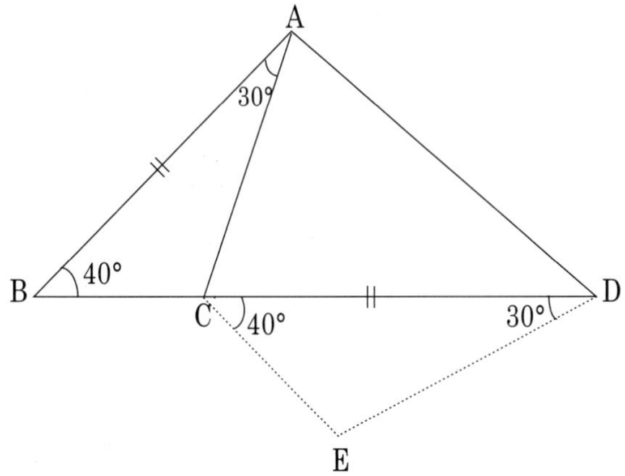

(힌트) $\triangle ABC \equiv \triangle DCE$ 되게 E를 잡으면
$\square ACED$는 등변사다리꼴이다.
$\angle CAD = \angle ADE$

문항 6) 아래 그림과 같이 호수에 이르는 두 직선 길 ㄱ, ㄴ이 있다. 두 직선 길이 이루는 각을 이등분하는 직선 길을 만드는 방법을 설명하여라.

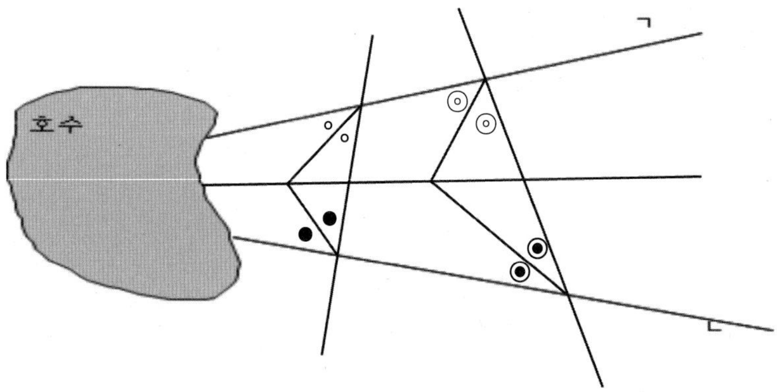

(힌트) ㄱ, ㄴ 두 반직선을 지나는 두 개의 사선을 그어서 만들어지는 2각의 이등분선들의 교점을 연결해보자.

문항 7) 아래 그림은 평야에 직선으로 난 도로를 찍은 사진이다. 도로 위의 구간 AB와 구간 CD의 실제 거리가 어느 쪽이 긴지 이 사진을 이용하여 알아내는 방법을 설명하여라.

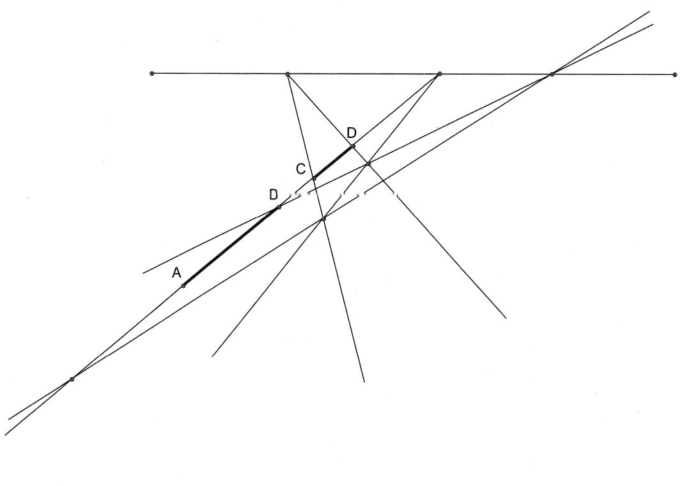

2. 기초 대수문제 탐구와 그 풀이

초등학교 상급반 학생들의 사칙연산의 개념을 심화시키기 위한 수학문제들로 구성한 것이다. 문제를 풀고 그 풀이과정을 확인하여 수학적의미를 찾아보기 바란다.

(1) 다음 계산을 쉽게 하는 방법은?

$123123 \div 1001$

(2) 다음 계산을 쉽게 하는 방법은?

$\frac{1}{1\times 2}+\frac{1}{2\times 3}+\frac{1}{3\times 4}+\frac{1}{4\times 5}+\frac{1}{5\times 6}$

(3) 다음 계산은 잘못한 것이지만 그 값은 옳다.

$\frac{19}{95}=\frac{1}{5}$에서 9를 삭제하는 계산으로 값을 구한다.

같은 방법으로 $\frac{2}{5}$가 되도록 분수를 써 보아라.

(4) 벽시계가 9시 30분일 때 시침과 분침사이의 각도는?

(5) 어떤 두수의 차, 합 그리고 곱의 연비가 $1:4:15$일 때 두수를 구하라.

(6) 1991의 가장 큰 소인수는?

(7) 두수 a,b에 대하여 $a*b=\frac{a+b}{2}$로 계산하기로 하면,

$x*(x*14)=x$를 만족하는 x값을 구하라.

(8) 7628954301×125를 쉽게 하는 방법은?

(9) 두수 x,y의 $x+y$, $x\times y$, $\frac{x}{y}$가 모두 같은 경우의 x,y 값을 구하라.(분수도 가능)

(10) 다음 덧셈값은 얼마일까?

$$\begin{array}{r} 0.12345123451234512 3\cdots \\ +\,0.987659876598765987\cdots \\ \hline \end{array}$$

문제풀이 과정 설명

1. 다음 계산을 쉽게하는 방법은?

$123123 \div 1001$

$= [(123 \times 1000) + (123 \times 1)] \div 1001$

$= 123 \times 1001 \div 1001$

2. 다음 계산을 쉽게하는 방법은?

$$\frac{1}{1\times2}+\frac{1}{2\times3}+\frac{1}{3\times4}+\frac{1}{4\times5}+\frac{1}{5\times6}$$

$$=(1-\frac{1}{2})+(\frac{1}{2}-\frac{1}{3})+\cdots+(\frac{1}{5}-\frac{1}{6})$$

3. 다음 계산은 잘못한 것이지만 그 값은 옳다.

$\frac{19}{95}=\frac{1}{5}$에서 9를 삭제하는 계산으로 값을 구한다.

같은 방법으로 $\frac{2}{5}$가 되도록 분수를 써 보아라.

$\frac{2a}{a5}=\frac{2}{5}$라 하면,

$(20+a)5=(10a+5)2$

4. 벽시계가 9시 30분일 때 시침과 부침사이의 각도는?

$x=90+y$

5. 어떤 두수의 차, 합 그리고 곱의 연비가 1 : 4 : 15일 때 두수를 구하라.

$$\frac{a-b}{1}=\frac{a+b}{4}=\frac{ab}{15}=\frac{2a}{5}=\frac{2b}{3}$$

$3a=5b$이다.

$a=5, b=3$

6. 1991의 가장 큰 소인수는?

$44^2 < 1991 < 45^2$이다.

45보다 작은 소수로 나누면 된다.

$1991\div11=181$

7. 두수 a,b에 대하여 $a*b=\frac{a+b}{2}$로 계산하기로 하면,

$x*(x*14)=x$를 만족하는 x값을 구하라.

$$\frac{x+\frac{x+14}{2}}{2}=x$$

$$2x=x+\frac{x+14}{2}$$

8. 7628954301×125를 쉽게 하는 방법은?

$a\times125\times4\div4=a\times500\times2\div2\div4=a\times1000\div8$

9. 두수 x,y의 $x+y$, $x\times y$, $\frac{x}{y}$가 모두 같은 경우의 x,y 값을 구하라.(분수도 가능)

$x+y=xy=\frac{x}{y}$

$xy^2=x$에서 $x=0$이면 위의 식이 성립하지 않음. 따라서 $x\neq 0$이다.

x로 양변을 나누면 $y^2=1$이다. 따라서 $y=1,-1$이다.

$y=1$이면 $x+1=x$가 되어 모순됨. 따라서 $y=-1$이다.

$x-1=-x$ 따라서 $x=\frac{1}{2}$

10. 다음 덧셈값은 얼마일까?

$$\begin{array}{l} \ \ 0.123451234512345123\cdots \\ +0.987659876598765987\cdots \\ \hline \end{array}$$

$a=\frac{12345}{99999}, b=\frac{98765}{99999}$

$a+b=\frac{11110}{99999}=\frac{1}{9}\times 10=\frac{10}{9}$

3. 수학 심화과정 특별강의 자료

다음 수학자료들은 Loren C. Larson의 Problem-Solving Through Problems(2006) 책의 여러 주제들 중에서 고등학교 수학심화과정에 적절한 문제들을 선택하여 문제와 그 풀이과정을 설명한 것이다.

저자가 광주광역시 소재한 여러 고등학교 학생들에게 강의한 수학자료이며 학생들의 수학적 소양과 창의력을 증진시키는데 큰 도움이 되기를 바란다.

1. 두 자연수의 최대공약수 구하는 예;

(1) 다음 식이 성립하는 두 자연수를 구하라.

$754x+221y=\gcd(754,221)$

(2) 모든 자연수 n에 대하여 다음 분수는 기약임을 설명하시오.

$\dfrac{21n+4}{14n+3}$

2. 다항식 구하기;

(1) 다항식 $P(x)$는 x^2+1로 나누어지고, 다항식 $P(x)+1$는 x^3+x^2+1로 나누어진다. 이 두 조건을 만족하는 다항식$P(x)$를 구하라.

(2) 정수 계수를 갖는 다항식 $F(x)=x^n+a_{n-1}x^{n-1}+\cdots+a_1x+a_0$에서 서로 다른 4개의 정수 a,b,c,d에 대한 $F(a)=F(b)=F(c)=F(d)=5$이다. $F(k)=8$이 성립하는 k가 존재하지 않음을 밝혀라.

3. 2차방정식의 근과 계수의 관계

(1) x_1, x_2가 2차방정식 $x^2-(a+b)x+(ad-bc)=0$의 서로 다른 두 근일 때, x_1^3, x_2^3은 2차방정식 $y^2-(a^3+d^3+3abc+3bcd)y+(ad-bc)^3=0$의 두 근임을 밝혀라.

(2) a,b,c는 실수이고 $a+b+c=0$이 성립할 때 다음 등식이 성립함을 보여라.

$$\frac{a^5+b^5+c^5}{5}=\left(\frac{a^3+b^3+c^3}{3}\right)\left(\frac{a^2+b^2+c^2}{2}\right)$$

4. 조합에 관한 기초;

(1) $\binom{n}{k} = \binom{n-1}{k} + \binom{n-1}{k-1},\ k \neq 0$

m, n이 양의 정수이고 $1 \le k \le n$이면 다음 식이 성립한다.

$$\sum_{r=0}^{k} \binom{m}{k-r}\binom{n}{r} = \binom{m+n}{k}$$

(2) 다음 두식이 성립함을 보여라.

$$\binom{n}{0} + \binom{n+1}{1} + \cdots + \binom{n+k}{k} = \binom{n+k+1}{k}$$

$$\binom{r}{0}\binom{s}{n} + \binom{r}{1}\binom{s}{n-1} + \cdots + \binom{r}{n}\binom{s}{0} = \binom{r+s}{n}$$

5. 급수의 합 구하기;

(1) $\displaystyle\sum_{i=1}^{\infty} \frac{1}{(3i-2)(3i+1)}$

(2) $\displaystyle\sum_{n=1}^{\infty} 3^{n-1} \sin^3\left(\frac{x}{3^n}\right)$

6. 함수의 평균값정리 이용한 문제;

(1) 실수위에서의 함수 $f(x)$가 임의의 두 실수 x, y에 대하여

$|f(x) - f(y)| \le (x-y)^2$가 성립하면 $f(x)$는 상수함수임을 밝혀라.

(2) 실수위의 함수 $f(x)$가 두 번 미분가능하고 모든 실수 x에 대하여 $f''(x) \ge 0$

가 성립할 때 두 실수 a, b가 $a < b$이면 $f\left(\frac{a+b}{2}\right) \le \frac{f(a)+f(b)}{2}$가 성립한다.

7. 로피탈 정리 이용한 함수의 극한구하기;

$$\lim_{x \to \infty} \left(\frac{1}{x}\frac{a^x - 1}{a-1}\right)^{1/x},\ a > 1$$

8. 부등식 구하기;

(1) 삼각형의 세변의 길이를 a, b, c라 할 때 다음 부등식이 성립한다.

$3(ab+bc+ca) \le (a+b+c)^2 \le 4(ab+bc+ca)$

(2) 세수 a,b,c가 $0 \le a,b,c \le 1$일 때 다음 부등식이 성립한다.

$$\frac{a}{b+c+1}+\frac{b}{c+a+1}+\frac{c}{a+b+1}+(1-a)(1-b)(1-c) \le 1$$

(3) a,b,c는 양의 정수로 $(1+a)(1+b)(1+c)=8$이다.

$abc \le 1$가 성립함을 보여라.

9. 포물선 문제;

평면위의 세점$(x_1,y_2),(x_2,y_2),(x_3,y_3)$은 포물선 $y^2=ax$의 점이고, 각 세 점 위에서의 각 접선에 대한 세 수직선은 항상 한 점에서 만난다. 이때 $y_1+y_2+y_3=0$가 성립함을 보여라.

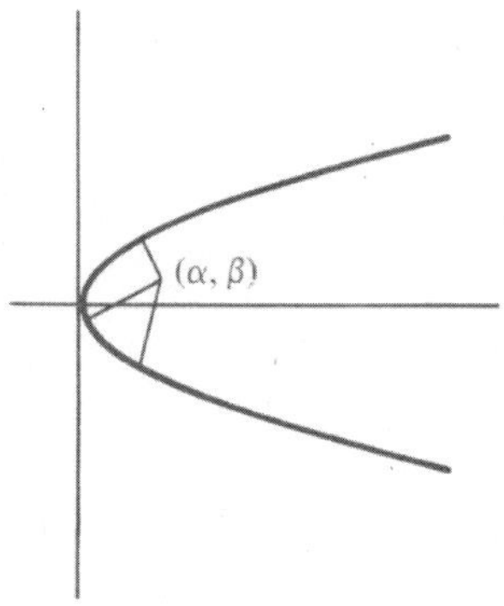

10. 쌍곡선 문제;

직각쌍곡선 $xy=1$ 를 지나는 한 직선이 P,Q에서 만나고 두 좌표축과는 다음 그림과 같이 A,B 에서 만난다. 항상 $AP=BQ$가 성립함을 보여라.

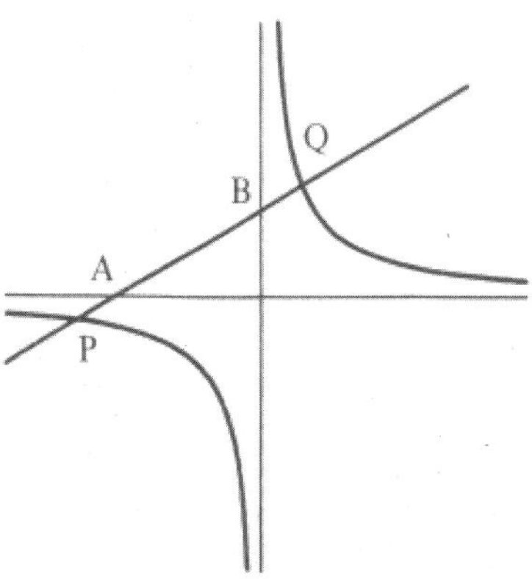

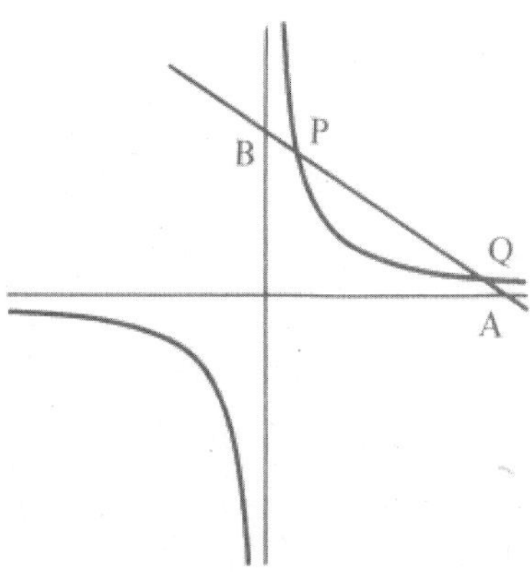

문제풀이 과정 설명

1. (1) $754 = 3\times 221 + 91$

$221 = 2\times 91 + 39$

$91 = 2\times 39 + 13$

$39 = 3\times 13$

따라서, $13 = 91 - 2\times 39$

$= 91 - 2(221 - 2\times 91)$

$= 5\times 91 - 2\times 221$

$= 5(754 - 3\times 221) - 2\times 221$

$= 5\times 754 - 17\times 221$

$\therefore\ x = 5, y = -17$

(2) $21n + 4$와 $14n + 3$이 서로0소가 될 조건은 정수 s,t 가 존재하여

$s(21n+4) + t(14n+3) = 1$이 성립하는 것이다.

따라서 $7n(3s+2t) + (4s+3t) = 1$이 임의의 n에 대하여 성립한다.

따라서 $3s + 2t = 0,\ 4s + 3t = 1$

$\therefore\ s = -2, t = 3.$

2. (1) $P(x) = (x^2+1)S(x)$

$P(x) + 1 = (x^3 + x^2 + 1)T(x)$

$\therefore\ (x^3 + x^2 + 1)T(x) - (x^2+1)S(x) = 1$

$x^3 + x^2 + 1 = (x^2+1)(x+1) - x$

$x^2 + 1 = (-x)(-x) + 1$ 이므로

$\therefore\ 1 = (x^2+1) + x(-x)$

$= (x^2+1) + x[(x^3+x^2+1) - (x+1)(x^2+1)]$

$= (x^3+x^2+1)x - (x^2+1)(x^2+x-1)$

$\therefore\ T(x) = x$

$S(x) = x^2 + x - 1$

$\therefore\ P(x) = (x^2+1)(x^2+x-1)$

(2) $G(x) = F(x) - 5$라면

$G(a) = G(b) = G(c) = G(d) = 0$

따라서 $G(x)=(x-a)(x-b)(x-c)(x-d)H(x)$

$F(k)=8$인 k가 존재한다면,

$G(k)=F(k)-5=8-5=3$

$\therefore (k-a)(k-b)(k-c)(k-d)H(k)=3=1\times3=(-1)\times(-3)$

여기서 a, b, c, d는 서로 다른 수 이므로

$(k-a)$, $(k-b)$, $(k-c)$, $(k-d)$도 서로 다른 수이다.

따라서 모순이다.

$\therefore F(k)=8$인 k가 없다.

3. (1) $x_1+x_2=a+b$

$x_1x_2=ad-bc$

$x_1^3+x_2^3=(x_1+x_2)^3-3x_1x_2(x_1+x_2)$

$=a^3+d^3+3abc+3bcd$

$x_1^3x_2^3=(ad-bc)^3$

(2) $a+b+c=0$인 실수 a, b, c에서

$\dfrac{a^5+b^5+c^5}{5}=\left(\dfrac{a^3+b^3+c^3}{3}\right)\left(\dfrac{a^2+b^2+c^2}{2}\right)$인가?

$A=ab+bc+ca$, $B=abc$라 하자.

a, b, c를 세 근으로 하는 3차 방정식은

$(x-a)(x-b)(x-c)=0$

$x^3-(a+b+c)x^2+(ab+bc+ca)x-abc=0$

$(a+b+c=0,\ ab+bc=A,\ abc=B)$

$\therefore x^3+Ax-B=0$

$n>0$, $T_n=a^n+b^n+c^n$이라 하면

T_0-3

$T_1=0$

$T_2=(a+b+c)^2-2(ab+bc+ca)=-2A$

a, b, c가 $x^3+Ax-B=0$의 근이므로

$a^3+Aa-B=0$

$b^3+Ab-B=0$

$c^3 + Ac - B = 0$

따라서 모든 $n > 0$에 대하여

$a^{n+3} + Aa^{n+1} - Ba^n = 0$

$b^{n+3} + Ab^{n+1} - Bb^n = 0$

$+ \ \ c^{n+3} + Ac^{n+1} - Bc^n = 0$

$T_{n+3} = -AT_{n+1} + BT_n$

$\therefore T_3 = -AT_1 + BT_0 = 3B$

$T_4 = -AT_2 + BT_1 = 2A^2$

$T_5 = -AT_3 + BT_2 = -3AB - 2AB = -5AB$

$\therefore \dfrac{T_5}{5} = -AB = \dfrac{T_3}{3} \times \dfrac{T_2}{2}.$

4. $\binom{n}{0} + \binom{n+1}{1} + \cdots + \binom{n+k}{k} = \binom{n+k+1}{k}$

(풀이)

$$\binom{n+k+1}{k} = \binom{n+k}{k} + \binom{n+k}{k-1}$$
$$= \binom{n+k}{k} + \binom{n+k-1}{k-1} + \binom{n+k-1}{k-2}$$
$$= \binom{n+k}{k} + \binom{n+k-1}{k-1} + \binom{n+k-2}{k-2} + \binom{n+k-2}{k-3}$$
$$= \binom{n+k}{k} + \binom{n+k-1}{k-1} + \binom{n+k-2}{k-2} + \binom{n+1}{1} + \binom{n}{0}$$

5. (1) $\dfrac{1}{(3i-2)(3i+1)} = \dfrac{A}{3i-2} + \dfrac{B}{3i+1}$

$1 = A(3i+1) + B(3i-2)$

$3A + 3B = 0$

$A - 2B = 1$

$\therefore A = \dfrac{1}{3},\ B = \dfrac{-1}{3}$

$$S_n = \sum_{i=1}^{n} \frac{1}{(3i-2)(3i+1)}$$

$$= \sum_{i=1}^{n} \frac{-1}{3}\left(\frac{1}{3i-2} - \frac{1}{3i+1}\right)$$

$$= \frac{1}{3}\left[(1-\frac{1}{4})+(\frac{1}{4}-\frac{1}{7})+(\frac{1}{7}-\frac{1}{10})+\cdots+(\frac{1}{3n-2}-\frac{1}{3n+1})\right]$$

$$= \frac{1}{3}(1-\frac{1}{3n+1})$$

$$\therefore \lim_{n\to\infty} S_n = \lim_{n\to\infty}\frac{1}{3}(1-\frac{1}{3n+1}) = \frac{1}{3}.$$

(2) $S_k = \sum_{n=1}^{k} 3^{n-1}\sin^3(\frac{x}{3^n})$

$$= \sum_{n=1}^{k} 3^{n-1}[\frac{3}{4}\sin(\frac{x}{3^n}) - \frac{1}{4}\sin(\frac{x}{3^{n-1}})]$$

$$\left(\begin{array}{l} \sin 3\theta = 3\sin\theta - 4\sin^3\theta \\ \therefore \sin^3\theta = \frac{3}{4}\sin\theta - \frac{1}{4}\sin 3\theta \end{array}\right.$$

$$= (\frac{3}{4}\sin\frac{\pi}{3} - \frac{1}{4}\sin x) + (\frac{3^2}{4}\sin\frac{\pi}{3^2} - \frac{3}{4}\sin\frac{\pi}{3}) + \cdots$$

$$\cdots + (\frac{3^k}{4}\sin\frac{x}{3^k} - \frac{3^{k-1}}{4}\sin\frac{x}{3^{k-1}}) = \frac{3^k}{4}\sin\frac{x}{3^k} - \frac{1}{4}\sin x$$

$$\lim_{k\to\infty} S_k = \lim_{k\to\infty}[\frac{x}{4}\frac{\sin(\frac{x}{3^k})}{(\frac{x}{3^k})}] - \frac{1}{4}\sin x$$

$$= \frac{x - \sin x}{4}$$

$\forall x, f'(x) = 0$ 인가?

6. (1) $|f'(x)| = \left|\lim_{y\to x}\frac{f(y)-f(x)}{y-x}\right|$

$$= \lim_{y\to x}\left|\frac{f(y)-f(x)}{y-x}\right|$$

$$= \lim_{y\to x}\frac{|f(y)-f(x)|}{|y-x|}$$

$$\le \lim_{y\to x}|y-x| = 0$$

(2) 중간값 정리에서

$$\exists\, x_1 \in (a, \frac{1}{2}(a+b))$$

$$\frac{f(\frac{1}{2}(a+b))-f(a)}{\frac{1}{2}(a+b)-a}=f'(x_1)$$

또한 $\exists\, x_2 \in (\frac{1}{2}(a+b), b)$

$$\frac{f(b)-f(\frac{1}{2}(a+b))}{b-\frac{1}{2}(a+b)}=f'(x_2)$$

$f''(x)>0$ 이므로 f'가 증가함수이다.

(x_1, x_2)에서 $f'(x_1) \le f'(x_2)$ 이다.

$$\frac{f(b)-f(\frac{1}{2}(a+b))}{\frac{1}{2}(b-a)} \ge \frac{f(\frac{1}{2}(a+b))-f(a)}{\frac{1}{2}(b-a)}$$

$$\therefore f(a)+f(b) \ge 2f(\frac{1}{2}(a+b))$$

$$\therefore \frac{f(a)+f(b)}{2} \ge f(\frac{1}{2}(a+b))$$

7. $(\frac{1}{x}\frac{a^x-1}{a-1})^{\frac{1}{x}}$, $a>1$

$$=\exp(\frac{1}{x}log(\frac{1}{x}\frac{a^x-1}{a-1}))$$

$$\lim_{x\to\infty}\frac{\log(\frac{1}{x}(\frac{a^x-1}{a-1}))}{x}$$

$$=\lim_{x\to\infty}(\frac{\log\frac{1}{x}}{x})+\lim_{x\to\infty}(\frac{\log(a^x-1)}{x})-\lim_{x\to\infty}(\frac{\log(a-1)}{x})$$

$$=\lim_{x\to\infty}(\frac{-\frac{1}{x}}{1})+\lim_{x\to\infty}\frac{a^x\log a}{a^x-1}-0$$

$= 0 + \log a + 0$

$= \log a$

즉, $\exp\log a = a$

8. (1) $a,\ b,\ c$가 삼각형의 세 변의 길이이면,

$(a+b+c)^2 - 3(ab+bc+ca) = a^2 + b^2 + c^2 - ab - bc - ca$

$= \dfrac{1}{2}(a-b)^2 + (b-c)^2 + (c-a)^2 \geq 0$

그리고, $a,\ b,\ c$가 삼각형의 세 변이므로,

$a \leq b+c,\ b \leq c+a,\ c \leq a+b$ 이므로

$\therefore a^2 \leq a(b+c),\ b^2 \leq b(c+a),\ c^2 \leq c(a+b)$

$a^2 + b^2 + c^2 \leq a(b+c) + b(c+a) + c(a+b) = 2(ab+bc+ca)$

(2) 세 수 $a,\ b,\ c.\ 0 \leq a,b,c \leq 1.$

$\dfrac{a}{b+c+1} + \dfrac{b}{c+a+1} + \dfrac{c}{a+b+1} + (1-a)(1-b)(1-c) \leq 1$?

여기서, $a,\ b,\ c$의 크기를 $a \leq b \leq c$라고 가정하자.

$\dfrac{a}{b+c+1} + \dfrac{b}{c+a+1} + \dfrac{c}{a+b+1} \leq \dfrac{a+b+c}{a+b+1}$

따라서 $\dfrac{a+b+c}{a+b+1} + (1-a)(1-b)(1-c)$

$= \dfrac{(a+b+1)+(c-1)}{a+b+1} + (1-a)(1-b)(1-c)$

$= 1 - \dfrac{1-c}{a+b+1}[1-(1+a+b)(1-a)(1-b)]$

그런데, $(1+a+b)(1-a)(1-b)$

$\leq (1+a+b+ab)(1-a)(1-b)$

$= (1-a^2)(1-b^2) < 1$

$\therefore 1 - \left(\dfrac{1-c}{a+b+1}\right)[1-(1+a+b)(1-c)(1-b)] < 1.$

(3) $(1+a)(1+b)(1+c) = 8$

$\therefore 1 + (a+b+c) + (ab+bc+ca) + abc = 8$

$$a+b+c \geq 3(a+b+c)^{\frac{1}{3}}$$

$$ab+bc+ca \geq 3(abc)^{\frac{2}{3}}$$

$$8 \geq 1+3(abc)^{\frac{1}{3}}+3(abc)^{\frac{2}{3}}+abc$$

$$=(1+(abc)^{\frac{1}{3}})^3$$

따라서 $2 \geq 1+(abc)^{\frac{1}{3}}$ 이고 $1 \geq abc$ 이다.

9. $y^2 = ax$ 위의 한점 (x, y)에서의 접선의 기울기는 $2yy' = a \quad \therefore y' = \dfrac{a}{2y}$

두 점 $(x, y), (\alpha, \beta)$를 지나는 직선의 기울기는 $\dfrac{y-\beta}{x-\alpha}$

따라서 수직 조건에서 $(\dfrac{y-\beta}{x-\alpha})(\dfrac{a}{2y}) = -1$

$\therefore y-\beta = -\dfrac{2y}{a}(x-\alpha)$

$y^2 = ax$ 를 대입, $y-\beta = -\dfrac{2y}{a}(\dfrac{y^2}{a}-\alpha)$

$\therefore a^2(y-\beta) = -2y^3+2a\alpha y$

$\therefore 2y^3 + a(2\alpha - a)y - a^2\beta = 0$

세 근을 y_1, y_2, y_3 라 하면, y^2의 계수인 $y_1+y_2+y_3=0$ 이다.

10. (1) 쌍곡선 문제 $\begin{cases} xy=1 \\ \dfrac{x}{a}+\dfrac{y}{b}=1 \end{cases}$

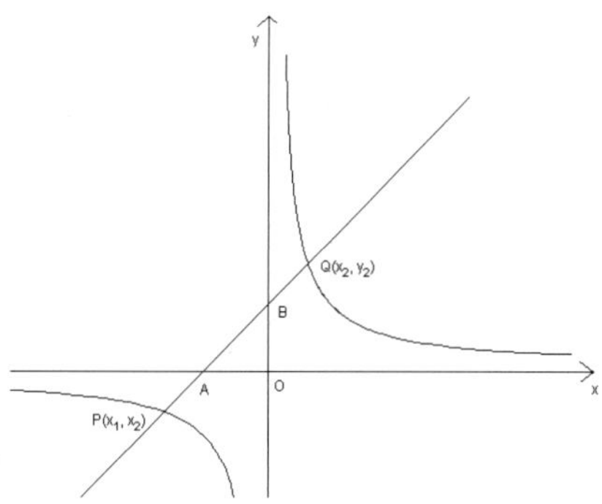

$y=\dfrac{1}{x}$을 대입, $\dfrac{x}{a}+\dfrac{\frac{1}{x}}{b}=1$

$\therefore x^2 - ax + \dfrac{a}{b} = 1$

두 근을 x_1, x_2 라면, $x_1+x_2=a$,

$x_1x_2 = \dfrac{a}{b}$

$x=\dfrac{1}{y}$을대입,

$\therefore y^2 - by + \dfrac{b}{a} = 0$

두 근을 y_1, y_2 라면, $y_1+y_2=b$, $y_1y_2=\dfrac{b}{a}$

$$AP=\sqrt{(x_1-a)^2+y_1^2}$$

$$=\sqrt{(-x_2)^2+(b-y_2)^2}$$

$$=\sqrt{x_2^2+(y_2-b)^2}$$

$$=BQ$$

4. 그림으로 증명하기(Proofs without words)

이 자료들은 R. B. Nelsen의 Proofs without words1,2권에서 발췌한 문제들과 지난 10여 년간 MAA(미국수학교육자회)가 발간한 Math Magazine등에 수록된 그림으로 증명하는 문제들 중에서 중등수학영재교육자료로 적합한 것들을 발췌하여 모은 것이다. 영재학생들에게 유익한 교육자료로 활용되기를 기대한다.

PWW문제들을 성공적으로 해결하기 위한 좋은 방법은 기하학적 사고와 대수학적 사고를 적절하게 혼합하여 문제해결의 실마리를 찾는 문제해결 전략이 필요하다. 기하문제는 먼저 주어진 조건에 따라 적절한 보조선을 그어서 생각한다. Rene Descartes(데카르트)는 이렇게 말했다. “내가 풀었던 모든 문제들은 나중에 다른 문제들을 풀 수 있는 방법을 제공해준다.”

1. 3대작도문제 중의 하나로 원의면적과 같은 면적을 갖는 정사각형의 작도문제

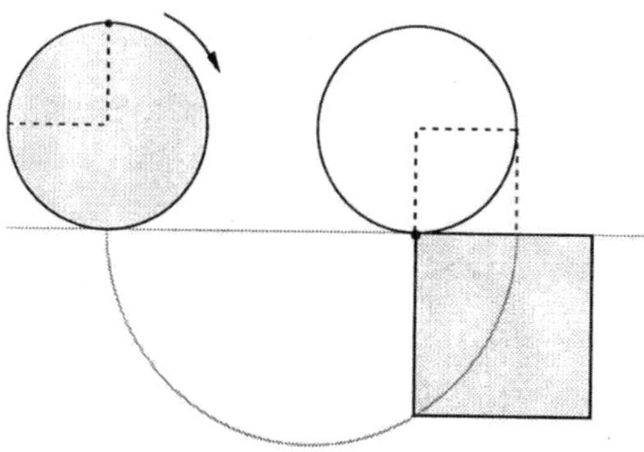

(풀이) 반지름이 1인 원이 직선을 따라 1회전한 경우 원의 면적은 π이고, 아래 반원에서 $\pi \times 1 = x^2$이 성립한다.

2. 평면상의 한 점에서 그 점을 지나지 않는 한 직선까지의 거리 구하기

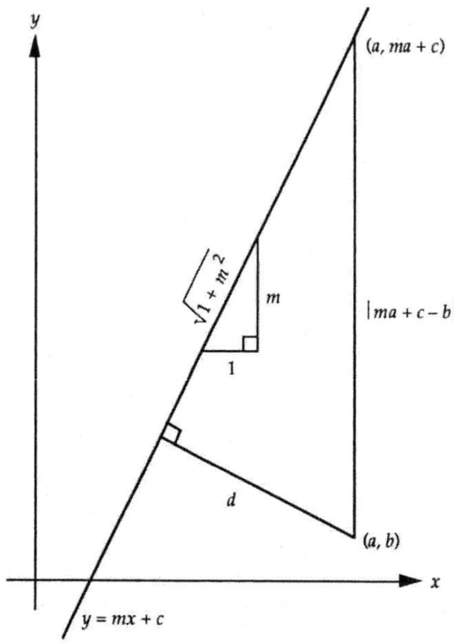

$$\frac{d}{1} = \frac{|ma + c - b|}{\sqrt{1 + m^2}}$$

(풀이) 평면상의 한점 (a,b)에서 직선 $y = mx + c$까지의 거리를 d라 하고, 위의 그림에서 두 직각삼각형은 닮은 꼴이다.

따라서 $\frac{d}{1} = \frac{|ma + c - b|}{\sqrt{1 + m^2}}$이다.

3. 평면상의 포물선 정의에 대한 문제

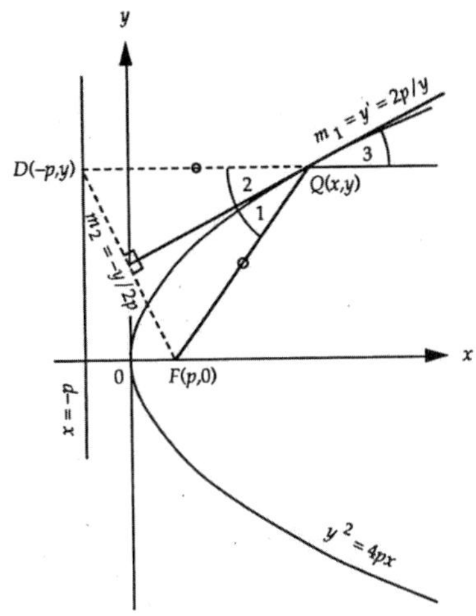

$QF = QD$ & $m_1 \cdot m_2 = -1$ ⇒ $\angle 1 = \angle 2 = \angle 3$

(풀이) $y^2 = 4px$ 위의 한점$Q(x,y)$ 에서의 접선의 기울기는 $m_1 = \frac{dy}{dx} = \frac{2p}{y}$ 이다. 포물선의 정의에서 $FQ = DQ$ 이고, 직선 DF 의 기울기는 $m_2 = -\frac{y}{2p}$ 이다. 따라서 $m_1 m_2 = -1$ 삼각형QDF 는 이등변삼각형이다. 따라서 세각은 서로 같다.

4. 산술평균, 기하평균, 조화평균등의 대소관계

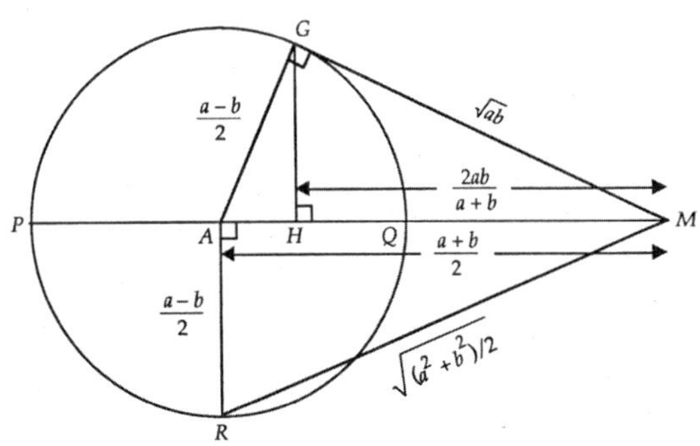

$PM = a,\ QM = b,\ a > b > 0$

$HM < GM < AM < RM$

$$\frac{2ab}{a+b} < \sqrt{ab} < \frac{a+b}{2} < \sqrt{(a^2+b^2)/2}$$

5. $e^{\pi} > \pi^{e}$ 의 크기 비교

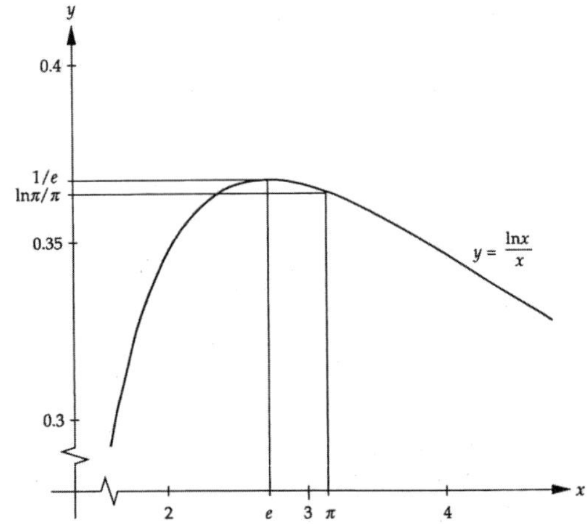

(풀이) $y = \dfrac{\ln x}{x}$ 에서 $\dfrac{dy}{dx} = \dfrac{\dfrac{1}{x}x - \ln x}{x^2} = \dfrac{1 - \ln x}{x^2}$ 이다.

$1 - \ln x = 0$ 이면 $x = e$ 에서 극대값은 $\dfrac{1}{e}$ 이다.

따라서 $e < \pi$ 이므로 $\dfrac{\ln \pi}{\pi} < \dfrac{1}{e}$ 이다.

6. 자연로그 e 값의 크기 비교

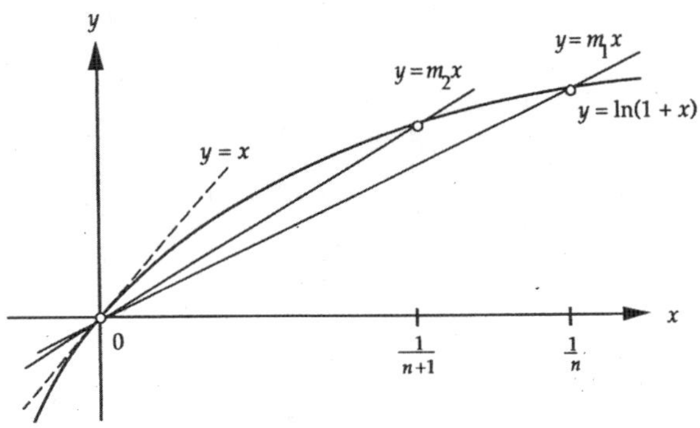

$$n \geq 1 \Rightarrow m_1 < m_2 < 1$$

$$\Rightarrow \frac{\ln(1 + \frac{1}{n})}{\frac{1}{n}} < \frac{\ln(1 + \frac{1}{n+1})}{\frac{1}{n+1}} < 1$$

$$\Rightarrow (1 + \frac{1}{n})^n < (1 + \frac{1}{n+1})^{n+1} < e$$

7. 사이크로이드의 면적 구하기

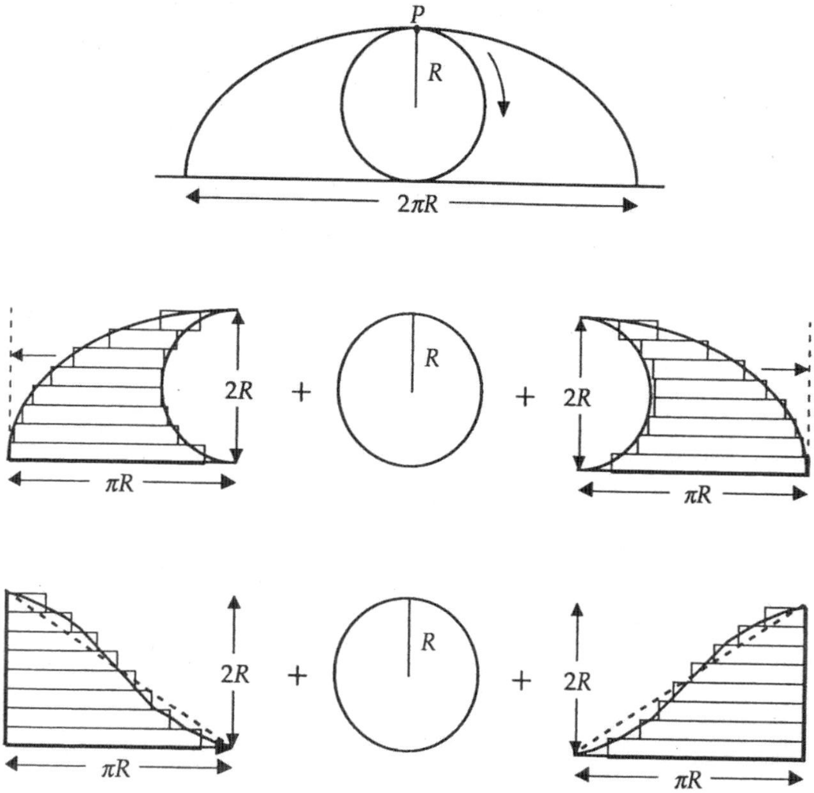

$$\frac{1}{2}\pi R \cdot 2R \qquad + \qquad \pi R^2 \qquad + \qquad \frac{1}{2}\pi R \cdot 2R$$

$$\Rightarrow A = 3\pi R^2$$

8. 구의 부피 구하기

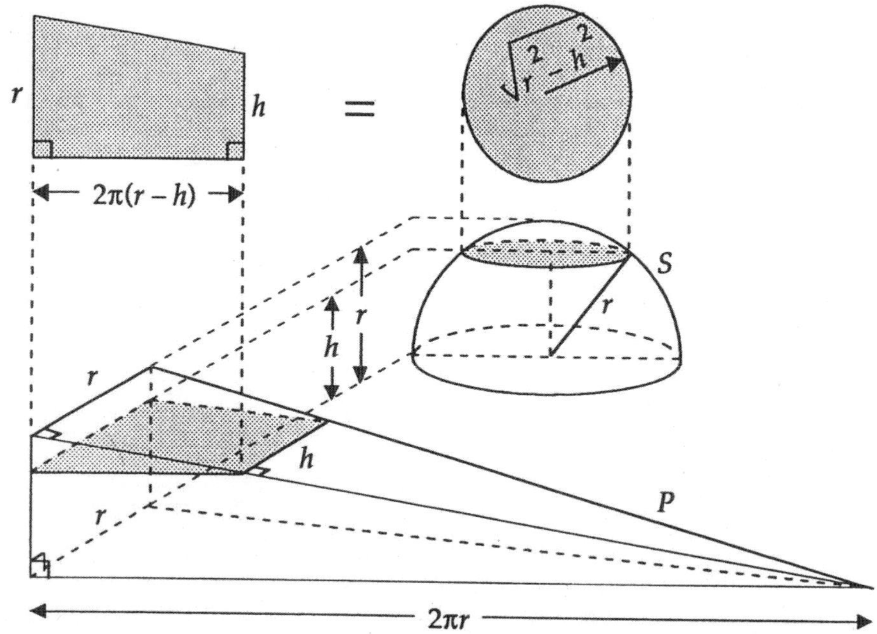

(풀이) 위의 그림에서 한 평면위에 있는 반구와 직사각뿔의 단면적을 비교하면 항상 $\pi(r^2-h^2)$으로 서로 같다. 따라서 까발리에리 정리에 의해서 두 부피는 서로 같다.

$$V_S = V_P = \frac{1}{3}r^2 \cdot 2\pi r = \frac{2}{3}\pi r^3$$

9. 정5각형에서 황금비 구하기

정삼각형 DEF에서 두변 EF, ED 의 중점을 각각 A,B라 하자. AB의 연장선과 삼각형의 외접원은 C에서 만난다. 점 B는 AC를 황금비로 나눈다.

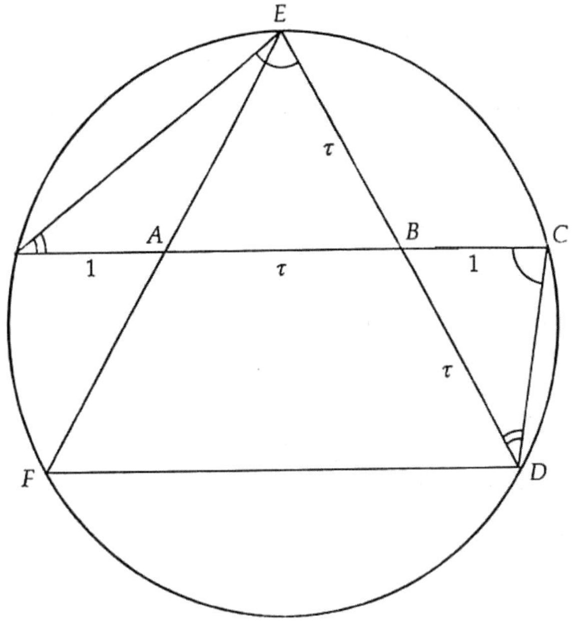

$$\tau^2 = \tau + 1$$

(풀이) 삼각형 EGB와 삼각형 BDC가 닮음이다.

$\dfrac{\tau+1}{\tau} = \dfrac{\tau}{1}$ 이 성립한다. 따라서 $\tau^2 - \tau - 1 = 0$, $\tau = \dfrac{1+\sqrt{5}}{2}$ 이다.

10. 정다면체의 면적과 둘레의 길이관계

한원에 내접하는 정 $2n$각형의 면적은 그 원에 내접하는 정 n각형의 둘레의 길이에 반지름의 절반을 곱한 값과 같다.

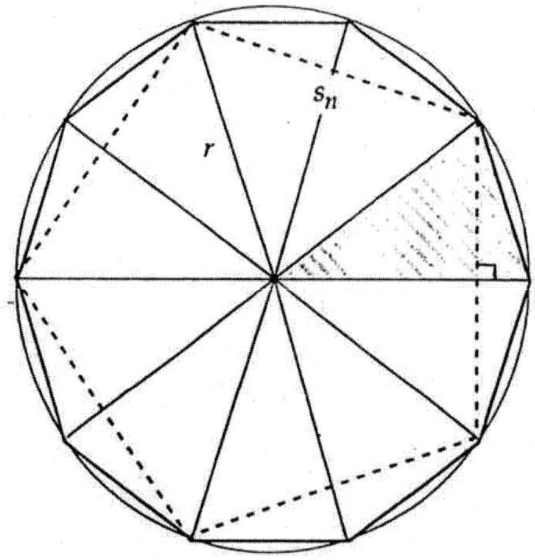

$$\frac{1}{2n}\ \text{area}(P_{2n}) = \frac{1}{2}\cdot r\ \cdot\frac{1}{2}S_n$$

$$\therefore\ \text{area}(P_{2n}) = \frac{r}{2}ns_n$$

$$= \frac{r}{2}\text{perimeter}(P_n)$$

11. 활꼴과 정육각형

하나의 정육각형이 원에 내접하고 있고 이 정육각형의 각 변 위에 6개의 반원을 작도하면 정육각형의 넓이는 6개의 활꼴의 넓이와 정육각형의 한 변의 길이를 지름으로 하는 원의 넓이의 합과 같다.

(풀이)

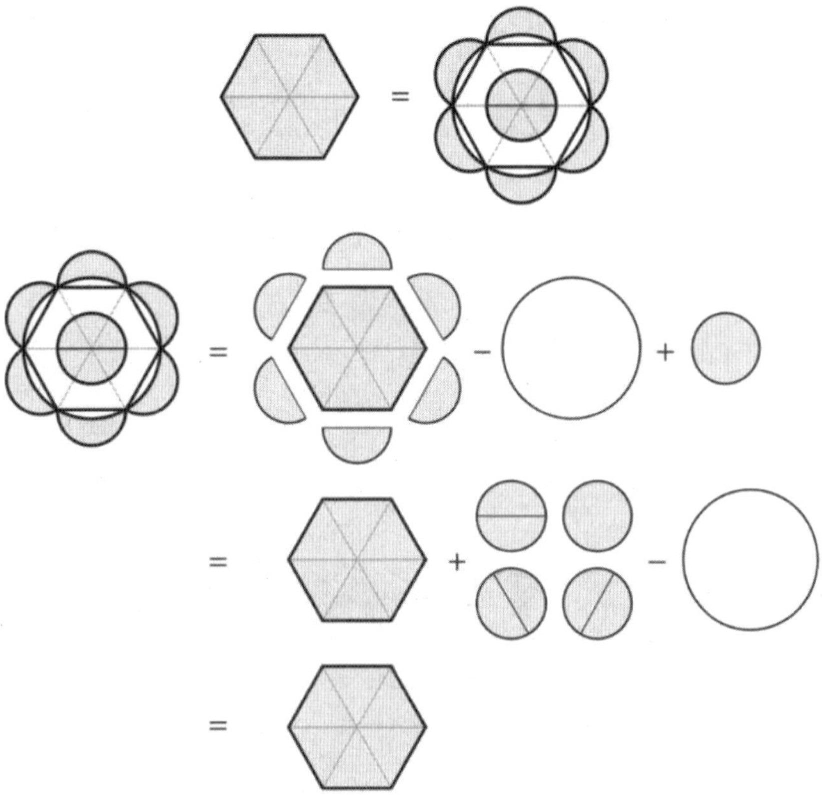

$$\left[\ 4\pi\left(\frac{r}{2}\right)^2 = \pi r^2\ \right]$$

12. 한 평행사변형의 분할에서 같은 넓이를 갖는 도형들

Ⅰ. $a+b+c=d$

Ⅱ. $e+f=g+h$

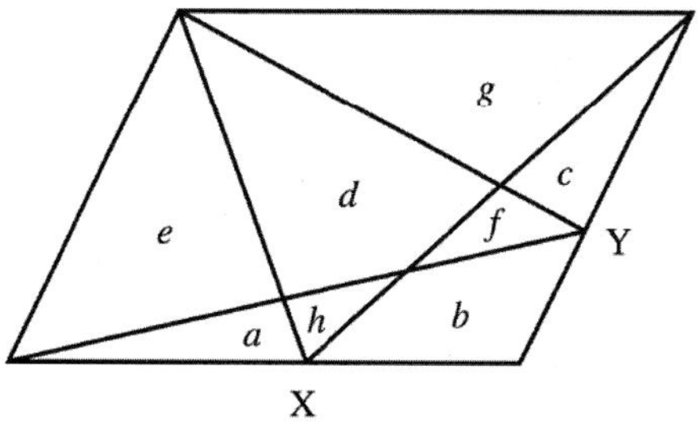

Ⅰ.

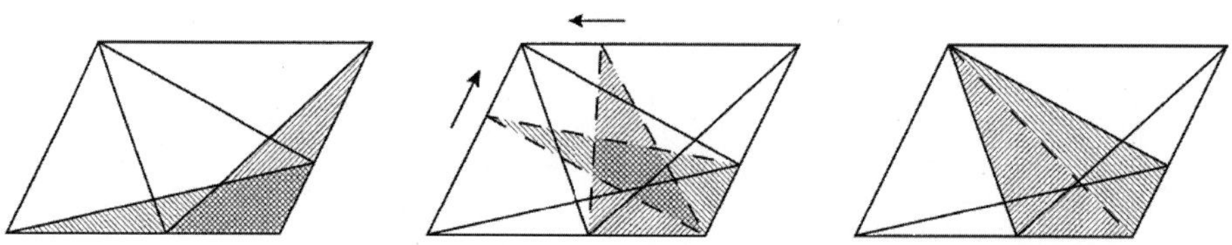

Ⅱ.

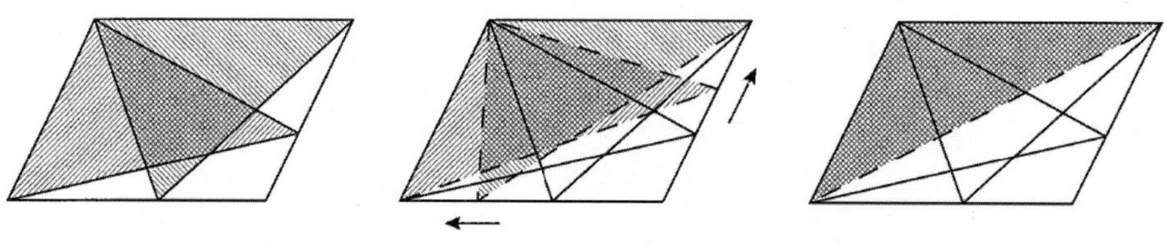

13. 모든 삼각형은 6개의 작은 이등변 삼각형으로 분할할 수 있다.

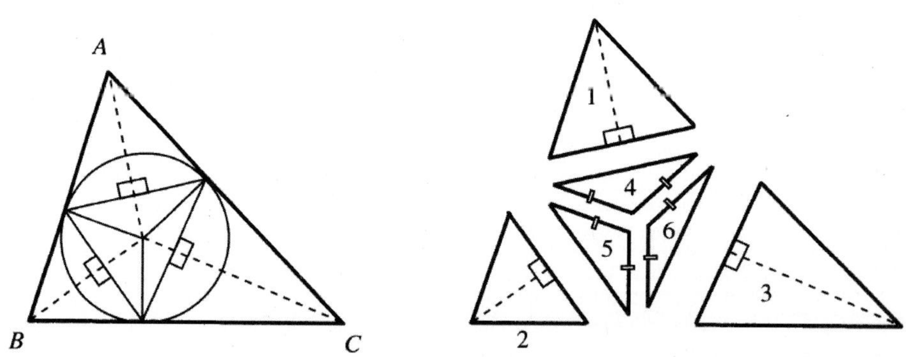

14. 삼각형의 내심을 지나는 직선(A Line through the Incenter of a Triangle)

삼각형의 내심을 지나는 직선이 삼각형의 둘레의 길이를 이등분할 필요충분조건은 그 직선이 삼각형의 넓이를 이등분하는 것이다.

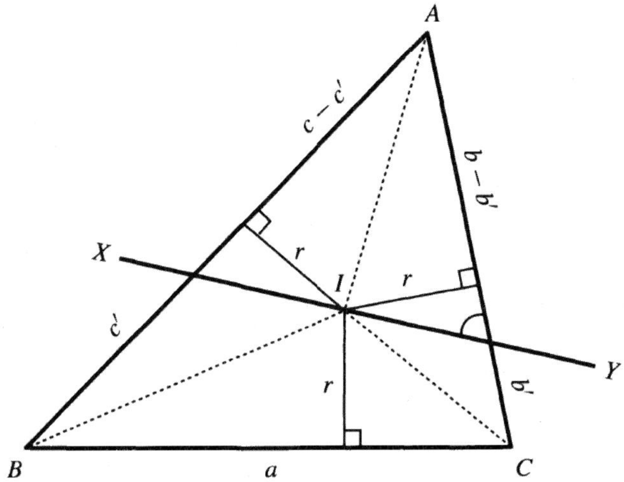

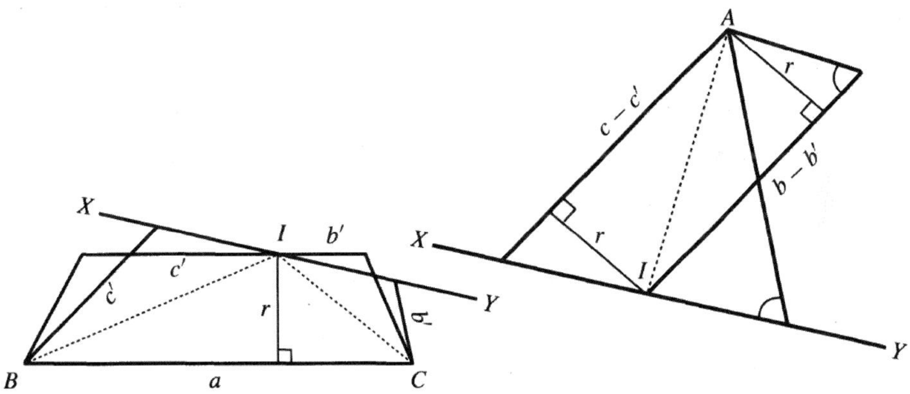

$$A_{\text{top}} = \frac{(b-b'+c-c')r}{2} \qquad A_{\text{bottom}} = \frac{(a+b'+c')r}{2}$$

$$A_{\text{top}} = A_{\text{bottom}} \quad \Leftrightarrow \quad a+b'+c' = \frac{(a+b+c)}{2}$$

15. 탄젠트에 대한 법칙

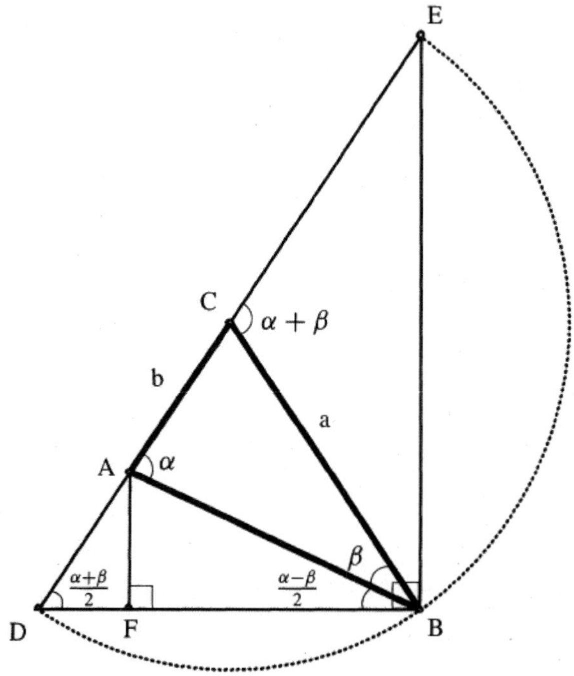

$$\frac{\tan((\alpha+\beta)/2)}{\tan((\alpha-\beta)/2)}=\frac{a+b}{a-b}$$

(풀이) $CD=CB=CE,\quad \alpha>\beta,\quad \frac{DE}{DB}=\frac{DA}{DF}=\frac{AE}{FB}$

$$\frac{\tan((\alpha+\beta)/2)}{\tan((\alpha-\beta)/2)}=\frac{AF/DF}{AF/BF}=\frac{a+b}{a-b}$$

16. 바이어스트라스 치환

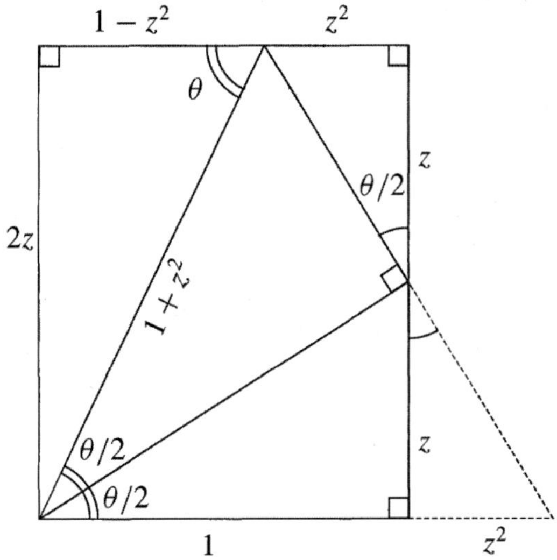

$$Z=\tan\left(\frac{\theta}{2}\right) \quad\Rightarrow\quad \sin(\theta)=\frac{2z}{1+z^2},\quad \cos(\theta)=\frac{1-z^2}{1+z^2}$$

17. 대수 부등식

$a \geq b \geq c \geq 0$이고 $a+b+c \leq 1$이라 할 때 $a^2+3b^2+5c^2 \leq 1$임을 증명하여라.

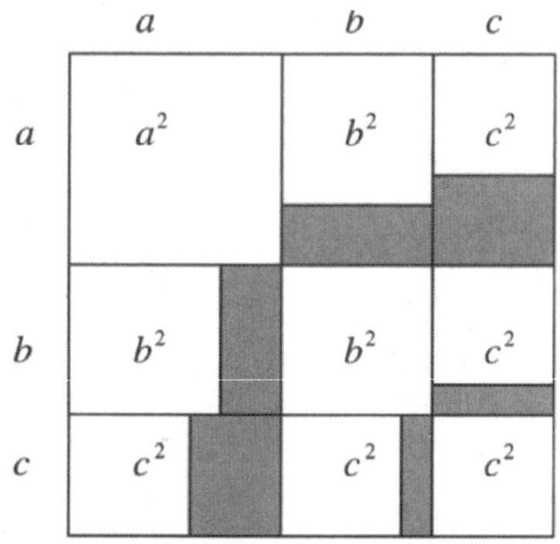

$$a^2+3b^2+5c^2 \leq (a+b+c)^2 \leq 1$$

또한, $a_1 \geq a_2 \geq \cdots \geq a_n \geq 0$이고 $\sum_{i=1}^{n} a_i \leq 1$이면 $\sum_{i=1}^{n}(2i-1)a_i^2 \leq 1$이다.

18. 세 탄젠트의 합과 곱(A Sum and Product of Three Tangents)

예각삼각형의 세 각을 α, β, γ 라 하면 다음이 성립한다.

$\tan\alpha + \tan\beta + \tan\gamma = \tan\alpha\ \tan\beta\ \tan\gamma$.

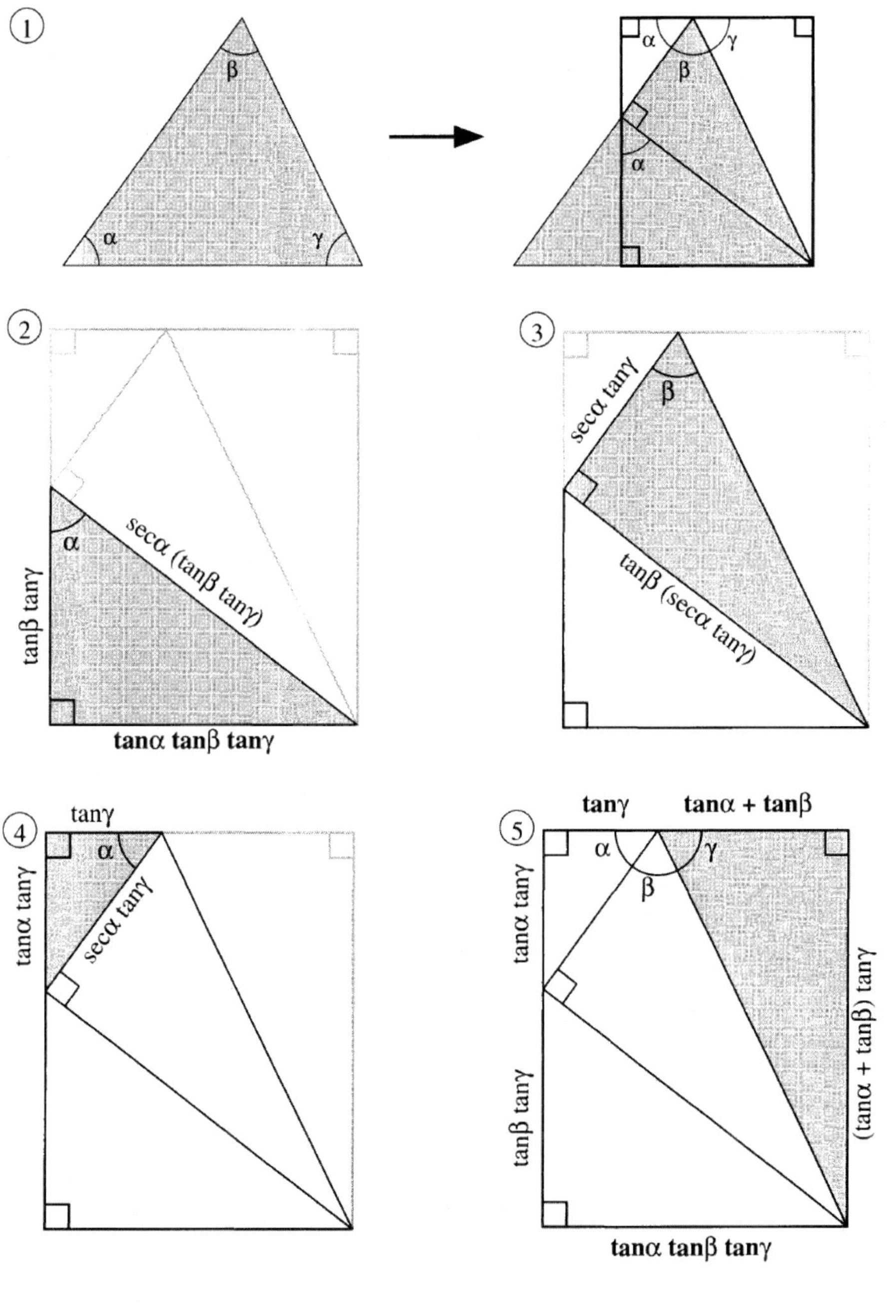

19. 오일러의 역 탄젠트 함수의 항등식(Euler's Arctangent Identity)

$$\tan^{-1}\left(\frac{1}{x}\right)=\tan^{-1}\left(\frac{1}{x+y}\right)+\tan^{-1}\left(\frac{y}{x^2+xy+1}\right)$$

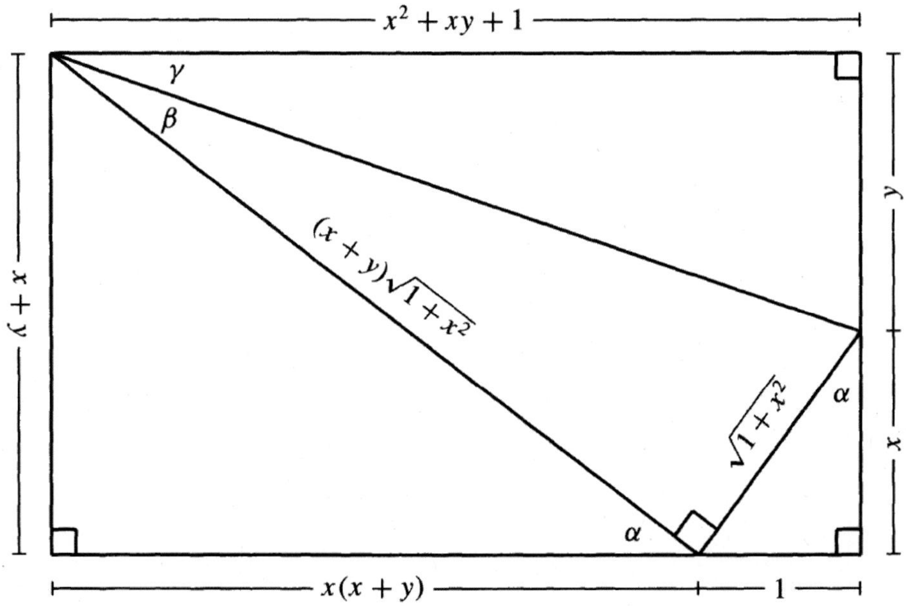

$$\alpha=\beta+\gamma$$

20. 함수 $a\cos t + b\sin t$의 극(Extreme of the Function $a\cos t + b\sin t$)

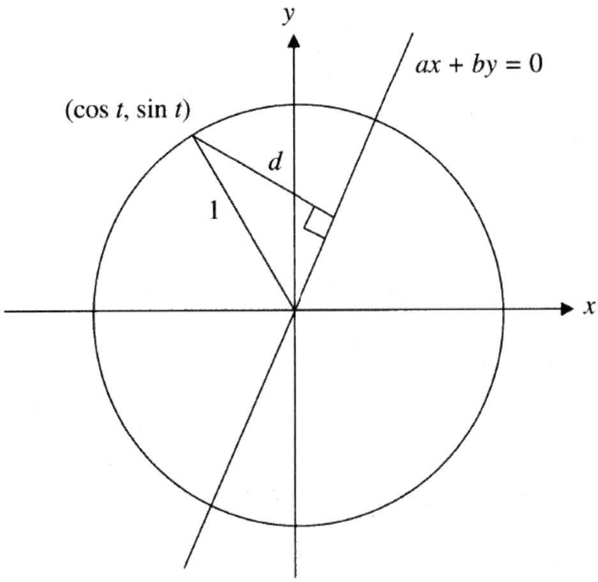

$d \leq 1 \Rightarrow |a\cos t + b\sin t| / \sqrt{a^2+b^2} \leq 120.$ 대수 부등식

$-\sqrt{a^2+b^2} \leq a\cos t + b\sin t \leq \sqrt{a^2+b^2}$

21. 초멱 수열의 수렴

$$\sqrt{2}^{\sqrt{2}^{\sqrt{2}^{\sqrt{2}^{\cdots}}}} = 2$$

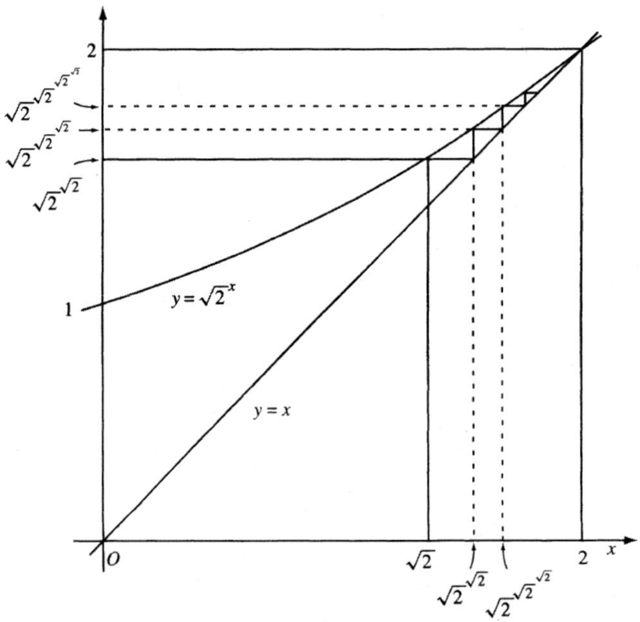

$a \geq b \geq c \geq 0$이고

22. 대수 부등식

$a+b+c \leq 1$이라 할 때 $a^2+3b^2+5c^2 \leq 1$임을 증명하여라.

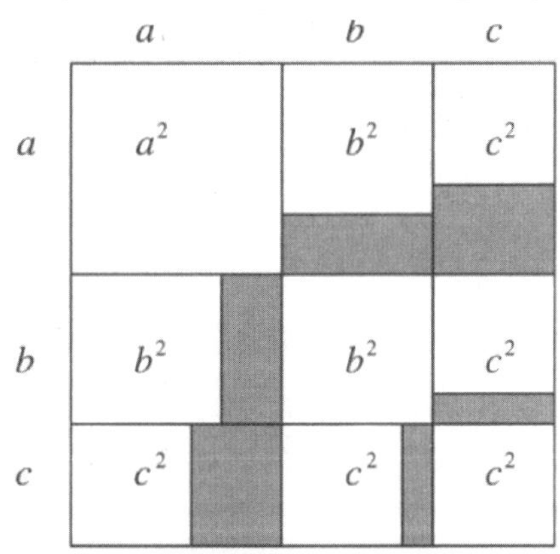

$$a^2+3b^2+5c^2 \leq (a+b+c)^2 \leq 1$$

또한, $a_1 \geq a_2 \geq \cdots \geq a_n \geq 0$이고 $\sum_{i=1}^{n} a_i \leq 1$이면 $\sum_{i=1}^{n} (2i-1)a_i^2 \leq 1$이다.

23. 기하 급수

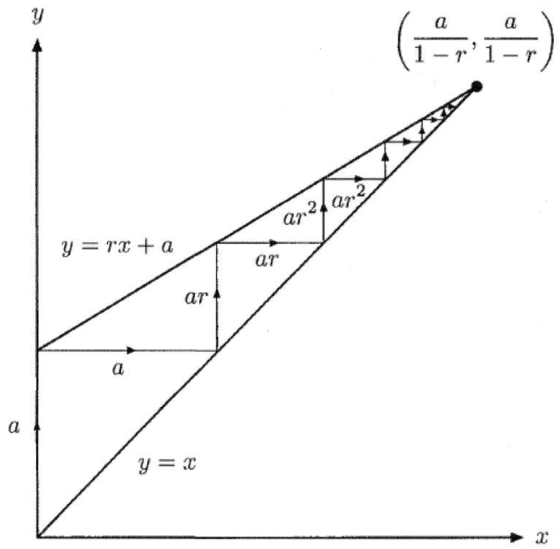

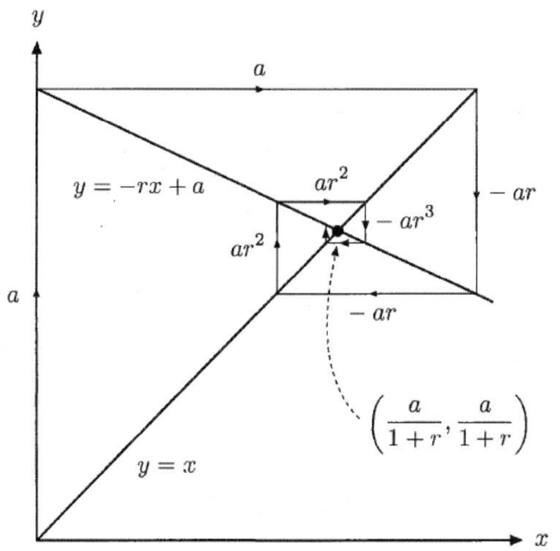

$$a + ar + ar^2 + \cdots = \frac{a}{1-r}, \quad 0 < r < 1,$$

$$a - ar + ar^2 - \cdots = \frac{a}{1+r}, \quad 0 < r < 1$$

24. 모든 팔각수는 두 제곱수의 차와 같다(Every Octagonal Number Is the Difference of Two Squares)

$$1 = 1 = 1^2 - 0^2$$

$$1 + 7 = 8 = 3^2 - 1^2$$

$$1 + 7 + 13 = 21 = 5^2 - 2^2$$

$$1 + 7 + 13 + 19 = 40 = 7^2 - 3^2$$

$$O_n = 1 + 7 + \mathrm{cots} + (6n - 5) = (2n - 1)^2 - (n - 1)^2$$

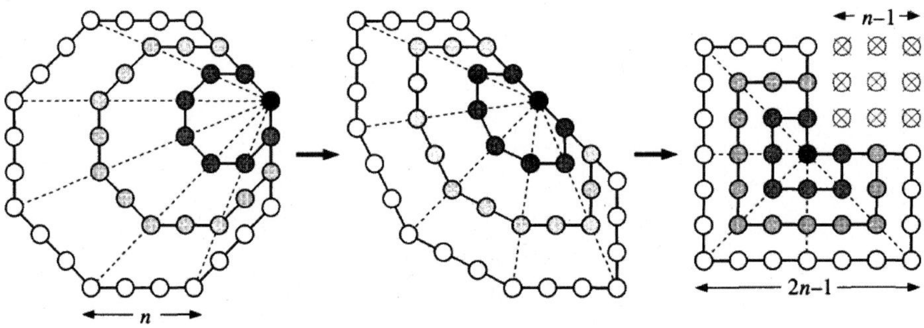

25. 자기-닮음에 의한 연속된 n의 멱들의 합(Sums of Consecutive Powers of n via Self-Similarity)

임의의 음이 아닌 정수 $n \geq 4$과 $k \geq 0$에 대하여,

$$1 + n + n^2 + \cdots + n^k = \frac{n^{k+1} - 1}{n - 1}.$$

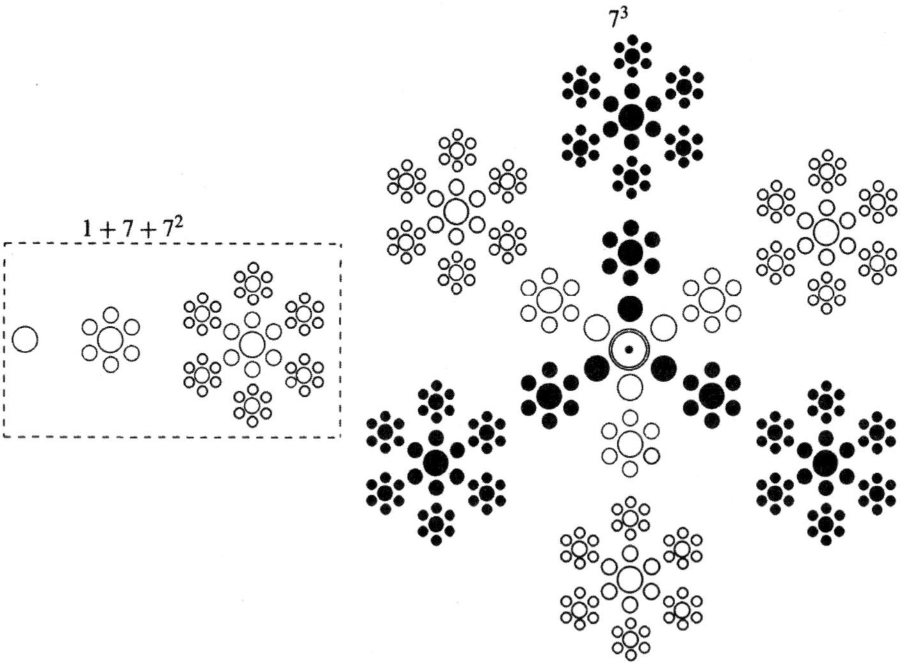

$n = 7, \ k = 2$

26. 절대값이 1인 복소수

$z=-1$을 제외한 $|z|=1$인 임의의 복소수 z는 적당한 실수 t에 대하여 $\frac{1+it}{1-it}$와 같이 나타낼 수 있다.

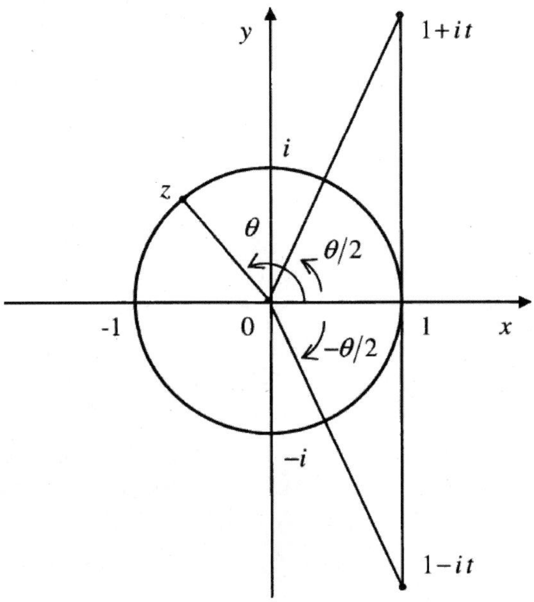

(풀이) $\arg\frac{1+it}{1-it} = \arg 1 + it \arg 1 - it = \frac{\theta}{2} - \left(-\frac{\theta}{2}\right) = \theta = \arg z$,

$$\left|\frac{1+it}{1-it}\right| = \frac{|1+it|}{|1-it|} = 1 = |z|$$

$t = \tan\frac{\theta}{2}$ 이다.

CHAPTER

06

산학문제: 기초도형 탐구문제와 그 풀이

제6장 산학문제: 기초도형 탐구문제와 그 풀이

일본은 애도시대(1603~1867)에 서양세계로부터 완전히 고립되었다. 농부에서 무사 계층까지 다양한 사람들이 유클리드 기하 문제들을 알게 되어, 각 지방의 신사나 절 구내에 목판으로 아름다운 색을 칠한 기하문제를 공개적으로 걸어 두었다. 이 목판을 산학문제(Sangaku)라 하며 이는 일본말로 수학문제 목판이라는 뜻이다. 이것은 수학문제의 발견에 대한 신에 대한 감사의 뜻으로 봉헌된 것으로 누구든지 이 문제를 풀어보라는 도전문제로 게시된 것이다. 약 200년 동안 많은 산학문제들이 버려지고 파괴되었지만 전국적으로 820여 문제가 보존 되었다.

각 도형문제들은 삼각형, 원의 기본성질들과 피타고라스정리 등을 이용하면 쉽게 해결할 수 있는 문제라 생각한다. 물론 난이도는 차이가 있어서 어떤 문제는 매우 어려워 문제해결이 용이하지 않는 경우도 있다.

다음 **기초도형 탐구문제**(1)은 일본 교육과학 수학교육 2007년 8월호 No.597권 pp.68−72에 수록된 것으로 여름방학동안 학생들이 하루 한 문제씩 풀어 보도록 수록된 기하문제들에서 일부를 발췌한 것이다.

그리고 **기초도형 탐구문제**(2)는 H.Fukagawa, D.Pedoe, Japanese Temple Geometry Problems Sangaku, Winnipeg, Canada(1989) 발췌한 산학문제들이다. 이 문제들은 역시 삼각형, 원의 기초적인 성질들과 피타고라스 정리를 이용하여 풀 수 있으며, 기초 도형의 탐구 능력을 향상시켜 줄 것으로 생각한다.

1. 기초 도형 탐구 문제(1)

1. 직사각형 내부에 두개의 마름모가 있다. a값은 $6\sqrt{3}-9$ 임을 밝혀라

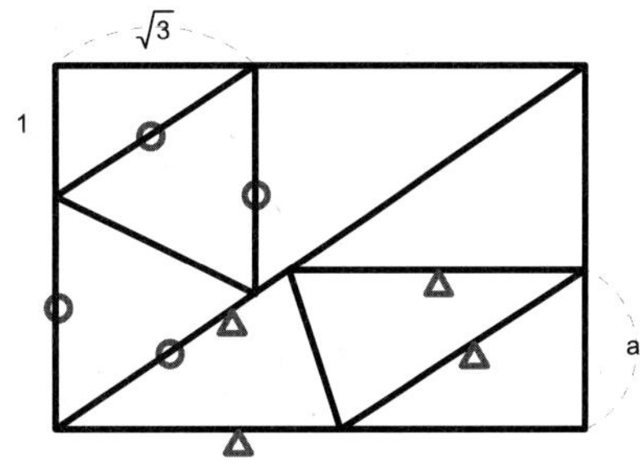

2. 한 직각삼각형을 다음 그림과 같이 세부분의 같은 면적을 갖는 도형으로 나눈다. $b=6$ 일 때 $a=12$, $c=15$ 임을 밝혀라.

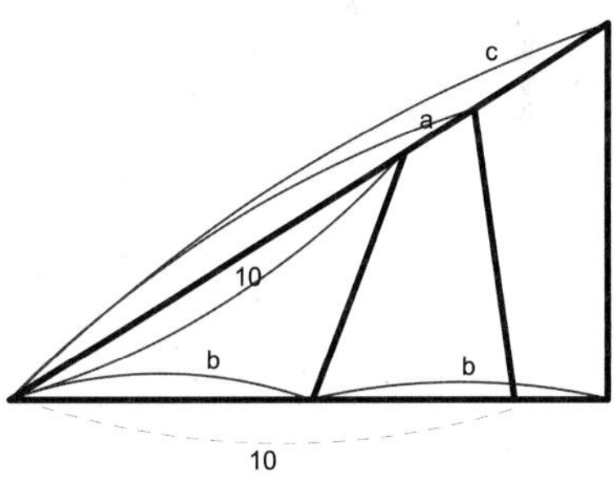

3. 마름모 내부에 같은 크기의 원들이 그림과 같이 접하고 있다. x의 길이는 $\frac{5}{2}+4\sqrt{5}$ 임을 밝혀라.

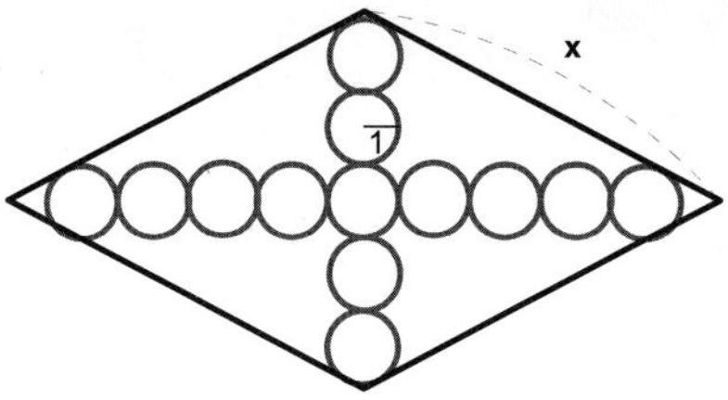

4. 한 원에 한 변의 길이가 2인 같은 크기의 정사각형 3개가 내접하고 있다. 이 때 원의 반지름 $x=\frac{5}{8}\sqrt{17}$ 임을 밝혀라.

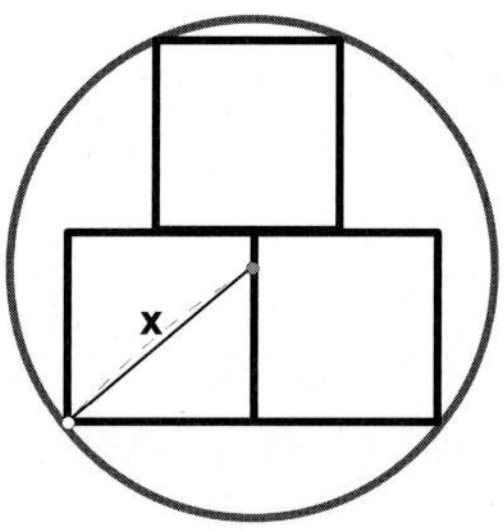

5. 정사각형의 내부에 두 반원과 한 원이 그림과 같이 접하고 있다.
$b=(4-2\sqrt{3})a$ 임을 밝혀라.

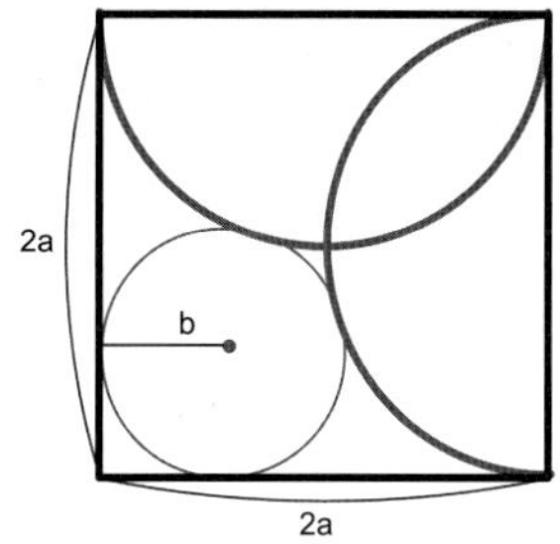

6. 세 직선이 두 원에 그림과 같이 접하고 있다. 두 직선의 교점에서 수선을 내렸다. $m=\dfrac{4}{3}$ 임을 밝혀라.

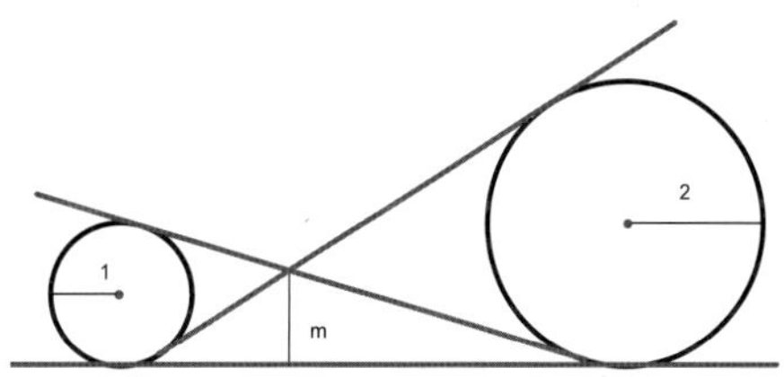

7. 원의 내부에 두개의 정삼각형이 내접하고 같은 크기의 원 6개가 내접한다. $a = (3\sqrt{3} - 5)R$ 임을 밝혀라.

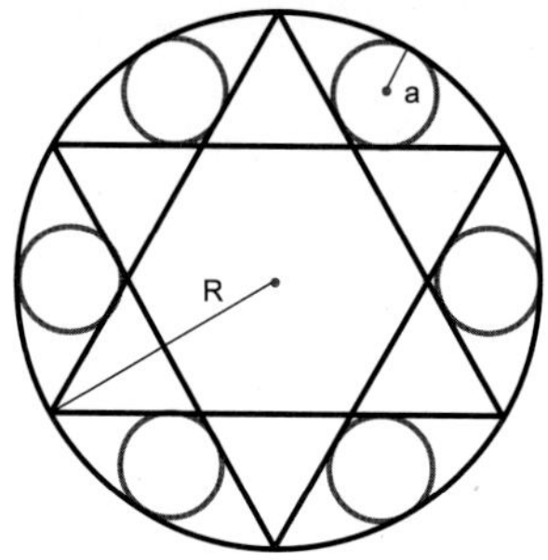

8. 같은 크기의 원 9개가 한원과 접하고 있고, 같은 크기의 작은 원이 그림과 같이 내접한다. $a = (1 - \sqrt{2 - \sqrt{2}})R$ 임을 밝혀라.

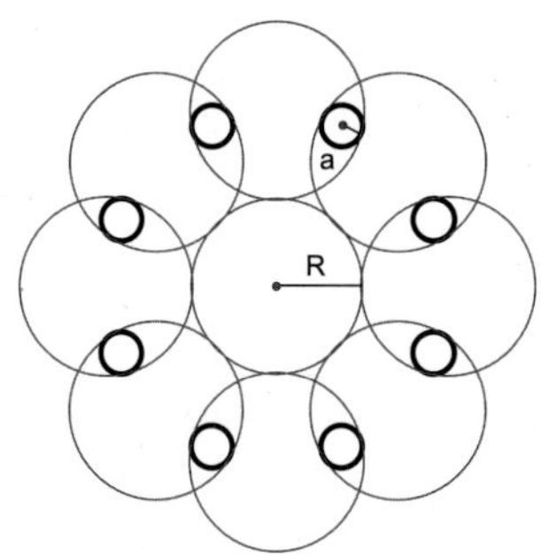

9. 정삼각형 내부에 그림과 같이 한원과 크기가 같은 3개의 작은 원들이 접하고 있다.

$a = \sqrt{3}$ 임을 밝혀라.

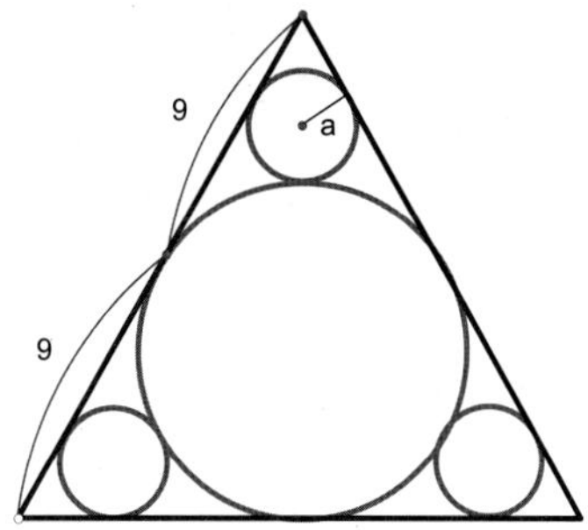

10. 등변사다리꼴의 내부에 그림과 같이 정삼각형이 내접하고 있다. $a^\circ = 80^\circ$ 이고 $m = 10$ 임을 밝혀라.

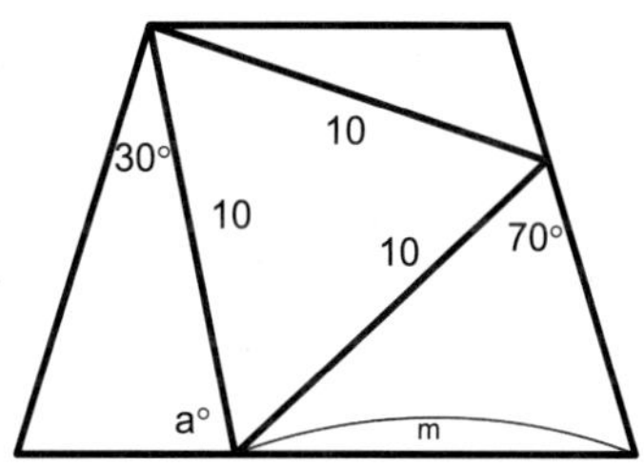

11. 두개의 정사각형 내부에 각각 같은 크기의 원이 그림과 같이 내접하고 있다. $b=\frac{\sqrt{5}-1}{2}a$ 임을 밝혀라.

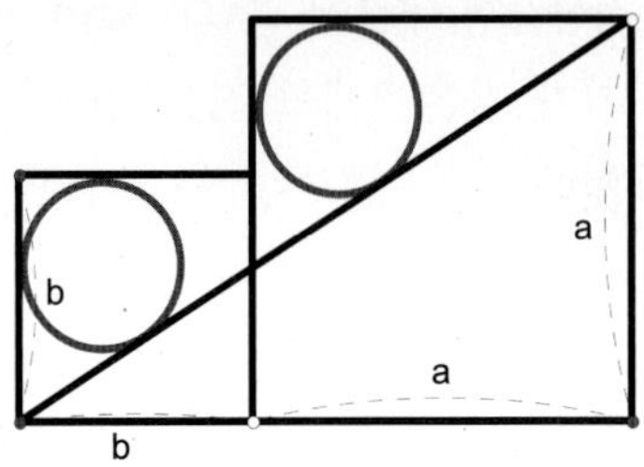

12. 반원의 내부에 그림과 같이 한원, 같은 크기의 두 원, 정삼각형이 서로 내접하고 있다. $a=\frac{3}{2}b$ 임을 밝혀라.

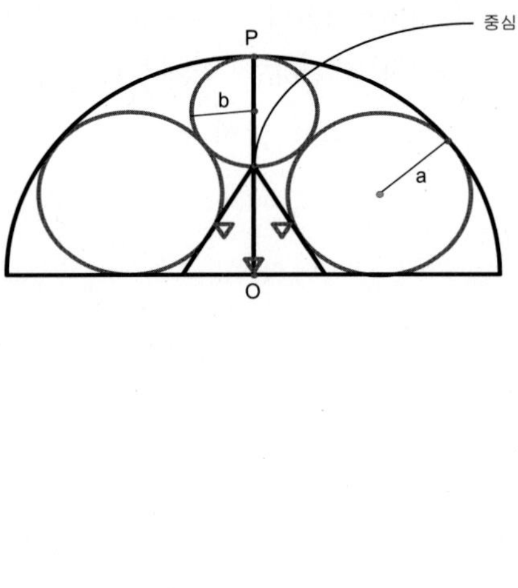

13. 정사각형의 내부에 작은 정사각형과 빗금친 오각형을 만들 때, 빗금 친 오각형의 면적은 13.5 이고 작은 정사각형의 한 변의 길이는 2임을 밝혀라.

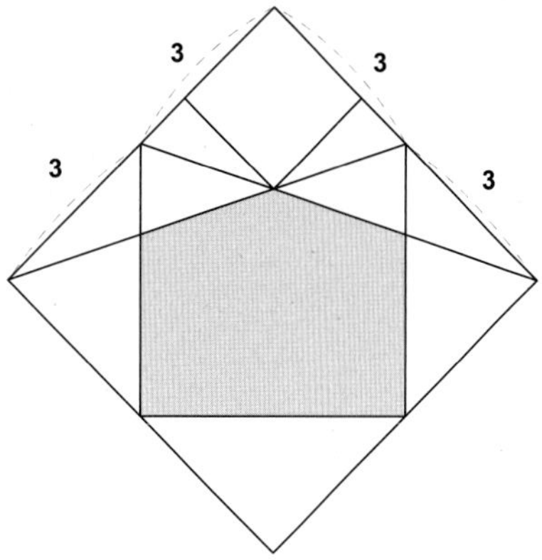

14. 두 정삼각형으로 만들어진 마름모 내부에 두 종류의 원이 있다.

$R=\dfrac{3-\sqrt{3}}{2}m$, $a=\dfrac{\sqrt{3}-1}{2}m$ 임을 밝혀라.

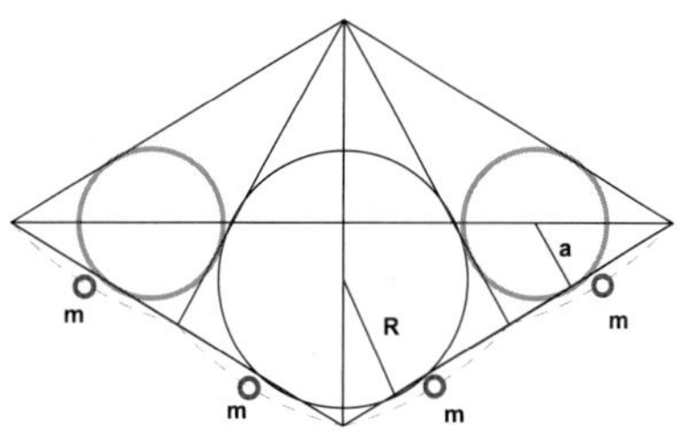

15. 직사각형 중앙의 작은 원의 반경이 1일 때, $a = \dfrac{5 + \sqrt{17}}{2}$ 임을 밝혀라.

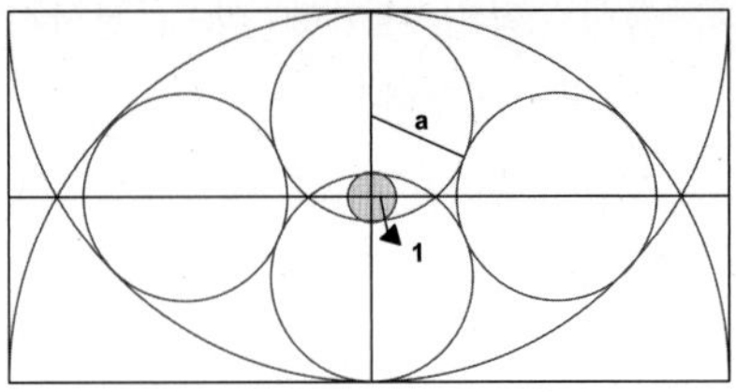

16. 부채꼴의 반경 R일 때

$R = (2\sqrt{2} + 1)a$

임을 밝혀라.

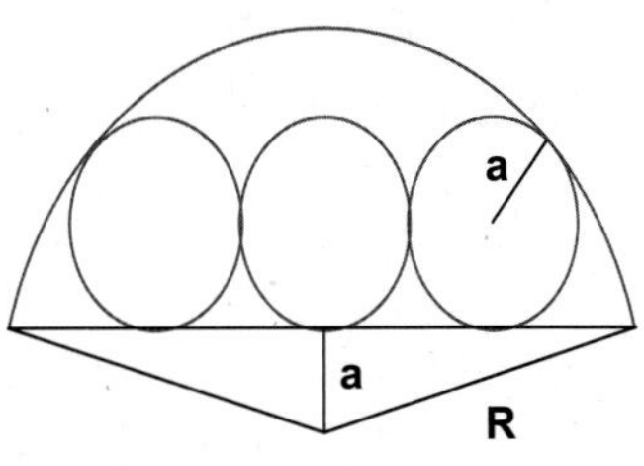

17. 빗금 친 A, B의 면적의 비가 $1:3$일 때 $a=3$임을 밝혀라.

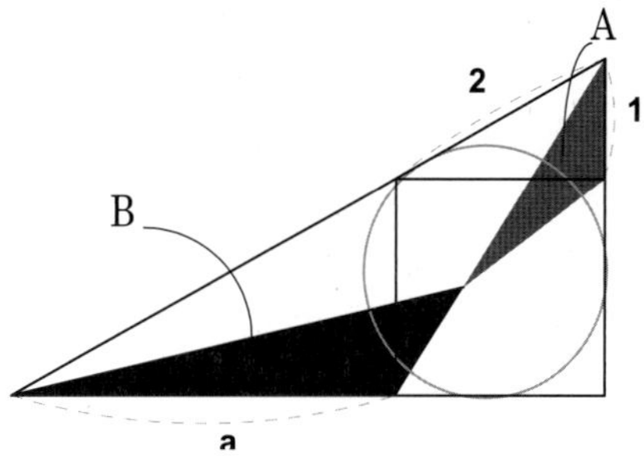

18. 직사각형 내부의 원의 반경이 1일 때 $a=3+\sqrt{3}$임을 밝혀라.

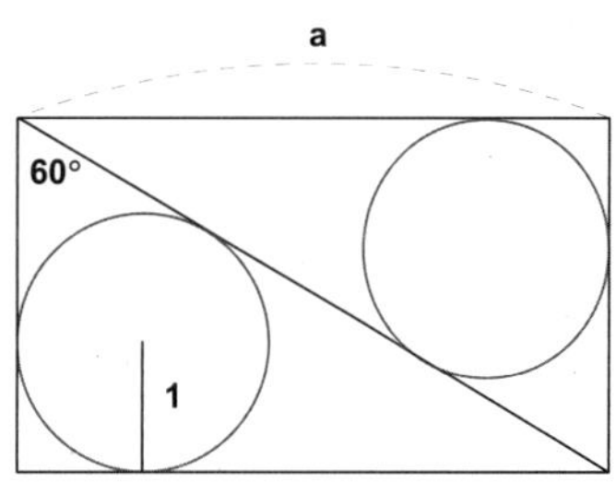

19. 빗금 친 부분의 면적은 전체의 $\frac{1}{13}$ 임을 밝혀라.

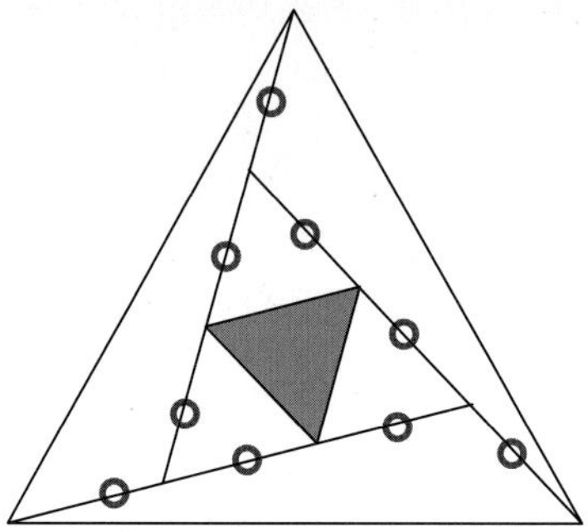

20. 한 원의 내부에 정삼각형과 같은 크기의 원 6개가 내접하고 있다.

$a = \frac{\sqrt{12}-3}{2} R$ 임을 밝혀라.

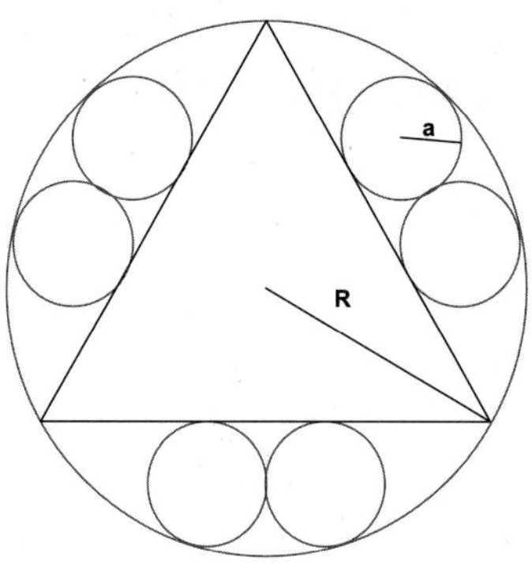

21. 다음 그림에서 $a=(\frac{\sqrt{7}}{2}-1)m$ 임을 밝혀라.

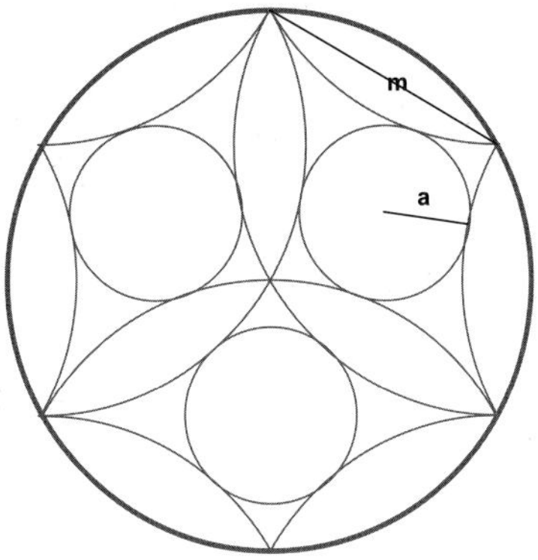

22. 원의 반경이 a인 원 15개 사이의 빗금친 부분의 면적은 $16(\sqrt{3}-\frac{\pi}{2})a^2$ 임을 밝혀라.

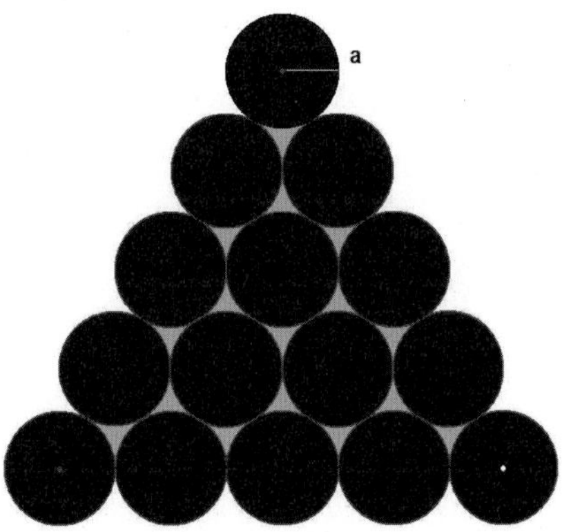

23. 마름모 내부에 원 4개가 접하고 있다. $a = (\sqrt{3} - \frac{3}{2})m$ 임을 밝혀라.

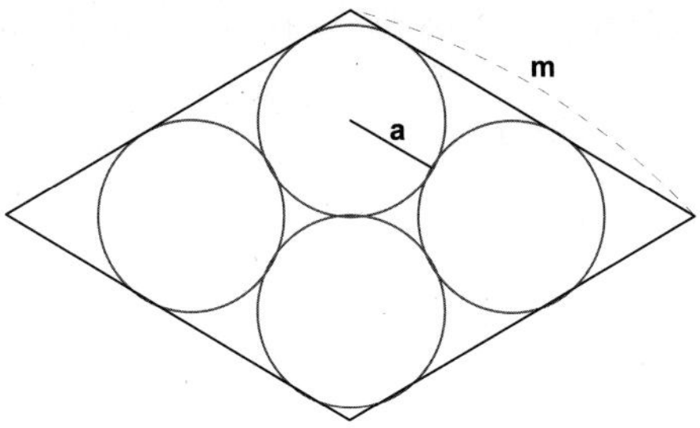

24. 정사각형 내부에 그림과 같이 원 3개가 내접하고 있다. $a = 6\sqrt{3} - 9$ 임을 밝혀라.

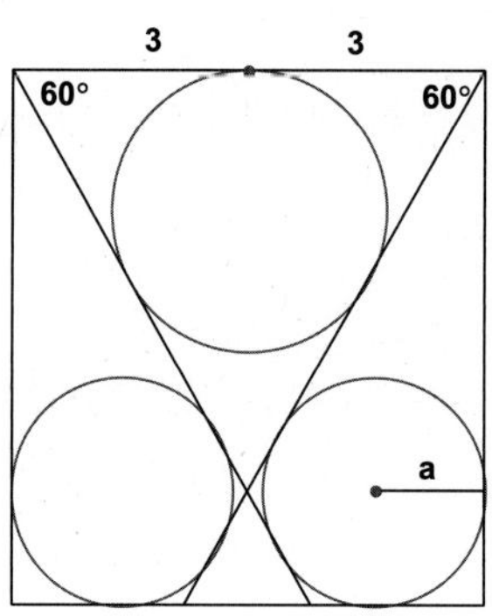

25. 대원의 반경이 R, 작은 원의 반경이 a일 때 $R=\frac{5}{2}a$임을 밝혀라.

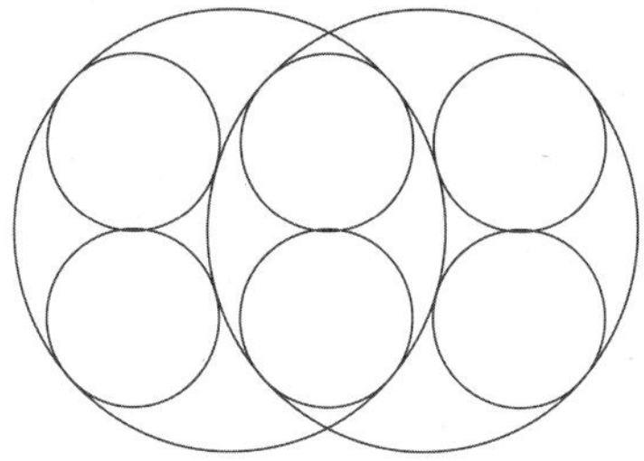

26. 한 원의 반경이 8이고 작은 원의 반경이 3일 때 $a=\frac{24}{5}$임을 밝혀라.

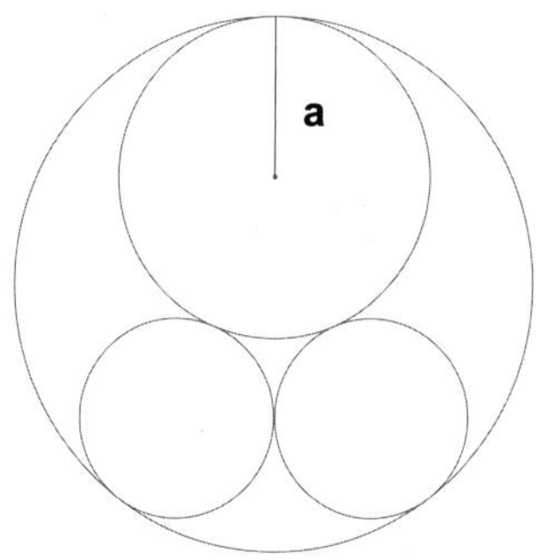

2. 기초 도형 탐구 문제(1) 풀이

1. 직사각형 내부에 두개의 마름모가 있다. a값은 $6\sqrt{3}-9$ 임을 밝혀라

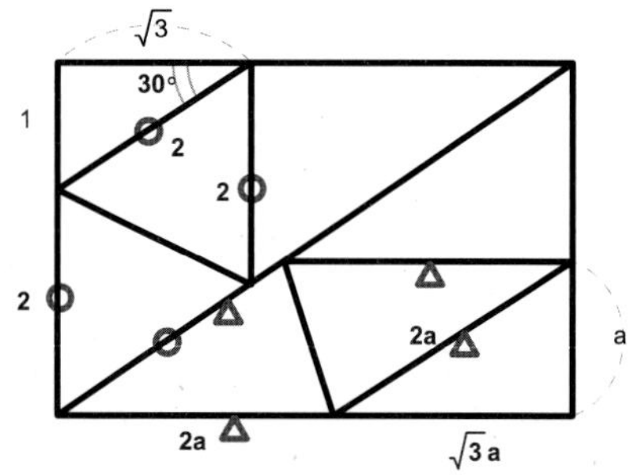

$$(2+\sqrt{3})a = 3\sqrt{3}$$

$$a = \frac{3\sqrt{3}}{2+\sqrt{3}} = 6\sqrt{3}-9$$

2. 한 직각삼각형을 다음 그림과 같이 세부분의 같은 면적을 갖는 도형으로 나눈다. $b=6$ 일 때 $a=12$, $c=15$ 임을 밝혀라.

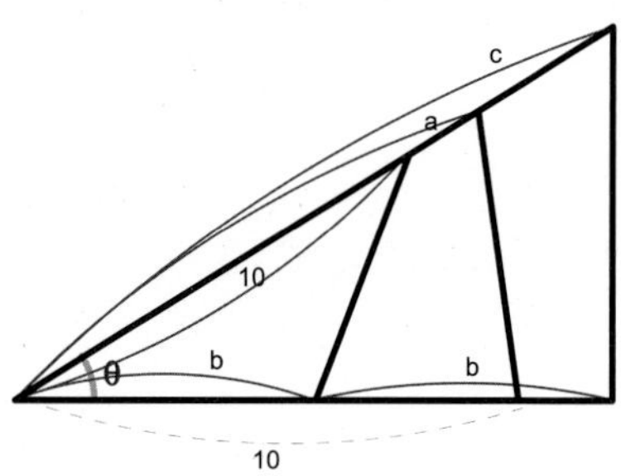

$$2\times(\frac{1}{2}\cdot 10\cdot b\sin\theta) = \frac{1}{2}a\cdot 10\cdot \sin\theta$$

$$2b = a$$

$$\therefore a = 12$$

$$3\times(\frac{1}{2}\cdot 10\cdot b\sin\theta) = \frac{1}{2}\cdot c\cdot 2b\cdot \sin\theta$$

$$\therefore c = 15$$

3. 마름모 내부에 같은 크기의 원들이 그림과 같이 접하고 있다. x의 길이는 $\frac{5}{2}+4\sqrt{5}$ 임을 밝혀라.

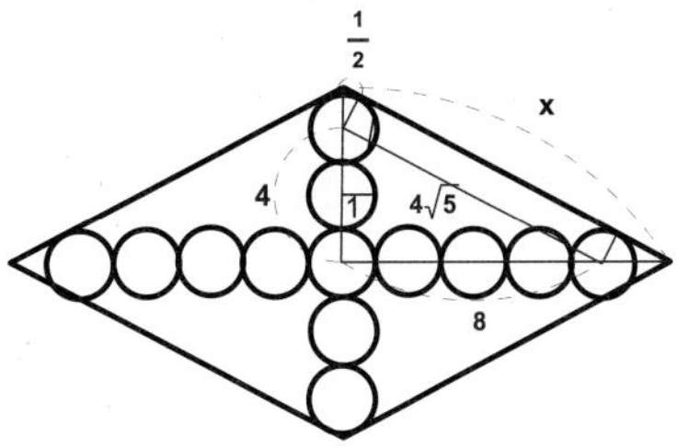

$$x = 4\sqrt{5}+\frac{1}{2}+2$$

$$= \frac{5}{2}+4\sqrt{5}$$

4. 한 원에 한 변의 길이가 2인 같은 크기의 정사각형 3개가 내접하고 있다. 이 때 원의 반지름 $x=\frac{5}{8}\sqrt{17}$ 임을 밝혀라.

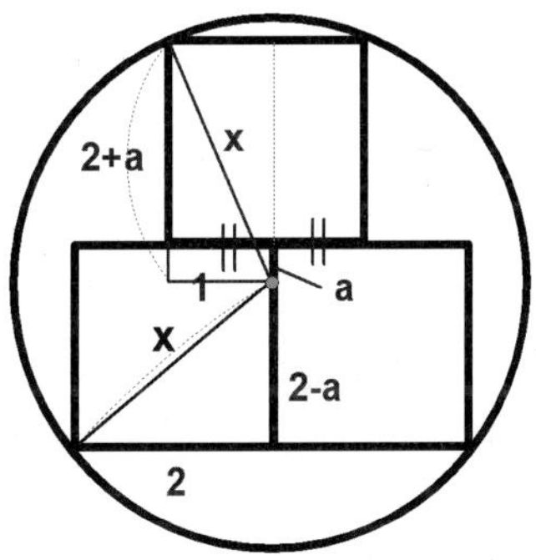

$$x^2 = (2+a)^2+1^2 = 2^2+(2-a)^2$$

$$8a = 3$$

$$a = \frac{3}{8}$$

$$\therefore x^2 = (\frac{19}{8})^2+1 = \frac{361+8^2}{8^2}$$

$$x = \frac{\sqrt{425}}{8} = \frac{5}{8}\sqrt{17}$$

5. 정사각형의 내부에 두 반원과 한 원이 그림과 같이 접하고 있다.
$b=(4-2\sqrt{3})a$ 임을 밝혀라.

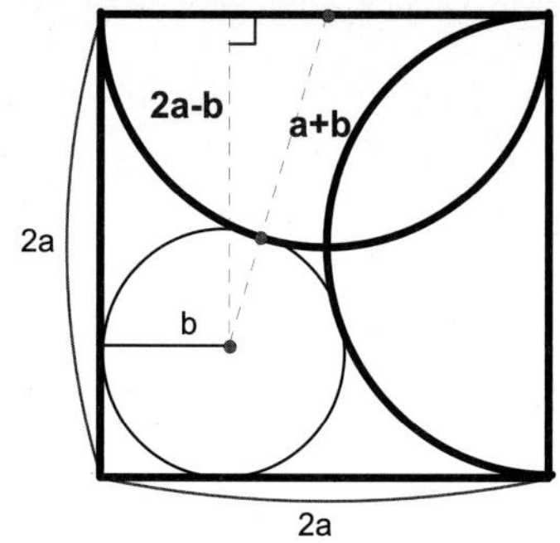

피타고라스 정리에 의해

$$(a+b)^2=(2a-b)^2+(a-b)^2$$

$$b=(4-2\sqrt{3})a$$

6. 세 직선이 두 원에 그림과 같이 접하고 있다. 두 직선의 교점에서 수선을 내렸다.
$m=\frac{4}{3}$ 임을 밝혀라.

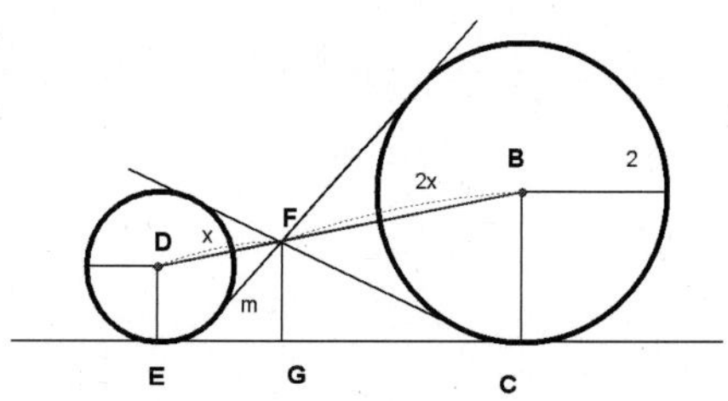

$$\frac{x}{m-1}=\frac{2x}{2-m}$$

$$2-m=2m-2$$

$$3m=4$$

$$m=\frac{4}{3}$$

7. 원의 내부에 두개의 정삼각형이 내접하고 같은 크기의 원 6개가 내접한다.
$a = (3\sqrt{3} - 5)R$ 임을 밝혀라.

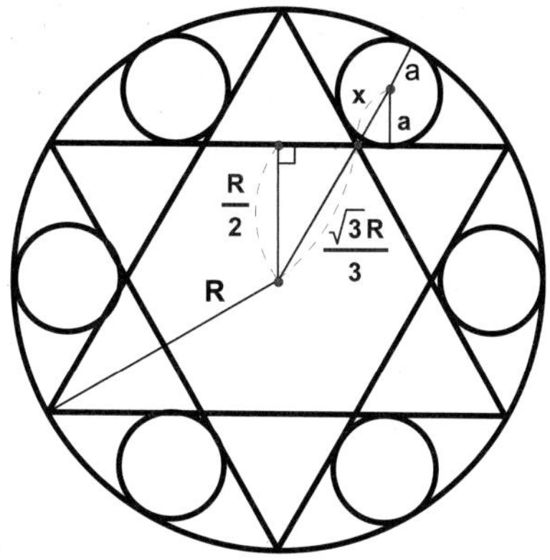

닮음을 이용해서 $\frac{R}{2} : \frac{\sqrt{3}R}{3} = a : x$

$x = \frac{2\sqrt{3}}{3}a$

$R = \frac{\sqrt{3}R}{3} + \frac{2\sqrt{3}}{3}a + a$ 를 풀면

$a = (3\sqrt{3} - 5)R$

8. 같은 크기의 원 9개가 한원과 접하고 있고, 같은 크기의 작은 원이 그림과 같이 내접한다. $a = (1 - \sqrt{2 - \sqrt{2}})R$ 임을 밝혀라.

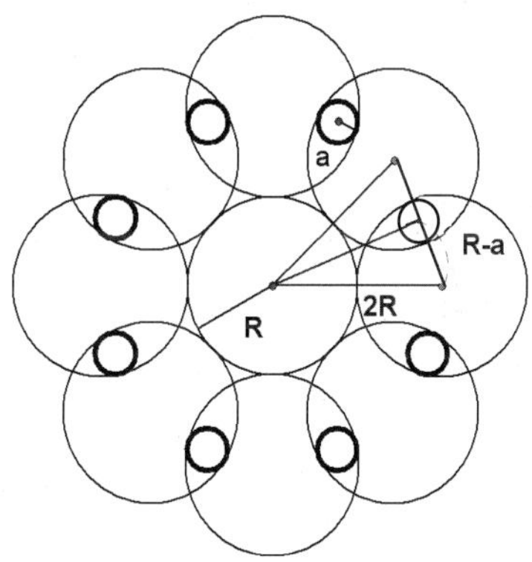

코사인
제2정리에서

$(2R - 2a)^2 = (2R)^2 \times 2 - 2(2R)^2 cos\frac{\pi}{4}$

$4(R^2 - 2aR + a^2) = 8R^2 - 8R^2 \times \frac{1}{\sqrt{2}}$

$(1 - \sqrt{2})R^2 + 2aR - a^2 = 0$

$X^2 - 2X + (\sqrt{2} - 1) = 0$

$\frac{a}{R} = X = (1 - \sqrt{2 - \sqrt{2}})$

$a = (1 - \sqrt{2 - \sqrt{2}})R$

9. 정삼각형 내부에 그림과 같이 한원과 크기가 같은 3개의 작은 원들이 접하고 있다. $a=\sqrt{3}$ 임을 밝혀라.

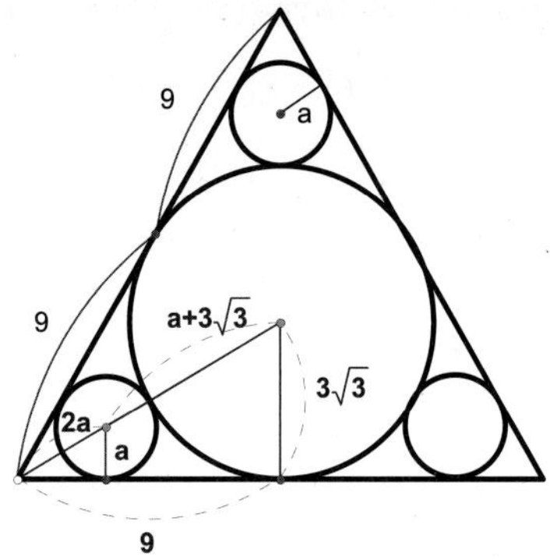

$$(2a+a+3\sqrt{3})^2=9^2+(3\sqrt{3})^2$$

$$a=\sqrt{3}$$

10. 등변사다리꼴의 내부에 그림과 같이 정삼각형이 내접하고 있다. $a^\circ=80^\circ$ 이고 $m=10$ 임을 밝혀라.

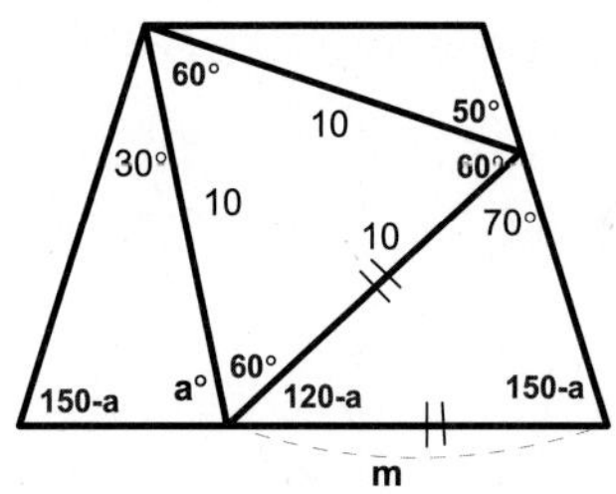

$$120-a+150-a=110$$
$$270-2a=110$$
$$160=2a$$
$$a=80$$

$$\therefore m=10$$

11. 두개의 정사각형 내부에 각 각 같은 크기의 원이 그림과 같이 내접하고 있다.

$b = \frac{\sqrt{5}-1}{2}a$ 임을 밝혀라.

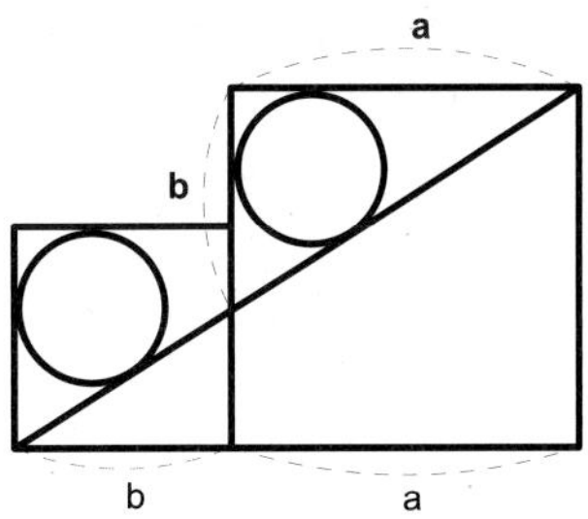

$a : b = a + b : a$

$a^2 - ab - b^2 = 0$, $b < a$ 이므로

$\therefore b = \frac{\sqrt{5}-1}{2}a$

12. 반원의 내부에 그림과 같이 한원, 같은 크기의 두 원, 정삼각형이 서로 내접하고 있다. $a = \frac{3}{2}b$ 임을 밝혀라.

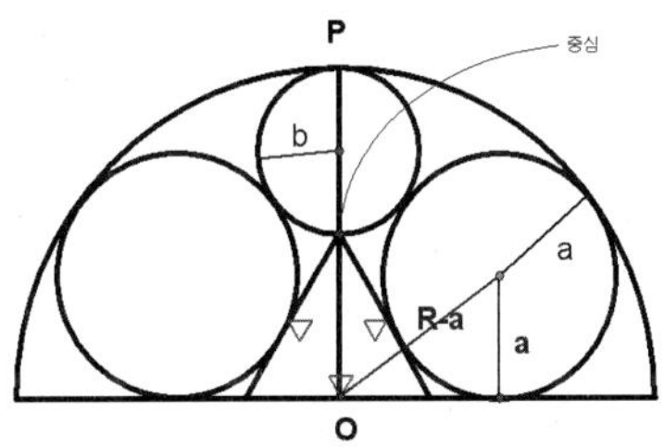

$(a+b)^2 - (3b-a)^2 = (4b-a)^2 - a^2$

간단히 고치면 $24b^2 = 16ab$ 이다.

즉, $3b = 2a$.

면적을 이용한 다른 해;

$\frac{1}{2} \times 2b \times \frac{2\sqrt{3}}{3}b = \frac{1}{2} \times \frac{4\sqrt{3}}{3} \times (4b - 2a)$

즉, $b = 4b - 2a$ 이다.

13. 정사각형의 내부에 작은 정사각형과 빗금친 오각형을 만들 때, 빗금 친 오각형의 면적은 13.5 이고 작은 정사각형의 한 변의 길이는 2임을 밝혀라.

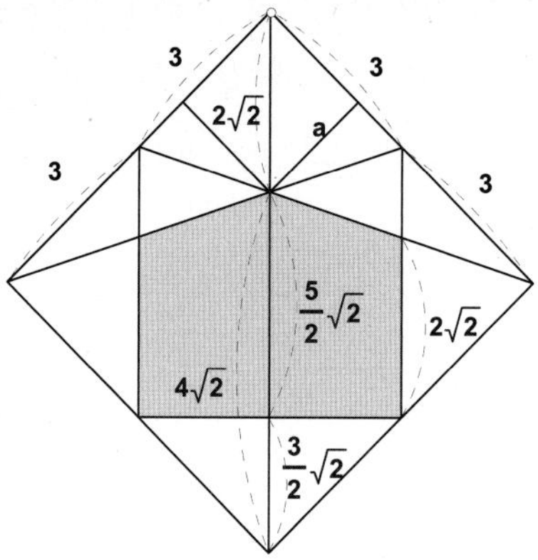

$$3 : a = 6 : 6 - a$$

$$\therefore a = 2$$

$$2 \times \frac{1}{2}(\frac{5}{2}\sqrt{2} + 2\sqrt{2}) \times \frac{3}{2}\sqrt{2}$$

$$= \frac{9}{2}\sqrt{2} \cdot \frac{3}{2}\sqrt{2} = \frac{27}{2}$$

14. 마름모 내부에 두 종류의 원이 있다. $R = \frac{3-\sqrt{3}}{2}m$, $a = \frac{\sqrt{3}-1}{2}m$ 임을 밝혀라.

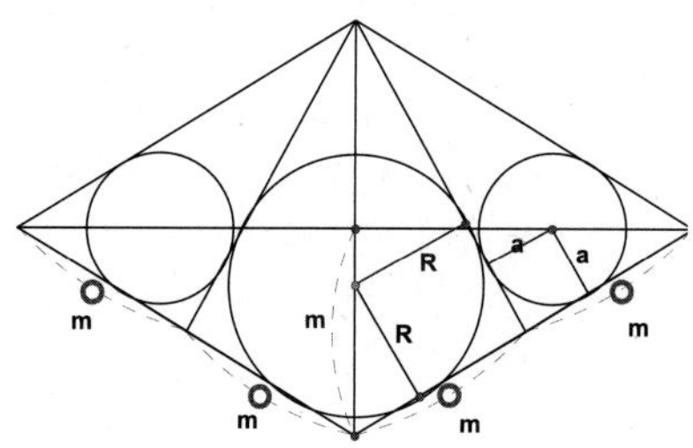

$$m = a + \sqrt{3}a \quad a = \frac{m}{\sqrt{3}+1} = \frac{\sqrt{3}-1}{2}m$$

$$\sqrt{3}m - R = \sqrt{3}R$$

$$R = \frac{\sqrt{3}}{\sqrt{3}+1}m = \frac{3-\sqrt{3}}{2}m$$

15. 직사각형 중앙의 작은 원의 반경이 1일 때, $a = \frac{5+\sqrt{17}}{2}$ 임을 밝혀라.

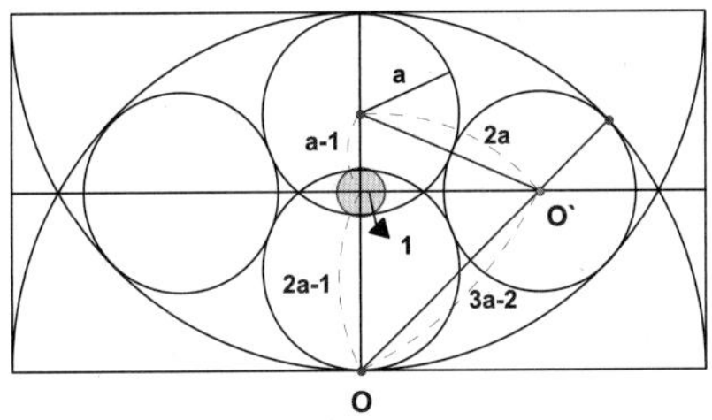

피타고라스정리에 의해

$\sqrt{(3a-2)^2-(2a-1)^2} = \sqrt{(2a)^2-(a-1)^2}$

$a^2-5a+2=0$, $a = \frac{5 \pm \sqrt{25-8}}{2}$

$1 < a$ 이므로 $a = \frac{5+\sqrt{17}}{2}$

16. 부채꼴의 반경 R일 때 $R=(2\sqrt{2}+1)a$ 임을 밝혀라.

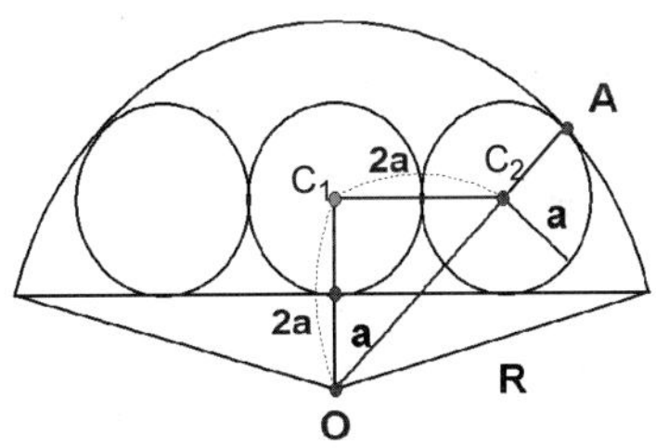

$R = \overline{OC_2} + a = 2\sqrt{2}a + a = (2\sqrt{2}+1)a$

17. 빗금 친 A, B의 면적의 비가 $1:3$일 때 $a=3$임을 밝혀라.

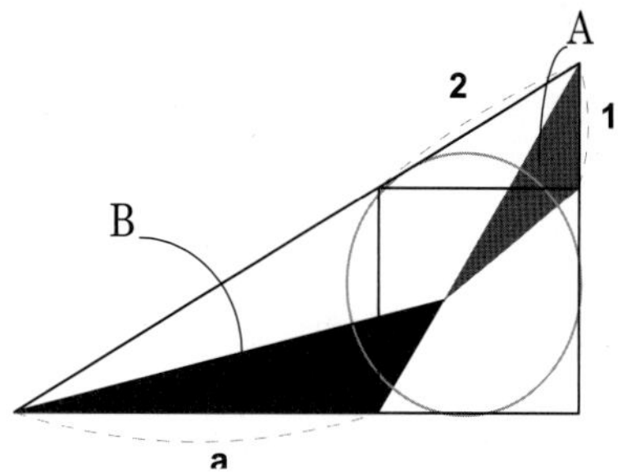

두 삼각형의 만나는 점이 직각삼각형의 내심 이므로 두 삼각형의 밑변이 각각 a, 1이라면 두 삼각형의 높이는 같다.

A, B 의 면적의 비가 $1:3$이라면

$1:a=1:3$ 이므로 $a=3$

다른 해: $1:\sqrt{3}=(1+\sqrt{3}):(a+\sqrt{3})$이 성립한다. 따라서 $a=3$

18. 직사각형 내부의 원의 반경이 1일 때 $a=3+\sqrt{3}$임을 밝혀라.

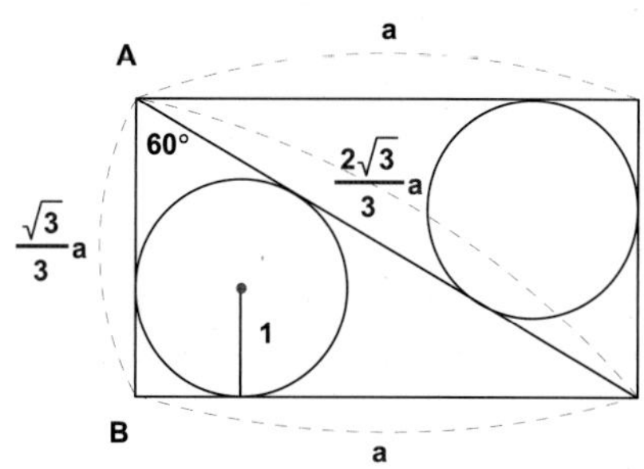

$$\frac{1}{2}\times\left(a+\frac{\sqrt{3}}{3}a+\frac{2\sqrt{3}}{3}a\right)\times 1=\frac{1+\sqrt{3}}{2}a$$

$$\frac{1}{2}\times\frac{\sqrt{3}}{3}a\times a=\frac{\sqrt{3}}{6}a^2$$

$$\frac{\sqrt{3}}{6}a^2=\frac{1+\sqrt{3}}{2}a \text{ 이므로 } a=3+\sqrt{3}$$

19. 빗금 친 부분의 면적은 전체의 $\frac{1}{13}$ 임을 밝혀라.

그림과 같이 밑변과 높이가 같은 13개의 삼각형으로 분할이 가능하므로 빗금 친 부분의 넓이는 전체의 $\frac{1}{13}$ 이다.

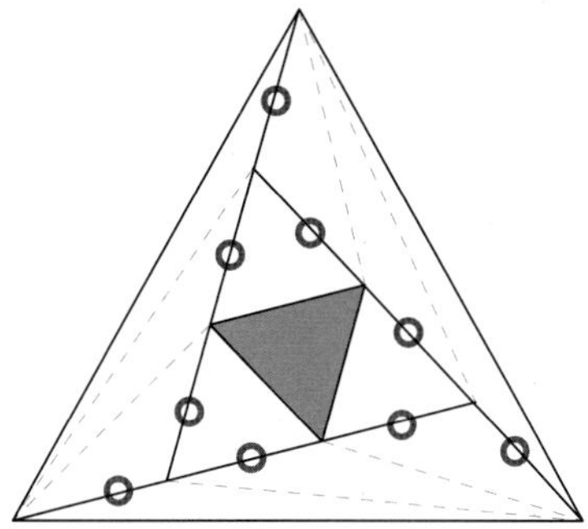

20. 한 원의 내부에 정삼각형과 같은 크기의 원 6개가 내접하고 있다.

$a=\frac{\sqrt{12}-3}{2}R$ 임을 밝혀라.

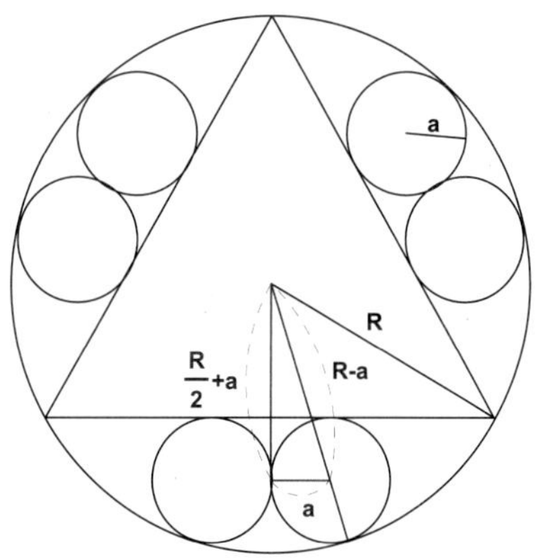

피타고라스 정리에 의해

$$(R-a)^2=a^2+(\frac{R}{2}+a)^2$$

$$a^2+3Ra-\frac{3}{4}R^2=0$$

$$4a^2+12Ra-3R^2=0$$

$$a=\frac{-3+\sqrt{12}}{2}R$$

21. 다음 그림에서 $a=(\frac{\sqrt{7}}{2}-1)m$ 임을 밝혀라.

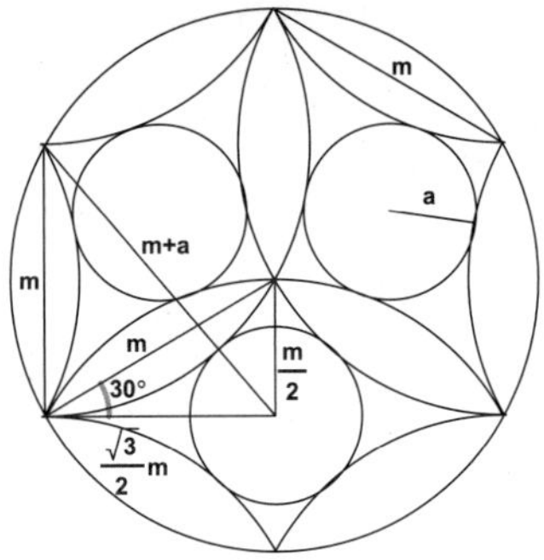

$$(m+a)^2=m^2+(\frac{\sqrt{3}}{2}m)^2$$

$$a^2+2ma-\frac{3}{4}m^2=0$$

$$a=(-1+\frac{\sqrt{7}}{2})m$$

22. 원의 반경이 a 인 원 15개 사이의 빗금 친 부분의 면적은 $16(\sqrt{3}-\frac{\pi}{2})a^2$ 임을 밝혀라.

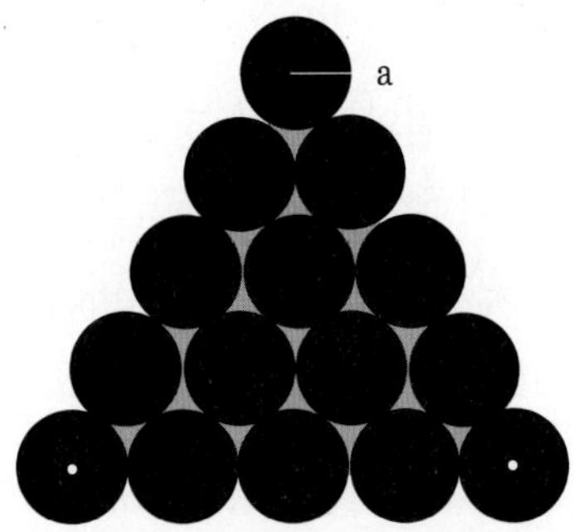

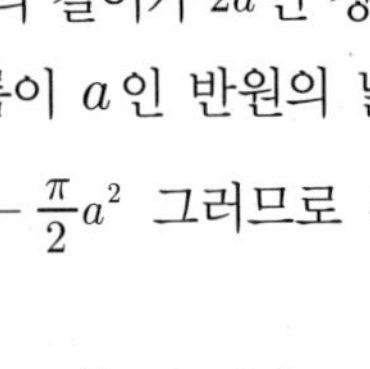

한 변의 길이가 $2a$ 인 정삼각형의 넓이에서 반지름이 a 인 반원의 넓이를 빼면

$\sqrt{3}a^2-\frac{\pi}{2}a^2$ 그러므로 전체 빗금 친 부분은

$16(\sqrt{3}-\frac{\pi}{2})a^2$ 이다.

다른 해: $\frac{1}{2}\times\frac{\sqrt{3}}{2}\times 8a\times 8a-8\times\pi a^2$

$$=16(\sqrt{3}-\frac{\pi}{2})a^2$$

23. 마름모 내부에 원 4개가 접하고 있다.

$a=(\sqrt{3}-\frac{3}{2})m$ 임을 밝혀라.

$(\frac{a}{\sqrt{3}}+2a+\sqrt{3}a)=m$

$a=\frac{3}{6+4\sqrt{3}}m$

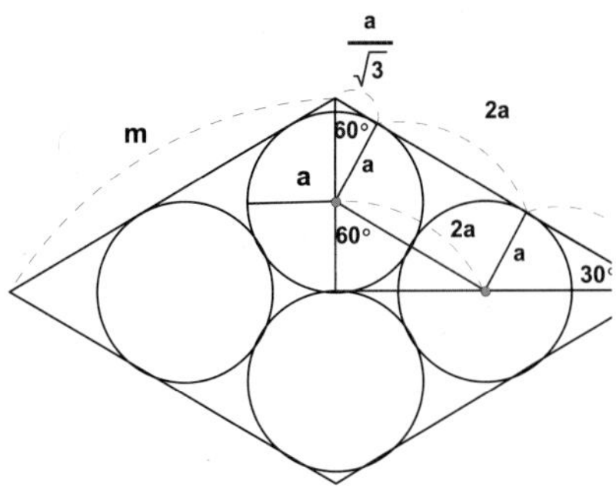

24. 정사각형 내부에 원 3개가 내접하고 있다.

$a=3-\sqrt{3}$ 임을 밝혀라.

$\triangle ABC$의 넓이는 $\frac{1}{2}\times 2\sqrt{3}\times 6=6\sqrt{3}$

$\frac{1}{2}\times(2\sqrt{3}+4\sqrt{3}+6)\times a=\frac{1}{2}\times 2\sqrt{3}\times 6$,

$(\sqrt{3}+1)a=2\sqrt{3}$

$\therefore a=3-\sqrt{3}$

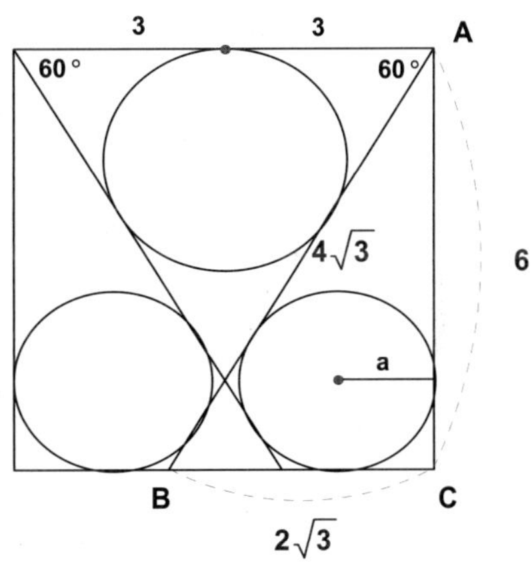

25. 대원의 반경이 R, 작은원의 반경이 a일 때 $R=\frac{5}{2}a$임을 밝혀라.

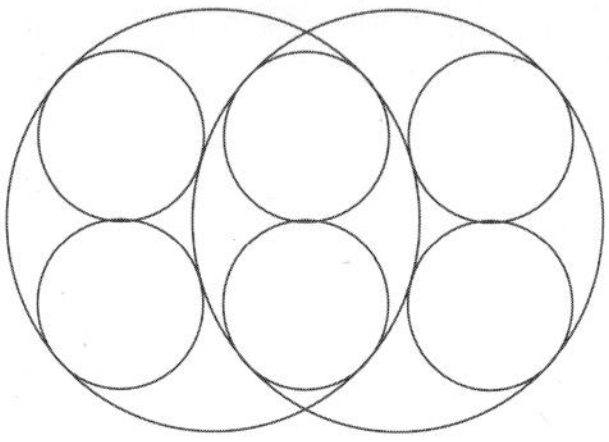

$$3\sqrt{(R-a)^2-a^2}=\sqrt{(R+a)^2-a^2}$$

26. 한 원의 반경이 8이고 작은원의 반경이 3일 때 $a=\frac{24}{5}$임을 밝혀라.

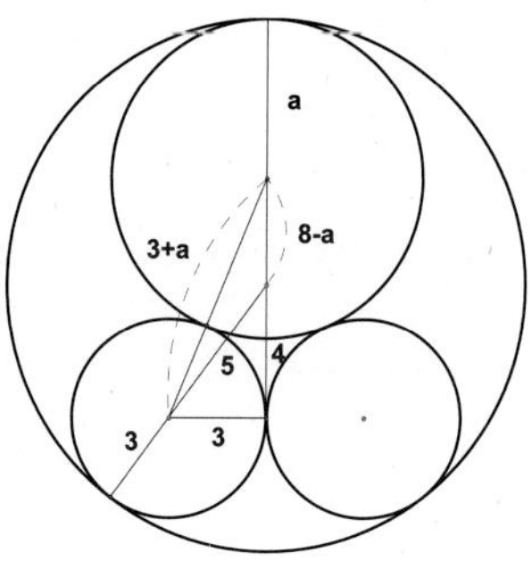

$$(3+a)^2=(12-a)^2+3^2$$

$$30a=144 \quad \therefore a=\frac{24}{5}$$

3. 기초 도형 탐구 문제(2)

1. 반지름이 1인 원의 내부에 다음 그림과 같이 직각이등변삼각형이 있다. 이 삼각형에 내접, 외접하는 두 원들의 반지름을 구하여라.

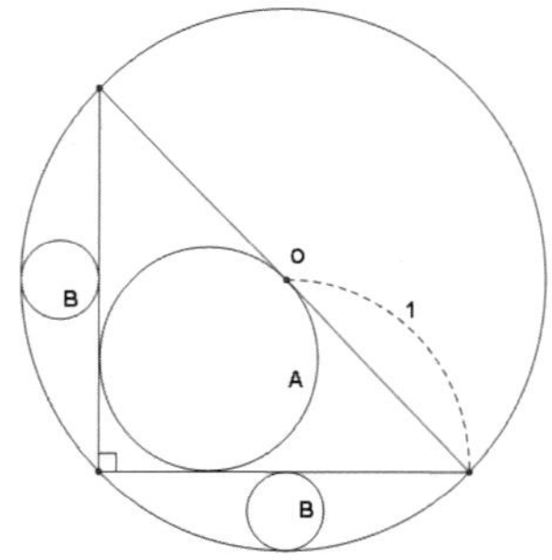

2. 반지름의 길이가 3인 한 대원의 내부에 다음 그림과 같이 3 종류의 원들이 서로 접하고 있다. 원 C의 반지름을 구하여라.

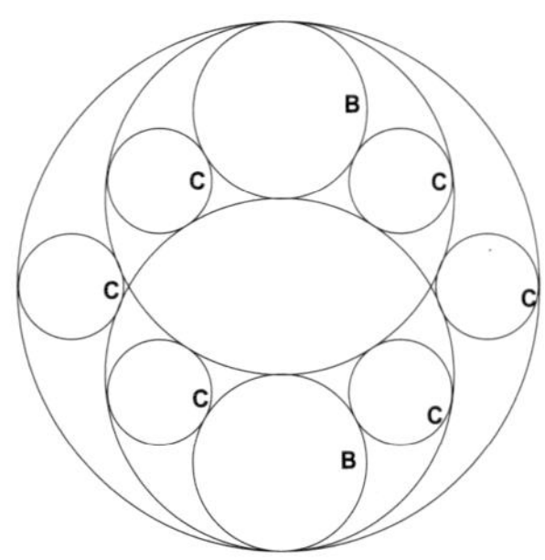

3. 직각삼각형의 내부에 다음 그림과 같이 3가지의 원들이 서로 접하고 있다. 원 C의 반지름을 1이라 할 때, 원 B의 반지름을 구하여라.

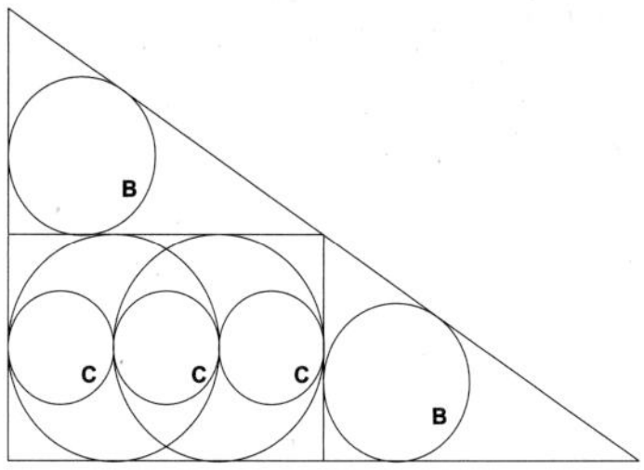

4. 다음 그림에서 원 B의 반지름을 1이라고 할 때, 원 C의 반지름을 구하여라.

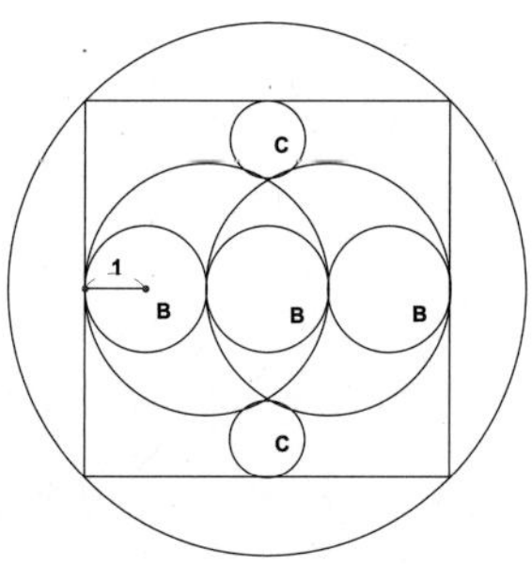

5. 한 직각삼각형의 내부에 그림과 같은 정사각형과 3가지의 원들이 서로 접하고 있다. 세 원의 반지름의 길이의 비를 구하여라.

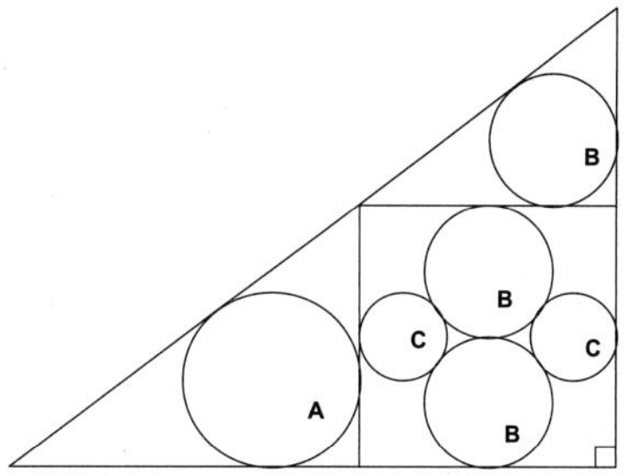

6. 정사각형의 내부에 같은 원 3개가 그림과 같이 서로 접하고 있다. 원의 반지름을 1이라 할 때, 정사각형의 할 변의 길이를 구하여라.

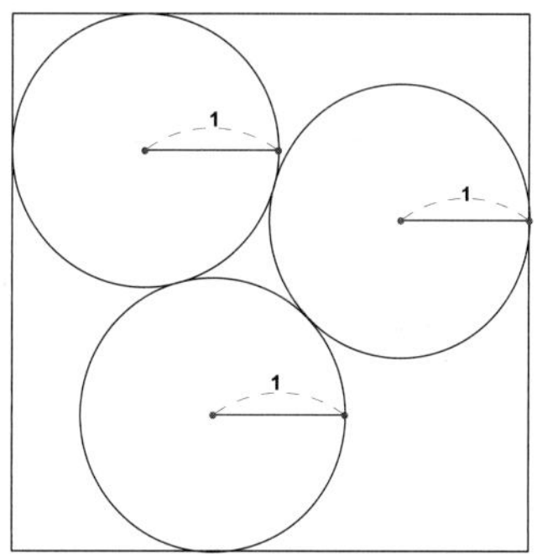

7. 정사각형 내부에 같은 원 4개가 서로 접하고 있다. 정사각형의 한 변이 1일 때, 원의 반지름을 구하여라.

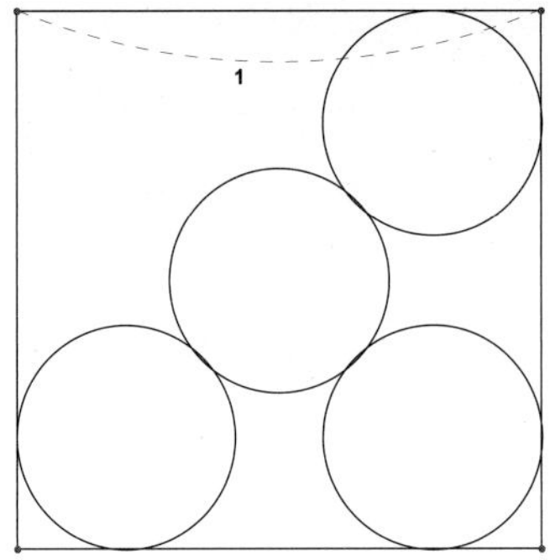

8. 다음 그림은 원들이 대칭으로 서로 접하고 있다. 두 원 A, B의 반지름의 길이의 비를 구하여라.

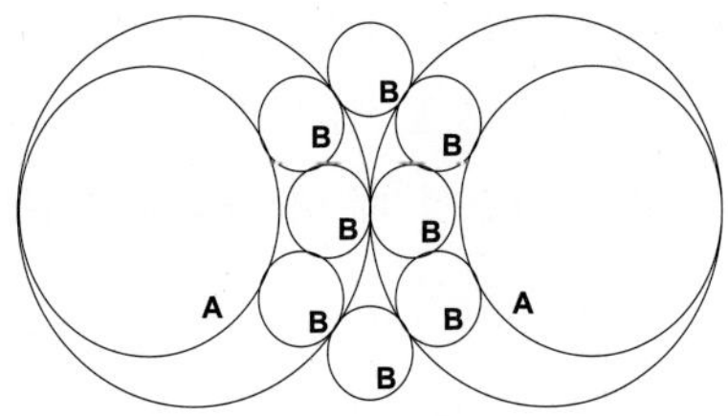

9. 정사각형의 내부에 다음 그림과 같이 원이 접하고 있다. 정사각형의 한 변의 길이가 1일 때, 작은 원의 반지름의 길이를 구하여라.

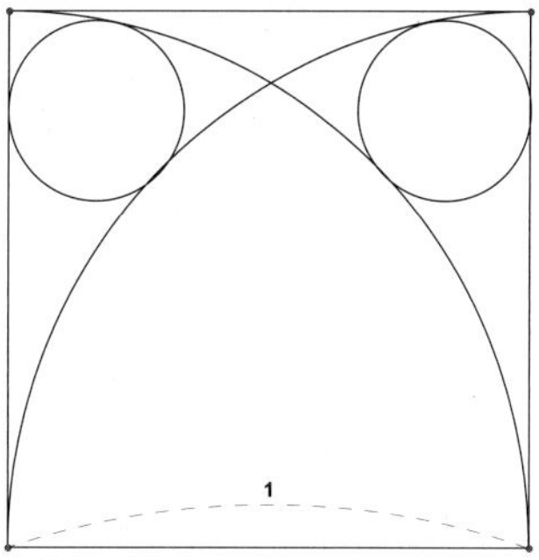

10. 정사각형의 내부에 다음 그림과 같이 원들이 서로 접하고 있다. 정사각형의 변의 길이가 1일 때, 작은 원의 반지름을 구하여라.

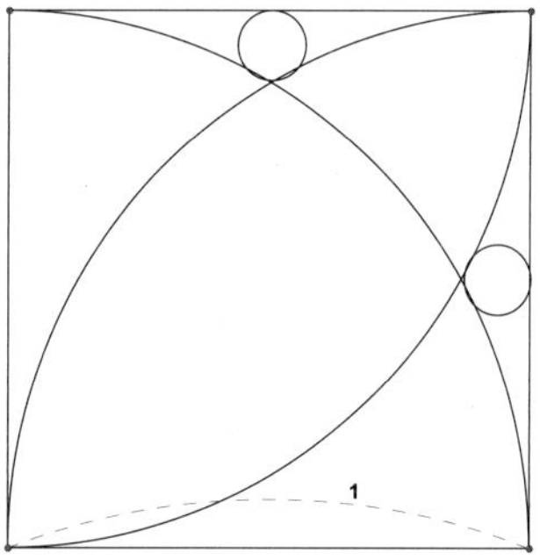

11. 한 원의 내부에 그림과 같이 원들이 서로 접하고 있다. 작은 원의 반지름을 1이라 할 때, 큰 원의 반지름을 구하여라.

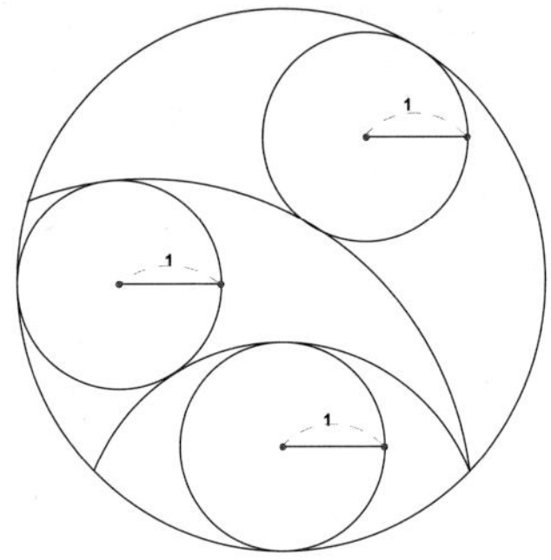

12. 정사각형의 내부에 그림과 같이 2종류의 원들이 서로 대칭으로 접하고 있다. 두 원 A, B의 반지름의 길이의 비를 구하여라.

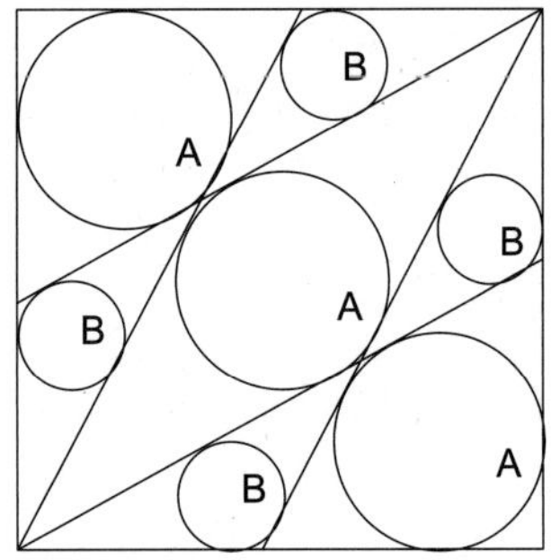

13. 정오각형 내부에 다음 그림과 같이 2가지 원들이 접하고 있다. 두 원 A, B의 반지름의 길이의 비를 구하여라.

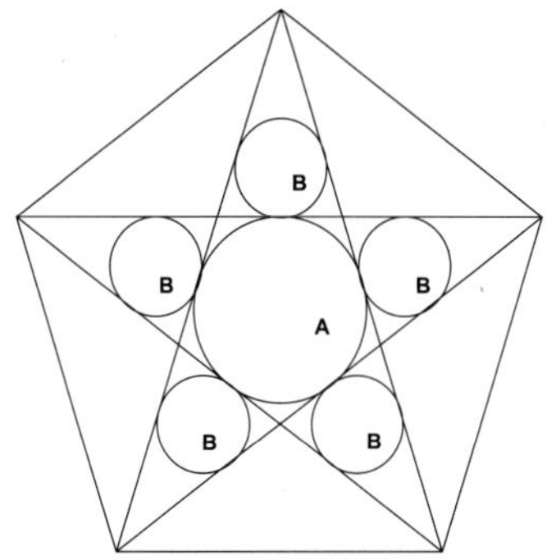

14. 한 원의 내부에 다음 그림과 같이 같은 원 4개가 접하고 있다. 작은 원의 반지름을 1이라 할 때, 큰 원의 반지름을 구하여라.

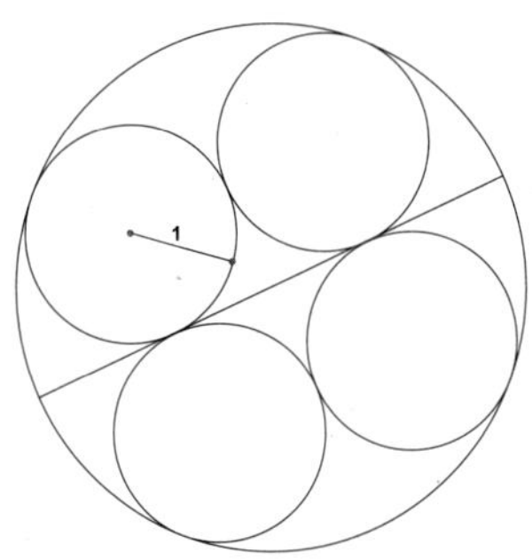

15. 정사각형의 내부에 그림과 같이 원들이 접하고 있다. 한 변의 길이를 1이라 할 때, 작은 원의 반지름의 길이를 구하여라.

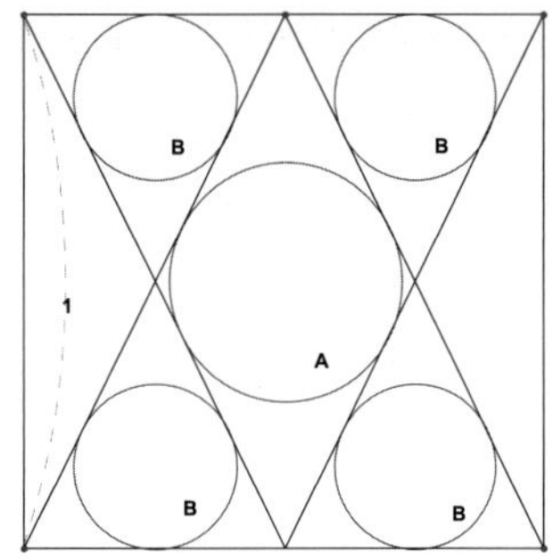

16. 한 원의 내부에 두 가지 원들이 그림과 같이 서로 접하고 있다. 두 원 A, B의 반지름의 길이의 비를 구하여라.

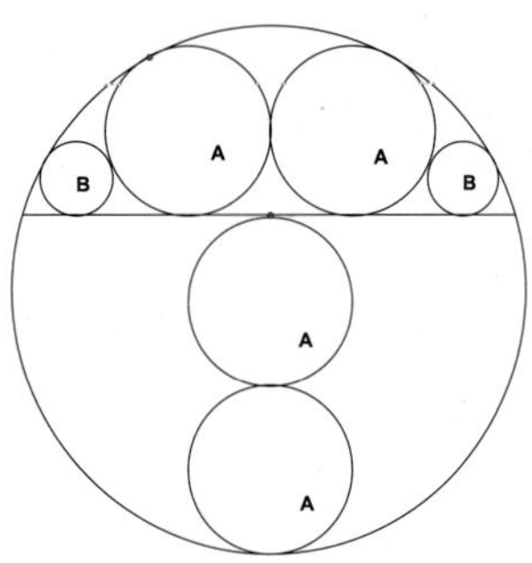

17. 한 원의 내부에 다음 그림과 같이 3가지 원들이 서로 접하고 있다. 세 원 A, B, C의 반지름의 길이의 비를 구하여라.

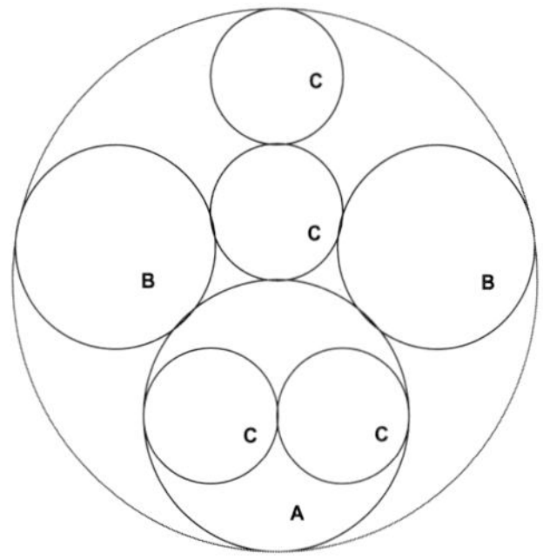

18. 한 원의 내부에 다음 그림과 같이 A, B, C 세 가지의 원들이 서로 접하고 있다. 원 A의 반지름을 1이라 할 때, 원 B, C의 반지름을 각각 구하여라.

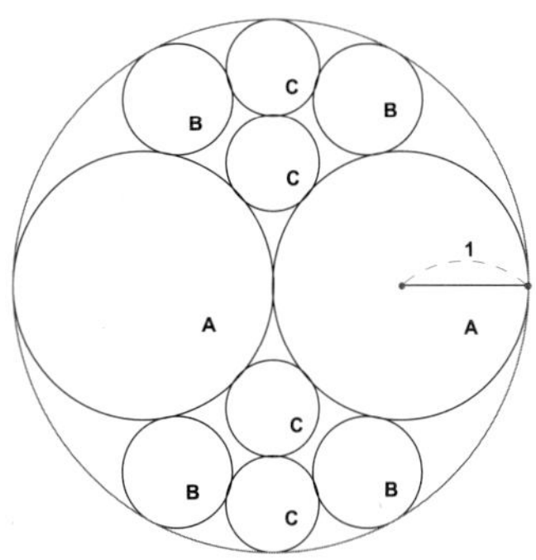

19. 다음 그림에서 서로 같은 작은원의 반지름을 1이라 할 때 가운데 있는 원의 반지름을 구하여라.

20. 한 원의 내부에 그림과 같이 2가지 원들이 서로 접하고 있다. 원 B의 반지름을 1이라 할 때, 원 A의 반지름을 구하여라.

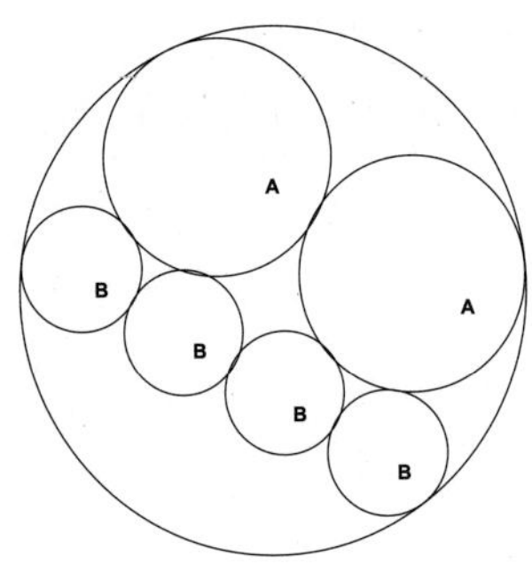

21. 정사각형의 내부에 2가지 원들이 서로 접하고 있다. 두 원의 반지름의 관계식을 구하여라.

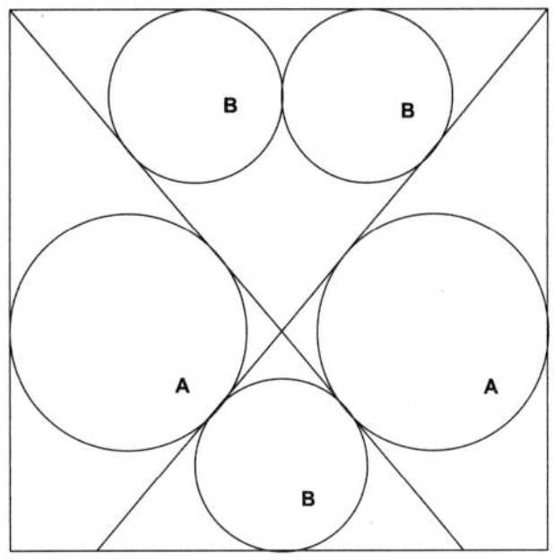

22. 정사각형의 내부에 3개의 같은 원과 삼각형이 대칭으로 서로 접하고 있다. 원의 반지름을 1이라 할 때, 정사각형의 한 변의 길이를 구하여라.

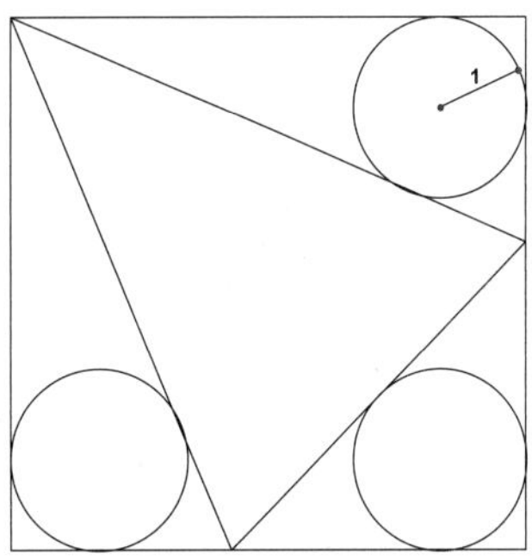

23. 다음 그림과 같이 한 원 내부에 같은 크기의 큰 원 2개와 같은 크기의 작은 원 3개가 서로 접하고 있다. 큰 원의 반지름을 1이라 할 때, 작은 원의 반경을 구하여라.

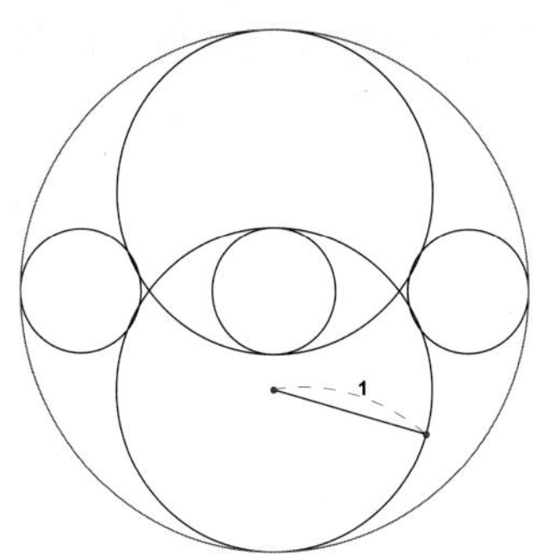

24. 한 원 내부에 같은 크기의 작은 원 4개가 그림과 같이 서로 접하고 있다. 작은 원의 반지름을 1이라 할 때, 큰 원의 반지름을 구하여라.

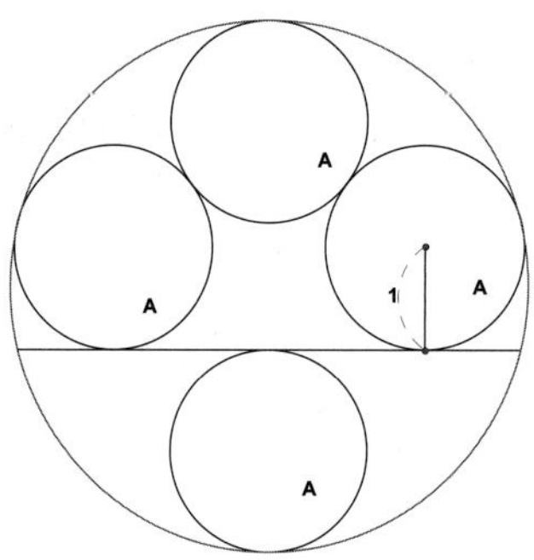

25. 한 원의 내부에 다음 그림과 같이 원들이 서로 접하고 있다. 원 A의 반지름을 1이라 할 때, 원 B의 반지름을 구하여라.

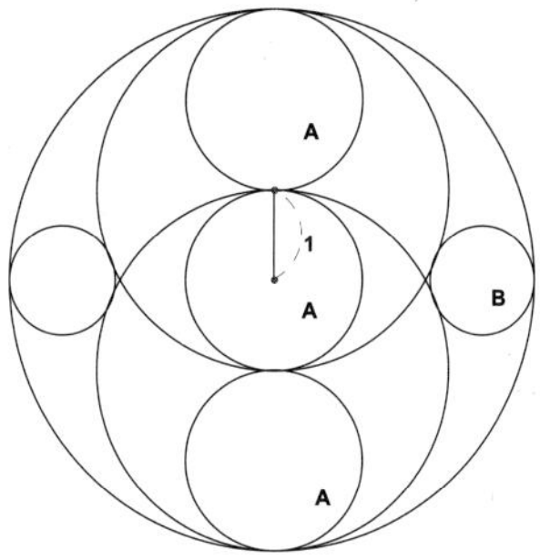

4. 기초 도형 탐구 문제(2) 풀이

1. 반지름이 1인 원의 내부에 다음 그림과 같이 직각이등변삼각형이 있다. 이 삼각형에 내접, 외접하는 두 원들의 반지름을 구하여라.

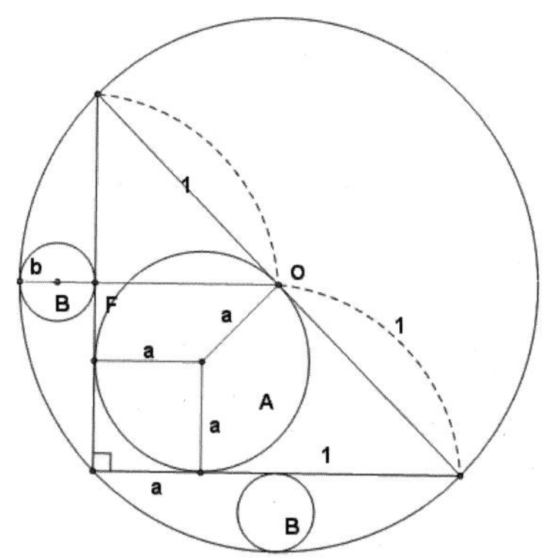

$\overline{OA} = a$, $\overline{BC} = b$

$\overline{DE} = a+1$, $2(a+1)^2 = 2^2$

$a+1 = \sqrt{2}$ $\quad \therefore a = \sqrt{2}-1$

$\overline{FO} = \dfrac{\sqrt{2}}{2}$, $\dfrac{\sqrt{2}}{2} + 2b = 1$

$\therefore b = \dfrac{2-\sqrt{2}}{4}$

2. 반지름의 길이가 3인 한 대원의 내부에 다음 그림과 같이 3 종류의 원들이 서로 접하고 있다. 원 C의 반지름을 구하여라.

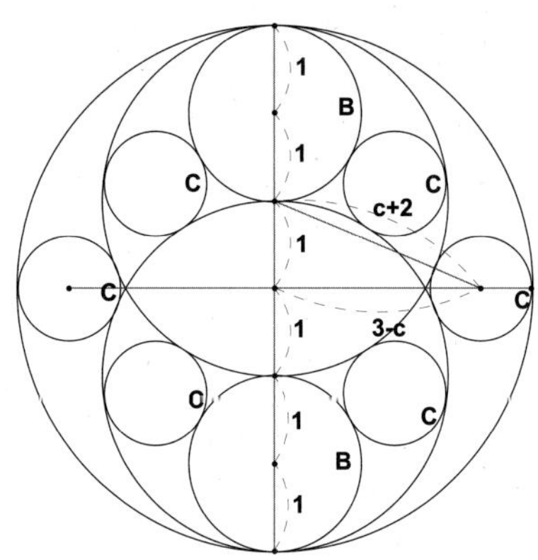

$(3-c)^2 + 1^2 = (c+2)^2$

$c^2 - 6c + 9 + 1 = c^2 + 4c + 4$

$10c = 6$

$c = \dfrac{3}{5}$

3. 직각삼각형의 내부에 다음 그림과 같이 3가지의 원들이 서로 접하고 있다. 원 C의 반지름을 1이라 할 때, 원 B의 반지름을 구하여라.

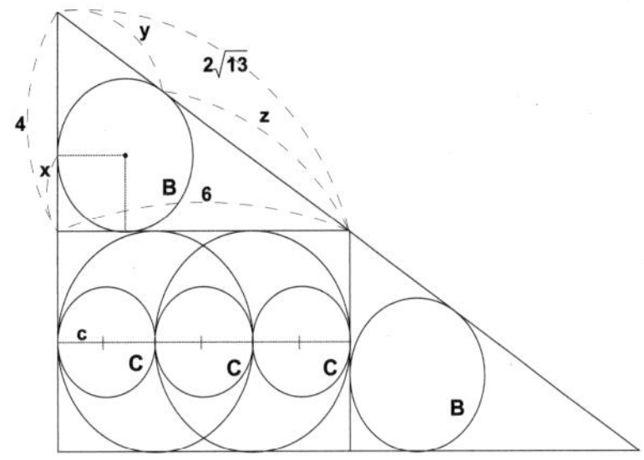

$c=1,\ x+y+z=(5+\sqrt{13})$

$x=(5-\sqrt{13})$

$b=5-\sqrt{13}$

4. 다음 그림에서 원 B의 반지름을 1이라고 할 때, 원 C의 반지름을 구하여라.

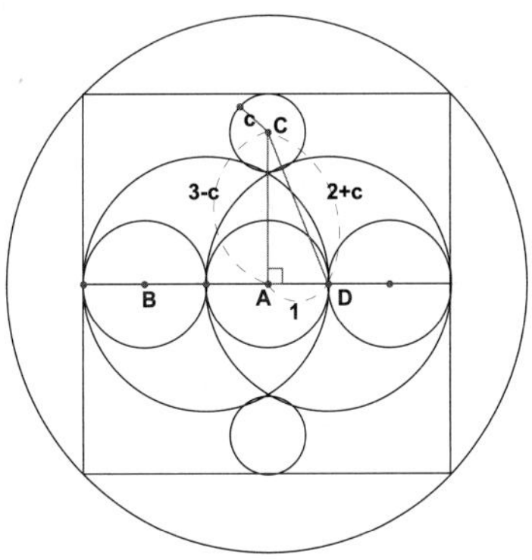

$\overline{AD}=1,\ \overline{AC}=3-c,\ \overline{CD}=2+c$

$(3-c)^2+1^2=(2+c)^2$

$\therefore\ c=\dfrac{3}{5}$

5. 한 직각삼각형의 내부에 그림과 같은 정사각형과 3가지의 원들이 서로 접하고 있다. 세 원의 반지름의 길이의 비를 구하여라.

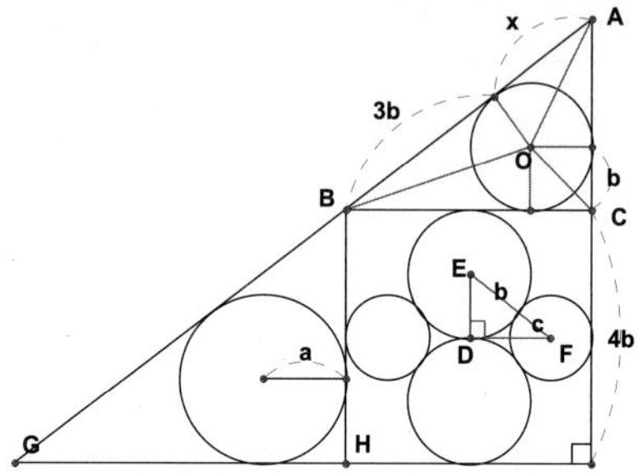

$\triangle ABC = 2(xb + b^2 + 3b^2)$

$\frac{1}{2}(x+b)4b = b(x+4b),\ x = 2b$

$\overline{AC} = 3b,\ a:b = \overline{BH}:\overline{AC} = 4:3$

$\overline{DF} = \sqrt{(b+c)^2 - b^2}$

$4b = \overline{BC} = 2c + 2\sqrt{(b+c)^2 - b^2}$

$b:c = 3:2$

$\therefore\ a:b:c = 4:3:2$

6. 정사각형의 내부에 같은 원 3개가 그림과 같이 서로 접하고 있다. 원의 반지름을 1이라 할 때, 정사각형의 한 변의 길이를 구하여라.

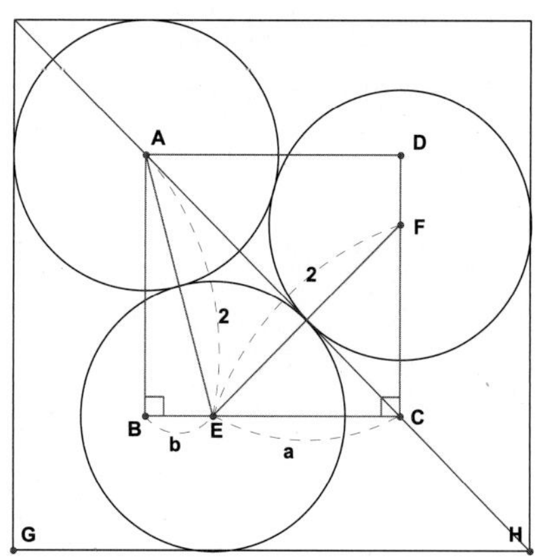

$\overline{EC} = a,\ \overline{BE} = b$

$a = \sqrt{2}$

$(a+b)^2 + b^2 = 2^2,\ b^2 + 2\sqrt{2}b - 1 = 0$

$b = \frac{\sqrt{6} - \sqrt{2}}{2}$

$\therefore\ \overline{GH} = 1 + \overline{BC} + 1 = \frac{4 + \sqrt{6} + \sqrt{2}}{2}$

7. 정사각형 내부에 같은 원 4개가 서로 접하고 있다. 정사각형의 한 변이 1일 때, 원의 반지름을 구하여라.

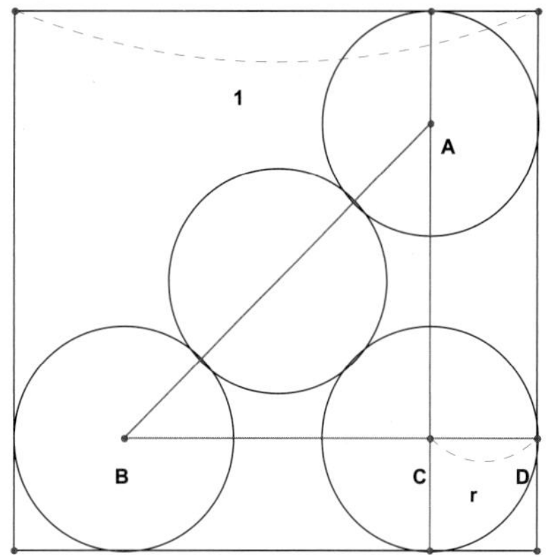

$\overline{CD} = r$

$\overline{AC} = 1-2r$, $\overline{BC} = 1-2r$, $\overline{AB} = 4r$

$\sqrt{2}(1-2r) = 4r$

$\therefore r = \dfrac{\sqrt{2}-1}{2}$

8. 다음 그림은 원들이 대칭으로 서로 접하고 있다. 두 원 A, B의 반지름의 길이의 비를 구하여라.

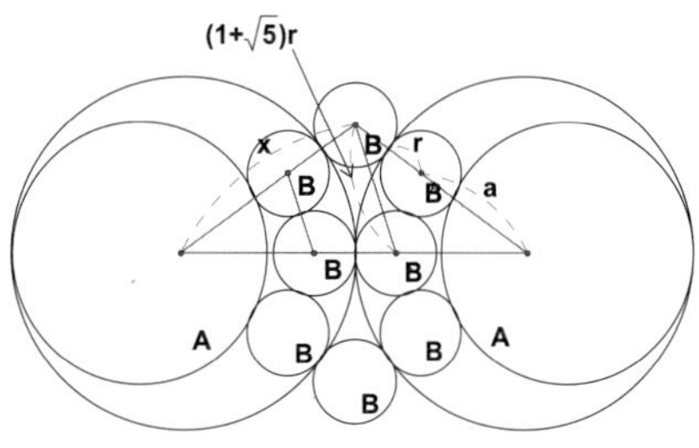

$(1+\sqrt{5})^2 r = (6+2\sqrt{5})r$

$(6+2\sqrt{5})r - 3r = (3+2\sqrt{5})r = a$

$a : b = 3+2\sqrt{5} : 1$

9. 정사각형의 내부에 다음 그림과 같이 원이 접하고 있다. 정사각형의 한 변의 길이가 1일 때, 작은 원의 반지름의 길이를 구하여라.

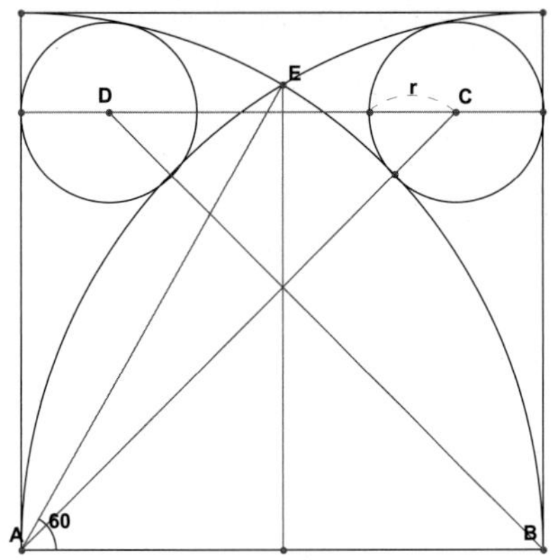

$$(r+2-\frac{\sqrt{2}}{2}):\frac{\sqrt{2}}{2}=x:1$$

$$x=\sqrt{2}\,r+\sqrt{2}-1$$

$x+2r=1$이므로

$$\therefore r=3-\sqrt{2}$$

10. 정사각형의 내부에 다음 그림과 같이 원들이 서로 접하고 있다. 정사각형의 변의 길이가 1일 때, 작은 원의 반지름을 구하여라.

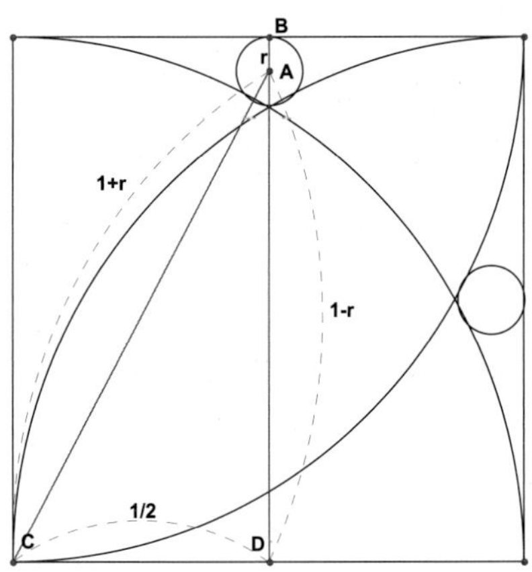

$$\overline{AB}=r$$

$$\overline{AC}=1+r,\ \overline{AD}=1-r,\ \overline{CD}=\frac{1}{2}$$

$$(1+r)^2=(1-r)^2+(\frac{1}{2})^2$$

$$\therefore r=\frac{1}{16}$$

11. 한 원의 내부에 그림과 같이 원들이 서로 접하고 있다. 작은 원의 반지름을 1이라 할 때, 큰 원의 반지름을 구하여라.

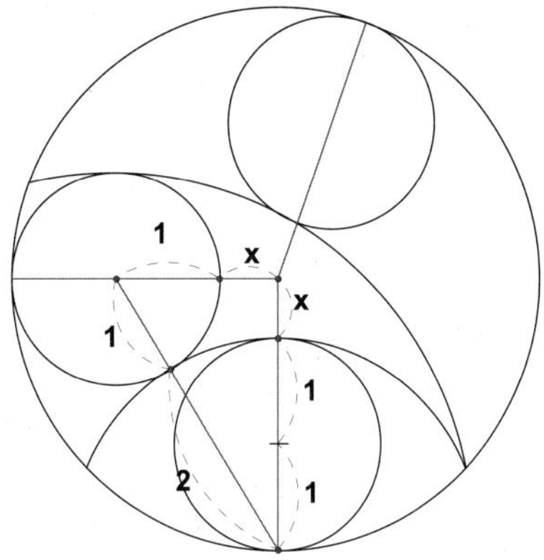

$$9=(x+2)^2+(x+1)^2$$

$$x=\frac{-3+\sqrt{7}}{2}$$

$$x+2=\frac{-3+\sqrt{7}}{2}+2=\frac{1+\sqrt{7}}{2}$$

12. 정사각형의 내부에 그림과 같이 2종류의 원들이 서로 대칭으로 접하고 있다. 두 원 A, B의 반지름의 길이의 비를 구하여라.

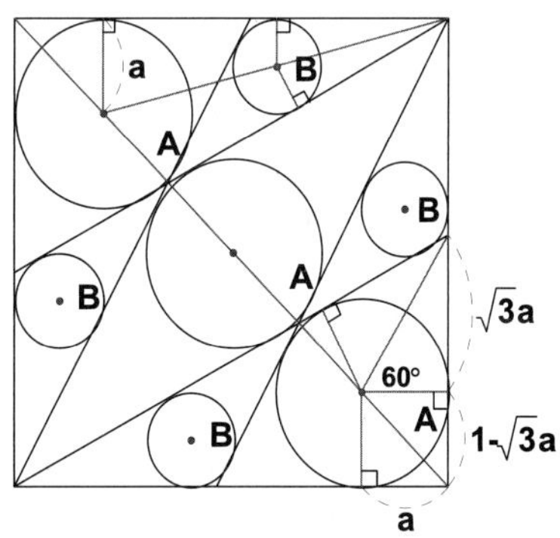

$$a=2b$$

13. 정오각형 내부에 다음 그림과 같이 2가지 원들이 접하고 있다. 두 원 A, B의 반지름의 길이의 비를 구하여라.

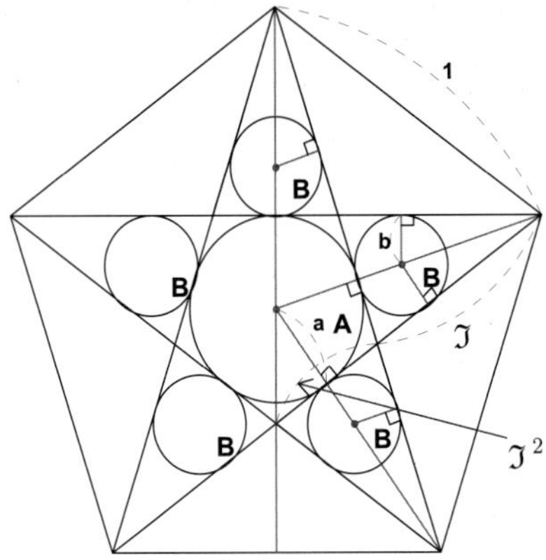

$$\mathfrak{I}=\frac{\sqrt{5}-1}{2},\ \mathfrak{I}^2=\frac{3-\sqrt{5}}{2}$$

$$a:b=\left(\frac{\mathfrak{I}^2}{2}+\mathfrak{I}\right):\left(\mathfrak{I}-\frac{\mathfrak{I}^2}{2}\right)$$

$$=\frac{\frac{\mathfrak{I}^2+2\mathfrak{I}}{2}}{\frac{2\mathfrak{I}-\mathfrak{I}^2}{2}}=\frac{\mathfrak{I}+2}{2-\mathfrak{I}}=\frac{\frac{\sqrt{5}-1}{2}-2}{2-\frac{\sqrt{5}-1}{2}}$$

$$=\frac{(\sqrt{5}+3)(5+\sqrt{5})}{25-5}=\frac{2\sqrt{5}+5}{5}$$

14. 한 원의 내부에 다음 그림과 같이 같은 원 4개가 접하고 있다. 작은 원의 반지름을 1이라 할 때, 큰 원의 반지름을 구하여라.

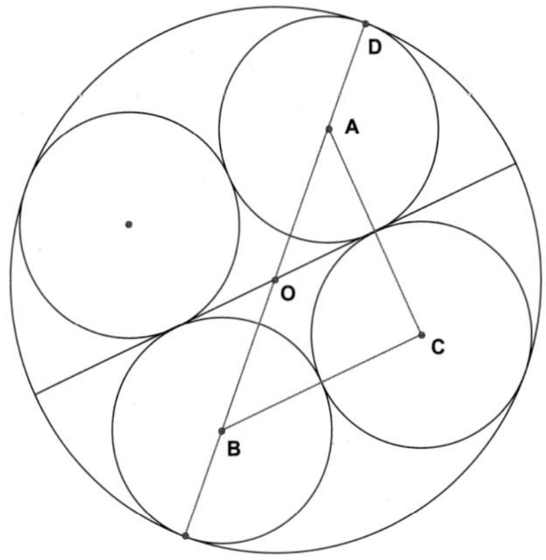

$\overline{AB}=2\sqrt{2}$

$\overline{OA}=\sqrt{2}$, $\overline{AD}=1$

$\therefore\ \overline{OD}=\sqrt{2}+1$

15. 정사각형의 내부에 그림과 같이 원들이 접하고 있다. 한 변의 길이를 1이라 할 때, 작은 원의 반지름의 길이를 구하여라.

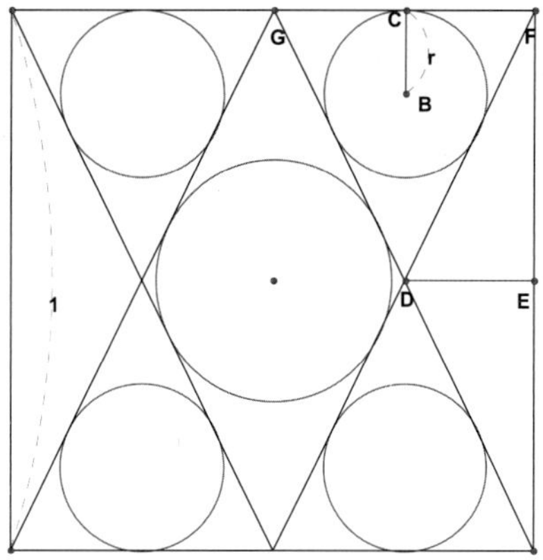

$\overline{BC}=r$

$\overline{DE}=\frac{1}{4}$, $\overline{EF}=\frac{1}{2}$

$\overline{DG}=\overline{DF}=\frac{\sqrt{5}}{4}$

$\frac{1}{2}\times\frac{1}{2}\times\frac{1}{2}=\triangle DFG=(\frac{1}{2}+\frac{\sqrt{5}}{2})r\times\frac{1}{2}$

$\therefore r=\frac{\sqrt{5}-1}{8}$

16. 한 원의 내부에 두 가지 원들이 그림과 같이 서로 접하고 있다. 두 원 A, B의 반지름의 길이의 비를 구하여라.

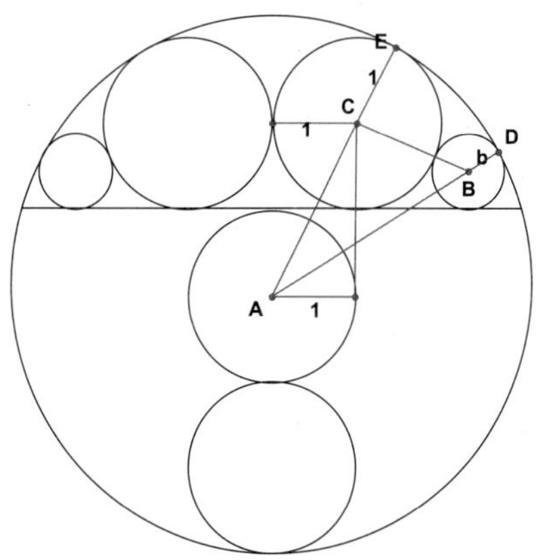

$\overline{CE}=1$, $\overline{BD}=b$

$\overline{AC}=\sqrt{5}$, $\overline{AE}=1+\sqrt{5}$

$\overline{BC}=1+b$, $\overline{AB}=1+\sqrt{5}-b$

$(1+\sqrt{5}-b)^2=(\sqrt{5})^2+(1+b)^2$

$\therefore b=5-2\sqrt{5}$

17. 한 원의 내부에 다음 그림과 같이 3가지 원들이 서로 접하고 있다. 세 원 A, B, C의 반지름의 길이의 비를 구하여라.

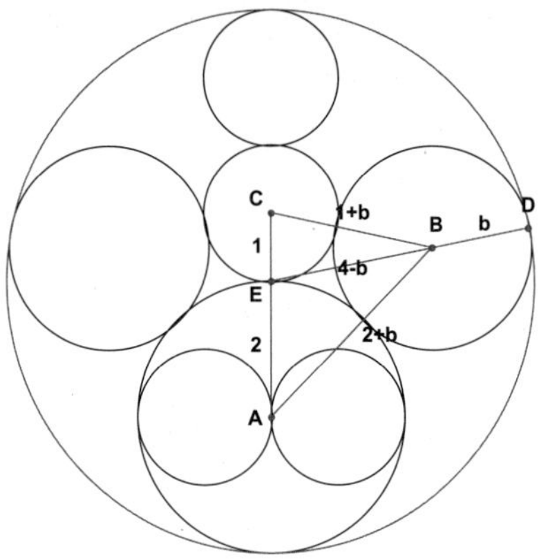

$\overline{BD}=b$, $\overline{CE}=1$, $\overline{AE}=2$

$\overline{BC}=1+b$, $\overline{BE}=4-b$, $\overline{AB}=2+b$

$\triangle EBA=2\times\triangle BCE$

$\sqrt{4(2)(b)(2-b)}=2\sqrt{3(2)(2-b)(b-1)}$

$2b^2+11b+6=0$

$\therefore\ b=\dfrac{-11+\sqrt{73}}{4}$

18. 한 원의 내부에 다음 그림과 같이 A, B, C 세 가지의 원들이 서로 접하고 있다. 원 A의 반지름을 1이라 할 때, 원 B, C의 반지름을 각각 구하여라.

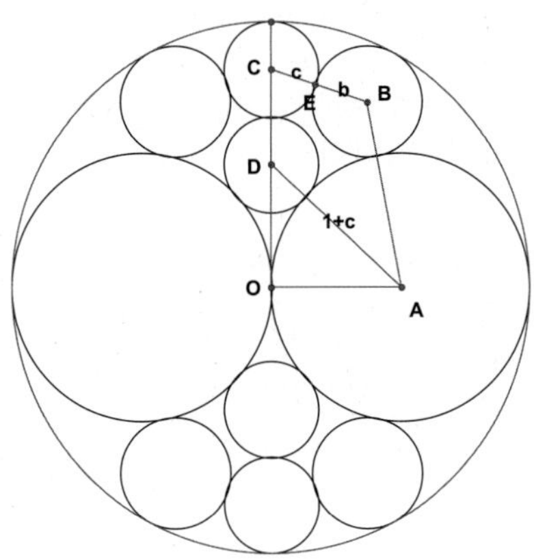

$\sqrt{c^2+2c}+3c=2$

$c=\dfrac{7-\sqrt{17}}{8}$

19. 다음 그림에서 서로 같은 작은원의 반지름을 1이라 할 때 가운데 있는 원의 반지름을 구하여라.

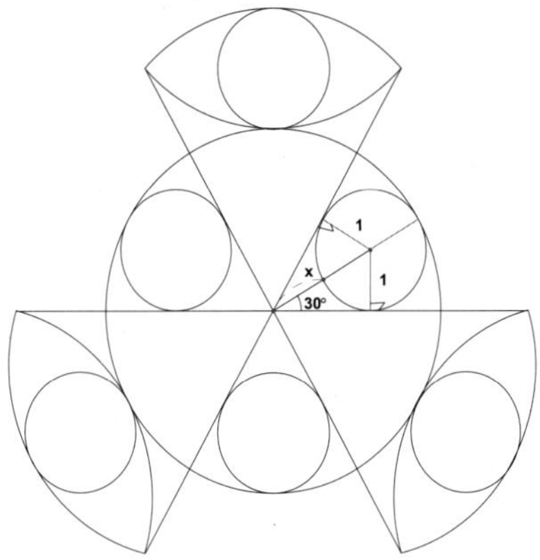

$$\frac{1}{2} = \sin 30^\circ = \frac{1}{x+1}$$

$x = 1$

20. 한 원의 내부에 그림과 같이 2가지 원들이 서로 접하고 있다. 원 B의 반지름을 1이라 할 때, 원 A의 반지름을 구하여라.

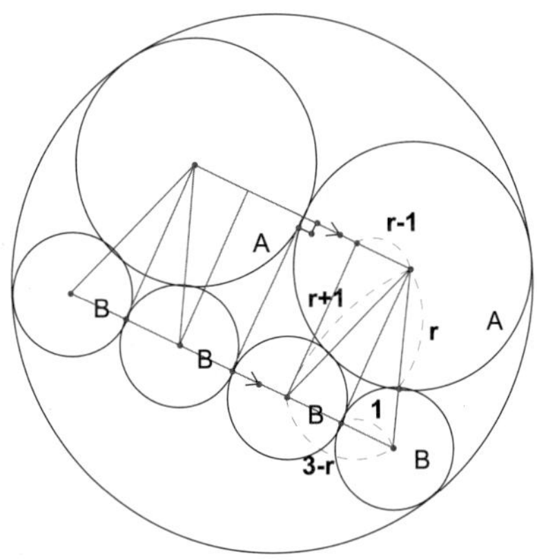

$3 - r = 1$

$\therefore r = 2$

21. 정사각형의 내부에 2가지 원들이 서로 접하고 있다. 두 원의 반지름의 관계식을 구하여라.

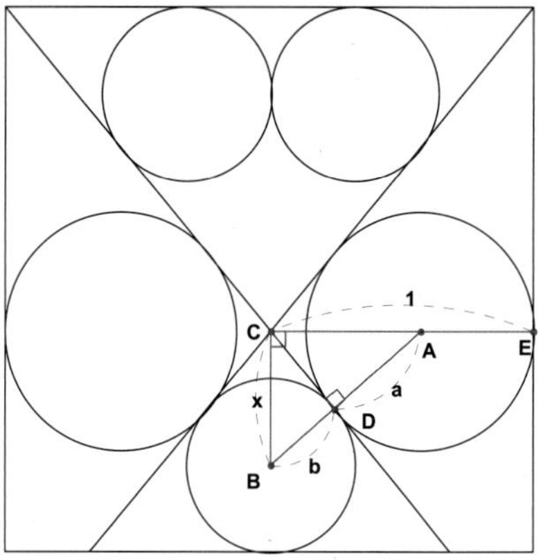

$\overline{AD}=a$, $\overline{BD}=b$, $\overline{CE}=1$, $\overline{BC}=x$

$(a+b)^2=(1-a)^2+x^2$

$x^2-b^2=\overline{CD}^2=(1-a)^2-a^2$

$x^2=b^2+2ab+2a-1$

$x^2=b^2-2a+1$

$\therefore a=\dfrac{1}{b+2}$

22. 정사각형의 내부에 3개의 같은 원과 삼각형이 대칭으로 서로 접하고 있다. 원의 반지름을 1이라 할 때, 정사각형의 한 변의 길이를 구하여라.

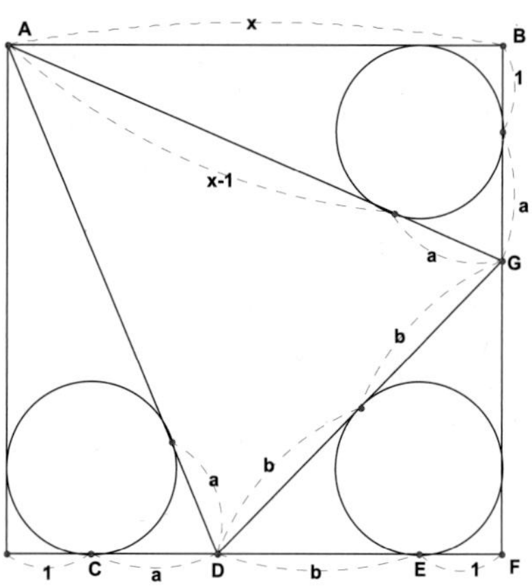

$\overline{AB}=x$, $\overline{CD}=a$, $\overline{DE}=b$

$(2b)^2=2(b+1)^2,\ b=\sqrt{2}+1$

$x=2+a+b=a+3+\sqrt{2}$

$(x-1+a)^2=x^2+(1+a)^2$

$a+3+\sqrt{2}=x=\dfrac{2a}{a-1}$

$a=(-\sqrt{2}+\sqrt{14+4\sqrt{2}})/2$

$\therefore x=(6+\sqrt{2}+\sqrt{14+4\sqrt{2}})/2$

23. 다음 그림과 같이 한 원 내부에 같은 크기의 큰 원 2개와 같은 크기의 작은 원 3개가 서로 접하고 있다. 큰 원의 반지름을 1이라 할 때, 작은 원의 반경을 구하여라.

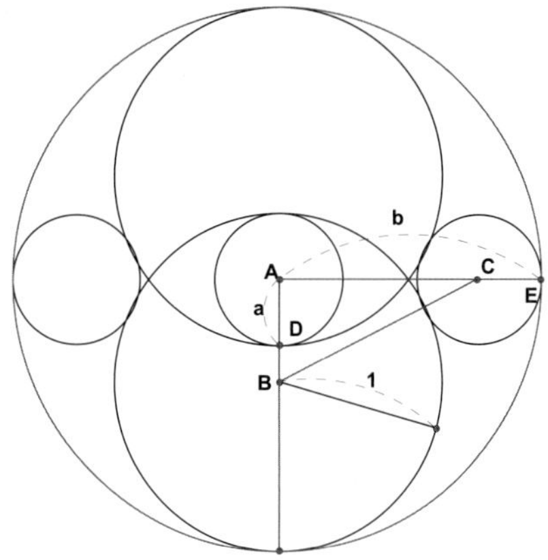

$\overline{AD}=a$, $\overline{AE}=b$

$b-a-1=\overline{DB}=1-2a$

$b=2-a$

$\overline{BC}^2=\overline{AB}^2+\overline{AC}^2$

$(1+a)^2=(1-a)^2+(b-a)^2$

$a^2-3a+1=0$

$\therefore\ a=\dfrac{3-\sqrt{5}}{2}$

24. 한 원 내부에 같은 크기의 작은 원 4개가 그림과 같이 서로 접하고 있다. 작은 원의 반지름을 1이라 할 때, 큰 원의 반지름을 구하여라.

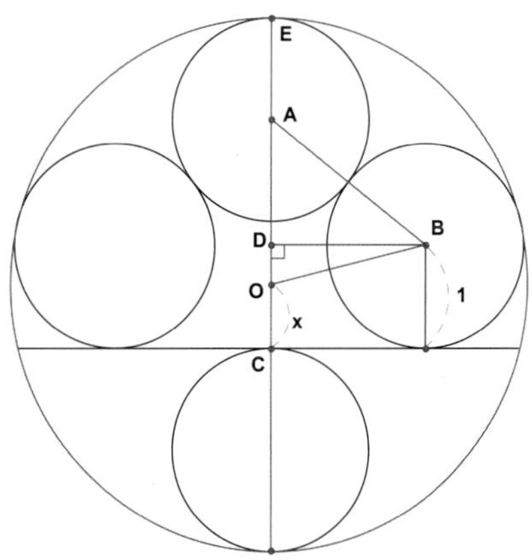

$\overline{OC}=x$, $\overline{AO}=1+x$, $\overline{OD}=1-x$,

$\overline{AD}=2x$, $\overline{OB}=1+x$, $\overline{AB}=2$

$2^2-(2x)^2=(1+x)^2-(1-x)^2$

$x^2+x-1=0,\ x=\dfrac{-1+\sqrt{5}}{2}$

$\therefore\ \overline{OE}=2+x=\dfrac{3+\sqrt{5}}{2}$

25. 한 원의 내부에 다음 그림과 같이 원들이 서로 접하고 있다. 원 A의 반지름을 1이라 할 때, 원 B의 반지름을 구하여라.

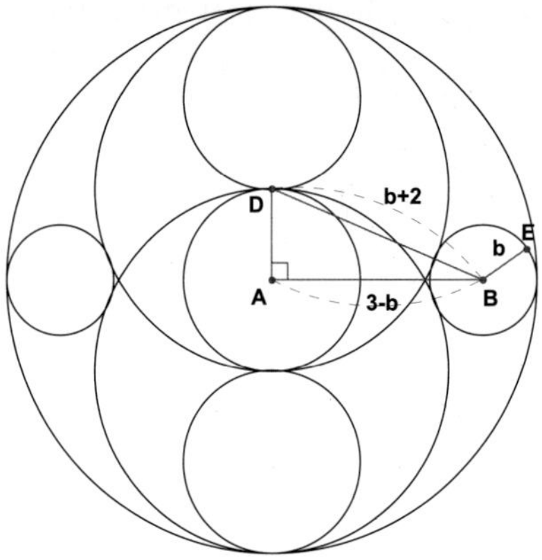

$\overline{BE}=b$

$\overline{DB}=b+2$, $\overline{AB}=3-b$

$(3-b)^2+1^2=(b+2)^2$

$b^2-6b+9+1=b^2+4b+4$

$10b=6 \quad \therefore b=\dfrac{3}{5}$

찾아보기

ㅇ

ㅈ

ㅊ

ㅋ

ㅌ

ㅍ

ㅎ

기타

박종률

서울대학교 사범대학 수학교육과 졸업 (이학사)
전남대학교 대학원 수학과 (이학석사)
전북대학교 대학원 수학과 (이학박사)
일본 나고야대학 수학과 (Post Doc)
미국 미시간주립대학, 미주리주립대학, 오래곤주립대학 연구교수
전남대학교 과학영재교육원장
호남수학회 회장
전남대학교 사범대학 수학교육과 명예교수

제3판
수학영재교육 길잡이

2008년 11월 30일 초 판 발행
2012년 11월 20일 제2판 발행
2016년 12월 15일 제3판 발행

저 자 | 박종률
발행인 | 지병문
발행처 | 전남대학교출판부

등 록 | 1981. 5. 21. 제53호
주 소 | 61186 광주광역시 북구 용봉로 77
전 화 | (062) 530-0571~2
마케팅 | (062) 530-0573
팩 스 | (062) 530-0579
홈페이지 | http://www.cnup.co.kr

값 25,000 원

ISBN 978-89-6849-360-7 (93410)

이 도서의 국립중앙도서관 출판시도서목록(CIP)은 e-CIP홈페이지(http://www.nl.go.kr/ecip)와 국가자료공동목록시스템(http://www.nl.go.kr/kolisnet)에서 이용하실 수 있습니다.
(CIP제어번호: CIP2016030078)